I0567092

BESTACTIVITYBOOKS.COM

PRIMERA EDICIÓN

Agosto 2021

Ilustración Gráfica Extra: www.freepik.com
Gracias a Alekksall, Starline, Pch.vector, Rawpixel.com, Dgim-studio, Upklyak, Macrovector & Freepik.com Designers

Descubra Juegos Gratis Online

Disponibles aquí:

BestActivityBooks.com/FREEGAMES

5 TIPS PARA EMPEZAR !

1) CÓMO RESOLVER LAS SOPAS DE LETRAS

Los rompecabezas tienen un formato clásico:

- Las palabras se ocultan sin espacios, guiones, ...
- Orientación: Las palabras pueden escribirse hacia delante, atrás, arriba, hacia abajo o en diagonal (en ambas direcciones).
- Las palabras pueden solaparse o cruzarse entre sí.

2) ¡DALE MÁS SABOR AL JUEGO!

Al lado de cada palabra hay un espacio para anotar nuevos términos, traducciones o notas.
Esta edición ofrece un **CUADERNO DE NOTAS** muy práctico al final del libro para ayudarle a organizar sus anotaciones u observaciones con máxima claridad.

3) DESTACAR PALABRAS

Puedes inventar tu propio sistema de marcado. ¿Quizás ya usas uno? Si no, puedes, por ejemplo, marcar las palabras difíciles de encontrar con una cruz, las que te gustan con una estrella, las palabras nuevas con un triángulo, y las poco comunes con un diamante, etc...

4) ¡FÁCIL DE CORTAR!

Los rompecabezas están impresos con un margen extra ancho para poder recortar fácilmente la página del libro. Para algunas personas puede resultar más cómodo resolverlas de esta manera.

5) TERMINASTE EL LIBRO?

En las últimas páginas de este libro, en la sección **DESAFÍO FINAL**, encontrarás un juego gratis!

¿Quieres **más diversión** y actividades para **relajarte**?
¡Es rápido y sencillo! ¡Toda una colección de libros de juegos **a un solo clic de distancia!**

Encuentra tu próximo reto en:

BestActivityBooks.com/MiProximoLibro

En sus marcas, listos, ¡Ya!

¿Sabía que hay unas 7.000 idiomas diferentes en el mundo? Las palabras son preciosas.

Queremos a los idiomas y hemos trabajado duro para crear libros de la más alta calidad. ¿Nuestros ingredientes?

Una selección única de caracteres fáciles de leer, tres grandes porciones de entretenimiento, añadimos una cucharada de palabras difíciles y una pizca de palabras poco frecuentes. Los servimos con cariño y máxima diversión para que puedas resolver las mejores sopas de letras.

Tu opinión es esencial. Puedes participar activamente en el éxito de este libro dejándonos un comentario. Nos gustaría saber qué te ha gustado lo mejor en esta edición.

Aquí hay un enlace rápido a tu página de reseñas de pedidos de Amazon

BestBooksActivity.com/Notas50

¡Gracias por tu fidelidad y Disfruta del Juego!

Todo el Equipo

Puzzle 1

丁	稻	免	费	焕	饭	保	迟	见	香	的	信	动	想	小	猫	则
请	记	观	底	降	木	性	究	紧	来	的	蜈	蚣	蔻	。	情	解
骄	马	想	决	静	镜	乐	凑	试	凑	栅	舞	亲	护	观	联	稻
过	水	宜	重	香	苦	中	看	究	苦	的	见	蹈	音	便	邦	书
见	通	看	电	飞	祖	惨	祖	面	约	金	况	怖	数	举	型	许
重	碎	碰	领	不	自	的	瑞	恐	趣	子	自	而	蠕	考	肢	摇
语	项	好	了	透	破	摇	条	保	解	股	票	一	些	回	撞	信
速	许	上	坠	信	息	动	远	任	何	人	类	释	的	考	父	日
了	结	束	木	顶	地	图	曲	木	休	肢	貌	袖	答	延	损	的
柔	察	乐	信	部	能	地	棍	露	素	介	醋	邀	先	加	便	然
通	建	动	保	祖	最	乐	球	饭	日	瑞	。	草	马	票	野	虫
息	过	虎	滑	豆	自	信	海	绵	剩	余	响	源	击	心	龄	身
领	龄	绍	蠕	领	考	的	持	复	马	>	主	亮	败	基	稳	露
便	自	亲	根	存	直	虫	情	苦	年	循	衡	村	趣	香	口	生
理	灵	带	运	性	转	滑	心	肥	出	特	殊	肢	书	灰	尘	豆

顶部
股票
联邦
的舞蹈
特殊
剩余
免费
任何人
紧凑
击败
语速
响亮
曲棍球
小猫
海绵
一些
结束
蜈蚣
的金子
灰尘

Puzzle 2

有	真	护	议	肉	的	行	见	延	规	的	木	推	己	先	保	苦
乐	了	因	克	亲	脂	泡	打	粉	镜	想	私	出	带	要	自	思
后	静	摇	定	他	肪	父	>	碎	延	稻	好	介	静	坠	袖	情
无	息	身	通	邀	衬	中	草	袋	面	毁	。	后	有	视	乎	的
察	效	存	惨	项	改	书	剥	约	摇	礼	皂	乐	事	条	赂	子
能	坠	议	查	鳍	变	中	夺	年	研	静	了	乐	定	信	肥	地
宏	排	韭	凑	飞	增	从	基	电	平	许	驴	也	鳍	四	之	伏
伟	本	菜	热	摇	书	理	降	面	乐	乎	静	子	辉	艺	术	家
试	教	转	惊	安	滑	不	树	觉	飞	蛾	过	肥	煌	凑	快	远
毁	有	授	快	灵	桥	噪	类	闲	镜	草	凑	理	机	丈	损	行
礼	顶	有	！	碰	状	也	的	息	鳍	高	手	提	箱	夫	护	栅
趣	己	请	程	权	约	面	商	业	的	峰	了	信	况	的	面	选
本	衫	规	乐	克	他	工	更	新	最	灵	磨	定	中	心	心	然
考	乐	邀	子	性	车	出	具	碎	平	休	优	破	乐	歉	旋	看
近	有	桌	乐	露	约	他	精	细	静	破	父	人	味	道	蔻	衡

的脂肪
商业的
泡打粉
高峰
剥夺
推出
宏伟
手提箱
改变
精细
艺术家
教授
工具
无效
味道
丈夫
辉煌
更新
道歉
韭菜

Puzzle 3

理	自	摇	心	心	摇	树	的	护	音	摇	篮	损	下	驴	增	趣
貓	乐	雪	上	直	磨	的	周	长	快	解	私	衬	草	行	领	考
想	梁	镜	研	倍	的	权	性	增	票	则	地	草	坠	的	报	书
视	休	面	木	光	口	了	摇	欲	特	图	源	木	间	下	之	告
不	惨	虎	行	星	信	欲	状	娱	谈	皂	项	排	伊	疲	外	口
醒	规	面	举	趣	静	障	理	思	到	的	远	条	电	骄	伏	绍
电	权	则	研	研	倾	碍	飞	怖	看	了	撞	醒	秀	要	底	乃
面	自	选	增	驰	斜	邀	保	套	情	了	几	士	胶	伊	草	蛾
查	的	基	落	骋	图	焕	醋	索	父	蠕	瑞	活	最	理	的	静
复	豆	研	视	树	放	定	股	社	肥	动	驴	伏	。	事	持	定
存	袋	究	部	便	瑞	亲	差	中	音	携	服	性	格	增	研	增
自	凝	从	后	木	型	伏	手	树	摇	私	从	复	露	欲	欲	转
驱	视	滑	理	主	要	有	册	在	这	里	上	乎	根	遥	车	乐
幸	虫	的	不	究	源	桌	雪	恢	乐	乃	焕	解	伏	马	带	。
下	过	露	心	摇	发	况	然	请	议	情	近	飞	亲	蔻	桥	损

主要
性格
倾斜
在这里
手册
报告
谈到
驰骋
套索
增长
凝视
雪上
摇篮
障碍
看了
服从
周长
之外
行星
不规则

Puzzle 4

增加
的愿望
位置
牛蒡
奇迹
太阳
报纸
家庭
合作
周三
泼妇
路径
晚上
疾病
达到
透明
部件
条款
地板
政府的

能	素	栗	量	回	娱	通	地	发	而	有	动	摇	貌	雪	源	乐
几	项	的	趣	类	得	了	板	达	到	部	最	泼	他	子	护	情
音	信	便	豆	热	惊	坠	本	煲	位	件	疾	妇	视	伏	地	蠕
部	号	加	秘	瑞	肉	回	好	增	置	情	病	损	士	中	报	纸
源	>	优	错	子	重	的	素	桌	加	考	书	静	碰	恐	恢	树
路	径	最	子	高	周	晚	上	决	克	心	定	保	衬	透	倍	灵
喜	平	虑	过	恐	三	充	回	发	貌	面	袋	的	量	日	野	运
合	安	乃	身	透	野	循	生	从	袋	坠	政	面	情	升	肉	保
作	恐	乃	的	明	肉	伏	的	过	迟	试	府	降	人	条	肥	木
太	噪	恐	磨	解	醋	约	愿	情	碎	紧	的	直	香	肉	款	家
！	阳	排	信	伏	奇	迹	望	的	心	信	观	木	想	祖	增	庭
有	木	遥	因	四	思	桌	书	股	牛	衡	高	答	了	携	机	疲
直	量	年	条	试	眼	信	想	来	蒡	他	况	回	肢	况	中	自
定	股	号	摇	许	量	的	而	了	远	骄	>	领	携	自	龄	复
有	理	本	恢	马	优	部	特	心	最	虎	几	面	紧	本	远	乎

Puzzle 5

孤	绝	光	于	针	重	修	答	幸	胶	状	排	，	稻	野	滑	耳
独	不	望	衫	对	老	人	眉	栗	貌	摇	迟	但	雨	究	最	朵
衬	量	虎	的	欲	究	亲	损	选	遇	飞	心	安	身	饭	宜	不
型	透	袖	菜	护	音	决	定	项	坠	子	先	休	肥	高	袋	野
远	主	重	肴	凑	毁	记	乐	主	请	能	肉	错	乃	差	觉	远
顶	疲	租	根	之	决	约	惊	研	型	凑	老	木	娱	惧	便	错
驴	摇	秘	后	父	得	的	议	雪	便	请	事	心	坠	从	循	出
肉	量	欲	最	平	绍	旋	见	状	乐	适	汽	车	旅	馆	请	礼
人	自	滑	紧	特	欲	柔	木	过	人	当	傲	有	观	情	号	然
组	年	亮	点	磨	心	諾	带	来	了	票	想	焕	衬	欲	的	介
织	他	回	傲	伊	能	快	也	马	己	欲	年	心	情	近	衡	察
本	勺	子	除	静	视	马	后	乐	存	尽	管	的	消	观	活	存
考	远	条	外	老	野	解	音	噪	驴	秀	野	环	查	失	袖	最
发	典	情	循	龄	野	放	马	从	村	不	行	肥	转	飞	书	！
源	数	根	环	滑	发	乃	指	标	命	中	木	亲	礼	肢	衡	>

循环
汽车旅馆
绝望的
，但
决定
带来了
针对
指标
勺子
菜肴
孤独
命中
除外
消失
尽管
适当
组织
身高
耳朵
亮点

Puzzle 6

动	肉	碎	排	池	焕	蛾	事	了	释	谷	权	未	许	执	解	性
行	宜	欲	况	塘	眉	见	！	则	惧	仓	赂	来	怖	行	后	野
答	修	高	部	稳	透	蠕	泽	撞	飞	程	性	动	。	充	惨	子
察	遥	运	伊	马	至	增	也	期	号	基	金	有	焕	联	怖	龄
决	>	雨	步	骤	少	伊	间	望	>	环	活	考	余	系	回	滑
考	迟	热	醒	许	过	基	镜	来	飞	得	车	许	回	便	欲	的
职	业	机	他	素	心	快	事	号	地	日	父	他	本	音	控	水
摇	香	加	建	几	子	相	拥	坠	摇	欲	落	息	灵	赂	了	制
紧	紧	私	中	息	几	旋	木	镜	了	信	人	惧	不	亲	光	理
特	灵	瑞	错	区	下	部	欲	量	小	情	保	的	荒	野	因	票
考	主	的	破	底	领	灵	页	剧	心	煲	行	皂	饭	人	便	查
有	疲	类	旋	欲	滑	释	情	场	父	柔	坠	猫	灵	动	木	差
状	约	困	龄	稻	降	试	能	力	几	噪	平	幸	碎	野	得	衫
有	趣	几	难	升	胶	部	野	沉	默	环	第	高	心	心	桌	转
主	肉	祖	许	镜	社	子	坠	欲	况	理	喜	六	骄	事	损	坠

联系
野心
至少
困难
基金
第六
谷仓
剧场
的荒野
控制
执行
池塘
小心
步骤
沉默
相拥
职业
期望
未来
能力

Puzzle 7

过	主	不	骨	的	灵	察	鳍	狐	狸	摇	热	而	数	生	排	惧
降	从	干	头	草	灵	发	安	苦	领	芹	不	融	化	飞	摇	请
记	便	马	扰	便	介	释	射	河	马	菜	规	有	坠	浓	闲	露
行	从	礼	底	携	看	磨	记	怖	介	驱	灵	老	社	缩	然	丁
落	虑	望	梁	式	木	况	趣	延	类	差	优	高	高	研	选	丁
士	动	休	马	特	香	专	先	镜	鹦	鹉	性	错	而	乐	树	迟
决	>	亲	衬	落	有	家	下	马	行	亲	树	桌	骄	落	中	近
飞	查	秘	热	情	乃	幸	趣	香	灵	好	摇	眼	转	驱	不	出
讲	述	人	从	想	村	规	版	本	女	性	摇	间	状	树	祖	书
书	本	填	中	错	木	逐	渐	远	亮	！	类	别	欲	面	远	权
虫	数	查	况	社	子	查	举	光	绿	望	环	解	项	书	柜	便
怖	祖	余	>	损	理	平	醒	骄	充	色	焕	信	本	行	升	马
虑	存	热	有	貓	保	心	几	自	性	露	心	马	环	远	虫	保
车	先	了	号	人	龄	况	闲	恐	放	人	克	！	图	环	创	信
栗	平	乐	加	重	力	衬	私	肥	野	研	己	驴	议	书	造	因

骨头
女性
版本
芹菜
狐狸
类别
讲述
创造
发射
浓缩
融化
河马
鹦鹉
专家
干扰
便携式
逐渐
绿色
书柜
重力

Puzzle 8

之	旅	不	，	考	平	肉	如	然	事	复	礼	况	遇	蠕	页	幸
豆	諾	肥	久	虽	面	礼	特	何	母	热	秀	恐	生	真	源	的
坠	察	顶	饭	人	然	沿	着	基	亲	页	惫	木	活	量	栅	因
泰	迪	熊	子	幸	活	面	间	四	的	了	不	皂	！	基	础	释
先	信	坠	生	了	惧	貌	财	政	伤	差	健	疲	瑞	复	马	滑
请	諾	条	物	也	毁	坠	摇	介	害	书	康	本	书	有	放	运
虫	遇	的	学	宜	出	性	英	摇	租	马	己	栏	乎	填	之	蛾
碰	究	个	眉	裙	子	考	语	看	丁	社	坠	落	议	然	桌	野
位	肥	人	降	稻	区	循	规	蹈	矩	究	面	水	领	议	里	的
移	票	最	究	项	赂	社	解	有	心	研	破	重	试	出	不	容
典	蛋	生	根	身	趣	究	身	四	过	疲	本	基	直	摇	木	忍
露	糕	伊	镜	虑	凑	的	顶	>	蔻	理	伊	衬	要	然	宜	灵
木	知	识	伏	保	放	远	便	动	循	护	信	乃	肢	过	释	过
车	不	延	情	保	部	碎	凑	克	信	貓	柔	怖	栅	乃	>	不
秘	惧	信	观	龄	看	解	坠	衡	思	乃	本	摇	驱	人	部	延

平面
知识
位移
健康
，虽然
如何
循规蹈矩
母亲
英语
容忍
财政
沿着
的个人
不久
泰迪熊
蛋糕
的伤害
生物学
之旅
裙子

Puzzle 9

来	瑞	间	面	复	号	的	丁	数	况	雪	页	柔	惊	研	差	光
驱	稳	灵	蔻	衬	下	肢	绅	摇	心	休	坠	量	便	碰	便	增
迫	使	本	选	安	卖	家	面	士	主	最	惫	遇	典	惨	升	乃
身	的	行	况	发	规	有	自	秘	灵	的	循	类	答	典	秘	年
心	动	电	源	栏	过	股	充	便	热	生	克	父	记	栏	图	虫
他	约	蛾	亮	己	保	摇	欲	日	士	菜	光	的	恐	夕	阳	带
电	程	序	见	皂	木	携	的	手	表	充	邀	肉	水	衡	考	况
凑	私	滑	分	赂	源	身	而	怖	愤	视	况	不	娱	，	貓	煲
幸	信	稳	回	便	秀	水	举	眼	热	怒	了	虑	页	也	的	面
紧	任	记	活	艰	不	破	坠	娱	惫	野	的	磨	草	没	存	秘
袋	看	肥	要	难	号	野	特	下	欲	眉	趣	最	木	有	坠	父
的	不	的	马	袋	号	词	汇	表	从	建	稻	撞	更	漂	亮	携
透	喜	建	转	风	格	恐	祖	示	野	增	规	蛾	安	定	骄	村
损	况	举	安	过	乐	机	情	萝	卜	增	赛	肉	电	祖	差	根
旋	定	特	禁	止	快	分	解	保	保	型	跑	梁	号	地	视	图

便士
视图
禁止
程序
更漂亮
萝卜
的手表
词汇
夕阳
艰难
卖家
的绅士
的生菜
，也没有
赛跑
迫使
愤怒的
风格
信任
表示

Puzzle 10

上述
悲剧
体育
到处
驯鹿
王子
详细
愚蠢的
汽车保有
情感的
政府
匹配
独立性
医院
帮助
唱歌
显著
快乐
新鲜
围栏

社	虫	电	股	惧	栗	自	后	解	乐	的	于	的	本	醋	排	条
汽	车	保	有	特	新	鲜	显	情	优	许	举	飞	苦	赂	焕	循
自	情	热	柔	不	唱	歌	著	最	人	能	惫	匹	配	而	型	而
解	出	下	快	复	环	>	丁	撞	骄	究	领	平	木	介	规	延
静	休	通	惫	凑	特	后	部	村	栅	心	伏	袖	体	育	娱	帮
虑	发	填	乎	政	信	稻	医	院	面	研	虑	王	延	书	情	助
循	查	详	细	府	摇	解	思	保	克	中	动	子	环	香	惫	远
独	快	乐	租	里	的	特	乃	好	机	人	过	基	放	人	优	环
素	立	后	木	试	不	远	情	醒	车	热	带	身	欲	幸	解	地
中	记	性	驯	回	醒	真	股	袖	研	护	衬	的	想	底	心	马
上	围	栏	带	鹿	存	悲	的	肢	乎	摇	理	栗	书	通	机	因
述	请	驱	惧	桌	情	私	剧	信	栏	举	愚	袋	存	落	直	不
情	感	的	衫	人	升	的	究	行	栏	信	蠢	特	部	袋	秘	年
醒	状	！	存	通	试	记	部	音	諾	有	的	面	木	复	己	股
赂	情	电	的	降	保	持	口	虫	高	理	上	回	动	通	到	处

Puzzle 11

觉	几	>	状	建	动	向	不	貓	出	挥	杆	缤	纷	先	信	蠕
平	便	动	肥	肉	伊	日	当	前	生	不	壶	茶	的	查	亲	自
觉	循	磨	恐	貓	况	葵	考	几	命	叫	破	龄	加	结	滑	亮
增	村	中	稳	私	雨	龄	然	驱	之	声	于	试	参	木	果	不
旋	数	雨	梁	底	最	社	幸	研	特	毁	观	里	倍	子	乐	>
情	答	喜	错	惨	透	梁	欲	惨	心	遥	高	视	日	心	究	保
眼	磨	亮	不	典	最	饭	差	疲	典	息	降	便	蔻	疲	电	便
栏	最	理	摇	填	证	据	的	进	展	皂	况	安	的	状	有	袖
旋	复	貓	疲	飞	部	地	眉	马	释	心	秀	后	特	损	答	转
乐	究	马	极	落	保	后	凑	分	毁	惧	转	镜	音	乃	不	心
趣	露	肉	虎	地	梁	坠	来	的	人	生	蠕	心	恐	发	的	情
貌	饭	貌	龄	鳍	猫	梁	降	内	状	篱	笆	撞	存	情	不	马
煲	疲	平	下	科	子	油	漆	容	傲	人	貓	法	院	试	行	为
保	热	温	灵	学	子	量	修	复	不	型	观	能	看	趣	噪	增
持	保	察	柔	家	热	循	面	保	磨	宜	素	四	权	行	望	转

乐趣
的内容
的茶壶
生命之
证据
挥杆
向日葵
篱笆
叫声
极地猫
油漆
的结果
的进展
科学家
温柔
法院
行为
当前
参加的
缤纷

Puzzle 12

有	项	镜	信	蛾	于	高	稳	栗	宜	胶	建	倍	保	的	书	动
身	远	聪	明	权	破	理	懦	环	草	貓	事	平	号	飞	面	觉
碎	的	驴	错	主	噪	许	夫	迟	乃	看	雪	醒	泽	饭	静	士
森	持	惊	柔	日	摇	破	高	子	可	靠	持	电	事	欲	他	露
林	分	本	身	股	研	祖	要	带	养	苦	难	损	也	运	考	票
克	母	热	肉	欲	本	面	情	量	营	来	重	趣	肥	错	况	绍
特	灵	礼	排	四	伏	高	方	地	的	重	要	公	鸡	见	心	复
热	损	当	然	拼	写	身	的	醒	露	破	便	热	的	复	面	则
梁	貌	要	肢	试	了	人	鳍	票	骄	貌	身	要	飞	带	事	本
回	疲	亲	惫	听	袋	雨	马	破	四	惧	根	高	解	走	根	马
股	人	趣	素	根	旋	旋	部	不	加	得	程	醋	察	廊	>	趣
股	蛾	煲	蠕	视	！	力	暴	放	电	迟	里	衫	答	延	选	虫
范	栏	电	的	特	图	涉	地	躁	心	怖	考	手	柄	四	保	虫
围	有	重	释	桌	便	趣	及	蠕	露	充	己	过	而	子	马	定
内	的	马	休	保	定	情	心	研	延	约	察	思	眼	虑	排	的

的重要
森林
懦夫
的营养
试听
见面
拼写
手柄
分母
苦难
公鸡
走廊
涉及
范围内
可靠
暴力
的地方
聪明
当然
暴躁

Puzzle 13

买	周	二	号	记	书	保	的	老	股	上	望	自	衫	晚	饭	袋
特	得	稳	基	怖	上	持	眉	落	项	热	有	动	通	斑	素	克
大	护	起	人	安	噪	面	想	上	諾	私	生	人	携	点	机	亮
衣	苦	部	露	活	肥	真	香	然	透	坠	皂	迟	英	根	諾	栗
则	复	碎	存	亮	静	乃	品	规	面	己	多	后	寸	亮	远	露
运	试	傲	貌	野	而	驱	种	自	的	书	次	坠	项	虎	衫	得
眼	出	噪	交	间	股	了	信	乃	老	趣	露	乃	素	桌	延	状
雪	读	秘	易	木	不	发	克	镜	自	观	马	平	自	信	填	落
典	书	书	乐	介	源	皂	复	喜	出	乎	底	回	摩	托	车	乐
基	因	余	浅	信	要	自	车	怖	碎	慮	带	之	鳍	分	要	丁
部	研	受	孕	深	请	回	坠	野	衬	瑞	士	滑	平	领	典	马
因	答	便	灰	尘	的	藏	毁	转	定	苍	鹭	木	的	行	果	主
不	镜	丁	不	错	的	红	理	赂	稻	因	衡	机	倍	情	请	汁
摇	完	全	骄	毁	费	花	人	毁	休	放	梳	马	举	恐	望	龄
里	远	有	增	雪	来	环	宜	乐	飞	>	察	破	衫	遇	秀	选

保持
藏红花
多次
英寸
读书
大衣
花费
完全
摩托车
苍鹭
受孕
周二
买得起
的深浅
灰尘的
品种
斑点
交易
果汁
晚饭

Puzzle 14

停止
奇怪的
可移植
讨论
完成
挽留
公鸭
小型
分配
的时候
粗细
雪人
完美
随机
管理者
生菜
的飞机
面粉
结石
编辑

存	心	议	然	龄	错	社	醒	镜	袋	了	事	身	秀	而	磨	本
驴	观	破	也	复	完	美	完	成	生	发	要	持	主	苦	的	研
不	然	权	遥	趣	请	也	约	摇	的	书	滑	的	村	了	有	衫
活	坠	中	恐	情	也	面	粉	不	优	究	小	惊	存	驱	饭	马
宜	宜	有	桌	区	情	则	的	木	喜	邀	型	编	辑	的	时	候
因	士	坠	根	水	最	行	饭	便	许	衫	破	过	衡	运	真	热
约	放	休	动	泽	条	情	于	管	毁	光	野	人	考	虎	栏	凑
觉	热	不	下	循	自	部	泽	理	发	基	解	顶	究	素	虫	休
的	便	栏	雪	理	放	不	秀	者	不	升	乐	信	素	因	骄	撞
摇	有	想	苦	皂	梳	眼	自	慮	机	露	远	亲	亮	坠	页	察
驱	随	增	近	公	乎	草	好	蔻	碰	粗	细	生	菜	趣	通	木
柔	机	飞	的	鸭	结	石	挽	恐	露	复	选	衡	热	磨	型	雪
最	讨	建	高	怪	循	类	村	留	貌	飞	人	雪	人	栗	可	的
分	配	论	停	止	奇	灵	真	出	露	租	喜	优	究	规	移	最
栏	乎	肉	保	解	究	摇	过	保	伏	皂	基	平	情	喜	植	项

Puzzle 15

生	充	的	于	露	的	升	娱	子	环	肉	飞	马	增	排	日	领
倍	自	序	列	保	好	的	护	之	碎	坠	便	年	碎	光	观	乐
恢	栏	根	根	信	明	肥	香	典	碰	丁	焕	。	特	乃	苦	直
貌	木	性	父	便	动	天	保	亲	面	自	选	醋	特	部	便	过
保	磨	村	草	表	绍	自	号	醒	事	肉	的	木	程	惧	鳍	本
！	有	量	本	白	宜	复	的	落	灵	桥	差	眼	口	过	息	欲
音	袋	傲	项	袋	答	衫	道	德	这	近	野	号	>	静	柔	亮
也	桥	惧	成	本	恐	特	眉	记	些	人	年	镜	噪	特	素	摇
心	己	保	飞	分	秘	子	保	思	坠	页	木	尝	究	底	摇	农
过	预	亲	坠	通	最	决	闲	叔	叔	飞	静	试	型	有	柔	场
马	测	人	选	观	里	本	栅	远	的	书	基	三	复	撞	有	况
亲	小	！	阳	心	碰	建	发	充	的	研	相	明	生	欲	野	梳
从	安	马	旋	光	装	配	动	物	谈	乐	信	治	痛	苦	租	人
落	秀	议	优	理	疲	谈	降	怖	论	乐	了	>	邀	肢	复	请
记	灵	热	摇	不	间	话	息	计	划	根	几	快	特	本	怖	毁

装配
农场
计划
成本
动物
叔叔
谈论
谈话
阳光
尝试
明天
相信
三明治
这些
小马
序列
痛苦
道德
预测
表白

Puzzle 16

人	趣	最	量	飞	素	程	情	降	身	伊	袖	娱	状	热	人	露
虫	想	坠	书	的	基	梁	洗	发	第	口	驴	热	余	特	错	特
页	不	衡	热	电	马	柠	苍	蝇	七	进	入	远	理	有	栏	安
恐	柔	排	息	举	农	介	檬	号	秘	书	页	素	飞	虫	几	增
灵	查	源	排	袋	场	遥	究	雨	觉	秘	循	摇	安	眉	肉	远
桌	貌	醒	转	肢	主	自	日	量	虫	娱	图	的	数	面	秀	乃
修	稳	快	回	亮	的	日	焕	摇	情	口	梁	了	毁	红	书	机
的	险	冒	脖	本	鳍	亲	稳	惧	究	衡	肥	活	煲	色	本	于
有	升	复	子	快	速	从	发	复	人	蠕	记	热	区	页	蓝	过
用	撞	滑	的	丁	能	地	举	幸	真	紧	灵	领	规	醋	铃	股
花	栏	面	展	特	便	图	事	的	典	事	破	查	便	请	自	驴
破	蜜	搜	览	征	绍	面	雪	焕	过	摇	人	面	雨	醋	秀	加
检	雨	索	来	丁	项	要	带	克	答	便	快	中	于	考	规	模
过	验	中	迟	典	绍	记	瑞	信	修	幸	草	桥	主	的	况	拟
特	眼	车	四	书	貓	坚	果	趣	行	余	环	电	恢	高	观	本

快速
第七
农场主
特征
模拟
检验
花蜜
苍蝇
洗发
搜索
蓝铃
展览
进入
进口
的有用
红色
冒险的
坚果
脖子
柠檬

Puzzle 17

村	衬	眉	平	草	地	亲	他	条	选	身	便	领	桥	回	关	型
倍	快	野	驴	的	露	根	电	欲	定	恐	雪	然	坠	顶	醒	键
礼	服	决	要	区	>	选	得	绍	己	伊	最	四	的	观	眉	睡
压	力	程	查	噪	了	考	透	请	袋	鼠	栏	加	察	仇	量	眠
的	权	的	不	>	镜	休	便	剪	柔	动	延	秀	肥	平	恨	破
从	两	边	貌	喜	镜	子	释	辑	，	因	此	父	特	介	议	心
乐	建	自	选	爱	肉	转	光	碎	虑	>	骄	栅	况	究	里	重
木	破	复	来	不	电	源	镜	的	破	出	坠	发	碎	肥	宜	降
便	学	校	基	书	欲	自	携	伏	心	平	旋	观	想	马	本	考
人	上	自	虑	包	肥	解	约	因	议	研	破	动	有	便	过	口
迟	旋	复	研	草	破	特	素	复	袋	相	怪	物	父	幸	几	不
选	状	研	况	梳	虑	下	信	情	特	互	绍	苦	他	草	灵	顶
面	自	滑	喜	欢	肥	智	特	！	管	作	分	不	年	股	醋	龄
权	考	他	于	部	快	能	眼	镜	理	用	蝴	蝶	性	心	记	毛
车	平	龄	子	便	考	的	书	区	定	灵	木	他	间	衫	人	巾

两边
礼服
怪物
袋鼠
欢快的
，因此
管理
毛巾
压力
镜子
关键
学校
剪辑
相互作用
喜爱
书包
的仇恨
智能
睡眠
蝴蝶

Puzzle 18

不过
西瓜
的公路
创建
可爱的
购买
牛奶中
汉堡包
访问
温度计
对比度
结婚
的事情
希望
最后
故障
网球
很多
时钟
表现

衡	究	旋	自	休	衫	网	时	故	查	牛	傲	数	亲	士	究	访
存	！	人	旋	的	透	球	钟	野	障	奶	皂	面	疲	活	携	问
复	肉	梳	皂	欲	蠕	灵	惧	衡	休	中	水	便	电	亲	祖	闲
灵	电	虑	过	碰	肥	选	不	过	车	定	他	机	的	木	热	议
理	书	的	克	部	驱	典	究	四	车	不	视	諾	亲	远	于	秀
的	研	眼	噪	人	持	趣	眉	子	决	汉	了	他	雨	查	程	貌
看	事	不	结	考	子	票	貓	护	放	堡	书	！	惫	破	己	特
。	眼	情	婚	对	比	度	己	便	可	包	也	虑	树	很	苦	增
想	社	皂	飞	四	建	车	人	温	爱	填	衫	貓	记	多	表	优
豆	主	休	眉	破	乐	根	行	度	的	肥	瑞	稻	情	木	现	镜
亲	四	豆	带	状	望	也	规	计	驱	礼	请	究	口	乐	袋	龄
也	不	自	稳	木	摇	皂	于	迟	胶	情	购	因	热	栅	快	约
口	升	老	幸	区	雪	理	身	的	公	路	买	充	栏	秀	型	惊
近	野	>	蛾	最	恐	绍	不	希	子	项	蔻	饭	稳	不	从	醋
地	视	有	马	趣	后	创	建	望	西	瓜	损	本	飞	直	饭	私

Puzzle 19

村	本	娱	举	喜	欣	然	面	增	摇	有	光	的	担	父	惨	驱
特	来	己	理	保	主	之	究	较	低	的	修	撞	心	的	有	存
旋	驴	试	遇	马	委	差	觉	面	延	带	出	究	动	栏	图	项
情	摇	升	栏	运	员	心	优	水	滑	雪	马	摇	珍	栅	选	袖
窗	帘	觉	卷	曲	会	持	而	远	程	差	透	己	贵	脚	趾	灵
部	胶	飞	基	信	票	中	定	高	梳	娱	泽	了	程	自	士	则
骄	许	则	好	祖	了	人	义	机	根	饭	自	在	见	恐	生	撞
镜	优	能	豆	雨	稳	上	磨	之	欲	四	秘	保	楼	源	人	于
克	介	观	瑞	桌	复	的	亲	伏	自	信	諾	眉	转	下	休	了
情	察	保	基	典	租	礼	亲	镜	灵	老	虎	过	规	分	复	肉
带	究	项	转	规	人	静	而	持	要	肉	降	村	镜	许	父	排
树	循	栗	本	娱	灵	人	特	差	近	类	很	好	的	小	试	试
地	型	定	复	破	举	闲	日	草	遥	倍	究	自	马	弟	存	驼
存	区	乐	妖	介	桌	椅	情	研	自	建	了	上	解	弟	的	鹿
研	生	带	精	狭	隘	不	子	驱	邀	静	程	远	梳	回	柔	存

瑞典人
滑雪
老虎
肉类
椅子
脚趾
窗帘
在楼下
驼鹿
担心
妖精
定义
欣然
小弟弟
狭隘
卷曲
珍贵
委员会
较低的
很好的

Puzzle 20

快乐的
心脏
采用
称定
主题,
可见的
苏打水
锄头
奶酪
安全
的操作
贸易
分钟
欺骗
周期
躺在
百个
持续时间
早晨
配对

稳	则	傲	子	租	机	疲	人	图	主	题	，	百	情	傲	查	真
考	稻	的	热	理	亲	高	！	休	亲	本	乐	个	袋	滑	年	差
思	恐	议	欺	木	地	早	得	状	雪	近	喜	了	先	量	循	桥
远	议	见	骗	娱	热	晨	马	肢	破	木	持	虎	子	复	眉	排
休	降	因	填	木	之	高	从	后	保	顶	躺	续	能	日	动	图
票	光	老	采	>	光	观	的	操	作	私	在	车	时	配	毁	余
热	主	贸	用	苏	打	水	马	况	理	马	飞	野	行	间	对	碎
士	灵	加	易	奶	动	摇	热	毁	真	恢	光	答	过	看	之	镜
皂	倍	丁	出	酪	部	底	本	数	遇	望	源	飞	人	理	从	了
人	热	转	他	究	中	情	复	究	权	锄	头	请	怖	本	休	部
的	的	解	柔	面	木	书	摇	典	礼	复	灵	亲	热	撞	书	人
安	全	惨	迟	从	升	称	解	中	安	梁	倍	露	分	书	情	倍
驱	远	瑞	升	疲	栗	定	周	期	类	皂	信	便	钟	试	栏	自
安	事	柔	木	醋	香	后	视	高	充	可	见	的	乐	快	来	回
息	碎	通	骄	饭	村	肥	苦	栗	间	恐	书	心	脏	滑	图	议

Puzzle 21

决	分	试	醒	傲	携	觉	蠕	柔	虫	复	本	介	摇	香	迟	怖
余	草	自	自	老	了	高	的	四	菜	况	邻	居	存	肠	乐	决
虫	栏	出	现	>	士	苦	爷	虫	花	的	页	解	远	量	碎	醒
赂	定	素	解	有	见	乐	爷	来	梁	妹	塑	延	落	幸	雨	人
热	肥	便	查	分	子	稻	得	肥	丁	妹	特	料	袋	父	延	答
野	苦	马	释	两	次	充	透	领	子	列	表	高	面	邀	图	破
棒	球	乎	子	野	复	丁	权	镜	人	乃	地	察	蠕	苦	稳	中
增	定	余	的	了	有	自	选	也	几	乎	是	要	分	灵	看	便
议	物	见	磨	修	壁	透	自	得	理	草	虑	保	关	心	飞	礼
书	邀	种	惧	行	炉	缓	磨	蠕	便	栅	露	神	智	慧	丁	香
貓	型	>	礼	恐	虫	解	噪	草	带	饭	记	秘	遥	乐	排	礼
远	升	有	研	带	也	信	降	状	迟	看	生	加	趣	倍	平	伊
排	雪	保	近	桥	风	疲	士	出	复	特	远	基	毁	性	条	从
木	觉	幸	修	碎	静	暴	龄	透	数	乐	滑	秀	先	状	动	幸
书	滑	活	绍	便	他	凑	袋	蛾	答	骄	也	鳍	秀	龄	灵	栗

丁香
塑料
香肠
的妹妹
棒球
神秘
的爷爷
壁炉
几乎是
关心
分子
物种
出现
列表
菜花
智慧
两次
邻居
风暴
缓解

Puzzle 22

许	的	露	迟	好	的	身	便	鳍	顶	热	约	素	情	出	快	露
滑	间	虑	过	乐	大	行	貌	镜	的	信	傲	趣	性	休	摇	肢
肉	傲	项	生	过	巨	的	为	>	高	动	的	研	不	来	丁	信
貓	野	观	马	心	型	再	生	的	凑	报	价	填	面	情	图	理
傲	放	紧	面	梁	里	见	反	向	间	信	秘	梳	行	然	人	野
程	的	亮	情	子	的	人	信	页	真	镜	闲	底	迅	察	了	乐
身	然	几	举	循	损	音	>	行	皂	举	想	伊	速	上	本	究
幸	部	有	克	落	况	加	桌	香	情	基	理	空	惫	的	息	要
虑	寒	心	活	水	部	了	高	管	高	眉	兔	子	天	远	人	撞
本	冷	近	镜	亲	解	根	野	领	草	动	考	好	不	钢	笔	沙
请	的	蛾	栗	肉	亲	区	马	回	页	高	惊	答	静	素	恐	发
特	野	木	最	绍	电	保	绍	区	的	自	镜	礼	趣	稻	况	分
增	镜	况	究	幸	木	撕	裂	使	邮	护	自	几	摇	里	衡	则
区	摇	轿	跑	车	福	亲	惊	出	件	环	伏	闲	租	心	的	欲
类	马	中	树	有	然	口	袋	考	疲	议	类	似	的	破	损	转

寒冷的
高管
报价
分发
天空
类似的
轿跑车
再见
反向
沙发
钢笔
最幸福
口袋
兔子天
的行为
撕裂
的邮件
巨大的
使出
迅速

Puzzle 23

作	>	摇	要	破	任	亲	皱	小	情	微	降	的	他	的	大	程
画	号	灵	源	静	绍	命	纹	苍	衫	笑	无	看	有	教	倍	胆
柔	己	面	虎	性	带	程	本	兰	账	貌	数	火	箭	育	諾	绍
从	磨	权	里	坠	条	皂	差	有	户	>	乐	树	滑	破	破	号
木	从	木	究	研	面	醋	决	考	书	音	存	的	有	领	许	磨
水	高	的	考	况	包	乐	一	欲	日	晷	进	行	噪	袖	伏	主
量	精	神	沟	通	栗	程	分	倍	选	乃	秘	蠕	下	增	乎	主
书	飞	滑	也	不	能	撞	钱	镜	栗	办	介	间	加	礼	貌	社
高	遇	许	信	量	究	破	议	信	典	公	瑞	迟	不	树	分	的
平	下	典	面	区	村	亮	延	撞	保	室	疲	部	保	栗	的	书
思	出	行	骄	基	转	部	欲	父	衡	介	喜	胶	遇	高	货	飞
稳	之	定	过	便	绍	迟	自	约	乐	源	保	自	里	发	他	车
考	来	光	修	伊	灵	后	木	填	发	树	蛾	间	四	机	转	醒
从	加	动	四	领	近	光	租	闲	士	村	余	惊	的	野	条	根
社	娱	性	权	要	泽	摇	子	动	量	不	直	建	见	数	出	型

领袖
微笑
作画
火箭
也不能
大胆
一分钱
办公室
账户
精神
货车
面包
的教育
沟通
无数
日晷
小苍兰
皱纹
任命
进行

Puzzle 24

摘	要	的	斑	>	考	土	耳	其	护	噪	突	情	先	有	典	煲
稻	醋	栗	马	降	迟	木	辣	椒	的	虎	察	然	龄	事	思	高
租	型	欲	根	社	保	排	方	灵	分	信	快	乎	栏	水	丁	袋
情	滑	士	许	凑	主	自	马	面	析	动	祖	通	秀	情	的	要
定	冰	量	快	栏	疲	最	老	桌	飞	赂	理	高	遇	桌	发	布
制	部	底	增	查	机	想	面	心	父	栗	秘	肢	之	水	赂	趣
的	虫	恢	驱	露	特	秀	特	蔻	摇	虫	判	动	部	旋	循	考
迟	日	想	不	页	鳍	蛾	也	性	究	人	野	定	恢	諾	重	乎
活	动	象	漂	亮	有	试	瑞	坠	错	最	露	邀	虎	环	底	损
音	研	本	日	本	马	遥	书	运	身	考	循	高	恐	身	之	损
优	成	长	表	眉	有	典	的	而	水	的	苦	鳍	便	顶	本	增
镜	携	碰	达	怖	蔻	考	毁	皂	焕	选	上	地	了	情	介	休
惊	灵	趣	条	欲	亮	况	情	乃	恐	疲	灵	惊	本	醒	怖	查
凑	平	宗	放	坠	迟	惨	民	请	虑	过	想	区	觉	克	安	胶
皇	后	教	粱	理	！	然	族	车	袖	机	考	豆	身	闲	介	四

醋栗
表达
突然
定制的
想象
判定
分析
成长
民族
宗教
发布
活动
皇后
摘要
滑冰
漂亮
辣椒
土耳其
斑马
方面

Puzzle 25

冒	犯	完	秀	>	类	好	亲	准	出	之	电	素	绍	桥	充	定
保	平	整	磨	摇	惧	书	增	备	护	瑞	间	本	休	灵	边	理
真	根	的	面	虫	身	区	域	人	虑	私	的	不	村	皂	数	境
滑	号	而	疲	间	保	分	子	木	不	重	趣	透	远	经	稻	年
确	定	的	毁	野	底	傲	傲	灵	碰	虫	最	人	旋	>	营	平
音	之	页	最	稳	书	目	前	马	试	旋	因	指	错	票	自	本
试	而	究	肉	摇	间	諾	稳	事	惫	放	私	望	欲	欲	先	虫
安	典	表	碎	排	醒	肢	>	程	伏	。	杂	志	光	醒	规	几
肉	绍	明	信	胶	平	趣	心	遥	欲	便	数	循	树	也	遥	眉
休	释	也	车	蔻	存	野	自	栗	他	毁	想	昂	贵	研	因	士
股	镜	热	的	理	滑	稻	毁	精	灵	释	桌	特	>	察	增	凑
本	口	伏	遥	滑	高	于	地	栅	的	重	膝	盖	任	务	况	树
了	复	行	衬	。	恐	惫	的	摇	日	摇	静	通	议	试	因	研
身	票	理	许	坠	迟	相	旋	打	收	滑	分	行	究	袖	然	领
休	！	便	根	升	的	当	醒	法	集	土	豆	焕	年	权	遥	野

之间
土豆
膝盖
准备
冒犯
打法
指望
完整的
区域
精灵
目前
边境
相当
收集
经营
杂志
任务
昂贵
表明
确定

Puzzle 26

得	觉	书	橡	充	顾	趣	持	飞	凑	而	便	气	球	热	摇	草
区	行	好	子	研	客	情	历	肉	增	情	亮	损	高	贵	伊	喜
究	情	里	柔	稳	木	普	史	几	梁	碰	信	野	疲	放	邀	页
！	摇	素	然	接	近	地	通	破	优	机	丁	先	坠	桥	护	音
稻	号	灵	许	野	约	保	水	放	过	木	赂	自	交	有	坠	素
肉	则	项	草	子	醒	胶	一	的	优	计	地	循	面	融	便	飞
虑	凑	目	虎	礼	柔	滑	草	目	动	算	衬	。	子	音	宜	量
本	磨	动	亲	秘	子	静	坪	面	了	器	离	请	真	苦	的	的
存	驴	自	亮	错	复	几	而	部	喜	然	开	头	肉	老	地	热
稻	高	过	热	心	人	马	安	摇	伊	袋	事	部	增	释	野	赂
情	。	己	生	许	落	研	机	傲	龄	升	复	近	磨	倍	亲	视
长	度	树	人	摇	逮	部	源	查	典	通	修	素	野	生	然	飞
粗	坠	要	远	状	捕	乐	从	官	动	镜	近	从	中	摇	木	磨
心	旋	灵	图	间	心	>	摇	员	己	持	撞	答	况	观	面	！
豆	页	透	量	镜	喜	里	放	碎	瑞	自	转	股	怖	私	情	老

柔滑
交融
离开
橡子
草坪
高贵
头部
官员
历史
粗心
计算器
长度
一目了然
气球
接近
顾客
逮捕
便宜的
项目
普通

Puzzle 27

肥	人	本	马	自	思	>	畚	豆	转	况	的	肉	饭	露	破	心
雪	皂	研	请	子	上	试	规	则	村	直	洪	书	稳	公	平	静
祖	下	蔻	得	机	便	增	观	思	貌	栅	水	行	便	交	>	饭
条	有	野	上	倍	面	丁	>	电	蛾	奉	子	袖	停	留	一	般
恐	骄	的	面	泽	办	建	面	破	活	迟	献	回	蛾	条	见	稳
镜	蔻	情	速	电	公	乐	领	惨	研	土	伏	显	着	保	思	考
坠	心	分	度	柔	桌	必	须	虎	最	滑	地	运	决	于	坠	情
醋	人	祖	充	便	静	租	研	稳	通	复	不	信	恐	休	况	音
欲	电	的	乃	填	袖	情	惧	衬	桌	优	栏	区	滑	修	定	情
后	下	车	恢	任	肥	秀	鳍	机	持	环	余	恐	摇	放	倍	！
规	信	苦	决	何	惊	木	上	远	虑	查	部	息	延	桥	便	典
结	果	情	迟	信	信	乃	错	木	桌	出	推	迟	滑	伊	肢	复
权	建	情	人	无	爱	伊	生	解	高	口	村	野	滑	蠕	木	中
最	赂	主	则	名	好	肢	记	看	醋	木	下	身	息	树	答	损
差	便	汽	车	指	望	衫	快	便	桌	香	之	人	最	情	有	他

规则
平静
木乃伊
肥皂
公交
爱好
停留
必须
奉献
办公桌
推迟
洪水
汽车
结果
速度
显着
任何
土地
一般
无名指

Puzzle 28

严重
陪审团
艇体
野猫
胡萝卜
的记忆
复杂的
外部
正式
投票
可笑的
蔓延
蒸汽
单独
距离
麻烦
番茄
行业
蜡笔
围巾

号	桥	灵	栗	滑	观	之	而	镜	磨	虑	面	蔻	放	肉	地	复
心	貌	马	复	定	礼	惨	数	快	蛾	麻	烦	惧	试	不	许	光
有	投	活	趣	信	望	醒	肉	肉	心	的	艇	年	部	亮	页	泽
之	票	高	选	身	考	降	顶	撞	>	水	体	人	镜	乃	回	部
喜	畚	惊	的	热	稳	的	过	碰	平	护	距	充	考	伊	水	平
心	邀	恢	笑	记	号	权	香	貌	野	猫	离	蔓	的	区	凑	围
幸	透	高	可	部	忆	陪	喜	真	光	本	便	延	水	而	子	巾
伏	野	过	复	杂	的	股	审	坠	乐	草	安	平	亮	情	举	票
主	饭	心	伊	看	遥	的	快	团	遥	碎	木	恢	欲	单	独	心
释	观	选	驱	情	信	想	破	热	释	乐	高	肢	息	木	父	领
音	理	露	他	正	式	士	。	老	顶	加	延	坠	眉	毁	决	也
情	记	蜡	马	存	出	飞	后	外	部	升	介	间	蔻	自	遥	信
严	重	笔	而	人	蒸	水	素	复	饭	番	子	肉	人	子	填	他
噪	马	胡	萝	卜	汽	行	业	放	父	梁	茄	理	露	的	型	趣
从	最	热	摇	破	落	分	热	凑	倍	了	了	地	蠕	举	修	释

Puzzle 29

滑	数	蛾	肉	里	性	票	重	决	龄	牙	源	选	邮	递	员	恐
观	灵	里	惨	情	隐	自	休	下	鳍	齿	通	老	木	安	眼	请
情	面	惧	透	破	藏	亲	雨	排	坠	而	常	会	肥	静	机	特
噪	的	之	加	泽	能	过	高	几	复	倍	的	建	见	请	虫	梁
独	野	雨	摇	梁	约	便	增	性	醋	分	理	灵	活	>	醒	稳
自	说	服	况	的	究	闲	丁	远	部	便	究	摇	野	肥	露	动
惊	建	远	便	，	其	基	乎	礼	人	飞	书	便	自	遥	况	平
邀	分	化	热	摇	情	恢	滑	虑	眉	书	复	欲	祖	先	祖	近
思	动	观	妆	桌	几	后	试	条	飞	信	雪	先	撞	考	活	虑
信	安	排	况	泽	肉	倍	损	降	数	快	羊	群	毁	建	填	主
娱	趣	心	子	的	部	分	保	决	乐	煲	木	嘲	讽	况	承	担
行	损	破	马	恢	肥	便	趣	请	的	木	修	摇	保	增	中	衡
惩	不	基	见	认	为	冰	出	不	排	绍	乐	稳	决	衬	驱	静
过	罚	旋	权	有	真	霜	豆	毁	股	面	便	保	克	而	况	！
区	日	后	趣	项	丁	从	士	约	真	几	部	人	感	谢	热	秀

祖先
灵活
会见
，其
认为
惩罚
感谢
承担
说服
化妆
独自
牙齿
安排
冰霜
隐藏
通常
部分
邮递员
羊群
嘲讽

Puzzle 30

先	疲	考	源	露	军	其	他	平	回	亲	最	他	休	况	试	喷
>	性	充	便	出	人	他	身	人	心	中	乐	水	！	图	优	泉
护	篮	球	因	生	年	增	间	木	欲	露	透	乐	身	部	书	规
基	克	透	摇	諾	地	活	露	他	鳍	型	磨	行	吊	着	面	落
赂	好	灵	几	填	的	本	选	马	热	信	过	社	人	填	许	衬
可	见	望	露	情	地	士	秀	则	蔻	存	包	透	高	灵	顶	貓
喜	重	见	凑	一	书	娱	数	尤	其	是	只	子	修	改	乎	眉
士	香	复	机	系	幽	灵	了	书	应	该	年	许	野	动	心	袖
理	傲	本	使	列	股	情	饭	身	行	社	重	究	肥	磨	心	落
根	觉	好	虎	用	那	种	存	丁	型	的	顶	秀	能	错	克	便
带	驴	举	稳	>	的	肉	保	然	落	况	亮	镜	转	复	摇	肉
典	得	貌	要	带	后	复	延	上	澄	清	状	直	底	周	柔	型
地	音	灵	权	绍	肢	的	余	乐	蘑	他	间	态	几	年	野	坠
毯	情	况	顶	栏	泽	私	解	眉	菇	降	秀	恢	四	醋	栅	行
碰	究	见	生	欲	了	心	之	机	信	事	水	填	他	优	上	本

修改
尤其是
其他
军人
一系列
状态
出生
包子
篮球
只是
周年
吊着
蘑菇
可重复使用的
喷泉
幽灵
澄清
地毯
那种
应该

Puzzle 31

熟	悉	复	啤	酒	保	证	能	虑	老	部	复	权	请	发	平	惊
煲	毁	己	自	动	雪	父	貓	马	恐	典	觉	见	乐	动	最	原
破	便	部	票	分	金	丝	雀	回	释	了	桌	定	否	机	迟	他
主	真	股	自	加	乎	后	护	的	肉	查	特	位	研	填	驴	镜
步	亲	望	页	真	规	小	鸭	色	栏	香	恐	木	貌	转	最	了
稻	行	决	平	技	幸	信	余	彩	秘	傲	野	>	便	镜	直	。
保	电	袋	过	巧	袋	页	不	醒	木	心	透	惊	休	透	的	中
轻	微	不	差	环	型	饭	护	想	几	因	见	秘	野	典	因	虫
本	查	镜	考	书	苦	保	惊	狮	子	增	机	面	貓	热	灵	烧
泄	漏	信	答	来	出	制	惨	马	衬	思	伊	便	煲	便	望	毁
饭	优	秀	量	村	信	造	邀	肉	雪	镜	坠	动	凑	灵	信	带
乐	蛾	了	肥	乐	磨	礼	透	怖	趣	栏	决	毁	便	衡	建	页
重	基	煲	号	胶	运	亲	旋	驱	况	丁	丁	改	得	香	>	源
冰	雹	察	保	下	保	检	闲	坠	胶	请	虎	善	要	于	请	的
士	高	摇	肢	四	私	水	讨	旋	惧	噪	然	休	而	机	出	欲

发动机
的色彩
烧毁
熟悉
保证
检讨
狮子
技巧
定位
金丝雀
冰雹
制造
步行
否定
改善
泄漏
轻微
平原
小鸭
啤酒

Puzzle 32

舞台
礼物
可怕的
片段
减少
现任
冲突
醒来的
就像
男性
敌人
负责
您选择
洋葱
退出
纠结
海雀
配备
聚焦
蟾蜍

自	磨	他	解	信	遥	您	坠	机	男	自	乃	现	车	蟾	梁	衡
而	亲	水	祖	乃	貓	选	虫	信	性	心	发	任	醒	亮	蜍	先
之	草	生	典	露	携	择	生	怖	音	休	老	携	栏	肉	乐	香
程	降	娱	观	状	疲	股	惊	貓	海	雀	礼	瑞	雨	权	差	上
的	特	心	自	行	透	倍	醒	高	敌	便	苦	木	议	面	约	醒
考	复	项	袋	摇	露	本	的	来	人	碰	冲	光	瑞	木	雨	惫
片	段	邀	栅	排	煲	情	蛾	木	的	伏	突	父	虑	有	部	面
日	建	典	记	舞	台	聚	焦	直	而	肉	肉	子	理	洋	葱	摇
！	水	部	退	出	可	减	木	记	噪	袖	趣	肉	蛾	静	私	亮
行	平	惧	回	毁	怕	少	水	滑	加	老	子	镜	观	规	便	灵
视	木	的	议	页	的	趣	加	保	遇	不	自	然	諾	面	露	便
露	加	娱	高	子	答	镜	摇	傲	幸	纠	结	水	量	负	于	袖
虎	透	人	顶	要	衫	就	蠕	遥	转	部	降	程	心	责	乐	考
饭	保	不	欲	不	泽	像	最	子	肉	配	远	伏	礼	物	行	试
驱	股	于	领	栗	重	上	肉	最	秀	面	备	乐	！	研	事	远

Puzzle 33

香	图	栗	思	图	研	身	平	好	究	人	梁	摇	热	型	惨	肉
要	过	状	本	滑	的	谈	话	时	最	特	安	心	丁	光	人	修
热	面	飞	得	虎	主	过	试	露	秘	子	热	因	信	恐	镜	了
这	间	马	循	柔	机	梁	龄	面	人	驴	日	糖	果	野	试	察
然	样	秘	的	信	有	子	有	量	究	远	落	里	皂	马	直	区
亮	驴	自	欢	要	粗	稻	伤	情	况	形	状	出	书	底	差	先
木	口	记	迎	虫	鲁	思	心	便	先	发	间	情	则	的	异	损
图	树	观	中	介	机	数	栅	坠	许	水	己	娱	特	老	要	出
欲	专	觉	灵	介	迟	损	况	自	程	来	所	需	举	摇	梁	傍
恐	门	惊	究	最	透	下	循	结	水	鳍	眼	他	柔	余	请	晚
怕	乐	回	部	数	便	研	袖	构	马	>	完	木	马	草	惫	己
分	真	灵	紧	马	疲	马	肥	媒	特	遇	倍	美	情	票	观	本
趣	考	循	咖	民	顶	发	动	体	选	貓	究	要	的	研	的	身
焕	滑	露	啡	俗	肥	眼	中	自	苦	降	。	肉	身	查	差	看
素	许	稻	草	人	人	状	性	行	真	直	趣	欲	答	雨	摇	出

情况
恐怕
专门
稻草人
傍晚
媒体
民俗
的谈话
的欢迎
所需
糖果
完美的
咖啡
粗鲁
差异
结构
这样
平时
伤心
形状

Puzzle 34

保	有	肉	保	活	重	树	部	不	马	泥	饭	地	乃	根	稳	根
养	过	摇	差	研	灵	真	野	介	惨	蛾	泞	情	看	衡	>	从
引	进	建	类	摇	愿	状	高	上	惨	成	上	考	安	修	子	丁
本	便	梁	权	肉	重	望	悲	惨	排	考	功	思	考	迟	优	木
惨	貓	最	才	人	的	然	突	栅	解	平	热	票	疲	视	存	自
諾	及	高	医	疗	好	醒	的	飞	傲	介	几	特	豆	息	最	生
股	其	究	加	乃	处	猴	子	项	恢	损	确	切	典	欲	礼	转
欲	动	幸	士	>	许	好	虑	欲	动	则	諾	虎	呼	草	平	情
了	摇	发	展	他	他	见	自	存	几	觉	趣	机	吸	宜	幸	加
疲	凑	袖	的	光	解	疲	平	信	释	电	保	约	许	远	日	许
选	数	貓	查	>	里	最	息	>	音	息	柔	母	鸡	鳍	乐	人
根	水	安	行	有	租	举	行	行	部	本	保	桌	望	热	秀	亲
噪	回	源	便	便	拒	豆	了	面	>	有	树	发	权	想	增	下
木	短	暂	口	产	绝	热	的	亲	源	自	升	转	书	顶	理	柔
中	旋	噪	里	生	先	的	运	底	心	怖	平	研	焕	露	数	电

突然的
引进
最高
的好处
悲惨
愿望
成功
猴子
拒绝
及其
发展
医疗
呼吸
泥泞
母鸡
的人才
确切
短暂
产生
保养

Puzzle 35

优	了	目	稳	乐	也	梳	自	稳	木	持	好	防	卫	书	区	权
来	条	的	温	文	尔	雅	周	六	究	心	肥	释	便	迟	理	落
究	赂	参	栏	活	号	最	损	伊	见	遇	貓	休	木	他	亲	露
驴	书	碎	加	租	评	究	许	领	木	恐	建	况	建	栏	思	惫
研	热	安	宜	女	估	噪	稳	信	存	不	心	他	理	驴	思	驱
雨	有	理	重	巫	医	药	身	几	增	护	秋	季	。	焕	发	规
动	最	复	鳍	底	解	光	虑	紧	秀	不	思	面	损	蛾	虫	觉
赂	木	充	飞	的	休	香	干	复	保	票	错	马	栗	坠	解	紧
紧	喜	趣	特	保	虫	的	旱	雨	视	面	规	租	里	考	试	肥
连	情	页	灵	摇	恐	的	飞	虑	顶	摇	修	保	约	直	来	本
滑	拍	充	最	许	社	量	况	错	惨	亲	。	稻	电	间	批	要
亲	口	页	马	成	蛾	碎	息	公	老	损	的	伏	瑞	动	判	滑
有	露	绍	凑	为	落	人	像	民	恢	看	泽	恐	覆	盖	绽	秀
祖	醒	因	热	因	情	电	他	议	填	策	然	介	惧	能	放	热
升	稳	出	静	复	延	坠	地	栅	动	略	身	携	运	情	老	梳

焕发
覆盖
成为
女巫
评估
批判
公民
温文尔雅
策略
秋季。
参加
防卫
周六
医药
绽放
连拍
干旱
人像
目的
的恐惧

Puzzle 36

墙上
本质
年龄
大厅
慷慨
入口
橡胶
民主
时间表
指责
放养
足球
明亮
山羊
是指
最大
激发
皮肤
蜘蛛
得到

自	后	年	闲	然	己	保	自	恢	音	灵	人	的	木	了	间	余
水	士	龄	本	余	面	思	复	乃	怖	滑	看	煲	口	父	自	子
则	肉	里	特	醋	噪	欲	瑞	活	平	邀	增	得	到	直	桌	日
野	明	亮	绍	升	试	决	树	橡	上	桥	升	諾	信	年	乐	约
指	透	祖	损	龄	落	升	滑	胶	而	环	邀	足	球	桌	入	皂
马	责	木	情	>	飞	坠	基	木	几	坠	飞	摇	损	虑	口	最
马	饭	邀	排	桥	持	高	人	撞	见	条	肥	况	克	出	厅	大
理	号	是	议	袖	惨	慷	慨	秀	蜘	信	理	量	蛾	书	毁	保
马	安	绍	指	皮	肤	行	权	日	蛛	定	休	马	父	人	查	邀
磨	諾	望	动	分	肢	而	諾	摇	摇	觉	自	远	近	山	羊	焕
便	生	平	肉	墙	上	草	绍	热	好	从	然	里	书	衫	最	远
梳	肉	村	亮	野	直	激	书	趣	衡	自	部	休	的	介	眉	信
试	心	放	复	研	则	栏	发	本	遥	时	身	树	赂	乐	真	理
转	里	养	民	主	本	趣	邀	质	马	间	余	。	情	坠	保	几
静	租	肥	摇	平	情	飞	袋	衡	视	表	醒	快	租	查	稳	虫

Puzzle 37

怖	基	尖	自	邀	图	驱	想	骄	型	查	运	素	股	权	试	信
瑞	树	不	尖	请	里	远	通	于	条	伏	之	香	乎	特	摇	惊
观	直	权	于	的	飞	倍	父	怖	飞	自	人	高	秘	趣	约	恐
行	宠	物	热	露	动	尖	叫	望	木	亮	桌	自	下	研	究	行
傲	思	面	况	傲	乃	望	的	票	决	增	典	升	然	权	恐	存
有	底	持	量	状	性	安	的	错	树	蠕	摇	心	人	条	电	于
真	焕	觉	的	遥	摇	豆	排	静	镜	肢	西	息	闲	心	约	梳
绍	高	机	灵	生	焕	量	观	赂	加	视	香	部	东	高	碎	傲
犹	破	之	乃	的	约	邀	快	信	股	放	的	场	景	信	察	滑
豫	子	热	老	老	页	秘	人	持	热	充	坠	源	父	本	栅	人
摧	教	区	错	袖	开	状	保	灵	有	角	飞	人	情	导	向	肉
毁	本	师	凑	怖	玩	苦	复	灵	下	色	带	型	环	子	热	持
摇	部	灵	查	升	笑	眉	最	填	必	要	的	而	包	豆	带	底
前	者	邀	后	因	貓	紧	邀	龄	情	社	栏	排	裹	玻	璃	几
损	亮	好	优	活	好	研	民	用	滑	惨	树	况	介	形	容	社

研究
东部
邀请
开玩笑
角色
西部
尖尖的
犹豫
前者
导向
玻璃
尖叫
宠物
民用
摧毁
包裹
必要的
教师
的场景
形容

Puzzle 38

恢复
胶水
检查
自愿
的爸爸
几个
伟大的
记录
打破
包含
北方
语言
长期
既不
面对
一滴
自娱自乐
得分
灭亡
未能

先	要	远	鳍	年	特	保	凑	得	的	坠	貓	定	地	喜	邀	伏
諾	电	型	自	增	祖	几	既	不	爸	撞	查	之	权	恢	的	理
克	眼	性	粱	本	年	则	趣	理	爸	页	面	高	地	人	况	龄
惧	秘	持	书	破	四	士	典	打	后	况	保	绍	动	于	便	皂
损	豆	地	子	噪	损	规	胶	破	他	因	能	量	典	宜	高	迟
喜	行	遥	部	况	的	加	水	部	要	遇	机	祖	未	能	镜	饭
自	则	复	虫	伟	大	的	灭	亡	答	父	分	树	煲	分	见	加
克	存	趣	条	幸	私	惨	信	之	碎	了	一	循	几	肉	底	自
信	信	信	绍	主	恢	桌	带	解	父	转	过	滴	个	平	高	息
树	自	因	北	方	活	口	摇	车	转	区	情	露	量	书	肉	醒
摇	本	远	持	想	闲	几	梳	年	胶	蛾	试	镜	最	毁	露	见
坠	想	长	过	恢	驴	愿	自	疲	欲	理	袋	惊	煲	蛾	木	皂
包	坠	飞	期	复	记	录	娱	不	乎	便	之	透	性	信	面	车
行	含	面	对	语	言	要	自	袖	栗	得	分	了	肢	不	蠕	秘
检	查	落	快	看	高	近	乐	静	损	坠	稻	破	袖	桌	灵	人

Puzzle 39

特	后	特	煲	信	马	鳍	便	乐	肥	项	远	便	>	请	家	出
仍	亲	决	况	直	亲	瑞	同	情	煤	炭	肥	摇	自	因	伙	携
审	然	风	解	有	环	觉	人	摇	丁	子	源	乐	便	图	股	士
判	运	险	的	梁	飞	举	情	频	高	快	地	里	余	增	眉	露
晚	些	时	候	和	本	噪	肉	繁	傲	项	子	视	的	自	因	的
摇	得	鳍	凑	衫	马	保	高	的	貌	插	諾	取	画	的	后	中
身	子	了	镜	延	主	醒	票	雪	碰	豆	入	决	笔	快	草	基
的	摇	焕	雨	虑	部	闲	礼	因	合	露	日	于	细	人	便	信
因	自	焕	回	情	重	水	号	租	作	凑	丁	疲	乃	腻	快	衫
恢	梁	研	貌	持	喜	芹	雪	而	伙	豆	生	摇	树	几	议	察
底	马	梁	蠕	重	欢	雨	倍	子	伴	出	行	复	理	事	生	人
记	来	护	选	諾	惊	灰	色	稳	面	私	高	价	格	事	答	安
身	人	究	领	升	村	项	身	苦	地	驱	音	通	心	凑	查	本
碰	貓	释	动	走	乎	回	的	查	磨	远	加	性	驴	区	貌	心
露	他	电	复	了	研	直	也	镜	答	香	过	别	人	瓢	虫	情

风险
晚些时候和
灰色
煤炭
别人
插入
家伙
审判
走了
频繁的
同情
的画笔
水芹
瓢虫
合作伙伴
喜欢
细腻
取决于
价格
仍然

Puzzle 40

眉	近	伊	远	介	温	决	苦	车	！	放	露	豆	情	坠	虫	此
黄	油	伊	雨	分	度	人	存	镜	误	雪	花	特	欲	本	几	处
项	信	看	量	人	特	议	本	高	差	思	究	苦	坠	主	宜	事
得	也	伏	修	衡	加	好	究	子	增	休	碎	升	面	。	号	循
乐	秘	坠	遇	袋	解	心	远	虑	鳍	主	镜	亲	最	能	私	坠
衬	放	蔻	介	看	行	察	文	章	能	研	回	研	本	定	袖	延
监	狱	恢	洽	谈	碎	灵	过	欲	议	人	思	灵	况	礼	能	凑
袋	保	好	研	亲	喜	疏	结	回	梳	人	年	人	伏	车	考	释
捕	捞	条	喜	来	持	得	散	论	先	心	吸	撞	溜	他	>	毁
释	高	牙	的	桌	旋	心	衫	自	摇	本	租	血	冰	赂	桥	亲
五	个	医	典	坠	伊	落	己	型	自	充	上	排	鬼	增	重	通
辩	论	秀	查	亲	放	于	我	们	己	摇	娱	毁	延	行	答	焕
醋	撞	蛾	损	复	图	邀	有	增	解	毁	本	地	理	透	子	举
磨	人	错	四	租	恢	木	年	的	选	本	加	部	村	答	最	复
破	村	不	光	快	请	小	说	面	究	等	于	平	梁	年	转	欲

牙医
我们
等于
吸血鬼
误差
此处
捕捞
疏散
黄油
小说
温度
溜冰
文章
洽谈
雪花
五个
本地
监狱
结论
辩论

Puzzle 41

护	况	重	活	己	部	桥	基	的	间	最	骄	飞	的	吸	过	思
士	从	人	电	错	虫	微	地	打	直	也	带	旋	热	乐	取	幸
摇	疲	携	肥	人	而	小	惫	招	的	恐	设	复	请	直	持	清
类	灵	本	丁	介	邀	的	他	呼	情	部	增	计	最	部	中	空
量	差	>	请	虎	树	运	保	马	伏	豆	栅	秀	来	日	区	坠
自	骄	邀	恐	灵	一	直	。	看	水	保	平	旋	稻	皂	车	>
动	桥	则	的	快	坠	先	柔	惧	野	自	露	子	衬	越	来	越
牙	私	瑞	黄	桌	他	保	教	基	相	虑	了	见	思	惨	增	栅
刷	学	习	鼠	存	查	里	毁	练	同	惨	损	露	最	栅	虑	思
面	静	野	狼	他	幸	遇	能	摇	因	摇	闲	老	焕	遇	议	噪
祖	信	号	增	眉	类	士	页	马	类	趣	后	破	坠	栅	事	重
的	查	村	克	添	欲	乃	区	他	情	心	优	邀	图	想	虎	摇
车	护	的	遭	加	考	马	近	亲	滑	后	木	面	摇	野	私	息
行	计	复	受	带	复	热	基	型	先	坠	肢	本	眉	修	条	肉
从	算	绍	规	本	的	希	望	的	余	露	绍	年	条	柔	理	自

信号
他的
牙刷
护士
学习
计算
打招呼
越来越
设计
吸取
添加
的希望
黄鼠狼
相同
教练
微小的
清空
遭受
一直
基地

Puzzle 42

碎	于	亮	木	护	数	自	邀	高	余	旋	时	人	蔻	人	加	高
习	惯	几	露	焕	人	许	伊	自	平	决	间	醒	刺	猬	秀	士
的	教	训	衫	缩	蛾	真	余	持	丁	欲	奇	怪	维	护	棉	便
衡	驱	了	驱	亮	写	释	事	来	衫	权	领	肉	出	面	宜	花
过	事	选	转	马	基	约	也	法	规	遥	伊	豆	乎	损	源	武
填	延	能	高	摇	毁	乐	修	护	出	驴	生	蔻	携	介	先	器
恐	查	乐	破	回	决	>	虑	理	怖	书	有	衬	遥	支	的	饭
皂	思	音	瑞	亲	噪	情	不	回	增	书	量	光	远	持	秀	眼
安	静	的	状	胶	袖	先	碎	程	高	回	栅	决	豆	过	旋	摇
便	保	摇	要	肥	海	动	研	眉	稻	考	身	转	试	项	栏	坠
溜	的	环	远	肢	滩	肉	书	草	近	来	摇	栅	倍	貌	票	根
香	冰	水	议	欲	子	热	怖	蠕	灵	程	野	手	套	看	有	不
存	思	鞋	复	紧	眼	四	下	心	事	眉	几	毁	马	欣	赏	试
余	克	邀	升	里	煲	便	破	煲	望	平	保	了	磨	雪	煲	看
想	行	栏	毁	的	丁	活	研	息	他	豆	活	娱	延	迟	最	水

肉豆蔻
遥远
延迟
奇怪
棉花
手套
武器
安静的
刺猬
欣赏
的音乐
支持
海滩
溜冰鞋
的教训
法规
缩写
维护
习惯
时间

Puzzle 43

情	滑	研	排	坠	栏	条	介	透	保	摇	研	来	信	替	摇	后
柔	噪	究	好	衫	撞	分	諾	旋	得	伏	记	焕	了	代	肉	士
倍	例	外	宜	而	下	肉	稻	碰	虎	特	雨	衡	惊	电	从	休
情	人	节	升	入	祖	木	情	凑	宜	股	乃	镜	放	子	私	复
答	状	许	心	了	挑	过	生	祖	傲	邀	的	回	中	书	考	几
息	于	好	鳍	披	战	增	数	肥	药	物	衫	乐	疲	宜	碎	修
骄	子	底	不	萨	人	紧	循	镜	能	下	情	美	味	骄	选	行
邀	恢	有	信	得	露	张	有	年	四	亲	行	泽	他	组	合	攻
子	落	他	桥	伊	复	面	近	出	定	查	修	快	有	特	于	击
磨	谨	娱	考	理	坠	于	粟	本	稳	保	解	骄	解	滑	升	镜
！	娱	慎	边	试	观	项	的	对	不	起	察	页	马	秘	谦	虚
香	肉	肉	赂	缘	口	乎	放	数	的	条	权	事	真	复	过	思
子	鳍	本	鳍	规	热	子	重	据	介	自	便	年	项	乐	心	身
想	左	腿	监	测	便	远	粱	摇	下	便	根	醒	赂	努	心	高
中	顶	信	考	透	驱	坠	傲	身	望	安	的	幸	袋	諾	力	电

不稳定
对不起
情人节
努力
谨慎
药物
挑战
升入
披萨
谦虚
紧张
攻击
替代电子书
数据
组合
美味
监测
左腿
边缘
例外

Puzzle 44

构造
标记
第一
维生素
手机
请求
利润
晃晃悠悠
动词
居民
亲爱的
绝对
洗衣
温水
经济
麋鹿
雪貂
明确
细胞
经验

摇	栏	桌	马	遥	几	面	稻	先	不	他	碎	虑	决	而	老	水
木	验	肢	细	胞	虑	答	丁	的	村	本	虑	休	源	皂	坠	鳍
转	经	顶	倍	特	摇	栏	惊	构	造	高	间	思	凑	思	本	的
利	济	排	信	明	确	肉	源	第	类	息	秘	。	饭	考	理	>
润	想	乃	驱	真	露	马	醋	一	有	过	转	标	摇	保	撞	几
己	梳	主	蠕	栅	平	柔	惧	心	飞	部	情	记	镜	延	袋	他
虑	约	心	加	本	晃	晃	悠	悠	木	飞	己	灵	自	身	柔	的
状	回	麋	车	桌	权	典	居	摇	口	型	动	请	绝	对	貓	情
心	了	鹿	信	的	衫	眉	伊	民	手	机	词	求	来	士	介	水
父	磨	温	恢	伊	条	自	露	定	稳	倍	情	洗	树	泽	露	磨
充	便	水	保	露	肥	野	驴	区	有	肉	心	出	衣	热	则	的
雪	貂	驱	幸	得	乃	梳	维	磨	虑	蠕	能	赂	绍	透	优	的
野	近	噪	柔	不	条	素	亲	生	也	护	社	绍	乎	衬	諾	粟
幸	信	镜	见	几	驴	碰	想	领	素	情	旋	好	栅	况	典	基
规	的	亲	爱	的	况	行	间	看	损	页	况	雨	亲	运	研	持

Puzzle 45

野	热	主	吸	引	力	优	选	乎	的	烂	灿	光	阳	摇	伏	幸
焦	典	察	心	肉	人	心	肢	秘	父	镜	则	驴	秘	考	树	煲
选	点	环	傲	修	一	二	○	二	亲	真	树	虑	余	水	獭	飞
远	马	余	的	毁	噪	加	光	存	的	信	>	雨	重	摇	安	面
反	过	来	稳	况	秀	的	介	自	议	系	蔻	特	排	惊	修	复
社	惊	看	摇	复	蠕	得	修	眼	护	统	租	的	不	恐	复	疲
醒	危	有	坠	静	增	情	远	远	雨	几	充	肉	面	面	项	携
保	险	秘	菠	菜	充	过	高	露	放	假	得	复	活	况	心	下
复	最	议	桌	袖	驴	考	便	兴	最	趣	>	程	排	野	蔻	差
主	吃	饭	欲	本	乐	限	保	试	区	音	理	自	本	镜	梳	根
典	面	骄	议	记	北	极	先	栅	书	狗	宜	的	状	肉	私	的
视	得	镜	远	根	之	草	本	人	秘	小	妻	子	活	情	的	坠
平	雪	皂	选	试	保	栗	成	足	够	的	碰	而	发	人	觉	人
书	亲	议	摇	放	本	亮	肥	年	乎	怖	循	野	木	有	柔	驱
修	安	宜	草	眼	蔻	肢	眉	的	平	面	试	！	伏	况	转	碎

修复
的父亲
高兴
极限
焦点
足够的
妻子
成年
反过来
北极
菠菜
的小狗
阳光灿烂的
一二○二
水獭
放假
系统
危险
吃饭
吸引力

Puzzle 46

恐	露	祖	排	声	大	另	一	个	携	掩	真	具	噪	相	出	举
理	心	部	理	快	便	破	自	生	错	盖	图	子	体	反	中	存
觉	顶	坠	飞	研	摇	中	皂	趣	误	了	便	傲	伊	音	飞	护
本	差	平	灵	条	豆	傲	断	的	绍	的	理	重	程	观	增	过
中	项	记	行	改	革	蔻	区	老	增	子	发	镜	循	饭	滑	衬
间	木	乃	的	子	人	秘	>	祖	>	滑	亲	最	豆	领	碎	蛾
基	试	透	许	姐	姐	夏	人	传	统	性	的	近	本	快	启	动
肉	衡	绍	操	出	凑	天		美	国	能	租	源	俏	蔻	直	热
噪	旋	后	顶	作	事	的	填	面	转	落	栏	龄	皮	带	碰	降
恢	看	松	机	心	透	肥	亮	的	他	遥	幸	不	驱	上	桌	人
摇	号	鼠	休	循	真	顶	幸	透	中	撞	飞	护	音	间	考	也
村	一	起	携	情	先	来	鳍	的	欲	丁	损	摇	页	考	梳	延
最	眼	电	惫	马	也	惧	面	增	自	生	音	填	保	电	项	考
子	亲	安	>	绍	磨	人	查	驱	人	能	建	面	有	好	根	豆
高	蛾	事	亲	信	特	的	复	他	衡	眉	复	疲	本	自	秀	升

美国
最近
传统
大便
俏皮
大声
性能
松鼠
具体
姐姐
操作
启动
掩盖
夏天的
错误
另一个
相反
改革
中断
一起

Puzzle 47

绍	老	况	察	桌	面	倍	凑	因	虑	型	摇	优	远	错	想	情
最	规	心	情	木	保	蠕	介	性	分	先	高	差	分	驱	袋	先
一	表	面	破	克	余	龄	复	望	条	摇	露	怖	凑	采	访	摇
充	定	况	飞	貌	镜	事	而	马	行	情	磨	性	人	礼	身	落
延	研	疲	眉	人	他	下	驱	的	木	赂	素	研	想	考	笑	醋
本	碰	心	乐	口	野	察	的	>	乐	他	镜	亲	远	人	了	的
公	共	苦	蠕	龄	面	坠	地	宜	充	袋	丁	理	落	鞋	状	最
看	胆	骄	价	书	焕	便	则	部	底	状	填	坠	羊	的	东	西
教	小	约	值	己	滑	自	加	规	趣	村	野	飞	重	伏	的	究
室	理	栅	人	议	磨	不	通	他	出	平	惫	肉	不	他	解	傲
记	分	侣	热	袖	条	许	肢	趣	茶	壶	有	飞	活	情	眉	坠
飞	肢	情	反	然	磨	生	回	投	入	性	眉	察	颜	家	具	虫
循	衡	的	应	源	息	后	毁	页	情	从	虫	毁	肢	料	而	惫
了	丁	排	文	复	也	人	自	理	重	望	肉	乎	解	危	镜	本
有	人	安	面	章	绍	衡	灵	己	恢	究	休	试	中	机	动	摇

表面
公共
采访
笑了
茶壶
投入
家具
危机
反应
教室
的文章
一定
的羊
人口
价值
颜料
的东西
的情侣
的鞋
胆小

Puzzle 48

主题
准则
兴趣
承认
鸟啼
尺寸
水波
工作
薪酬
月亮
蜗牛
避免
的项目
仅仅
一次
面包车
这种
标准
格式
土狼

承	的	恐	避	月	面	包	车	兴	绍	滑	乃	摇	的	发	保	滑
认	间	项	免	存	亮	尺	面	趣	桌	真	露	子	村	主	租	稻
喜	撞	觉	目	木	能	衫	寸	子	选	根	基	亮	错	机	发	页
约	增	觉	议	格	式	一	次	滑	摇	栏	觉	信	发	保	乐	放
况	遥	许	便	坠	亮	醋	顶	眉	日	观	惧	自	试	怖	通	稻
本	电	驱	研	乎	心	平	子	自	闲	票	的	水	波	复	私	保
蜗	虫	增	年	观	升	丁	龄	趣	土	页	趣	子	租	填	瑞	下
牛	回	的	泽	心	村	稻	机	欲	狼	伏	型	虫	考	肉	类	惧
貌	底	滑	查	环	信	摇	觉	间	貌	高	赂	的	主	衬	书	保
准	标	栏	平	排	士	发	欲	的	野	排	看	机	题	灵	灵	研
则	保	行	仅	仅	肥	主	决	傲	自	恐	趣	旋	便	绍	加	>
木	特	喜	下	自	答	答	视	雨	看	疲	查	梁	携	行	私	思
典	思	亲	过	坠	鸟	啼	觉	想	眉	这	条	工	作	便	木	稻
状	租	坠	水	保	年	有	远	携	龄	种	信	想	惨	破	保	稻
自	况	事	得	遥	丁	撞	思	本	虎	灵	动	皂	薪	酬	状	木

Puzzle 49

口	高	邀	携	猫	野	叫	着	惨	理	于	便	保	，	马	蛾	直
请	平	衫	人	环	座	子	近	驱	论	环	本	豆	动	磨	票	约
>	心	素	亲	条	面	近	乃	露	上	差	重	余	物	蓬	松	雨
通	十	年	型	醒	的	鳍	望	秘	情	梳	复	毁	了	股	里	页
丁	来	不	泽	携	条	高	祖	幸	周	到	的	社	四	考	答	觉
人	理	惊	高	要	快	最	然	生	排	貓	的	女	儿	修	木	约
的	许	好	直	不	落	音	饭	马	更	梁	柔	自	出	号	人	伏
醒	灵	理	程	邀	思	社	己	>	根	好	上	乐	眉	趣	有	碎
降	他	不	的	回	带	草	皂	答	租	便	的	公	的	数	据	士
理	岸	图	去	究	光	信	况	项	胶	胶	高	平	司	然	性	虑
木	上	雨	除	数	乎	竞	争	落	身	有	最	许	驱	放	虫	碰
环	红	村	研	身	降	柔	信	入	股	安	分	事	思	伊	升	栗
号	萝	声	来	加	衫	放	傲	休	况	木	选	页	试	人	见	定
远	卜	明	到	坠	况	祖	看	貌	貓	貓	试	镜	心	的	试	趣
疲	乐	灵	灵	研	老	磨	下	近	特	快	分	循	便	解	持	四

重复
的女儿
声明
竞争
公司
周到的
猫座
落入
十年
蓬松
岸上
的数据
叫着
红萝卜
去除
理论上
更好的
来到
最高的
，动物

Puzzle 50

崩	溃	身	驱	移	动	的	卧	室	活	雪	政	治	电	年	意	邀
胶	中	碰	放	根	而	于	保	幸	了	球	乘	法	影	苦	情	见
休	幸	也	碰	肉	子	醒	从	后	飞	视	信	面	最	恢	木	子
遇	权	究	蠕	优	介	填	急	行	梳	情	飞	人	的	泽	子	高
想	自	了	试	机	了	碎	剧	先	的	便	开	启	基	露	存	基
间	虑	远	忘	宜	中	撞	电	试	宜	的	礼	情	连	行	书	降
况	瑞	音	记	桌	肉	赂	望	相	关	带	村	克	接	然	肉	从
坠	摇	观	类	坠	恐	露	伏	諾	不	稻	欲	保	灵	野	余	项
机	持	坠	磨	携	煲	木	面	怖	填	幸	远	定	年	思	迟	碎
书	最	研	骄	通	蠕	袖	坠	底	源	肢	碰	迷	惑	喜	坠	人
亲	肉	具	优	书	部	要	号	有	下	驴	礼	过	摇	赂	属	出
便	倍	备	坠	乐	乐	音	几	遇	区	页	行	音	醋	见	于	护
灵	飞	。	行	素	>	下	上	自	的	露	滑	转	释	理	保	四
租	记	喜	损	赂	心	午	请	傲	在	心	定	条	观	看	便	解
想	自	露	光	諾	衬	衫	亲	保	远	碎	机	会	克	乐	亮	惊

衬衫
自在
移动
忘记
具备
意见
的卧室
属于
电影
政治
崩溃
相关
雪球
下午
机会
连接
迷惑
开启
乘法
急剧

Puzzle 51

邀	着	部	有	行	解	克	鳍	究	复	许	自	先	足	树	动	草
面	急	情	宜	衡	几	间	决	骄	迟	存	旋	生	输	够	损	循
的	间	情	邀	口	程	票	来	心	犯	机	关	有	入	本	主	察
特	降	木	根	解	心	试	能	选	罪	研	了	轨	权	放	语	的
究	考	镜	不	镜	看	究	了	选	幸	复	情	电	水	便	音	人
平	瑞	本	幸	型	几	之	本	排	克	觉	祖	车	蛾	转	增	因
他	趣	动	面	泽	里	！	虑	蛾	父	惫	几	理	不	保	帐	生
间	们	电	恐	试	木	量	建	透	衬	！	条	高	复	好	篷	人
何	任	的	动	灾	难	欲	他	摇	噪	源	型	亮	持	复	信	思
望	远	镜	查	镜	也	蛾	情	票	机	瑞	村	马	赂	页	源	票
最	凑	状	最	摇	树	出	先	约	程	惧	父	复	恐	日	紧	加
解	乐	车	规	直	重	年	不	！	面	趣	主	欲	过	喜	源	本
休	本	情	独	奏	大	姥	维	自	醋	动	研	不	错	袋	的	驴
坠	许	资	格	肉	状	姥	持	伊	通	疲	成	分	便	子	有	虫
噪	票	驱	肢	>	面	栗	信	马	远	眉	举	不	日	饭	平	虎

重大
望远镜
成分
灾难
姥姥
独奏
先生
有轨电车
犯罪
足够
资格
电动
语音
输入
维持
的任何
着急
机关
帐篷
他们的

Puzzle 52

争辩
机会,
国际
外国
外壳
积极
击剑
关联
每个人
说话
沙漠
水葱
各种
倾向于
无形
黄色
买入
餐厅
过程
首富

水	怖	人	野	坠	醋	从	类	亲	关	联	露	各	傲	平	型	惨
最	击	骄	思	雨	高	蛾	礼	野	介	情	定	稻	种	机	能	有
不	剑	解	遇	约	煲	争	不	凑	衡	运	不	议	数	会	类	观
买	入	心	于	过	复	最	辩	之	自	无	保	>	几	，	苦	野
袖	乐	黄	煲	光	状	飞	肥	来	稳	形	放	视	马	直	伊	香
豆	视	色	租	人	降	理	然	活	蛾	休	特	直	理	露	最	数
凑	填	然	村	量	灵	镜	虎	水	便	露	虎	壳	国	际	素	况
增	马	遥	幸	动	首	富	欲	葱	>	泽	有	外	士	活	灵	心
平	飞	考	他	衬	亮	保	恐	落	放	私	袋	国	每	个	人	积
惊	从	况	父	说	旋	想	过	平	人	灵	龄	况	>	老	损	极
电	动	稳	的	先	话	究	程	租	情	规	遥	蛾	惊	飞	顶	复
傲	理	填	草	餐	旋	有	能	>	要	主	中	马	区	携	野	胶
滑	面	顶	护	厅	答	祖	下	自	高	素	介	选	恢	惊	口	飞
程	里	倾	向	于	镜	摇	子	香	复	龄	雪	焕	雪	许	村	增
香	飞	而	马	木	四	几	欲	思	真	眉	梁	沙	漠	噪	摇	惊

Puzzle 53

水	协	桌	人	有	有	真	部	信	定	凑	鳍	的	望	本	绍	摇
见	议	条	人	出	口	树	摇	息	三	只	思	情	研	木	秀	滑
最	，	得	镜	虑	人	鼬	鼠	子	从	坠	信	噪	复	泽	羊	肉
飞	赂	人	考	乎	活	飞	特	便	通	视	有	觉	饭	中	解	私
村	桥	电	影	院	解	焕	迟	想	宜	型	网	得	伊	闲	邀	乐
源	滑	肢	错	决	雇	木	虫	循	自	噪	络	灵	伏	礼	释	项
充	足	的	顶	梳	下	栅	填	过	建	私	虫	要	了	便	乃	老
热	破	慈	同	察	露	权	间	！	己	携	坠	赂	凑	特	停	情
加	租	仁	摇	不	保	休	要	建	热	磨	股	运	填	草	顿	休
的	保	决	肥	安	带	存	蔻	便	后	动	议	惨	高	稳	看	考
怖	近	部	高	虎	噪	过	解	父	人	乐	子	候	此	主	选	赂
约	的	遥	票	的	最	磨	选	军	。	闲	复	选	句	眼	得	息
坠	貓	底	冰	余	灵	通	趣	队	凑	持	信	人	直	建	也	马
乐	苦	复	箱	行	煲	号	镜	醒	子	要	>	驴	便	好	于	娱
本	约	肥	杂	。	得	程	书	有	骄	许	惫	四	眼	看	降	雨

保存
觉得
电影院
复杂
出口
解雇
停顿
此句
冰箱
候选人
军队
不同的
协议,
充足的
三只
降雨
仁慈的
鼬鼠
网络
羊肉

Puzzle 54

不	驾	损	能	恐	己	衫	休	子	根	秀	书	飞	情	地	飞	自
马	梳	车	发	通	试	因	亮	息	高	龄	老	来	放	瑞	主	望
近	察	紧	言	蔻	回	撤	蚊	社	貌	趣	露	然	高	电	坚	固
喜	貓	面	权	坠	滑	销	子	权	年	考	便	环	部	骄	理	露
碰	性	趣	摇	仓	行	护	信	复	度	循	破	书	飞	自	主	心
子	有	秘	自	鼠	望	撞	获	得	分	从	充	出	想	祖	疲	栗
几	袖	决	丁	的	间	活	的	坠	老	海	热	肉	乐	虑	差	桌
股	导	演	灵	填	伏	便	股	面	己	洋	卡	车	平	充	闲	肉
虫	观	人	己	心	私	克	。	认	识	光	转	况	碎	携	摇	桌
惨	词	日	察	磨	意	飞	乐	灵	四	试	增	安	的	乃	的	选
思	阴	汇	视	遥	图	优	下	心	伊	动	保	解	事	重	惨	文
型	天	衬	表	心	得	亲	坠	先	前	作	柔	雨	邀	远	差	凭
木	典	定	况	有	益	数	身	的	倍	身	倍	区	香	请	子	稻
上	要	撞	口	草	露	然	便	试	见	理	护	不	有	底	秀	增
来	部	克	梁	先	车	眼	余	眼	部	究	答	信	余	中	部	桌

意图
先前
仓鼠
驾车
动作
获得
词汇表
认识
阴天
导演
文凭
蚊子
卡车
海洋
发言权
撤销
年度
坚固
有益
休息

Puzzle 55

灭	绝	上	运	密	见	滑	己	项	究	的	虑	答	平	醒	平	约
舒	适	镜	不	集	邀	怖	议	旋	于	租	状	号	紧	心	类	驴
快	肢	肉	怖	栏	来	热	事	子	程	豆	顶	人	因	决	摇	鳍
摇	增	下	旋	桌	运	泽	研	区	轨	主	静	决	年	滑	理	撞
乐	事	本	的	独	立	发	中	抽	道	人	衫	修	保	胺	存	身
桌	保	特	书	物	质	解	飞	屉	底	觉	举	惧	蔬	菜	豆	延
人	答	木	复	本	幸	直	紧	野	降	信	的	趣	諾	音	护	因
复	紧	小	四	后	衫	复	疲	书	自	己	从	活	过	毁	世	环
银	行	时	选	特	护	衫	究	落	衡	伊	保	素	性	允	许	纪
参	与	者	充	权	车	升	惧	社	乃	而	修	便	理	议	木	面
通	了	休	伏	虑	填	最	不	通	泽	野	重	整	个	许	磨	热
许	热	紧	回	源	规	梳	露	凑	驱	升	条	迟	焕	惊	讶	摇
。	肉	面	最	倍	子	几	解	栅	恐	性	过	便	木	基	环	惨
程	号	热	重	野	兔	衣	甚	面	香	部	的	了	马	貌	持	木
则	快	凑	试	趣	带	请	柜	至	饭	肉	年	克	升	衬	磨	骄

灭绝
特权
惊讶
的独立
舒适
抽屉
参与者
允许
物质
小时
银行
整个
蔬菜
甚至
密集
主人
衣柜
轨道
世纪
野兔

Puzzle 56

填充
直升机
使用
爆发
柠檬汁
骄傲的
农民
制定
威胁
可以
消防员
超越
政策
还原
问题
之前
因为
进一步
真相
的热带

惨	底	音	中	驱	带	有	分	程	延	的	野	携	复	不	分	娱
趣	增	放	不	摇	使	用	有	得	情	携	雪	过	思	鳍	袋	基
自	秀	亮	问	蠕	信	心	的	超	越	子	从	滑	决	电	伊	灵
蛾	规	存	题	上	的	摇	热	树	欲	机	柔	因	农	民	研	情
秘	年	露	伊	欲	息	子	带	基	乐	威	加	加	为	磨	制	碎
破	活	情	地	赂	马	进	还	泽	龄	胁	野	条	桌	降	定	马
书	后	高	损	柔	远	一	可	原	典	约	活	伊	碎	遇	查	摇
柠	檬	汁	毁	循	理	步	以	有	他	旋	乐	真	相	复	量	选
马	身	肉	真	租	介	的	凑	直	子	虑	举	保	年	骄	特	了
政	策	举	情	乐	灵	理	雪	电	升	生	最	的	伊	傲	而	心
趣	类	破	视	信	破	撞	充	介	填	机	之	前	凑	的	村	真
议	趣	坏	根	视	子	绍	错	延	充	四	记	记	飞	然	傲	理
型	邀	错	顶	稻	祖	消	摇	间	特	衬	皂	记	乐	落	察	面
的	趣	爆	发	露	试	防	的	介	撞	情	差	肉	许	顶	他	摇
远	因	号	音	部	租	员	乃	马	决	坠	驴	己	本	不	煲	型

Puzzle 57

本	一	点	雨	究	教	余	选	克	能	绍	来	得	的	电	雨	醒
摇	生	动	上	导	航	堂	豆	桌	解	要	身	运	逃	生	田	理
于	的	人	栗	柔	研	的	来	信	降	绍	>	闲	热	遥	鼠	乐
面	也	图	里	因	则	谢	博	马	驱	来	郁	信	旅	灵	坠	惧
袋	露	秘	源	虎	观	天	物	鳍	便	调	金	终	饲	程	栏	眼
栏	旗	标	木	选	安	谢	馆	飞	的	整	香	于	料	恢	祖	性
栗	许	机	自	欲	子	地	怖	间	亮	武	解	延	好	老	光	人
草	甸	香	见	项	摇	露	点	信	电	士	的	修	共	同	息	他
不	察	下	瑞	露	树	蔻	理	鳍	排	复	飞	自	的	车	息	放
蠕	日	规	行	最	光	了	图	野	热	许	乃	心	量	！	察	摇
便	驱	于	坠	人	水	身	骄	底	丁	远	电	停	特	袋	草	迟
便	项	人	邀	四	子	自	事	便	上	摇	带	机	的	书	地	觉
标	之	稳	条	心	源	回	乐	的	。	远	损	坪	排	号	研	区
怖	志	放	心	地	惧	醋	滑	过	梁	音	野	考	木	安	答	不
马	社	饭	他	性	摇	秘	人	私	考	社	过	类	于	机	过	口

谢天谢地
共同
博物馆
调整
武士
草甸
停机坪
教堂
郁金香
导航
终于
旗标
露点
旅程
田鼠
一点
逃生
标志
饲料
放心地

延长
夫人
植物
牛奶
稀缺
猛地
现场
奏请
可可
列车
右手
虚假
繁忙
一个
猫头鹰
批处理
回应
，而不是
颗粒
社会

Puzzle 58

票	动	乎	视	数	透	本	桌	望	则	介	底	出	情	不	延	议
驱	泽	社	息	肥	乐	欲	重	貓	之	伊	祖	祖	电	恐	饭	情
安	从	肉	会	直	士	因	苦	社	复	保	延	信	转	优	父	排
不	己	过	的	右	皂	得	典	不	猫	举	煲	袖	肢	露	野	信
栗	亲	光	源	手	现	场	猛	雪	头	毁	飞	稀	水	余	回	肉
倍	根	类	的	损	发	蔻	地	高	鹰	雪	的	缺	根	升	应	香
批	虚	假	音	毁	况	欲	地	人	一	个	可	延	长	士	热	情
情	处	真	循	植	物	奏	请	滑	约	饭	可	发	得	研	则	蠕
亲	答	理	皂	宜	保	泽	光	苦	便	直	牛	自	磨	口	身	心
夫	人	息	观	部	碎	露	排	旋	四	摇	奶	行	得	諾	毁	好
恐	通	繁	秀	不	究	礼	紧	磨	图	衫	近	情	因	快	豆	滑
议	醒	忙	驱	醒	马	他	子	近	恐	瑞	趣	转	真	况	持	木
桌	摇	不	列	社	类	滑	颗	粒	息	察	页	本	底	伊	究	区
，	而	不	是	车	肉	理	车	图	驴	近	凑	胶	稻	音	情	虑
子	要	热	持	恢	试	草	之	己	有	克	日	根	露	他	光	记

Puzzle 59

典	便	衫	光	查	马	面	望	镜	几	最	乐	秘	子	下	知	栗
保	静	动	瑞	几	乐	性	因	本	携	休	充	书	身	思	道	要
醋	蔻	信	增	快	苦	思	远	骄	摇	租	的	议	野	有	四	野
因	的	信	滑	平	热	扶	手	椅	高	恐	下	望	高	面	透	貌
延	的	迟	諾	天	貓	量	近	摇	有	四	社	绍	议	子	几	秘
坠	领	摇	煲	鹅	典	秀	转	存	摇	几	坠	幸	根	坠	硬	条
白	带	则	复	疲	高	热	后	移	秀	高	贵	的	去	过	币	研
最	色	损	滑	基	绍	建	程	度	摇	截	恢	衫	记	致	命	究
眼	睛	看	充	缺	乏	邀	而	！	功	距	眼	事	放	下	梁	生
亲	少	友	了	主	条	醒	野	透	察	率	高	能	胶	车	高	机
摇	数	好	状	惫	便	循	区	护	滑	的	趣	惫	龄	修	露	音
降	不	的	行	因	心	情	坠	祖	差	醋	复	雪	出	老	回	回
衬	部	貓	碰	则	年	望	条	摇	优	镜	发	坠	事	剪	不	肢
紧	行	数	平	静	桌	柔	幸	远	源	定	从	面	驴	刀	坠	衬
角	落	顶	损	欲	怖	规	定	热	镜	记	基	光	事	运	乃	乃

研究生
致命
知道
程度
角落
剪刀
过去的
天鹅
截距
功率
少数
缺乏
的领带
高贵的
转移
友好的
白色
眼睛
扶手椅
硬币

Puzzle 60

旋	他	便	坠	磨	飞	心	生	身	来	肥	伏	自	！	究	部	年
人	口	查	瑞	决	透	信	乐	安	鱿	鱼	空	中	以	律	师	轻
骄	的	本	觉	遥	乎	倍	不	坠	解	视	泽	不	及	迟	>	虫
循	密	平	梁	脚	蹼	焕	瑞	放	领	释	的	父	坠	惧	复	于
傲	封	上	升	马	伊	心	况	的	里	紧	蔻	护	则	事	雪	回
人	高	级	中	人	！	特	栅	性	飞	介	能	光	醋	件	栗	条
思	过	私	滑	瑞	稻	行	四	量	车	授	权	恢	中	便	心	撞
动	的	他	士	毁	加	宜	邀	人	信	衡	苦	本	学	肉	静	了
秘	便	近	女	孩	望	自	情	泽	安	特	本	热	幸	生	警	细
驴	租	区	能	亮	平	雪	图	煲	驱	保	人	程	衡	醒	报	节
面	透	秘	本	祖	考	木	特	光	便	有	错	延	心	自	本	泽
煲	乌	龟	的	遥	近	蛾	光	说	持	苦	肥	重	自	了	建	木
放	木	草	部	的	疲	特	肥	,	信	私	权	损	人	理	高	因
介	考	乐	飞	疲	镜	衬	技	驴	票	梁	每	只	安	静	胶	马
心	信	回	倍	噪	充	蠕	错	术	社	摇	泽	部	介	稻	音	碰

乌龟
空中
女孩
脚蹼
高级
警报
解释
技术
每只
授权
密封
学生
鱿鱼
上升
事件
细节
以及
律师
说,
年轻

Puzzle 61

降	直	静	动	碰	发	情	恐	草	噪	于	水	余	马	况	亲	乎
放	然	摇	坠	页	卫	而	苦	自	他	远	日	看	的	他	>	醋
考	疲	栗	信	热	生	人	后	亲	请	股	底	疲	祖	乎	运	栏
露	野	分	差	子	转	最	试	状	高	解	部	灵	乃	错	>	填
绘	生	秀	散	行	包	括	孩	子	巨	大	解	队	伍	充	数	直
带	画	自	趣	注	乐	亲	观	定	迟	的	修	运	惫	灵	肥	带
惨	近	由	雨	约	意	过	自	称	出	建	他	直	了	条	雪	增
马	素	本	木	>	明	力	生	为	娱	热	损	马	行	驱	权	快
环	飞	人	存	中	星	人	人	觉	间	典	静	最	摇	磨	丁	决
本	近	面	环	日	况	情	喜	最	远	近	情	雪	心	肥	动	请
休	撞	宽	答	最	疲	顶	傲	状	日	傲	解	看	则	保	己	高
肉	厨	幅	行	信	基	日	远	许	虫	龄	自	煲	的	私	欲	视
木	房	许	股	人	决	请	欲	摇	袖	肢	摇	情	恐	中	雪	机
恐	顶	远	鳍	日	老	持	充	马	子	存	下	事	子	桌	虑	构
煲	地	出	租	车	顿	时	满	宜	分	貓	豆	虚	拟	貓	运	损

底部
亲自
出租车
称为
野生
自由
充满
孩子
包括
宽幅
队伍
厨房
卫生
虚拟
巨大
明星
绘画
顿时
机构
分散注意力

Puzzle 62

的批判
语句
没话说
声音
冬青
小子
各地
西兰花
大部分
理论
擦洗
鸡蛋
画笔
电视
帽子
平均
收藏
首脑会议
围墙
风窗

伊	秘	增	活	灵	最	水	举	蔻	理	论	选	不	没	话	说	礼
书	过	近	碰	疲	优	画	快	规	遇	复	性	露	本	衫	余	了
音	情	马	自	延	权	笔	近	最	小	泽	理	收	灵	。	里	排
紧	便	介	蔻	特	面	帽	复	滑	区	子	平	藏	西	兰	花	租
四	热	风	有	驱	父	子	排	欲	间	虎	均	驴	要	类	鸡	蛋
怖	的	窗	首	脑	会	议	滑	鳍	的	况	心	趣	有	醋	程	碰
豆	祖	四	乐	热	遥	便	梁	雪	士	察	真	虑	！	年	丁	日
衫	本	复	本	虫	冬	青	自	望	龄	高	请	擦	洗	修	议	观
邀	眉	人	回	行	恢	书	安	延	惧	遥	平	皂	醒	上	之	请
>	日	的	灵	填	循	事	骄	瑞	权	条	便	动	饭	秀	典	况
损	幸	镜	情	书	丁	遥	语	句	围	迟	情	恢	直	修	性	因
邀	各	地	于	几	领	声	音	骄	旋	墙	规	本	大	鳍	事	带
袖	的	批	判	解	快	乎	袖	蛾	衬	老	状	电	栅	部	解	图
书	镜	排	许	欲	约	心	秘	水	老	然	身	了	噪	的	分	复
错	则	年	存	查	人	子	马	光	摇	邀	亲	排	电	视	的	肉

Puzzle 63

本	凑	性	了	傲	变	香	坠	乎	暂	好	上	噪	>	图	则	碎
蛾	定	趣	股	根	查	量	蔻	选	怖	停	衡	考	木	公	园	凑
从	地	查	活	而	趣	旋	想	泽	上	保	近	复	本	亲	项	木
泽	解	主	村	恐	原	谅	上	生	最	平	来	柔	步	伐	的	虑
草	月	球	撞	一	方	式	观	便	源	倍	基	定	宜	高	简	心
闲	虫	究	底	年	数	镜	先	人	信	特	蛾	能	坠	通	单	介
日	复	排	出	蓝	色	的	私	保	理	瑞	票	喜	源	高	放	约
思	雪	>	好	有	降	不	袖	貓	摇	类	最	定	见	况	摇	虑
梦	恢	充	乐	日	研	>	股	露	部	看	看	特	雪	运	动	骄
袋	想	亮	己	人	热	增	幸	答	数	决	决	恢	领	环	排	近
本	循	亲	蛾	热	理	的	旅	馆	警	秘	水	释	衡	平	栅	坠
理	领	远	性	破	动	坏	便	究	察	空	存	灵	存	伏	实	马
研	煲	根	许	梳	欲	最	邀	素	旋	间	子	的	冲	的	验	遥
中	旋	则	伏	研	栗	持	约	情	碰	趣	身	遥	击	礼	放	察
型	号	真	吸	收	好	奇	伏	循	情	音	克	约	肢	而	顶	衡

蓝色的
梦想
的简单
好奇
公园
冲击
警察
步伐
排出
空间
吸收
原谅
方式
最坏的
实验
变量
暂停
的旅馆
一年
月球

Puzzle 64

运	稳	试	栗	驰	因	数	分	间	树	约	滑	情	部	则	典	疲
煲	息	马	考	名	察	不	乐	高	坠	貌	人	己	龄	惧	克	高
部	乎	快	带	部	安	子	类	高	坠	稳	高	噪	破	艺	术	行
量	桌	错	事	倍	的	祖	选	动	皂	究	望	旋	答	坠	动	热
最	书	祖	亲	余	情	面	保	择	南	回	复	滑	平	海	葵	项
迟	水	信	士	安	貓	煲	亲	泽	热	部	飞	人	虑	复	息	蛾
状	热	摇	胶	他	护	保	远	类	排	野	通	选	动	子	肉	望
本	了	諾	季	运	输	雨	页	自	龄	释	发	本	坠	根	观	野
坠	便	从	度	焕	持	醋	升	己	类	老	典	面	复	复	三	迟
揭	示	衫	望	保	私	真	平	諾	煲	湿	不	最	身	遇	角	桌
书	恢	秀	柔	观	则	虎	决	礼	怖	气	便	音	四	心	马	紧
书	衡	追	惨	子	然	迟	凑	父	村	于	貌	貌	伴	貌	解	急
息	滑	逐	最	摇	望	部	乐	蜜	错	基	排	貌	侣	高	最	而
祖	香	增	蠕	热	部	之	护	车	蜂	焕	了	子	状	释	欲	的
静	乡	家	的	壁	画	苦	区	也	定	周	一	面	淋	浴	运	动

驰名
自己
的壁画
艺术
的家乡
季度
周一
紧急
揭示
南部
淋浴
运动
海葵
湿气
选择
蜜蜂
伴侣
运输
三角
追逐

Puzzle 65

已	经	恐	便	拉	解	蔻	饭	骄	宜	驴	长	王	第	真	到	老
携	迟	里	技	动	雨	便	规	过	产	品	颈	查	室	十	达	龄
颈	蠕	虑	工	高	傲	木	存	疲	傲	便	鹿	便	情	灵	驱	私
部	驱	有	告	诉	不	明	回	热	重	驾	素	心	地	木	村	身
。	士	摇	真	私	决	年	子	他	申	驶	然	答	丁	落	镜	放
查	迟	近	页	桥	可	的	部	碰	请	泽	瑞	了	人	直	胶	心
镜	数	觉	马	恐	能	上	他	蛾	书	恢	蠕	安	从	决	惫	程
领	素	里	存	的	的	貓	破	貌	有	顶	便	村	灵	父	的	车
毁	苦	约	秀	乐	部	行	而	的	落	稻	然	灵	惧	便	差	保
鳍	介	研	视	雪	后	煲	坠	办	法	信	调	查	决	通	号	私
护	则	趣	通	得	的	号	伊	。	请	幸	稳	苦	类	升	生	镜
子	人	带	见	消	年	了	子	优	绍	优	填	他	重	旋	！	存
高	热	自	野	化	事	实	梁	排	乃	邀	信	动	噪	息	租	源
苦	恢	考	下	实	现	得	克	肉	赂	本	中	恢	乐	飞	活	袖
顶	量	老	焕	循	虫	欲	过	虎	飞	心	鳍	保	下	部	分	出

颈部
可能的
第十
拉动
长颈鹿
技工
驾驶
王室
调查
办法
到达
生存
实现
消化
明年
申请
告诉
产品
事实
已经

Puzzle 66

>	考	定	发	遥	情	桥	侵	略	性	最	宜	疲	唤	里	环	况
视	諾	惊	转	野	主	梁	情	通	透	摇	滚	程	醒	查	光	村
碎	举	虫	行	撞	余	便	部	面	后	肥	克	镜	心	煲	老	先
受	害	者	面	书	克	最	条	答	背	来	思	袋	下	马	排	环
娱	肉	后	的	自	紧	本	借	部	了	栅	柔	凑	心	胶	行	从
惧	许	可	行	而	豆	要	给	信	优	幸	特	心	理	数	人	人
饭	也	事	了	解	士	主	。	类	状	水	便	别	页	丁	音	>
选	人	的	议	面	替	代	填	增	静	性	飞	衫	镜	上	亮	许
祖	醒	桥	木	亲	水	衡	不	票	项	镜	页	胶	运	肢	远	摇
储	备	想	定	焕	他	复	透	最	程	想	飞	鳍	焕	几	动	社
秀	灵	碎	热	袋	没	有	静	延	情	露	透	好	惫	摇	日	直
定	量	骄	四	查	事	下	视	士	高	复	保	不	迟	的	凑	亲
的	滑	书	瑞	子	部	激	最	惊	摇	衬	平	特	观	>	考	举
环	解	的	了	亲	惊	面	烈	喜	乃	地	因	克	流	行	的	酒
香	放	坠	滑	迟	最	桌	子	摇	儿	子	碰	梳	警	告	音	后

了解
桥梁
惊喜
流行的
储备
特别
儿子
借给
警告
许可
受害者
没事
摇滚
后来
替代
侵略性
唤醒
背后
酒后
激烈

Puzzle 67

名	词	思	木	灵	高	加	建	自	远	望	子	复	面	根	安	露
摇	飞	则	损	木	本	皂	从	四	阳	台	的	扑	坠	蛾	镜	滑
心	行	动	究	股	有	疲	灵	露	保	也	坠	通	飞	乐	有	特
信	幸	最	马	音	展	基	优	虫	放	趣	下	图	摇	光	升	虫
租	项	评	价	程	示	肥	皂	水	时	候	复	素	动	露	恐	马
望	回	己	差	患	热	图	领	凑	四	介	乃	优	介	他	面	本
量	透	傲	远	况	者	见	车	信	平	皂	运	露	磨	蜗	杆	梁
视	露	社	全	情	书	记	真	苦	碰	貌	乐	闲	自	直	野	豆
于	过	镜	球	老	区	错	不	源	！	释	解	胶	好	他	欲	程
。	解	决	方	案	指	情	近	解	祖	高	建	介	口	亮	惧	蛾
复	过	便	倍	欲	甲	影	灵	口	礼	焕	活	虎	实	保	修	欲
傲	复	的	绍	摇	错	香	响	蜻	便	衬	秘	草	蔻	践	觉	况
灵	息	恢	的	间	远	木	差	蜓	牛	仔	也	下	源	栗	肥	部
建	>	要	介	究	解	后	疲	量	作	家	露	礼	远	近	区	惊
思	机	乎	有	奥	秘	怖	泽	坠	的	乐	存	余	士	况	幸	伊

书记
牛仔
患者
评价
奥秘
解决方案
全球
指甲
扑通
阳台
实践
展示
时候
肥皂水
名词
蜗杆
影响
蜻蜓
作家
远近

Puzzle 68

中	举	优	压	达	父	充	图	程	最	下	领	类	伊	乎	转	部
乐	。	信	马	低	成	袋	思	自	怖	将	来	情	下	摇	的	动
胶	增	梳	有	紧	破	一	他	社	面	信	观	身	驱	的	公	式
的	想	紧	栏	看	决	恐	致	平	惫	稻	秘	基	情	恢	赂	答
优	出	延	飞	余	明	安	眉	蠕	许	自	貓	数	加	父	目	标
之	行	光	蛾	加	智	伏	本	权	释	瑞	议	行	复	倍	乐	信
答	妈	顶	况	间	惊	星	女	摇	肉	飞	也	下	他	私	衡	本
木	妈	洞	注	意	到	级	人	的	介	票	中	股	雪	便	保	諾
领	发	栅	穴	保	觉	旋	奶	最	旋	人	灵	增	生	后	四	书
研	动	之	人	条	倍	则	奶	特	椭	爸	爸	子	则	要	肥	野
放	果	本	本	马	况	究	试	露	圆	飞	惊	议	权	苦	远	来
煲	冻	本	则	本	梳	他	介	式	形	来	好	飞	滑	的	延	眼
马	肉	乐	驱	克	滑	磨	议	观	研	思	研	日	增	有	根	灵
根	人	惨	得	去	运	情	研	休	决	通	眼	醋	子	露	衫	惨
阿	姨	摇	想	年	衡	栅	旋	他	下	也	镜	煲	视	可	能	特

眼镜
女人
奶奶
妈妈
公式
爸爸
压低
去年
阿姨
将来
可能
洞穴
椭圆形
明智
达成一致
目标
星级
果冻
注意到
形式

Puzzle 69

肢	量	环	破	栗	露	察	激	过	增	心	放	存	飞	自	伊	栅
惨	的	余	理	看	请	丁	保	励	心	口	邀	貌	通	乐	惨	栏
貓	选	飞	父	袋	蛾	理	本	究	趣	礼	毁	视	素	摇	量	延
重	图	子	蛾	心	优	木	面	人	方	向	懒	生	答	特	理	机
直	某	处	查	炎	年	社	要	望	袖	人	惰	情	存	信	究	马
心	电	话	露	热	增	碎	建	欲	乎	灵	证	明	运	气	息	栏
差	饭	排	衬	自	来	车	建	泽	主	电	因	规	触	鳍	量	人
根	之	趣	迟	动	諾	野	虫	泽	豆	栏	增	素	摸	电	落	秘
碰	便	煲	则	发	摇	信	得	眼	也	根	地	马	闲	有	户	衫
观	察	听	到	行	了	有	解	四	桌	祖	思	桥	本	野	凑	底
子	蛾	情	中	泽	权	驴	迟	迟	快	镜	他	虑	责	任	解	答
子	飞	社	驱	护	生	回	虎	人	息	于	亲	鼻	子	电	欲	发
很	疲	子	运	乐	子	从	闪	护	摇	直	落	后	祖	情	碰	龄
少	倦	顶	项	信	本	素	耀	书	便	热	袖	回	定	带	便	持
毁	梁	四	高	通	灵	过	想	亮	建	人	规	蔻	貓	信	放	己

栅栏
因素
观察
信息
炎热
触摸
懒惰
证明
落户
责任
听到
疲倦
鼻子
方向
闪耀
电话
运气
激励
某处
很少

Puzzle 70

恐怖
大师
照片
多数
威力
拍摄
狼狼
损失
有趣的
双亲
承诺
骑自行车
消息
清晰
经常
个人
有时
似乎
世界
图片

租	老	摇	貌	清	人	旋	复	赂	经	草	究	四	豆	复	倍	生
而	双	亲	承	重	晰	有	趣	的	常	便	幸	介	肢	存	乐	直
机	蛾	树	诺	休	研	光	滑	树	了	諾	地	源	摇	邀	乃	几
木	观	护	则	转	损	失	释	休	从	他	面	释	观	来	定	柔
栗	书	考	雨	复	中	书	复	举	有	差	介	重	落	分	撞	平
桌	息	袖	野	摇	面	定	察	摇	错	拍	摄	磨	损	恐	怖	亮
环	自	要	闲	照	片	坠	先	士	加	区	平	醒	惫	携	破	世
毁	理	日	几	下	灵	驱	得	己	图	消	议	马	驴	保	碰	界
镜	人	自	页	威	主	礼	条	图	秘	息	观	类	肢	介	最	充
狼	狼	肥	复	泽	力	骑	自	行	车	乎	老	升	来	他	降	便
蛾	情	转	自	不	梁	决	社	议	情	袋	事	不	趣	个	有	肉
喜	煲	面	肉	有	肥	望	来	老	丁	蛾	便	己	水	人	放	本
好	摇	蠕	大	时	记	增	似	乎	乎	平	情	能	项	自	能	木
想	建	了	礼	师	多	数	栅	循	欲	静	项	旋	娱	远	虫	观
图	片	遇	远	乐	项	选	高	日	基	柔	破	紧	后	亲	错	醒

Puzzle 71

娃	拓	雨	理	坠	失	望	的	丁	因	趣	类	素	看	过	面	自
娃	恐	展	况	灵	邀	拘	私	件	事	的	的	生	日	在	时	满
蛾	记	权	主	蔻	貓	捕	营	提	供	能	过	本	！	橱	滑	足
有	草	衬	透	滑	动	动	程	龄	真	量	复	许	最	柜	许	宜
性	高	老	士	绍	克	特	主	保	源	摇	人	邀	諾	凑	娱	父
迟	潜	水	持	绍	号	规	凑	骄	貌	根	源	邀	坠	遥	迟	蔻
典	情	他	人	諾	能	行	活	绍	柔	马	四	状	情	观	祖	乐
肢	答	们	放	环	乐	秘	条	碎	况	年	基	他	平	视	泽	请
间	部	票	视	雪	带	底	充	特	不	升	饭	鳍	研	信	情	士
规	察	性	于	栗	下	则	士	朋	查	想	衬	条	错	马	源	便
人	主	状	远	需	建	筑	物	友	惊	绍	顶	远	磨	地	闲	眉
他	疲	乐	马	老	要	则	根	己	衣	宜	的	修	而	财	产	有
因	的	碎	乃	则	人	究	选	心	他	服	桌	保	信	他	绍	要
携	子	通	露	父	喜	碎	数	租	人	修	心	木	特	增	源	机
栅	己	鳍	排	克	根	保	能	排	平	恐	野	排	赂	加	桥	错

的能量
娃娃
私营
橱柜
拓展
拘捕
提供
财产
的生日
的事件
滑动
失望的
朋友
需要
他们
潜水
建筑物
衣服
在时
满足

Puzzle 72

尽一份
夹克
外套
自然
战争
元年
婚礼
太阳镜
资源
的方向
小数
各方
质量
鼠标
古董
无意义的
新闻
圆柱
栗子
晚餐

焕	破	望	余	怖	选	理	基	通	特	雨	源	骄	优	亲	行	人
决	最	草	有	排	元	损	栏	热	秘	遇	乐	复	婚	摇	源	肉
保	心	村	欲	太	年	梳	行	战	循	特	行	自	本	礼	生	况
分	性	焕	亲	阳	见	根	租	驴	争	不	眼	貓	高	议	复	胶
人	尽	一	份	镜	自	新	乐	试	举	转	磨	赂	摇	质	量	试
自	然	的	存	向	光	闻	快	光	恢	主	夹	克	权	父	远	父
草	安	豆	各	方	好	旋	面	本	醒	蠕	私	桥	落	高	恐	性
人	坠	遥	飞	的	义	意	无	鼠	倍	稻	小	数	晚	餐	私	欲
乐	凑	木	地	便	电	口	修	因	标	摇	领	来	信	情	水	滑
马	父	上	复	基	栗	子	究	答	粱	蠕	便	紧	柔	间	苦	貌
观	口	决	下	要	能	皂	碰	磨	饭	有	赂	惊	圆	热	行	远
情	栗	心	摇	虫	信	有	间	桌	保	动	闲	子	柱	虫	事	趣
究	究	来	存	不	遥	外	资	修	人	欲	本	灵	动	错	研	便
于	型	趣	紧	古	董	套	源	自	镜	平	栏	热	察	定	秘	部
摇	子	自	的	上	喜	复	书	修	坠	直	貓	人	区	特	坠	栏

Puzzle 73

磨	稳	摇	存	驱	幸	介	介	惊	提	息	蜡	雪	防	检	状	热
失	去	了	在	驱	有	延	滑	的	交	运	烛	子	私	止	查	>
邀	租	直	怖	落	趣	后	排	需	沙	治	疗	思	观	>	加	中
有	雪	从	遇	直	毁	礼	摇	求	堡	士	也	人	错	迟	举	损
克	豆	特	重	视	面	本	情	栅	余	心	许	后	程	动	持	>
转	透	皂	柔	蛾	碰	科	存	！	梁	降	望	马	不	充	错	镜
村	升	稳	保	有	直	有	学	热	自	快	望	伏	稳	害	栅	肉
的	重	>	亲	胶	了	疲	直	迟	饭	便	直	成	亲	羞	察	高
磨	损	碎	说	乐	子	栗	有	皂	摇	况	顶	熟	赂	降	一	心
醋	车	虑	明	远	蠕	最	查	倍	焕	研	生	人	增	眉	二	肢
况	的	护	瑞	征	特	他	先	考	骄	坠	下	亮	动	亲	二	信
容	易	蠕	貌	紧	远	亮	优	也	察	型	破	灵	动	眼	。	瑞
近	差	心	研	娱	肥	毁	栏	的	赂	赂	衡	建	梳	焕	醋	理
镜	毁	部	模	息	活	动	典	恐	貌	不	量	书	丁	眼	焕	苦
飞	车	！	式	出	瑞	息	本	音	答	面	驱	祖	升	滑	安	眼

磨损
也许
检查中
科学
重视
模式
失去了
成熟
一二二。
说明
提交
存在
沙堡
容易
害羞
的需求
防止
治疗
远征
蜡烛

Puzzle 74

沙	面	填	秘	的	羊	毛	看	破	马	于	的	球	员	英	里	的
塔	的	迟	皂	专	性	伊	持	动	物	园	究	条	安	露	衬	梳
根	娱	安	思	家	想	异	理	亲	惊	通	欲	的	伊	决	滑	滑
要	音	损	宜	士	查	看	特	虑	老	凑	伊	损	考	顶	特	上
性	书	特	望	发	书	虑	口	遇	雪	野	的	撞	年	趣	考	克
欲	典	部	露	几	了	雨	肥	携	飞	充	票	驱	数	近	赛	通
下	饭	那	衫	亮	直	生	通	情	虑	鳍	保	通	得	遇	季	傲
直	领	么	撞	蛾	疲	丁	循	素	生	亲	肉	权	发	排	约	情
状	转	亲	循	保	自	的	秀	增	衫	泽	要	的	身	选	子	衡
特	婴	保	了	撞	乐	碰	循	便	私	子	开	始	野	的	疲	基
介	儿	休	见	租	马	木	自	稳	己	份	信	部	有	错	转	发
延	口	亮	亲	迟	况	瑞	露	行	露	额	通	知	望	马	的	的
闲	泽	总	电	马	地	桌	衡	本	蔻	则	回	高	部	的	草	兄
人	解	坠	线	研	球	股	他	选	量	学	源	阵	动	坠	香	弟
惫	保	来	无	父	母	飞	也	驱	栗	野	术	风	约	恢	旋	他

地球
的兄弟
特异性的
总线
份额
无线电
父母
婴儿
的球员
学术
赛季
动物园
沙塔
英里的
的专家
阵风
那么
开始
羊毛
通知

Puzzle 75

电	中	欲	部	士	海	拔	保	护	鳍	柔	>	修	顶	赂	权	则
重	量	犀	亲	闲	型	充	信	破	解	权	图	秀	野	人	升	护
安	本	复	牛	高	有	栅	心	察	有	不	惊	保	究	书	傲	重
男	。	损	状	四	观	她	的	平	放	条	他	摇	察	建	查	生
孩	子	图	顶	远	乐	乐	解	特	醋	公	机	性	眼	紧	顶	产
己	心	状	典	闲	貌	要	露	况	间	动	路	部	水	个	音	选
木	解	查	醋	里	保	携	保	近	通	区	错	便	重	别	乐	类
运	赂	了	自	日	栅	远	了	雇	用	存	近	心	欲	碎	视	然
考	能	洗	许	自	出	见	他	钢	回	过	号	带	放	音	肉	事
雪	面	典	涤	便	坠	得	决	琴	观	蛾	赂	极	其	不	根	察
橇	部	得	自	静	碎	胶	凑	车	大	怒	的	亮	出	定	约	观
动	后	欲	请	傲	伏	出	身	欲	情	心	破	书	血	情	焕	考
地	音	要	灵	怖	直	鳍	他	奢	侈	品	怖	思	蔻	回	持	赂
己	桌	租	真	记	活	树	基	主	撞	不	本	股	复	复	状	信
汽	油	不	观	马	重	况	遇	有	运	觉	露	捍	卫	量	虫	规

保护
大怒
重量
她的
犀牛
捍卫
公路
钢琴
出血
生产
奢侈品
男孩
汽油
洗涤
海拔
雪橇
音乐
雇用
个别
极其

Puzzle 76

树莓
疯狂的
地面
大家
的关注
物理
环境
水平
精度
即时
水果
法官
咆哮
的实际
游戏
的产品
真正
衰变
查找
的移动

游	>	真	正	上	过	许	究	撞	凑	摇	衰	坠	信	撞	查	亮
保	戏	亲	地	镜	自	区	便	趣	遥	眉	变	驴	>	升	找	光
毁	活	考	四	答	自	露	肉	页	滑	过	树	莓	瑞	马	约	稻
蔻	近	约	本	约	鳍	间	重	人	试	数	祖	直	权	号	柔	热
树	！	便	条	最	有	龄	諾	静	恐	己	地	面	里	典	>	分
即	况	衡	循	领	远	桥	好	信	祖	怖	果	落	究	研	行	娱
几	时	环	衫	情	>	注	噪	驴	树	面	水	有	鳍	解	循	股
不	真	境	饭	。	法	关	滑	规	主	动	平	能	大	家	程	护
咆	哮	损	租	年	官	的	实	际	摇	移	草	子	动	！	士	水
伏	发	热	里	摇	带	栅	秀	事	领	的	煲	栗	解	的	滑	瑞
亲	重	木	放	栗	底	条	本	项	了	产	保	摇	过	秘	则	惊
余	凑	亲	举	究	得	雨	的	回	驱	品	保	型	增	转	书	从
恢	票	士	过	回	本	余	况	物	口	本	的	携	己	疯	飞	皂
凑	延	树	视	图	肉	电	放	理	露	发	惨	坠	士	修	狂	发
四	露	上	部	滑	面	优	页	草	远	精	度	降	的	则	虑	的

Puzzle 77

春	保	胶	接	优	的	部	橙	色	老	增	野	后	梁	望	人	高
倍	天	摇	受	亮	克	设	保	日	数	带	觉	惊	权	飞	欲	环
丁	见	露	息	情	延	运	计	袖	解	遥	雨	降	好	租	乐	摇
股	量	豆	远	马	页	行	肢	信	亮	放	克	观	放	了	回	运
克	护	票	有	乎	马	日	高	明	显	领	页	增	运	柔	性	镜
滑	保	草	放	宽	数	食	品	重	碎	增	父	邀	下	静	宝	宝
恐	迟	眉	虑	眼	蠕	香	携	也	地	四	衡	简	化	的	中	心
通	惨	休	旋	答	袜	子	倍	扭	不	旋	复	要	肯	稻	坠	喜
的	修	不	木	趣	中	填	安	动	人	遥	联	趣	定	理	填	保
田	高	恐	士	衬	保	特	图	数	便	村	合	建	皂	票	优	势
区	径	安	错	！	平	书	雨	袖	真	股	收	喜	答	而	最	摇
秀	保	赂	礼	行	的	许	直	迟	碎	欲	割	有	怖	心	娱	排
内	部	平	事	提	日	豆	特	增	项	士	机	撞	介	焕	望	欲
素	私	的	身	醒	然	思	根	火	炉	远	心	保	上	衣	飞	惨
惨	摇	释	于	平	的	后	日	梁	不	虫	恐	眼	摇	龄	虎	来

火炉
扭动
简化
的设计
联合收割机
橙色
接受
内部
宝宝
田径
放宽
提醒
春天
明显
食品
袜子
优势
肯定
运行
上衣

Puzzle 78

有礼貌
基本
作用
骨折
老鼠
估计
视觉
招商引资
大米
刚性
猕猴桃
的官方
反映
毛衣
周日
甜蜜
看到
那些
能够
出色的

机	降	有	稳	快	招	基	本	他	充	梁	情	蠕	便	社	远	程
遇	袋	号	礼	人	商	安	研	镜	磨	特	间	源	究	安	环	飞
理	父	喜	从	貌	引	傲	介	升	欲	书	重	伊	心	升	马	基
猕	部	信	肥	亲	资	于	特	真	苦	得	建	口	碰	机	保	怖
出	猴	自	本	马	填	>	衫	子	毛	损	错	镜	赂	安	有	后
规	本	桃	镜	典	乐	人	宜	亲	衣	出	色	的	胶	飞	栏	水
噪	音	甜	蜜	作	用	底	虑	特	环	顶	约	梁	转	想	放	的
乃	子	礼	煲	树	定	上	有	升	增	余	页	镜	稳	试	书	滑
他	心	宜	刚	性	龄	喜	衡	木	重	镜	分	观	周	不	放	上
带	乐	考	栅	疲	能	够	毁	不	醒	解	驴	定	绍	日	急	社
透	邀	的	官	方	老	休	看	到	从	恐	惨	摇	能	灵	填	亲
音	之	紧	估	计	鼠	疲	虑	梳	建	增	最	坠	眼	情	急	面
绍	邀	考	礼	恢	况	大	情	骨	理	马	露	闲	基	子	中	真
人	票	答	项	环	修	米	回	折	绍	木	加	醒	看	凑	能	自
见	重	那	些	反	映	雨	地	袖	保	答	面	不	坠	貌	视	觉

Puzzle 79

高	喜	情	信	区	桥	秀	程	顶	的	差	的	便	视	理	连	量
类	复	自	恐	试	主	不	因	动	源	秀	心	的	的	降	续	桌
凑	系	自	释	諾	标	状	支	私	头	发	主	肥	邀	理	项	两
理	列	类	最	息	亲	题	出	回	股	增	虎	磨	记	坠	远	个
平	热	视	疲	事	领	气	味	諾	子	研	感	宜	股	面	介	子
乐	甲	特	人	运	动	驴	从	条	复	倍	情	毁	图	坠	紧	娱
损	虫	地	镜	部	状	情	部	的	稻	议	露	子	法	律	惊	情
测	后	基	事	况	文	父	里	谎	言	观	栗	柳	叶	直	好	处
量	建	灵	口	有	本	克	查	克	>	视	老	环	损	排	最	木
坠	从	根	的	况	惫	发	醋	便	稻	股	自	好	均	匀	视	决
面	的	转	源	书	增	年	的	数	望	肥	上	几	柔	考	护	介
面	醒	条	亲	页	最	闲	醋	毁	保	口	眼	究	木	号	协	马
平	坠	的	约	排	和	栗	貌	稻	然	梳	年	滑	他	修	助	素
分	伏	村	子	思	几	平	请	镜	贫	困	顶	上	修	透	息	素
票	飞	虑	他	梁	的	情	因	桌	填	醋	老	乐	动	回	车	趣

条约
头发
感情
好处
标题
协助
气味
贫困
系列
谎言
法律
支出
和平
文本
甲虫
两个
测量
均匀
柳叶
连续

Puzzle 80

苦差事
的手指
典型
记得
牙膏
狩猎
的对手
铅笔
专家升
生姜
的专业
在去年
选举
星期
什么
白菜
整齐
酒吧
早餐
磁带

定	填	业	专	的	手	指	噪	苦	面	白	菜	祖	宜	酒	饭	面
遥	静	坠	迟	情	面	饭	伊	差	蠕	信	什	么	鳍	邀	吧	部
也	祖	摇	趣	肉	乎	数	答	事	坠	私	决	复	諾	领	摇	试
先	虎	最	肉	虑	解	租	车	老	特	项	中	豆	整	父	观	摇
了	肉	稻	上	蔻	镜	保	书	草	狩	不	而	飞	齐	通	星	看
有	本	亲	看	究	眼	镜	出	幸	思	猎	情	草	貌	类	期	查
伏	源	自	素	息	衡	伊	选	举	记	遇	骄	然	苦	保	试	紧
得	水	决	了	下	想	先	复	典	得	野	了	伏	行	优	理	倍
摇	研	娱	恐	。	露	况	虫	型	机	栗	好	几	余	有	余	子
骄	后	凑	瑞	飞	蠕	决	绍	绍	错	答	骄	护	喜	磁	带	蛾
活	信	赂	水	想	放	碎	来	填	村	最	租	撞	的	号	栏	虫
的	的	噪	水	于	建	噪	子	饭	怖	电	望	情	他	早	有	的
专	的	对	手	面	醋	>	权	眉	车	礼	书	在	去	年	餐	蠕
家	>	活	豆	不	栏	鳍	乐	升	事	饭	宜	驴	况	试	铅	笔
升	得	下	于	过	遇	驱	的	坠	肉	牙	膏	生	姜	焕	虑	镜

Puzzle 81

建	间	村	祖	图	上	答	领	怖	乐	父	再	举	迁	也	草	镜
延	存	循	究	身	原	因	排	伏	的	稻	次	车	移	私	苦	静
决	食	用	鳍	碰	要	社	特	醒	究	娱	乎	香	有	请	宜	子
心	的	闲	行	绍	袋	野	恐	平	过	动	乃	部	则	最	虎	最
他	赂	能	许	情	研	况	祖	面	凑	租	树	人	自	娱	释	惧
得	行	快	桌	骄	人	票	性	的	秘	身	情	酸	肢	放	惨	事
素	转	蠕	平	树	素	护	上	高	上	余	恐	牛	有	大	胶	介
祖	邀	发	生	坠	树	肉	下	面	场	景	下	奶	手	象	增	中
热	祖	回	状	私	发	有	滑	功	考	考	一	柔	理	臂	菠	要
察	远	电	虎	的	携	摇	望	能	观	议	个	回	过	祖	萝	过
电	真	损	>	碰	复	面	身	底	虑	闲	究	部	复	典	复	书
分	支	紧	恐	便	头	年	驱	先	木	私	貌	图	马	修	坠	迟
休	书	特	息	排	脑	请	研	水	雪	典	的	的	基	便	>	！
音	平	虑	的	一	切	！	他	树	坠	过	人	远	行	记	保	衫
电	克	试	部	约	透	究	恐	富	含	真	正	的	鳍	丁	解	疲

- 下面
- 酸牛奶
- 再次
- 头脑
- 分支
- 大象
- 手臂
- 富含
- 原因
- 菠萝
- 功能
- 发生
- 真正的
- 的一切
- 下一个
- 回复
- 有望
- 迁移
- 场景
- 食用

Puzzle 82

鳍	安	袖	复	情	快	复	马	现	豌	巧	眉	。	真	关	放	约
自	静	肢	转	不	递	蛾	露	代	豆	克	事	热	自	查	系	的
马	身	摇	遇	苦	驱	桌	便	摇	复	力	市	中	心	小	麦	毁
摇	况	光	眉	鳍	丁	损	考	情	觉	怖	不	野	鹿	条	件	諾
諾	摇	试	考	年	生	私	里	降	驱	透	木	鸡	皂	带	遇	信
紧	电	子	自	蔻	音	温	暖	的	新	摇	约	火	稻	权	肉	错
摇	滑	的	紧	看	见	基	！	>	差	克	飞	貓	延	自	地	素
记	平	之	破	过	胶	静	紧	保	乐	则	现	根	思	子	面	静
坠	驱	>	坏	胶	水	露	几	面	了	之	撞	在	答	坠	坠	复
香	貌	便	决	运	諾	乐	信	过	增	欲	票	号	驴	重	露	究
菜	袖	鳍	能	趣	高	保	则	肥	增	充	冬	迟	视	有	平	稳
区	面	情	喜	栅	答	醒	怖	部	复	虫	天	建	源	理	怖	部
继	续	视	余	碰	栅	得	型	露	有	降	柔	了	平	型	树	木
肢	醋	动	从	柔	书	遇	子	租	皂	性	循	始	终	便	能	活
克	间	煲	运	行	豆	回	填	乃	理	本	差	士	紧	复	运	面

- 香菜
- 快递
- 火鸡
- 冬天
- 野鸡
- 自身
- 现代
- 现在
- 关系
- 始终
- 温暖的
- 豌豆
- 巧克力
- 市中心
- 鹿野
- 小麦
- 新的
- 条件
- 继续
- 破坏

Puzzle 83

笔	记	本	护	瑞	释	雪	落	条	赶	醒	他	惨	镜	俱	环	本
远	倍	复	状	车	情	情	休	不	路	趣	动	木	考	乐	绍	驴
于	领	议	不	遇	一	静	特	况	磨	虫	回	定	>	部	雪	灵
程	底	惫	行	便	声	喜	权	究	有	也	回	护	噪	修	撞	惧
木	交	间	。	也	上	玉	米	蝙	保	作	者	机	本	最	有	块
记	叉	亮	保	页	损	部	本	蝠	泽	露	水	本	袋	成	功	的
底	肢	菊	村	的	延	增	礼	父	肢	肥	决	栗	项	恐	检	眼
信	项	重	花	惊	通	话	延	蔻	许	究	蛾	基	车	袖	蛾	测
迟	午	餐	的	出	发	现	情	人	修	介	祖	数	苦	基	亲	好
书	子	书	他	坠	研	出	袖	解	区	稳	丁	票	加	坠	欲	放
研	闲	降	怖	亲	衬	欲	活	惨	蔻	饭	袖	也	而	蔻	请	问
直	衬	遇	车	焕	保	磨	有	况	通	亲	乐	鳍	趣	研	飓	风
回	最	释	醋	骄	增	雨	远	利	后	野	肉	要	情	面	复	私
整	洁	的	情	泽	的	理	焕	木	活	动	数	量	乃	租	出	自
选	袋	息	降	镜	股	观	活	决	了	举	运	村	信	想	泽	分

飓风
作者
检测
俱乐部
笔记本
菊花
玉米
整洁的
请问
成功的
发现
午餐
赶路
的块
一声
有利
交叉
数量
蝙蝠
通话

Puzzle 84

焕	行	了	视	条	饭	骄	年	现	实	依	士	身	占	书	父	源
领	过	直	桥	曾	邀	近	从	顶	自	动	赖	自	据	远	不	事
蔻	野	图	灵	经	便	灵	也	惨	倍	袋	增	稳	父	，	类	试
心	考	远	记	领	衬	水	心	野	几	绍	子	捕	信	除	携	几
的	作	用	毁	透	能	马	豆	露	梁	恢	比	获	秀	了	私	焕
醋	察	图	行	几	龄	能	而	信	许	高	较	休	滑	图	袋	赂
理	活	加	追	解	然	程	露	研	驱	信	蠕	闲	怖	直	下	理
地	龄	天	求	栅	衫	桥	心	村	马	醋	乎	情	衡	能	动	书
快	址	士	气	图	父	之	冷	冻	胶	碰	撞	能	喜	电	职	责
特	远	降	赂	想	眼	口	活	胶	礼	平	放	趣	虫	顶	趣	灵
飞	理	增	解	信	礼	行	稻	书	人	放	袋	充	分	机	栏	状
趣	秘	龄	远	查	数	见	眼	觉	面	护	素	研	回	保	子	傲
震	撼	延	水	恢	息	底	男	子	倍	察	自	的	平	复	增	宜
余	饭	他	升	选	面	自	生	动	打	击	领	定	噪	分	介	约
请	镜	增	出	虫	马	状	量	望	。	过	考	傲	鹌	鹑	复	运

碰撞
地理
职责
休闲
依赖
冷冻
天气
打击
现实
占据
捕获
男子
比较
震撼
鹌鹑
追求
地址
，除了
的作用
曾经

Puzzle 85

理	了	余	总	然	天	第	二	时	急	出	人	决	马	便	信	袋
平	虎	热	统	部	使	查	自	刻	于	休	量	飞	煲	煲	口	保
驱	灵	特	平	发	伏	研	镜	娱	考	特	直	本	直	远	便	子
主	面	机	上	胶	看	马	眼	情	研	亲	的	决	平	考	的	礼
祖	根	栅	中	自	高	错	克	究	书	带	差	人	想	视	亲	碰
票	公	记	自	能	考	票	最	重	焕	平	放	底	秀	游	泳	音
宜	布	光	技	艺	察	碰	来	正	是	论	文	，	直	到	举	的
亲	错	护	面	部	光	记	顶	复	水	貌	持	栏	蛾	木	接	特
虎	性	露	驱	了	情	露	丁	驴	面	幸	保	有	乎	虫	页	收
复	子	乎	乐	考	木	趣	规	闲	香	见	人	眉	填	桥	填	士
泽	风	乎	贤	丁	高	票	高	滑	觉	马	克	杯	祖	草	非	究
灵	筝	他	人	要	中	最	本	况	怖	的	根	况	便	修	排	常
面	祖	排	柔	活	便	察	惧	己	貓	发	醋	情	顶	喜	项	后
典	碰	也	栅	后	阻	止	部	圣	事	音	摇	傲	的	便	坠	因
橡	皮	擦	信	便	不	稻	信	灵	诞	胶	苦	幸	思	便	乎	不

圣诞
天使
橡皮擦
，直到
总统
第二
公布
论文
贤人
正是
技艺
接收
阻止
的发音
时刻
非常
游泳
马克杯
急于
风筝

Puzzle 86

然	虎	租	权	他	中	撞	忽	考	肢	磨	音	数	典	飞	野	领
事	增	醒	通	諾	村	机	略	的	趣	理	顶	磨	驴	查	便	望
项	服	务	礼	驴	领	觉	信	傲	村	露	奖	四	>	驱	理	袖
顶	伏	饭	摇	野	增	桌	灵	项	本	盛	大	金	紧	行	朝	着
勇	敢	型	图	信	远	顶	素	子	特	惨	携	肉	龄	下	香	有
自	最	研	貌	请	幸	记	疲	图	像	木	摇	虑	高	灵	类	袖
动	諾	察	运	区	梁	源	四	倍	桥	惧	村	请	错	醋	热	闲
四	间	快	社	举	确	热	破	过	稻	权	蛾	有	复	静	伊	灵
间	主	虎	树	木	实	私	页	车	邀	生	领	亲	究	虎	树	优
欲	虎	惫	重	理	子	紧	皂	约	量	思	通	地	面	图	虎	蔻
的	互	动	香	衬	克	重	透	年	要	年	秀	摇	貓	祝	选	原
己	私	音	黑	循	平	快	丁	型	虫	动	动	豆	恢	贺	国	子
自	光	加	色	填	只	虹	自	然	观	恐	肉	权	解	考	>	王
混	合	亲	秀	欲	有	转	膜	而	考	复	上	事	豆	下	袋	平
页	乐	身	坠	社	落	便	能	远	的	木	修	皂	热	的	考	通

自动
忽略
事项
然而
祝贺
奖金
勇敢
原子
自己的
只有
混合
的互动
盛大
黑色
虹膜
服务
图像
确实
朝着
国王

Puzzle 87

父	有	水	焕	的	豆	摇	答	光	黄	乃	释	要	上	年	楼	赂
龄	栏	型	遇	恢	保	复	议	荣	瓜	驴	破	心	伊	幸	梯	介
高	看	碰	骄	透	身	来	特	驴	动	透	恩	爱	葡	萄	修	能
肉	余	乐	木	息	状	人	衡	心	龄	定	居	者	页	自	携	能
雨	要	地	桥	素	余	主	典	考	飞	页	飞	撞	马	延	休	眉
灵	喜	上	士	况	先	不	试	保	行	书	稳	遥	镜	信	摇	马
飞	放	快	选	特	不	增	则	升	木	貓	行	生	条	然	保	顶
行	桥	子	了	远	要	迟	龄	幸	镜	醒	通	子	电	恢	蔻	间
拳	滑	鼻	司	机	算	计	有	主	村	安	碎	的	子	骨	答	蔻
领	击	的	图	象	保	怖	心	磨	的	答	发	好	增	架	娱	马
乃	心	考	灵	近	外	观	响	释	复	磨	骄	情	蠕	疲	灵	建
望	老	答	复	降	户	休	应	娱	查	煲	苦	煲	伊	恢	饭	议
股	热	远	木	部	议	没	有	气	型	龄	磨	文	化	摄	恐	近
究	草	上	怖	肉	过	页	宜	源	候	惨	口	情	凑	情	像	摇
情	衡	定	研	议	袋	的	的	后	桥	面	遥	望	倍	便	身	头

建议
恩爱
骨架
楼梯
户外
拳击
外观
光荣
气候
摄像头
计算机
定居者
的鼻子
葡萄
没有
司机
文化
响应
黄瓜
的图象

Puzzle 88

社	鳍	存	伏	落	单	统	坠	部	门	先	马	马	飞	香	宜	有
军	静	优	况	坠	元	草	治	充	恢	泽	请	泽	项	蕉	本	私
事	故	事	的	特	本	页	好	者	余	然	豆	衬	你	自	己	的
部	龄	马	放	松	大	量	坐	在	从	露	煲	梳	循	遇	书	乐
自	想	议	心	复	香	情	社	本	来	的	静	欲	口	不	光	坠
稳	克	子	栗	活	况	眉	而	查	没	考	验	里	惨	私	便	先
好	也	怖	望	想	落	貓	排	考	有	趣	恢	顶	考	平	心	股
基	理	降	几	领	乎	通	心	热	绍	他	肢	典	煲	里	排	苦
眉	思	的	惊	喜	几	遇	花	本	摇	落	露	心	肉	。	恐	区
研	稻	好	干	衫	饭	书	园	木	生	究	坠	劳	保	无	了	丁
先	高	建	碎	净	决	近	理	！	过	程	中	究	动	聊	苦	而
身	份	赂	伊	理	丁	便	议	充	然	苦	也	有	貌	稻	先	迟
本	趣	直	书	衫	眼	野	惧	决	野	镜	数	保	理	情	回	迟
秘	坠	克	恐	遇	损	娱	赂	远	水	牛	村	肉	撞	运	摇	类
！	克	况	本	摇	乎	坠	充	士	票	灵	马	幸	运	音	后	面

幸运
你自己
考验
香蕉
部门
花园
军事
劳动
大量
从来没有
单元
水牛
故事
身份
的干净
放松
过程中
无聊
坐在
统治者

Puzzle 89

的	通	则	袖	怖	介	高	伊	朋	顶	息	兔	驴	的	虎	父	马
部	心	闲	约	灵	过	面	情	友	眼	究	的	子	稳	考	旋	出
复	平	增	选	己	根	约	稻	的	惧	重	车	的	木	虑	票	的
市	权	票	车	加	稳	子	从	等	合	格	宜	噪	士	便	选	子
场	首	都	理	量	保	答	乐	马	待	胶	程	老	动	带	桌	肉
了	不	增	程	复	克	案	类	重	运	喜	摇	不	量	也	权	草
了	碰	飞	趣	趣	息	眉	似	虫	间	礼	最	心	乐	雨	眼	素
蚂	举	员	素	看	灵	权	信	理	选	热	数	心	携	安	视	马
蚁	飞	演	平	查	复	秃	豆	飞	因	他	顶	数	特	运	能	面
分	离	的	类	然	条	鹰	>	自	焕	露	肉	优	本	得	于	士
胶	伏	宜	人	人	心	里	树	日	源	的	树	第	循	得	特	伏
趣	约	泽	设	有	保	保	排	况	想	区	野	三	号	许	心	权
考	疲	过	匆	的	工	作	人	员	衡	蛾	喜	个	不	当	！	发
地	心	摇	父	匆	镜	解	最	伊	日	动	>	请	露	疲	领	通
趣	遇	情	了	木	自	后	，	记	亲	趣	老	假	栗	来	豆	人

考虑
分离的
第三个
首都
后，
兔子
请假
的工作人员
等待
设有
答案
秃鹰
匆匆
类似
朋友的
合格
的演员
市场
蚂蚁
不当

Puzzle 90

考	静	自	眉	直	透	的	较	私	探	摇	往	绍	的	性	眼	伊
票	建	造	携	豆	碰	饮	差	话	滑	讨	往	地	研	虫	马	日
升	忠	诚	之	惧	皂	料	不	题	昨	天	自	图	究	高	运	镜
傻	瓜	豆	信	最	亲	释	木	情	情	子	倍	介	条	镜	日	他
旋	諾	优	苹	香	马	心	研	信	则	乃	转	复	电	持	柔	观
遥	理	培	果	行	考	香	票	音	四	心	豆	视	他	欲	损	释
典	电	训	赢	静	桌	觉	电	约	坠	骄	动	伏	欲	机	肢	望
>	转	人	了	老	迟	私	醋	下	热	的	！	机	根	类	基	望
休	蔻	露	子	行	自	老	胶	究	滑	露	野	有	发	毁	于	平
加	过	礼	因	面	填	坠	自	书	眼	一	损	复	基	的	肥	因
图	马	不	上	条	解	修	喜	行	过	次	破	水	滑	顶	情	最
詹	赂	后	了	趣	赂	最	胶	丁	车	性	衬	电	状	骄	社	区
醋	旋	行	草	莓	梁	然	村	好	栗	瑞	噪	自	活	子	本	音
人	私	蔻	栅	宜	怖	重	量	老	释	豆	观	露	的	乐	諾	主
邀	日	有	乎	丁	本	>	程	素	想	解	惧	究	四	噪	骆	驼

社区
建造
一次性
忠诚
培训
傻瓜
苹果
骆驼
草莓
动机
赢了
话题
探讨
昨天
较差
自行车
地图
的研究
往往
饮料

Puzzle 91

亲	状	租	人	怖	情	凑	雪	动	素	不	衡	环	生	恐	邀	里
考	面	虑	中	最	息	眉	傲	虑	袋	足	有	信	心	恐	毁	的
身	程	摇	树	大	因	近	理	看	的	音	近	便	諾	感	觉	便
生	量	情	皮	的	醋	柔	复	行	研	视	考	马	姥	祖	过	便
紧	活	抗	的	私	噪	桥	损	复	生	光	虎	幸	爷	根	热	紧
驱	闲	拒	优	机	袖	露	人	桥	今	降	差	事	宜	据	自	观
水	壶	的	想	傲	秘	解	不	心	天	面	乃	飞	特	坠	身	最
护	热	重	马	解	不	也	雪	究	有	乐	错	今	晚	从	出	余
自	怖	差	他	草	股	草	飞	人	破	心	过	撞	的	好	香	飞
雪	领	水	释	机	优	音	镜	量	露	而	曲	规	底	医	保	下
回	热	水	倍	下	考	秀	摇	倍	水	特	线	飞	眼	欲	生	流
家	了	根	选	袖	私	心	邀	惨	西	循	生	栗	判	思	亮	体
发	释	士	撞	过	有	>	因	远	红	柳	也	蔻	衡	决	的	保
望	送	损	性	情	放	雨	自	醋	柿	絮	瑞	栗	持	然	几	释
远	号	镜	有	！	考	量	则	面	心	傲	想	信	便	坠	因	柔

不足
根据
树皮
柳絮
判决
感觉
抗拒
姥爷
的医生
水壶
流体
错过
发送
有信心
回家
西红柿
今天
最大的
今晚
曲线

Puzzle 92

优	质	的	行	亮	泽	光	动	柔	修	了	描	延	业	务	乐	环
类	眼	马	充	快	真	泽	间	型	保	有	述	因	平	特	摇	活
情	本	惫	人	顶	型	鲜	规	的	苦	本	观	基	局	限	口	情
复	活	观	里	煲	电	花	情	衬	灵	旋	亲	摇	程	信	袖	决
快	面	子	的	怖	情	保	惨	泽	水	泽	书	素	况	马	建	立
祖	息	人	循	最	赂	情	乎	了	惫	噪	音	了	貓	人	热	基
事	栏	不	带	胶	木	持	情	思	本	复	龄	驱	定	损	伏	虑
了	心	奶	情	复	看	噪	性	>	行	青	蛙	疼	复	的	破	过
增	情	油	恢	运	理	远	灵	下	的	衡	部	数	痛	几	基	本
光	素	>	号	能	平	觉	国	规	欲	的	衡	侵	主	旋	记	面
的	视	线	的	机	会	转	家	蜥	的	水	远	入	子	的	灵	约
素	趣	试	子	肥	典	士	建	蜴	安	桥	树	试	落	栏	虑	介
本	本	携	灵	环	先	露	遥	肉	电	蠕	赂	滑	樱	桃	介	亲
保	落	遇	觉	复	野	人	坠	桂	解	的	答	带	雨	循	静	中
出	解	稻	衬	状	差	四	的	特	议	决	秘	保	煲	惨	也	最

解决
噪音
的视线
奶油
樱桃
光泽
优质的
鲜花
定的
描述
的机会
疼痛
局限
业务
青蛙
国家
蜥蜴
侵入
肉桂
建立

Puzzle 93

远	增	信	闲	有	区	保	激	怒	冰	先	飞	袋	得	粉	员	工
下	加	亲	撞	觉	的	看	年	租	柱	乌	而	过	破	红	蛾	子
研	滑	心	毁	来	先	諾	差	滑	信	鸦	环	过	桌	色	的	马
滑	部	稻	遥	自	破	察	出	光	身	梁	领	树	栏	部	木	摇
父	用	毁	正	确	的	栗	静	况	碰	区	因	干	衬	请	解	自
生	品	恐	有	信	的	信	看	便	驱	桌	建	复	自	究	肢	便
行	木	貌	梳	乐	礼	排	撞	雪	后	毁	木	书	约	灵	秀	的
下	凑	最	秘	栏	鳄	鱼	领	理	研	续	人	香	见	木	热	老
撞	摇	看	好	士	差	也	看	的	理	亮	自	记	亲	本	！	电
有	大	专	况	的	子	梁	近	面	最	眼	转	区	人	马	便	望
趣	之	豆	肉	程	部	几	秀	实	际	根	滑	区	远	稳	马	复
好	的	性	乐	态	转	光	之	马	雪	不	识	别	肢	丘	页	性
许	排	升	数	度	试	惨	趣	复	平	不	下	磨	了	桥	比	质
热	摇	情	信	子	皂	放	周	理	携	排	近	察	基	乐	坠	特
肉	充	情	带	来	上	驴	末	的	想	研	了	赂	灵	遥	本	书

乌鸦
大专
正确的
性质
识别
冰柱
好的
粉红色
用品
员工
鳄鱼
周末
丘比特
后续
实际
带来
激怒
最好的
树干
态度

Puzzle 94

平	带	车	活	镜	解	信	衫	骄	破	解	活	碎	环	境	书	碰
便	来	发	余	本	灵	苦	真	一	些	篮	雇	间	选	性	来	便
重	了	虫	现	举	梁	解	程	旋	身	球	在	私	稳	主	礼	升
会	见	豆	趣	介	闲	增	第	碰	先	研	这	出	木	皂	得	下
页	闲	摇	图	介	高	保	二	损	丁	惨	里	蛾	肢	礼	灵	活
皂	虎	遥	项	投	票	菊	理	摇	饭	亮	许	驱	栗	服	鸡	水
遥	行	伏	条	破	约	花	带	环	人	领	举	衫	惫	子	优	公
学	习	乎	梁	，	直	到	持	错	股	高	袋	解	股	的	发	司
瑞	始	终	自	胶	号	便	父	的	增	书	优	面	柔	坠	乃	马
袋	地	趣	礼	秀	过	諾	稻	欲	社	况	优	面	的	面	平	坠
最	毁	碰	觉	于	肉	马	而	豆	的	有	自	情	察	了	人	安
中	车	间	议	肥	了	典	量	远	羊	能	热	乐	下	程	要	得
趣	滑	的	特	。	程	乐	部	选	循	自	梁	复	稻	余	也	邀
衬	本	量	远	看	租	虫	年	破	柔	复	使	旋	野	回	滑	地
型	自	来	主	自	的	票	最	磨	柔	袖	用	噪	复	稳	保	他

一些
在这里
带来了
公鸡
礼服
投票
会见
灵活
篮球
学习
的羊
公司
解雇
使用
环境
始终
发现
菊花
第二
，直到

Puzzle 95

稻	图	复	因	坠	几	身	马	复	草	肢	也	蛾	蔻	野	豆	回
不	子	视	保	充	亮	子	剥	夺	莓	的	滑	幸	雨	秀	部	灵
人	中	的	图	破	远	不	碰	煲	型	噪	延	看	水	优	电	视
里	趣	损	恐	子	根	充	理	高	虎	自	裙	子	之	木	野	噪
行	飞	区	活	于	出	毁	栗	息	不	肥	落	醋	老	条	傲	充
闲	激	怒	远	有	合	作	惫	租	复	紧	梳	视	袖	野	骄	充
上	赂	栗	特	镜	虫	损	蔻	领	忘	记	醋	号	典	的	本	填
高	加	生	磨	他	年	自	基	解	试	倍	身	最	过	有	观	坠
察	蠕	静	损	上	四	紧	醋	煲	余	紧	社	幸	露	决	议	便
遇	信	眉	权	损	的	考	高	管	平	均	破	梁	点	雪	热	建
村	子	太	书	遇	迟	野	自	村	马	过	要	灭	绝	究	程	面
衫	亲	灰	阳	肢	原	直	加	不	幸	傲	的	领	带	记	泽	带
安	皂	色	蔻	镜	谅	权	研	泽	惧	基	滑	主	瑞	其	，	许
幽	全	循	了	区	后	大	然	疲	乎	驴	亲	复	环	他	回	考
遇	灵	眼	机	发	破	便	飞	程	人	增	亲	考	恢	余	父	宜

剥夺
合作
裙子
安全
高管
，其
幽灵
其他
灰色
大便
忘记
灭绝
露点
的领带
平均
原谅
太阳镜
磨损
草莓
激怒

Puzzle 96

地板
融化
卖家
词汇
剪辑
最后
丁香
粗心
发动机
所需
经济
标准
的任何
问题
伴侣
季度
儿子
树莓
外观
设有

平	区	差	研	信	苦	所	人	马	虎	乎	动	真	摇	他	>	本
桌	考	子	思	的	问	需	社	旋	倍	自	而	从	坠	了	梳	旋
放	滑	词	栅	复	信	题	伴	侣	类	卖	家	外	栅	木	粗	心
举	觉	看	汇	季	平	试	信	醒	肢	下	股	观	音	部	项	蔻
动	优	几	儿	度	貌	发	究	视	老	宜	娱	许	剪	辑	页	底
树	休	保	子	行	焕	动	本	亲	况	融	化	直	填	眼	议	解
莓	祖	书	栏	胶	号	机	亮	桥	袖	部	>	研	的	马	摇	许
摇	肥	标	准	差	能	肉	情	乃	加	亲	修	根	草	磨	能	撞
间	赂	滑	循	子	活	过	便	过	肉	的	摇	草	也	桌	醒	滑
的	任	何	有	秘	身	坠	静	摇	乐	区	信	最	有	情	要	行
坠	老	马	通	便	看	肢	赂	亲	间	也	秀	后	自	从	静	本
项	情	页	保	余	趣	木	日	部	不	蠕	增	考	雪	驴	子	环
然	马	升	梳	而	息	亮	顶	书	凑	数	恢	人	欲	设	有	人
复	虎	素	傲	远	丁	部	环	地	记	动	条	私	充	书	野	经
的	眼	究	车	根	虫	香	乐	板	煲	焕	喜	赂	喜	父	循	济

Puzzle 97

人	建	情	的	运	地	惧	醋	梁	桌	噪	分	皂	惨	伏	衡	的
赛	季	原	帐	气	权	父	噪	书	状	音	股	最	机	光	喜	木
醋	礼	子	篷	究	雪	社	他	骄	亲	滑	网	安	热	介	旋	带
许	看	量	介	皂	动	他	信	他	己	前	者	络	香	最	基	眉
欲	复	车	的	发	了	眉	便	豆	思	事	机	栗	肠	加	的	乎
便	保	机	鼻	喜	驴	转	甜	觉	也	复	会	己	页	规	信	貓
桥	马	地	子	豆	栗	不	察	蜜	究	行	，	研	建	答	觉	远
必	须	面	野	明	决	雨	本	雪	而	他	惨	于	乎	股	降	息
亮	皂	觉	的	星	思	行	醋	上	乐	怖	子	直	研	解	情	热
雨	直	眉	一	复	灵	稻	信	解	欲	乎	眼	情	雪	加	破	驱
露	举	落	切	活	兴	趣	仅	仅	恢	迟	保	自	休	便	错	修
试	典	驴	毁	本	亮	号	稳	不	老	区	娱	惊	坠	己	打	破
余	他	持	身	克	带	点	因	观	研	娱	充	发	人	望	性	他
年	损	不	皂	子	不	伏	宜	程	有	野	树	延	情	煲	欲	基
露	页	地	于	焕	书	私	撞	乐	见	源	远	安	热	倍	欲	子

雪上
亮点
香肠
必须
前者
打破
仅仅
兴趣
帐篷
机会,
网络
明星
运气
赛季
地面
甜蜜
的一切
原子
的鼻子
噪音

Puzzle 98

根	！	本	的	安	驱	存	休	摇	肥	飞	泽	衡	教	恢	不	有
衡	视	自	充	理	亲	看	惨	缺	观	高	审	惊	师	露	老	落
。	学	肉	醋	源	连	拍	蠕	最	乏	量	判	虫	面	特	约	热
试	术	碰	倍	摇	动	遥	远	！	查	静	落	驱	摇	落	损	类
心	看	休	领	有	增	信	虑	驱	心	乎	光	有	快	落	伊	醒
落	则	怖	欲	乐	答	租	幸	试	股	基	情	可	型	用	池	本
秋	季	。	里	机	諾	研	袖	缓	解	马	威	力	爱	品	塘	信
出	骄	生	修	私	源	坠	撞	驴	驴	运	特	恨	仇	的	型	增
雪	规	复	页	坠	喜	自	马	鳍	自	袋	征	衫	虑	不	心	雪
疲	球	苦	趣	底	错	己	也	解	香	复	议	蔻	虑	租	理	情
增	袋	鳍	条	心	电	介	要	落	机	遥	遥	举	究	煲	信	稳
直	究	热	肢	露	动	的	伊	礼	然	衡	柔	行	滑	父	草	礼
差	要	驴	伏	情	遇	稳	理	活	肢	动	摇	海	雀	马	人	损
的	碎	底	降	典	答	光	的	暂	停	木	倍	车	行	周	二	先
直	介	雪	稻	私	许	解	典	里	三	明	治	查	状	貌	生	毁

池塘
周二
三明治
特征
的仇恨
可爱的
缓解
海雀
连拍
秋季。
教师
审判
遥远
雪球
电动
缺乏
暂停
威力
学术
用品

Puzzle 99

倍	带	之	机	树	条	有	看	约	光	观	飞	蔻	图	协	饭	延
能	的	袋	百	个	>	介	无	聊	转	旋	貌	虫	噪	议	丁	泽
人	蛾	于	邀	快	摇	貓	差	梁	也	得	梁	秘	下	，	不	持
焕	苦	则	镜	便	栗	的	理	部	便	醒	超	越	明	年	愚	下
请	出	究	貌	绍	伊	皂	惧	桥	于	车	丁	幸	休	见	蠢	伏
进	查	驰	骋	。	记	比	惊	项	回	增	雪	衫	路	公	的	草
入	错	增	想	的	建	较	修	书	答	下	地	凑	通	息	条	也
回	信	碰	考	营	运	保	坠	实	闲	马	排	也	日	余	南	项
人	信	马	则	养	充	从	木	现	回	傲	典	选	生	灵	部	机
提	供	人	思	里	型	幸	栏	稻	降	衬	亲	滑	有	闲	公	交
老	情	约	蔻	人	衫	木	选	衡	亮	树	平	露	亲	情	外	项
规	本	区	议	考	理	年	保	>	秘	鳍	飞	估	复	私	醒	部
噪	动	犹	也	察	而	马	周	人	遇	煲	通	计	中	本	视	高
的	趣	豫	检	乐	稻	落	试	六	查	迟	解	携	休	考	研	>
碎	降	放	思	验	了	摇	滑	也	毁	本	充	恢	见	书	闲	摇

驰骋
愚蠢的
的营养
进入
检验
的公路
百个
公交
外部
周六
犹豫
协议,
超越
南部
明年
实现
提供
估计
比较
无聊

Puzzle 100

循规蹈矩
参加的
挽留
预测
冒险的
长度
汽车
公民
替代电子书
启动
政治
灾难
重大
无形
椭圆形
有时
精度
的设计
大象
冷冻

自	研	惫	光	亲	机	。	>	建	观	能	状	惫	撞	动	幸	排
解	绍	的	袋	桌	错	记	数	先	差	恐	而	况	的	过	自	里
试	乃	肉	乐	人	查	循	图	情	滑	近	的	趣	眼	看	邀	有
平	根	秀	安	大	重	饭	身	远	怖	图	摇	下	高	看	遇	>
骄	解	平	人	象	主	貓	虑	间	得	考	本	图	便	汽	不	放
有	时	长	度	椭	>	凑	马	。	迟	苦	类	之	远	车	预	下
蠕	社	幸	精	圆	要	稻	村	真	持	苦	伏	貌	人	股	测	栗
损	之	的	苦	形	諾	先	欲	蛾	循	虫	介	草	冒	议	觉	面
因	灾	请	乐	无	素	查	宜	士	闲	规	根	公	险	观	瑞	人
子	难	考	因	撞	露	香	士	露	替	衬	蹈	民	的	启	高	稳
事	信	的	柔	最	状	的	惫	撞	平	代	有	矩	加	动	政	便
先	冷	欲	秘	貌	选	驱	发	遥	秀	源	电	保	参	项	治	上
存	凑	冻	持	礼	的	胶	野	怖	解	乎	肥	子	野	他	则	观
袋	间	研	动	型	设	噪	挽	增	马	部	蛾	亲	书	权	碰	许
理	介	典	情	凑	计	煲	留	袖	闲	环	数	况	年	余	最	持

Puzzle 101

惊	疲	况	移	位	小	草	图	的	量	野	貌	过	光	秀	填	觉
木	考	股	身	置	蠕	型	泽	荒	书	怖	肉	伏	几	怖	放	稻
短	理	优	草	错	碎	露	延	野	主	情	要	根	升	面	图	摇
秀	暂	便	票	喜	排	的	理	遥	答	直	面	桌	坠	光	程	焕
暴	发	俏	皮	语	绍	苦	不	视	驱	约	最	试	驴	过	落	胶
躁	不	看	秀	言	貓	规	伏	溜	貌	趣	飞	试	权	迷	有	柔
研	意	栏	亮	凑	先	的	本	苦	冰	安	衫	高	栅	惑	区	也
租	见	视	滑	坠	则	机	上	乐	灵	自	破	信	的	人	出	惧
雨	虎	雨	行	野	驼	鹿	区	绍	阿	票	快	乐	鳍	活	乃	出
坐	在	本	见	型	放	惫	娱	透	姨	活	伊	分	饭	根	存	机
威	胁	权	权	里	的	分	复	鳍	认	为	>	复	风	延	状	香
释	本	视	虎	驱	静	栏	类	皂	撞	快	下	梳	窗	解	休	重
回	应	动	考	树	树	摇	好	克	有	信	介	惧	袋	本	根	事
于	有	肥	虎	爸	爸	豆	傲	蠕	香	飞	便	恐	信	修	股	静
况	眼	马	高	自	趣	面	护	于	花	费	皂	瑞	木	灵	望	梁

位置
的荒野
位移
暴躁
花费
小型
驼鹿
认为
短暂
语言
溜冰
俏皮
迷惑
意见
威胁
回应
风窗
阿姨
爸爸
坐在

Puzzle 102

驱	面	危	险	不	遥	情	里	议	近	苦	答	觉	老	马	肉	本
运	不	梳	虑	观	他	人	环	鳍	根	来	复	答	保	理	露	！
修	梁	娱	坠	财	鳍	宜	梁	想	镜	差	事	主	充	运	属	于
请	妈	妈	重	自	产	有	利	而	虫	页	通	欲	风	筝	紧	几
顶	草	人	复	复	驴	己	介	震	行	最	镜	转	野	分	懦	磨
部	龄	滑	建	规	伏	底	行	撼	镜	保	建	研	桥	况	夫	醒
底	闲	的	护	海	倍	出	租	水	自	养	秀	专	门	部	发	观
考	过	远	环	滩	袋	他	肢	马	自	高	数	木	栗	惨	蠕	情
带	领	>	觉	理	约	自	人	稻	情	书	有	源	究	貓	伏	理
请	凑	凑	水	撞	先	恐	高	动	皂	豆	心	心	柔	理	欲	排
运	理	身	老	直	上	灵	稻	柔	滑	面	议	飞	研	。	虑	的
间	老	心	香	行	转	不	车	日	回	生	观	幸	破	焕	复	因
碎	批	的	镜	解	梳	坠	磨	复	本	约	建	运	制	造	也	亲
转	里	判	的	生	日	口	解	亲	邀	平	道	虑	许	>	男	孩
状	然	护	雨	本	父	梳	服	务	焕	怖	乐	德	的	先	乃	性

顶部
懦夫
道德
柔滑
制造
专门
保养
批判
海滩
危险
属于
妈妈
的生日
财产
男孩
有利
震撼
风筝
服务
幸运

Puzzle 103

苦	噪	身	可	带	秃	活	泽	行	了	赢	性	摇	情	然	查	闲
肥	部	份	笑	一	最	鹰	菜	花	解	持	朋	能	日	紧	惫	奇
驱	心	乐	的	起	察	欲	息	！	栗	伏	友	定	雨	近	察	怪
蛾	克	绍	状	态	也	野	飞	见	露	士	的	老	见	转	衡	的
自	热	滑	香	类	遇	心	考	乐	落	遇	电	遇	保	日	号	伊
于	信	向	素	子	日	真	亮	平	直	稳	泽	本	理	行	趣	带
凑	祖	梳	日	乎	水	>	胶	木	研	性	研	驱	近	过	热	有
父	桌	稳	静	葵	欲	状	循	子	过	想	静	理	雨	于	动	要
桌	碎	乎	解	透	海	乐	页	充	撞	有	理	皂	介	乎	飞	紧
！	坠	趣	部	情	携	复	加	究	活	趣	能	力	迟	排	疲	区
身	豆	高	情	而	活	上	旋	保	自	的	信	火	炉	的	远	袋
解	颈	坏	面	年	过	惧	驱	。	日	解	密	封	惧	方	惫	栗
亲	部	的	升	四	露	物	理	议	许	豆	骄	鳍	自	向	旋	倍
保	本	豆	情	秀	循	坠	活	页	老	木	香	摇	落	马	掩	增
降	本	究	条	滑	木	皂	恐	秀	！	状	想	稻	草	摇	盖	解

能力
向日葵
奇怪的
菜花
可笑的
状态
一起
掩盖
密封
海葵
颈部
了解
有趣的
的方向
物理
火炉
身份
朋友的
秃鹰
赢了

Puzzle 104

贸	易	生	权	书	心	建	要	部	秀	放	里	记	人	破	信	娱
不	遇	蛾	信	许	最	根	稻	部	信	袖	携	热	马	行	高	饭
先	父	看	从	野	衡	皂	野	衡	怖	亲	飞	滑	休	几	考	约
滑	乐	马	部	携	丁	介	自	特	飞	增	醒	衡	消	息	书	蠕
木	目	标	怖	面	车	坠	不	望	惧	马	见	旋	柔	桥	主	真
面	私	便	号	飞	之	前	虫	高	票	察	野	本	区	年	乐	加
号	况	士	情	转	趣	乐	恐	几	存	灵	息	虎	蠕	余	素	告
理	绍	摇	乃	区	排	降	伊	形	风	险	持	的	举	镜	持	诉
村	状	动	坠	信	沙	携	子	雪	式	旋	蔻	本	邀	然	碎	平
疲	人	考	中	邀	漠	一	的	情	侣	稳	的	邮	件	灵	克	顶
环	子	出	主	亲	分	醒	二	貓	要	道	歉	观	此	苹	增	干
驱	理	貓	请	充	部	东	碰	二	回	股	骄	的	句	释	果	扰
>	热	考	乐	闲	门	摇	疲	惧	。	趣	丁	降	最	保	查	自
便	面	基	遥	鳍	醋	高	最	典	趣	绍	毁	的	的	存	秀	惊
书	摇	虑	洪	水	他	衫	的	当	前	基	看	持	怖	典	蔻	权

道歉
干扰
便士
当前
贸易
的邮件
洪水
东部
风险
的情侣
沙漠
此句
之前
告诉
形式
目标
消息
一二二。
部门
苹果

Puzzle 105

野	。	恐	人	袖	观	驱	号	噪	先	理	的	书	武	顶	的	顶
中	子	电	增	村	幸	余	社	考	理	惧	底	况	士	页	秀	事
车	想	作	碰	父	来	素	携	玉	答	亲	快	自	没	话	说	存
后	惊	飞	用	露	下	排	领	米	蘑	醋	私	>	丁	保	周	数
定	好	租	马	分	信	栏	老	优	菇	肥	建	过	肉	于	一	皂
有	礼	貌	试	答	的	面	虑	最	>	博	物	馆	衫	外	权	之
没	而	木	欲	稳	领	想	况	信	考	之	坠	草	煲	壳	子	解
怖	之	丁	諾	驴	虎	肉	栏	栗	看	本	决	状	电	顶	类	伏
特	紧	直	电	图	于	心	动	树	来	围	乃	稻	后	面	秘	人
事	梁	活	草	然	目	>	己	中	稻	伏	巾	查	諾	答	心	快
驴	地	摇	眉	重	的	便	列	查	解	便	护	紧	人	加	傲	遇
人	热	人	静	余	府	过	车	遥	凑	最	遥	通	权	余	程	通
子	根	倍	泽	欲	政	子	本	思	研	遥	素	循	恐	转	惧	摇
本	语	野	他	不	面	辩	论	趣	眉	修	近	约	究	安	秀	研
权	英	速	电	视	爱	好	暴	力	项	过	究	稳	>	主	社	生

语速
政府的
英语
暴力
爱好
围巾
蘑菇
目的
辩论
外壳
武士
博物馆
列车
电视
没话说
周一
作用
有礼貌
玉米
没有

Puzzle 106

他	也	信	遇	见	遇	然	有	亮	侵	略	性	秘	饭	虫	乐	眼
社	修	自	于	蔓	延	生	父	邀	转	肉	填	顶	雨	子	貌	的
父	余	损	他	顶	租	摇	快	过	遇	宽	热	间	之	绍	发	宜
延	安	选	皂	肢	栗	袖	马	转	优	幅	远	汽	看	惫	降	顶
理	破	理	野	间	>	不	树	乃	保	惧	平	车	乐	电	自	惨
面	份	的	领	不	信	顶	项	眼	磨	之	之	旅	醋	远	环	真
鳍	部	额	趣	降	增	办	公	桌	睛	来	肉	馆	温	复	性	而
怖	稻	复	理	的	饭	老	黑	亮	伏	不	研	见	暖	障	碍	过
修	移	了	类	身	量	直	色	降	木	自	水	特	的	驱	理	马
高	不	动	高	见	身	镜	，	虽	然	煲	静	能	增	底	的	蜥
回	答	丁	度	的	稳	底	页	情	行	袋	滑	降	从	安	扑	蜴
遥	请	心	稻	复	远	沟	通	消	失	加	貌	状	存	乐	通	蠕
平	木	举	本	亲	便	也	错	理	碎	袖	皂	諾	伏	乃	的	坠
差	降	增	绍	桥	水	虎	差	高	贵	噪	>	最	趣	类	觉	究
子	自	行	车	单	独	发	优	究	灵	人	露	存	几	肉	不	填

高度
障碍
消失
汽车旅馆
，虽然
沟通
高贵
办公桌
单独
蔓延
移动
眼睛
宽幅
侵略性
扑通
份额
温暖的
黑色
自行车
蜥蜴

Puzzle 107

装	错	肉	恐	手	机	块	余	落	类	赂	婴	儿	恐	灵	动	举
回	配	类	年	成	图	的	请	增	损	老	香	热	礼	乎	瑞	木
亮	肉	放	度	典	袖	欢	赂	子	亲	纠	子	特	乐	热	木	皂
毁	请	便	而	衫	栗	迎	信	毁	决	结	回	研	碰	宜	情	丁
尽	管	信	私	人	降	落	排	皂	视	记	考	坠	鳍	豆	人	源
子	回	理	饭	错	本	西	部	复	日	环	许	面	记	请	节	加
选	欲	桥	护	惫	镜	间	邀	护	的	决	便	特	乐	里	傲	举
降	貓	高	存	条	理	决	自	有	不	从	研	亲	考	放	驱	乐
摇	衫	得	情	光	破	延	书	规	运	释	考	本	绍	音	共	同
参	行	标	傲	惨	惫	的	摇	眼	环	许	地	加	煤	升	礼	村
考	与	志	破	摇	坠	解	秘	地	顶	>	袋	苦	第	炭	噪	的
好	礼	者	摇	餐	图	了	密	车	建	休	蔻	最	十	趣	水	决
有	焕	磨	驱	厅	中	秘	集	镜	胶	光	的	究	飞	自	项	远
欲	信	项	的	望	毁	举	驱	分	惊	便	许	不	蜘	蛛	克	礼
惧	饭	举	特	乐	保	旋	便	理	紧	木	类	面	灵	礼	有	人

尽管
装配
肉类
纠结
的欢迎
蜘蛛
西部
煤炭
情人节
手机
成年
餐厅
年度
密集
参与者
标志
共同
第十
婴儿
的块

Puzzle 108

出	便	面	图	型	自	下	保	究	填	增	惨	来	过	情	远	身
肢	介	祖	便	品	得	毁	上	噪	的	的	放	子	填	情	肉	真
心	思	遇	请	产	肉	>	傲	放	思	亲	栅	增	紧	降	源	自
机	关	欢	快	的	制	定	之	幸	！	碰	野	坠	绽	动	活	快
修	几	请	车	木	持	书	的	交	看	摇	音	驴	从	放	幸	延
陪	审	团	计	算	器	栗	独	融	豆	有	马	不	秘	过	答	秀
修	生	乃	部	声	素	况	立	飞	携	虑	亲	音	野	疲	请	事
肉	>	蠕	肉	明	去	除	心	衫	秀	条	回	分	阻	活	延	安
桥	欲	看	梳	傲	机	伏	书	特	而	释	查	本	止	貌	>	晚
余	规	自	树	最	循	社	肉	生	坠	情	安	父	允	许	恐	饭
野	宜	露	号	带	子	加	镜	心	瑞	凑	修	躺	紧	类	高	图
快	野	惨	而	諾	虫	保	感	情	最	自	近	在	坠	皂	的	私
速	积	野	降	虑	雨	动	衡	存	决	自	社	面	先	查	觉	得
根	带	极	错	因	马	蛾	根	增	权	露	噪	考	包	理	循	心
摇	驴	亲	社	填	要	马	况	。	衡	赂	怖	几	环	口	释	性

晚饭
快速
欢快的
躺在
面包
定制的
计算器
交融
陪审团
绽放
去除
声明
机关
积极
觉得
允许
的独立
的产品
感情
阻止

Puzzle 109

本	士	分	坠	交	易	便	遥	乃	年	则	趣	考	遥	很	少	运
欲	休	之	书	的	飞	直	木	口	票	村	邀	充	传	统	己	余
马	摇	坠	眼	回	分	光	修	有	水	顶	介	修	性	观	行	便
信	也	>	透	研	伏	保	本	静	排	面	究	桌	身	坠	日	发
信	根	释	磨	查	延	运	乐	于	向	倾	惫	号	番	紧	肢	号
梳	商	业	的	趣	辉	物	种	急	数	斜	木	信	股	茄	重	肥
重	伊	名	词	股	子	煌	怖	程	车	栅	坠	梁	恐	灵	口	醒
貓	惊	票	子	循	亲	息	介	究	安	便	平	灵	部	大	专	柔
的	灵	远	保	事	活	惊	究	得	紧	休	转	撞	检	测	而	几
要	专	研	自	由	循	噪	幸	区	过	视	运	貓	权	情	选	区
梁	便	业	社	最	伊	紧	乐	书	授	灵	书	修	选	部	于	稻
衬	选	碎	马	婚	礼	諾	瑞	了	教	要	错	欲	条	事	因	欲
信	人	中	填	遥	碰	任	肉	驴	练	错	遥	泽	了	过	书	基
项	不	携	部	静	雪	何	有	肉	最	貓	栏	肢	循	请	号	的
答	的	要	答	便	趣	要	上	衣	他	信	议	究	栅	桌	落	绍

辉煌
教授
商业的
倾斜
交易
物种
任何
番茄
教练
传统
倾向于
自由
名词
很少
婚礼
上衣
的专业
检测
急于
大专

Puzzle 110

情	捕	发	栗	泡	打	粉	况	答	特	而	的	的	部	灵	。	特
典	捞	最	旋	信	量	了	要	摇	情	小	心	本	觉	欲	他	自
宜	语	句	的	落	年	下	绿	生	年	眼	思	持	存	胶	情	撤
>	生	蠕	袖	生	错	规	色	书	重	香	议	租	有	本	人	销
情	木	谎	子	火	不	镜	不	存	栏	私	平	增	保	镜	欲	醒
答	考	见	言	鸡	毁	皂	水	惊	条	人	恢	马	复	好	惨	飞
休	遇	摧	毁	持	规	觉	的	热	带	底	木	区	梁	区	礼	雨
思	信	迟	人	释	衫	惧	一	活	驱	子	复	底	研	伊	了	平
保	各	地	他	上	宜	伊	！	般	底	灵	心	先	远	行	项	因
不	动	野	远	皂	果	冻	况	响	栅	长	引	进	因	填	有	父
噪	惫	栗	股	桌	望	梳	然	排	亮	期	他	蠕	运	生	存	高
填	上	虑	发	恐	亲	危	机	运	性	休	惩	余	宜	摇	面	欲
私	滑	填	考	动	行	的	亲	类	中	优	罚	理	面	部	水	环
禁	止	延	焕	面	子	醒	父	见	信	然	降	存	煲	票	貌	素
的	望	发	飞	不	活	栗	便	傲	貌	私	底	环	有	情	闲	快

响亮
泡打粉
小心
绿色
禁止
一般
惩罚
引进
摧毁
长期
捕捞
危机
撤销
的热带
各地
语句
生存
果冻
谎言
火鸡

Puzzle 111

衫	从	的	场	景	权	角	摇	欲	研	平	望	究	乐	情	存	动
约	碰	研	股	伏	欲	落	型	自	究	瑞	介	愿	音	瑞	惫	礼
间	高	答	骄	安	最	的	加	项	生	鹿	分	离	的	空	萝	卜
灵	私	观	不	缤	纷	鳍	口	木	区	摇	野	决	木	间	本	安
项	情	攻	损	肢	差	自	源	羊	肉	野	奶	要	充	透	来	遥
环	性	击	毁	页	中	礼	答	灵	热	之	滑	酪	口	磨	车	自
事	肢	股	滑	马	票	复	区	本	子	类	镜	鳍	袖	特	摇	虫
信	本	循	子	则	惨	平	高	差	本	事	远	条	延	错	电	余
衡	社	也	图	因	动	！	焕	余	稻	的	作	用	答	秀	驴	>
充	然	领	究	则	的	貌	股	平	升	条	动	错	来	人	请	转
驱	恢	差	环	真	觉	心	项	野	复	滑	觉	准	备	的	部	典
高	的	情	不	柔	己	修	己	亮	投	入	科	学	家	乐	了	树
典	面	的	知	道	请	政	策	亮	伊	事	自	赂	鳍	肢	雪	书
焕	了	桌	亮	迟	面	灵	书	行	存	最	自	休	也	諾	贤	驴
>	觉	雨	定	类	香	看	日	丁	条	梳	人	快	的	人	人	灵

的愿望
萝卜
缤纷
科学家
奶酪
准备
的场景
的音乐
攻击
投入
羊肉
政策
角落
知道
研究生
空间
鹿野
的作用
贤人
分离的

Puzzle 112

己	肢	过	号	整	充	活	镜	持	复	望	高	压	貓	旋	通	本
便	来	谦	虛	齐	记	他	宜	乃	雨	皂	级	类	低	迟	衡	快
喜	信	雪	机	礼	于	恐	带	瑞	结	子	坠	灵	部	机	心	苦
复	自	面	则	亮	边	存	蔻	查	论	社	野	记	究	解	口	通
约	乃	蛾	心	望	境	摇	草	倍	驱	根	赂	马	的	顶	本	落
页	凑	加	填	思	后	醋	桥	子	私	坠	不	遥	惫	填	保	号
思	股	通	己	增	有	好	机	于	人	欲	考	数	一	定	野	底
土	狼	通	胆	人	携	骄	衫	光	得	邀	延	肉	諾	转	乎	带
自	答	的	小	微	延	的	宜	性	>	他	自	不	他	狮	子	快
噪	的	欲	己	的	人	落	貌	况	恐	情	隐	马	袋	貓	致	命
焕	木	过	究	本	考	究	考	运	口	信	藏	香	稻	驴	看	介
落	露	！	橡	胶	复	理	皂	貌	究	存	保	眉	杂	志	成	本
典	面	决	有	答	胶	旋	区	乃	木	是	票	动	到	醒	出	雪
研	平	适	当	紧	遥	性	平	摇	栗	便	指	状	私	达	得	近
邀	音	音	技	艺	不	平	社	量	蠕	理	观	便	重	护	望	宜

适当
成本
杂志
边境
隐藏
狮子
是指
橡胶
结论
微小的
谦虛
胆小
一定
土狼
致命
高级
到达
压低
整齐
技艺

Puzzle 113

底	摇	也	逃	生	宝	的	亲	素	碎	遥	袖	乃	中	性	蠕	心
。	牙	齿	露	绍	宝	草	豆	稳	而	邀	下	瑞	疲	能	发	规
保	露	型	理	过	生	煲	增	带	司	导	复	机	木	肥	闲	自
源	部	页	程	人	究	复	领	>	机	演	的	休	里	休	信	而
灵	遇	复	的	本	梁	心	特	他	持	毁	衡	皂	理	！	便	自
复	重	的	功	衬	通	要	特	理	作	月	亮	量	便	梳	填	后
上	本	行	事	率	便	延	飞	雪	电	画	策	素	眼	欲	状	蠕
下	毁	为	日	最	桌	出	心	醋	恩	后	略	温	度	计	理	答
紧	平	醒	成	熟	草	究	观	己	爱	复	心	快	袖	好	芹	菜
好	有	的	移	动	了	肥	保	光	夕	充	转	填	梁	树	恐	条
的	坠	木	迁	惧	自	复	亲	排	自	阳	蔻	情	余	特	！	眉
增	不	记	骄	自	奇	怪	事	嘲	讽	优	研	排	过	坠	最	地
本	飞	余	复	稻	热	子	衡	约	热	绍	皂	趣	休	宜	马	毁
摇	热	况	摇	虎	车	肉	息	安	惫	驱	信	面	存	顶	破	图
主	先	四	。	宜	而	坠	排	虑	私	口	解	号	降	增	电	得

芹菜
夕阳
温度计
的行为
作画
嘲讽
牙齿
策略
奇怪
性能
月亮
导演
逃生
功率
成熟
的移动
宝宝
迁移
司机
恩爱

Puzzle 114

乐	自	眉	开	滑	礼	年	动	心	平	最	木	飞	行	行	风	懒
雪	举	便	始	幸	发	自	护	惨	乐	有	马	人	栗	车	暴	惰
惊	约	租	子	出	差	泽	伏	虫	疲	底	约	品	野	拘	捕	源
马	梁	保	行	色	决	便	伊	亲	转	土	车	种	约	根	选	考
苦	的	数	典	的	菠	重	也	摇	乐	地	蔻	秀	信	欲	心	破
进	一	步	轨	见	规	萝	频	间	保	降	间	能	远	间	主	諾
面	旋	信	道	可	老	紧	繁	复	倍	了	动	情	升	请	蔻	要
西	兰	花	余	音	虎	恐	的	书	四	社	最	信	人	的	树	事
晚	伊	最	升	了	然	袋	见	租	任	要	木	露	娱	记	量	解
破	上	稳	入	栅	秘	不	狼	狼	而	命	解	带	人	错	地	理
撞	马	骄	底	本	型	雨	野	社	木	观	降	图	错	视	情	况
面	先	子	身	桥	桥	人	露	蠕	信	不	豆	镜	水	宜	填	间
电	考	页	中	>	雪	股	惫	则	过	雨	复	而	凑	本	了	面
来	宜	画	决	的	落	的	貓	建	私	紧	镜	复	北	极	老	乐
考	乃	笔	摇	木	情	好	行	源	电	！	摇	活	紧	张	亲	恢

晚上
品种
可见的
风暴
任命
土地
频繁的
紧张
升入
北极
轨道
进一步
画笔
西兰花
懒惰
狼狼
拘捕
开始
出色的
菠萝

Puzzle 115

苦	>	壁	存	建	恐	车	灵	情	惫	灵	驱	根	过	落	衡	远
特	滑	手	炉	议	爸	爸	的	基	信	出	条	紧	发	露	龄	有
第	六	查	套	野	摇	几	记	滑	露	地	分	村	醋	此	处	肢
环	镜	栅	信	复	增	马	忆	上	宜	考	虑	的	亮	觉	本	电
士	克	马	貓	加	眉	邀	肉	选	然	的	貌	股	回	充	撞	充
于	察	士	活	情	木	分	滑	机	快	票	的	野	兔	复	本	焕
动	物	园	繁	忙	票	欲	士	理	顶	撞	撞	高	闲	克	有	介
栗	紧	伏	不	安	雪	年	回	根	尽	一	份	祖	充	马	闲	型
袖	欲	衫	修	细	胞	出	欲	乃	携	便	虑	惫	动	选	信	行
坠	行	龄	改	面	部	>	泰	迪	熊	赂	几	规	梳	雨	木	上
量	转	胶	真	情	而	性	栅	灵	蠕	克	放	龄	桥	老	衡	木
价	本	获	周	三	醒	平	票	条	桌	通	护	页	坏	动	私	升
驱	值	得	牙	口	动	的	觉	木	息	蔻	分	喜	底	栏	人	况
光	热	定	膏	镜	理	看	马	区	的	看	伏	权	眼	骄	地	特
休	休	决	复	携	雪	平	桌	抗	拒	人	主	理	民	族	降	研

周三
第六
泰迪熊
壁炉
民族
的记忆
修改
的爸爸
此处
手套
细胞
价值
获得
野兔
繁忙
尽一份
动物园
牙膏
建议
抗拒

Puzzle 116

质	解	近	情	光	行	不	望	肉	放	心	地	源	摇	村	理	主
胶	量	信	感	程	事	增	绍	见	错	下	栗	活	子	损	雨	迟
惨	邀	息	的	则	水	试	乎	乐	议	龄	后	看	除	驴	木	类
了	从	车	洁	记	间	趣	平	噪	得	恢	本	损	的	外	伏	水
然	许	恢	整	虑	定	行	余	平	面	快	社	了	亲	不	增	电
充	苦	赂	毁	而	差	本	类	虎	探	>	动	况	他	遥	地	本
马	今	大	眼	热	损	士	面	幸	讨	极	其	平	伟	>	图	有
而	晚	胆	>	保	查	马	惫	旋	趣	差	增	修	洗	大	便	虑
保	持	欲	升	梁	的	肉	他	安	衬	说	话	不	涤	面	的	凑
以	及	自	镜	子	幸	坠	蛾	特	欲	延	充	两	情	视	人	马
碎	几	军	碎	煲	放	则	静	的	噪	栏	四	边	图	邀	租	了
后	生	队	豆	举	书	镜	桌	的	型	息	特	发	草	金	丝	雀
摇	电	摇	里	自	皂	量	面	面	镜	丁	惫	梳	直	碎	恐	迟
心	本	心	摇	平	栗	类	滑	苦	焕	远	水	有	马	野	理	乐
考	事	图	转	平	鳍	毁	伏	基	里	错	中	摇	定	貓	领	高

除外
平面
情感的
保持
两边
大胆
金丝雀
伟大的
说话
军队
放心地
以及
信息
质量
极其
洗涤
整洁的
地图
探讨
今晚

Puzzle 117

虫	况	项	遇	私	蓝	色	的	自	冲	音	典	的	看	人	状	镜
摇	保	马	情	凑	树	赂	喜	查	下	突	研	见	惫	阵	程	透
面	貓	稻	见	情	伏	干	许	基	喜	绍	来	数	优	风	摇	草
有	饭	绍	运	动	底	人	灵	的	定	义	快	光	娱	型	栗	乐
骄	优	远	！	领	降	增	子	私	便	諾	中	之	静	谨	慎	草
桥	议	真	股	雪	间	而	复	监	测	休	要	最	摇	行	醒	想
大	撞	>	醋	息	有	自	己	的	胶	忠	本	遥	信	则	私	也
远	厅	恢	观	栗	未	来	发	袖	视	诚	亮	号	书	马	克	复
看	怖	请	型	>	饭	噪	运	亲	恐	书	包	柠	檬	汁	请	碎
想	约	白	色	究	木	迟	性	远	考	眼	高	况	梳	携	有	自
虎	亲	几	貌	错	滑	摇	错	鲜	花	日	而	理	人	毁	加	摇
行	建	于	栅	煲	衫	排	梳	回	亲	保	自	转	信	恐	豆	肉
部	傲	眉	也	貓	村	因	有	降	坠	想	降	的	升	从	摇	人
改	变	坠	研	项	飞	聚	尤	其	是	尺	好	肉	疲	扭	回	宜
邀	典	底	父	建	野	焦	不	蛾	信	寸	己	部	持	动	加	图

改变
未来
书包
定义
尤其是
聚焦
冲突
大厅
监测
谨慎
尺寸
柠檬汁
白色
蓝色的
阵风
扭动
自己的
忠诚
鲜花
树干

Puzzle 118

破	之	充	虎	地	想	野	股	回	分	飞	不	凑	活	栅	马	栅
中	栏	觉	项	迅	子	的	袖	排	底	眼	秘	过	充	肉	摇	源
眼	村	乐	克	速	醒	政	大	降	因	携	增	部	地	毯	考	草
运	镜	平	秘	况	栅	府	师	情	情	解	水	平	子	增	栅	父
相	拥	顶	惨	宜	疲	紧	觉	欲	情	信	先	保	存	绍	栏	衡
票	透	研	了	的	典	滑	祖	也	延	之	蛾	镜	乐	动	信	信
然	解	保	究	光	了	他	醒	想	雨	迟	粗	鲁	机	源	典	的
闲	日	损	答	成	克	肢	。	察	撞	官	镜	老	有	虫	见	远
记	主	分	析	分	露	惊	动	桌	桌	员	趣	非	自	能	有	伏
私	情	环	请	图	数	租	本	眉	增	光	了	常	倍	计	算	坠
噪	栅	好	灵	趣	许	信	的	的	怖	镜	凑	豆	信	醒	后	坠
有	人	携	乃	几	恐	闲	电	运	过	弟	兄	的	諾	乐	了	坠
赶	保	复	部	远	恐	部	真	研	从	更	究	事	人	他	持	研
直	路	展	驴	页	醋	答	马	趣	权	漂	出	件	幸	行	有	程
最	近	示	复	了	记	高	领	情	下	亮	息	复	加	几	观	草

相拥
更漂亮
政府
迅速
分析
官员
地毯
粗鲁
计算
延迟
成分
展示
眼镜
栅栏
大师
的事件
的兄弟
水平
赶路
非常

Puzzle 119

不	凑	复	栏	而	老	则	近	平	蛾	>	的	遇	也	栗	型	桌
	美	国	平	子	私	衫	精	妖	虑	延	间	理	入	口	子	的
稻	村	人	领	回	颜	料	神	损	。	驱	源	醒	几	中	动	视
出	加	倍	磨	眉	过	灵	书	规	秘	从	坠	热	觉	亲	老	线
研	通	家	庭	条	领	！	雪	乎	龄	信	喜	爱	摇	龄	图	便
差	最	决	则	摇	选	人	小	说	的	不	理	摇	镜	察	雨	顶
看	视	傲	错	信	延	请	假	觉	理	安	试	考	的	倍	察	平
虫	约	遇	情	蔻	约	升	信	稻	保	静	木	醒	木	摇	信	许
存	车	貓	灵	上	亲	公	路	权	访	解	保	子	通	驱	号	自
来	相	露	秘	产	请	父	马	克	倍	问	滑	发	带	不	典	本
面	关	的	心	品	的	小	狗	乐	马	要	克	考	填	乐	秘	最
面	好	虫	理	乐	区	图	生	干	旱	梳	驴	亲	出	生	摇	信
木	带	奇	几	桥	建	转	煲	下	磨	主	保	醋	光	自	考	降
了	远	便	过	丁	释	性	社	村	定	好	疲	胶	况	破	特	号
回	项	惫	亮	不	幸	傲	查	填	伏	平	披	萨	香	信	日	来

家庭
喜爱
访问
妖精
精神
出生
干旱
入口
小说
披萨
的小狗
美国
颜料
相关
好奇
产品
栗子
公路
请假
的视线

Puzzle 120

肥	的	实	肥	典	区	带	香	行	减	海	着	猕	望	最	望	望
增	研	几	践	胡	柔	真	梳	倍	少	洋	急	乐	猴	娱	研	望
分	究	远	领	萝	噪	增	究	泽	眉	疲	带	衡	信	桃	平	答
散	虑	噪	父	卜	惊	怖	高	填	升	桥	之	胶	释	最	数	泽
注	程	电	特	有	！	木	类	环	树	。	虎	转	袖	药	不	衫
意	条	电	乃	宜	理	因	龄	建	持	滑	灭	亡	循	物	顶	答
力	睡	头	标	记	运	充	复	量	眉	面	特	察	衡	疲	諾	项
亲	眠	部	发	破	察	地	得	便	护	于	远	然	视	蜡	笔	过
人	灵	电	镜	运	便	增	麻	烦	四	镜	最	的	教	育	申	请
梁	础	权	落	通	行	先	灵	查	肉	他	过	量	增	栏	了	理
貓	欲	瑞	过	放	桥	衡	先	根	想	伏	露	蜻	瑞	桌	露	乐
差	赂	木	信	况	日	试	遥	上	租	真	自	蜓	闲	光	稳	理
试	发	程	根	衡	了	决	回	村	特	举	自	人	护	行	皂	透
听	础	的	加	饭	了	肢	而	几	最	人	士	事	底	下	况	则
记	租	里	因	状	疲	觉	回	带	情	口	飞	不	部	上	面	量

试听
睡眠
的教育
蜡笔
麻烦
胡萝卜
减少
灭亡
药物
标记
着急
海洋
分散注意力
底部
申请
蜻蜓
实践
猕猴桃
头发
的研究

Puzzle 121

貌	源	稀	缺	也	鳍	>	特	乐	镜	貓	恐	支	马	放	的	则
镜	生	医	紧	心	区	方	主	书	自	滑	本	出	保	滑	基	究
老	秘	基	药	紧	焕	>	面	增	冬	况	变	溜	冰	鞋	遇	高
从	保	区	迟	坠	幸	文	貌	老	虎	天	量	条	口	老	龄	貓
恐	鳄	自	护	虎	泽	凭	究	惧	遥	从	损	复	有	驴	部	时
从	鱼	鳍	来	差	主	眼	请	龄	娱	欲	状	记	乐	脚	蹼	候
滑	观	柔	领	情	特	袋	充	解	号	保	车	眉	骄	摇	。	主
日	遥	电	醒	村	余	放	滑	树	行	水	面	乐	滑	部	马	举
摇	法	规	则	近	驱	本	余	谢	天	谢	地	自	觉	机	四	在
亲	分	皂	第	三	个	摘	要	亮	遇	建	差	的	本	怖	的	去
息	错	碎	型	损	维	生	素	局	限	惨	来	丁	远	情	从	年
试	平	增	村	心	优	素	恐	树	的	年	则	克	便	子	光	存
高	肥	不	得	环	近	建	增	休	稳	破	父	平	马	行	貌	面
究	素	袋	身	紧	运	乐	摇	趣	社	理	复	便	类	凑	紧	喜
毁	摇	袖	心	他	主	本	撞	信	桌	伊	源	袋	看	约	凑	发

紧凑
老虎
方面
摘要
医药
法规
溜冰鞋
维生素
文凭
谢天谢地
稀缺
脚蹼
变量
时候
支出
在去年
冬天
第三个
局限
鳄鱼

Puzzle 122

结束
涉及
表白
谈话
柠檬
项目
醒来的
越来越
刺猬
抽屉
舒适
收藏
冬青
特别
某处
拓展
豌豆
总统
虹膜
葡萄

思	倍	欲	葡	萄	本	信	父	机	书	冬	青	心	社	雨	项	释
动	。	怖	豌	豆	复	木	情	热	木	然	理	镜	士	运	目	娱
諾	页	諾	亮	马	查	心	间	发	滑	车	子	抽	快	然	理	他
碰	乐	情	解	克	某	处	野	解	上	结	束	屉	涉	及	音	区
则	填	自	欲	底	破	加	究	通	趣	的	查	刺	猬	谈	话	人
动	袖	的	父	旋	村	条	摇	柠	檬	越	来	越	克	收	藏	人
滑	究	倍	心	克	特	车	中	休	社	况	则	醒	蛾	虫	音	类
自	的	人	出	根	过	书	填	虹	惧	特	别	摇	存	携	野	动
究	醋	动	日	真	日	研	透	便	膜	拓	展	怖	回	升	的	绍
类	望	欲	地	项	真	欲	便	顶	存	考	保	草	思	余	的	惊
复	考	释	。	绍	雪	露	持	本	亮	复	舒	复	梳	衫	噪	肉
野	露	中	乎	表	撞	貌	疲	出	休	状	近	适	思	滑	娱	飞
破	蛾	行	喜	白	排	总	面	克	諾	蛾	动	思	惧	滑	重	虑
惊	衡	远	乐	乃	携	统	伏	过	泽	保	四	事	社	坠	丁	眼
摇	雨	动	信	释	私	于	事	肉	撞	不	理	虑	惊	自	乐	携

Puzzle 123

的	决	损	思	露	光	行	高	动	携	惫	出	秀	傲	迟	肉	状
恐	好	秘	于	最	转	究	而	增	胶	程	序	重	力	蔻	克	便
静	灵	处	舞	得	心	袋	伊	滑	建	栗	祖	特	肉	先	恢	心
本	则	惧	台	热	袋	情	程	面	行	他	号	乎	复	心	从	延
地	址	趣	喜	活	来	里	傲	定	远	苦	远	醒	>	情	秘	摇
乎	活	损	镜	心	持	根	滑	行	不	人	恢	便	坠	礼	身	凑
本	地	图	像	伊	乎	环	票	虑	转	请	中	噪	几	重	免	平
梳	自	紧	快	赂	音	栗	树	幸	素	月	议	号	状	过	子	警
人	子	乐	有	延	版	环	理	娱	也	球	坠	解	优	毁	驱	察
间	上	升	紧	蜗	本	后	书	疲	>	私	视	飞	车	来	行	貌
便	衡	也	摇	杆	娱	草	日	规	的	内	容	要	想	小	情	面
破	因	行	损	况	维	护	遥	增	马	究	护	股	理	数	野	里
保	坠	素	中	的	上	闲	袋	整	复	高	基	想	凑	浓	缩	素
重	型	乃	肉	安	撞	带	特	填	个	保	金	平	落	镜	加	秘
动	修	晚	餐	思	尖	叫	损	息	栏	他	的	存	豆	飞	蠕	好

基金
重力
浓缩
版本
程序
的内容
舞台
的好处
尖叫
维护
整个
月球
警察
蜗杆
因素
晚餐
小数
地址
图像
免子

Puzzle 124

回	丁	排	镜	量	社	年	差	人	保	考	龄	摇	优	势	况	能
见	快	好	处	摇	动	事	书	欲	存	骄	娱	通	高	丁	肢	煲
的	生	特	子	快	乃	票	柜	子	释	静	子	保	携	降	究	蛾
子	况	克	艺	术	不	香	惧	填	四	行	举	袋	车	增	来	袖
复	快	休	过	饭	露	放	便	电	礼	疲	平	特	手	则	书	滑
鞋	旋	口	灵	克	型	磨	赂	的	重	乐	马	量	册	况	村	亮
的	演	员	察	特	填	权	肉	了	笑	准	则	自	克	日	礼	便
过	恢	碎	的	煲	高	蔻	信	则	望	了	情	见	社	飞	滑	降
木	的	疲	秘	飞	下	过	查	上	基	本	驴	趣	本	灵	的	远
女	人	的	典	豆	雪	究	持	草	梳	眼	倍	后	格	成	为	恢
！	克	虫	蔻	生	日	间	果	稳	信	他	因	面	粉	式	人	>
之	飞	袖	袋	顶	破	摇	行	汁	迟	热	闲	马	错	出	星	中
条	专	延	回	傲	重	情	栏	野	答	理	子	梁	请	信	级	煲
票	家	秀	蠕	飞	条	。	望	步	伐	最	高	的	磨	苦	不	领
书	柔	稳	马	见	存	社	况	行	放	行	间	转	过	驴	通	典

手册
书柜
专家
果汁
面粉
成为
的鞋
笑了
格式
准则
最高的
保存
步伐
艺术
星级
女人
优势
基本
好处
的演员

Puzzle 125

安	他	音	特	帽	套	远	惨	过	理	邀	底	后	泽	趣	携	三
足	优	人	议	子	子	索	视	喜	打	眉	肥	栏	漂	自	运	角
转	够	决	息	选	香	条	好	身	招	活	查	命	亮	究	调	。
马	不	的	于	典	高	见	亮	几	呼	条	款	中	持	的	查	延
紧	能	思	升	人	碰	胶	秘	保	闲	諾	觉	山	羊	壁	人	虑
野	信	凝	马	鳍	平	事	摇	之	延	倍	胶	面	修	画	私	热
平	树	视	存	栅	秘	的	噪	恢	特	稳	木	主	查	伏	便	况
社	部	然	书	几	先	动	衫	错	误	四	理	究	中	桌	量	顶
梁	信	的	木	龄	研	研	热	幸	也	复	信	一	恐	有	丁	状
的	不	记	损	答	股	要	复	遇	过	衡	运	袜	目	蝙	蝠	试
伊	虫	皂	父	号	礼	有	犯	虑	疲	摇	娱	子	貓	了	货	车
衡	也	人	增	自	马	保	罪	充	肉	乐	胶	分	人	落	然	木
亲	亮	放	携	镜	源	蠕	赂	面	携	社	皂	决	宜	灵	定	错
摇	！	醋	恢	余	近	热	木	滑	己	况	图	韭	子	怖	！	观
他	自	平	亲	信	本	木	醋	音	而	娱	升	菜	卡	车	惨	余

韭菜
凝视
套索
条款
命中
货车
漂亮
一目了然
山羊
打招呼
足够的
错误
犯罪
卡车
帽子
三角
的壁画
调查
袜子
蝙蝠

Puzzle 126

子	露	黄	加	习	惯	远	电	了	选	骄	伏	存	动	木	心	蛾
况	观	瓜	亲	察	衡	的	几	骄	情	保	骄	疲	克	镜	人	性
村	地	趣	典	貓	马	惊	好	个	亲	机	欲	一	直	请	的	遇
项	循	近	持	充	亲	菜	研	里	自	皂	运	有	究	页	子	信
心	错	坠	眼	的	稻	护	肴	撞	情	虑	过	欲	信	性	柔	面
究	飞	举	损	复	租	考	基	男	远	飞	存	摇	礼	则	心	静
伊	通	皂	护	特	傲	典	焕	性	面	情	余	眉	重	安	观	水
性	蔻	叔	遭	受	后	观	活	先	恢	而	复	衫	父	坠	欲	社
年	马	叔	>	镜	饭	野	衬	过	出	亲	>	面	降	安	光	理
可	股	心	插	秘	望	恢	况	也	社	乐	理	音	旋	本	！	页
怕	排	日	入	肉	摇	虑	究	艰	迟	底	延	蔻	携	场	乐	不
的	出	图	肢	排	能	静	克	难	男	子	便	携	式	景	趣	型
性	疲	电	了	典	活	研	秘	最	静	口	望	的	研	面	看	而
异	恐	幸	停	特	从	衫	梁	露	吊	桥	望	四	分	请	来	树
特	差	量	请	顿	煲	摇	休	休	着	于	树	记	直	数	项	通

菜肴
便携式
艰难
乐趣
叔叔
吊着
男性
可怕的
几个
插入
一直
遭受
习惯
停顿
亲自
排出
特异性的
场景
男子
黄瓜

Puzzle 127

光	选	惨	村	能	最	信	貌	面	行	子	汉	四	租	树	！	优
状	亲	能	性	透	撞	衡	情	日	噪	手	柄	堡	紧	骄	地	雪
迟	泽	镜	栅	答	惫	考	露	心	摇	部	有	眼	包	！	研	举
老	鼠	介	虫	子	最	秘	活	之	携	极	泽	亲	况	思	在	傲
承	认	草	然	面	连	得	桌	邀	型	限	过	心	上	的	楼	肉
梳	醒	轿	那	延	续	动	鹌	鹑	口	雨	出	顶	口	绅	下	页
保	私	跑	种	升	了	延	主	焕	邀	鳍	虎	醒	疲	士	规	先
皂	事	车	摇	摇	从	性	长	情	紧	摇	书	真	迟	透	己	丁
他	型	他	胶	分	素	父	周	的	类	似	乐	便	理	有	虑	解
有	平	从	最	子	部	过	骄	损	伏	幸	因	型	建	本	恐	衬
约	最	丁	记	脖	秘	人	的	息	泽	稻	议	木	撞	父	也	素
蠕	虫	的	根	惫	带	露	想	的	克	落	自	欲	子	近	赂	页
小	自	况	最	考	摇	思	类	信	生	坠	露	也	地	马	降	父
迟	马	源	蛾	蔻	部	亲	侵	胶	好	平	諾	遥	转	灵	恢	口
狐	狸	现	实	直	乐	。	入	想	的	饭	栗	填	人	护	惫	趣

周长
狐狸
的绅士
手柄
小马
脖子
汉堡包
在楼下
分子
轿跑车
那种
极限
承认
延长
老鼠
连续
鹌鹑
现实
类似
侵入

Puzzle 128

规	蔻	雨	机	惨	子	滑	闲	他	许	余	镜	回	香	口	理	间
动	村	>	真	情	部	定	坠	权	静	>	田	鼠	近	状	远	发
他	噪	护	娱	便	选	香	香	书	音	伊	复	区	娱	的	研	余
部	马	觉	项	条	瑞	蕉	瑞	灵	息	修	喜	典	多	次	瑞	水
匆	匆	肥	柔	身	私	皂	里	理	高	马	諾	雪	释	面	活	醒
条	恢	社	马	复	有	指	复	磁	规	星	期	五	柔	口	增	优
升	虎	解	从	肥	环	责	驱	人	带	保	老	伏	香	要	骨	折
情	性	情	请	傲	来	平	村	肢	许	规	考	股	理	稳	条	坠
桌	摇	挥	回	因	落	怖	复	察	情	过	部	出	亲	人	书	伊
四	型	杆	议	复	警	稳	桥	胶	礼	麋	摇	本	私	惧	苦	本
试	凑	判	紧	急	告	眉	人	自	介	鹿	他	答	子	草	增	肢
雨	请	决	地	闲	也	绍	了	衬	复	复	息	情	香	租	面	秀
区	问	拉	类	有	鳍	便	乐	衫	妻	子	遥	摇	坠	创	虑	思
观	见	动	心	坠	排	驴	肉	欲	虎	龄	虑	似	坠	造	觉	降
滑	许	增	煲	动	地	有	约	肉	复	车	究	乎	保	木	承	担

星期五
创造
挥杆
多次
承担
指责
麋鹿
妻子
衬衫
田鼠
紧急
拉动
警告
似乎
骨折
磁带
请问
香蕉
匆匆
判决

Puzzle 129

发	看	便	野	想	现	撞	好	稳	远	近	邀	答	磨	热	不	克
释	发	不	秀	后	身	代	释	木	书	数	类	股	木	袖	年	的
乎	飞	摇	鳍	人	进	行	袖	蠕	环	社	顶	热	亲	最	平	煲
！	光	休	惫	差	循	心	保	增	理	撞	蠕	复	温	水	热	栗
有	数	状	面	碰	考	摇	稻	平	蔻	灵	他	香	建	举	举	马
速	度	量	保	蔻	重	飞	领	疲	欲	瑞	木	欲	摇	究	肉	苦
完	美	的	龄	延	稻	己	请	>	领	然	邀	諾	马	部	她	的
噪	面	丁	人	袋	便	远	旋	息	护	情	转	破	升	研	动	雪
决	情	可	以	回	飞	想	自	要	股	答	开	启	摇	后	骆	碰
源	梳	人	稳	桥	村	上	碎	真	定	信	滑	情	树	里	驼	龄
事	视	恢	伏	快	考	平	想	约	丁	的	亮	错	回	状	乎	好
量	于	的	悲	剧	撞	衡	露	追	信	碰	转	海	鳍	间	迟	面
转	试	数	察	理	惊	自	滑	几	逐	磨	来	拔	头	典	自	行
移	栏	有	行	古	董	欺	自	乐	骄	最	身	号	脑	鳍	雪	带
票	虎	解	。	乐	欲	骗	眼	怖	。	兴	高	直	亮	灵	惫	便

身高
悲剧
欺骗
进行
速度
完美的
温水
高兴
开启
可以
转移
追逐
远近
古董
海拔
她的
头脑
现代
数量
骆驼

Puzzle 130

情	角	色	己	观	书	自	过	乐	价	遥	生	项	木	规	修	摇
野	行	观	有	研	复	极	填	牛	日	格	票	姜	貌	傲	通	优
日	幸	有	决	坠	源	稳	地	奶	下	马	英	寸	桥	礼	野	高
疲	倦	公	布	宜	惧	想	间	猫	日	携	子	复	静	复	恐	鳍
便	焕	摇	祖	乐	的	宜	便	望	先	必	香	迟	伏	请	马	子
中	素	草	磨	木	于	面	香	发	展	要	的	马	撞	记	克	欲
眉	试	栅	素	回	灵	凑	平	光	。	的	高	远	中	断	木	排
误	差	于	諾	环	根	最	情	介	先	整	机	因	典	股	不	乃
心	不	选	的	下	欲	发	恐	亮	差	完	则	自	最	煲	久	定
摇	记	近	解	望	人	摇	来	心	中	马	克	噪	骄	珍	老	生
乐	遇	袋	！	音	区	高	研	理	类	落	年	傲	野	贵	自	摇
蜈	蚣	驴	娱	快	桥	看	肉	回	肥	日	号	马	的	灵	先	虑
想	水	饭	驴	野	惊	喜	律	的	加	野	视	子	因	安	马	野
释	蠕	况	土	耳	其	碰	师	人	底	股	肥	然	撞	发	有	有
树	高	四	乃	信	信	的	文	章	木	士	落	根	性	遇	袖	人

蜈蚣
不久
极地猫
英寸
珍贵
土耳其
完整的
发展
必要的
角色
价格
误差
中断
的文章
牛奶
律师
惊喜
疲倦
生姜
公布

Puzzle 131

近	程	欲	貓	邀	心	差	醒	倍	量	源	过	衫	吸	秀	特	类
的	脂	肪	情	秀	复	子	小	子	股	骄	修	肢	露	引	项	摇
保	项	人	确	还	察	特	究	闲	选	树	间	几	信	电	力	諾
护	摇	护	定	原	平	平	几	自	骄	稻	息	保	他	饭	不	坠
遇	盛	选	士	树	惧	查	自	想	的	究	真	动	恐	龄	望	乐
便	大	恢	快	社	权	衬	间	回	能	程	正	游	泳	落	于	便
傲	地	透	议	区	观	露	心	镜	量	紧	的	特	特	遇	健	康
等	项	发	携	秘	木	降	静	来	柔	宜	飞	煲	足	今	天	过
于	而	食	用	貌	了	错	豆	撞	雪	许	填	来	摇	球	赂	有
答	保	諾	解	有	恢	快	觉	延	拳	循	栏	电	增	胶	的	下
他	转	差	行	基	得	保	稻	惫	击	考	类	远	形	状	信	祖
衬	迟	保	亮	释	饭	貌	平	袋	镜	底	。	子	桌	绍	趣	底
恐	活	加	乐	最	热	苦	马	状	情	落	顶	损	栗	型	复	信
活	袖	惨	型	肉	不	执	乃	梁	惊	>	碎	下	部	乐	填	生
木	约	马	桥	袖	动	行	真	坠	活	有	饭	望	答	沿	着	惨

的脂肪
执行
沿着
健康
确定
形状
足球
等于
护士
吸引力
还原
小子
的能量
保护
食用
真正的
游泳
盛大
拳击
今天

Puzzle 132

静	碎	野	规	圆	柱	狩	增	諾	>	饭	乐	差	下	充	恢	分
木	俱	乐	部	近	音	露	猎	规	增	复	己	不	毁	股	滑	虎
理	典	例	于	稻	息	情	的	柔	请	乐	人	露	升	特	便	加
滑	票	外	股	喜	袖	本	加	程	镜	四	自	人	最	驴	破	。
栗	本	本	保	望	程	乡	优	信	介	草	信	摇	孩	租	情	香
恐	幸	本	要	条	特	家	宜	克	面	滑	护	情	泽	子	生	热
定	遥	傲	无	意	义	的	望	状	野	最	任	究	栏	碰	高	四
骄	遇	滑	闲	骄	傲	的	社	眼	学	充	现	何	存	在	马	页
紧	考	测	乐	。	他	桌	亮	摇	生	增	木	像	人	数	公	草
自	不	量	状	地	升	坠	高	理	人	的	有	之	底	持	鸭	草
口	香	口	摇	理	决	村	欲	年	迟	坠	旋	过	露	衫	本	介
环	因	有	镜	！	信	光	虫	轻	解	则	考	便	称	为	煲	便
因	丁	源	最	好	的	疲	柳	絮	视	>	便	自	休	貌	摇	娱
己	年	栏	社	介	蠕	平	环	他	露	惫	坠	远	要	充	胶	根
子	草	思	泽	增	貓	乎	存	貌	也	的	究	间	栅	许	分	安

任何人
公鸭
现任
人像
例外
骄傲的
年轻
学生
孩子
称为
的家乡
圆柱
无意义的
存在
测量
狩猎
俱乐部
地理
柳絮
最好的

Puzzle 133

动	疲	社	基	恐	发	情	加	想	权	桌	有	感	觉	疲	凑	复
马	亲	绍	理	子	面	损	信	日	赂	摇	典	自	从	野	的	量
他	修	便	眉	乐	摇	后	高	排	情	乐	号	要	议	欲	恐	三
领	的	数	据	私	机	复	秀	伏	皇	后	扶	镜	黄	鼠	狼	只
事	好	视	数	填	股	通	糖	果	究	通	源	手	身	仓	租	通
音	很	豆	香	怖	试	马	究	了	下	自	时	刻	椅	特	量	秀
特	心	蛾	私	四	骄	沙	本	苦	况	间	几	机	平	便	香	好
信	查	雪	情	错	票	醋	发	村	约	面	存	恐	自	区	日	视
充	来	票	硬	币	降	新	思	顶	降	木	高	疲	虑	本	损	蔻
走	了	惫	先	>	摇	闻	研	貌	望	野	直	蔻	秘	要	怖	保
觉	动	不	稳	买	入	肉	音	鳍	保	高	奖	差	导	究	骄	差
考	平	柔	有	上	亮	毁	镜	豆	书	有	金	恢	私	向	心	喜
典	恐	正	身	状	类	升	坠	露	栏	觉	透	碰	撞	坠	乐	破
复	请	是	书	父	。	鳍	日	不	最	出	乎	露	人	放	骄	状
闲	过	程	中	迟	面	好	究	部	则	类	趣	露	解	能	口	欲

很好的
沙发
皇后
糖果
导向
走了
黄鼠狼
的数据
买入
三只
仓鼠
硬币
扶手椅
新闻
碰撞
时刻
正是
奖金
过程中
感觉

Puzzle 134

地	年	晃	眼	貓	四	瑞	先	平	休	许	坠	灵	衡	人	摇	中
类	租	晃	音	顶	能	社	领	间	书	灵	要	也	循	树	而	平
社	木	悠	不	香	信	肢	热	来	心	出	损	中	活	凑	的	损
绍	增	悠	透	明	增	增	先	书	木	口	动	严	性	底	情	页
己	草	龄	研	恐	骄	平	自	心	行	坠	主	重	乘	法	错	得
辣	转	光	便	柔	鳍	肉	心	秘	带	透	幸	雪	自	灵	驱	远
椒	雪	小	时	摇	复	记	的	旋	趣	驴	之	产	然	栅	信	欲
议	情	存	考	热	错	充	热	镜	约	豆	瑞	生	遥	不	性	源
心	身	接	受	黄	作	最	图	马	旋	信	紧	优	主	情	想	恢
教	重	摇	规	色	号	者	主	高	的	了	木	喜	素	况	滑	生
堂	摇	类	别	的	项	目	亲	复	环	电	蜜	蜂	了	木	乐	蛾
携	滚	动	趣	桥	的	衫	不	生	静	不	口	水	骄	他	摇	职
栏	毁	梳	伏	本	遇	延	喜	也	镜	肉	袖	壶	的	票	根	责
礼	思	衣	部	柔	梳	了	旗	维	的	项	平	滑	票	社	后	性
解	于	柜	雨	自	便	程	野	标	持	也	面	行	凑	倍	热	类

透明
类别
辣椒
严重
产生
晃晃悠悠
的项目
乘法
维持
黄色
衣柜
小时
旗标
教堂
蜜蜂
摇滚
接受
作者
职责
水壶

Puzzle 135

解	喜	中	考	而	老	雪	橇	雨	左	五	主	坠	趣	近	摇	赂
乐	梁	虑	肉	飞	带	娱	他	技	腿	个	电	影	也	碎	袖	解
桌	动	状	权	栅	子	中	本	巧	伊	租	年	虑	桥	底	秘	动
约	闲	条	真	激	安	权	想	动	擦	自	想	情	秀	保	情	研
了	也	考	约	发	的	迟	乃	乐	洗	子	请	生	子	的	娱	究
望	特	饭	破	信	理	有	存	通	口	丁	村	特	梳	諾	光	梁
带	来	加	本	联	赂	树	醋	肥	究	部	许	社	眉	心	克	人
树	好	程	试	合	諾	疲	最	。	社	会	息	静	惫	究	请	降
记	乃	岸	过	收	村	觉	领	放	栅	介	的	充	破	快	瑞	余
森	林	袋	上	割	技	面	觉	子	查	项	不	木	试	特	保	究
飞	项	！	夹	机	术	镜	举	噪	梳	他	瑞	护	见	摇	肉	赂
一	之	力	克	巧	飞	諾	部	惊	露	平	数	香	情	考	惫	木
理	滴	破	不	坠	村	选	雨	肉	心	升	于	豆	拍	摄	静	过
村	毁	！	野	而	性	降	休	亲	了	丁	填	则	本	研	栗	租
怖	损	源	猫	子	思	眼	水	平	票	本	可	能	修	部	许	他

森林
野猫
技巧
激发
一滴
五个
左腿
岸上
电影
社会
技术
擦洗
可能
拍摄
夹克
雪橇
联合收割机
条约
巧克力
带来

Puzzle 136

露	雪	行	转	票	马	顶	过	秀	增	破	人	许	条	秀	间	确
从	秘	不	子	修	坠	旋	豆	士	皂	貓	稻	身	幸	终	于	切
先	主	衡	页	项	坠	究	碎	>	表	明	理	过	骑	因	野	的
况	子	恐	桥	从	村	子	栏	之	外	直	镜	复	自	类	地	龄
面	貌	马	露	平	源	桌	滑	望	飞	请	重	得	行	諾	直	条
建	造	了	肉	疲	知	错	描	疯	狂	的	飞	木	车	之	近	通
面	最	里	木	私	识	便	述	考	乐	一	乐	加	露	保	宜	远
释	蛾	大	啤	酒	能	定	租	喜	重	二	亲	面	活	己	真	典
凑	主	最	的	试	落	顶	数	摇	貓	○	规	情	摇	心	的	之
本	噪	要	研	然	瑞	摇	龄	延	号	二	则	保	有	面	礼	露
建	筑	物	究	数	直	灵	情	复	心	邀	飞	票	条	梁	近	便
决	息	苦	磨	息	衬	发	栅	身	马	举	秘	动	紧	联	系	看
柔	口	难	许	息	重	遇	植	物	占	票	特	领	水	情	修	典
带	破	复	己	放	况	热	了	要	恐	据	肥	生	的	虫	放	举
地	香	带	伊	最	也	书	恢	性	灵	部	究	马	灵	能	息	醒

之外
主要
联系
知识
苦难
表明
规则
啤酒
确切
研究
一二○二
终于
植物
骑自行车
建筑物
疯狂的
占据
建造
最大的
描述

Puzzle 137

肢	安	研	赂	号	领	梳	畚	充	思	便	结	放	养	乐	噪	复
环	！	龄	提	警	定	思	野	栏	动	>	果	带	飓	下	事	伊
亮	稳	梁	醒	报	子	居	口	袋	野	看	的	息	风	有	乐	胶
木	也	优	复	木	平	便	者	的	坠	年	木	底	发	己	的	柔
父	然	醒	破	热	自	权	木	栏	趣	间	能	存	饭	碰	后	特
权	情	的	飞	量	本	行	动	最	幸	福	！	页	野	身	马	不
镜	释	权	迟	因	解	区	出	亮	野	转	了	见	损	露	护	领
电	票	后	部	摇	衫	护	亲	现	议	下	底	不	最	股	建	栅
疲	旋	口	饭	状	热	幸	驴	发	源	单	元	蛾	复	息	研	立
>	欲	恐	马	坠	类	带	条	票	蚊	子	远	得	面	况	。	项
觉	活	乃	从	稻	顶	通	的	简	单	考	权	租	过	延	各	种
情	解	来	美	柔	泄	漏	条	件	醒	真	行	马	柔	远	最	损
延	磨	人	味	柔	驱	袋	遇	衬	携	存	虎	泼	妇	真	！	泽
加	野	骄	马	程	士	肉	能	法	院	望	龄	动	然	反	映	近
建	畚	举	不	不	貌	日	桌	伊	图	人	安	欲	子	机	不	木

泼妇
法院
出现
口袋
最幸福
结果
泄漏
放养
美味
各种
蚊子
警报
的简单
提醒
反映
条件
飓风
定居者
单元
建立

Puzzle 138

来	后	衫	因	祖	天	树	则	职	先	晚	好	醒	栏	乐	从	而
察	续	直	他	复	甚	气	心	业	遥	些	定	图	不	肉	雪	克
灵	精	细	恐	毁	至	行	逐	性	格	时	梳	人	心	木	运	不
四	虫	有	选	迟	机	保	渐	性	老	候	统	治	者	衬	地	自
焕	柔	介	机	梳	村	有	撞	地	信	和	号	持	记	醋	区	野
驴	解	答	透	倍	真	驱	眉	的	得	远	日	顶	坠	类	老	幸
旋	畚	苦	树	重	疲	树	定	车	快	乐	约	过	破	规	欲	高
环	过	趣	父	则	人	建	于	降	雨	区	镜	程	觉	了	趣	自
查	信	栗	楼	衫	桌	宠	保	下	乐	宜	本	出	紧	生	蠕	考
自	转	的	梯	肉	回	替	物	蔻	理	持	解	泽	灵	畚	饭	举
虫	撞	出	口	破	桥	代	来	议	则	桥	也	损	情	特	顶	秘
便	带	行	账	高	记	貌	几	能	醒	权	许	摇	护	身	素	上
树	截	露	户	书	驴	好	区	时	摇	数	不	村	带	便	趣	肢
蛾	查	距	放	醋	望	衫	蛾	间	衡	况	遥	间	自	乎	看	肉
解	书	降	貓	栗	恐	顶	部	表	秘	己	野	能	高	举	安	环

精细
性格
职业
逐渐
快乐
账户
醋栗
时间表
宠物
晚些时候和
过程
降雨
出口
甚至
截距
替代
天气
楼梯
统治者
后续

Puzzle 139

凑	出	女	性	树	马	介	面	绍	增	差	心	约	票	股	祖	泽
醒	分	夏	天	的	得	填	看	灵	得	建	马	里	真	惧	本	最
存	木	的	要	了	露	心	惫	素	锄	头	木	的	条	中	不	机
镜	最	复	降	梁	倍	护	鳍	毁	通	建	子	好	日	分	保	信
快	生	的	村	怖	胶	蔻	惨	因	树	中	亲	能	栗	衫	双	光
发	焕	根	欲	热	日	上	摇	栏	飞	取	决	于	进	口	独	亲
年	基	察	虑	发	区	之	梳	的	持	了	回	地	痛	木	自	遇
蓬	社	眉	摇	人	乐	通	信	租	条	中	建	建	苦	恐	社	远
松	摇	事	程	底	马	记	马	号	能	类	行	栗	惫	持	草	延
聪	明	项	底	人	遇	项	继	活	磨	惧	顶	太	绍	考	主	坠
修	环	水	乃	同	稳	填	桥	续	雪	建	遥	阳	便	也	于	！
便	而	存	典	情	惊	股	转	便	乐	皂	亲	里	性	望	青	恢
玻	上	倍	试	书	升	遇	惨	究	先	先	之	年	碰	远	蛙	己
貓	璃	小	鸭	赂	能	信	肥	环	邀	书	况	野	醒	镜	存	栏
娱	特	旋	噪	充	优	光	荣	剩	余	近	瑞	规	驴	下	树	快

剩余
太阳
女性
聪明
痛苦
进口
锄头
独自
小鸭
玻璃
取决于
同情
夏天的
蓬松
望远镜
双亲
继续
事项
光荣
青蛙

Puzzle 140

一	分	钱	虎	自	生	产	衬	喜	事	图	飞	惊	虫	议	重	亲
记	滑	木	里	保	定	护	苦	底	基	图	的	指	面	有	复	中
心	好	驴	亲	批	位	透	复	不	碰	想	疲	回	望	各	袖	理
错	高	图	滑	几	处	主	书	数	>	肉	焕	柳	特	方	面	草
幸	规	蔻	余	中	休	理	袋	证	野	军	人	叶	撞	建	虎	眉
惫	煲	心	护	热	肢	焕	树	据	静	人	胶	行	音	惧	便	自
热	旋	而	条	秀	的	损	薪	瑞	规	礼	肉	子	遥	足	够	号
摇	倍	远	请	稻	情	丁	酬	行	许	便	特	父	栗	行	最	回
滑	雪	号	破	观	因	状	便	遥	中	水	傲	私	栗	增	填	的
平	胶	相	夫	书	骄	克	便	趣	延	撞	心	顶	约	人	行	清
饭	摇	反	人	解	决	方	案	停	止	怖	人	延	马	觉	星	空
发	填	落	衡	衡	自	驴	之	转	根	情	口	考	而	袖	运	典
亲	送	带	紧	有	野	修	趣	摇	热	车	情	镜	中	桥	的	来
惊	修	典	谈	饭	运	面	信	部	香	后	桌	图	破	幸	露	乎
延	请	口	论	静	口	环	坠	得	于	雨	差	人	书	条	树	绍

行星
证据
停止
谈论
一分钱
指望
军人
定位
清空
相反
薪酬
重复
足够
批处理
夫人
解决方案
各方
生产
柳叶
发送

Puzzle 141

免	性	便	宜	的	人	本	通	循	人	日	了	保	傲	衬	欲	解
费	号	一	镜	错	幸	然	幸	来	便	带	充	亲	醒	肢	豆	过
虑	四	声	高	看	摇	平	书	素	子	充	于	衫	充	心	惊	幸
性	监	最	决	士	电	视	平	携	丁	绍	祖	情	肉	快	破	信
性	惊	狱	放	马	苦	影	定	木	貓	能	排	复	木	自	肥	滑
闲	发	公	式	试	特	典	院	泽	量	毁	护	音	恢	约	区	决
厨	房	情	区	来	激	励	大	量	娱	体	况	醒	噪	然	豆	延
观	根	木	面	栏	明	亮	他	木	毁	育	瑞	老	则	乐	袋	磨
底	运	飞	中	面	形	容	膝	盖	眼	观	碰	转	朝	排	决	典
租	惧	热	上	社	宜	衡	乐	携	活	乐	諾	破	着	木	建	型
的	先	撞	本	区	煲	袖	煲	能	火	箭	环	梁	虫	采	访	看
车	破	趣	骄	面	举	先	后	飞	音	业	事	蠕	乐	顶	眼	考
权	经	摇	部	分	出	好	肉	机	特	举	务	租	先	信	飞	答
眉	营	考	好	支	情	几	复	不	修	页	素	便	余	草	諾	决
建	察	皂	放	复	想	息	坠	过	选	四	木	木	雪	选	噪	乃

免费
体育
火箭
经营
膝盖
便宜的
明亮
形容
监狱
采访
电影院
厨房
公式
激励
典型
分支
一声
朝着
大量
业务

Puzzle 142

至少
上述
橡子
推迟
祖先
女巫
最近
避免
崩溃
全球
奥秘
落户
个人
羊毛
两个
白菜
休闲
的工作人员
曲线
员工

灵	之	回	条	眼	上	素	胶	礼	想	的	崩	溃	镜	马	下	权
面	差	驴	焕	举	私	秘	马	信	许	类	来	许	两	查	差	心
回	推	迟	观	加	直	落	觉	飞	也	存	的	宜	释	个	面	野
秀	至	少	信	休	闲	充	个	人	平	权	飞	工	桌	骄	稳	疲
源	查	里	羊	橡	条	遥	坠	从	邀	人	想	员	作	源	带	有
规	便	举	毛	灵	子	过	避	野	曲	线	喜	事	鳍	人	休	乐
动	摇	摇	四	转	蠕	便	免	典	水	究	鳍	活	镜	遥	员	觉
煲	试	况	增	赂	蛾	要	赂	约	碰	直	保	祖	先	面	基	的
不	落	女	理	怖	环	充	持	信	奥	书	查	降	安	携	鳍	草
四	户	巫	项	热	旋	諾	顶	滑	秘	填	碰	趣	凑	邀	撞	通
秀	赂	有	私	柔	袖	增	几	重	理	虑	情	排	余	优	领	衡
情	行	自	因	书	趣	音	真	露	动	里	倍	白	幸	飞	子	理
息	快	上	蛾	雪	水	觉	信	释	伊	口	胶	菜	諾	碎	日	野
上	人	最	书	人	亲	错	电	克	运	不	请	恐	乐	本	从	袋
述	豆	近	看	要	宜	保	考	摇	人	便	素	全	球	活	静	！

Puzzle 143

捍	卫	存	人	项	不	！	了	数	肉	有	近	特	落	骄	娱	的
机	排	类	木	从	稳	！	许	他	面	回	介	分	己	秘	便	的
票	降	乎	一	增	定	乐	解	均	匀	的	操	作	闲	喜	热	了
有	娱	远	次	秘	觉	记	伏	填	栏	自	梳	动	解	紧	本	有
滑	梳	水	性	自	机	蛾	露	趣	中	里	绝	源	坠	猛	胶	袖
父	努	力	波	基	会	数	动	护	水	程	对	静	保	部	地	究
鳍	型	乐	情	人	有	区	栅	游	车	醋	磨	亲	便	况	部	保
马	有	增	肢	子	的	人	露	戏	降	的	音	坠	赂	树	喜	证
修	制	理	理	肥	近	信	热	领	噪	喷	皂	信	部	解	惨	典
虑	落	定	的	地	方	图	观	填	源	泉	绍	充	野	复	他	定
高	高	亮	行	怖	亮	觉	人	公	共	分	母	热	欲	闲	典	皂
不	则	于	静	究	构	造	栏	皂	加	议	分	衡	心	驴	降	袋
能	心	驱	条	镜	解	动	柔	延	亮	袖	伊	息	自	静	书	马
约	延	紧	快	蛾	差	数	底	毁	循	通	草	升	通	增	成	滑
草	便	素	的	增	思	虑	亲	噪	高	错	因	皂	页	根	功	貓

的地方
分母
的操作
喷泉
保证
成功
努力
不稳定
绝对
构造
公共
水波
机会
动作
制定
猛地
捍卫
游戏
均匀
一次性

Puzzle 144

报告
油漆
的重要
表现
网球
故障
冰雹
仍然
家伙
别人
组合
焦点
国际
可可
最坏的
甲虫
记得
的互动
往往
的医生

的	自	图	带	摇	心	。	不	释	复	究	往	定	宜	平	之	型
医	究	骄	能	倍	眼	车	乐	社	研	股	往	觉	回	释	趣	衫
生	心	约	栗	>	家	眼	日	露	部	骄	保	建	运	苦	子	记
素	国	社	苦	了	查	伙	记	得	摇	究	解	环	主	人	区	情
噪	际	项	乎	丁	惫	环	损	碰	梁	报	告	能	最	事	查	持
野	己	蛾	类	皂	滑	请	蛾	量	重	四	乐	栏	好	龄	紧	碎
甲	虫	保	面	理	醒	望	热	号	建	虑	循	野	的	惫	碰	表
票	特	远	私	选	紧	直	了	旋	飞	根	坠	区	从	眉	木	现
复	蔻	出	伊	最	心	状	性	坠	信	分	>	士	决	桌	条	礼
来	高	地	的	。	坏	视	静	情	书	先	稻	衡	娱	饭	欲	情
闲	基	条	决	动	互	的	选	研	油	落	摇	冰	灵	眼	仍	滑
故	亲	根	想	性	焕	静	可	可	漆	好	底	雹	地	平	然	衬
行	障	子	网	便	出	野	衡	行	保	人	焦	恐	选	的	不	龄
根	定	年	球	皂	组	>	绍	醒	祖	子	点	举	保	重	自	建
便	恐	娱	秘	最	合	决	别	人	凑	貓	携	想	的	要	丁	顶

Puzzle 145

澄	清	粗	先	素	的	闲	绍	权	言	发	生	特	间	最	树	子
复	鳍	细	人	马	栗	落	带	充	况	环	不	权	衫	欲	栏	一
桥	。	机	惫	特	透	情	后	己	趣	疲	带	趣	皂	雪	决	次
四	本	查	树	惫	飞	落	镜	龄	真	稻	乐	好	惧	最	野	醋
上	持	衬	好	亲	礼	观	马	身	情	票	梁	本	噪	安	好	的
坠	平	余	惨	摇	有	人	>	填	区	皂	复	的	状	远	加	滑
疲	信	老	便	循	观	栅	日	透	回	家	办	条	后	答	大	衣
豆	因	车	>	顶	好	焕	底	人	骄	信	法	亮	权	碰	排	延
信	升	部	回	惊	增	倍	老	雨	疏	惨	持	草	娃	镜	肢	记
过	噪	疲	况	社	持	摇	亲	回	散	橙	苦	坪	最	娃	露	骄
驴	惊	存	权	骄	>	袖	号	独	奏	休	色	音	西	权	便	项
露	亲	量	息	滑	梳	过	要	上	人	察	秘	回	东	袋	理	最
修	升	露	眼	宜	现	带	木	升	典	>	的	驴	的	水	上	迟
息	醒	胶	考	便	在	遥	过	议	延	驱	真	况	事	差	苦	衬
里	放	况	动	灵	出	透	的	自	幸	量	桥	梁	情	发	于	毁

大衣
粗细
的事情
草坪
澄清
情况
疏散
的东西
一次
独奏
发言权
特权
办法
桥梁
娃娃
橙色
苦差事
发生
现在
回家

Puzzle 146

之	秘	复	音	条	本	遥	迟	恐	笔	领	乐	复	究	过	显	奇
的	驾	驶	视	余	人	摇	乎	也	记	动	袖	到	处	窗	著	迹
木	休	觉	平	飞	议	考	保	股	本	考	幸	事	定	帘	礼	便
然	雨	图	欲	最	木	于	之	静	解	祖	的	乐	不	的	镜	虫
领	他	介	北	方	考	马	水	面	的	心	下	规	动	运	欲	虑
宜	们	驴	鳍	便	携	驱	携	特	息	叫	亲	得	存	他	查	见
规	的	撞	持	好	建	。	的	系	绍	着	里	柔	看	栗	远	上
存	皂	自	猫	坠	情	决	伊	理	列	媒	而	醋	动	袖	信	票
柔	雪	行	肥	视	亲	护	直	草	状	体	覆	领	摇	定	马	水
分	增	保	究	虑	基	毛	毁	马	惨	香	盖	雪	噪	恐	落	部
他	骄	貌	有	泽	护	巾	持	趣	中	摇	情	花	摇	不	况	理
旋	条	间	错	有	瑞	典	人	书	恐	升	的	保	自	领	典	乐
基	碎	事	许	袖	见	自	动	幸	他	坠	下	的	分	野	特	草
请	坠	稻	桌	刚	醋	虫	社	因	他	便	子	木	法	图	能	人
生	况	事	重	性	桌	亮	好	望	乐	袋	接	近	律	因	!	定

奇迹
显著
到处
毛巾
窗帘
瑞典人
领袖
接近
媒体
覆盖
北方
雪花
叫着
他们的
驾驶
刚性
法律
系列
笔记本
定的

Puzzle 147

错	镜	条	高	电	热	间	不	的	人	驴	型	见	娱	恢	姥	露
先	鳍	摇	丁	祖	远	电	露	宜	人	先	部	间	趣	的	姥	伊
信	前	私	兔	见	鳍	桌	伏	保	先	乐	心	安	衫	动	情	充
部	社	肉	蛾	量	貌	坠	栗	橡	趣	恢	龄	四	远	亲	什	么
特	降	衬	突	野	滑	复	研	皮	紧	通	紧	试	情	性	灵	諾
信	信	喜	然	四	生	草	邀	擦	思	肢	而	怖	肢	车	便	欲
自	马	胶	行	乐	潜	热	豆	部	柔	乐	野	摇	紧	学	约	面
心	连	遥	栅	有	水	心	倍	栏	情	基	桌	镜	苏	校	心	理
心	倍	接	鳍	信	反	饲	撞	来	马	坠	摇	量	打	真	皂	私
克	试	部	不	部	向	料	便	排	见	主	车	木	水	等	待	请
发	好	赂	决	行	答	骨	头	要	闲	机	肥	趣	现	他	奶	醒
焕	醋	书	考	请	清	晰	周	到	的	保	高	衡	场	倍	老	奶
根	丁	亲	便	项	最	赂	项	考	瑞	疲	出	恐	视	行	理	栅
心	本	梳	静	恐	素	记	音	蠕	究	运	源	怖	环	我	们	高
运	闲	己	量	约	选	区	坠	从	惨	股	敌	人	坠	降	倍	余

骨头
学校
苏打水
反向
突然
敌人
我们
周到的
连接
姥姥
先前
饲料
现场
奶奶
清晰
恐怖
潜水
什么
橡皮擦
等待

Puzzle 148

图	保	填	母	加	自	亲	绍	平	周	定	优	听	傲	乐	冲	愤
受	情	充	鸡	先	决	活	研	加	末	噪	高	模	到	顶	击	怒
修	孕	中	士	思	乃	回	高	况	情	镜	惨	拟	生	命	之	的
豆	后	想	虎	光	情	的	日	>	研	飞	草	木	情	秀	人	源
部	议	温	充	足	的	约	出	建	坠	喜	股	欲	貓	倍	不	乐
书	定	度	衫	毁	解	人	租	。	亮	喜	驴	野	升	基	情	便
看	音	马	丁	赂	蔻	虫	车	香	面	衡	基	活	的	醋	优	野
不	推	时	钟	宜	摇	秘	研	人	私	存	的	露	生	奏	凑	根
想	出	页	梁	树	降	重	趣	伏	事	功	能	的	结	果	请	而
虎	子	遥	年	子	身	信	增	坠	煲	灵	见	余	识	心	破	不
生	菠	上	恐	欲	延	伏	撞	傲	赂	香	乐	权	别	研	老	兔
木	菜	疲	>	闲	错	社	衬	图	>	趣	转	直	人	身	里	议
衣	驱	摇	自	地	平	泽	面	的	鳍	的	动	存	远	邀	士	乐
服	木	看	落	究	绍	眼	自	典	煲	雨	书	音	日	事	諾	权
亲	龄	理	雨	视	闲	苦	部	动	紧	里	真	身	心	心	差	面

推出
愤怒的
的结果
生命之
受孕
模拟
时钟
母鸡
温度
菠菜
充足的
填充
奏请
出租车
冲击
听到
衣服
功能
周末
识别

Puzzle 149

他	户	外	不	，	木	驴	权	放	倍	亲	增	毁	克	旋	不	遥
撞	选	于	的	赂	因	镜	则	事	出	环	加	毁	自	序	列	页
休	息	肉	活	称	定	此	最	解	人	经	衡	磨	在	口	坠	虑
信	心	滑	复	差	趣	落	租	落	子	验	情	查	区	部	的	复
股	然	底	倍	保	先	生	人	的	本	野	出	好	本	磨	稳	运
带	灵	貌	乎	驴	平	型	礼	破	性	信	最	衡	情	性	也	损
源	趣	的	优	坠	注	关	的	究	伊	露	想	恢	理	噪	之	升
恐	有	平	木	栗	老	心	程	旋	电	伊	象	租	生	修	本	余
的	益	条	赂	需	型	里	驴	的	建	转	人	自	撞	增	镜	解
爷	邀	行	边	要	雪	延	木	马	自	条	心	则	近	乃	权	国
爷	顶	修	邀	缘	车	欲	衬	最	他	信	虎	滑	马	牛	远	家
请	蛾	环	焕	复	野	的	过	鹦	鹉	老	放	的	加	仔	过	音
的	条	情	坠	中	况	亲	释	伏	>	的	望	灵	幸	袋	灵	信
视	球	幸	回	的	底	研	看	的	本	电	过	视	鳍	飞	回	马
约	动	员	的	素	音	露	赂	酒	吧	来	噪	修	回	视	的	飞

鹦鹉
序列
，因此
称定
关心
的爷爷
想象
边缘
经验
自在
先生
休息
有益
牛仔
需要
的球员
的关注
酒吧
户外
国家

Puzzle 150

了	约	肉	特	子	真	顶	也	龄	惫	本	携	木	虎	于	的	下
上	心	下	惧	恐	栗	老	胶	压	高	噪	傲	考	碰	保	飞	热
图	惫	情	趣	典	觉	颗	粒	力	状	人	叫	虑	自	信	祖	领
滑	醋	远	有	的	赂	趣	唱	歌	骄	源	声	加	木	复	特	桥
队	肉	豆	蔻	专	私	建	电	因	手	提	箱	运	情	露	从	活
磨	伍	面	迟	家	机	填	请	口	加	的	惨	稳	破	雪	余	树
快	递	要	理	光	煲	间	欲	秀	音	人	携	宜	闪	耀	便	安
他	确	面	带	惨	磨	来	安	社	泽	有	重	邀	坠	特	查	试
赂	实	细	作	不	达	皂	后	自	年	决	了	权	股	本	选	丁
了	下	腻	家	领	到	磨	四	雪	稻	秘	理	噪	了	士	转	的
水	增	包	情	里	欲	举	滑	放	驱	察	邀	闲	招	查	水	答
典	增	介	含	醒	醋	袖	介	日	条	光	远	票	商	坠	望	野
动	伊	基	最	桌	日	雪	的	讲	社	升	子	面	引	究	醒	携
保	坠	复	驴	查	图	有	带	述	透	相	保	状	资	胶	便	驱
觉	动	平	马	究	光	争	辩	祖	见	素	同	噪	特	增	研	复

手提箱
达到
讲述
唱歌
叫声
压力
包含
细腻
相同
肉豆蔻
争辩
颗粒
队伍
作家
闪耀
的专家
招商引资
快递
确实
考虑

Puzzle 151

倍	饮	惨	望	平	表	虎	余	栅	中	撞	租	行	阳	光	关	系
结	料	木	条	光	复	达	导	航	的	社	士	身	面	真	雨	定
高	婚	恐	的	落	而	皂	本	地	旋	秘	醒	蔻	包	自	情	龄
摇	几	醋	衬	真	人	乎	携	球	农	场	主	错	车	本	傲	剧
焕	身	也	梁	里	最	肢	乐	遇	自	先	携	子	摇	伊	差	场
见	总	线	生	查	几	自	傲	底	喜	人	而	子	情	子	真	豆
蠕	惫	程	动	票	保	蔻	差	泽	闲	滑	社	究	评	环	父	坠
人	他	保	袋	究	息	袋	股	噪	亲	观	自	稳	价	坠	肢	后
鳍	亲	闲	面	高	树	恐	亲	程	子	木	数	年	本	地	升	素
情	虑	复	的	机	会	举	书	焕	鳍	典	伏	疲	龄	决	因	顶
伏	放	猫	最	得	袋	露	重	理	部	栅	介	先	鳍	存	分	苦
量	紧	的	最	父	约	透	便	滑	考	友	好	的	透	木	素	望
行	乐	了	根	解	快	性	回	语	平	时	红	萝	卜	里	镜	蠕
要	得	责	底	察	村	解	带	音	电	机	也	惫	桥	自	降	循
信	约	任	远	视	里	乐	况	书	保	望	的	远	自	焕	损	桥

剧场
阳光
农场主
结婚
表达
平时
年龄
本地
面包车
红萝卜
语音
导航
友好的
评价
责任
总线
地球
关系
饮料
的机会

Puzzle 152

特殊
高峰
这些
第七
西瓜
也不能
昂贵
可重复使用的
退出
动词
落入
一点
少数
大米
协助
小麦
香菜
圣诞
首都
话题

中	平	胶	落	傲	衬	则	考	延	摇	的	蔻	面	退	动	香	也
望	排	状	入	遇	股	转	他	露	苦	状	祖	况	出	乃	词	不
！	欲	滑	高	性	则	机	大	米	一	点	蔻	转	泽	想	觉	能
上	身	损	有	赂	最	持	车	高	峰	先	望	虑	休	！	瑞	桥
查	噪	凑	傲	破	骄	这	些	落	高	飞	量	乐	滑	栅	便	露
人	底	心	过	己	社	释	优	疲	镜	几	余	第	理	动	升	袋
雨	机	焕	他	过	运	人	动	胶	了	车	源	七	基	四	趣	研
增	查	转	瑞	充	差	碎	皂	凑	里	蛾	之	话	重	祖	社	胶
他	了	乐	量	息	可	衡	諾	桥	高	生	下	题	子	研	于	高
。	释	升	昂	心	重	灵	首	碎	视	协	光	加	程	邀	摇	行
损	发	雨	破	贵	复	情	都	几	肥	助	滑	伏	圣	的	蠕	肢
平	有	木	醒	几	使	不	本	龄	闲	疲	思	西	诞	议	丁	了
少	祖	草	小	麦	用	况	页	放	袖	量	便	动	瓜	肥	栏	乎
数	机	排	眼	携	的	木	电	研	醒	则	貌	香	菜	蔻	马	增
书	充	信	运	便	特	殊	幸	栅	飞	高	四	最	礼	趣	子	号

Puzzle 153

愿	望	梁	填	滑	坠	旋	自	上	眼	克	安	转	循	试	考	的
满	因	子	主	运	看	情	租	于	增	许	顶	下	根	延	赂	谈
足	>	为	地	亲	底	衫	娱	树	幸	约	最	情	趣	出	活	话
父	保	便	坠	循	先	紧	恢	情	保	循	信	储	较	血	型	乐
循	撞	身	便	定	环	了	选	环	防	远	煲	备	低	不	行	灵
观	倍	来	子	介	举	选	动	栗	卫	肉	静	丁	的	定	充	定
肥	皂	水	顶	查	地	择	滑	自	趣	傲	焕	胶	觉	先	最	典
光	秘	！	梁	生	恐	复	乐	焕	飞	稻	磨	龄	而	野	骄	蠕
世	纪	不	升	本	部	特	地	页	优	质	的	特	灵	充	型	发
碎	安	从	过	质	性	醒	肥	错	安	下	票	心	战	争	觉	生
则	饭	本	摇	查	加	人	音	最	摇	能	栏	服	人	最	娱	衬
几	乐	香	里	区	貓	日	热	觉	灵	饭	延	从	本	醋	而	记
趣	上	乐	类	旋	天	空	摇	惧	之	的	磨	也	碰	部	村	村
娱	老	豆	破	。	典	稻	远	身	回	他	轻	微	棒	球	望	蔻
情	动	蛾	幸	私	祖	惧	得	傲	伏	研	子	动	从	从	了	摇

服从
循环
较低的
棒球
天空
轻微
的谈话
愿望
防卫
本质
世纪
因为
选择
储备
肥皂水
满足
战争
出血
选举
优质的

Puzzle 154

滑	究	也	文	最	飞	自	区	热	面	运	真	尖	私	增	鳍	真
雪	地	惫	本	摇	马	静	根	栏	心	>	理	尖	营	降	有	基
态	度	差	有	凑	雪	香	噪	心	事	马	携	的	即	时	祖	衡
四	坠	热	过	摇	复	貂	距	离	察	克	趣	出	保	磨	也	股
伏	秀	根	性	噪	信	貓	的	音	社	杯	皂	宜	停	闲	的	填
见	人	余	直	信	信	损	保	赂	蠕	大	蛾	肢	旋	留	根	凑
四	坠	村	喜	皂	人	下	十	蛾	之	部	转	水	个	别	书	高
股	蠕	惊	要	牙	秘	一	年	依	害	分	虎	果	草	。	条	梳
马	运	露	分	毛	医	个	车	赖	伤	心	保	便	虑	本	建	发
部	回	马	余	衣	优	祖	租	父	的	>	焕	举	顶	袋	持	根
答	傲	上	便	行	活	领	静	心	趣	车	出	欲	究	页	邀	恐
思	肥	顶	栏	桥	典	士	树	排	息	热	貌	规	恐	木	领	许
于	落	便	栏	介	肥	镜	怖	根	他	情	人	蠕	了	乐	皂	许
乐	有	亲	便	地	恢	况	马	余	保	心	过	灵	身	定	息	通
高	醒	平	自	泽	情	栏	的	木	落	士	息	紧	木	苦	选	然

的伤害
滑雪
停留
距离
伤心
尖尖的
牙医
雪貂
十年
大部分
私营
个别
水果
即时
毛衣
文本
下一个
依赖
马克杯
态度

Puzzle 155

恐	转	直	骄	社	！	填	惊	视	循	他	热	滑	稳	研	社	类
持	娱	骄	车	子	想	于	老	私	，	也	没	有	数	旋	远	填
貌	日	部	成	类	的	得	觉	阳	家	具	股	延	来	四	露	心
填	没	特	人	长	人	疲	遇	光	子	豆	便	雪	心	保	梁	落
里	丁	事	吸	收	才	木	号	灿	的	信	的	虑	有	秘	填	貌
心	根	木	放	松	的	驱	人	烂	坠	栏	对	配	既	不	苍	蝇
息	面	举	想	恐	排	根	据	的	肥	惧	手	梁	子	数	试	口
增	磨	稻	马	骄	书	树	煲	要	解	人	而	碰	加	车	鳍	衫
系	顶	傲	步	亮	车	日	得	苦	平	秀	书	查	傲	顿	时	怖
统	要	中	行	露	休	类	动	选	里	书	衫	虎	之	自	行	镜
观	部	数	摇	露	音	选	放	望	遇	水	野	秘	中	坠	情	平
自	惧	幸	通	常	心	袋	分	坠	子	坠	释	平	心	胶	票	醒
雨	虫	远	醒	间	音	放	了	而	坠	梁	基	先	平	怖	通	的
衬	紧	修	事	娱	貓	亲	人	勇	栅	降	则	悲	惨	触	行	余
决	见	复	树	行	生	饭	排	敢	社	摇	稻	况	修	栗	摸	。

，也没有
苍蝇
配对
成长
通常
步行
的人才
悲惨
既不
系统
阳光灿烂的
家具
顿时
吸收
没事
触摸
的对手
勇敢
放松
根据

Puzzle 156

温柔
管理者
几乎是
神秘
拒绝
得到
自娱自乐
来到
阴天
意图
银行
授权
背后
图片
重视
查找
明显
标题
铅笔
从来没有

况	基	本	建	便	桌	思	排	源	部	的	号	损	心	自	项	惨
的	>	后	下	情	肥	摇	落	请	况	信	本	光	型	子	几	稳
保	骄	肉	生	雪	填	自	袋	理	村	衫	增	迟	礼	好	年	镜
自	机	的	顶	查	拒	绝	明	情	底	心	视	平	图	片	栏	授
飞	活	便	不	找	亲	乐	显	程	休	貌	的	便	意	绍	宜	权
惊	况	充	不	了	的	活	村	心	老	护	煲	几	水	信	保	口
修	衡	信	解	毁	修	上	差	究	余	转	口	觉	过	鳍	老	真
欲	能	桌	肢	镜	股	乐	丁	人	本	滑	野	。	数	回	光	休
骄	雪	放	迟	中	滑	祖	惫	本	傲	议	背	后	视	温	项	复
车	灵	休	几	源	肉	乐	信	情	自	管	理	者	乐	排	柔	衡
秘	四	紧	乎	野	答	特	得	充	源	娱	标	题	有	没	来	从
生	神	面	是	况	好	本	惧	银	行	损	自	泽	野	木	排	到
碎	秘	露	地	疲	携	滑	特	中	秘	士	降	乐	乃	试	损	得
页	重	视	！	究	出	图	傲	铅	笔	便	马	了	理	号	复	转
差	环	伏	。	虫	研	情	蔻	醒	阴	天	股	水	议	面	自	休

Puzzle 157

便	升	人	雨	最	伊	滑	高	来	股	绍	间	破	运	恐	不	包
息	的	领	栅	恐	怕	社	私	雪	宜	灵	四	周	年	真	正	裹
直	坠	不	行	约	车	地	自	惧	动	气	球	蒸	汽	拼	素	破
光	见	娱	虫	透	！	规	貌	乎	自	动	衫	生	菜	写	升	水
口	年	回	马	迟	恢	雪	重	复	他	口	落	建	部	然	邀	倍
肉	虚	保	只	复	饭	机	噪	稻	保	状	发	四	社	的	释	绍
虑	拟	巨	每	个	人	恐	蠕	决	页	驴	衡	老	！	虫	克	饭
木	乐	直	大	主	赂	稳	恐	趣	有	重	然	时	间	自	四	休
焕	于	木	柔	的	高	倍	保	露	答	里	遇	特	私	热	克	分
木	紧	树	苦	试	的	子	规	醋	考	实	保	疲	虫	几	袋	静
主	了	而	观	碎	迟	滑	带	士	增	验	光	视	答	防	止	想
眉	凑	劳	动	有	机	寒	子	恐	坏	树	破	则	想	生	自	遇
丁	>	定	试	情	信	袖	冷	则	延	面	目	信	余	息	摇	降
乐	欲	充	人	蔻	社	年	余	的	尘	灰	查	前	底	静	人	人
虎	衡	充	最	部	持	保	灵	遇	转	镜	条	有	坠	高	趣	光

拼写
灰尘的
生菜
巨大的
寒冷的
目前
气球
蒸汽
周年
恐怕
包裹
时间
每个人
每只
虚拟
实验
防止
真正
自动
劳动

Puzzle 158

活	乃	马	坠	伏	梳	摇	看	蛾	类	惨	复	周	的	咆	哮	息
虎	议	子	活	祝	贺	醋	循	休	紧	雨	许	日	信	虎	介	虑
规	梁	高	携	究	通	露	袖	栗	解	木	饭	马	了	究	部	落
旋	惫	举	降	透	苦	豆	惧	损	失	则	破	摇	而	眉	摇	高
觉	便	记	票	稻	研	子	父	有	马	便	过	不	面	乎	坠	了
详	的	数	煲	排	碎	怖	怖	生	摇	马	心	操	面	人	损	研
细	便	梳	瑞	！	程	更	好	的	不	稳	亲	作	来	肉	秘	许
克	实	飞	于	的	人	加	闲	举	有	木	基	怖	循	饭	高	乐
子	际	摇	光	带	虎	私	许	碎	书	最	老	上	野	滑	人	皂
金	有	望	然	工	具	因	机	可	之	眼	因	票	惊	亮	转	香
的	父	亲	乎	静	量	恐	的	增	年	乐	。	便	的	行	肥	查
稻	活	因	租	建	定	旋	栅	和	票	加	远	有	獭	水	摇	遥
解	发	收	面	息	行	从	权	平	高	礼	滑	面	梳	葱	摇	增
量	研	类	集	茶	壶	煲	信	充	平	早	透	记	幸	过	衡	了
礼	倍	事	出	焕	树	乎	镜	旋	自	旋	晨	报	纸	的	转	好

的金子
工具
报纸
详细
早晨
收集
水獭
的父亲
操作
茶壶
更好的
水葱
许可
损失
咆哮
周日
和平
有望
祝贺
实际

Puzzle 159

资	格	鳍	源	平	蛾	醒	底	花	约	规	凑	秘	貌	坠	了	保
父	选	下	间	认	识	瑞	稳	园	音	野	生	心	便	旋	票	人
分	发	惧	想	梁	焕	延	安	绍	磨	乐	木	有	欲	醒	醋	根
自	观	磨	迟	范	烧	毁	，	磨	最	闲	趣	况	遇	因	木	发
噪	况	持	镜	望	围	租	改	动	高	书	灵	类	安	醋	理	于
持	远	下	的	>	持	内	善	程	物	规	蔻	子	部	雨	关	栏
解	征	乐	自	了	口	瑞	赂	出	邀	栅	介	不	天	鹅	键	的
下	察	面	失	型	父	面	社	热	状	不	摇	士	秘	条	蔻	虎
乐	损	胶	去	区	远	绍	疲	棉	花	事	草	摇	高	研	本	决
研	蠕	页	了	决	发	保	不	约	延	摇	了	检	损	遇	坠	他
露	考	验	栏	能	保	子	亲	热	音	眼	记	查	则	底	噪	四
检	讨	便	己	恢	光	量	飞	复	决	光	型	理	马	增	心	中
衰	变	也	貓	驱	几	查	虑	飞	马	性	平	建	地	柔	趣	面
的	虫	究	因	过	毁	动	议	存	醋	人	马	人	动	倍	村	自
因	复	梁	惫	便	电	不	信	人	怖	身	伏	栏	碎	地	远	典

范围内
关键
分发
改善
检讨
烧毁
最高
检查
棉花
，动物
资格
认识
天鹅
野生
远征
失去了
音乐
衰变
花园
考验

Puzzle 160

的舞蹈
不规则
谈到
讨论
搜索
皱纹
区域
普通
说服
医疗
人口
鸟啼
有轨电车
草甸
调整
流行的
注意到
不当
后，
姥爷

谈	有	轨	电	车	后	，	余	平	泽	的	恐	灵	基	视	望	间
觉	到	之	旋	>	医	疗	普	姥	爷	豆	最	栏	延	乐	疲	排
量	龄	根	野	鸟	类	雪	通	飞	欲	皱	纹	调	搜	索	袋	撞
从	行	状	程	情	啼	特	页	龄	梳	士	蛾	整	信	的	肢	子
碰	子	性	老	书	马	热	雨	选	充	。	升	亮	便	惫	视	衡
了	自	特	生	保	情	肉	近	理	况	不	他	平	闲	释	想	镜
从	地	娱	不	醋	雪	况	虑	的	邀	典	飞	喜	过	撞	雨	分
于	绍	人	口	试	心	宜	机	带	页	碎	转	部	眉	余	不	主
子	马	数	蠕	注	蠕	貌	好	思	野	伏	父	平	草	的	规	人
疲	信	毁	定	意	破	礼	理	灵	排	保	人	不	衡	人	则	祖
>	桥	虎	栗	到	况	欲	摇	树	瑞	飞	动	自	瑞	趣	思	人
的	苦	觉	鳍	因	充	行	欲	电	说	服	思	>	马	香	乎	讨
议	>	貌	区	便	看	有	口	静	行	部	流	然	草	了	龄	论
身	不	露	域	滑	典	携	后	图	后	胶	电	行	甸	不	答	宜
增	>	静	部	草	面	磨	远	草	焕	不	蹈	舞	的	当	类	乐

Puzzle 161

持	续	时	间	持	回	马	人	了	私	的	肉	木	机	雪	娱	马
社	静	考	己	远	泽	吃	水	便	情	茶	貌	理	人	紧	来	间
决	思	乐	分	娱	直	远	饭	鼬	鼠	壶	许	人	论	型	尝	走
记	惧	看	私	答	特	肥	貓	音	父	基	行	的	摇	上	试	廊
录	电	高	图	举	不	行	坠	上	之	冒	犯	记	草	然	喜	建
老	口	最	然	肉	惨	袋	损	肢	则	动	赂	便	破	喜	亮	定
绍	信	亲	而	梁	建	便	镜	地	直	骄	>	身	露	规	高	趣
袖	合	事	型	冰	生	息	的	乐	行	分	转	增	间	平	怖	底
降	出	作	碰	霜	惨	口	要	猫	座	鳍	马	加	情	过	决	父
理	几	不	伙	察	野	情	驴	树	程	栗	转	袋	面	望	乐	中
的	最	思	村	伴	苍	面	规	后	解	下	持	电	遥	升	木	事
自	观	马	得	乎	鹭	遇	医	平	子	蚂	蚁	中	伊	发	有	諾
的	稻	蠕	年	克	领	主	院	破	克	旋	研	租	活	布	丁	乐
秘	报	亲	旋	便	快	四	绍	回	。	木	复	间	出	恐	视	通
磨	价	紧	见	票	不	衫	介	复	子	坠	皂	豆	飞	热	光	考

增加
医院
的茶壶
走廊
苍鹭
尝试
持续时间
报价
发布
冒犯
冰霜
记录
合作伙伴
吃饭
理论上
猫座
鼬鼠
回复
然而
蚂蚁

Puzzle 162

驾	车	介	豆	结	石	出	祖	觉	稻	。	考	惊	雪	约	也	区
豆	增	秀	望	自	乐	动	梁	后	有	高	的	摇	人	栗	见	许
破	人	主	情	情	士	虫	惊	栗	克	镜	傲	礼	喜	飞	请	运
破	己	摇	心	伏	年	瑞	规	票	近	野	不	>	损	碎	摇	摇
透	乃	柔	的	飞	分	典	遥	不	环	袖	欲	区	加	驴	梳	喜
考	桥	查	的	袋	衬	余	错	携	增	子	面	车	私	平	书	平
落	！	许	建	丁	带	请	口	人	木	充	剪	书	的	从	倍	性
转	活	袋	>	状	本	有	记	答	情	满	护	刀	击	剑	平	稳
复	傍	介	建	泥	泞	的	成	滑	解	最	面	股	转	雪	自	木
程	晚	虎	肉	直	滑	真	功	行	业	蠕	对	况	礼	乃	肉	摇
源	权	领	噪	趣	亲	面	的	心	祖	乎	释	动	乐	镜	撞	护
马	桌	特	后	来	的	保	伊	饭	书	乎	要	面	看	肉	面	先
源	考	亮	人	水	程	面	自	想	栗	本	稻	事	便	恐	私	热
中	旋	蔻	日	瓢	虫	度	加	许	伊	请	你	自	己	人	修	胶
心	重	飞	晷	视	而	！	觉	雨	四	于	具	备	秘	细	节	水

结石
雪人
日晷
行业
傍晚
泥泞
面对
胶水
瓢虫
具备
击剑
驾车
剪刀
程度
细节
充满
后来
也许
成功的
你自己

Puzzle 163

选	他	自	分	坠	骄	磨	项	怖	邀	能	想	水	野	表	遇	方
相	碰	保	号	碰	素	他	日	类	项	请	木	部	貌	加	面	式
便	信	想	>	最	察	虎	底	面	伊	通	露	木	水	面	安	醋
驴	私	趣	延	地	摇	马	电	鳍	虎	父	保	最	热	远	惧	优
错	蔻	复	书	本	带	条	机	碰	利	润	正	充	遥	请	礼	的
雪	蛾	四	迟	骄	水	！	构	车	遇	而	式	信	究	虚	物	项
心	平	的	个	人	衬	充	上	本	镜	消	透	亮	重	假	休	醒
解	性	慈	肥	撞	究	肉	加	坠	子	化	究	记	面	考	来	持
破	之	仁	然	息	信	外	肉	科	不	延	平	人	复	存	人	祖
喜	行	野	领	摇	恐	国	马	学	稻	转	木	情	碎	息	况	情
保	眉	心	碎	落	的	摇	高	肉	巨	大	藏	损	部	鳍	乐	鳍
解	降	人	延	子	出	娱	余	信	参	加	红	克	稻	自	摇	瑞
>	见	究	之	部	延	来	特	出	安	野	花	不	真	绘	画	要
究	带	蔻	也	心	中	过	蔻	邀	复	复	数	秀	身	票	解	欲
自	马	灵	虎	木	数	宜	面	考	眉	面	凑	焕	发	优	自	有

的个人
藏红花
相信
镜子
正式
礼物
参加
焕发
邀请
利润
表面
外国
仁慈的
虚假
机构
绘画
巨大
方式
消化
科学

Puzzle 164

要	人	梁	快	好	究	乐	来	条	好	草	基	怖	头	考	女	下
娱	子	的	乐	军	事	马	宜	里	余	理	不	的	部	坠	孩	毁
的	过	约	己	定	坠	谷	仓	上	重	复	流	深	理	闲	闲	闲
视	驴	邀	典	解	饭	民	主	升	自	心	体	浅	眉	许	梁	放
摇	错	的	喜	欢	优	真	活	衡	梳	领	理	秀	地	迟	木	不
柔	性	年	出	情	环	信	因	要	回	情	迟	部	遇	灵	增	错
树	木	来	高	高	虫	号	不	过	规	后	察	幸	领	规	乃	人
。	衡	机	旋	胶	信	简	梁	过	权	马	从	究	！	。	自	人
股	性	便	最	释	许	透	化	乐	鳍	欣	过	便	欲	磨	身	差
之	行	娱	护	马	事	闲	下	增	恢	面	赏	增	醒	桌	先	修
旅	行	木	噪	栅	股	素	镜	长	项	本	情	邀	自	欲	日	驱
最	衫	喜	情	惫	村	乐	解	豆	过	柔	远	许	人	秀	思	士
伏	树	出	飞	研	自	亮	管	先	重	蛾	梁	项	野	骄	去	过
居	人	动	机	察	噪	差	理	煲	衡	伏	自	迟	绍	遥	年	去
欲	民	衫	桌	欲	諾	最	来	栅	项	便	惨	滑	的	心	肉	的

增长
谷仓
之旅
的深浅
管理
头部
民主
喜欢
信号
欣赏
居民
过去的
上升
女孩
去年
简化
自身
军事
动机
流体

Puzzle 165

项	泽	露	顶	梳	过	您	之	马	租	根	赂	乐	坠	肉	情	状
自	可	野	碰	梦	出	选	醒	肥	型	欲	动	下	增	恐	间	请
排	能	情	信	想	突	择	举	行	惊	肉	好	况	丁	完	泽	号
损	的	昨	驰	名	然	衫	乎	定	远	书	欲	条	野	成	貌	栏
解	下	高	天	降	的	饭	肢	出	肥	野	平	豆	钢	琴	特	了
专	家	升	最	疲	爱	真	则	过	考	卷	曲	醒	性	乐	乃	貌
栏	主	凑	本	惨	亲	股	>	的	中	坠	便	灵	快	复	桥	袖
真	里	解	露	决	乐	趣	请	升	中	的	号	风	光	光	记	休
礼	那	考	查	股	闲	高	延	而	私	子	野	格	驴	秘	望	部
龄	趣	么	而	视	保	研	租	型	亲	行	约	许	降	基	唤	醒
好	眉	坠	便	柔	皂	根	龄	存	旋	驴	他	人	水	地	摇	研
袋	恐	奉	香	>	静	行	选	口	顶	他	约	图	股	受	滑	余
生	顶	见	献	父	不	不	情	本	老	来	定	放	宽	害	露	不
联	邦	他	便	视	王	子	想	虫	惧	错	则	绍	于	者	骄	野
排	平	看	噪	修	号	肉	条	能	栏	镜	究	领	心	股	议	坠

联邦
风格
王子
完成
卷曲
奉献
您选择
突然的
基地
亲爱的
梦想
驰名
可能的
唤醒
受害者
那么
钢琴
放宽
专家升
昨天

Puzzle 166

味道
宏伟
看了
困难
汽车保有
离开
肥皂
木乃伊
复杂的
咖啡
皮肤
不同的
词汇表
说，
的旅馆
揭示
达成一致
自然
再次
肉桂

离	身	木	宏	伟	情	复	环	子	达	眉	保	程	运	从	考	貓
开	素	乃	想	焕	父	杂	保	日	成	释	解	镜	他	噪	心	眉
闲	释	伊	肉	馆	旅	的	同	不	一	通	。	出	乐	不	发	研
老	号	余	运	桂	信	事	人	顶	致	项	子	放	考	有	远	焕
撞	皂	咖	破	决	程	困	程	秀	优	摇	亮	衬	本	请	快	蔻
事	娱	啡	旋	的	基	底	难	虑	究	动	租	破	保	热	木	乐
主	邀	旋	基	重	看	理	傲	秘	研	页	摇	数	桌	袖	私	再
虫	行	自	修	状	带	了	机	便	增	回	汽	车	保	有	词	次
远	便	排	机	热	观	祖	草	快	解	区	说	，	间	摇	汇	惨
亮	绍	真	邀	错	心	滑	建	理	心	肥	皮	摇	己	解	表	乎
基	袖	票	后	领	差	伏	不	本	赂	皂	肤	面	过	马	便	基
情	的	克	保	煲	平	的	子	远	惨	野	页	袖	揭	示	子	子
惧	亮	加	保	旋	面	保	>	试	热	惫	不	味	素	选	饭	过
蔻	自	然	苦	梁	平	面	的	心	丁	间	定	道	露	则	高	热
肢	他	的	源	音	己	动	特	諾	想	心	里	亲	袋	看	保	底

Puzzle 167

之	况	降	休	部	的	恐	袋	驴	驴	研	远	主	伏	丁	>	修
年	快	亲	环	欲	查	定	欲	滑	欲	>	程	雨	如	惫	不	规
填	坠	当	看	稻	栏	>	页	肉	的	坠	遥	书	最	何	好	袋
秀	间	然	程	差	伊	本	循	貓	部	破	了	方	主	衫	四	之
碰	恐	状	捕	建	究	条	龄	看	究	机	芹	向	加	根	技	工
梁	特	年	获	镜	龄	分	定	无	光	豆	水	包	息	的	心	貓
镜	释	部	亲	木	破	号	事	名	最	树	牛	自	子	感	谢	>
人	权	桥	乎	类	生	树	件	指	大	破	光	透	情	性	乐	恢
发	后	面	碰	平	合	格	镜	优	保	主	坏	想	面	袋	野	赂
滑	衫	交	叉	程	究	见	则	存	苦	便	见	释	>	衫	分	分
喜	素	身	编	口	欲	规	音	远	因	怖	股	私	雪	租	。	骄
见	虎	底	辑	于	生	的	己	思	面	增	存	镜	心	升	能	性
肉	急	剧	错	过	老	发	口	记	检	况	秘	欲	便	运	票	究
村	乎	因	四	旋	间	况	过	绍	查	重	行	稳	亲	趣	平	惊
蛾	他	肥	骄	本	考	充	况	衫	中	自	的	便	遇	虑	本	讶

如何
当然
编辑
无名指
感谢
包子
最大
水芹
急剧
惊讶
事件
技工
方向
检查中
破坏
交叉
捕获
水牛
合格
错过

Puzzle 168

母亲
使出
精灵
逮捕
这样
缩写
挑战
教室
主题
郁金香
的批判
借给
证明
承诺
沙塔
的手指
通话
响应
文化
粉红色

精	灵	决	镜	于	书	醒	灵	条	趣	静	理	年	身	的	的	郁
马	栅	绍	自	远	不	热	栗	先	娱	察	电	缩	写	坠	重	金
活	页	醒	保	请	证	规	有	记	>	间	特	响	子	使	出	香
飞	错	得	直	龄	明	加	驱	稻	真	行	图	碰	应	皂	凑	的
教	室	量	赂	本	文	年	损	滑	木	页	况	坠	煲	乐	保	排
带	欲	查	自	肢	然	化	碰	近	能	余	最	请	飞	得	回	许
研	疲	试	粉	飞	落	电	理	页	这	样	选	的	来	环	肥	落
肥	持	携	红	音	出	最	礼	观	增	后	傲	手	便	底	试	信
便	主	题	色	便	露	肉	间	分	性	建	修	指	光	恐	察	香
情	承	延	露	电	绍	便	素	蔻	秘	快	的	的	醒	私	差	飞
携	诺	复	面	袖	諾	通	话	挑	士	沙	飞	批	镜	借	给	究
人	理	填	！	条	破	祖	祖	战	研	塔	摇	坠	判	肥	马	本
香	礼	趣	欲	几	答	衫	建	答	树	逮	捕	量	持	特	部	绍
充	露	约	有	议	母	亲	自	摇	信	肢	于	书	露	心	>	填
真	之	释	四	有	惊	快	肥	本	降	电	热	坠	素	虎	复	破

Puzzle 169

基	泽	中	惨	不	撞	宜	直	曾	祖	性	出	情	醒	野	衫	绍
究	况	运	碎	高	午	餐	书	经	阳	滑	四	父	邀	骄	倍	热
信	护	远	动	恐	试	热	持	灵	台	研	议	马	建	携	日	运
的	了	则	子	看	高	选	性	惧	倍	眼	情	雨	休	雨	身	惧
的	自	权	数	子	稻	他	洗	迟	理	>	老	香	疲	保	过	情
有	余	况	日	分	几	面	于	衣	论	最	情	约	建	得	损	想
区	信	物	质	存	典	惊	本	驴	因	栗	自	年	的	部	旋	士
赂	出	心	真	过	碎	栗	骨	架	磨	降	混	虫	试	绍	迟	远
票	遇	自	雨	紧	解	有	静	亮	肥	面	坠	合	思	热	行	重
电	伏	面	行	类	！	近	孤	独	傻	瓜	蠕	来	赂	转	衬	虑
底	委	历	史	惫	情	充	区	村	克	特	滑	票	！	便	灵	惨
通	员	有	豆	重	身	的	教	训	摇	灵	里	有	活	视	马	运
的	会	香	雨	无	疲	静	充	。	究	肢	从	究	口	遥	复	动
马	稳	重	中	线	摇	安	看	面	余	心	克	修	那	些	更	新
复	袋	鼠	错	电	区	栅	灵	先	增	信	安	蔻	有	项	见	优

更新
孤独
袋鼠
委员会
历史
的教训
安静的
洗衣
物质
理论
运动
阳台
无线电
那些
午餐
曾经
混合
骨架
傻瓜
有信心

Puzzle 170

怪	木	保	栅	不	马	龄	望	部	来	肢	不	蛾	条	静	有	旋
亲	物	恢	答	旋	号	则	观	分	地	约	灵	书	便	无	饭	衡
因	摇	运	坠	选	乐	自	肢	傲	口	增	眼	祖	柔	转	效	自
本	中	遥	灵	柔	諾	后	迟	遥	他	们	日	透	撞	中	亮	想
究	坠	苦	情	本	然	不	秀	>	定	坠	护	高	虎	己	究	来
宜	动	自	己	议	真	机	父	顶	性	质	紧	保	分	自	愿	鳍
介	倍	大	家	修	祖	定	艇	体	降	乐	绍	发	部	分	的	的
子	闲	重	子	情	观	下	日	余	之	护	欲	过	娱	将	来	错
事	解	子	本	号	露	面	疲	牛	马	煲	乎	子	滑	倍	！	项
举	实	素	日	复	豆	乎	存	蒡	乐	后	究	顶	煲	存	樱	桃
项	坚	栗	最	豆	子	马	研	安	民	俗	本	碎	煲	股	苦	输
惧	固	好	里	对	升	情	醒	宁	排	优	恐	加	议	野	页	入
亮	他	市	情	不	欲	虎	遥	士	落	本	定	况	的	手	表	循
疲	最	场	虎	起	面	便	梁	碰	因	性	乐	休	的	动	遥	能
碎	行	类	行	试	几	图	建	之	野	分	程	视	丁	心	遥	解

安宁
无效
牛蒡
的手表
怪物
艇体
部分
民俗
自愿
对不起
输入
坚固
自己
事实
将来
他们
大家
市场
樱桃
性质

Puzzle 171

亲	中	鳍	惫	农	民	栗	的	自	排	规	幸	噪	。	主	释	修
部	艺	露	偎	理	本	丁	图	微	笑	最	主	喜	虫	安	亲	心
典	术	决	破	乃	延	增	象	关	联	稳	己	衡	士	项	见	年
特	家	性	衫	焕	通	安	最	惫	徽	购	买	富	得	世	有	信
好	人	地	的	底	型	高	特	事	章	事	高	含	源	界	的	坠
复	水	骄	灵	修	复	的	存	野	赂	动	升	安	虑	>	秀	情
股	乃	马	乐	查	害	伏	事	野	心	直	信	保	肥	举	决	公
复	瑞	人	恐	蔻	肉	羞	音	面	破	下	要	镜	遇	吸	资	园
然	了	源	有	紧	填	瑞	伏	则	栗	能	底	得	礼	破	血	源
素	他	恢	马	不	的	究	想	饭	否	村	礼	息	紧	恐	心	鬼
本	自	祖	的	快	有	衡	亮	性	定	恢	袖	保	貌	分	倍	也
本	要	了	后	主	请	情	蠕	人	书	乎	伊	望	根	配	快	然
声	好	泽	而	带	型	犀	牛	典	伊	趣	貌	带	快	股	能	真
音	马	化	妆	虫	桌	的	之	子	余	情	人	摇	木	量	数	心
来	泽	摇	增	解	远	噪	地	环	得	>	马	欲	有	修	项	音

徽章
艺术家
野心
分配
购买
微笑
化妆
否定
吸血鬼
修复
关联
农民
声音
公园
世界
资源
害羞
犀牛
富含
的图象

Puzzle 172

蛋糕
的生菜
围栏
独立性
篱笆
买得起
随机
心脏
斑马
猴子
温文尔雅
慷慨
民用
反过来
元年
容易
提交
市中心
的发音
忽略

情	胶	己	也	反	村	过	温	饭	驱	根	行	透	的	举	基	饭
貌	的	有	试	有	过	袖	文	衫	地	约	安	转	丁	充	持	遥
延	生	议	市	增	碎	来	尔	醒	蛾	车	行	祖	邀	增	觉	蠕
运	菜	镜	胶	中	脏	幸	雅	自	区	望	素	虫	>	衫	醒	肥
察	动	飞	权	灵	心	动	典	惨	填	得	惨	复	买	香	镜	行
透	梳	袋	选	乐	的	礼	心	平	高	电	豆	柔	得	的	草	休
忽	围	栏	偎	事	中	秘	透	情	的	延	书	增	起	野	丁	衬
驴	略	考	子	衫	了	蛋	糕	他	飞	心	独	立	性	恢	的	生
损	苦	约	观	斑	马	从	远	基	休	木	间	胶	民	碎	租	根
带	透	源	典	恐	约	想	欲	胶	栗	礼	毁	根	用	心	股	恢
水	试	怖	觉	介	书	便	分	本	几	觉	驱	篱	笆	便	况	傲
虑	虫	亲	秘	肉	信	慷	元	年	有	建	栅	飞	亮	焕	理	静
>	容	村	存	特	猴	慨	区	不	热	量	的	发	音	喜	梁	四
摇	易	桥	快	发	子	复	凑	不	>	规	票	觉	提	交	类	乐
惧	露	滑	幸	最	虎	>	底	旋	增	考	生	权	运	栏	随	机

Puzzle 173

趣	自	释	的	竞	饭	复	下	源	面	答	几	热	乐	条	直	摇
加	租	中	修	争	自	的	得	转	龄	醒	充	循	恐	完	姐	姐
宜	察	赂	碎	规	早	餐	疲	特	本	财	政	骄	虑	全	最	栅
惊	票	察	惨	不	持	本	过	摇	旋	选	则	保	柔	分	查	远
祖	然	欲	便	雪	飞	升	星	期	请	野	面	湿	气	护	栏	平
熟	灵	坠	填	底	迟	行	填	填	透	的	塑	料	的	复	滑	貓
悉	坠	欲	面	于	諾	水	环	余	镜	了	转	查	的	地	书	读
亮	信	发	信	滑	坠	有	里	携	而	社	考	傲	栗	看	坠	记
驱	光	泽	候	选	人	肉	运	滑	视	根	雪	四	查	惧	摇	稻
村	灵	记	图	复	醒	士	直	动	父	雪	稳	树	规	中	龄	解
信	心	苦	过	里	磨	的	复	！	的	人	人	影	响	便	得	蛾
傲	信	撞	另	坠	工	激	村	数	的	秀	喜	宜	袋	雪	车	凑
活	右	音	摇	一	作	充	烈	醒	停	机	坪	想	本	解	便	股
亮	手	于	地	碰	个	察	后	要	惧	绍	露	之	栗	基	放	飞
露	损	苦	情	秘	况	过	生	乃	醒	有	不	亲	复	活	请	惨

财政
完全
读书
塑料
熟悉
另一个
姐姐
工作
竞争
候选人
停机坪
右手
湿气
激烈
影响
书记
滑动
早餐
星期
光泽

Puzzle 174

股票
勺子
指标
匹配
的进展
活动
平原
片段
结构
呼吸
这种
蜗牛
鱿鱼
乌龟
已经
电话
经常
手臂
追求
论文

过	透	稻	手	答	思	坠	追	求	环	肉	发	坠	露	的	量	通
虫	鳍	不	信	臂	祖	平	原	主	复	焕	中	源	发	几	型	凑
年	数	光	最	！	心	乐	亮	究	心	欲	票	子	乐	四	情	泽
的	的	论	文	祖	指	虫	稳	得	心	惧	遥	远	凑	邀	状	查
信	源	飞	源	行	标	欲	袖	充	日	虫	柔	摇	量	喜	顶	自
亲	克	克	复	然	高	建	匹	人	的	进	展	情	豆	音	面	磨
坠	遇	思	呼	过	最	摇	配	秘	肢	喜	究	本	了	存	眼	上
高	而	举	吸	研	结	过	区	碰	自	稳	高	木	袋	闲	释	克
年	票	过	蜗	牛	构	苦	持	喜	增	这	透	坠	真	平	的	下
落	伊	性	举	察	>	增	股	事	答	种	袋	观	思	稻	循	面
究	水	乌	活	面	貓	下	票	稻	龄	机	最	情	勺	主	毁	数
重	泽	龟	活	动	身	自	也	。	持	性	转	趣	循	子	人	动
转	试	倍	了	电	口	破	安	要	栗	醋	项	他	情	经	已	近
来	瑞	自	克	碎	话	票	息	差	充	镜	蛾	人	便	常	片	动
肉	肥	过	图	直	究	保	过	理	出	复	鱿	鱼	间	运	段	基

Puzzle 175

奢	侈	品	的	号	乎	真	智	慧	眼	私	页	绍	答	年	坠	近
光	高	的	希	望	建	口	见	自	复	自	于	击	树	能	野	秀
梁	透	身	快	镜	野	部	的	视	，	香	破	败	租	复	然	桌
他	伏	灵	乐	一	个	运	坠	情	自	但	人	>	饭	显	灵	考
桌	际	实	的	信	碰	行	上	书	破	肉	量	想	也	着	焕	运
快	恐	怖	新	泽	豆	程	情	衫	灵	了	草	好	多	水	>	稳
面	反	能	远	木	雪	评	摇	娱	肢	放	恐	的	数	区	遇	规
情	灵	应	赂	研	树	估	修	克	桥	事	的	于	牙	刷	遥	情
醋	中	毁	安	究	后	也	雪	了	驱	迟	底	惫	私	事	邀	量
音	然	马	恢	紧	后	区	虫	充	摇	祖	惫	皂	了	不	车	马
察	安	复	复	迟	携	摇	>	飞	动	思	本	露	延	远	权	动
重	马	不	虑	最	面	草	飞	得	请	上	驱	雪	然	特	型	娱
幸	查	望	察	蝴	请	四	有	木	特	电	底	类	武	亲	动	保
自	马	心	倍	型	蝶	最	灵	马	树	倍	煲	里	器	的	卧	室
惧	条	不	的	想	存	醋	持	蠕	携	泽	平	瑞	研	机	静	增

击败
，但
蝴蝶
快乐的
智慧
显着
评估
恢复
的希望
牙刷
武器
反应
的卧室
一个
多数
奢侈品
的实际
运行
新的
好的

Puzzle 176

决定
控制
河马
赛跑
摩托车
牛奶中
类似的
任务
打法
邮递员
应该
下午
冰箱
包括
长颈鹿
洞穴
观察
肯定
培训
不足

视	损	邮	自	赛	静	应	坠	心	旋	本	观	察	滑	远	举	量
究	根	递	鳍	跑	四	该	复	日	信	得	不	远	洞	研	飞	梳
电	的	员	心	部	行	秘	私	噪	平	皂	存	栗	虫	穴	型	基
滑	喜	车	面	苦	考	諾	典	典	木	高	摩	高	不	租	肢	飞
选	先	凑	栗	高	也	紧	安	肉	本	页	托	车	看	热	怖	有
栏	栏	镜	情	情	木	坠	肯	乐	试	静	车	傲	磨	通	分	老
长	人	虑	安	衬	不	撞	定	决	类	似	的	野	年	冰	皂	木
颈	间	飞	后	亲	稳	考	平	升	试	情	直	下	午	箱	状	摇
鹿	试	便	伊	量	建	控	子	社	最	降	释	年	息	的	灵	镜
任	务	充	回	倍	则	豆	制	胶	号	河	衫	雪	观	本	毁	于
运	摇	滑	觉	排	加	思	了	心	不	马	破	摇	摇	野	摇	之
人	怖	乐	护	灵	察	之	最	不	研	足	研	稻	乐	几	马	豆
虑	心	祖	乃	焕	赂	排	考	培	训	书	不	典	选	惧	情	倍
建	士	得	答	牛	奶	中	增	生	定	包	括	修	镜	打	龄	的
保	自	！	迟	循	栗	心	滑	落	运	约	排	快	约	法	权	延

Puzzle 177

分	树	皮	举	亲	排	>	上	也	之	柔	优	欲	顶	羊	议	松
间	钟	鳍	延	下	增	消	防	员	。	乐	遇	解	究	群	围	鼠
错	眉	安	素	胶	解	权	肉	梁	发	可	移	植	乎	许	猫	墙
虫	自	亲	赂	社	子	疲	议	紧	心	过	究	差	沙	堡	紧	的
欲	惫	情	基	自	优	里	心	后	差	紧	雨	水	分	丁	规	心
蟾	蜍	焕	信	稻	考	虑	己	碎	己	部	怖	亲	真	心	事	活
惫	树	根	醋	栗	驱	租	摇	篮	稳	饭	乃	噪	飞	通	建	光
的	理	动	望	书	余	幸	信	士	王	室	惨	性	信	任	地	决
复	灵	究	梁	采	用	迟	不	来	醒	议	不	了	规	趣	虎	页
研	静	安	真	书	请	事	镜	量	及	其	秘	凑	绍	复	醒	要
私	年	马	飞	闲	父	生	社	柔	行	延	条	马	保	延	遥	查
乐	理	有	修	灵	书	物	惫	条	恐	破	因	近	镜	口	自	豆
情	最	不	面	木	衬	学	理	驱	树	諾	驱	！	乐	平	得	图
人	说	想	蜡	升	摇	患	者	重	栏	主	人	草	稻	环	要	而
研	明	排	便	烛	伏	桌	驱	书	部	口	马	醋	赂	袋	了	自

摇篮
生物学
信任
可移植
分钟
采用
羊群
蟾蜍
稻草人
及其
松鼠
主人
消防员
围墙
王室
患者
蜡烛
沙堡
说明
树皮

Puzzle 178

思	的	！	社	情	动	本	于	春	天	碰	环	虎	光	衫	邻	数
蔻	惊	理	区	性	口	真	>	的	情	肉	本	虎	蔻	瑞	运	居
查	本	机	研	源	源	最	高	贵	的	趣	填	见	人	程	惊	输
滑	伏	环	部	查	特	顶	自	许	近	帮	支	骄	摇	请	求	肉
状	面	乎	欲	充	主	遥	情	通	源	助	持	木	坠	草	回	面
惧	项	赂	士	分	过	保	排	醒	究	重	之	放	修	小	苍	兰
撞	间	煲	循	答	放	惧	乎	情	出	数	伏	鳍	觉	顾	客	来
保	不	食	对	身	冰	柱	究	摇	鳍	子	事	约	父	母	遥	怖
而	人	品	比	镜	记	不	行	于	野	肢	延	虫	许	究	通	况
考	建	有	度	旋	乐	礼	野	选	口	恐	研	便	日	疲	因	田
本	梁	票	磨	休	身	醒	不	察	木	傲	赂	惊	不	底	建	径
高	毁	携	灵	决	滑	想	转	见	直	要	乎	快	木	音	定	护
数	情	袋	发	议	心	复	滑	面	惊	性	蠕	摄	迟	破	蛾	乐
栅	信	本	虎	他	克	下	高	解	亲	针	衬	四	像	喜	介	泽
克	行	能	够	选	有	心	之	部	书	对	特	最	保	头	花	蜜

针对
帮助
见面
花蜜
对比度
邻居
小苍兰
顾客
支持
请求
高贵的
运输
父母
食品
春天
田径
能够
摄像头
社区
冰柱

Puzzle 179

明	天	得	息	察	礼	怖	疲	不	循	机	热	惊	恐	图	转	信
候	时	的	行	复	滑	远	蔻	鳍	近	高	野	间	喜	龄	摇	特
护	噪	干	地	迟	底	量	的	举	袋	况	农	首	脑	会	议	热
好	运	净	复	杂	条	蔻	高	情	坠	可	场	碎	解	决	源	的
基	条	桌	平	趣	醒	类	蔻	驱	行	靠	根	错	先	不	喜	行
赂	安	肉	雨	况	发	柔	袋	煲	号	宜	欲	的	间	木	记	本
下	特	丁	然	然	热	的	落	秘	光	疲	发	自	票	坠	想	乎
定	的	见	运	桌	书	领	露	升	野	他	照	肢	活	子	趣	光
权	赂	错	素	复	答	疼	痛	肉	衬	顶	程	片	露	海	人	携
傲	滑	欲	欲	先	平	之	间	升	不	增	秘	落	书	绵	马	碰
不	休	惫	研	要	桥	露	士	通	恢	袋	社	存	后	情	恐	恐
程	马	能	电	条	有	后	醒	人	真	狭	未	发	明	信	飞	袖
胶	乐	衬	欲	有	瑞	了	考	运	行	便	隘	能	确	得	见	钢
的	毁	程	私	状	约	充	只	傲	驱	真	数	行	的	妹	妹	笔
保	摇	人	余	惧	諾	有	是	不	而	，	担	心	惨	雪	野	电

海绵
可靠
的时候
明天
农场
狭隘
担心
的妹妹
钢笔
之间
只是
未能
明确
复杂
，而不是
首脑会议
照片
的干净
疼痛
解决

容忍
计划
脚趾
椅子
相当
平静
一系列
配备
的恐惧
第一
淋浴
模式
雇用
贫困
酸牛奶
打击
计算机
气候
奶油
丘比特

Puzzle 180

脚	趾	顶	的	肢	欲	程	有	。	自	醒	规	介	露	的	车	乐
雇	用	循	諾	恐	乐	苦	有	迟	年	性	修	年	摇	光	底	升
有	肉	雨	音	心	惧	栏	伏	定	桌	肢	请	的	顶	口	了	有
领	疲	条	惊	自	计	回	项	气	候	望	打	击	因	高	椅	子
相	虑	凑	邀	梳	划	趣	配	栗	秘	社	的	想	酸	考	情	建
当	放	通	马	增	灵	先	备	容	邀	>	护	间	牛	高	自	滑
计	摇	升	最	看	决	迟	乐	衬	忍	贫	平	遥	奶	虑	最	社
算	透	祖	灵	模	条	图	情	己	透	困	倍	静	来	信	放	升
机	究	况	灵	式	驱	乃	领	乐	飞	村	奶	马	眉	子	煲	日
便	能	优	毁	出	修	伊	行	况	滑	驱	油	>	第	一	摇	过
修	介	回	光	一	远	发	修	平	主	最	克	貓	迟	衡	乐	过
高	赂	复	填	系	音	灵	的	顶	本	保	于	看	情	考	情	面
蛾	梳	祖	衬	列	子	出	音	有	恐	丘	惫	倍	虑	望	恐	村
自	幸	摇	要	欲	特	淋	浴	数	究	比	己	量	书	保	视	破
信	情	热	最	部	行	的	根	复	想	特	瑞	恐	后	香	倍	袋

Puzzle 181

便	露	，	查	亲	图	本	接	降	虎	有	情	栅	遥	自	真	分
礼	坠	除	喜	肥	动	物	收	然	研	自	因	息	己	通	增	行
下	露	了	光	定	携	延	情	究	视	转	恐	自	衡	惊	树	举
增	有	破	性	坠	梳	的	中	情	生	再	小	情	余	的	发	凑
情	袖	炎	热	四	鸡	女	马	议	的	见	闲	猫	的	得	香	真
添	便	优	降	疲	蛋	儿	凑	信	旋	衡	运	草	转	橱	出	部
礼	加	余	请	研	乐	便	页	怖	展	卫	秘	落	上	欲	柜	中
带	心	礼	野	幸	主	摇	信	疲	览	生	最	惨	四	灵	高	心
迟	行	租	思	幸	生	通	了	朋	凑	情	书	宜	娱	他	热	项
信	错	信	中	諾	项	心	领	友	情	行	的	礼	栅	木	父	恐
动	露	携	灵	远	建	动	过	解	大	声	答	父	倍	欲	理	栏
亲	类	迫	使	摇	子	！	虑	活	气	味	自	静	落	息	乎	骄
的	四	自	摇	坚	毁	驱	喜	趣	乃	举	曲	衫	坠	乐	静	赂
克	鳍	举	水	果	要	露	的	傲	视	摇	棍	情	几	子	护	图
底	音	野	书	恐	爆	发	他	醒	电	自	球	数	生	绍	则	而

中心
小猫
曲棍球
迫使
动物
坚果
展览
再见
添加
大声
的女儿
爆发
卫生
鸡蛋
炎热
朋友
橱柜
气味
，除了
接收

Puzzle 182

灰	尘	权	解	顶	表	书	野	焕	高	票	理	特	加	状	野	音
股	草	运	骄	释	示	能	镜	信	增	人	肢	心	树	保	心	鸡
租	见	>	镜	袋	权	伊	娱	貓	区	复	部	领	摇	底	票	保
梳	通	亲	的	型	租	地	惧	乐	自	出	镜	近	得	不	权	桥
栅	倍	貌	邀	票	梳	欲	活	蛾	生	秘	循	地	便	视	号	余
噪	惊	存	虫	凑	填	期	放	傲	邀	疲	加	胶	本	桥	遇	苦
考	部	飞	请	他	肥	望	假	过	请	了	安	黄	油	解	疲	书
约	复	亲	的	的	乐	特	情	程	的	里	英	路	况	！	灵	柔
的	需	求	想	私	主	题	，	情	有	坠	增	径	草	究	肉	请
瑞	桥	紧	况	组	恐	村	惊	决	用	碰	碎	虑	飞	情	内	马
情	股	醒	肢	织	子	平	在	肉	根	>	增	心	部	量	部	过
行	只	有	滑	士	树	大	时	页	的	部	碰	图	眉	衬	动	天
基	为	伊	欲	存	释	怒	眼	亲	护	建	平	行	！	能	虑	使
直	子	快	滑	焕	鳍	理	眉	自	毁	状	过	透	规	状	音	便
地	观	滑	赂	转	不	凑	票	伏	转	坠	领	镜	露	驴	伏	摇

灰尘
路径
组织
期望
表示
行为
的有用
主题，
黄油
他的
放假
解释
在时
的需求
英里的
大怒
内部
野鸡
天使
只有

Puzzle 183

故	日	瑞	然	后	快	心	滑	栗	疲	机	信	息	好	身	子	他
事	邀	蛾	貓	静	貌	肢	鼻	人	差	丁	类	恐	皂	闲	木	私
喜	升	欲	露	蠕	则	自	喜	子	异	保	洋	葱	车	蔻	类	祖
最	自	喜	转	的	试	智	的	画	笔	安	后	研	遥	部	特	页
觉	遥	车	考	社	身	能	欣	然	电	排	欲	梳	坠	想	信	皂
议	然	程	释	他	的	便	考	源	车	信	鼠	标	保	飞	加	破
部	亮	貌	年	伊	子	余	修	远	社	携	鳍	！	发	洗	根	有
况	定	自	充	文	章	电	完	有	绍	蠕	安	年	射	肢	欲	休
情	出	人	权	紧	从	人	亲	美	底	恢	自	子	况	就	礼	要
倍	型	傲	蠕	饭	改	士	出	露	程	马	面	貌	出	像	情	举
特	保	撞	日	也	革	视	噪	的	见	闲	最	解	不	过	碰	查
乐	驱	破	伊	迟	疲	觉	摇	袖	察	旅	周	觉	伊	号	延	思
镜	究	里	醒	要	丁	树	外	恢	！	程	期	雨	权	桌	諾	貓
解	过	飞	放	噪	柔	伊	行	套	加	保	雪	环	傲	瑞	碎	心
遥	信	环	自	灵	苦	状	饭	煲	性	情	衬	滑	怖	动	根	之

发射
完美
洗发
智能
不过
欣然
周期
安排
洋葱
就像
差异
的画笔
文章
改革
旅程
鼻子
鼠标
外套
视觉
故事

Puzzle 184

沉默
步骤
的飞机
判定
土豆
得分
洽谈
吸取
数据
具体
首富
蔬菜
猫头鹰
空中
一年
治疗
看到
下面
国王
正确的

望	特	蠕	根	心	空	带	乐	机	的	老	！	旋	区	程	租	醋
快	理	请	典	素	升	中	转	绍	想	蔻	灵	从	底	安	欲	！
趣	首	富	行	便	眼	于	想	看	书	重	肥	凑	露	醋	不	虎
苦	而	树	驱	部	土	豆	租	傲	到	下	下	旋	顶	的	权	坠
马	娱	领	则	貌	露	情	灵	具	体	面	治	迟	差	绍	露	醒
量	恐	木	諾	镜	亲	的	飞	机	特	护	疗	思	车	心	亮	倍
动	桥	远	雪	查	秘	确	村	的	光	马	乐	能	机	优	不	能
事	考	眉	私	音	口	正	梁	滑	自	胶	肉	洽	谈	便	数	年
马	一	然	好	恐	他	主	远	望	因	项	树	便	瑞	水	事	有
不	年	吸	取	下	袋	栏	人	马	型	休	自	源	迟	记	梳	复
得	区	树	里	最	遥	步	旋	灵	肉	豆	程	士	士	趣	程	自
分	自	龄	貌	諾	约	骤	判	定	礼	肉	蔻	状	皂	数	了	安
苦	猫	面	要	重	底	则	保	情	豆	本	增	数	国	王	音	蔬
摇	露	头	醒	分	转	约	恐	差	静	木	衬	据	镜	根	宜	菜
护	年	保	鹰	日	复	情	根	沉	默	桌	差	图	远	信	股	有

Puzzle 185

里	定	树	紧	活	泽	充	新	祖	乐	幸	复	答	案	研	情	老
欲	考	酒	后	口	顶	欲	鲜	人	木	磨	部	机	光	快	股	能
滑	驱	虑	克	举	木	号	飞	旋	能	票	权	幸	蔻	得	稻	心
摇	迟	直	能	有	木	定	瑞	秘	水	得	恐	马	快	见	亮	差
部	件	撕	升	亲	电	机	的	上	闲	休	填	领	蓝	保	通	露
型	页	几	裂	机	性	不	保	不	乐	书	村	状	铃	紧	底	貓
项	欲	破	衡	理	惨	车	下	灵	柔	项	先	图	人	研	的	虎
最	有	欲	兔	分	相	互	作	用	驯	鹿	墙	上	无	数	考	自
举	查	理	子	得	他	紧	娱	转	来	考	中	宗	选	了	驴	许
碰	飞	光	天	研	红	夈	士	苦	礼	皂	生	车	教	坠	饭	视
的	本	过	票	降	色	他	页	趣	自	从	议	机	蔻	则	页	欲
望	疾	病	过	也	类	加	然	怖	欲	携	的	怖	解	原	因	透
柔	栅	驱	野	规	带	入	光	衡	水	乐	指	间	携	行	光	高
袋	恐	凑	凑	身	根	明	智	数	人	肥	甲	驴	素	携	区	分
错	的	官	方	保	他	保	本	研	赂	焕	想	部	许	虑	究	加

加入
部件
疾病
新鲜
驯鹿
红色
蓝铃
相互作用
撕裂
兔子天
无数
宗教
墙上
直升机
酒后
指甲
明智
的官方
原因
答案

Puzzle 186

平	鳍	焕	的	耳	信	灵	水	规	露	眉	从	摇	肥	高	貓	香
请	增	解	灵	朵	欲	破	面	摇	虑	草	几	信	幸	坠	况	不
私	快	直	碎	摇	理	豆	惨	碰	瑞	秘	皂	便	斑	点	秀	皂
介	安	携	乐	恐	约	丁	而	两	次	状	部	私	树	马	解	紧
肢	列	开	玩	笑	伊	回	肉	高	加	权	喜	噪	自	野	肥	老
活	表	直	答	破	近	克	小	光	热	貓	灵	高	地	娱	栅	本
旋	型	热	毁	破	负	条	日	弟	也	增	办	创	建	真	相	型
高	乐	年	马	身	责	下	雪	察	弟	驱	公	子	子	升	木	恐
情	循	。	息	型	瑞	高	本	远	主	高	室	号	约	破	法	官
宜	复	信	车	机	视	野	项	心	最	许	性	生	很	乐	蛾	心
城	市	士	飞	况	摇	图	回	他	间	重	得	约	多	>	介	书
娱	于	息	蔻	望	升	丈	肉	考	不	量	底	量	汽	迟	回	里
通	知	夈	量	便	底	夫	鳍	根	填	排	活	趣	人	油	许	通
举	希	望	不	真	滑	冰	面	思	页	伊	损	赂	得	驱	信	摇
护	过	介	票	究	恐	野	噪	增	四	他	高	乐	他	下	蠕	便

城市
丈夫
耳朵
视图
斑点
很多
希望
创建
小弟弟
两次
列表
办公室
滑冰
负责
开玩笑
真相
通知
汽油
重量
法官

Puzzle 187

情	光	重	凑	规	泽	惧	议	怖	发	伊	便	他	毁	生	理	损
根	饭	参	不	电	面	性	接	近	生	赂	醋	高	落	幸	梁	几
数	据	与	的	破	摇	花	顶	秘	年	平	鳍	雪	毁	幸	他	衡
木	近	者	保	量	蜈	蜜	闲	恐	而	便	解	发	许	研	自	物
定	克	行	介	肢	蚣	于	破	情	源	人	的	貓	动	柳	叶	理
电	影	栅	草	试	镜	复	中	撞	延	的	地	方	物	损	事	有
得	日	露	差	的	听	书	人	坠	坠	地	士	恢	园	机	构	后
社	增	从	信	主	则	源	年	伏	定	面	亲	四	灵	情	车	的
余	乐	女	巫	题	页	放	转	伏	好	保	真	光	欲	行	驱	程
克	碰	雨	视	，	热	梳	有	举	人	飞	本	天	数	介	>	瑞
优	也	摇	电	袋	专	家	基	他	决	父	胶	面	气	解	建	丁
租	虑	里	发	持	机	区	充	约	骄	见	指	骄	过	转	造	面
宜	情	能	摇	权	究	想	遇	况	热	諾	标	蠕	况	事	恢	光
降	坠	摇	原	子	伏	心	许	倍	有	好	静	解	察	区	权	的
源	高	四	况	而	坠	则	豆	肉	眉	撞	口	子	邀	底	露	静

原子
物理
参与者
动物园
试听
专家
蜈蚣
电影
建造
天气
柳叶
女巫
的地方
发生
接近
根据
机构
指标
花蜜
主题，

Puzzle 188

焕	欲	研	想	趣	动	马	热	亲	野	则	的	块	能	行	时	情
部	高	号	优	状	最	肢	子	飞	生	热	参	骄	介	够	间	野
胶	度	人	页	不	摇	！	无	数	间	怖	乐	加	亲	升	平	根
增	的	龄	事	>	惊	滑	后	观	闲	便	飞	諾	解	月	亮	放
。	保	静	事	亲	解	马	部	幸	迟	幸	建	音	释	惫	龄	外
优	最	不	皂	社	撞	趣	请	子	解	醋	村	动	马	保	乐	部
望	摇	虑	选	未	皂	复	胶	生	自	改	革	情	赂	肉	迟	研
建	加	餐	持	能	人	怖	便	皂	恐	分	上	蛾	能	乎	醒	而
鳍	立	厅	驱	人	图	栅	宜	过	地	情	坠	人	摇	动	>	型
望	>	思	灵	袖	元	年	虑	梳	权	民	视	地	疲	鹌	鹑	重
携	人	坠	泽	情	下	于	私	驱	諾	族	受	孕	移	决	袖	的
惧	而	村	毁	要	龄	了	运	便	镜	答	选	眉	动	破	恢	自
降	摇	则	摇	好	复	杂	的	摇	车	镜	幸	况	马	觉	信	眉
灵	的	豆	噪	木	议	马	的	虫	过	胶	毁	下	运	试	行	息
几	从	想	权	露	区	根	>	社	梁	怖	安	主	研	完	成	息

外部
移动
高度
的块
餐厅
月亮
民族
鹌鹑
建立
受孕
时间
参加
完成
复杂的
元年
能够
未能
解释
改革
无数

Puzzle 189

尽	管	稻	心	过	娱	调	查	总	有	面	面	秀	栗	桌	活	生
透	汽	油	车	举	马	諾	则	统	士	心	间	克	桥	梁	香	动
分	里	人	记	考	情	摇	约	答	股	马	增	惊	股	惊	破	虑
肢	的	袋	差	理	惨	出	音	的	思	袖	地	察	解	乃	平	虑
胶	况	运	情	复	马	机	几	情	老	出	升	滑	底	乐	大	来
草	了	四	了	损	票	心	旋	的	租	底	直	程	直	倾	厅	人
子	伊	许	要	惫	的	心	坠	皂	信	下	修	。	特	向	亲	发
木	自	摇	解	况	部	考	降	高	心	乐	里	有	平	于	肉	况
条	栗	乎	雪	于	的	虑	人	素	树	考	得	定	得	降	野	社
旋	士	自	图	中	水	记	得	马	而	典	解	子	>	损	雪	决
本	填	本	的	袜	子	壶	保	护	号	望	记	面	人	驱	肥	傲
运	龄	人	数	充	旋	虫	袋	请	词	汇	表	北	究	树	皮	最
行	定	书	远	滑	噪	想	袋	下	假	回	研	极	妈	饭	察	书
底	升	制	心	！	行	梳	喜	平	的	古	董	恐	妈	研	幸	克
能	候	时	的	乃	形	容	鸟	啼	规	先	滑	几	栗	发	近	稳

妈妈
尽管
定制的
倾向于
北极
大厅
请假
总统
袜子
调查
古董
水壶
形容
记得
考虑
鸟啼
词汇表
树皮
的时候
汽油

Puzzle 190

热	老	焕	记	之	娱	直	便	分	面	举	循	的	赂	饭	摇	面
瑞	倍	票	子	树	思	定	惊	水	举	行	特	恐	转	信	息	平
醒	典	喜	欲	类	香	的	部	便	介	解	透	皱	图	之	有	疲
生	理	人	欲	远	栅	不	蠕	领	的	举	况	纹	高	部	回	加
觉	升	特	重	视	肉	瑞	况	香	任	皂	的	摇	的	规	权	租
思	息	别	观	连	亮	考	面	粉	何	伊	想	貓	村	通	息	稻
蔻	骄	股	水	便	接	坠	解	恢	车	眉	填	本	后	来	约	的
分	的	己	木	安	磨	看	也	碎	人	镜	介	肥	后	保	快	手
飞	情	社	存	有	肉	本	便	宜	的	身	真	父	然	间	激	指
乎	迟	活	静	。	香	视	建	恐	真	人	望	毁	骄	镜	烈	环
近	状	察	还	原	蝴	阳	光	灿	烂	的	雪	伏	亲	克	回	豆
型	坠	地	顶	加	蝶	延	亲	优	优	决	修	余	加	克	本	约
过	社	伊	的	人	填	类	回	远	发	法	院	领	消	息	虚	加
考	环	远	感	解	飞	便	动	惧	规	特	他	！	衫	型	雪	假
陪	审	团	谢	虫	平	升	倍	降	丁	亮	毁	落	镜	望	肉	>

的任何
消息
陪审团
信息
特别
面粉
还原
法院
便宜的
瑞典人
连接
阳光灿烂的
重视
皱纹
后来
虚假
感谢
的手指
激烈
蝴蝶

Puzzle 191

面	野	海	煲	部	增	宜	子	条	面	心	老	情	老	肢	本	放
议	许	雀	许	人	后	趣	研	存	行	骄	类	远	社	豆	的	醒
透	望	底	！	疼	水	獭	行	租	情	答	了	复	部	骄	下	。
远	考	花	余	高	痛	不	足	建	条	不	栏	木	间	木	好	了
乐	心	园	静	桥	栅	醒	马	加	欲	规	亲	摇	有	书	情	许
透	举	栗	立	独	的	简	单	幸	紧	则	卷	曲	摇	稻	衡	瑞
恐	祖	野	平	碎	毁	作	者	得	视	况	往	往	环	的	了	错
眉	噪	安	音	约	摇	降	宜	年	持	可	疲	出	议	情	数	恢
修	于	要	研	过	得	虎	他	出	迟	移	自	汽	车	旅	馆	据
的	平	露	泰	迪	熊	心	豆	瑞	上	植	之	凑	祖	损	规	请
情	规	特	领	察	自	书	看	镜	释	赂	修	理	桌	欲	透	理
解	举	高	自	便	虑	的	绍	释	宜	快	子	下	口	噪	衫	乐
研	好	而	几	衣	露	驴	落	书	香	面	况	坠	机	稳	了	循
雇	用	承	诺	柜	泄	协	助	香	坠	思	真	娱	试	光	下	介
衫	下	优	分	举	建	漏	惧	环	条	桥	填	出	得	真	遇	选

海雀
汽车旅馆
的独立
泰迪熊
的数据
作者
衣柜
的简单
泄漏
往往
协助
水獭
花园
不规则
卷曲
承诺
不足
可移植
疼痛
雇用

Puzzle 192

绝	望	的	他	活	蠕	不	>	保	醋	的	程	惊	虑	盛	大	有
秘	有	的	最	股	况	详	细	娱	骄	音	貓	飞	香	年	动	几
事	便	磨	皂	查	复	顶	然	那	种	乐	护	解	他	充	然	煲
基	远	项	复	自	程	旋	的	要	增	答	基	股	人	马	疲	摇
先	桥	能	图	驱	露	能	眼	倍	驴	滑	毁	号	貓	野	号	袖
心	摇	运	稳	领	生	底	怖	电	自	倍	理	不	恐	伏	>	便
年	权	解	建	恐	貓	解	转	貓	状	身	乎	他	胶	介	早	差
有	落	心	恢	里	树	苦	环	的	眼	子	要	循	余	落	餐	情
博	野	摇	结	底	保	諾	修	租	精	雪	焕	野	镜	类	曲	摇
焕	物	票	论	持	袋	秀	便	貌	度	心	特	肉	情	面	遇	线
子	马	馆	镜	亲	野	数	自	得	领	袖	望	木	底	皂	了	填
灵	眉	马	惨	疲	栅	之	磨	近	回	好	子	一	睡	眠	村	雪
蜥	的	区	晚	上	赂	职	安	全	有	乎	典	些	稳	飞	悲	究
雨	蜴	特	子	滑	灵	业	父	考	而	心	不	使	不	的	惨	高
惫	介	也	项	好	循	欲	特	傲	放	摇	野	出	惨	恐	优	情

绝望的
一些
安全
精度
博物馆
蜥蜴
的音乐
结论
晚上
睡眠
那种
盛大
职业
曲线
领袖
悲惨
有望
详细
使出
早餐

Puzzle 193

袋	复	香	研	赂	镜	心	增	酸	心	水	的	洁	整	部	件	秘
周	亲	惧	最	木	木	觉	邀	牛	貌	果	怕	妹	身	高	灵	状
一	娱	典	部	惨	保	飞	镜	奶	看	雪	可	主	妹	快	便	类
>	眉	驴	子	特	热	快	从	释	然	部	高	快	醒	动	回	眉
分	光	衬	紧	不	安	延	镜	里	护	词	苦	乐	特	里	灵	特
条	底	票	惊	落	回	延	邀	充	高	汇	存	老	父	人	请	坠
释	特	休	！	的	人	视	赂	后	购	>	滑	吊	自	人	于	快
赂	袖	马	区	热	面	特	察	况	买	状	四	梳	着	秘	中	飞
摇	差	落	平	树	自	高	环	股	老	木	通	的	降	页	则	水
存	素	肉	改	善	马	便	三	解	饭	衫	释	灵	亲	支	持	则
趣	升	本	考	自	士	条	明	的	带	远	分	了	权	有	身	飞
不	的	已	经	人	远	持	治	有	则	释	日	不	理	豆	情	赂
情	号	机	损	傲	持	动	恐	欲	损	邀	书	露	高	胶	区	有
查	远	护	人	磨	便	作	页	能	类	余	灾	难	况	究	项	泽
摇	增	毁	！	袋	有	幸	不	上	人	似	细	腻	页	煲	本	理

词汇
三明治
灾难
周一
整洁的
可怕的
吊着
类似
身高
快乐
动作
细腻
水果
改善
购买
已经
支持
的妹妹
酸牛奶
部件

Puzzle 194

的	出	露	眉	仓	乐	远	灵	上	镜	木	醒	填	真	趣	也	分
近	惫	的	的	鼠	因	过	坠	素	升	究	在	充	状	恢	撞	马
瑞	的	树	希	观	动	护	行	野	眉	静	自	楼	中	旋	思	有
区	人	自	理	望	心	便	马	息	人	性	了	老	下	醋	醒	祖
循	衫	的	画	笔	皂	查	分	性	眼	衫	条	观	情	蛾	差	动
恐	纠	结	傲	克	桥	摇	理	存	梳	梳	选	升	泽	环	境	身
选	释	真	碰	然	建	转	类	傲	动	热	择	他	几	先	转	热
之	特	区	平	面	动	秀	似	有	重	醒	项	丁	过	肉	电	充
通	木	情	通	事	乐	丁	的	瑞	鳍	热	惨	绍	放	假	特	桥
滑	特	感	项	梁	修	老	滑	本	转	栅	缤	纷	牙	医	雪	花
醒	活	的	鳍	运	查	讲	况	回	快	介	秀	的	图	木	复	延
肢	发	老	理	复	某	述	息	回	望	研	高	亮	片	来	情	苦
页	野	论	源	况	处	决	草	坠	地	批	摇	桌	虑	之	恐	草
情	娱	文	。	豆	看	后	了	袋	情	得	处	理	见	里	的	股
马	袖	过	情	虫	加	瑞	煲	梳	远	机	先	理	实	际	能	私

环境
纠结
缤纷
情感的
某处
在楼下
仓鼠
批处理
雪花
填充
讲述
选择
牙医
图片
实际
论文
的希望
类似的
放假
的画笔

Puzzle 195

远	番	了	先	摇	梁	蔻	碎	社	栗	中	延	的	怖	损	答	安
到	处	茄	摇	带	项	有	升	休	自	建	增	瑞	绍	失	无	聊
生	口	循	特	他	权	远	人	子	香	有	租	降	试	秘	直	趣
循	电	约	基	惫	地	恐	迟	持	蕉	填	研	环	紧	木	程	充
部	左	腿	条	蟾	部	发	揭	示	有	时	皂	栗	皂	野	香	便
亲	伏	察	面	蜍	身	醒	况	行	树	邀	恐	柔	要	带	平	环
运	优	邀	有	动	傲	丁	贸	露	村	的	邀	唤	典	票	袋	存
本	祖	况	遥	的	破	蠕	易	也	部	许	宜	醒	大	胆	情	充
看	解	安	热	增	袖	平	摇	摇	透	情	真	飞	虫	野	特	理
合	紧	面	毁	想	私	凑	下	高	则	区	于	检	测	晚	填	思
作	从	热	傲	情	身	乐	摇	电	滑	泽	热	面	之	查	饭	光
伙	后	泽	思	皂	祖	察	飞	机	高	口	生	图	东	部	复	议
伴	桥	凑	摇	定	欲	出	因	心	约	复	本	类	便	解	娱	定
制	惨	放	地	护	摇	考	困	考	草	焕	好	上	热	鳍	便	平
定	复	型	本	则	篮	镜	顶	难	量	举	的	地	项	衬	露	桥

无聊
有时
东部
贸易
晚饭
检测
番茄
大胆
香蕉
左腿
制定
到处
损失
合作伙伴
唤醒
揭示
困难
好的
蟾蜍
摇篮

Puzzle 196

决	之	充	下	分	下	肉	漂	噪	情	然	他	木	肥	衬	虎	的
部	接	受	>	迟	的	虫	亮	音	怖	转	雪	骄	信	选	存	傲
通	观	构	造	碰	页	人	也	远	年	基	量	貓	怖	股	也	便
草	亮	稳	马	类	于	蓝	色	的	不	好	音	肉	发	福	幸	最
过	程	来	考	有	灵	了	记	马	趣	了	的	露	。	平	原	坏
习	惯	世	息	亮	人	音	录	平	飞	雪	树	灵	娱	状	光	的
伏	稳	界	>	有	恐	平	迟	性	融	化	先	行	怖	肢	动	趣
不	区	程	运	蔻	滑	子	记	肉	醒	复	究	露	项	保	本	带
蔻	稳	面	余	思	啤	运	票	得	素	本	马	肢	规	虑	信	>
生	损	煲	士	摇	酒	高	出	坠	自	过	娱	柔	香	苦	静	露
稳	安	机	面	查	保	驴	上	因	人	木	页	香	菜	介	自	栅
规	露	貓	恐	娱	护	己	碰	过	自	赂	趣	忘	幸	差	子	马
底	喜	胶	下	袋	转	闲	稻	的	错	野	事	记	苦	时	宗	存
旋	况	露	余	！	煲	了	的	方	英	思	部	水	遥	页	候	教
社	袖	休	保	紧	素	介	肉	向	邀	寸	超	越	亮	音	差	答

忘记
融化
超越
的方向
蓝色的
时候
漂亮
习惯
英寸
接受
啤酒
最幸福
过程
构造
最坏的
香菜
记录
世界
平原
宗教

Puzzle 197

复	破	尽	了	冲	击	区	乐	村	延	设	亲	年	行	下	村	研
事	携	一	倍	凑	况	恐	根	理	迟	秀	有	能	的	驱	午	苦
定	磨	份	磨	重	的	先	迟	损	真	特	的	特	马	有	动	视
瑞	马	而	地	况	摇	有	事	骄	紧	关	图	露	几	自	快	优
排	肉	的	特	保	心	的	乃	落	损	键	信	木	保	凑	醋	树
损	栗	量	情	摇	上	洪	喜	凑	议	心	的	然	动	部	行	乃
然	驱	转	底	丁	之	水	>	考	惨	坠	因	中	然	饮	料	遥
思	透	静	野	礼	前	柔	镜	具	人	行	重	喜	保	身	>	磨
明	天	己	本	自	马	乎	眼	体	增	鳍	觉	社	损	衬	规	举
惧	外	观	故	远	衡	虹	膜	。	本	主	野	况	发	紧	急	规
恐	建	解	障	骄	衡	保	不	口	最	近	修	加	特	高	高	间
的	带	出	底	保	直	栗	野	焕	便	焕	议	了	傲	亲	肥	怖
胶	对	柔	平	村	人	衬	光	喜	摇	摇	股	人	心	亲	衬	滑
理	得	手	苦	平	幸	股	之	介	间	桥	持	同	情	音	带	私
煲	他	野	望	复	衫	父	亲	格	式	号	本	树	升	下	苦	热

设有
外观
之前
洪水
尽一份
延迟
虹膜
格式
紧急
同情
最近
故障
冲击
饮料
的对手
关键
下午
明天
的恐惧
具体

Puzzle 198

的	图	骄	自	释	惧	泽	没	蔻	击	降	大	状	木	复	面	趣
喜	人	礼	他	稻	好	野	话	动	傲	败	便	书	干	村	真	恢
倍	树	典	视	复	木	则	说	机	了	后	人	虎	旱	面	摇	复
西	音	远	复	研	循	虎	饭	敌	人	本	不	生	察	望	，	底
瓜	情	建	余	本	马	便	欲	排	>	虫	野	坠	情	号	虽	回
生	号	性	的	光	的	因	的	秘	复	页	降	解	活	自	然	发
雪	己	坠	行	乐	本	平	衡	情	况	碎	重	特	情	老	丁	射
报	事	复	学	许	驱	程	注	分	地	部	研	瑞	降	柔	四	社
理	告	休	习	觉	通	本	意	己	喜	释	想	疲	几	领	木	乃
规	先	泽	！	制	页	子	到	袋	情	图	趣	停	通	惧	自	梁
顶	稳	加	露	造	生	乎	疲	解	真	视	欲	止	日	从	降	木
源	因	典	凑	胶	息	发	袋	动	狮	下	图	菠	底	典	领	理
量	亲	特	丁	排	士	虑	出	心	子	快	邀	萝	素	蔻	闲	间
典	得	乐	遇	不	同	的	撞	凑	举	速	上	考	部	四	自	错
本	口	过	复	远	豆	则	伊	了	欲	视	肥	行	坠	转	欲	保

学习
大便
制造
没话说
，虽然
快速
狮子
菠萝
干旱
停止
报告
情况
敌人
西瓜
注意到
动机
不同的
击败
发射
视图

Puzzle 199

皂	保	采	远	的	饭	欺	的	的	摧	电	行	木	通	眼	亮	了
记	顶	分	用	坠	蠕	骗	股	身	毁	的	家	乡	知	损	皂	错
露	肢	亲	有	高	选	情	高	环	饲	要	面	票	解	遥	加	察
磨	循	回	高	类	社	惧	豆	兴	料	透	来	鲳	村	持	他	事
余	木	释	情	野	的	磨	摇	要	绍	来	眼	保	规	负	规	件
忠	股	虎	他	区	野	自	貓	望	坠	远	镜	亮	生	责	煲	马
自	诚	肉	自	衫	典	部	四	解	想	信	貌	高	发	醒	错	的
过	介	栏	丁	士	人	加	先	透	程	面	投	入	甜	热	貓	雪
艰	难	上	马	自	趣	入	过	热	研	迎	的	里	蜜	答	活	息
蠕	定	坠	约	远	转	根	冰	霜	号	欢	密	底	瑞	部	雨	本
租	乐	保	修	类	祖	摇	摇	肢	柔	的	集	不	恐	近	袋	票
肥	礼	领	碰	也	保	本	回	音	解	情	乎	伏	加	眼	思	动
皂	分	页	摇	便	碎	便	本	运	便	侣	雨	紧	回	运	马	典
水	书	要	细	惊	透	类	素	喜	生	机	不	情	>	要	便	露
本	心	摇	节	社	复	权	生	村	自	看	情	分	基	解	野	差

甜蜜
的情侣
密集
的欢迎
摧毁
投入
忠诚
艰难
高兴
欺骗
的家乡
饲料
肥皂水
冰霜
细节
事件
采用
加入
通知
负责

Puzzle 200

好	运	治	地	察	过	四	桥	优	音	马	梁	村	磨	灵	有	怖
从	权	疗	理	于	镜	试	人	摇	心	赂	蔻	攻	惧	动	撞	余
稻	行	填	貌	议	虫	解	傲	过	欲	破	得	击	坠	至	少	栅
页	祖	上	持	复	灵	礼	于	性	复	貌	乐	子	心	你	幸	状
存	稻	自	镜	理	士	分	过	本	栅	衫	复	发	乃	磨	自	梁
精	>	保	的	人	毁	灵	降	带	亮	高	因	持	特	怖	野	己
神	的	惫	礼	栅	摇	几	叫	着	灵	页	乐	淋	浴	急	肉	究
的	联	邦	真	排	行	动	皂	音	日	高	存	趣	克	于	页	行
龄	谈	远	则	四	页	。	苦	乐	领	循	环	过	地	下	了	觉
休	考	话	高	灵	苦	介	本	有	有	乐	看	到	欲	转	之	镜
有	信	胶	运	肉	人	带	雪	识	傲	落	先	人	情	源	栏	恐
俏	皮	保	村	四	于	子	热	别	情	究	惨	远	凑	的	镜	豆
的	在	去	年	袋	镜	驴	有	人	下	礼	醒	思	焕	本	况	衡
底	人	转	袖	崩	则	亲	观	奶	修	凑	便	股	乐	信	远	部
醋	平	祝	贺	溃	社	直	有	肢	油	柔	程	书	便	信	延	了

俏皮
急于
攻击
精神
在去年
地理
崩溃
至少
叫着
识别
的谈话
循环
祝贺
音乐
你自己
联邦
奶油
淋浴
看到
治疗

Puzzle 201

查	人	惫	了	醒	损	比	觉	记	煲	便	介	恐	的	恢	增	安
察	信	规	肉	丈	夫	较	面	皂	亲	特	欲	错	本	数	加	他
草	光	亮	考	类	主	光	祖	自	瑞	项	得	灵	基	觉	不	理
袖	坪	观	人	可	靠	稳	快	见	护	护	项	喜	介	心	口	保
胶	情	护	视	地	通	桌	复	人	票	定	心	他	栗	桌	育	真
撞	灵	直	完	欲	主	数	马	机	存	号	镜	饭	有	表	教	发
豆	放	人	整	行	磨	驴	便	蛾	水	解	况	闲	望	面	的	光
趣	特	主	的	龄	醋	损	坚	果	决	定	了	面	机	鳍	东	伏
蔻	伊	解	心	保	要	面	轻	微	皂	重	赂	恐	会	恐	西	光
自	环	放	最	亲	趣	况	保	村	惧	稳	的	况	明	确	保	荣
有	日	宽	动	息	坠	赂	图	泽	也	的	父	碎	栅	沟	通	请
透	恐	近	己	余	喜	人	灵	伊	得	建	究	滑	喜	的	的	信
肥	煲	社	休	了	遇	典	页	本	情	眼	苦	举	运	书	碰	伊
皂	草	损	替	代	镜	余	远	諾	信	幸	子	项	村	毁	草	平
定	毁	租	光	不	要	觉	亮	镜	梳	下	情	余	露	乃	情	定

磨损
比较
沟通
肉类
的教育
完整的
替代
光荣
机会
的东西
草坪
轻微
增加
表面
放宽
肥皂
明确
可靠
坚果
丈夫

Puzzle 202

损	最	热	乃	提	况	直	马	便	之	于	高	自	中	飞	带	眼
作	家	老	鼠	醒	书	则	疲	上	碎	马	雪	灵	怖	高	柔	乐
驴	领	乃	行	考	部	乎	差	升	肢	破	不	四	回	心	透	损
驱	根	平	况	驱	龄	热	桌	自	人	条	于	过	旋	袋	透	平
热	回	朋	友	社	>	马	然	便	后	他	>	于	考	状	时	钟
发	面	水	摇	豆	条	亲	恐	机	木	野	雨	书	不	状	惫	自
领	特	方	面	有	察	骄	的	情	判	衬	栏	坠	撞	信	从	保
建	事	惧	怖	落	填	摇	降	类	定	况	衬	宜	幸	主	远	望
諾	袖	雪	不	程	子	惨	排	静	高	动	过	事	袖	要	猴	错
填	后	乐	最	况	了	生	充	自	自	龄	有	底	摇	遥	放	子
苦	差	事	大	便	野	恐	四	本	行	木	信	了	自	的	匹	典
稻	他	惨	运	则	后	丁	驱	真	正	的	也	不	能	的	壁	配
想	父	栗	龄	护	型	雪	许	便	中	素	好	焕	带	中	奶	画
究	飞	秀	貓	望	骄	望	复	邀	带	延	树	几	肥	草	奶	增
胶	木	之	子	的	研	究	水	小	数	中	心	信	热	休	究	摇

的研究
方面
小数
的壁画
老鼠
真正的
主要
提醒
苦差事
奶奶
时钟
作家
也不能
上升
最大
猴子
匹配
朋友
中心
判定

Puzzle 203

保	撞	租	子	肉	虑	人	中	重	平	丁	邀	面	则	复	见	水
想	从	梳	本	底	透	下	人	机	邀	伊	俱	日	信	里	情	波
加	镜	平	状	乐	马	规	的	便	四	！	乐	諾	任	型	要	音
颗	秀	野	信	马	保	醋	宜	手	提	箱	部	特	貓	车	保	循
粒	沙	发	高	旋	情	最	保	充	坠	试	趣	人	决	远	衡	蜗
衫	复	噪	级	存	爸	伊	而	日	赂	面	亮	灵	素	理	计	杆
携	柔	自	了	近	爸	木	礼	余	了	闲	摇	红	色	携	算	娱
镜	父	有	行	鳍	的	互	动	倍	自	士	定	本	透	热	机	情
皂	热	票	重	日	到	分	恢	乐	气	眉	参	依	倍	情	苦	升
上	倍	的	士	秘	周	蔻	热	疲	热	候	加	赖	父	保	考	动
苦	趣	信	填	充	复	理	热	欢	快	的	的	父	填	视	肥	重
遥	来	迟	祖	自	根	坠	而	透	最	绿	状	自	部	人	根	见
灵	放	本	的	情	上	木	考	栗	明	色	约	乎	野	闲	的	书
思	则	坠	研	醒	宏	蔻	的	皂	记	口	马	过	稳	欲	木	运
透	分	怖	闲	解	况	伟	惊	几	年	恐	远	循	转	肥	租	下

参加的
欢快的
绿色
高级
的爸爸
蜗杆
俱乐部
沙发
透明
水波
的互动
周到的
颗粒
手提箱
依赖
宏伟
信任
气候
计算机
红色

Puzzle 204

明星
火炉
海葵
准备
萝卜
麻烦
妻子
生姜
疯狂的
逐渐
落户
的医生
澄清
奏请
模拟
服从
那么
混合
运输
墙上

情	便	加	士	摇	不	饭	心	貌	转	的	狂	疯	面	的	雪	信
乐	领	环	机	热	权	子	喜	高	降	医	飞	雪	马	书	议	心
摇	宜	恢	高	权	下	蛾	肥	升	望	生	明	星	露	信	傲	海
木	惫	查	之	木	好	因	伊	条	摇	先	虑	则	股	袖	心	葵
项	上	平	本	自	的	直	因	约	木	人	摇	差	况	分	幸	龄
趣	望	栗	墙	子	好	数	栗	父	口	亲	落	坠	毁	恐	醋	人
透	蔻	人	上	请	则	租	己	基	于	梳	户	望	灵	火	那	解
麻	烦	有	介	过	野	有	复	衡	答	皂	性	定	马	炉	么	得
底	水	香	澄	奏	肥	余	信	龄	口	旋	泽	肉	傲	噪	闲	衬
生	灵	来	驱	清	请	增	素	梁	灵	思	惫	生	雪	惊	身	加
建	稳	准	备	查	树	项	则	祖	发	骄	乐	循	礼	妻	试	票
口	里	条	逐	渐	服	解	遥	生	木	重	信	袋	人	子	运	输
携	父	典	平	底	从	马	性	姜	领	宜	栅	日	摇	子	镜	选
的	而	他	萝	虫	的	栏	日	幸	看	素	解	了	于	礼	飞	混
心	模	拟	香	卜	驱	充	碎	状	日	降	答	虫	而	有	高	合

Puzzle 205

光	信	面	另	一	个	答	试	礼	坠	转	怖	貌	动	貌	损	秘
摇	有	马	放	四	源	页	转	高	驴	得	衫	要	马	举	后	技
疲	不	破	车	循	型	规	煲	底	有	条	地	建	远	主	续	工
地	增	快	身	镜	有	人	排	心	摇	水	条	试	坠	人	栗	状
喜	子	量	本	宜	反	向	保	议	也	图	惊	分	铅	笔	落	好
得	本	的	望	蛾	真	碰	养	面	当	前	远	驱	先	饭	稳	票
乎	底	质	煲	草	几	恢	有	对	拘	饭	况	条	趣	諾	平	动
亲	亲	袖	稳	苦	摇	肢	结	考	捕	口	复	灵	延	蠕	恐	填
士	人	秀	权	秘	趣	保	邀	束	恐	帐	肢	增	租	虎	情	遥
降	账	户	心	肉	沙	堡	条	察	素	宜	篷	本	闲	从	摇	灵
通	本	素	思	正	是	有	蛾	自	醋	定	自	光	趣	人	>	能
伊	情	研	自	香	撞	动	镜	区	股	面	持	乐	租	日	考	惊
祖	答	有	携	静	理	静	解	子	士	部	休	量	了	增	冰	排
破	雨	乃	能	携	状	老	加	执	蛾	四	醋	惫	带	选	箱	胶
机	基	类	先	充	研	典	排	行	毛	衣	很	好	的	况	租	惧

帐篷
保养
当前
拘捕
结束
执行
正是
很好的
后续
账户
反向
本质
毛衣
铅笔
面对
技工
另一个
冰箱
沙堡
主人

Puzzle 206

兴趣
消失
情人节
是指
蜡笔
鳄鱼
局限
支出
场景
现实
手柄
成功
娃娃
姥姥
管理者
过去的
艇体
关联
的女儿
国王

兴	现	闲	国	况	的	袖	碰	状	了	噪	蜡	典	肥	部	视	稳
趣	柔	实	王	能	音	觉	便	型	闲	面	笔	绍	选	瑞	豆	支
局	限	貌	根	见	高	磨	雪	了	增	遇	信	充	諾	便	毁	出
栏	本	建	私	行	快	优	心	数	豆	因	请	望	娱	飞	趣	怖
答	露	差	马	有	许	情	况	面	平	的	香	主	摇	欲	的	建
活	热	梁	型	远	增	人	根	焕	自	貌	程	解	试	升	的	音
试	袖	惫	活	本	栏	节	骄	本	查	蔻	便	里	行	特	桌	自
是	指	乐	转	便	。	加	亲	租	乐	解	水	发	循	的	思	自
饭	过	社	摇	醒	直	滑	马	虑	飞	摇	秘	理	乐	惨	马	数
人	许	去	消	疲	手	滑	释	貓	地	坠	不	理	雪	磨	最	释
艇	儿	女	的	失	柄	关	联	人	部	静	貓	要	事	不	衬	乎
体	娃	环	选	飞	父	雨	姥	姥	惊	。	图	梳	延	醋	亮	况
蔻	娃	典	上	试	型	己	鳄	地	区	得	绍	场	景	了	人	而
管	理	者	请	量	宜	稳	鱼	动	解	露	马	降	了	撞	息	静
滑	持	成	功	喜	己	野	諾	类	私	马	虎	区	来	马	议	增

Puzzle 207

自	栏	野	飞	乎	情	亲	面	从	顶	胶	镜	口	衡	类	注	梳
虫	灵	复	表	出	旋	貓	乎	便	真	部	性	祖	疲	人	关	然
礼	降	保	达	的	决	。	趣	顶	页	察	思	信	增	便	的	士
科	学	每	个	人	成	持	续	时	间	梁	驱	平	乃	型	领	便
理	木	龄	自	素	分	。	木	图	娱	分	条	貌	面	来	带	镜
页	图	放	部	趣	鳍	己	能	摇	粉	眉	驴	新	闻	保	程	迟
情	闲	雨	养	秀	面	身	顶	从	红	驴	热	鳍	特	性	人	光
天	使	恐	电	股	排	理	焕	高	色	安	娱	事	增	肢	保	修
存	凑	镜	马	马	子	况	宜	破	坠	四	毁	！	稻	性	便	趣
怖	驰	倍	重	豆	衡	！	响	破	不	活	平	蠕	自	觉	趣	携
木	思	骋	选	宽	幅	保	应	条	快	最	士	有	疲	从	分	秘
远	滑	分	自	究	虑	伏	心	衫	遇	衫	心	磨	安	复	介	惊
插	入	眉	稳	先	复	记	生	计	划	公	路	疲	衡	监	狱	况
远	栅	梳	村	页	惊	虫	直	露	循	破	亲	梁	眉	不	发	蛾
瑞	类	别	遥	树	身	遥	因	后	肉	快	过	肉	自	复	諾	远

的领带
驰骋
顶部
宽幅
成分
公路
插入
新闻
类别
放养
监狱
的关注
表达
每个人
持续时间
科学
粉红色
响应
计划
天使

Puzzle 208

解雇
草莓
教练
功率
伟大的
悲剧
碰撞
发送
推迟
显著
叫声
系统
劳动
区域
看了
运行
炎热
大声
就像
办公室

士	音	稻	飞	坠	飞	优	马	伟	约	看	发	送	机	思	蛾	马
书	喜	错	降	状	悲	剧	饭	大	碰	了	音	骄	梁	远	子	本
热	想	。	过	水	情	充	叫	的	撞	喜	龄	摇	欲	下	面	便
面	怖	出	肢	村	思	修	声	转	紧	放	加	栗	趣	醋	解	马
口	疲	先	护	车	不	疲	大	露	生	面	类	紧	香	乎	雇	热
草	定	源	考	噪	落	傲	炎	梳	解	的	推	己	静	飞	动	梳
莓	动	余	休	增	梁	基	磨	热	功	率	迟	克	有	选	丁	镜
劳	龄	区	马	不	项	充	邀	查	典	人	显	著	鳍	袖	的	里
试	动	域	然	>	草	先	磨	快	马	栏	许	的	丁	办	运	分
事	驱	稳	柔	士	本	过	袋	破	心	图	信	老	便	公	行	旋
乎	数	底	分	系	统	增	身	幸	情	衬	虑	最	闲	室	得	填
喜	趣	惊	租	底	教	欲	情	的	素	高	貓	克	情	破	四	几
上	研	请	坠	看	音	练	通	醋	栅	就	通	研	年	后	心	增
灵	諾	了	野	里	的	苦	状	年	倍	像	蛾	型	骄	欲	老	本
的	眼	况	便	察	心	雪	惨	得	主	有	心	毁	草	考	规	面

Puzzle 209

于	木	心	主	活	试	理	傲	指	源	图	角	落	存	树	出	租
蛾	源	书	下	号	不	有	骄	望	蔻	像	稻	复	远	动	也	作
特	异	性	的	英	栅	虫	不	介	主	动	更	喜	皂	复	年	用
回	落	飞	有	里	豆	况	素	疏	眉	亮	新	水	携	循	观	个
他	于	梳	得	的	条	约	信	散	携	选	稳	最	梁	先	好	人
克	平	出	保	父	觉	马	泽	观	惨	察	秀	特	蔻	书	邀	心
信	底	信	亲	摇	遇	飞	遥	村	树	研	绍	况	透	胶	修	煲
保	！	动	自	心	下	放	远	情	怖	眼	皂	驴	露	真	生	草
，	因	此	泽	的	乃	水	凝	视	心	祖	解	见	休	类	重	蔻
分	士	排	的	驴	几	伊	的	页	疲	而	延	考	摇	观	恢	栏
平	绍	泽	年	自	请	桥	重	紧	损	树	紧	袖	来	的	视	票
飞	察	保	醒	轻	复	木	特	图	轿	跑	车	活	绍	幸	羊	存
源	醋	情	部	飞	旋	士	丁	财	想	碎	透	总	线	骄	疲	王
基	早	项	许	乐	许	过	村	信	产	中	视	闲	也	柔	特	室
亮	晨	面	先	幸	上	下	村	乎	必	须	来	赂	源	疲	休	老

的羊
必须
财产
作用
角落
图像
凝视
特异性的
轿跑车
年轻
条约
指望
个人
疏散
，因此
总线
早晨
更新
王室
英里的

Puzzle 210

树莓
服务
目标
上衣
整齐
地毯
进行
苦难
取决于
充足的
户外
农场主
第七
停留
尝试
方向
农民
新的
多数
应该

树	修	坠	栏	上	衣	停	第	方	向	不	视	子	新	热	运	望
莓	袋	伏	口	肉	事	留	七	动	静	数	护	察	破	的	秘	后
应	该	主	苦	多	数	好	祖	木	本	机	排	错	最	足	娱	数
条	根	建	难	野	从	惧	祖	坠	子	惊	四	顶	信	充	蛾	平
稻	稻	研	趣	得	老	旋	本	民	农	亲	于	答	优	社	木	服
目	回	户	外	视	况	肉	本	恐	场	恐	礼	龄	欲	。	保	务
标	蛾	回	的	碰	乐	乃	衫	修	主	父	木	蛾	尝	保	举	梁
想	灵	区	近	惧	信	坠	镜	持	赂	野	理	整	齐	试	衬	电
热	香	自	村	马	项	考	持	真	碎	雪	项	安	放	噪	究	遥
观	号	木	部	鳍	安	的	热	父	本	复	肢	栅	香	亲	书	股
取	许	镜	不	要	他	飞	四	镜	修	理	伏	典	考	貓	碎	典
优	决	热	祖	看	泽	雨	行	顶	乐	便	先	伊	动	毁	行	灵
保	他	于	约	树	地	恐	最	凑	顶	规	秘	飞	不	礼	息	欲
状	事	马	的	情	毯	复	惊	栏	解	乐	能	邀	高	修	眉	的
镜	复	增	休	乐	煲	过	心	虑	护	股	记	进	行	考	休	损

Puzzle 211

上	生	栗	只	有	底	介	保	热	有	摇	远	增	温	不	情	肥
速	度	坠	保	要	便	出	携	部	高	平	有	分	度	马	豆	增
最	响	乃	恐	定	闲	建	自	幸	驴	紧	始	信	计	约	理	不
有	亮	惨	快	确	透	毁	乐	信	衡	答	终	地	环	程	主	根
碰	木	答	便	切	猫	描	息	平	静	坠	高	电	人	摇	也	日
眉	规	龄	亲	车	惨	述	驱	恐	眼	他	凑	书	露	撞	图	错
先	虫	虫	最	主	车	透	差	平	得	醋	面	息	飞	桌	摇	乐
有	的	栗	排	邀	信	直	优	携	面	摇	栏	几	坠	水	心	野
远	马	从	电	远	有	怖	人	伴	侣	娱	幽	惊	撞	香	远	议
电	碰	趣	雨	便	出	乃	绍	静	蘑	议	肥	灵	醋	信	携	类
滑	雪	面	见	伏	量	邀	重	的	菇	护	己	增	音	自	坠	主
行	保	私	懦	真	了	保	票	转	衫	怖	答	决	绍	于	顶	充
议	类	营	夫	解	旋	看	眼	近	梳	事	老	口	失	噪	甲	研
状	马	父	紧	迟	的	近	太	伊	的	租	排	苦	本	望	祖	虫
滑	雪	号	凑	观	复	趣	阳	乐	行	选	举	虫	恐	书	的	肢

失望的
始终
幽灵
伴侣
懦夫
蘑菇
响亮
温度计
紧凑
速度
确定
描述
确切
太阳
甲虫
选举
私营
滑雪
平静
只有

Puzzle 212

政治
交融
西兰花
相关
分散注意力
溜冰鞋
的内容
闪耀
包含
战争
得到
水葱
利润
皮肤
主题
心脏
竞争
气味
欣然
猫头鹰

息	的	亲	凑	本	摇	有	心	虎	水	约	战	争	放	排	因	破
过	热	区	觉	损	而	礼	便	皮	肤	葱	饭	竞	赂	心	许	欣
根	桌	情	复	灵	眉	程	绍	静	丁	肉	摇	口	号	日	脏	然
焕	图	利	润	口	人	有	得	到	闪	伏	稻	坠	交	溜	冰	鞋
了	饭	源	信	错	乃	租	程	的	豆	耀	凑	存	融	性	蠕	有
的	信	分	桌	摇	错	释	飞	内	的	骄	则	亮	的	动	租	灵
保	出	散	先	趣	胶	乎	解	容	情	怖	趣	规	后	邀	下	自
的	乐	注	保	闲	能	机	的	驴	类	士	气	味	落	发	自	最
状	坠	意	虫	特	根	地	袋	肉	排	梳	事	过	票	典	主	村
因	迟	力	放	本	主	题	磨	稳	子	先	饭	复	循	自	存	的
他	持	眉	马	相	猫	头	鹰	灵	摇	龄	情	驱	定	摇	欲	父
稳	他	胶	恐	关	填	考	野	差	直	包	环	出	部	下	衡	生
政	治	子	四	自	撞	释	自	复	持	含	热	香	自	最	西	升
惨	带	人	疲	音	惊	领	回	损	建	貌	好	得	平	肉	兰	平
泽	股	增	本	便	蛾	部	光	焕	议	票	休	宜	高	究	花	桥

Puzzle 213

凑	！	人	活	遥	灵	的	坠	保	木	货	电	醒	闲	落	况	的
包	括	决	损	焕	衡	>	热	泽	底	车	信	上	释	降	士	最
貌	口	眉	而	本	得	考	通	看	然	煲	则	饭	保	动	基	后
护	婴	复	动	疲	上	鳍	飞	好	恢	自	栅	平	>	邀	胶	公
带	儿	的	脂	肪	差	乐	碎	欲	里	有	本	眼	自	平	解	民
的	来	醒	有	钢	琴	自	秀	思	谎	栗	选	木	娱	人	碎	栏
能	面	了	五	来	迟	木	醒	野	考	言	马	生	自	入	口	图
密	惧	排	个	旋	闲	衡	而	恐	人	不	便	转	乐	规	则	护
封	袋	高	近	了	研	私	树	惨	>	要	>	欲	摇	里	复	肥
书	信	朝	着	野	遇	亲	型	绍	也	惊	好	惊	惊	股	情	动
木	出	子	机	肢	恐	解	项	介	书	约	泽	的	磨	因	惧	摇
迷	惑	想	号	要	野	信	息	虑	木	直	转	人	泽	基	通	票
剩	>	视	增	喜	秘	行	图	年	研	心	自	主	伏	素	闲	袖
余	己	父	的	肥	远	心	平	特	单	栏	树	决	自	的	惊	源
排	出	观	便	平	乐	蠕	股	底	桌	元	镜	亮	安	驱	电	息

带来了
最后
公民
迷惑
密封
婴儿
谎言
入口
醒来的
货车
排出
的脂肪
五个
规则
单元
剩余
朝着
自娱自乐
钢琴
包括

Puzzle 214

季度
打破
大专
的作用
压低
的视线
海洋
抽屉
涉及
优势
磁带
角色
焦点
粗细
相同
评价
结婚
步行
自然
的卧室

举	平	的	焦	大	用	作	的	释	解	规	面	能	股	的	自	信
自	柔	镜	点	专	亲	快	视	面	苦	记	袖	骄	海	撞	然	的
噪	结	婚	虫	。	私	则	线	四	最	况	护	本	洋	基	自	亲
看	桌	的	卧	室	木	复	最	动	主	保	亲	子	安	压	低	增
因	龄	惫	休	他	高	雨	延	灵	直	信	木	乎	惫	桥	人	疲
便	主	理	的	季	得	电	雪	信	地	情	回	持	私	升	野	决
素	草	状	部	增	度	理	落	娱	喜	租	镜	龄	活	士	部	选
木	露	量	涉	及	趣	雨	磁	雪	角	条	觉	乐	老	栗	>	心
煲	面	迟	通	滑	坠	损	带	了	色	信	有	心	私	虫	透	则
议	素	栅	士	亮	乃	票	不	>	延	栗	回	热	规	想	许	坠
雨	驱	优	况	视	携	的	状	旋	人	醒	真	想	观	自	邀	真
约	基	乎	动	下	惫	优	主	观	存	过	评	价	解	之	桥	恐
升	相	保	携	电	摇	热	势	袖	直	木	>	肢	抽	屉	马	察
老	粗	同	规	视	虑	信	打	破	的	子	热	老	马	定	柔	答
带	细	村	护	透	步	行	摇	信	有	滑	里	地	露	露	型	电

Puzzle 215

优	近	驴	蚂	蚁	的	摇	肉	最	试	减	少	约	股	不	专	秘
便	栗	子	温	柔	的	傲	从	安	武	器	欲	数	有	礼	家	票
本	疲	欲	保	号	带	里	解	骄	加	股	的	复	安	雨	升	桌
最	增	木	倍	出	则	基	稳	惧	理	秀	能	喜	宁	循	蔻	最
虎	的	鳍	区	恐	然	人	本	衬	行	买	透	木	露	举	能	高
后	迟	恢	飞	自	重	惫	远	稳	事	得	休	倍	木	肉	行	遇
豆	好	栗	特	的	了	作	程	行	心	起	惧	信	有	赂	性	类
不	亮	本	马	差	约	画	恐	运	约	袖	的	考	光	缓	有	的
食	飞	安	父	鱿	鱼	杂	志	眼	乎	野	查	能	倍	高	解	木
用	栅	栏	上	栅	鳍	本	数	木	噪	领	热	子	的	衡	雪	解
保	飞	重	主	苦	情	加	究	有	释	子	着	考	行	几	人	见
害	羞	复	息	回	上	焕	疲	高	闲	最	龄	急	差	高	滑	镜
了	量	人	醋	复	来	宜	人	自	头	的	欲	本	倍	之	邀	机
特	祖	栏	>	来	秀	快	看	究	脑	介	惊	通	视	私	重	马
特	觉	先	镜	人	桌	本	自	的	諾	平	喜	环	之	貓	雪	己

缓解
杂志
作画
栅栏
栗子
着急
减少
头脑
食用
祖先
温柔
蚂蚁
回复
雪人
专家升
安宁
害羞
买得起
鱿鱼
武器

Puzzle 216

无	线	电	韭	，	眼	从	人	出	间	本	人	马	四	闲	！	栗
行	子	胶	菜	直	坠	肥	高	惫	口	源	惊	的	后	动	高	降
闲	活	快	他	到	展	示	加	欲	了	趣	源	袋	煲	肥	幸	胶
特	虫	要	心	们	滑	镜	私	梁	摇	煲	梳	本	而	动	属	年
露	破	考	特	生	的	分	的	因	导	不	社	人	露	答	间	于
动	项	数	露	本	程	了	灵	伏	航	破	趣	休	情	惧	从	不
觉	复	解	醋	灰	尘	条	己	恢	镜	滑	亲	规	动	颜	料	马
。	能	恢	斑	身	羊	高	眉	性	情	本	视	究	决	抗	喜	袋
虑	欲	摇	点	分	群	修	因	为	况	自	情	见	宜	拒	桥	衡
胶	见	想	周	期	类	改	静	梁	紧	能	看	安	介	宜	发	鳍
鳍	蔻	生	察	迅	桥	页	见	填	皂	保	权	保	子	露	驱	马
人	恐	梳	解	速	老	复	雪	环	喜	许	亮	面	遇	分	人	父
趣	延	心	考	上	恐	来	凑	情	决	况	情	几	饭	恢	部	欲
的	营	养	笔	记	本	柔	了	音	驴	便	肢	香	信	书	驱	遥
决	喜	释	余	赂	领	滑	分	亮	父	特	木	面	梳	便	情	自

，直到
的营养
属于
柔滑
抗拒
修改
展示
迅速
颜料
韭菜
出口
笔记本
他们的
导航
因为
无线电
羊群
灰尘
周期
斑点

Puzzle 217

底	温	衣	服	也	复	思	事	优	亲	本	出	坠	于	直	肢	型
子	度	而	驴	从	磨	本	虑	自	人	煤	炭	地	貌	安	则	项
机	肉	过	摇	几	袖	便	之	紧	放	皂	骄	人	克	得	柔	信
于	不	理	他	解	子	鳍	趣	过	区	员	人	作	工	的	蛾	己
增	栅	草	信	高	稳	灵	票	蔻	休	驴	蔻	嘲	讽	旅	记	泽
有	安	袋	心	复	解	婚	礼	飞	伊	宜	亲	优	研	馆	的	透
貌	发	美	味	饭	凑	真	老	分	己	快	>	音	热	一	諾	根
眉	股	父	分	人	况	不	排	碎	降	状	研	程	面	能	声	充
背	惊	瑞	试	结	碰	任	皂	秀	袖	煲	煲	决	邀	人	口	坠
后	恢	错	最	决	构	命	伊	填	优	损	幸	类	降	桌	幸	下
区	型	不	研	思	的	察	车	机	他	秀	蠕	重	查	小	马	一
遥	轨	道	光	性	号	肉	图	年	乐	动	究	量	的	请	权	个
升	警	伏	标	律	师	人	。	领	乐	来	高	情	有	区	欲	紧
肢	肥	报	志	草	粱	肥	滑	动	了	柔	议	然	利	身	转	根
鳍	平	煲	噪	瑞	页	热	袋	野	规	记	露	回	木	不	放	研

有利
标志
煤炭
婚礼
嘲讽
轨道
任命
小马
律师
警报
美味
一声
的工作人员
衣服
温度
下一个
背后
人口
的旅馆
结构

Puzzle 218

情	尖	尖	的	员	他	型	保	衬	倍	股	票	则	究	书	祖	乃
稻	也	旋	好	演	乃	不	摇	草	喜	觉	书	项	迟	脖	议	运
披	草	解	更	的	热	带	邀	的	然	雪	查	目	眼	子	子	摇
胶	萨	人	趣	伊	答	循	间	惧	惊	人	摇	的	租	的	马	转
平	区	复	灵	飞	侵	摇	保	本	出	行	见	思	平	之	我	们
惊	撞	究	宜	转	入	紧	静	迟	醋	地	之	克	肢	领	通	修
豆	过	项	有	真	饭	稳	皂	傲	有	邀	因	>	热	的	后	主
情	龄	露	幸	记	心	礼	趣	面	香	毁	了	本	香	私	虫	摇
龄	觉	看	木	喜	优	摇	的	稻	便	便	地	保	记	人	摇	之
因	则	下	充	后	频	远	碎	惊	远	的	解	老	迟	电	日	页
蠕	士	出	虑	出	繁	过	高	民	休	人	决	破	光	乎	于	眼
安	领	行	！	复	的	近	泽	用	品	种	方	栗	余	平	过	的
里	有	乐	部	自	面	土	理	机	闲	恢	案	便	灵	察	本	解
迁	移	木	身	兔	子	耳	衫	胆	趣	野	露	激	己	过	蔻	衬
乐	露	闲	惧	子	木	其	损	小	乐	许	行	励	欲	眉	平	查

的热带
胆小
迁移
频繁的
品种
披萨
项目
兔子
的演员
侵入
脖子
土耳其
解决方案
激励
我们
尖尖的
更好的
民用
股票
稻草人

Puzzle 219

丁	许	生	貓	生	的	消	也	争	证	据	回	了	动	克	持	面
胶	乐	动	鼻	远	近	的	防	辩	虑	草	草	破	见	本	后	见
马	生	循	子	马	毁	灵	傲	员	部	傲	复	况	父	存	惨	野
苦	加	坠	飞	礼	规	身	家	人	不	见	他	号	填	貌	宜	近
飞	焕	栅	动	乐	小	鸭	伙	望	延	便	自	破	动	而	諾	的
快	落	虫	乐	木	书	欲	磨	远	视	复	重	行	心	状	坠	破
透	安	便	士	增	保	遇	镜	镜	解	动	保	树	蠕	地	复	野
环	好	快	身	眉	几	稻	因	坠	口	位	移	貓	紧	马	了	日
追	于	自	究	出	究	介	区	惫	填	礼	理	号	自	口	老	的
求	袖	袖	的	了	邀	请	破	镜	约	桥	约	树	喜	动	票	马
思	怪	填	情	艺	术	喷	泉	生	木	犯	心	远	考	稳	自	虑
票	物	保	察	性	格	望	决	本	任	罪	余	稳	最	貌	源	眼
承	规	面	察	有	的	倍	乐	恐	股	何	亲	先	保	有	信	信
袖	担	差	也	光	邀	信	停	机	坪	克	权	保	肥	年	年	量
坠	高	栅	本	误	差	损	安	喜	过	虎	特	底	便	信	决	权

位移
任何
艺术
犯罪
承担
远近
误差
性格
望远镜
小鸭
证据
喷泉
家伙
争辩
邀请
怪物
停机坪
追求
消防员
鼻子

Puzzle 220

溜冰
成本
壁炉
保持
美国
老虎
感觉
技巧
聪明
避免
压力
通常
棉花
苍鹭
公园
反应
显着
邮递员
针对
只是

最	里	聪	针	反	马	保	醋	情	飞	避	保	持	考	稻	望	毁
肉	信	明	对	应	丁	来	觉	蔻		溜	免	迟	修	镜	几	循
租	情	眉	里	活	噪	特	成	本	美	冰	坠	惨	邮	递	员	桌
碰	觉	近	之	得	私	直	高	分	国	近	程	复	升	諾	壁	环
最	能	持	项	飞	諾	自	显	着	望	得	他	闲	股	技	炉	落
增	子	考	保	碰	顶	带	议	见	定	迟	虎	飞	静	巧	思	坠
亲	感	况	醋	特	环	滑	复	四	本	排	修	观	滑	乐	间	中
回	况	觉	口	复	娱	察	马	年	皂	类	究	稳	觉	素	情	热
。	饭	木	了	的	的	情	他	自	图	不	数	安	电	权	的	恐
社	充	胶	傲	稻	惧	稻	伊	野	邀	建	自	己	栏	遥	安	循
填	公	老	虎	闲	栏	因	碰	的	！	破	人	镜	好	木	驴	水
乎	惨	园	通	源	望	车	顶	摇	直	只	升	选	豆	雪	私	数
雨	面	不	常	摇	马	的	活	静	恐	是	破	年	中	趣	龄	坠
源	乐	错	的	人	心	几	苍	鹭	出	棉	花	压	貓	情	观	之
亮	解	也	安	木	邀	号	怖	转	然	落	面	力	性	差	间	鳍

Puzzle 221

栗	他	复	行	片	遥	持	真	不	破	一	生	过	植	约	皂	情
主	快	碎	乐	段	远	小	玉	米	保	直	许	数	之	物	声	音
增	而	发	栅	袋	惧	时	直	有	乐	恐	>	肉	带	况	了	虫
焕	远	动	闲	活	不	考	面	虫	放	则	秀	差	观	最	心	性
泽	出	机	亮	预	测	衫	权	因	蛾	眼	便	便	条	过	访	热
平	木	心	责	任	怖	了	口	惫	思	衬	解	部	旋	自	问	伏
旋	信	摇	蠕	升	士	上	袖	降	察	梁	绍	重	雪	身	型	而
子	顶	伊	老	休	领	惫	书	自	滑	警	由	土	豆	见	增	闲
带	研	情	动	恐	痛	介	思	从	热	察	自	愿	汽	闲	也	根
有	滑	降	领	得	乐	苦	醋	差	典	量	然	则	车	保	热	请
条	！	士	泽	基	保	素	自	转	事	绍	因	选	几	子	况	而
款	諾	紧	日	高	型	乐	自	看	毁	乐	姥	转	之	情	焕	惊
高	桥	租	上	乐	休	因	记	娱	透	蔻	生	爷	介	摇	后	貌
约	瑞	数	复	碰	高	差	考	倍	要	日	出	肉	颈	部	通	观
休	飞	下	决	息	顶	趣	醒	环	里	镜	稻	的	试	而	虎	亮

发动机
遥远
汽车
预测
颈部
玉米
自由
访问
警察
条款
一直
小时
植物
痛苦
责任
姥爷
自愿
声音
片段
土豆

Puzzle 222

粗心
缺乏
冷冻
批判
向日葵
存在
一滴
夫人
军人
一次性
优质的
医疗
的舞蹈
梦想
午餐
一个
患者
松鼠
外套
的官方

活	栗	雪	量	患	克	老	惊	紧	镜	喜	保	定	远	转	之	稳
焕	高	动	旋	者	本	保	得	木	落	图	有	释	释	外	套	快
惊	心	己	乎	加	高	平	秀	胶	树	碎	复	醋	闲	骄	规	考
亲	惧	年	损	休	看	部	香	息	梳	祖	部	噪	行	闲	！	怖
况	松	缺	乏	不	有	循	栏	虫	龄	冷	损	老	坠	>	保	伊
梦	性	鼠	源	倍	究	保	飞	木	桥	冻	部	放	解	机	后	士
想	次	有	见	醒	批	而	子	宜	向	通	究	休	加	虑	源	面
滴	一	环	特	粗	特	判	信	噪	日	查	试	眼	的	蛾	士	年
方	个	最	龄	心	骄	諾	先	乐	葵	图	驴	转	而	桥	转	己
官	量	填	有	怖	议	泽	基	马	约	医	水	梁	部	信	降	他
的	质	优	票	量	心	>	动	自	夫	疗	性	马	优	水	动	真
舞	之	优	木	生	他	排	瑞	真	骄	人	排	最	保	生	貌	优
蹈	约	直	况	木	主	亮	了	好	肉	军	究	貌	察	排	图	人
页	秘	股	赂	研	便	量	有	恐	存	想	型	面	疲	梁	坠	私
遥	社	望	地	优	研	察	请	滑	在	稳	有	思	情	午	餐	程

Puzzle 223

苦	池	请	的	秘	领	面	目	项	的	约	面	领	情	稳	衫	肥
动	塘	>	坠	眼	心	冬	顶	坠	老	茶	觉	諾	稳	父	型	权
有	平	自	填	破	研	青	快	动	邀	亲	壶	火	下	保	栗	摇
月	球	顶	动	泽	栅	子	楼	环	日	撞	心	鸡	观	諾	丁	苦
带	亮	顶	水	规	性	柔	梯	部	毁	平	小	滑	子	幸	自	稻
趣	事	噪	飞	牛	私	音	底	傍	成	高	弟	书	亲	惫	况	保
环	号	苦	諾	毁	行	复	栏	晚	熟	维	弟	高	思	乃	行	量
社	丁	木	柔	口	分	保	疲	倦	面	后	护	马	恐	音	木	携
记	香	充	页	坠	野	携	欲	鳍	心	保	保	水	人	行	望	梳
民	承	惧	坠	的	排	理	水	转	乃	摇	。	鳍	便	子	试	的
俗	认	的	记	基	息	村	蛾	的	灵	己	四	机	面	爆	伊	不
醒	灵	理	衬	袋	观	领	野	平	旋	号	了	稻	虑	发	摇	的
小	情	量	伏	礼	眉	年	衰	野	机	定	自	祖	远	本	书	落
子	保	透	主	日	胶	几	变	差	动	乐	条	草	貌	亮	摇	从
遥	之	判	决	见	諾	运	胶	充	几	从	错	约	村	平	碰	保

池塘
火鸡
成熟
冬青
月球
维护
承认
判决
疲倦
保护
小子
的项目
楼梯
衰变
的茶壶
傍晚
水牛
民俗
爆发
小弟弟

Puzzle 224

不	紧	增	释	出	本	也	了	根	心	了	居	击	惧	肉	驱	情
考	升	打	丁	梳	香	号	煲	的	保	高	民	剑	木	雨	野	型
建	諾	降	法	介	行	衬	他	>	透	介	而	项	看	>	栅	先
亮	发	野	增	摇	增	醋	携	秀	条	文	化	心	平	凑	人	有
介	领	量	肥	条	衬	则	数	份	额	梳	网	惧	滑	生	柔	衬
余	伏	心	平	了	迟	私	图	权	肉	人	络	票	煲	信	磨	存
梁	子	灵	类	便	不	差	旋	中	修	出	生	页	行	子	条	飞
情	伏	差	解	于	情	特	见	能	人	教	要	樱	环	察	雨	面
镜	面	看	蠕	允	情	的	滑	的	解	子	授	桃	升	红	性	眉
动	余	桌	虎	许	发	情	私	亲	闲	高	最	存	梁	萝	栗	页
倾	凑	草	周	二	噪	欣	赏	复	撞	稳	况	静	栗	卜	优	直
复	斜	本	转	豆	里	介	也	稳	页	锄	他	过	车	先	之	旋
事	请	欲	的	丁	毁	时	饭	填	存	头	间	有	重	部	碰	释
建	雪	用	欲	护	现	在	栗	日	趣	高	车	亮	研	破	书	区
自	排	品	远	不	表	因	商	业	的	梳	草	噪	约	行	惫	典

网络
用品
周二
份额
允许
倾斜
商业的
教授
出生
锄头
表现
现在
红萝卜
击剑
居民
欣赏
文化
樱桃
打法
在时

Puzzle 225

项	的	子	后	露	查	木	热	光	排	主	通	举	快	栏	摇	说
研	股	人	摇	情	复	排	野	欲	上	栏	摇	来	乐	好	底	明
四	型	树	身	的	龄	项	电	围	巾	摇	才	人	的	赢	了	恐
增	欲	干	晃	迟	票	丁	通	解	本	车	木	黄	得	研	有	不
赂	祖	环	晃	租	因	趣	梳	噪	书	丁	平	油	秘	。	的	近
指	经	规	悠	滑	克	的	理	研	结	果	>	究	素	信	循	落
甲	想	验	悠	自	的	一	有	信	图	灵	地	心	伊	丁	私	饭
瑞	噪	放	究	直	遥	定	亮	平	时	发	发	信	心	底	部	丁
觉	于	功	环	龄	紧	惫	规	信	坠	先	分	坠	透	的	桌	摇
滑	状	能	惧	最	兔	子	天	损	部	建	型	股	情	票	鳍	赂
瑞	驴	闲	扶	议	欲	之	复	年	不	透	闲	蛾	滑	旋	热	人
恢	放	旋	肢	手	貌	上	解	乐	貓	马	而	理	飞	撞	本	亲
运	栏	年	马	这	椅	边	缘	基	放	电	虑	想	息	保	乐	亲
草	。	的	出	运	些	也	祖	衫	迟	升	保	看	迟	平	先	直
柔	村	阿	姨	毁	露	倍	项	袋	书	眉	旋	父	试	水	心	定

阿姨
赢了
围巾
一定
树干
底部
扶手椅
晃晃悠悠
结果
功能
经验
边缘
平时
这些
的人才
快乐的
说明
黄油
指甲
兔子天

Puzzle 226

的	计	算	放	音	亲	法	祖	而	子	不	栏	他	停	的	桥	而
有	许	灵	从	心	建	官	来	的	衬	复	看	疲	顿	来	远	查
用	息	决	紧	眉	地	页	来	信	丁	降	諾	释	解	填	人	动
栏	私	面	理	活	蜡	烛	微	顶	定	休	有	灵	息	循	答	真
护	地	不	看	透	增	建	笑	亲	梳	源	车	答	持	快	顶	生
木	闲	胶	的	底	答	案	生	邀	不	马	部	情	树	乐	等	待
惊	栅	高	便	自	秀	鳍	底	安	私	回	惧	环	图	本	傲	信
培	训	趣	邀	远	伏	看	面	型	灵	热	幸	亲	不	>	主	灵
认	况	镜	水	便	紧	马	存	车	洗	虎	怖	保	部	赂	页	摇
衡	识	优	秀	有	页	邀	定	损	涤	展	家	的	专	业	光	泽
滑	野	情	理	查	能	子	坠	静	书	览	具	然	美	坠	政	毁
泽	光	肢	损	部	四	身	骄	光	便	充	动	突	自	完	府	领
摇	邀	傲	好	人	衫	社	虑	顶	眼	紧	饭	丁	公	交	饭	情
心	灵	自	规	梁	饭	能	本	磨	幸	身	车	鳍	议	野	规	从
选	倍	老	类	自	貓	约	下	喜	情	镜	的	父	碎	充	放	亲

公交
的专业
洗涤
放心地
计算
政府
停顿
完美的
等待
家具
认识
突然的
微笑
光泽
培训
蜡烛
展览
的有用
答案
法官

Puzzle 227

主	过	>	活	肉	项	蓬	！	试	泽	增	有	息	地	自	胶	导
携	明	骄	士	泽	士	松	稳	粗	特	紧	趣	醋	答	喜	项	演
马	智	克	图	他	秀	动	露	回	鲁	乐	的	循	諾	虫	虎	的
护	镜	本	娱	答	租	面	选	理	图	下	摇	究	恐	合	作	私
复	心	怖	心	信	眉	加	面	煲	考	秀	看	趣	肢	先	栅	号
破	己	最	龄	露	的	特	四	秘	定	摇	情	分	村	安	增	这
逮	有	便	试	丁	视	赂	能	饭	人	部	复	数	柔	增	子	样
捕	衡	过	惨	复	蔻	最	余	中	短	丁	木	怖	快	梁	碰	顶
面	年	人	一	热	私	高	头	虎	暂	本	性	复	活	降	租	栗
活	物	则	微	系	复	高	像	面	稻	则	差	基	摇	定	周	六
想	动	间	小	乐	列	拍	摄	驱	亲	部	马	赂	降	子	岸	上
皂	，	来	的	眼	程	究	惫	许	己	栅	面	噪	镜	王	子	烧
镜	邀	乐	不	梳	光	情	自	决	摇	的	情	栅	信	栅	号	毁
决	撞	几	重	情	遇	源	皂	转	紧	选	衡	后	主	间	动	性
觉	心	毁	蛾	余	量	升	解	则	顶	好	远	乐	高	复	条	露

合作
周六
短暂
有趣的
微小的
导演
粗鲁
拍摄
岸上
蓬松
，动物
最高
烧毁
王子
这样
逮捕
活动
摄像头
一系列
明智

Puzzle 228

降	怖	蔻	事	惫	有	定	遇	喜	复	瑞	许	摇	草	木	有	近
倍	部	平	实	精	果	加	数	远	视	车	恢	解	情	的	益	建
事	亲	伏	野	灵	冻	煲	根	落	蜜	素	顶	热	考	飞	解	权
号	透	面	考	礼	栅	香	加	理	蜂	保	恐	携	究	性	议	自
瑞	有	飞	基	坠	龄	秀	息	坠	趣	衡	露	研	他	者	选	行
他	部	足	本	约	发	老	椅	子	下	的	身	子	号	居	电	貓
村	人	。	球	幸	保	最	的	息	安	情	条	别	人	定	义	然
木	的	男	的	赂	底	惨	最	不	行	信	过	傲	动	之	社	人
解	然	孩	爷	苦	回	错	觉	露	村	行	举	露	信	雨	教	香
道	桥	带	爷	他	区	请	撞	谦	虚	刺	猬	书	肢	素	蔻	堂
举	歉	胶	虎	记	数	也	型	出	年	携	树	宜	素	马	龄	欲
蛾	亲	情	定	树	便	类	倍	色	木	加	>	滑	有	傲	年	便
遇	情	整	光	衫	增	蛾	木	的	过	惧	通	循	事	子	趣	恐
循	要	个	机	典	察	便	惧	瑞	袋	填	秘	碎	泽	自	虑	考
察	信	复	状	热	直	真	繁	忙	增	特	况	马	放	动	怖	差

男孩
道歉
果冻
谦虚
出色的
繁忙
定义
刺猬
整个
基本
足球
蜜蜂
教堂
定居者
别人
有益
的爷爷
精灵
事实
椅子

Puzzle 229

人	个	的	情	醋	惧	加	生	蠕	查	源	秀	稳	差	先	不	邀
增	泽	实	惨	领	错	静	坠	产	真	凑	他	的	页	乃	马	先
柔	资	际	书	解	透	蛾	部	电	了	直	村	木	建	行	权	根
迟	格	骄	蔻	的	醋	观	心	定	蔻	亲	选	上	基	约	厨	树
饭	热	眉	好	奇	记	远	镜	他	业	务	肉	建	容	忍	房	秀
乎	页	袖	过	侵	查	量	能	的	充	有	村	露	>	的	真	飞
桥	而	飞	破	貌	略	肉	桂	自	驴	四	复	重	村	决	虎	欲
休	温	口	中	的	许	性	此	处	肉	从	发	升	蛾	也	乐	议
中	暖	人	肉	许	父	惫	煲	龄	研	情	出	凑	信	驱	增	肥
的	的	私	秘	考	看	亲	书	老	究	面	水	镜	便	毁	升	银
的	人	升	之	瑞	源	不	议	木	优	摇	放	老	几	迟	肥	行
滑	肢	的	事	滑	苦	欲	稳	出	肉	权	人	秘	理	面	释	克
惧	最	学	特	来	生	凑	父	熟	余	差	书	持	要	旋	虎	遥
情	理	术	顶	马	马	果	汁	悉	！	见	赂	研	马	貌	解	。
士	解	苦	号	书	亲	议	信	迟	社	眼	闲	秘	释	。	部	许

学术
温暖的
侵略性
此处
好奇
果汁
的能量
研究
生产
业务
厨房
银行
的父亲
资格
的个人
肉桂
熟悉
的实际
容忍
他的

Puzzle 230

乌鸦
风窗
威胁
菜花
的邮件
知道
猕猴桃
连续
衬衫
糖果
可能
两个
组合
巨大的
经常
春天
小苍兰
动物
小猫
下面

许	保	记	出	升	损	通	上	项	桥	喜	菜	组	合	己	议	春
惨	梳	透	乐	焕	安	动	规	碰	也	绍	花	鳍	諾	典	领	天
远	热	有	直	答	泽	物	来	的	旋	间	音	欲	间	电	桌	真
连	续	图	量	宜	伏	条	日	保	近	木	优	举	不	情	可	能
情	选	怖	兰	眼	驱	亲	野	间	机	草	旋	约	驴	许	行	雨
绍	蔻	毁	苍	亲	复	祖	宜	排	息	衬	香	约	先	解	真	选
状	两	的	小	猫	马	諾	骄	威	胁	下	趣	巨	的	露	知	礼
伏	紧	个	苦	貓	肢	。	风	窗	欲	面	光	大	香	>	灵	道
虫	动	观	惨	焕	权	介	子	身	先	增	余	的	的	部	貌	部
稳	机	静	则	活	绍	图	典	研	充	的	议	项	的	灵	心	的
醋	醋	柔	四	欲	旋	本	喜	的	龄	查	驴	活	梁	区	研	车
秘	瑞	惫	乎	的	猕	迟	衡	恐	邮	趣	本	驴	本	人	噪	胶
丁	规	不	恢	亮	猴	幸	衬	解	紧	件	平	乌	鸦	察	滑	丁
间	情	直	子	豆	桃	秀	衫	经	衫	赂	余	滑	糖	果	便	碰
栗	惊	恐	子	好	况	特	瑞	常	之	重	克	>	发	究	本	人

Puzzle 231

票	况	潜	活	透	见	理	信	麋	行	解	毁	娱	礼	蔻	绍	梳
触	摸	水	况	机	回	克	恐	鹿	差	乎	栗	社	活	自	降	究
手	醋	过	本	眼	观	衬	机	自	的	数	桌	研	花	直	理	性
册	近	人	息	惊	桥	自	书	情	状	复	特	议	费	绍	便	许
私	特	损	建	要	近	余	身	后	填	！	源	人	解	虎	直	有
闲	量	驴	克	保	迟	况	乐	泡	热	村	优	型	眼	娱	热	权
的	眼	虎	损	邀	项	酒	后	打	安	专	转	情	栅	因	选	恐
远	放	胶	香	龄	上	眉	考	粉	排	门	好	几	差	焕	静	旋
考	便	乎	生	宜	他	部	諾	倍	于	特	持	的	项	类	蛾	豆
议	磨	昂	考	安	里	梁	行	噪	滑	介	虫	部	高	顶	四	况
建	滑	租	贵	栏	法	因	亮	动	根	野	区	而	香	煲	倍	安
基	介	栏	雪	究	规	毁	音	底	图	虫	高	联	系	共	坠	没
再	自	遇	优	自	分	部	大	环	持	保	雨	考	得	露	同	事
木	见	也	许	欲	配	栅	煲	眉	苦	冬	百	个	乐	醒	喜	怖
露	豆	车	出	素	行	噪	坠	自	乐	天	秘	几	稻	请	木	后

百个
花费
专门
共同
泡打粉
冬天
法规
手册
麋鹿
联系
潜水
昂贵
大部分
触摸
没事
也许
分配
再见
安排
酒后

Puzzle 232

行	的	排	他	约	眼	顶	皂	过	趣	震	安	木	撕	裂	举	祖
栗	究	本	袖	露	驱	自	便	得	区	撼	静	伊	的	蛾	休	本
建	根	静	发	选	静	汉	堡	包	问	苦	的	离	分	息	趣	释
察	来	四	则	木	遭	受	要	释	题	本	醋	主	肢	平	休	醒
野	举	。	因	决	情	高	下	貌	>	保	喜	便	西	子	蛾	梁
权	灵	错	镜	自	生	灰	页	！	健	年	音	邀	型	红	真	苦
数	量	河	便	恢	的	尘	子	秀	康	升	好	香	亲	研	柿	人
会	见	马	秘	想	趣	的	豆	袋	复	便	因	自	桌	循	音	镜
后	计	算	器	选	发	乐	要	眼	草	回	最	貓	衬	惨	自	数
降	他	下	情	号	蛾	坠	事	飞	顶	转	护	源	后	了	不	约
祖	充	部	保	发	栅	日	摇	捕	遇	书	股	欲	延	蛾	亲	破
驴	视	定	延	排	本	心	状	获	填	眼	从	觉	吃	狼	喜	社
底	错	位	图	。	程	幸	态	察	恢	恢	的	错	娱	饭	狼	察
考	身	观	行	平	书	望	平	绍	秀	便	快	油	漆	趣	野	丁
况	袖	的	虎	肉	出	有	远	子	循	来	保	书	克	栏	祖	间

西红柿
会见
问题
震撼
状态
计算器
分离的
狼狼
遭受
汉堡包
数量
健康
定位
油漆
灰尘的
吃饭
捕获
安静的
河马
撕裂

Puzzle 233

落	填	见	升	环	保	光	许	旋	建	娱	页	自	来	理	通	本
重	橡	袖	增	人	趣	中	丁	介	肥	滑	平	活	虫	型	机	条
位	子	考	余	，	增	分	护	条	好	不	肥	亮	标	题	蛾	不
动	置	恐	露	骄	而	的	心	基	事	冒	犯	增	望	于	梳	梳
耳	朵	热	苦	因	伏	不	间	优	释	解	记	远	疲	行	有	草
租	噪	素	因	最	通	粟	是	下	之	飞	肢	等	于	蔻	图	信
回	摇	人	高	见	士	滑	绍	袋	本	噪	复	理	栅	能	的	号
裙	子	复	息	貌	雪	视	动	自	稻	坠	转	行	胶	心	乎	运
因	面	许	约	桌	绍	摇	便	宜	的	设	计	面	闲	状	惧	类
灵	特	蠕	的	稳	存	持	虎	諾	摇	租	租	磨	保	父	请	动
摇	衬	子	租	错	稳	出	闲	乐	袋	解	煲	事	毁	数	请	毁
环	转	恐	肉	电	南	程	相	互	作	用	优	掩	盖	栏	热	辩
怖	分	复	雨	便	部	序	镜	快	情	的	傲	他	树	得	分	论
眉	不	双	亲	研	研	成	的	丁	视	骄	的	远	豆	考	的	谈
环	虫	碰	了	木	的	长	回	动	傲	不	悆	平	克	透	醒	顶

裙子
南部
的设计
位置
掩盖
辩论
程序
等于
双亲
谈论
橡子
成长
标题
自动
冒犯
信号
滑动
，而不是
相互作用
耳朵

Puzzle 234

秋季。
能力
积极
进一步
谢天谢地
晚餐
错误
森林
蚊子
泼妇
女性
天空
天鹅
分发
行业
正式
受害者
及其
迫使
文章

他	研	他	惨	信	噪	。	悆	蚊	票	能	考	便	桥	地	蔻	考
面	瑞	露	邀	礼	人	衬	文	子	而	力	运	下	号	谢	露	晚
权	欲	倍	选	优	热	礼	章	面	定	远	复	自	丁	天	鹅	餐
紧	活	迫	子	龄	肢	正	式	眉	！	错	亲	中	然	谢	豆	放
填	肉	瑞	使	发	煲	源	分	察	！	落	误	透	议	决	梳	飞
胶	环	亮	木	桥	驴	女	秘	决	积	极	余	本	自	秘	肢	面
子	远	遇	行	磨	心	也	性	私	士	的	复	加	过	凑	绍	趣
撞	降	解	业	权	秘	权	回	稻	平	升	身	人	项	型	转	傲
情	龄	欲	蔻	受	害	者	信	镜	諾	不	转	放	摇	见	分	后
宜	绍	煲	磨	远	子	绍	型	面	典	进	一	步	伏	保	发	人
森	信	运	泼	旋	行	马	蔻	人	答	煲	宜	举	秋	季	。	骄
林	优	页	妇	亲	决	赂	因	瑞	身	镜	肉	衫	放	本	衬	子
平	静	面	事	栗	地	间	绍	不	子	镜	透	部	衬	自	主	究
优	里	热	便	天	饭	行	衬	秀	理	数	父	>	滑	貌	条	的
主	凑	赂	记	空	填	查	树	电	焕	想	便	释	活	及	其	息

Puzzle 235

加	马	行	有	也	欲	浓	面	>	坠	上	音	猫	四	生	趣	性
解	特	惊	为	情	露	缩	心	丁	余	马	四	人	部	究	物	幸
本	驴	邀	子	释	噪	鳍	饭	状	书	复	充	而	克	研	信	学
梁	惧	饭	情	欲	香	不	定	性	果	木	肢	的	龄	的	特	存
己	手	输	入	典	票	的	望	心	结	。	的	蠕	坠	野	遇	丁
降	桌	套	租	豆	他	老	必	要	的	错	威	几	号	野	基	本
透	亲	因	也	遥	了	毁	恢	状	素	稳	力	乎	克	中	水	素
驱	情	灵	决	迟	马	的	遥	请	不	雪	饭	是	底	升	心	直
先	柔	摇	！	宜	运	过	携	梁	考	平	柔	极	真	的	修	升
安	怖	摇	况	上	气	摇	的	本	瑞	礼	部	地	能	心	之	心
己	欲	人	循	股	礼	复	虎	趣	保	物	复	猫	飞	最	稻	后
复	口	先	伏	人	碰	乃	身	落	存	喜	回	地	部	热	平	议
查	乎	信	子	马	记	行	貌	恢	信	雪	球	乐	循	人	露	试
队	图	情	子	过	蛾	要	子	动	条	亮	师	教	慷	慨	子	乐
伍	苦	肉	生	高	水	循	机	自	来	主	喜	室	智	能	回	应

运气
威力
雪球
教师
回应
研究生
手套
浓缩
必要的
极地猫
的结果
队伍
几乎是
礼物
教室
输入
慷慨
生物学
行为
智能

Puzzle 236

礼服
地面
家庭
牛奶
行星
大量
猛地
的事情
说服
流体
说，
如何
徽章
右手
姐姐
帮助
吸取
直升机
列表
很多

好	得	父	胶	错	猫	柔	充	流	体	考	帮	直	摇	况	迟	然
条	特	机	远	数	克	举	究	幸	牛	奶	助	升	吸	取	野	村
理	情	碎	带	最	约	真	增	本	电	保	视	机	的	领	行	租
解	煲	蠕	灵	之	也	猛	地	平	理	子	加	地	事	直	增	星
豆	了	面	平	稻	复	的	休	如	身	不	喜	面	情	子	书	近
记	觉	礼	环	衫	邀	特	噪	何	稻	理	口	记	年	音	持	特
近	坠	马	上	袋	稳	旋	落	余	复	人	驴	，	之	放	娱	胶
瑞	亲	事	野	胶	子	运	建	焕	过	衬	稳	说	虎	諾	上	绍
行	股	木	定	过	欲	静	徽	遇	年	望	机	衡	服	情	右	填
草	复	虫	来	环	损	饭	章	姐	欲	很	存	循	木	亲	手	本
能	情	衡	饭	租	行	礼	服	。	姐	多	量	过	远	建	虎	露
家	上	议	摇	雨	后	摇	出	子	驱	解	发	稻	乐	请	透	邀
庭	不	有	子	自	邀	胶	肥	静	信	循	落	后	介	从	特	直
便	高	镜	镜	列	表	信	书	得	子	活	衬	大	量	欲	中	约
数	上	摇	坠	马	类	情	的	子	苦	灵	领	之	安	幸	规	复

Puzzle 237

环	梁	雪	运	肥	煲	决	有	己	延	破	有	量	先	父	打	不
了	解	号	摇	貓	乐	焕	思	况	土	地	人	之	摇	菊	击	星
想	桌	部	稻	也	活	梳	理	动	选	蠕	摇	状	碰	虎	花	期
子	了	错	的	差	电	举	增	携	幸	面	栅	降	摇	基	煲	五
绍	年	梳	碰	煲	眉	摇	保	反	复	有	泽	草	里	滑	约	查
士	落	面	介	灵	无	车	木	过	泽	复	四	带	风	热	增	蛾
在	这	里	看	伏	意	平	灵	来	电	蔓	过	权	格	释	权	情
视	典	条	项	虫	义	礼	伏	想	视	延	介	程	真	水	降	于
子	顶	源	机	飞	的	修	亲	邀	热	息	毁	延	中	正	型	恐
煲	子	回	平	栗	无	亲	水	性	！	士	口	候	奶	后	底	觉
欲	亮	面	能	近	名	鳍	肢	噪	恐	伏	野	选	牛	分	回	研
本	书	心	高	惫	指	真	书	许	水	撞	增	人	股	迟	特	镜
梁	包	页	本	几	学	生	栅	自	保	动	动	理	最	增	怖	袖
车	放	建	保	稳	乐	泽	绍	考	肉	快	维	生	素	面	他	静
区	松	释	介	日	梳	鳍	快	！	心	驴	见	驴	醋	觉	安	磨

菊花
在这里
电视
蔓延
土地
书包
维生素
星期五
无意义的
学生
过程中
放松
真正
风格
无名指
反过来
候选人
牛奶中
打击
的飞机

Puzzle 238

介	祖	携	基	复	心	滑	子	领	香	查	饭	也	飞	环	车	毁
肉	虎	区	的	复	便	下	>	日	疲	袖	坠	带	打	招	呼	之
最	眉	眉	填	车	灵	书	牛	蒡	水	,	胶	柔	镜	赂	惧	栏
动	词	运	士	思	袖	镜	肉	海	拔	除	木	>	规	检	不	损
旋	便	疲	思	乃	口	苦	今	损	从	了	旋	趣	于	讨	根	信
策	略	蔻	典	恐	携	信	自	天	灵	记	衡	自	喜	鳍	情	乐
不	胶	数	的	肉	惊	人	情	桌	惫	数	领	黄	不	好	年	马
>	撞	于	平	木	则	研	中	栏	透	事	人	权	色	息	傲	存
毁	举	觉	状	私	持	请	问	欲	静	释	奖	塑	料	书	的	便
记	保	摇	碎	肥	野	觉	了	士	恐	谈	严	金	蛾	碎	逃	生
光	伏	顶	桌	龄	循	日	加	得	乐	话	重	安	约	礼	凑	再
复	恐	的	部	的	面	也	行	时	间	表	肥	先	行	饭	环	次
最	士	文	股	了	目	恢	摇	衡	怖	的	灵	亲	虫	心	过	露
循	恢	章	秀	草	的	过	貌	自	！	视	图	书	型	典	香	则
人	不	皂	伊	量	喜	里	疲	伊	乐	活	名	词	蛾	胶	坠	领

目的
名词
逃生
策略
谈话
打招呼
请问
海拔
的文章
今天
奖金
黄色
严重
时间表
动词
检讨
再次
牛蒡
塑料
，除了

Puzzle 239

桥	运	眉	可	以	急	申	请	老	本	傲	镜	有	惧	驴	优	存
稻	蛾	磨	礼	因	几	剧	亲	望	静	底	权	苦	自	他	露	本
虫	飞	趣	乃	趣	袖	凑	提	供	伏	状	灵	生	碎	项	先	特
保	野	醋	衫	伊	答	情	决	特	破	瑞	亮	坠	摇	继	续	邀
伊	水	衫	的	增	子	透	稳	保	量	飞	乐	乐	请	村	木	过
素	底	柔	损	损	年	骄	毁	降	蠕	稳	余	人	虑	余	野	票
破	葡	袋	。	许	度	状	蛾	电	增	肢	的	之	心	加	秀	恐
基	过	萄	中	的	态	貌	的	条	日	不	理	遥	露	权	碎	根
女	怖	网	而	过	发	摇	倍	虫	叔	书	蔻	水	乎	乎	修	自
孩	凑	眼	球	。	苦	理	源	主	叔	衫	循	升	便	欲	乐	身
之	四	的	填	领	一	分	钱	重	力	不	的	有	本	直	绍	情
便	驴	票	皂	而	真	基	坠	租	栏	本	梳	镜	恢	远	社	坠
分	克	年	私	肥	项	坠	租	间	父	降	欲	而	信	基	最	报
出	租	车	根	马	秀	保	主	究	便	疲	平	几	驴	上	创	价
结	石	条	循	远	携	动	通	越	来	越	目	前	究	闲	造	选

提供
年度
申请
葡萄
越来越
重力
叔叔
创造
可以
继续
一分钱
网球
出租车
态度
目前
报价
结石
自身
女孩
急剧

Puzzle 240

自	私	特	自	他	重	便	想	高	差	草	豆	规	也	野	数	>
议	损	人	药	能	本	栏	龄	况	克	热	觉	状	图	心	灵	发
下	煲	议	物	民	地	研	亲	增	衡	看	情	日	安	心	事	便
交	叉	性	口	主	虚	拟	马	飞	长	情	视	能	旋	间	社	信
怖	中	质	部	复	间	真	滑	亮	稳	脚	落	怖	乐	肢	股	肉
皂	幸	信	人	毁	镜	既	不	特	这	瑞	趾	携	雪	秀	情	丁
况	他	权	野	摇	傲	乐	噪	仁	种	口	伊	的	乎	英	语	车
他	呼	类	瑞	傲	也	信	音	许	慈	袋	护	梁	豆	自	雨	得
摇	吸	则	通	话	租	想	欲	训	教	的	绍	规	旋	梁	的	音
有	源	复	状	自	请	有	稳	坠	余	秀	不	解	谷	于	亲	栅
的	亮	然	露	发	自	>	建	复	梳	面	自	自	仓	撞	自	的
惫	娱	下	自	选	性	地	复	醋	諾	排	类	稻	出	乐	根	的
栗	平	日	先	转	惨	私	过	保	飞	貌	私	电	爱	考	>	过
木	考	验	苦	飞	究	页	灵	貌	有	伊	坠	煲	好	秀	信	肉
灵	虑	心	错	素	考	究	雪	情	近	票	木	区	望	幸	貓	静

噪音
爱好
英语
药物
口袋
本地
既不
虚拟
考验
仁慈的
民主
谷仓
增长
交叉
通话
的教训
性质
这种
呼吸
脚趾

Puzzle 241

虎	复	祖	亮	许	望	重	余	野	鸡	存	也	眉	子	发	迟	顶
选	喜	乎	恐	信	身	迟	高	机	平	面	马	解	村	自	通	幸
焕	理	飞	完	美	乐	衫	增	滑	驴	了	草	选	能	静	了	祖
活	孤	独	修	升	追	自	行	便	真	肉	真	带	来	怖	观	情
充	私	宠	物	贫	逐	活	雨	定	相	损	苦	傲	要	望	坠	息
！	灵	考	于	恐	困	游	活	便	秘	然	眼	撞	况	虎	延	情
权	桥	乐	恐	安	护	欲	泳	趣	考	諾	中	性	休	基	毁	稳
的	大	肥	蛾	过	真	焕	焕	乐	醋	生	存	野	惧	梁	排	带
士	师	心	平	损	老	鹿	的	操	作	恐	领	区	幸	页	的	秘
特	子	量	的	年	肢	梳	野	惊	便	亮	考	便	面	骨	头	约
不	>	豆	自	。	己	亲	遥	举	升	鳍	活	后	欲	疲	决	露
试	恐	区	焕	热	乐	条	摇	怖	恢	闲	动	区	任	何	人	自
信	恐	苏	虫	虫	最	秘	性	立	独	奏	摇	况	子	野	貓	近
顶	区	打	底	坠	答	况	最	人	特	撞	自	于	人	情	型	袋
丁	部	水	村	票	情	丁	修	复	醒	食	品	村	能	想	虫	肉

生存
鹿野
平面
大师
追逐
游泳
任何人
带来
宠物
的操作
独奏
苏打水
骨头
孤独
独立性
食品
贫困
野鸡
完美
真相

Puzzle 242

排	加	自	稻	公	趣	最	电	通	从	娱	肉	尤	其	是	保	填
灭	亡	分	透	鸭	芹	毁	饭	社	工	作	豆	饭	肥	骄	的	虎
紧	步	保	饭	充	菜	上	便	礼	木	乌	蔻	老	稳	的	自	然
不	伐	下	下	光	紧	要	肉	下	情	高	龟	察	行	况	之	间
坠	得	部	坠	草	电	热	飞	持	柔	页	画	遇	碎	放	四	邀
放	乐	热	好	高	私	落	露	游	戏	焕	笔	丁	数	灵	建	情
乃	不	的	士	摇	地	然	出	心	冲	栗	之	人	。	坠	桥	也
亲	野	放	风	驴	雨	部	息	也	肢	突	田	的	况	草	蔻	滑
加	举	驴	险	水	丁	有	循	马	日	票	便	径	两	保	日	村
蠕	状	绍	自	了	心	好	香	苦	达	到	的	选	边	四	恐	木
肢	规	带	行	邀	惫	恐	加	紧	邀	降	充	延	复	平	得	情
生	直	落	平	情	马	行	社	保	四	灰	相	蔻	决	要	幸	从
镜	升	因	基	举	磨	过	活	本	主	色	反	闲	车	重	村	梁
出	。	音	草	请	从	便	建	周	状	木	转	露	諾	貓	升	肥
建	惧	木	乐	胶	栏	近	雨	日	上	述	的	下	香	恐	他	究

灰色
风险
芹菜
画笔
两边
冲突
尤其是
灭亡
步伐
公鸭
相反
上述
游戏
肉豆蔻
达到
周日
工作
乌龟
田径
之间

Puzzle 243

则	了	子	骄	惫	身	根	机	迟	过	驱	平	人	坠	状	余	况
稻	记	加	驴	傲	保	虑	特	便	心	延	泥	泞	驱	煲	增	自
障	上	子	马	便	的	信	亲	优	动	最	了	持	夕	而	想	许
复	碍	观	饭	坠	便	便	摇	趣	下	情	请	泽	阳	平	遥	本
肉	年	人	碎	请	地	柠	基	虫	答	恢	>	查	年	究	引	文
便	信	的	规	释	觉	檬	惊	得	恐	本	军	的	里	恐	进	凭
租	木	袋	运	闲	！	期	望	袖	保	的	队	面	>	諾	快	递
>	伏	考	露	答	摇	露	部	最	的	产	直	迟	于	惨	面	摇
几	喜	出	部	损	秀	记	热	坠	闲	品	音	条	醒	自	自	觉
飞	个	不	醒	梳	性	>	复	音	则	部	蠕	恐	差	野	秘	乐
部	错	升	电	影	院	有	肢	招	过	社	部	秘	从	焕	升	里
过	状	页	水	看	桥	赂	性	商	质	量	乐	撞	贤	举	心	事
发	电	部	信	煲	快	露	数	引	股	源	书	滑	人	建	动	考
宜	状	门	心	票	。	龄	秀	资	出	老	条	马	因	相	灵	母
保	桌	諾	伏	理	子	数	本	乐	恐	高	保	有	宜	当	得	分

部门
障碍
的产品
引进
贤人
夕阳
质量
军队
文凭
柠檬
几个
骄傲的
电影院
分母
快递
招商引资
泥泞
相当
期望
得分

Puzzle 244

部	间	有	持	从	有	紧	升	信	趣	自	老	噪	况	项	差	虑
分	最	见	光	梁	橱	自	虎	表	更	漂	亮	本	飞	宜	条	衡
数	据	况	秘	摇	柜	飞	己	手	撞	欲	乎	情	直	惫	桌	过
>	镜	保	諾	视	绍	貓	绍	的	木	释	欲	士	评	估	相	拥
后	凑	雪	伊	肉	电	亲	查	天	不	皂	老	不	灵	于	心	眉
飞	况	撞	怖	建	解	书	顶	夏	中	现	瑞	坠	闲	子	丁	复
冰	望	的	要	考	煲	条	后	身	试	实	任	人	勺	票	持	能
驴	雹	色	具	备	驴	介	携	修	排	丁	秀	有	子	现	飞	蔻
存	眼	彩	视	梁	观	考	乐	村	最	建	露	自	滑	代	柔	喜
想	答	租	宜	身	欲	便	平	面	心	究	镜	什	么	便	蠕	乎
私	子	遇	煲	子	，	也	没	有	远	基	放	貌	情	肉	磨	祖
照	片	上	有	不	动	水	性	试	请	号	貌	梁	的	带	草	行
动	疲	平	平	貓	醒	加	面	虎	滑	礼	有	虎	不	信	宜	延
惫	循	伏	见	电	音	远	恐	动	露	股	野	部	倍	眼	人	约
静	车	情	升	好	携	通	错	过	眉	肢	貌	不	复	机	心	填

的色彩
实现
自己的
更漂亮
相拥
现代
现任
夏天的
冰雹
什么
，也没有
具备
错过
部分
的手表
勺子
评估
照片
橱柜
数据

Puzzle 245

放	惨	车	类	觉	型	他	野	见	于	心	书	有	远	欲	也	恐
排	视	主	热	赂	护	篱	保	股	修	定	于	野	海	征	骄	中
最	考	的	袋	人	性	惊	笆	资	>	香	恐	解	绵	适	能	的
邀	定	上	野	思	疲	肉	乐	源	事	型	本	欲	出	当	理	鳍
心	介	迟	乐	典	骄	见	己	国	家	諾	碎	部	鳍	最	损	增
的	场	景	惧	保	试	查	有	机	马	高	的	数	趣	看	类	身
部	伏	祖	十	第	一	条	热	！	社	怖	龄	携	热	错	远	衬
袖	车	想	栏	己	究	研	信	眼	睛	回	柔	父	从	蔻	>	的
水	乐	而	碎	增	优	里	有	镜	加	喜	当	貓	醋	肢	紧	迟
页	之	过	邀	定	艺	术	家	军	事	爱	然	面	望	车	乃	号
许	露	旅	巧	克	力	朋	存	复	口	最	雪	旋	项	便	直	要
滑	虫	源	转	日	邀	友	来	见	不	中	通	人	日	底	几	木
欲	快	许	解	栅	面	的	任	秃	鹰	热	骄	来	心	上	里	他
眼	人	本	乐	放	子	余	务	衬	有	中	上	机	宜	水	他	貓
图	思	坠	来	要	因	的	公	路	私	远	而	树	绍	宜	野	的

的公路
秃鹰
朋友的
眼睛
第十
的场景
适当
喜爱
巧克力
国家
远征
军事
之旅
当然
资源
艺术家
篱笆
任务
海绵
第一

Puzzle 246

香	足	露	优	灵	上	平	倍	蠕	疲	子	察	伊	野	书	主	持
灵	各	够	撞	迟	条	年	许	桌	摇	周	湿	最	心	衡	则	克
理	种	动	的	木	心	镜	平	梳	休	三	村	气	安	介	己	条
论	鳍	蛾	青	蛙	社	发	言	权	状	有	露	图	恐	上	子	虫
镜	恐	皂	骄	请	舒	适	四	摇	乐	驴	程	举	遥	带	介	己
雪	持	菠	租	能	型	数	不	便	获	得	扑	通	貌	脚	修	考
认	为	菜	飞	运	要	通	心	数	过	动	转	理	望	蹼	基	金
余	心	充	克	稳	了	祖	稻	草	父	亲	安	较	视	考	议	复
了	得	的	私	损	秘	发	野	远	差	了	梳	安	差	错	部	情
来	机	股	平	欲	书	记	自	泽	的	许	伏	欲	面	袖	警	告
答	动	车	镜	页	子	落	下	存	骄	滑	娱	惊	绍	梳	情	有
车	稳	素	噪	全	球	的	行	为	衡	本	自	研	远	坠	通	眉
究	乐	的	乃	动	香	回	车	自	行	转	事	紧	毁	饭	而	研
赂	休	地	的	镜	野	瑞	热	！	醋	转	眼	透	之	有	柔	肢
复	通	的	飞	权	衫	坠	树	电	己	野	究	回	最	草	人	特

较差
认为
扑通
的行为
获得
周三
脚蹼
舒适
基金
足够的
警告
各种
青蛙
全球
发言权
菠菜
理论
野心
书记
湿气

Puzzle 247

豆	了	菜	自	奶	酪	面	飞	諾	疲	复	情	梁	后	的	奇	生
间	自	肴	的	小	狗	梳	主	行	人	近	上	面	动	释	乐	怪
镜	不	降	要	醋	环	间	而	了	围	墙	查	滑	肉	放	柔	究
特	树	皂	貌	恐	煲	惊	的	解	后	面	降	宜	电	循	视	能
草	究	车	车	黄	鼠	狼	环	举	动	解	来	了	栏	条	木	香
邀	野	答	摇	滑	书	理	看	余	规	惊	到	遇	肢	以	及	挽
热	股	的	露	肥	蠕	村	骄	紧	摇	恢	各	号	曲	息	旋	留
了	高	辉	苦	高	桌	典	饭	草	素	路	径	方	棍	放	信	中
亲	袖	休	煌	便	遇	得	自	不	透	栏	亲	余	球	醋	沉	默
蜻	蜓	数	办	公	桌	便	填	试	保	泽	性	平	回	近	息	通
真	条	休	排	摇	书	驴	肉	梁	自	研	不	肉	貓	疲	充	究
伊	面	面	坠	欲	透	疲	他	余	宜	鳍	底	定	面	包	车	乐
>	老	露	鳍	遥	介	木	携	三	只	建	筑	物	错	绍	视	信
>	醋	虫	况	信	保	娱	闲	衡	页	动	来	桌	了	量	本	观
虎	事	灵	破	答	丁	加	重	量	而	通	书	望	衫	丁	举	究

挽留
办公桌
辉煌
奶酪
奇怪
以及
的小狗
蜻蜓
菜肴
三只
黄鼠狼
建筑物
各方
面包车
来到
围墙
曲棍球
路径
沉默
重量

Puzzle 248

自	优	投	票	去	见	焕	远	焕	煲	填	绍	活	然	醒	人	存
特	带	过	有	龄	除	绝	对	年	邀	有	旋	凑	余	惨	生	年
解	程	眼	解	煲	肉	股	亮	人	肉	号	从	透	填	毁	人	议
高	度	恐	怖	书	栅	亲	四	紧	之	遥	宜	修	望	转	自	思
碰	撞	静	分	蛾	理	紧	张	持	水	平	循	复	满	足	回	乃
发	周	长	音	头	雪	橇	性	先	口	性	面	倍	惧	解	秘	循
绍	现	考	音	部	镜	阳	台	几	答	理	雨	答	马	栗	喜	间
摇	栏	研	醋	情	摇	定	视	里	坠	则	乃	类	热	放	最	有
的	下	研	惧	皂	三	冰	坠	虫	自	在	望	驴	噪	试	的	特
性	摇	然	村	眉	角	柱	落	虎	滑	梁	近	项	他	不	焕	热
老	心	傲	况	坠	人	热	肉	倍	见	情	安	貌	而	加	票	自
私	里	眉	记	稻	损	毁	落	修	电	趣	数	泽	平	柔	包	便
宜	木	心	况	的	磨	行	私	的	保	有	解	傲	区	近	子	喜
丁	香	邀	绘	画	人	村	存	有	过	醒	信	伏	技	增	邀	量
复	行	加	息	丁	思	高	素	骄	条	本	升	惊	摇	术	高	型

发现
投票
丁香
去除
紧张
水平
三角
周长
雪橇
技术
绝对
恐怖
自在
满足
程度
绘画
头部
包子
阳台
冰柱

Puzzle 249

木	本	摇	来	露	金	理	协	衫	转	肥	近	赛	秘	的	变	程
心	木	过	口	升	丝	许	议	动	凑	飞	排	季	社	人	量	机
然	生	量	放	心	雀	丁	，	许	可	的	饭	乎	秘	领	真	。
幸	过	人	觉	惫	日	驴	序	列	而	本	坐	在	图	骄	远	透
野	貌	貌	环	理	水	恐	谅	原	貌	主	驴	肉	热	遥	。	飞
龄	亲	延	柔	护	便	坠	士	因	煲	下	己	余	车	快	地	衡
磨	肢	克	理	权	间	最	雪	坠	的	橙	袖	肉	乎	远	便	记
洋	快	复	自	私	惫	他	望	存	秘	典	色	防	柔	草	领	醋
信	葱	木	龄	懒	惰	部	乐	梁	木	鳍	上	止	好	放	雨	摩
的	不	国	程	信	衬	镜	许	栏	保	恐	袋	存	洗	发	地	托
先	除	外	决	租	便	胶	错	灵	衬	复	电	最	惧	能	租	车
木	视	社	活	行	心	之	水	环	绍	落	修	焕	通	中	骄	情
驼	坠	滑	修	眉	豆	露	循	露	远	下	栗	型	灵	了	飞	复
鹿	傻	瓜	中	秘	填	素	本	建	部	亲	老	自	邀	优	摇	于
条	衫	错	重	子	介	决	条	请	醋	梁	情	加	也	肢	士	热

原谅
赛季
协议,
坐在
驼鹿
懒惰
金丝雀
除外
变量
橙色
序列
防止
许可
胶水
外国
傻瓜
摩托车
洋葱
洗发
原因

Puzzle 250

虫	马	究	稻	远	便	之	告	恐	后	也	然	蛾	露	煲	解	>
伏	规	页	领	圆	柱	回	诉	亲	亲	记	愤	间	肥	远	豆	循
旗	标	光	滑	的	蔻	研	情	阵	虎	野	怒	中	有	！	复	的
瑞	介	音	日	镜	虑	循	乐	风	条	持	的	露	飞	后	权	建
灵	分	肉	饭	优	分	衫	的	老	平	底	野	有	碎	！	醒	虑
香	望	>	性	信	的	类	肉	驱	面	延	猫	错	不	己	恐	有
究	下	携	降	介	上	的	破	地	他	>	>	父	礼	滑	村	心
赂	股	远	木	人	查	日	祖	情	灵	先	鳍	考	规	而	衬	况
稻	解	机	信	人	赂	修	要	条	雨	里	理	焕	社	坠	书	丁
笑	而	生	释	考	的	忽	略	犹	豫	于	最	情	有	薪	磨	雪
图	了	出	马	高	试	香	肠	型	底	平	龄	大	米	酬	复	便
通	面	携	中	苦	高	延	分	也	最	心	自	损	释	价	袋	私
行	雨	桌	蠕	下	好	有	自	村	邀	树	摇	碎	出	值	便	口
延	长	先	增	露	称	定	惊	热	老	龄	碎	电	梁	恐	携	木
苦	醋	生	生	貌	肯	定	独	自	请	区	邀	长	颈	鹿	式	复

香肠
犹豫
告诉
价值
阵风
笑了
便携式
延长
圆柱
旗标
野猫
独自
薪酬
愤怒的
先生
称定
大米
忽略
肯定
长颈鹿

Puzzle 251

情	怖	增	肉	修	动	究	顶	父	恢	复	热	建	机	权	情	信
木	定	查	直	携	蠕	木	肉	虑	启	心	醒	有	性	不	静	驴
乃	邀	马	袋	观	出	答	部	坠	滑	动	不	错	而	焕	事	本
伊	了	要	情	检	查	中	倍	老	！	条	的	身	紧	露	行	他
野	建	解	型	面	保	木	介	子	趣	退	疲	型	龄	延	信	所
的	遇	透	察	视	车	伊	了	约	>	出	出	闲	。	有	撞	需
木	空	余	电	有	远	旋	心	决	股	人	请	欲	音	人	草	保
察	中	情	数	电	焕	究	化	妆	特	乎	本	便	远	醒	填	然
思	自	肉	皇	后	雨	特	礼	喜	镜	貌	幸	胡	磨	噪	香	士
介	惧	虫	父	想	虎	行	不	先	前	信	木	萝	自	租	柔	绅
源	摇	破	风	筝	之	举	眼	保	便	镜	阴	卜	年	可	见	的
噪	！	人	查	回	股	行	虫	>	实	践	考	天	>	欲	皂	看
条	也	便	一	二	○	二	子	坚	疲	梳	权	娱	凑	衫	老	数
骆	驼	静	余	秀	马	安	乃	固	最	从	社	人	保	热	的	平
飞	煲	则	最	选	袋	树	自	镜	惧	因	解	基	特	静	股	要

所需
启动
风筝
了解
可见的
实践
胡萝卜
的绅士
骆驼
皇后
一二○二
先前
退出
阴天
木乃伊
检查中
坚固
化妆
恢复
空中

Puzzle 252

况	身	心	顶	发	布	护	豆	票	恐	状	真	栅	貌	破	最	考
人	信	木	。	降	保	毁	袖	况	损	惧	复	四	于	几	木	野
苦	情	议	称	为	鳍	量	趣	光	通	村	露	伊	虑	于	休	礼
车	望	机	紧	心	镜	飞	回	从	父	远	优	子	諾	雨	释	惧
均	匀	梁	自	擦	面	子	貓	日	心	眼	电	选	便	之	部	身
书	有	了	眼	洗	乃	露	过	趣	本	号	中	自	香	因	的	紧
错	趣	黄	损	记	少	高	自	行	藏	读	究	星	间	碰	栅	摇
考	傲	瓜	剥	夺	数	貌	自	蛾	红	衬	书	级	动	迟	赛	过
汽	从	私	想	循	蠕	木	灵	本	花	创	建	落	眼	况	跑	书
虫	车	栅	远	记	量	租	噪	分	填	性	貓	损	摇	撞	转	票
貓	复	保	面	特	本	自	类	观	社	典	热	主	龄	欲	乃	页
的	梳	几	有	貓	落	噪	本	秘	觉	亮	人	豆	决	介	间	释
紧	错	车	灵	吸	血	鬼	则	伊	乎	面	部	决	定	蔻	时	木
远	答	感	光	状	公	共	页	程	平	紧	决	苦	活	平	刻	充
黑	色	情	摇	究	驱	村	量	下	典	视	伏	基	快	休	得	虎

剥夺
黑色
感情
星级
黄瓜
称为
时刻
擦洗
均匀
公共
少数
发布
镜子
藏红花
汽车保有
吸血鬼
读书
赛跑
决定
创建

Puzzle 253

觉	硬	了	四	请	见	遥	幸	然	优	热	手	伏	行	生	领	源
的	皂	币	高	不	约	数	马	趣	持	阳	决	臂	先	息	桌	定
第	六	毁	优	秘	不	子	举	面	行	光	虎	自	身	后	平	号
可	笑	的	根	虑	欲	高	复	倍	情	尖	叫	灵	沙	后	露	真
余	己	规	有	栏	面	马	噪	碎	！	镜	马	视	塔	携	事	本
马	能	思	礼	几	面	行	远	便	素	赂	的	复	直	羊	四	稳
乐	部	升	貌	克	人	野	欲	露	凑	他	优	貌	露	毛	思	因
情	之	号	高	安	伊	恐	玻	碰	便	部	区	野	点	平	有	稻
子	凑	活	管	亲	根	最	璃	几	行	紧	的	栅	乃	主	条	充
沿	恐	衡	摇	有	分	热	环	摇	克	高	顶	条	复	特	理	雨
着	部	列	车	安	究	栏	特	情	镜	面	环	高	邀	休	露	于
况	平	本	苦	光	蛾	书	木	机	幸	旋	趣	面	倍	紧	的	马
邀	丁	己	行	拳	平	本	社	充	心	况	不	皂	苦	复	行	不
驴	觉	得	视	疲	击	自	凑	书	小	镜	复	思	察	身	静	皂
中	马	亲	觉	恐	香	己	凑	四	麦	觉	特	平	肉	马	况	栅

露点
高管
可笑的
有礼貌
列车
觉得
小心
第六
尖叫
拳击
沿着
硬币
玻璃
羊毛
阳光
小麦
沙塔
自己
手臂
视觉

Puzzle 254

焕	之	条	即	时	四	恐	镜	音	素	老	休	凑	闲	年	快	光
望	解	镜	升	了	遥	克	克	坠	迟	橡	里	肉	信	考	因	乎
复	看	差	想	几	怖	情	的	重	焕	发	皮	情	维	持	热	物
和	平	真	坠	飞	醋	保	主	有	情	龄	木	擦	持	秀	大	种
山	分	的	分	桥	便	之	项	最	肉	醋	真	页	肉	的	典	象
羊	醒	子	醋	要	了	书	复	心	摇	稳	上	静	升	倍	车	自
部	老	諾	转	沙	漠	源	坠	理	错	私	保	坠	书	社	会	飞
最	香	复	不	蔻	复	坠	摇	先	表	上	况	公	式	衫	领	桌
了	自	模	式	图	而	亮	惨	肥	白	滑	雨	况	热	眉	眉	一
通	马	升	释	要	邀	重	克	建	人	貌	他	通	碎	降	典	目
改	变	致	命	通	思	闲	考	能	>	身	子	底	股	马	之	了
野	生	填	苦	遥	直	胶	雨	解	放	能	充	桥	举	秘	升	然
本	中	去	年	树	有	远	宜	能	人	选	大	部	有	中	便	恐
举	稻	错	存	香	肢	本	望	士	量	记	衣	损	上	答	条	稻
欲	得	欲	损	信	木	虑	页	则	光	主	决	驱	稳	自	摇	四

大象
沙漠
物种
致命
改变
表白
山羊
一目了然
分子
维持
社会
公式
大衣
橡皮擦
即时
和平
野生
焕发
去年
模式

Puzzle 255

加	面	趣	碎	通	错	音	恐	眉	蠕	高	下	选	草	护	书	的
摘	要	身	祖	理	磨	子	研	灵	宜	摇	峰	貌	趣	遥	热	需
好	处	项	然	静	伊	人	摇	主	况	有	复	倍	子	紧	数	求
心	差	复	胶	年	特	衫	理	香	撞	自	祖	真	遇	升	得	有
自	摇	究	瑞	日	信	礼	见	娱	香	部	领	凑	行	紧	最	解
条	填	碎	>	自	不	远	根	车	解	喜	木	此	增	日	蔻	摇
虫	护	乐	惨	袋	平	过	基	机	出	飞	损	余	句	信	信	察
摇	不	持	状	眉	>	犀	牛	蜗	数	典	型	老	的	快	柔	稳
。	毁	亲	灵	地	惫	人	约	有	虫	的	肉	则	乃	雪	自	市
本	傲	滑	规	便	。	从	因	毁	娱	撞	父	放	落	余	惫	场
乎	人	惧	的	驱	保	他	授	狩	猎	本	社	区	噪	刚	摇	损
复	考	生	树	表	持	乐	权	机	木	介	娱	介	每	性	步	肢
地	板	产	举	明	情	不	焕	察	蠕	滑	镜	野	只	量	骤	驴
根	亲	几	品	股	车	驱	中	断	草	柔	村	！	坠	衬	乎	伊
紧	碰	四	士	疲	衫	号	理	的	的	惧	护	幸	研	便	从	肥

地板
此句
产品
摘要
好处
中断
狩猎
产生
表明
典型
刚性
高峰
授权
每只
市场
犀牛
蜗牛
社区
的需求
步骤

卖家
暂停
长度
幸运
撤销
的愿望
官员
乐趣
清空
清晰
关心
圣诞
气球
调整
搜索
将来
对不起
洞穴
对比度
配备

Puzzle 256

况	出	的	貌	重	肢	亲	落	有	蠕	升	幸	对	赂	延	面	数
重	滑	本	愿	心	也	坠	修	约	最	！	运	不	量	祖	凑	绍
凑	他	性	木	望	平	邀	之	袋	不	想	洞	起	清	空	圣	不
心	动	观	便	鳍	镜	惨	最	搜	调	增	穴	本	最	复	诞	袖
举	行	快	携	休	幸	特	源	索	整	卖	关	心	怖	衬	解	稻
将	来	基	乐	情	考	袖	乐	趣	幸	保	家	热	便	栅	>	摇
迟	请	驱	举	泽	眼	最	雪	虫	撤	官	员	复	貓	考	暂	停
于	研	音	见	旋	况	租	状	傲	销	人	乐	飞	坠	试	灵	息
心	醋	长	秘	人	栅	配	马	摇	心	自	余	复	克	复	坠	桥
乐	衫	类	度	镜	清	备	望	袖	便	邀	环	祖	乐	升	了	自
信	重	木	比	降	晰	驴	稳	下	存	因	子	得	循	子	父	人
醒	胶	高	对	特	况	>	人	过	噪	有	请	电	心	有	出	绍
赂	闲	稻	程	煲	树	野	气	数	面	真	木	下	区	衬	乎	眉
条	情	里	肥	露	领	坠	球	觉	间	秀	饭	里	。	复	出	持
充	马	修	顶	倍	欲	降	的	闲	远	桌	平	伊	有	瑞	蠕	木

Puzzle 257

饭	毁	然	坠	音	危	机	虑	龄	票	差	决	放	马	简	化	毁
高	几	了	雨	飞	丁	数	鳍	毁	复	中	恐	心	闲	驴	疲	饭
音	雪	摇	首	水	车	的	书	蠕	杂	钢	笔	复	从	票	自	欲
记	排	信	脑	行	趣	类	况	伏	他	权	袋	皂	便	形	子	地
龄	增	肉	会	珍	顶	子	理	子	毁	程	子	雪	见	状	桌	皂
子	日	生	议	条	贵	恢	乃	身	喜	想	查	找	邀	数	试	了
宜	很	少	惧	他	旋	增	小	说	放	复	便	信	源	不	通	马
面	得	带	的	便	观	保	飞	礼	乐	礼	复	得	透	定	栅	牙
禁	止	充	数	克	差	状	议	平	的	，	他	恐	面	想	露	膏
能	有	野	回	焕	本	热	解	愿	信	其	平	心	源	状	口	虫
梳	露	而	出	马	的	子	排	惫	望	他	好	视	基	凑	趣	视
股	飞	雪	惧	血	生	滑	虎	猫	座	老	遥	虑	升	带	看	的
然	人	况	遥	乐	菜	典	情	热	视	人	蠕	护	入	区	焕	发
坠	子	最	图	他	村	究	焕	型	保	便	疲	滑	小	型	动	音
议	便	理	要	信	权	保	遇	便	木	顶	条	基	貓	要	坠	议

，其
小型
很少
危机
禁止
升入
牙膏
小说
珍贵
形状
出血
愿望
查找
猫座
简化
的发音
的生菜
首脑会议
复杂
钢笔

Puzzle 258

树	租	木	袋	知	试	活	转	醋	因	本	最	图	量	性	貓	有
破	滑	息	的	识	过	存	理	宜	书	欲	音	驴	租	状	心	面
滑	衬	宜	增	村	语	性	机	不	那	号	思	条	分	伏	凑	放
环	安	升	傲	稻	速	来	生	然	些	了	人	雪	栗	监	书	的
剪	刀	号	>	！	摇	里	行	保	祖	的	本	动	摇	究	测	近
得	滑	最	高	行	书	部	乘	于	野	北	方	他	权	委	觉	諾
首	想	建	议	心	环	礼	法	回	稳	解	情	行	规	项	员	通
欲	都	类	眼	人	肢	醒	娱	碰	修	蛾	情	充	便	理	特	会
根	袋	闲	醋	味	紧	便	之	稻	行	丁	娱	好	忆	记	的	加
驱	项	最	貓	道	毁	撞	外	议	事	区	检	验	规	怖	荒	稳
先	面	桥	自	信	亮	滑	于	理	稳	机	型	自	了	了	野	上
研	因	真	倍	理	苦	怖	理	书	加	视	父	行	环	秀	中	过
坠	素	议	过	子	疲	新	鲜	延	信	试	高	素	而	型	举	项
解	平	人	像	趣	>	运	致	一	成	达	答	错	老	子	面	惧
肉	回	动	野	安	顶	情	况	点	滑	心	中	保	娱	雨	增	余

检验
的荒野
语速
建议
的记忆
监测
因素
人像
乘法
知识
之外
北方
首都
一点
剪刀
达成一致
味道
那些
委员会
新鲜

Puzzle 259

出	选	面	司	草	肉	医	村	静	源	重	毁	龄	稳	绍	规	存
的	放	理	机	休	量	药	能	从	根	程	大	事	降	虑	>	四
貓	驴	凑	柠	面	身	伊	票	填	过	存	不	的	虫	想	了	醒
上	惫	心	檬	几	好	肉	议	社	存	蠕	股	批	便	高	象	灵
趣	，	火	汁	噪	蠕	趣	他	们	雨	落	自	判	则	肢	信	解
恐	但	箭	眉	举	趣	修	热	自	遇	礼	主	蒸	汽	他	性	灵
先	息	惫	休	选	能	能	坠	父	研	望	究	部	排	焕	条	事
程	思	信	环	亲	通	亲	增	程	木	上	权	摇	焕	情	个	别
来	况	先	程	坠	平	乐	地	于	信	宝	宝	娱	究	傲	条	典
观	村	保	想	滑	定	远	龄	议	乐	放	的	乐	修	装	开	启
建	的	试	占	提	秘	高	私	光	远	恢	有	欲	摇	配	四	了
租	复	于	据	蔻	交	虑	噪	晚	些	时	候	和	人	解	水	摇
士	磨	的	眉	亲	摇	。	基	特	球	地	衫	地	举	保	碎	发
定	的	虎	票	则	信	桥	建	破	里	址	娱	惫	胶	存	胶	树
>	亲	木	喜	几	优	透	社	余	研	远	惊	然	欲	遇	子	己

重大
装配
司机
宝宝
柠檬汁
医药
地址
保存
开启
占据
晚些时候和
火箭
想象
地球
个别
蒸汽
的批判
他们
提交
，但

Puzzle 260

情	趣	从	曾	经	约	操	作	特	考	碰	活	吸	数	填	传	便
情	两	遇	的	况	衫	袋	驴	眼	电	四	记	引	建	饭	统	磨
娱	次	生	休	坠	看	保	的	瑞	心	香	秀	力	柔	究	碰	修
。	想	木	温	乐	转	乐	伤	袋	露	自	摇	理	秘	电	雨	口
过	觉	人	文	观	身	基	害	秀	欲	分	基	磨	面	肉	保	近
绍	热	子	尔	自	眉	地	煲	携	>	摇	最	复	傲	趣	惫	下
秘	泽	加	雅	諾	破	来	事	图	解	人	父	降	地	也	丁	亲
然	！	袖	扭	况	惨	票	栏	有	摇	发	下	错	袖	惫	有	惫
社	套	索	动	顶	于	看	趣	自	趣	饭	惨	也	建	环	典	条
确	也	口	理	礼	光	主	木	正	图	号	举	惧	心	露	坠	类
损	实	理	紧	事	豆	惨	类	确	甚	露	延	信	自	交	易	记
肢	虑	重	顾	重	亲	傲	露	的	至	使	桥	况	己	喜	蛾	的
理	生	源	客	升	息	口	蠕	修	错	素	用	雪	究	理	否	定
观	自	记	降	香	不	梁	豆	状	飞	直	亮	喜	坠	领	瑞	特
想	便	乐	疲	雨	体	育	视	灵	底	雨	平	票	本	苦	复	乐

使用
传统
交易
扭动
套索
吸引力
甚至
降雨
体育
定的
确实
的伤害
操作
基地
曾经
否定
温文尔雅
顾客
正确的
两次

Puzzle 261

工	具	人	礼	野	生	上	的	袋	凑	书	焕	之	木	袖	带	灵
貓	皂	袖	类	地	建	旋	干	型	奉	则	雨	平	梁	基	理	皂
自	觉	梁	遥	之	从	股	净	暴	献	事	源	循	规	蹈	矩	行
瑞	鳍	底	绍	携	顶	运	错	躁	放	填	恢	特	想	不	伊	好
真	领	行	醋	的	好	香	马	携	领	驱	破	飞	电	野	遥	解
真	柔	而	信	落	充	落	复	焕	数	稻	充	自	灵	亲	马	惊
政	父	光	过	碎	驱	本	老	视	梁	的	坠	的	不	究	考	秀
情	策	乐	娱	栏	量	不	携	考	复	瑞	程	况	过	身	了	见
顶	雨	士	香	心	的	错	生	日	望	地	特	老	胶	行	醋	疲
遥	磨	机	答	息	身	权	醒	醒	晷	历	面	便	灵	活	木	栗
高	部	图	基	乐	灵	眉	马	克	自	史	肉	地	闲	袖	爸	爸
出	惫	面	坠	闲	滑	里	剪	得	情	露	蛾	雨	租	直	热	的
热	怒	大	斑	马	想	坠	辑	信	许	怖	非	错	特	信	的	回
稳	毁	家	举	决	碰	稻	邀	特	殊	截	常	卡	车	亮	地	书
转	部	胶	惊	年	音	解	眼	乐	肉	距	雪	稳	型	惊	动	醋

灵活
剪辑
循规蹈矩
爸爸
暴躁
政策
非常
卡车
截距
醋栗
特殊
工具
日晷
奉献
历史
大家
斑马
的干净
大怒
不过

Puzzle 262

太阳镜
身份
机关
到达
边境
极限
匆匆
多次
辣椒
夹克
媒体
语音
话题
防卫
勇敢
苍蝇
寒冷的
谈到
水芹
骨架

谈	达	程	思	梳	权	苍	辣	地	休	>	视	类	平	！	醋	后
马	到	水	自	亲	量	蝇	椒	降	后	太	阳	镜	秀	项	欲	欲
夹	克	芹	有	梳	顶	克	有	热	人	介	特	根	旋	便	勇	子
区	秀	苦	身	胶	电	树	骨	坠	事	得	解	惧	栅	桌	敢	考
不	惧	热	份	行	环	决	架	的	匆	寒	冷	的	状	鳍	边	境
肉	面	真	野	紧	加	衫	闲	水	地	匆	赂	村	本	加	转	衬
平	香	情	摇	坠	坠	蔻	桥	错	从	惊	伊	媒	举	磨	的	栗
复	肉	栏	乐	增	子	乐	电	士	书	幸	面	体	极	典	书	眼
携	究	疲	重	衡	而	后	恢	鳍	行	人	龄	想	限	机	关	秘
落	觉	举	解	上	諾	重	量	理	觉	坠	后	类	考	社	泽	图
建	最	填	好	恐	间	惫	高	远	乐	循	煲	话	口	灵	飞	面
之	多	光	热	研	休	持	查	素	持	面	傲	防	题	填	年	源
遇	次	闲	图	老	热	的	高	能	身	上	源	卫	雨	镜	快	情
欲	举	损	规	议	息	面	语	音	亲	页	遇	携	梁	乐	滑	凑
不	龄	亮	旋	填	部	建	议	研	豆	基	主	事	许	幸	惫	恐

Puzzle 263

电	稻	足	够	亮	观	复	放	况	基	他	秘	覆	煲	稀	桌	因
祖	书	碎	衫	车	运	栅	眼	咖	啡	环	人	木	盖	缺	特	保
许	意	见	不	久	貓	帽	落	灵	碎	旅	程	生	类	恐	衡	直
便	木	露	社	蛾	租	子	保	惫	股	研	动	复	许	不	四	高
摇	之	的	最	解	本	木	发	各	地	虑	便	远	环	举	飞	柔
源	后	子	主	决	娱	秀	驱	生	错	乃	树	试	社	答	答	平
携	马	错	买	平	机	释	平	毁	赂	思	子	真	差	加	疲	过
光	子	伊	入	的	有	眼	。	撞	水	窗	飞	后	摇	人	坠	票
究	虎	人	驴	衡	灵	肉	携	肢	真	帘	水	了	页	素	见	旋
>	周	年	闲	动	蛋	糕	安	最	选	灵	木	心	己	特	人	雨
素	桌	查	心	伊	傲	梁	人	基	信	亲	亲	苦	保	有	衫	邀
平	驴	机	惨	木	了	醋	煲	视	最	信	情	灵	丘	出	修	动
觉	市	中	心	情	欲	人	便	机	衬	围	电	话	比	稳	草	飞
虎	老	性	露	区	近	乐	摇	几	飓	填	栏	静	特	举	通	排
约	欲	木	皂	马	地	保	差	碰	见	风	风	暴	高	绍	丁	亮

意见
各地
风暴
稀缺
帽子
不久
买入
飓风
足够
覆盖
窗帘
周年
咖啡
市中心
围栏
蛋糕
电话
解决
丘比特
旅程

Puzzle 264

驴	毁	觉	眼	本	心	不	也	降	条	基	考	填	基	落	查	生
学	部	水	想	本	剧	场	桌	疲	人	父	观	遥	电	桥	量	底
口	校	循	里	一	释	貌	情	行	解	豆	察	建	趣	煲	领	特
趣	项	定	的	亲	二	他	惫	的	远	马	股	欲	特	最	口	镜
袖	试	乃	泽	的	有	二	豆	落	行	克	的	事	件	项	证	解
股	环	有	好	休	轨	草	。	人	释	杯	能	情	惫	老	明	音
部	书	信	思	眉	电	子	最	身	解	号	可	加	源	虫	便	紧
栏	觉	心	迟	特	车	>	肉	柔	稻	情	活	丁	命	中	士	行
蔻	素	人	年	龄	解	鼠	标	部	遥	出	降	奇	检	数	豆	数
灵	有	恐	的	阻	止	权	热	添	马	静	祖	迹	查	高	贵	的
幸	凑	能	来	马	父	遇	状	加	趣	护	况	差	桥	也	秘	几
程	！	平	村	口	研	股	股	举	里	破	况	野	底	间	远	条
得	碰	自	柔	心	携	动	露	镜	充	先	蛾	理	快	保	>	！
循	己	自	分	柔	的	马	激	日	伏	苦	树	察	赂	好	准	人
面	的	私	虎	栏	士	梳	机	发	许	优	决	亮	>	素	则	型

一二二。
便士
阻止
的事件
准则
命中
激发
奇迹
学校
剧场
马克杯
检查
有轨电车
可能的
证明
有信心
观察
高贵的
添加
鼠标

Puzzle 265

坠	考	试	决	素	见	出	舞	幸	典	老	情	回	！	心	行	年
热	规	绍	有	挑	面	便	台	底	鳍	带	损	家	想	行	遥	人
音	条	走	土	战	保	乎	循	克	乎	要	年	规	增	的	身	之
>	撞	廊	木	狼	衫	休	特	领	子	区	便	牙	组	金	亲	从
经	放	根	！	不	发	性	赂	坠	放	顿	时	刷	织	子	袖	源
济	亮	解	观	露	自	信	子	特	子	了	坠	香	生	飞	>	柔
考	皂	便	理	乐	加	倍	普	通	便	紧	农	上	镜	行	察	部
柳	图	乎	子	填	安	便	子	梁	貌	遇	场	梳	士	热	程	遥
絮	了	思	最	远	视	主	租	自	焕	香	口	马	车	露	驾	驶
椭	放	得	书	破	骄	发	梁	遇	趣	热	错	带	恐	损	事	貓
圆	日	煲	>	煲	究	热	袋	持	伏	栅	醋	飞	滑	恐	觉	延
形	恐	见	稳	过	透	快	的	爱	亲	摇	建	本	损	羊	蜘	蛛
解	领	过	自	惧	面	携	深	排	灵	电	灵	人	究	紧	肉	人
电	里	。	情	礼	况	惊	浅	他	欲	回	破	安	行	坠	諾	自
加	复	面	马	秘	遥	了	有	饭	热	行	亮	凑	野	镜	喜	摇

经济
椭圆形
蜘蛛
羊肉
土狼
舞台
柳絮
回家
驾驶
顿时
的金子
普通
走廊
的深浅
亲爱的
挑战
牙刷
见面
农场
组织

Puzzle 266

特征
冒险的
一起
高贵
头发
最高的
她的
温水
护士
条件
精细
奥秘
的球员
棒球
喜欢
惊讶
运动
请求
鸡蛋
内部

！	重	肉	释	建	的	球	员	热	源	自	来	内	惫	权	疲	雨
特	间	车	定	！	险	棒	观	修	豆	复	修	部	娱	本	思	平
乐	延	而	年	觉	冒	村	趣	议	量	复	飞	乎	余	木	区	高
增	温	水	的	因	露	信	貌	口	根	碰	蛾	情	。	四	泽	他
热	损	平	底	行	本	充	请	胶	噪	解	貓	四	况	身	喜	欢
生	错	条	答	区	奥	秘	求	摇	条	一	栗	远	惊	请	带	驱
本	图	股	虎	排	决	自	袋	水	件	起	便	运	能	讶	议	间
摇	木	想	鸡	蛋	袋	马	根	摇	真	的	心	复	动	闲	士	几
增	驴	地	乐	护	携	放	亮	便	摇	也	条	保	迟	倍	转	转
肢	之	坠	存	许	士	安	摇	升	醋	驱	举	她	遇	磨	远	也
地	事	延	桥	重	破	察	典	最	型	精	细	的	特	征	草	解
带	考	私	头	发	驱	填	贵	高	优	撞	露	栗	过	人	建	最
面	错	源	信	部	记	试	镜	的	请	情	答	情	情	人	优	水
磨	转	能	亲	雨	破	最	然	便	信	究	排	事	填	恢	车	因
决	紧	肥	趣	亮	自	图	余	稳	旋	考	本	驱	本	运	特	保

Puzzle 267

有	咆	哮	摇	骄	娱	欲	第	二	>	循	高	暴	狐	稳	蛾	胶
根	橡	胶	衬	摇	碰	请	丁	口	伊	紧	心	力	狸	车	礼	特
量	不	况	桌	噪	驱	克	几	面	梳	飞	子	规	通	安	最	子
自	趣	欲	豆	观	解	栗	喜	磨	持	瑞	焕	闲	降	视	况	肢
拓	展	的	虎	程	秀	特	况	雪	上	袋	充	的	他	填	滑	包
的	露	醒	四	富	觉	平	权	旋	疲	平	娱	肉	柔	士	携	裹
父	落	礼	持	含	露	男	建	貓	领	煲	惊	信	不	惨	绍	野
平	衫	紧	事	灭	伏	机	性	衬	坠	饭	动	明	香	肉	延	！
凑	柔	见	喜	绝	士	最	请	柔	破	撞	标	准	年	惨	秀	的
自	项	破	摇	梁	平	面	情	。	约	不	本	人	自	自	滑	蛾
票	稻	复	高	重	转	考	来	情	露	鳍	桥	几	不	野	携	貓
磨	马	复	紧	桌	移	车	差	担	保	木	好	热	当	苦	得	规
携	武	士	蔬	菜	私	桥	特	心	坠	虎	乐	怖	摇	趣	股	喜
事	思	虑	袋	最	本	的	持	碎	修	碎	子	驾	近	乐	喜	坠
柔	桥	伊	间	的	错	摇	先	情	乎	香	保	车	介	情	近	衬

第二
灭绝
标准
雪上
明年
武士
暴力
橡胶
拓展
男性
狐狸
转移
特权
包裹
咆哮
不当
驾车
富含
担心
蔬菜

Puzzle 268

典	灵	议	落	思	数	怖	袖	面	加	蠕	讨	苦	情	草	面	的
回	野	不	稳	定	信	子	栏	摇	不	>	论	醋	衬	迟	亲	复
便	底	有	性	领	稳	通	宜	考	得	幸	素	约	自	欲	有	年
虫	不	亲	飞	灵	延	虑	倍	答	胶	素	马	差	紧	静	好	口
书	撞	眉	保	磨	医	院	摇	不	肥	觉	面	异	不	了	底	间
滑	冰	赂	年	好	野	快	摇	特	磨	项	特	股	出	瑞	票	安
木	其	危	险	终	野	充	循	草	余	骨	折	马	光	动	许	权
观	欲	他	稻	遥	于	满	运	透	惧	镜	撞	回	反	要	旋	伊
他	落	袋	自	书	。	虫	况	部	而	水	类	因	映	音	间	滑
怖	壳	出	栏	观	保	上	迟	复	遥	心	梁	撞	介	惊	远	镜
例	外	蝙	蝠	举	秘	间	梳	里	建	士	观	面	秘	的	的	希
重	复	草	中	情	量	流	区	>	柔	乐	动	趣	情	升	重	望
觉	源	栏	坠	紧	电	行	的	页	修	雨	而	祖	走	虫	要	本
栅	秀	的	来	雪	型	的	苦	草	票	复	私	灵	了	要	破	复
焕	带	飞	票	心	乎	复	便	研	排	乐	最	道	德	亮	查	宜

其他
危险
道德
外壳
蝙蝠
骨折
例外
走了
终于
反映
不稳定
的重要
流行的
讨论
医院
充满
修复
差异
滑冰
希望

Puzzle 269

他	数	员	工	合	母	鸡	海	赶	路	最	！	趣	研	填	特	持
的	人	领	克	的	格	加	滩	顶	飞	蠕	胶	水	热	香	噪	信
机	諾	秀	主	规	存	保	真	摇	稳	静	转	快	栏	草	情	请
会	望	木	趣	光	望	梳	灵	书	虎	建	栅	则	决	高	能	子
乎	破	醋	。	理	雪	高	驰	名	老	长	期	身	木	行	源	过
真	镜	建	便	保	望	议	宜	主	子	释	有	通	乐	他	秀	分
近	醒	胶	来	野	议	磨	后	木	蛾	遇	则	事	的	私	情	乐
素	升	虑	热	充	好	上	便	鳍	顶	请	则	特	乃	约	摇	坠
恐	他	过	释	行	蛾	諾	请	来	雪	亲	滑	部	伏	亮	根	坠
环	底	近	经	营	世	纪	遇	滑	极	镜	错	主	定	挥	特	试
野	出	现	开	木	拒	！	保	倍	其	物	好	语	排	杆	倍	倍
子	推	许	始	桥	规	绝	举	究	保	质	蛾	言	规	便	虫	解
摇	的	惩	保	高	书	然	摇	人	摇	衡	决	部	许	他	答	四
选	趣	柔	罚	諾	根	远	灵	况	亲	存	饭	连	諾	骄	秀	上
的	因	答	建	音	通	况	惨	怖	介	有	面	拍	部	乎	摇	然

连拍
语言
海滩
长期
惩罚
开始
极其
赶路
挥杆
出现
经营
员工
母鸡
推出
的机会
世纪
拒绝
驰名
合格
物质

Puzzle 270

理	皂	随	机	肥	老	的	基	幸	复	源	摇	规	余	社	特	>
权	便	差	蠕	好	飞	社	倍	请	记	的	理	子	己	情	究	有
替	休	息	得	私	仅	社	光	了	高	坠	面	肢	虎	答	驱	私
权	代	凑	中	发	马	仅	四	差	得	察	回	音	乐	私	余	环
>	不	电	有	虑	日	村	充	坠	机	落	豆	柔	而	约	虫	决
的	克	邀	子	理	情	面	分	母	亲	镜	首	行	他	本	填	身
主	书	喜	镜	书	持	能	怖	碰	面	惫	富	心	他	举	国	际
心	本	量	草	宜	遥	心	便	无	諾	不	真	差	得	最	静	车
自	镜	况	况	保	故	豆	式	形	职	存	思	驱	香	定	心	领
程	高	不	日	部	事	电	动	最	责	稳	上	露	桥	觉	规	肉
坠	于	的	摇	自	延	规	！	大	伏	亮	心	车	因	他	克	灵
灵	介	亲	部	特	的	捕	捞	的	切	解	趣	苦	草	权	图	发
拼	动	喜	热	摇	有	人	发	展	过	一	次	茶	人	透	木	建
写	视	虑	桥	袋	定	破	身	雪	相	信	的	壶	！	卫	胶	迟
条	部	雨	肉	升	请	子	情	信	损	信	间	持	分	生	信	复

的一切
仅仅
电动
无形
替代电子书
形式
捕捞
发展
职责
最大的
国际
一次
拼写
茶壶
相信
母亲
随机
卫生
故事
首富

Puzzle 271

的	乎	无	恐	司	公	鸡	洗	最	况	村	规	儿	来	根	醒	释
面	>	自	效	复	通	秀	衣	情	单	独	类	摇	子	中	存	增
苹	果	况	余	努	傲	错	他	肉	心	车	便	好	平	修	不	解
答	优	摇	典	力	透	邻	居	光	增	后	优	书	保	安	迟	信
柔	野	从	要	马	带	惨	情	恐	苦	顶	热	股	胶	灵	最	举
骑	自	行	车	撞	苦	近	页	坠	填	顶	图	空	间	行	情	磨
思	摇	典	自	类	试	建	心	最	素	马	私	蠕	桌	理	恐	信
优	差	日	分	法	愚	虑	心	先	未	马	近	保	的	娱	约	自
眉	智	热	遇	律	蠢	栅	生	人	快	来	书	柜	类	毁	稻	的
特	慧	持	状	人	的	机	滑	决	摇	最	伊	坠	秘	落	现	场
动	眼	情	亲	疲	源	分	带	便	发	循	肉	惊	况	老	考	型
四	衫	乐	伏	破	摇	碰	煲	蠕	有	顶	考	父	心	票	自	身
蔻	然	木	礼	近	地	间	袖	可	面	试	面	灵	喜	最	观	苦
答	望	不	护	热	栏	也	人	可	包	蓝	请	透	先	士	惧	猫
快	秀	议	父	袖	升	理	信	的	绍	铃	观	复	他	肥	间	热

公司
公鸡
儿子
愚蠢的
苹果
单独
面包
空间
未来
书柜
骑自行车
努力
可可
法律
现场
洗衣
无效
智慧
邻居
蓝铃

Puzzle 272

填	信	况	远	梁	碎	栗	私	口	了	通	觉	亲	牙	研	状	飞
的	兄	弟	马	息	乎	心	子	释	自	西	部	妖	自	齿	雪	子
复	野	亮	从	降	驱	察	解	便	醒	摇	查	精	则	定	面	余
灵	性	！	柔	落	乃	快	来	饭	秀	典	公	布	摇	下	增	也
梁	不	蛾	平	动	平	本	煲	远	号	马	标	因	私	况	自	保
疾	病	机	区	虎	肥	复	马	部	存	运	记	怖	紧	野	丁	证
摇	观	会	基	乎	车	消	倍	秀	于	然	自	理	的	兔	延	究
实	配	，	建	议	野	化	静	真	不	而	便	差	人	木	看	有
验	对	储	树	决	惊	先	落	磨	排	的	带	音	貌	便	木	数
骄	的	备	稻	增	自	信	骄	惫	信	几	出	巨	旋	自	碰	激
桥	露	摇	的	亲	解	虎	子	遥	特	雨	醒	梳	大	您	选	择
面	欲	心	疲	秘	情	分	保	安	号	野	幸	编	情	远	露	恐
骄	定	乐	面	身	租	情	看	动	动	部	号	辑	傲	撞	恐	秀
因	租	激	灵	喜	的	循	年	自	休	欲	欲	恐	回	肉	貌	凑
坠	的	怒	老	稻	决	书	活	心	部	股	平	栅	>	幸	亲	情

激怒
机会,
西部
牙齿
野兔
的兄弟
妖精
标记
亲自
公布
保证
储备
配对
实验
然而
消化
巨大
您选择
编辑
疾病

Puzzle 273

循	滑	研	丁	生	保	静	复	虑	>	动	不	量	紧	。	理	远
坠	延	衫	惫	虎	心	了	护	解	父	年	露	桥	延	眼	柔	疲
迟	真	老	木	焕	通	衫	乎	面	里	马	马	梳	伏	遥	地	图
欲	解	解	究	得	袋	豆	试	明	桌	放	好	草	有	>	赂	飞
赂	图	野	型	洽	树	生	自	显	蔻	摇	特	坠	看	虑	政	破
望	理	素	思	谈	落	电	状	决	野	貌	解	声	票	机	府	自
情	区	充	保	邀	入	毁	野	分	支	行	雨	明	电	虑	的	怖
书	毁	自	马	驴	号	野	碎	貓	木	保	请	撞	选	许	隐	充
真	乐	雪	的	马	快	有	发	日	定	胶	修	面	惊	己	信	藏
见	源	貂	他	平	龄	看	图	地	约	驱	管	理	日	部	修	约
性	能	白	色	桌	地	马	循	闲	许	事	容	易	没	的	股	宜
间	面	便	循	丁	傲	皂	私	不	露	项	旋	遥	热	有	摇	余
乐	恐	类	惊	子	信	有	释	凑	息	统	治	者	拉	似	鲜	花
携	虑	克	便	释	举	充	村	赂	热	特	成	不	动	乎	肉	察
租	增	露	趣	肉	部	许	身	考	马	迟	欲	年	看	摇	热	摇

没有
政府的
成年
声明
隐藏
性能
地图
鲜花
白色
似乎
拉动
统治者
事项
分支
落入
雪貂
明显
管理
容易
洽谈

Puzzle 274

干扰
手机
聚焦
眼镜
第三个
豌豆
田鼠
测量
摇滚
重复
休闲
突然
生命之
从来没有
意图
理论上
借给
完全
父母
接收

决	保	出	休	闲	运	优	梁	而	马	动	借	给	行	近	碰	素
平	损	突	然	解	顶	复	素	四	身	年	秘	亲	机	理	胶	木
衡	性	蛾	面	惨	肉	柔	号	礼	携	第	究	士	木	坠	数	衫
飞	紧	过	事	上	号	恐	回	伏	部	三	记	思	旋	发	下	栏
貌	露	衡	平	里	惧	趣	电	想	面	个	介	带	栏	规	喜	四
父	衬	木	研	来	介	灵	日	亲	源	>	权	祖	项	生	运	究
便	母	他	基	干	扰	增	他	摇	滚	议	释	煲	落	他	惧	自
醒	年	紧	他	梳	意	后	平	源	损	撞	趣	的	梳	信	>	摇
栅	测	量	镜	理	图	来	升	村	自	乐	研	碰	恢	源	乐	骄
中	人	根	分	论	图	栏	从	热	子	驱	有	迟	乃	素	野	聚
高	生	命	之	上	自	定	来	重	马	见	休	研	亮	袋	的	焦
接	条	焕	雨	趣	状	幸	没	的	复	田	解	底	性	水	规	素
收	醋	肉	护	的	票	快	有	胶	野	鼠	手	于	豌	豆	肉	理
飞	因	便	碰	惨	信	袋	稻	号	露	望	回	机	完	复	保	书
特	的	马	眼	镜	柔	最	间	衬	栗	持	于	貓	全	修	性	的

Puzzle 275

的	趣	木	坠	考	约	身	可	考	携	答	胶	牛	仔	怖	保	栏
见	技	艺	龄	情	坠	里	重	不	真	直	鳍	有	规	人	视	降
分	析	究	木	热	有	眉	复	碰	梁	骄	骄	驴	高	充	露	灵
保	过	明	修	记	惨	复	使	伊	介	研	填	娱	之	音	肉	坠
亮	前	者	亮	仍	机	落	用	紧	的	怪	奇	程	的	语	放	考
究	延	的	究	然	瓢	虫	的	中	鼻	一	皂	直	士	句	了	持
察	龄	股	镜	摇	了	高	本	根	子	般	请	焕	>	乐	先	子
秀	稳	然	联	选	稳	近	饭	察	优	子	办	法	观	加	领	增
保	惊	先	合	保	袖	图	人	飞	数	列	关	事	而	延	请	滑
规	生	菜	收	肢	貓	乃	心	畚	驴	的	系	私	自	眼	伊	>
考	高	伏	割	租	衬	热	远	的	心	栅	滑	有	惊	余	遇	乎
带	惊	的	机	股	研	免	也	本	要	举	傲	摇	带	香	版	本
典	飞	栅	恐	解	醋	光	费	中	鳍	股	真	驴	最	休	发	木
领	信	增	礼	坠	音	撞	带	人	惧	遥	衬	余	栅	息	己	错
领	口	远	查	不	便	本	行	邀	性	静	水	领	想	情	木	的

的鼻子
前者
奇怪的
语句
一般
技艺
分析
版本
联合收割机
明亮
免费
仍然
办法
系列
牛仔
休息
关系
可重复使用的
生菜
瓢虫

Puzzle 276

伊	露	收	篮	遥	性	本	情	蛾	十	建	瑞	记	秀	平	！	行
探	讨	藏	球	不	坠	远	栏	重	年	恐	特	倍	貌	部	况	从
举	破	缩	秘	子	通	号	过	碰	栏	娱	充	的	控	解	自	放
眉	虑	梁	写	驴	自	而	光	胶	保	可	桥	梁	制	主	觉	活
特	损	间	保	焕	来	审	判	白	菜	爱	乎	貌	通	了	重	修
租	礼	秘	>	复	远	野	能	稳	望	的	不	过	保	心	重	特
野	释	赂	试	想	图	条	解	条	了	饭	租	书	梳	进	绍	面
克	不	虫	看	行	树	欲	邀	的	闲	想	雪	安	胶	口	特	优
骄	思	试	伊	好	情	重	趣	音	约	驱	修	灵	亮	点	书	衫
差	解	权	木	年	本	机	图	特	年	复	惊	况	好	分	分	看
面	了	举	近	议	试	领	看	苦	伏	龄	表	示	项	欲	静	桥
友	复	迟	木	諾	傲	噪	野	察	伤	心	回	许	子	高	有	行
约	好	恩	爱	老	吸	持	的	动	乐	丁	带	心	复	树	社	举
指	衫	的	低	较	收	口	请	息	了	人	露	豆	喜	优	优	请
责	重	不	安	远	了	循	欲	特	基	栗	衡	动	里	租	草	栏

篮球
亮点
审判
可爱的
恩爱
探讨
收藏
指责
进口
白菜
桥梁
友好的
年龄
较低的
十年
伤心
吸收
缩写
控制
表示

Puzzle 277

瑞	心	丁	不	日	滑	衫	落	周	估	计	高	闲	雨	考	平	机
肉	惨	从	增	自	的	磨	人	末	紧	蛾	惊	因	书	况	里	士
究	理	秘	倍	保	倍	车	下	不	瑞	坠	解	的	因	信	视	理
真	躺	礼	考	况	鹦	鹉	>	恐	分	特	蔻	亲	袖	导	向	的
股	在	素	乎	眼	能	便	然	村	本	摇	素	欲	回	部	>	柔
分	钟	神	秘	肉	不	光	收	高	赂	的	间	价	今	落	图	便
恢	>	高	倍	解	虫	息	木	集	桌	进	入	格	优	晚	降	于
露	保	重	型	转	的	秘	书	延	有	四	人	的	肉	看	桥	滑
本	机	傲	增	延	有	驴	转	木	雪	考	重	图	龄	研	考	光
骄	不	加	信	能	热	有	肉	部	填	马	虫	象	说	话	男	子
绍	四	降	排	眼	的	增	设	计	采	他	克	梳	苦	高	优	龄
乐	摇	放	护	研	延	专	恐	怕	访	马	损	视	的	许	赂	肉
日	疲	諾	亮	貌	不	带	家	飞	租	平	部	存	生	远	降	破
的	摇	先	乃	复	日	放	丁	举	自	决	循	驱	日	特	后	,
的	地	亲	他	因	究	复	型	发	焕	静	究	克	闲	香	典	破

设计
估计
进入
的生日
躺在
今晚
说话
男子
价格
导向
采访
周末
鹦鹉
的专家
神秘
恐怕
收集
后,
的图象
分钟

Puzzle 278

平均
的仇恨
科学家
尺寸
的好处
惊喜
最好的
捍卫
听到
需要
报纸
范围内
鼬鼠
方式
离开
袋鼠
的进展
一年
驯鹿
开玩笑

的	事	木	乐	循	情	则	光	近	喜	马	虑	优	滑	类	惊	紧
亮	一	复	倍	需	要	虎	野	煲	降	分	梳	迟	稳	>	喜	心
平	年	光	动	况	数	马	镜	的	面	下	心	底	方	亮	租	乐
休	优	子	范	察	村	过	衡	进	上	瑞	的	摇	式	转	村	上
袖	驯	煲	环	围	露	梳	。	展	袋	豆	要	量	光	瑞	日	。
焕	鹿	租	镜	顶	内	蛾	喜	信	肉	特	破	电	情	增	焕	带
过	票	碰	解	活	权	书	书	看	趣	怖	坠	噪	带	查	动	焕
要	諾	身	报	他	驱	老	傲	尺	错	趣	保	幸	区	选	真	机
最	好	的	纸	摇	许	秘	秘	寸	权	充	僉	听	泽	香	生	书
持	的	好	处	袋	安	衬	泽	灵	研	性	有	木	到	蛾	近	野
稻	醒	远	宜	鼠	鼬	不	惧	后	肉	好	伏	蔻	部	稳	自	光
充	驴	草	亲	复	的	最	机	填	了	远	直	的	活	中	信	降
马	领	规	露	试	袖	袖	领	乐	坠	醋	的	从	衬	介	眼	面
平	均	离	后	乐	携	约	科	学	家	肢	仇	落	复	！	袋	醒
笑	玩	开	增	露	约	私	乐	捍	卫	焕	恨	究	直	幸	疲	况

Puzzle 279

先	木	解	近	考	噪	护	于	自	醋	间	自	郁	电	理	露	丁
见	后	了	年	有	草	甸	欲	破	坏	的	排	秘	金	因	项	宜
昨	条	息	书	素	梁	建	栅	细	区	解	面	镜	蔻	香	存	回
天	坠	的	本	镜	草	的	鞋	胞	露	失	去	了	諾	下	心	典
旋	条	运	栗	摇	看	透	奢	侈	品	介	碎	自	自	文	基	唱
情	了	摇	视	狭	隘	好	虎	驴	衡	便	乃	眉	星	期	本	歌
磨	特	私	主	肉	眼	的	移	动	自	木	转	飞	的	许	过	绍
自	察	邀	排	娱	释	远	解	视	行	衬	身	撞	四	后	心	基
行	增	距	酒	吧	私	露	影	响	车	而	书	栗	而	坠	填	地
存	自	离	袖	>	图	保	主	从	灵	行	于	静	不	热	情	士
柔	毛	巾	回	四	乐	考	循	之	本	趣	查	远	稻	坠	社	安
乐	梁	绍	保	运	理	宜	坠	释	人	事	保	约	快	乃	老	优
镜	的	焕	下	趣	素	摇	优	下	举	数	观	请	疲	>	骄	带
保	惧	紧	便	身	加	动	灵	几	伏	女	能	倍	远	有	迟	老
热	栅	然	情	复	谨	慎	袖	赂	口	循	人	机	毁	便	秀	规

自行车
的移动
细胞
谨慎
女人
的鞋
毛巾
酒吧
唱歌
文本
距离
失去了
草甸
昨天
破坏
郁金香
星期
影响
奢侈品
狭隘

Puzzle 280

程	增	票	平	观	察	幽	虑	地	惫	的	行	类	雨	苦	况	想
栏	基	灭	似	高	迟	思	灵	毯	子	虫	祖	旋	镜	惨	破	便
栗	主	亡	有	乎	之	降	面	袖	项	本	碰	试	镜	乐	得	见
思	题	热	惊	约	的	坠	远	碰	虎	高	降	能	息	便	野	面
延	，	之	然	有	状	马	车	桥	上	饭	考	票	回	老	事	碰
皂	醋	焕	落	乃	视	女	巫	光	虫	数	后	于	复	理	解	得
带	间	休	凑	上	有	树	摇	香	部	距	租	心	尖	尖	的	主
衬	信	降	肉	野	坠	举	破	醒	租	离	书	飞	疲	醒	好	四
摇	视	携	情	边	双	亲	车	袋	远	木	稻	的	雨	年	友	信
最	转	蛾	秘	缘	>	乐	的	决	野	释	马	信	本	地	依	息
日	袖	露	礼	马	余	解	降	有	领	特	修	带	出	保	赖	真
闲	自	惊	保	下	心	自	保	面	生	直	木	票	因	情	建	因
栅	书	来	到	职	释	摇	沿	许	特	试	举	情	克	顶	木	地
惫	解	观	骄	业	乐	释	研	着	遥	排	不	平	礼	惫	则	试
上	木	的	场	景	透	露	复	肉	后	研	数	子	>	己	柔	过

主题，
女巫
信息
职业
依赖
地毯
幽灵
尖尖的
边缘
双亲
本地
灭亡
的场景
来到
沿着
观察
见面
似乎
友好的
距离

Puzzle 281

根	请	间	虫	>	中	人	心	便	便	复	醋	主	梳	要	趣	毁
驱	平	直	静	权	远	惊	口	的	子	修	胶	说	书	优	考	机
许	可	使	用	柔	迫	动	邀	顶	惨	则	坠	服	便	衬	发	环
桌	近	选	灵	惊	使	主	过	舒	适	先	的	露	恐	心	驴	于
煲	撞	一	声	根	亲	衬	下	加	人	坠	毁	飞	乐	树	静	约
高	余	露	过	有	条	后	面	马	错	复	破	面	干	旱	稳	生
况	马	遥	来	>	基	滑	快	特	自	带	底	损	最	护	骄	人
远	木	机	碎	龄	乐	放	己	醒	镜	左	腿	情	煲	栗	乎	不
高	豆	坠	欲	类	自	源	图	心	存	露	触	情	环	音	树	人
肢	士	伏	后	自	日	子	赂	恐	之	旅	摸	高	息	乐	蛾	量
查	乐	保	不	老	解	信	大	衣	磨	趣	不	表	面	子	带	增
陪	熟	撕	裂	鸟	木	味	道	存	子	条	试	的	持	底	护	滑
丁	审	悉	后	啼	紧	行	苦	苦	稻	人	查	远	秘	己	鳍	撞
闲	>	团	步	究	虎	标	题	察	情	草	飞	葡	日	存	许	蔻
记	他	程	量	行	带	近	理	修	丁	间	平	萄	怖	则	也	从

鸟啼
陪审团
左腿
干旱
表面
步行
一声
熟悉
触摸
撕裂
标题
迫使
说服
葡萄
之旅
舒适
许可
大衣
味道
使用

Puzzle 282

要	衫	类	乐	乐	不	便	源	恐	根	据	雨	衬	最	加	士	趣
间	查	复	粟	停	机	坪	建	驴	区	息	约	好	信	快	秘	稻
休	虑	镜	不	野	填	排	撞	真	惫	部	马	皂	袖	只	是	貌
破	马	况	运	之	人	豆	动	不	乐	四	逐	肢	仓	里	况	书
许	最	朝	信	高	透	平	灵	栏	定	息	渐	平	自	鼠	选	得
状	>	着	本	袋	怖	秀	饭	况	丁	凑	延	音	性	人	东	部
秀	面	。	条	款	保	胶	区	量	信	驱	邀	恐	信	承	情	电
眉	几	皂	先	增	高	蔻	音	查	龄	的	查	亮	也	诺	茶	壶
幸	间	保	情	高	增	加	有	的	龄	的	来	里	机	举	村	约
而	坠	身	程	况	定	磨	肥	伏	坠	疲	环	动	紧	有	研	粟
草	的	很	乎	了	子	光	信	皂	肉	顶	股	胶	释	社	麋	鹿
柔	祖	多	息	量	包	己	分	近	邀	灵	音	便	飞	环	礼	条
稳	绍	貓	乎	遇	含	信	忽	豆	有	人	便	的	型	摇	延	倍
貌	票	而	数	能	力	期	望	略	电	话	倍	重	欲	明	蠕	通
飞	降	心	素	几	滑	电	子	乐	摇	部	出	许	惫	星	况	柔

根据
承诺
仓鼠
东部
肥皂
增加
逐渐
明星
包含
朝着
停机坪
只是
条款
麋鹿
能力
很多
期望
忽略
电话
茶壶

Puzzle 283

要	免	撞	煲	亲	延	安	看	己	乐	量	举	看	克	请	马	研
有	諾	费	木	野	事	之	高	填	复	马	程	而	的	遇	数	余
号	火	箭	延	生	票	平	安	直	保	护	权	源	眼	性	坠	碎
克	性	条	摇	之	闲	介	部	议	热	梳	信	乎	源	考	静	转
的	机	会	尽	考	四	最	升	桌	滑	遥	有	改	马	保	惊	惨
心	桌	野	一	年	后	瑞	股	研	乐	书	趣	而	善	间	面	区
的	身	！	份	貌	面	休	出	高	静	然	书	更	漂	亮	影	蛾
镜	许	煲	桥	碰	下	信	乎	礼	坠	日	丁	摇	凑	衡	响	磨
别	人	摇	子	间	权	通	延	祖	了	便	欲	解	的	赂	议	号
因	平	眉	来	最	驱	梳	类	考	回	碰	柔	独	奏	转	磨	填
素	降	木	平	议	然	平	礼	本	泽	静	破	疲	特	存	行	充
顶	拉	动	村	区	活	不	之	胶	士	研	磨	的	凑	高	树	私
村	蜗	牛	人	程	梁	间	桌	根	趣	噪	柔	灵	贸	易	栏	己
采	宽	滑	每	规	碰	激	发	幸	则	真	驴	皂	信	醒	近	复
访	雪	幅	只	本	木	。	虎	最	宜	梁	惊	分	究	伏	露	项

改善
填充
贸易
尽一份
宽幅
保护
别人
独奏
更漂亮
野生
蜗牛
每只
因素
火箭
激发
的机会
拉动
免费
采访
影响

Puzzle 284

猛	复	人	迟	镜	闲	后	数	便	书	本	要	生	秀	延	答	顶
想	地	拍	摄	发	便	请	据	先	行	宜	的	静	皂	便	不	区
部	有	察	稻	惨	认	号	根	远	人	为	闲	諾	马	。	分	请
定	车	于	的	肉	为	重	复	迟	携	碰	闲	克	克	焕	思	请
况	栏	瑞	鼻	热	考	自	稻	部	充	加	游	议	杯	的	约	出
而	的	分	子	！	煲	旋	恐	介	中	动	泳	的	木	马	摇	龄
貓	伊	眼	倍	绝	对	亮	损	约	泽	议	摇	赂	升	恐	填	许
！	蛾	凑	树	蠕	觉	人	便	想	伏	遥	远	四	电	便	光	滑
保	恐	顶	的	坠	平	保	遥	究	澄	清	面	部	摇	的	升	木
恐	情	因	完	成	特	月	遇	加	心	书	修	饭	见	驱	幸	发
喜	顶	特	况	权	衬	球	信	年	要	諾	蠕	便	酒	草	了	看
自	性	考	远	私	泽	四	私	音	也	乎	升	>	吧	排	落	面
栅	元	扭	人	存	落	几	乎	是	程	不	摇	放	自	心	露	理
本	年	因	动	有	延	加	想	活	衡	伊	肥	的	宝	宝	眉	租
延	长	恐	鳍	不	恢	趣	稳	得	人	平	日	直	坠	约	活	。

元年
完成
澄清
遥远
月球
拍摄
行为
几乎是
猛地
游泳
数据
认为
绝对
延长
宝宝
扭动
马克杯
重复
的鼻子
酒吧

Puzzle 285

摇	怖	况	升	错	于	究	諾	摇	考	不	瑞	骄	自	乐	滑	虫
项	凑	伏	量	错	生	碎	特	惊	定	子	虎	保	紧	祖	雪	于
狭	隘	音	直	有	邀	差	飞	源	平	皂	坠	恢	过	条	栏	情
焕	他	修	毁	研	许	休	租	飞	民	见	信	的	毁	损	于	人
人	好	底	乐	转	约	坠	貌	得	则	族	研	行	年	>	木	便
票	也	许	衫	滑	原	真	乐	车	驱	部	肉	也	衬	错	喜	复
厨	房	息	延	活	谅	娱	伊	袖	音	持	水	坠	！	稻	草	人
针	的	医	生	图	指	标	礼	虫	放	而	持	究	识	别	回	口
对	宜	行	主	片	条	骨	头	蚂	雨	类	驴	远	稻	焕	有	顶
赂	生	恢	情	疲	生	摇	出	蚁	木	分	本	出	约	乐	延	动
欲	命	后	便	车	带	人	不	带	磨	权	考	人	特	的	复	状
面	之	柔	而	后	动	便	木	释	不	日	究	程	有	股	姥	旋
士	远	性	遇	过	木	有	雨	恐	碰	恐	定	信	树	眉	爷	权
面	携	便	主	忠	露	袖	不	面	趣	亲	马	木	直	寒	冷	的
了	保	直	素	观	诚	点	眉	了	袖	调	查	能	研	状	保	遇

指标
民族
调查
图片
忠诚
识别
的医生
滑雪
蚂蚁
稻草人
针对
姥爷
厨房
也许
骨头
原谅
露点
寒冷的
生命之
狭隘

Puzzle 286

旋	基	马	答	惧	蛾	私	乐	望	释	追	看	记	部	高	的	考
快	下	心	项	坠	栏	解	本	护	便	求	树	面	高	柔	子	滑
。	鲝	落	磨	面	碎	紧	亲	子	飞	建	皮	没	政	府	摇	增
了	高	木	侵	不	不	地	露	。	！	妖	精	有	下	的	加	自
本	规	加	蔻	略	生	马	底	观	平	。	事	透	口	龄	本	规
高	苍	得	动	疲	性	虑	蛾	转	伏	答	野	紧	年	究	娱	活
自	鹭	亲	摇	乃	能	的	图	有	解	醒	克	伏	自	乐	自	部
过	看	有	主	邀	数	选	究	视	休	怖	行	不	鳍	焕	的	部
>	答	驴	特	乐	木	静	记	不	增	出	复	伏	特	坠	马	公
坠	他	使	諾	他	事	信	携	龄	醒	乐	的	建	栅	步	伐	园
阻	止	滑	出	记	得	发	邀	柔	心	情	瑞	事	心	凑	虫	己
了	携	飞	心	灵	丁	有	日	票	身	之	动	人	件	饭	鳍	愚
电	影	村	赂	决	木	衬	最	近	顶	容	几	草	甸	例	外	蠢
驱	伊	紧	高	查	露	部	理	约	礼	忍	觉	迟	绍	高	焕	的
然	通	复	諾	士	人	乎	重	驴	希	望	视	休	来	增	坠	马

电影
树皮
记得
使出
最近
追求
公园
苍鹭
政府
容忍
侵略性
步伐
的事件
阻止
希望
例外
愚蠢的
妖精
没有
草甸

Puzzle 287

音	坠	真	乎	试	得	况	看	龄	雪	骄	的	行	加	见	骄	栗
休	百	记	增	底	通	欲	察	父	错	情	生	本	虫	排	得	胡
己	个	滑	焕	醒	建	稻	况	能	信	过	活	亮	稳	直	自	萝
此	伊	看	子	请	许	飞	约	打	坠	的	骄	议	况	心	摇	卜
动	句	人	滑	技	艺	蛾	得	击	过	的	动	傲	平	坠	不	加
研	警	片	段	噪	雪	驱	肉	破	袋	鳍	真	碎	娱	一	分	钱
情	面	察	议	因	热	音	便	看	傲	票	型	>	的	驱	木	滑
加	公	允	许	重	填	栅	貌	状	遥	持	亲	发	答	人	惨	木
看	共	便	查	口	饭	乐	心	栗	丁	的	总	自	理	便	袋	情
性	质	动	香	情	考	主	有	音	镜	研	统	第	十	高	露	看
携	从	本	凑	出	维	典	事	便	豆	破	坏	稻	平	发	事	了
面	顶	护	稳	部	护	噪	面	胶	见	书	答	灵	稳	几	摇	高
再	见	不	娱	透	人	坠	本	骄	坠	本	看	遇	觉	豆	栗	思
他	伊	怖	摇	乐	加	生	许	恐	毁	滑	乃	泽	保	根	冷	子
的	操	作	面	动	通	不	底	量	历	史	栅	优	增	四	冻	静

总统
片段
警察
冷冻
维护
允许
再见
百个
打击
一分钱
性质
的操作
错过
第十
胡萝卜
公共
此句
历史
技艺
破坏

Puzzle 288

质	放	胶	己	遥	相	栏	机	的	教	训	恐	的	摇	恐	信	复
>	量	醒	辉	煌	同	则	书	邀	主	类	恐	子	农	场	主	惧
人	的	两	边	动	动	。	树	口	马	紧	泽	地	快	车	丁	后
条	音	摇	高	分	究	欲	衡	怖	根	复	私	放	噪	高	之	貓
地	型	余	透	摇	傲	快	马	梳	胶	要	建	諾	生	创	面	胶
球	机	幸	磨	乎	毁	丁	伊	充	镜	首	都	树	而	建	复	杂
坠	回	延	姥	姥	焕	恢	视	马	邀	音	远	干	泽	蔻	栏	生
素	面	损	木	典	鳍	諾	丁	错	他	平	快	的	行	水	书	赂
错	雨	遇	类	胶	光	休	貌	焕	动	了	胶	高	状	果	秀	主
保	权	毁	定	克	况	几	克	修	安	口	环	部	生	绍	身	伏
自	人	图	凑	秘	克	海	不	同	的	全	。	摇	心	条	数	肉
视	邀	摇	平	票	的	滩	桥	保	记	后	相	视	性	也	型	有
循	礼	类	发	摇	栏	服	平	惊	恐	了	于	当	通	活	想	怖
自	程	租	领	音	丁	务	盛	伏	便	摇	自	摇	出	匹	配	他
闲	幸	情	顶	分	肉	试	大	底	丁	凑	修	袖	草	释	有	自

盛大
安全
水果
不同的
匹配
姥姥
农场主
服务
相同
树干
的教训
两边
相当
质量
辉煌
创建
复杂
首都
地球
海滩

Puzzle 289

冬	喜	秘	许	地	控	士	也	马	便	定	后	皂	负	惫	运	股
终	天	瑞	行	板	制	衬	撞	信	信	损	！	自	责	便	恐	部
安	于	伏	运	研	动	皂	之	野	蝙	里	差	程	撞	士	填	乎
也	四	号	介	究	眉	坠	他	放	假	蝠	性	坠	视	类	约	惨
静	的	要	延	生	究	的	充	休	件	邮	的	手	指	领	先	典
老	桥	露	社	决	乐	雨	动	根	况	热	泽	子	人	项	见	平
确	型	驴	秘	要	从	特	观	木	页	保	数	得	特	真	野	肉
切	型	滑	量	旋	鳍	主	凑	灵	基	差	状	心	坠	权	相	信
蠕	发	回	保	貌	闲	过	面	己	梁	动	蔻	存	的	带	于	本
静	他	苦	周	长	的	了	香	坠	理	碎	遥	饭	颜	料	伊	底
乐	噪	中	他	底	画	票	能	高	栅	保	眼	恐	瑞	最	号	里
优	身	遥	研	秘	笔	况	肥	后	面	私	保	炎	热	绍	心	最
乐	不	袖	理	衡	保	货	热	坠	转	细	胞	重	机	票	龄	高
宜	不	自	惫	从	因	车	摇	社	的	惊	眼	赂	眼	行	眼	几
老	野	的	恢	行	介	错	祖	雨	透	趣	社	号	自	看	视	状

的手指
的画笔
放假
负责
炎热
确切
货车
颜料
最高
的邮件
冬天
研究生
周长
地板
便士
终于
蝙蝠
相信
控制
细胞

Puzzle 290

察	要	趣	栅	宜	娱	自	信	查	人	飞	旋	典	绝	状	光	因
虫	食	用	战	项	白	色	项	答	透	领	议	保	望	出	升	坠
透	决	列	争	票	平	音	私	信	坐	在	皱	纹	的	袖	里	领
循	号	机	表	想	乐	均	解	怖	便	猫	人	稳	的	从	环	坠
他	眼	构	近	素	运	从	循	子	察	座	先	面	袋	！	父	稻
稳	放	遇	年	秘	了	信	袖	恢	排	摇	高	马	票	梳	公	老
乐	灵	试	后	子	趣	观	了	损	趣	赂	苦	桥	的	野	布	虫
袋	先	错	恐	特	类	自	权	乐	程	祖	他	豆	諾	远	权	活
自	休	秀	士	介	似	存	蓝	驰	骋	噪	村	子	滑	野	亲	心
之	己	摇	游	特	优	权	铃	桌	车	携	本	车	分	瑞	旋	增
亲	。	的	戏	过	野	木	遥	年	自	桥	事	伏	本	丁	闲	间
亲	错	中	马	正	是	大	便	栅	决	保	充	肥	观	情	量	动
决	类	运	况	桥	升	家	虫	了	远	上	日	能	伊	！	转	直
然	惨	觉	乐	保	私	村	他	平	面	升	持	面	循	复	傲	人
股	能	租	礼	亲	许	袖	马	老	差	解	最	心	摇	票	貓	而

机构
皱纹
绝望的
类似
上升
正是
驰骋
战争
食用
列表
平面
游戏
自己的
坐在
猫座
大家
蓝铃
公布
白色
平均

Puzzle 291

欲	马	信	也	复	先	买	幸	运	放	倍	则	平	便	状	保	充
袋	先	有	灵	第	碎	得	摇	来	状	查	星	碎	高	想	里	木
栗	后	情	安	碎	六	起	话	题	况	傲	也	期	复	页	袋	研
年	真	马	复	心	复	要	伏	幸	的	本	典	撞	基	理	看	不
皂	露	源	柔	望	柔	也	里	了	行	类	马	趣	间	车	伊	梳
近	图	雨	图	面	眼	沉	人	状	信	于	娱	面	諾	情	伊	降
而	马	便	必	须	睛	默	几	过	风	蘑	有	有	龄	解	发	降
静	升	图	最	落	坠	坠	察	飞	险	菇	面	栗	差	领	息	摇
放	路	径	复	租	入	安	增	降	究	祖	饭	视	面	领	水	祖
的	爸	爸	橙	知	道	心	发	的	坠	号	口	保	子	教	有	心
惧	障	碍	色	眉	而	豆	饭	的	的	排	秘	的	醋	室	本	图
子	情	心	事	素	骄	况	里	存	醋	存	草	英	寸	便	娱	情
典	看	的	人	马	高	平	村	底	木	丁	貌	丁	脚	况	机	重
袖	摇	深	心	龄	傲	他	坠	！	貌	底	心	考	趾	不	闲	宜
恢	护	浅	见	人	亮	想	好	充	保	动	赂	权	复	的	日	的

英寸
的爸爸
必须
蘑菇
买得起
知道
教室
脚趾
风险
障碍
眼睛
沉默
路径
橙色
第六
幸运
话题
的深浅
落入
星期

Puzzle 292

红色
运行
系统
始终
心脏
突然的
定义
果汁
风窗
分配
震撼
基金
周三
医药
特殊
解决
内部
故事
休闲
报纸

諾	重	视	好	驱	醒	疲	思	解	休	风	梁	恐	建	秀	错	然
远	主	草	有	栅	生	！	基	决	闲	窗	医	丁	飞	区	雪	回
转	衡	建	考	士	特	碎	保	金	好	心	脏	药	人	音	镜	树
优	口	故	事	柔	秘	肉	特	殊	分	配	权	回	肥	的	增	系
素	水	亲	加	动	里	恐	梳	社	保	根	突	然	的	坠	坠	统
选	运	灵	顶	最	选	定	内	部	情	乎	况	眉	的	股	迟	遥
理	蛾	有	村	果	汁	权	运	报	纸	于	震	子	真	水	红	平
排	衫	情	面	桥	骄	望	行	碎	底	始	>	撼	噪	底	色	！
透	毁	情	决	高	排	紧	信	环	周	终	瑞	出	远	自	信	高
高	人	肢	人	基	秘	野	议	衫	三	梳	摇	他	桥	中	透	存
释	欲	伊	自	图	自	邀	然	上	飞	便	坠	信	建	余	通	>
情	心	野	乐	分	破	行	分	动	柔	摇	乃	股	数	源	日	飞
栏	理	则	蠕	肥	复	好	的	息	约	理	马	音	木	人	便	倍
型	升	分	车	定	了	便	恢	观	转	机	护	便	特	循	保	性
则	肥	差	木	义	最	先	坠	图	四	思	娱	于	口	顶	日	保

Puzzle 293

研	然	股	电	人	虑	便	究	考	桌	出	领	重	欲	野	落	滑
趣	程	降	自	特	马	究	特	旋	解	人	热	力	阳	观	此	处
源	便	选	考	型	典	了	余	而	释	整	齐	的	台	选	醒	摇
克	研	特	当	前	紧	日	热	桥	过	得	因	自	本	野	回	记
思	父	肢	来	灵	惨	醋	上	则	士	柔	不	乐	约	环	士	醋
出	色	的	惫	雨	解	落	底	星	级	碎	保	建	恐	坠	碎	研
分	号	肉	的	口	马	优	好	思	规	噪	闲	远	怕	发	现	携
动	番	身	租	不	分	成	具	体	延	平	领	袖	胶	面	諾	先
学	茄	转	乐	虫	携	栗	分	宜	眉	里	领	研	子	驱	肥	修
校	村	衬	傲	落	自	紧	惨	防	保	然	袖	性	答	复	有	觉
保	祖	热	桥	草	感	人	答	行	卫	本	错	研	要	请	本	露
见	草	的	倍	的	运	情	条	光	他	木	老	>	况	然	回	貓
趣	优	余	士	脂	撞	袋	身	栗	子	选	最	摇	考	飞	电	苦
雨	建	亮	露	肪	分	稻	怖	>	椅	信	顶	议	貌	回	研	作
损	底	视	木	滑	状	电	况	典	后	恐	木	直	的	灵	娱	用

解释
番茄
具体
当前
成分
作用
整齐
的脂肪
栗子
椅子
出色的
此处
重力
阳台
发现
星级
感情
防卫
学校
恐怕

Puzzle 294

成功的
花园
海雀
悲惨
接受
时钟
沙发
国王
最后
证据
说明
好奇
智能
实现
办公桌
除外
反映
出现
可可
休息

国	王	撞	看	状	办	于	乐	落	乐	秘	里	有	野	木	亮	特
上	社	中	滑	雪	公	绍	主	透	行	后	远	里	驱	自	悲	惨
恢	能	摇	保	从	桌	眼	最	醒	龄	乎	充	瑞	>	心	近	碎
便	之	欲	乐	出	察	选	乐	决	栅	过	本	而	饭	欲	木	来
四	书	己	过	现	过	露	量	了	后	而	行	后	股	休	保	磨
答	底	镜	携	特	蛾	凑	泽	袖	地	优	时	钟	不	的	典	磨
子	乐	研	饭	书	栏	决	余	解	宜	娱	碰	接	海	雀	子	直
碰	心	得	恢	成	功	的	破	下	解	休	行	复	受	社	野	鳍
子	！	号	热	村	娱	的	祖	的	损	息	噪	领	驱	动	摇	滑
眉	梳	肉	磨	驴	根	护	理	苦	休	沙	树	损	反	映	丁	根
试	议	智	>	权	马	复	乐	栅	除	可	发	花	园	车	情	邀
的	光	最	能	说	最	后	好	奇	外	可	梳	秀	噪	排	加	况
怖	生	秘	况	明	栏	了	理	地	乐	马	延	肢	灵	的	活	地
最	梁	证	据	理	带	排	梳	了	撞	携	祖	记	有	。	煲	蔻
重	自	休	便	优	解	>	实	现	野	摇	究	喜	充	蛾	号	观

Puzzle 295

眉	野	介	也	本	特	表	事	运	他	事	上	欲	心	财	克	升
看	胶	规	不	灵	存	达	情	议	车	面	镜	田	的	产	飞	真
心	恢	语	能	的	转	皂	回	余	于	煲	近	袖	鼠	豆	窗	帘
欲	电	速	车	答	思	瑞	最	根	增	人	香	灵	树	肢	宜	本
焕	有	视	记	地	>	图	坠	决	基	怖	真	木	的	闲	伊	飞
则	情	子	保	木	丁	>	理	肉	迟	梁	桥	典	飞	雪	篱	笆
检	查	保	破	领	人	主	平	思	近	页	远	蛾	袖	他	凑	情
人	摇	喜	电	露	树	自	本	判	桥	记	娱	人	部	胶	环	秘
豆	泄	视	村	地	欲	南	的	定	究	过	便	私	梳	热	雪	许
的	漏	书	消	惊	情	栗	部	行	饭	生	之	回	坠	骄	幸	部
欢	要	领	化	额	>	车	顶	惊	视	快	面	信	伏	香	>	不
迎	醒	发	身	份	的	放	摇	了	喜	余	解	况	先	木	音	静
梳	蠕	动	乐	特	疲	车	光	马	典	！	桌	得	水	疲	伊	重
中	水	机	！	车	摇	后	主	思	宜	平	配	醋	自	分	主	租
增	护	野	票	惧	究	栗	马	中	秀	究	备	村	亲	业	务	上

泄漏
的欢迎
判定
也不能
表达
顶部
财产
发动机
份额
业务
南部
电视
篱笆
配备
语速
身份
窗帘
检查
消化
田鼠

Puzzle 296

闲	子	则	己	肥	保	号	缤	看	乎	察	讲	亲	水	票	转	损
消	息	快	的	欲	恐	撞	纷	得	旋	循	滑	述	波	音	发	宜
闲	保	虑	介	赂	趣	信	热	恐	察	饭	生	复	增	后	见	柔
平	区	老	热	闲	源	亮	眼	根	下	子	子	>	释	柔	村	虑
降	规	本	泽	运	虫	之	疲	望	马	栗	书	也	复	直	坠	修
信	心	觉	顶	特	人	平	理	便	远	克	书	四	太	阳	镜	热
生	最	少	数	的	图	象	最	领	性	车	面	合	格	复	坠	无
伏	重	灵	疲	远	坠	看	镜	灰	色	老	便	人	的	况	虑	线
醋	大	面	子	降	回	保	最	降	部	理	填	携	几	怖	便	电
梁	栗	俏	遇	保	账	语	句	惊	保	落	有	而	生	飞	骄	凑
灵	心	木	皮	柔	户	袖	能	衫	的	里	信	底	栗	高	凑	露
摇	露	蔻	后	乃	苦	>	答	！	滑	延	决	倍	带	坠	栏	马
带	仅	仅	意	书	转	动	热	惨	便	基	平	里	运	程	惊	伊
最	高	的	见	其	保	安	量	得	传	统	余	丁	虫	苦	安	紧
平	底	觉	蠕	他	情	理	面	伏	请	蔻	身	驴	持	过	苦	稻

消息
讲述
缤纷
俏皮
水波
账户
无线电
灰色
少数
重大
传统
醋栗
太阳镜
意见
最高的
其他
合格
仅仅
语句
的图象

Puzzle 297

回	碰	柔	可	运	一	年	循	伏	飞	统	书	素	物	先	过	能
足	够	的	怕	气	页	信	己	貓	肢	恐	治	携	理	记	木	露
毁	号	安	的	噪	填	惧	机	肉	主	重	建	者	年	视	瑞	间
蔓	肥	透	携	虑	噪	傲	摇	保	顶	间	克	恢	研	秘	书	镜
举	延	趣	书	高	区	乐	露	驴	饭	他	老	村	号	树	休	优
木	观	摩	插	入	心	磨	毁	情	过	饭	鼠	太	阳	！	伏	袖
观	蠕	托	瑞	虎	心	奏	中	捕	理	部	绍	有	建	娱	邀	的
本	降	车	本	解	秘	请	试	获	理	。	转	股	谈	自	磨	绍
护	远	基	的	醋	面	袋	亲	欲	稻	邀	他	绍	话	放	能	恐
平	乐	的	欲	噪	木	他	喜	部	碰	自	焕	本	娱	马	活	领
研	发	近	察	的	于	便	摇	书	秘	损	惊	而	运	磨	旋	亮
查	自	立	瑞	教	邮	撞	自	蛾	理	>	日	因	恢	袖	摇	肉
人	皂	独	连	育	递	延	水	解	来	准	则	根	保	摇	坠	号
较	低	的	柔	接	员	觉	香	特	约	决	快	怖	人	惨	况	礼
亲	平	灵	也	喜	飞	解	驴	落	热	镜	瑞	想	的	心	肉	梳

物理
连接
的独立
可怕的
的教育
老鼠
奏请
插入
太阳
邮递员
捕获
运气
蔓延
谈话
足够的
摩托车
准则
统治者
较低的
一年

Puzzle 298

欺骗
提醒
火炉
手柄
温度计
失望的
公民
火鸡
，动物
行业
晚餐
极地猫
风格
照片
任务
摘要
两次
剪辑
借给
奢侈品

磨	有	梁	水	号	火	鸡	迟	剪	之	迟	里	袋	修	生	人	保
远	动	飞	马	状	降	恐	排	辑	保	重	豆	照	片	规	究	根
然	龄	梳	心	究	底	飞	底	，	动	物	袋	复	惫	见	动	权
稻	趣	碰	飞	私	露	特	虎	噪	究	发	衫	栅	部	许	请	平
保	丁	遥	平	人	后	于	情	坠	。	极	的	諾	发	桥	情	有
程	余	来	型	恐	几	看	借	根	的	地	之	察	娱	电	的	几
坠	落	车	稳	子	惨	娱	镜	给	手	猫	究	通	水	欲	焕	的
瑞	皂	领	栗	存	毁	乎	坠	考	柄	衫	晚	热	延	修	的	饭
任	音	身	转	欺	骗	行	衫	回	快	失	餐	草	趣	破	动	股
草	务	的	露	香	木	子	业	提	机	望	奢	侈	品	衬	余	的
环	自	皂	！	特	查	惧	程	醒	欲	的	父	便	风	格	事	息
型	平	皂	保	究	便	有	蔻	议	士	眉	碰	高	性	分	优	真
>	乐	瑞	记	温	不	真	充	己	答	煲	便	平	书	中	项	马
衡	而	。	动	度	眉	蠕	两	次	袖	持	不	肉	自	摘	要	运
马	坠	火	炉	计	通	>	！	观	事	议	间	社	公	民	灵	諾

Puzzle 299

的	家	乡	状	循	心	丘	比	特	能	礼	情	男	孩	>	下	傲
摇	趣	破	本	豆	倍	驱	加	乎	直	野	素	分	然	面	信	性
毁	携	村	桥	遥	木	音	修	复	野	本	特	支	撞	实	验	定
袋	宜	栅	本	决	倍	量	许	然	怖	。	号	雨	秘	克	骄	坠
醒	来	的	密	加	信	情	休	则	素	页	带	充	子	迟	分	快
活	乌	运	汽	封	短	暂	建	情	视	礼	休	地	落	滑	飞	环
礼	鸦	远	的	油	查	填	得	马	紧	亮	运	恐	票	研	转	四
地	活	事	便	远	摇	人	人	过	部	噪	桌	典	不	克	最	透
请	露	苦	存	动	音	情	趣	很	少	究	上	梁	热	存	人	选
动	数	自	趣	不	四	优	虚	鳍	人	差	几	顶	保	伏	运	他
活	介	上	刺	树	宠	香	拟	酸	牛	奶	口	下	生	乐	差	情
本	骄	幸	猬	约	中	物	部	修	发	高	填	有	程	野	股	环
亲	迅	速	坠	栅	趣	飞	笑	了	过	中	静	虫	虫	猫	摇	面
猫	近	日	量	项	成	性	音	他	视	的	有	信	心	静	记	特
日	延	重	动	驴	长	灵	热	视	行	露	柔	雨	遇	焕	录	根

汽油
酸牛奶
记录
的家乡
醒来的
密封
迅速
短暂
刺猬
男孩
乌鸦
成长
虚拟
宠物
笑了
很少
丘比特
有信心
实验
分支

Puzzle 300

便宜的
到处
的方向
技工
娃娃
图像
目标
的旅馆
优质的
明智
耳朵
动词
民主
绘画
禁止
覆盖
棒球
橡胶
的好处
的鞋

有	排	傲	栗	惧	镜	恢	雨	丁	状	高	主	醋	桥	典	到	安
修	自	本	亲	有	解	驱	肉	之	的	赂	的	图	绘	画	处	树
复	惧	貌	衡	向	木	电	龄	议	摇	草	条	像	的	复	好	稻
动	程	凑	素	方	禁	止	差	近	动	根	见	书	基	娃	的	之
礼	技	邀	绍	的	稳	祖	祖	雨	子	眼	定	考	而	娃	图	摇
栏	工	焕	自	旅	释	然	底	瑞	考	有	望	上	的	飞	迟	通
之	野	因	了	馆	领	间	焕	行	袋	民	信	程	橡	的	有	况
摇	思	思	加	柔	不	露	损	面	的	动	主	察	胶	转	肉	通
的	研	号	亲	望	静	几	马	趣	安	词	覆	盖	棒	通	保	放
数	便	宜	的	人	重	介	生	惨	雨	得	也	热	疲	球	露	眉
下	记	回	桥	号	马	程	典	平	释	子	野	观	答	特	的	耳
了	约	带	过	惨	趣	书	视	研	的	充	安	思	主	有	请	朵
电	主	目	梁	从	驴	携	回	士	自	丁	有	鳍	有	的	瑞	决
增	欲	伊	标	量	明	智	水	优	质	的	行	猫	保	鞋	雪	情
自	差	几	释	迟	远	因	的	秘	野	存	地	带	趣	转	过	乐

Puzzle 301

喜	龄	成	娱	摇	记	本	主	事	怖	车	决	惊	水	本	究	马
车	书	本	鳍	放	股	怖	他	类	环	要	修	状	票	约	之	人
研	虎	煲	透	页	暂	释	延	错	解	不	乐	稻	类	复	不	豆
及	其	轿	跑	车	停	>	恐	面	豆	摇	观	发	生	无	效	看
致	命	疲	部	特	高	直	介	社	规	根	股	静	书	条	草	湿
放	部	袖	倍	情	四	恐	趣	望	特	条	镜	见	装	配	栗	气
蔻	水	秀	灰	袋	飞	热	建	主	绍	私	水	高	地	情	是	数
量	里	升	尘	请	举	复	股	理	自	项	礼	恐	差	面	指	乐
判	生	近	的	特	香	眉	充	丁	事	解	音	骄	高	异	胶	豆
批	项	出	克	答	恐	野	磨	热	了	飞	项	惧	差	热	亮	分
的	演	员	特	生	规	透	能	遥	过	闲	答	>	研	地	口	健
闲	饭	考	然	复	宜	虑	复	亲	自	重	己	理	信	香	余	康
音	磨	鳍	得	冰	灵	惧	巨	摇	间	人	动	衫	观	余	情	四
关	键	胶	素	赂	柱	飞	大	情	股	瑞	望	升	怖	摇	项	目
摇	疲	龄	肉	水	高	乐	的	书	袋	社	类	克	修	欲	亲	苦

发生
关键
是指
轿跑车
的演员
项目
成本
巨大的
灰尘的
健康
及其
地面
湿气
冰柱
致命
暂停
的批判
装配
差异
无效

Puzzle 302

区	倍	情	>	遇	的	泥	喜	欢	理	父	了	底	约	事	型	近
根	树	凑	感	肢	活	泞	研	主	落	延	子	增	克	乐	坠	自
乐	摇	表	手	的	项	护	项	礼	落	定	查	人	木	肥	好	恢
落	碎	过	肉	平	复	光	倍	赂	后	位	区	里	股	袖	行	知
复	建	型	记	研	票	滑	股	灵	延	虑	焕	音	静	热	护	识
坠	真	凑	特	倍	马	毁	间	安	坠	典	保	数	量	事	保	热
试	衣	规	祖	>	虑	因	答	面	来	雪	项	专	衡	私	鳍	量
心	柜	有	解	热	虫	本	增	规	在	去	年	自	门	睡	眠	热
热	袖	露	灵	乐	不	惊	貓	真	观	的	生	有	中	错	遥	的
需	分	恢	栗	远	鳍	他	查	过	梁	先	存	年	人	人	口	块
要	祖	克	底	基	车	们	情	信	考	有	便	面	的	泽	觉	子
思	请	力	磨	请	赂	肢	驱	解	型	状	恐	平	复	近	真	不
伏	骄	引	环	热	求	日	惧	年	祖	便	的	之	袖	携	飞	观
持	最	吸	取	衬	直	静	权	虎	下	紧	绍	驴	惫	条	午	貓
有	建	碰	水	焕	本	毁	雨	究	噪	程	恢	醋	请	虑	餐	号

的块
衣柜
睡眠
情感的
在去年
人口
午餐
专门
定位
数量
吸取
生存
泥泞
的手表
知识
他们
吸引力
请求
喜欢
需要

Puzzle 303

镜	区	口	飞	自	骄	分	钟	自	绍	许	栅	子	礼	阳	转	四
动	错	豆	衬	况	傲	解	倍	亲	坠	。	底	驱	发	野	光	建
议	宜	龄	村	性	的	担	心	信	性	傲	充	租	马	也	村	滑
过	老	子	倍	页	确	飞	袖	休	选	蛾	凑	他	上	私	增	坠
闪	耀	解	虎	栅	正	中	股	苦	难	肉	豆	蔻	能	木	好	处
望	近	思	面	便	中	秘	乐	了	，	而	不	是	理	视	便	紧
雨	解	伊	车	增	>	自	村	的	伊	马	价	带	面	摇	恐	蛾
苦	有	绍	碎	不	破	香	士	赂	重	肉	值	马	貓	恐	车	见
秘	望	况	保	旋	灵	自	主	祖	先	要	木	极	其	>	驱	过
察	心	皂	决	碎	源	貓	请	噪	间	权	袖	增	研	他	恐	特
马	心	宜	。	情	袋	循	蛾	人	号	地	疲	柔	思	心	在	情
究	得	机	老	安	遇	电	保	底	帽	子	面	最	机	生	楼	喜
安	灵	黄	柠	檬	赂	护	程	里	袖	持	信	建	规	从	下	底
类	伴	侣	色	肢	情	梁	然	息	曲	线	解	快	事	究	貓	相
。	保	坠	本	秘	延	根	树	光	撞	年	香	乐	通	便	建	反

曲线
在楼下
苦难
伴侣
闪耀
，而不是
黄色
肉豆蔻
相反
骄傲的
柠檬
价值
阳光
好处
正确的
帽子
担心
的重要
极其
分钟

Puzzle 304

高	觉	秀	发	物	究	了	来	过	苦	旋	议	考	部	眼	音	惊
桌	坠	鹿	野	质	衫	碰	优	状	私	通	回	得	验	权	蠕	特
衫	规	艺	子	稳	察	！	权	邀	皂	远	不	到	典	惫	懦	征
趣	马	术	页	直	特	要	木	自	的	有	伊	来	煲	况	袖	夫
马	复	家	光	出	摇	干	雪	增	虑	情	的	动	项	情	了	镜
有	蔻	稳	露	皂	蛾	扰	称	定	遇	磨	本	降	摄	像	头	虫
见	填	带	因	高	眉	真	栗	选	露	延	增	视	乐	而	稻	貓
动	出	亲	自	改	觉	而	胶	马	礼	决	想	状	透	柳	叶	碎
摇	护	口	行	革	望	袋	从	迟	介	有	傲	绍	摇	定	直	瑞
量	滑	然	袖	落	推	奇	迹	旋	遥	保	环	驴	树	的	噪	！
直	凑	草	里	信	迟	木	惧	衬	貌	亲	自	木	士	行	保	老
遇	不	素	有	直	口	建	得	娱	顶	信	况	数	源	型	真	鳍
升	惫	磨	从	他	热	稳	磨	下	一	个	持	情	答	面	钢	宜
面	绍	特	蔻	坠	自	上	部	携	摇	图	祖	凑	噪	骄	琴	自
素	恐	香	情	增	心	衣	栅	有	间	摇	己	父	露	降	试	由

柳叶
改革
推迟
上衣
懦夫
得到
钢琴
出口
下一个
自由
摄像头
考验
鹿野
艺术家
称定
奇迹
特征
物质
亲自
干扰

Puzzle 305

摇	表	情	保	性	真	手	乎	性	情	大	专	充	坠	心	栏	赂
惧	人	示	能	虑	桥	信	套	口	不	专	家	部	图	傲	恐	不
得	视	电	泽	稳	过	举	事	木	情	图	升	瑞	的	程	过	增
子	生	人	动	几	桥	的	秀	泼	医	野	稳	碰	亲	克	野	坠
辩	摇	虎	煲	饭	中	喜	特	妇	院	猫	柔	焕	闲	凑	约	倍
论	撞	乐	袋	携	摇	肥	欲	静	有	的	也	发	苍	平	则	热
况	领	苦	权	车	马	自	真	自	要	复	运	苦	蝇	马	型	了
间	亮	热	从	倍	循	远	而	教	授	稳	基	梳	运	赂	便	私
蛾	型	年	的	要	条	情	毁	平	护	排	野	情	醒	遥	远	热
最	乃	的	恐	甚	至	心	有	过	运	恢	宜	余	噪	不	从	项
心	等	待	直	请	重	护	理	遥	欲	乎	加	头	碎	解	眉	规
保	貌	丁	因	情	介	娱	赂	便	私	方	通	脑	坠	便	复	凑
延	静	的	休	降	几	位	醒	特	醋	式	话	心	书	量	租	放
一	子	数	机	他	存	置	建	热	高	根	坠	心	快	察	复	损
个	面	据	数	面	增	行	的	理	的	间	欲	眉	来	休	规	的

的数据
大专
专家升
头脑
一个
教授
等待
辩论
位置
泼妇
手套
通话
野猫
焕发
甚至
苍蝇
医院
电动
表示
方式

Puzzle 306

要	栅	奶	镜	事	丁	介	保	紧	平	自	子	行	解	权	回	情
露	栏	奶	煲	高	私	究	摇	桌	静	。	祖	疲	结	果	生	近
充	摇	小	说	有	延	于	他	改	变	保	驴	息	型	领	素	记
柔	>	规	便	碎	近	心	过	区	磨	理	的	租	牙	齿	栅	选
碎	惨	错	主	露	静	栅	不	要	撞	镜	驱	倍	蛾	票	虫	面
增	灵	惫	毁	本	行	衫	人	人	解	小	豆	鳍	桌	请	问	疲
典	居	闲	间	露	余	乃	秀	活	胶	马	豆	袋	有	究	于	肢
保	持	民	！	苦	恐	驱	的	本	之	水	肉	携	最	运	醒	了
落	支	社	肉	喜	人	衡	热	过	几	个	要	息	日	邀	热	年
达	成	一	致	长	凑	子	决	生	醋	理	桥	行	木	运	动	增
源	远	解	諾	度	动	虑	驱	亲	飞	肉	摇	许	况	举	类	镜
领	没	事	票	型	木	观	的	灵	于	上	飞	最	如	何	倍	怖
过	热	建	看	衡	袋	惧	私	后	填	衫	面	来	况	人	梳	保
梳	规	肢	数	余	子	的	眼	特	行	煲	雨	社	地	究	了	旋
羊	群	野	转	释	肉	趣	规	蔻	的	露	错	领	建	！	乌	龟

支持
奶奶
栅栏
羊群
小马
保持
居民
结果
没事
如何
请问
乌龟
几个
胶水
改变
长度
小说
达成一致
运动
牙齿

Puzzle 307

闲	红	环	露	貌	不	子	小	鸭	河	豆	围	面	部	型	瑞	坠
考	秀	萝	查	最	惧	肉	申	请	马	远	巾	好	桥	木	伏	肥
的	他	究	卜	过	截	距	降	年	持	胶	村	的	胶	驴	珍	马
释	雪	心	秘	约	电	自	娱	的	饭	主	动	移	坠	平	贵	父
年	情	好	存	破	类	苦	则	梳	循	噪	情	动	发	马	不	虫
！	苦	心	有	心	而	肉	动	携	小	来	肉	素	醋	不	也	肉
虑	不	子	胶	不	滑	露	野	车	数	蠕	程	木	特	三	肉	虎
好	噪	凑	毁	心	观	丁	袋	的	豆	蜻	蜓	便	热	招	角	喜
热	香	恐	安	况	坠	的	壁	画	摇	中	号	究	租	商	觉	镜
击	况	页	充	恐	虑	>	恐	便	排	克	许	不	栏	引	严	衡
败	祖	先	信	部	恐	的	龄	介	灵	梁	举	栗	迟	资	重	有
乐	己	露	余	口	口	重	闲	倍	衫	泽	自	本	从	袋	降	察
损	复	倍	护	他	身	平	虑	醋	遭	研	稳	惨	的	他	生	下
紧	肢	增	>	稻	遇	栗	灵	特	觉	受	噪	私	请	音	书	根
不	草	行	泽	虎	复	也	活	疲	加	领	坠	蛾	貌	世	界	自

世界
击败
的壁画
小数
祖先
小鸭
小子
红萝卜
围巾
河马
遭受
严重
申请
招商引资
蜻蜓
三角
珍贵
截距
灵活
的移动

Puzzle 308

雨	皂	欲	镜	摇	充	亲	解	秘	雪	息	试	父	号	有	摇	号
的	水	邀	回	醒	年	电	美	女	人	情	趣	底	母	联	系	桥
便	电	傲	摇	保	选	共	味	从	音	袖	答	头	发	望	稻	衫
恐	望	情	增	书	领	坠	同	规	典	落	音	冰	箱	想	便	环
害	赂	本	胶	事	几	醋	权	摇	查	倍	磨	页	礼	虎	梳	的
迟	羞	牛	奶	中	他	议	源	磨	的	树	不	露	木	循	那	种
自	飞	惧	的	欲	自	安	袋	木	最	蠕	环	平	研	票	规	过
有	乐	动	不	>	稳	升	解	项	定	确	定	蠕	护	飞	礼	疲
股	紧	租	栏	口	滑	音	礼	举	貓	骄	碰	自	柔	的	充	貓
趣	增	后	动	地	伊	亲	上	有	礼	貌	则	马	条	简	满	举
本	便	本	！	犀	牛	醒	特	息	远	梳	平	了	电	单	高	运
不	音	最	闲	理	条	近	蠕	諾	研	摇	动	释	觉	秀	级	几
镜	欲	的	事	情	类	肉	搜	索	完	美	电	日	机	会	高	过
树	动	租	休	磨	理	士	加	乐	面	龄	亲	身	延	车	日	的
毁	热	碎	野	望	他	动	惊	乃	自	子	苦	他	回	要	信	最

的简单
那种
机会
高级
冰箱
确定
害羞
美味
联系
共同
的事情
牛奶中
完美
有礼貌
犀牛
搜索
头发
充满
父母
女人

Puzzle 309

諾	想	雨	受	透	来	保	存	的	面	性	皂	最	能	乐	保	秘
休	木	复	害	音	坠	眼	究	绍	增	安	泽	拒	煲	解	号	绍
自	摇	先	者	定	惊	自	充	飞	趣	许	高	绝	察	柔	生	况
净	摇	噪	放	梳	恐	毁	惫	雨	露	得	秘	便	了	有	先	傲
干	摇	粗	衫	本	高	香	肠	那	宜	蛾	图	之	栅	放	环	衬
的	希	望	鲁	定	尺	寸	人	些	自	姐	姐	余	饲	早	餐	的
到	生	趣	桥	解	奇	理	静	摇	傲	灵	看	伊	料	护	热	建
周	社	祖	举	肉	怪	释	理	音	试	究	增	泽	的	量	也	摇
修	活	乎	衬	赂	的	便	惊	野	便	也	定	心	后	后	自	优
乐	磨	袋	碎	观	宜	从	保	苦	有	娱	子	行	也	身	惨	觉
生	特	程	有	典	毁	觉	解	心	鳍	热	人	梁	破	蔻	秘	试
胶	书	了	！	租	闲	煲	老	傻	瓜	型	租	另	察	过	思	赂
遥	理	摇	他	马	研	请	鳍	虑	便	至	休	一	间	遇	况	衡
上	驱	恐	高	请	的	紧	人	惊	镜	答	少	个	周	豆	论	年
源	数	怖	遇	根	回	父	野	型	恐	特	灵	护	重	六	谈	到

早餐
的希望
饲料
至少
周到的
另一个
粗鲁
周六
谈论
受害者
姐姐
恐怖
傻瓜
香肠
那些
的干净
谈到
拒绝
奇怪的
尺寸

Puzzle 310

况	恢	顶	鳍	保	了	几	安	貓	噪	循	股	素	乃	肥	骄	特
也	自	区	运	落	心	高	露	宜	的	虫	礼	透	碎	惧	有	异
乃	疲	貌	里	了	自	肉	无	数	看	>	思	信	鳍	他	透	性
增	选	间	降	回	摇	型	活	高	祖	老	票	望	恢	专	皂	的
典	乘	的	喜	伏	驱	人	生	克	权	了	源	瑞	伊	家	蜡	木
马	号	法	加	自	快	之	趣	驱	古	董	光	骄	滑	便	烛	坠
落	子	有	事	人	环	典	亲	欲	租	考	旗	标	充	柔	最	底
貓	社	豆	部	错	过	票	的	醒	语	护	毁	不	体	栏	了	理
介	好	规	>	的	究	源	远	噪	音	趣	碎	于	虎	育	真	木
权	赂	发	政	条	坠	然	有	考	购	买	息	许	情	打	携	解
多	次	一	治	计	算	器	延	能	究	延	危	心	秘	视	招	水
约	选	直	条	情	木	野	不	优	虫	底	险	醒	口	惫	骄	呼
吊	着	错	紧	衬	自	要	人	存	图	口	护	趣	怖	光	便	条
袜	村	滑	虑	私	乐	焕	程	口	过	记	奇	闲	高	开	究	信
子	理	复	活	紧	皂	老	考	好	便	欲	怪	得	雪	始	基	最

专家
无数
古董
袜子
购买
吊着
特异性的
政治
一直
蜡烛
计算器
打招呼
奇怪
旗标
乘法
体育
语音
多次
危险
开始

Puzzle 311

雨	仍	然	木	子	野	龄	环	里	他	喜	觉	直	了	快	延	保
保	后	事	议	见	香	规	梳	将	来	修	量	重	绍	状	放	权
里	增	下	包	裹	降	增	数	坠	理	携	马	的	私	增	苦	木
持	宜	噪	骄	乎	绍	高	露	转	肉	香	高	闲	飞	加	龄	日
差	动	稻	的	栏	音	便	身	了	本	社	乃	优	究	不	>	存
间	页	飞	自	父	信	休	傲	信	转	蔻	滑	惧	衡	秀	思	眼
事	几	日	野	优	焕	能	自	了	他	桥	口	重	噪	先	虎	光
能	电	落	疲	存	充	坠	平	原	套	索	数	定	旋	紧	增	迟
放	复	豆	自	驴	素	恐	型	转	介	信	余	研	雨	根	底	项
电	觉	间	保	驼	鹿	文	凭	泽	间	加	龄	父	本	教	宜	疲
土	地	乃	本	喜	接	型	恐	声	静	制	近	稻	自	堂	马	答
放	梁	出	欲	宗	收	增	有	的	音	造	也	绍	静	衬	页	噪
子	放	典	鳍	教	木	研	项	典	舞	疼	痛	伊	农	场	貓	图
蛾	心	素	租	素	不	傲	柔	型	中	蹈	不	习	治	疗	号	鳍
音	毁	闲	车	虎	几	镜	秘	滑	碎	肉	摇	惯	水	机	高	柔

疼痛
宗教
平原
习惯
制造
治疗
柔滑
声音
的舞蹈
教堂
土地
文凭
驼鹿
典型
将来
套索
农场
包裹
接收
仍然

Puzzle 312

建造
考虑
协助
牙医
墙上
准备
情人节
的羊
赢了
会见
信号
今天
部门
技术
沙塔
保存
飓风
激怒
导向
捍卫

灵	苦	人	情	的	损	今	天	型	数	虫	建	造	保	存	协	的
技	术	胶	循	凑	状	特	几	复	飞	年	宜	区	股	特	助	趣
保	转	骄	幸	导	向	增	定	有	休	亲	定	私	程	香	建	沙
页	了	通	区	差	貓	性	马	惊	滑	错	的	貓	书	动	页	塔
有	秀	牙	水	乐	墙	飞	趣	瑞	自	马	活	加	不	书	透	理
恢	然	医	保	肉	老	上	程	特	喜	程	袋	木	袋	行	衡	信
树	醋	先	自	旋	保	的	区	复	顶	选	根	惊	先	机	信	号
特	諾	落	驴	滑	面	增	举	亲	源	有	子	考	的	羊	恐	野
醒	碎	喜	填	>	自	面	宜	复	介	想	车	存	虑	复	定	准
梁	灵	则	请	肥	袋	出	请	因	骄	安	便	究	行	出	也	备
年	衬	自	下	排	而	迟	发	捍	卫	信	旋	考	激	年	衬	他
疲	条	>	试	摇	好	动	恢	保	保	蛾	己	香	怒	木	然	部
乐	况	静	部	门	日	飓	恢	安	建	面	落	乐	活	桥	号	从
图	秀	会	间	亲	煲	风	放	而	绍	保	建	肉	丁	赢	稻	研
煲	的	持	见	程	的	考	间	碰	衡	情	人	节	类	了	存	伏

Puzzle 313

增	中	栗	规	桥	虫	究	生	恐	他	研	透	明	不	桥	租	余
虑	携	带	察	事	电	光	四	因	磨	际	粗	细	动	远	网	型
諾	音	远	理	面	定	然	亲	循	信	实	乐	碎	进	物	络	心
喜	平	噪	遥	妻	子	议	行	乐	他	的	子	洪	入	重	諾	下
于	的	夹	过	程	中	填	滑	雨	定	人	解	子	水	袋	行	日
右	手	克	高	源	苦	理	迟	祖	居	才	动	书	傲	察	真	正
想	蔻	号	水	理	疲	的	携	露	者	条	息	中	灵	余	查	见
先	情	最	试	模	野	特	想	稻	坠	再	重	本	摇	邀	差	填
自	快	从	考	携	式	因	乐	破	野	次	欲	喜	摇	本	条	则
焕	坠	灵	降	迟	延	秀	摧	倍	柔	子	苦	上	意	图	便	行
透	号	典	邀	惊	究	蠕	毁	秀	息	高	特	摇	书	几	年	项
私	动	面	直	量	四	得	加	事	动	安	休	梳	保	热	栏	皂
己	保	携	人	远	程	考	特	野	迟	况	雨	纠	满	足	亲	号
飞	皂	>	数	衡	不	远	生	性	分	貌	欲	结	权	情	木	虑
破	蠕	事	页	恢	眼	通	最	安	惫	想	直	人	分	落	袖	保

纠结
洪水
摧毁
透明
妻子
粗细
网络
的人才
定居者
的实际
动物
右手
真正
过程中
再次
满足
模式
夹克
意图
进入

Puzzle 314

记	投	抽	屉	飞	类	活	护	约	了	饭	傲	邀	过	究	情	自
旋	入	察	袋	长	颈	鹿	鳍	底	从	鳍	热	梁	碰	遇	灵	基
请	动	典	信	落	因	肉	携	欲	木	趣	人	梳	宜	露	过	增
余	便	高	马	鳍	基	融	化	快	虫	泽	蔻	惊	马	得	增	带
欲	机	贵	图	妹	妹	的	发	音	亮	请	复	自	在	信	热	袖
蔻	高	首	脑	会	议	因	欲	许	转	雨	保	醒	稳	撞	电	栏
绍	优	摇	记	转	音	因	伏	温	度	选	雨	生	摇	鳍	灵	肉
伏	喜	高	书	研	程	量	股	士	重	周	次	远	便	况	携	村
梳	量	亲	建	察	存	热	伊	票	视	提	一	貌	里	眼	毁	下
梁	观	数	疲	停	况	错	复	增	规	交	衡	醒	长	然	最	口
考	便	运	人	保	留	礼	票	旅	程	电	影	院	期	望	欲	条
碰	出	带	苹	果	源	有	士	源	惨	介	热	通	肉	转	直	条
则	醒	坠	顶	不	栏	数	加	本	蠕	香	好	建	保	研	类	年
面	动	柔	数	私	乃	自	秘	有	能	安	栏	源	情	心	热	士
伏	光	之	升	灵	社	排	转	眼	解	程	驴	休	遥	自	类	条

重视
的妹妹
周一
融化
投入
停留
抽屉
温度
股票
电影院
自在
长颈鹿
首脑会议
的发音
提交
旅程
高贵
长期
一次
苹果

Puzzle 315

紧	疲	骑	旋	回	源	桥	梳	部	答	不	肢	过	袋	典	人	望
>	加	自	肉	女	西	兰	花	闲	欲	受	孕	摇	携	事	蛾	生
不	真	行	祖	从	性	得	议	条	下	之	的	焕	紧	事	肢	露
有	韭	车	祖	毁	四	子	面	平	身	恐	间	解	肉	根	行	有
恐	菜	行	后	肢	部	保	碎	虎	人	人	木	驱	龄	面	车	之
研	请	人	露	摇	邀	克	己	议	高	豆	乃	胶	后	驴	错	肥
煲	灵	况	分	滚	合	乐	秀	子	重	他	袖	数	香	>	察	损
况	高	也	复	最	作	的	下	领	四	破	野	页	便	理	近	植
心	桥	马	增	类	伙	焕	午	谷	仓	来	的	票	焕	情	肉	物
合	作	光	碎	眉	伴	休	迟	上	图	乐	木	带	运	赂	秘	上
高	错	惨	恐	加	摇	想	蛾	的	静	特	安	肉	信	眼	旋	赂
乐	结	要	修	视	追	理	建	伊	研	读	书	宜	不	解	桥	欲
之	石	娱	论	的	逐	环	动	香	人	究	年	梁	不	监	平	过
猫	头	鹰	文	动	马	音	。	则	西	红	柿	肉	老	狱	号	信
优	心	类	见	子	根	过	程	碎	虫	！	转	梁	权	部	选	坠

受孕
论文
合作伙伴
下午
的研究
监狱
猫头鹰
西兰花
韭菜
植物
合作
西红柿
女性
结石
谷仓
追逐
之间
读书
骑自行车
摇滚

Puzzle 316

建	配	乐	草	活	情	撞	动	礼	平	日	量	乎	保	启	动	碰
虑	虫	对	，	其	野	透	坠	社	顶	复	何	任	的	音	乐	直
里	毁	乐	伏	光	露	况	指	变	源	>	自	保	不	填	权	加
赂	鳍	优	父	木	欲	机	责	量	子	列	热	豆	程	情	复	柔
龄	书	车	菠	萝	飞	老	肉	肥	优	车	秀	肉	信	热	蔻	素
破	情	凑	电	婚	光	绍	赂	凑	损	复	人	而	喜	行	保	摇
闲	查	同	情	礼	音	荣	貓	邀	飞	事	之	了	龄	最	马	遥
蔻	自	间	水	伏	礼	恢	面	约	龄	安	查	先	自	自	旋	高
有	响	亮	数	先	村	的	大	胆	野	光	项	梳	蛾	栗	亮	究
幸	身	图	硬	主	宜	胶	鳍	状	水	欲	士	中	生	议	基	怖
欣	然	伊	之	币	要	人	活	绍	>	幸	龟	野	祖	马	幸	望
赂	私	己	保	保	的	复	号	底	则	保	兔	草	衬	而	曾	便
绍	车	携	远	书	分	权	过	秀	蛾	的	子	要	貓	加	经	身
破	高	日	橡	子	望	喜	恢	官	数	本	天	摇	看	遇	趣	便
休	区	量	香	高	紧	心	况	员	醒	发	鳍	携	电	眉	类	驱

的任何
的音乐
大胆
同情
菠萝
光荣
响亮
欣然
婚礼
兔子天
橡子
变量
启动
硬币
列车
官员
，其
曾经
配对
指责

Puzzle 317

疲	子	透	乐	香	优	性	桥	思	野	特	别	菜	疲	的	视	情
从	马	流	行	的	道	德	号	觉	摇	察	升	生	花	冲	觉	整
袖	来	直	优	类	答	碎	他	生	身	亲	栏	袖	部	觉	突	个
查	醋	没	解	别	事	肉	增	增	理	毁	首	私	要	热	镜	建
破	袖	蠕	有	几	冲	击	顶	解	基	木	富	书	匆	匆	伊	保
木	基	肉	状	基	香	豆	饭	傲	得	士	出	规	理	优	乐	记
排	然	带	举	坠	近	的	有	木	肉	灵	！	幸	泽	性	量	得
幸	自	坠	泽	余	闲	幸	票	亮	考	马	理	况	摇	乐	透	发
亮	的	镜	桥	典	面	眼	根	性	增	最	爱	好	生	惫	过	惧
毁	树	的	撞	潜	水	之	前	邀	增	加	野	记	驱	复	生	试
约	坠	有	根	好	恐	了	光	释	鳍	延	撞	觉	乎	考	姜	直
自	条	介	于	察	亲	解	观	行	优	快	骄	源	平	口	秘	滑
野	旋	飞	口	衬	电	绍	驱	过	飞	醋	露	雇	用	袋	得	桥
喜	型	的	要	虹	膜	雪	袋	部	欲	不	皂	图	况	胶	桥	远
底	建	里	量	最	龄	>	邀	绍	恐	己	雪	己	日	鳍	电	则

特别
雇用
冲击
虹膜
之前
生姜
类别
整个
菜花
潜水
爱好
冲突
了解
视觉
匆匆
流行的
道德
首富
从来没有
生菜

Puzzle 318

原子
北极
苦差事
尝试
气味
的内容
自然
煤炭
家具
微小的
秋季。
生物学
达到
对不起
柠檬汁
雪上
书柜
巨大
政府的
可重复使用的

保	书	摇	有	苦	宜	考	水	情	平	村	最	微	事	保	了	机
心	部	远	坠	差	的	貓	理	区	秀	迟	恐	小	里	优	环	答
车	决	傲	摇	事	人	望	肉	生	分	貓	恐	的	貓	地	撞	树
降	通	记	礼	气	柠	檬	汁	物	特	对	可	重	复	使	用	的
焕	人	最	年	味	栗	望	行	学	类	倍	不	礼	倍	究	了	来
顶	心	过	亲	惧	源	胶	察	人	磨	貌	木	起	状	肢	煤	排
书	人	摇	安	加	优	地	礼	北	极	娱	乎	惊	觉	光	马	炭
因	柜	面	信	。	权	摇	坠	倍	权	灵	转	雪	老	存	灵	来
尝	试	部	量	疲	考	便	雨	环	面	>	不	上	出	不	要	直
子	热	请	复	增	定	子	欲	苦	赂	研	复	稳	灵	典	鳍	环
来	趣	有	达	到	人	野	恐	的	倍	有	自	然	信	静	人	秀
自	心	亲	的	祖	家	具	巨	露	煲	复	过	理	乎	政	得	乐
草	乐	乃	内	原	类	修	大	号	驱	乐	究	升	丁	府	最	项
最	袋	野	容	子	最	磨	考	里	灵	煲	草	信	快	的	滑	高
运	欲	研	请	乎	摇	复	秋	季	。	怖	源	摇	梁	远	桌	栏

Puzzle 319

发	言	权	香	高	丁	的	有	马	蔻	排	子	权	稻	迟	灵	欲
考	苦	复	貓	循	底	自	肢	余	从	心	领	宜	梁	间	本	水
他	阵	出	傲	不	差	碎	马	升	有	醋	滑	袖	。	武	乃	香
远	风	子	于	情	趣	驱	环	心	己	亮	傍	撞	填	士	下	菜
反	雨	四	草	凑	性	填	蠕	喜	车	排	晚	惨	分	情	龄	面
议	过	项	里	余	稳	飞	本	延	梳	文	存	咖	啡	填	最	直
社	迟	来	差	滑	木	乎	赂	要	子	化	梁	天	使	年	票	豆
亲	高	了	特	镜	>	虎	稻	估	了	树	究	饭	紧	频	繁	的
幸	伊	鳍	落	许	乐	衬	建	计	考	秀	马	野	差	赂	部	平
他	息	栏	图	通	状	场	保	人	滑	>	的	数	梳	静	出	煲
孤	独	梦	社	素	理	景	闲	举	士	决	页	教	练	转	野	远
口	透	想	优	人	回	音	醋	露	骄	梁	建	己	书	状	自	滑
高	村	香	他	眼	号	栅	諾	香	老	。	克	则	亲	连	通	动
欲	便	根	衬	疲	香	解	雪	运	差	近	条	我	们	趣	拍	亲
约	舞	台	里	性	护	图	野	思	位	移	决	欲	状	磨	露	貌

领袖
香菜
场景
天使
教练
我们
频繁的
位移
梦想
傍晚
文化
反过来
孤独
发言权
阵风
咖啡
舞台
武士
连拍
估计

蟾蜍
制定
欢快的
伟大的
年轻
结构
家伙
池塘
击剑
一定
大量
星期五
的文章
水平
阴天
表白
极限
到达
经济
袋鼠

Puzzle 320

介	喜	有	保	考	通	量	坠	区	请	家	趣	日	直	得	露	条
上	然	衫	转	答	复	建	肥	滑	的	伙	口	稻	到	稻	邀	究
宜	于	伊	之	持	马	素	泽	遥	亲	下	水	平	达	露	之	傲
觉	上	自	的	貌	上	定	鳍	人	木	解	雪	衡	摇	滑	举	苦
生	搖	镜	雪	典	型	事	了	克	差	间	乐	栗	虑	信	桌	马
遇	袖	透	升	己	衡	醋	见	复	经	镜	降	摇	平	趣	情	亲
一	定	制	飞	欲	煲	条	碰	生	有	济	恐	面	紧	素	恐	护
极	限	考	坠	欲	环	究	选	毁	带	透	伟	击	有	大	量	本
动	阴	天	延	旋	增	上	研	衬	栗	乎	大	剑	怖	面	书	解
定	袖	视	喜	究	环	坠	动	生	章	文	的	。	乐	自	特	先
闲	稻	的	自	领	恐	便	自	肉	苦	后	快	露	书	栏	考	焕
本	父	社	便	马	因	不	社	释	蟾	星	欢	马	年	定	况	来
议	理	毁	股	带	遥	况	摇	池	蜍	期	灵	表	轻	坠	结	袋
电	观	心	事	不	本	情	自	请	塘	五	飞	情	白	噪	构	鼠
理	升	自	重	护	热	动	上	便	社	乐	平	醒	邀	子	查	的

Puzzle 321

运	年	亲	息	有	时	行	老	马	边	恢	士	晃	保	女	野	程
破	碎	产	生	呼	老	护	欲	损	境	欲	动	亲	晃	孩	草	况
书	飞	根	四	吸	热	子	貓	滑	间	袋	建	灵	亲	悠	直	建
惫	行	请	本	叫	鳍	排	树	最	饭	欲	一	水	草	发	悠	惨
培	训	修	四	着	运	循	好	稳	于	则	二	壶	充	焕	惫	镜
人	因	惨	保	的	他	望	也	释	重	身	二	主	肥	中	绍	不
富	含	于	拼	部	。	摇	从	带	身	雨	。	排	豆	乐	树	木
记	年	傲	写	老	蛾	祖	描	述	肉	子	理	考	里	领	桥	家
页	想		美	国	通	类	喜	焕	优	醒	社	四	电	情	子	庭
肉	升	源	本	欲	柔	自	典	举	马	有	车	程	增	光	转	滑
型	素	自	优	量	乐	项	因	思	地	几	年	乃	音	本	心	噪
四	平	自	出	生	保	平	鳄	看	只	底	部	他	滑	桥	觉	加
自	数	坠	况	复	肉	惊	鱼	雨	修	有	页	思	远	焦	点	的
紧	保	领	议	撞	复	栏	典	况	底	特	究	鳍	研	约	社	一
重	复	释	条	落	循	休	最	趣	源	透	究	好	子	情	机	余

水壶
有时
叫着
鳄鱼
只有
描述
焦点
美国
晃晃悠悠
底部
培训
家庭
女孩
呼吸
产生
一点
边境
一二二。
富含
拼写

Puzzle 322

忘记
丈夫
过去的
成功
的领带
凝视
自娱自乐
指甲
下面
花费
谢天谢地
工作
野心
外国
协议,
均匀
政策
单独
今晚
听到

外	国	查	查	素	柔	偎	貌	虫	坠	桥	的	不	排	近	项	凝
>	记	的	乐	滑	瑞	摇	行	伊	的	领	带	请	近	克	肢	视
娱	的	亮	恐	最	发	直	机	介	息	衫	约	惫	栗	源	遇	特
貓	水	亲	紧	亮	虫	最	释	主	灵	灵	电	约	灵	而	息	乐
木	决	过	去	的	中	衬	子	议	复	举	鳍	中	自	最	租	记
热	不	单	醋	工	作	机	动	便	乐	肉	顶	的	望	下	露	皂
优	考	独	协	究	约	貌	不	丈	遇	欲	恐	骄	柔	面	心	加
均	匀	顶	议	野	心	听	到	夫	摇	动	几	间	諾	虎	里	研
自	梁	娱	，	摇	程	忘	记	情	量	页	察	运	书	栏	不	量
携	露	看	程	的	闲	里	士	指	伏	增	回	驱	考	想	木	破
今	心	举	权	迟	股	的	上	甲	花	费	静	乃	雪	活	光	快
士	晚	量	望	举	自	得	真	行	谢	乐	决	活	高	望	损	摇
父	的	政	飞	惨	灵	娱	遥	约	天	露	票	循	条	秘	约	来
想	然	策	野	野	动	破	自	貌	谢	票	他	蔻	部	乐	成	栗
过	克	错	蛾	滑	碎	程	书	乐	地	灵	心	项	举	号	坠	功

Puzzle 323

选	肢	降	雨	介	军	倍	便	车	带	然	亲	衡	任	栏	碰	部
人	定	考	最	灰	事	许	理	有	桌	龄	间	的	何	>	蠕	近
电	闲	旋	活	尘	小	弟	弟	柔	性	生	究	损	人	程	加	源
许	飞	肥	领	源	子	直	的	研	过	因	休	规	老	怖	说	存
尤	情	您	选	择	主	量	程	带	考	察	心	趣	优	凑	丁	话
许	其	保	法	城	马	光	情	己	宜	衬	煲	惊	信	放	见	书
因	桥	是	规	基	市	眼	衫	>	望	草	错	伏	要	先	租	蔻
区	马	有	实	践	绍	镜	驴	煲	泡	打	粉	北	方	他	得	本
马	错	思	保	蠕	最	农	傲	自	他	程	肉	运	区	汽	中	心
自	諾	娱	本	鳍	热	民	摇	梳	年	亲	袖	车	热	车	情	运
乐	父	面	优	灵	已	经	心	况	滑	香	滑	便	恐	保	信	因
运	余	特	数	子	情	活	喜	增	差	他	梳	马	恢	有	加	号
秀	化	透	焕	碰	諾	发	机	究	发	典	上	栏	平	从	于	号
便	妆	究	高	虑	扑	通	袖	有	礼	的	老	中	肥	解	肉	安
醒	复	特	自	貓	>	疲	中	评	价	紧	泽	的	香	能	赂	了

城市
已经
农民
评价
灰尘
小弟弟
法规
泡打粉
任何人
尤其是
军事
扑通
化妆
实践
汽车保有
北方
降雨
您选择
眼镜
说话

Puzzle 324

木	日	源	降	惨	介	能	型	静	音	本	远	苦	袖	柔	数	性
衬	衫	摇	摇	上	选	傲	鳍	栅	香	老	介	信	音	错	平	傲
衬	本	最	面	袖	票	惊	>	信	透	煲	增	后	循	转	分	有
本	本	凑	龄	的	衬	木	息	军	驴	便	领	。	特	区	发	范
年	保	紧	张	露	旋	究	则	胶	队	底	鳍	而	出	举	木	围
四	惫	行	透	碰	碎	则	的	木	亲	计	野	音	书	包	情	内
源	光	草	本	泽	观	胶	的	奶	油	许	划	栅	非	傲	胶	从
研	热	运	摇	看	思	乐	解	升	型	心	雨	存	不	常	护	惊
惊	人	情	存	到	人	安	研	克	研	顶	议	在	紧	不	后	噪
不	稳	定	透	约	远	保	透	子	便	研	碎	想	特	他	书	动
。	规	蠕	本	的	远	自	邀	邀	邀	恢	情	圆	柱	命	中	心
记	木	恐	分	结	驱	草	活	木	的	滑	延	视	快	递	顶	保
带	乐	性	闲	果	息	根	几	骄	>	焕	倍	上	露	研	克	源
然	透	充	最	草	想	从	的	凑	稳	况	迁	移	滑	摇	磨	栏
蠕	放	存	圣	诞	视	四	余	行	星	因	自	透	不	亲	损	约

看到
奶油
磨损
计划
迁移
存在
衬衫
分发
的结果
行星
书包
快递
军队
紧张
圆柱
圣诞
非常
命中
不稳定
范围内

Puzzle 325

秃	飞	肥	怖	性	动	噪	底	喜	乃	每	无	凑	理	幸	雪	损
鹰	重	他	平	秘	行	考	雨	况	爱	个	形	静	衡	动	撞	飞
乐	的	袋	直	议	选	自	露	解	的	人	破	看	壁	炉	老	生
剩	然	落	中	饭	充	下	蠕	母	经	常	伊	中	考	中	安	恐
余	滑	肥	条	袋	邀	铅	部	飞	鸡	见	惨	复	趣	露	不	部
护	多	热	排	鳍	思	笔	票	优	理	增	>	灵	衡	循	况	貓
人	数	香	自	活	颈	本	快	草	回	胶	己	部	行	行	亮	点
型	况	底	透	车	部	充	豆	蛾	身	报	眼	项	素	坠	本	号
带	介	休	坠	蠕	保	远	请	年	人	告	自	选	排	中	静	虎
车	数	貌	究	记	究	号	他	貌	升	行	日	村	龄	摇	滑	身
增	人	鳍	况	惧	况	摇	乐	图	焕	灵	发	心	柔	信	复	得
己	口	恐	惨	保	情	环	静	恐	看	不	理	究	迟	动	机	考
真	不	碎	小	心	地	平	静	然	静	区	恢	斑	书	图	碎	部
不	苦	恐	心	访	问	滑	面	研	定	怖	蔻	摇	马	况	透	数
坠	设	计	优	心	驱	动	海	葵	电	发	本	保	饭	号	究	况

报告
海葵
铅笔
每个人
多数
平静
剩余
壁炉
访问
颈部
经常
滑动
喜爱
秃鹰
小心
斑马
母鸡
无形
亮点
设计

Puzzle 326

作者
延迟
精神
的互动
鱿鱼
胆小
的茶壶
道歉
时间表
评估
当然
觉得
地址
否定
周年
精细
不当
未来
疾病
离开

型	人	最	延	迟	则	举	野	邀	循	了	村	遥	观	肢	秘	眉
延	电	父	露	饭	携	评	估	恐	下	通	稻	觉	老	凑	电	基
人	苦	礼	的	理	息	苦	不	状	肉	不	然	得	胆	小	娱	便
精	细	高	茶	然	的	雪	面	恢	私	本	当	惊	未	鱿	鱼	建
坠	水	行	壶	饭	摇	究	野	克	时	素	股	趣	带	来	记	虑
错	道	也	源	貓	里	便	离	于	间	页	复	乎	规	貌	伏	有
眉	歉	飞	也	上	闲	他	开	优	表	特	亲	便	回	记	煲	梁
子	发	作	建	貓	保	得	的	远	马	乃	趣	最	降	息	恐	要
部	高	者	后	延	迟	行	互	蛾	恢	的	也	保	梳	碰	答	栅
思	栗	瑞	好	加	袋	衡	动	本	周	年	过	填	光	野	好	年
村	根	野	通	否	定	领	疾	病	地	址	虫	股	有	精	观	运
士	骄	排	研	摇	权	醋	绍	蠕	考	乎	想	遥	肥	试	神	好
热	闲	的	带	乎	素	伊	底	煲	滑	得	乎	栅	事	几	私	间
煲	煲	灵	运	几	鳍	请	增	肉	考	心	远	复	增	股	摇	于
宜	他	便	旋	信	苦	喜	了	解	然	>	貌	醒	礼	虫	心	磨

Puzzle 327

动	休	究	稳	地	夏	天	的	热	防	止	自	人	情	灵	优	温
曲	回	趣	项	不	人	人	顶	主	惨	人	愿	规	基	桥	龄	柔
棍	况	热	身	试	余	士	社	稻	乎	草	型	老	绍	研	下	举
球	发	胶	高	木	士	平	碎	便	露	独	瑞	主	自	自	情	平
部	见	凑	木	本	特	不	修	则	噪	自	过	傲	秘	己	的	热
皂	休	驱	环	摇	鳍	镜	究	持	镜	傲	倍	草	马	行	基	的
望	醋	租	活	情	碎	他	郁	年	理	理	主	而	自	试	心	惨
醒	觉	亮	秀	滑	>	碎	金	领	苦	木	肉	类	行	转	他	心
马	平	日	肉	项	心	生	香	得	肥	出	考	木	亲	循	提	几
虫	仁	占	据	惧	坠	带	状	基	书	租	面	部	泽	鳍	供	马
因	栅	慈	释	大	心	来	排	慷	慨	车	唤	素	过	底	看	自
雨	恐	瑞	的	礼	米	了	护	试	子	根	醒	因	解	书	毁	复
书	几	事	士	坏	之	看	规	票	己	子	衡	情	野	重	豆	胶
趣	动	宜	类	水	最	焕	情	年	优	疏	散	况	通	基	子	灵
视	从	数	转	梁	亲	士	规	礼	露	倍	热	蠕	信	透	能	摇

身高
唤醒
最坏的
肉类
疏散
带来了
温柔
自愿
慷慨
出租车
提供
仁慈的
夏天的
曲棍球
防止
大米
独自
自己
占据
郁金香

Puzzle 328

后	绍	坠	试	愤	貓	伏	出	定	父	橱	克	噪	马	下	考	水
优	看	面	特	怒	最	恐	邻	观	理	柜	优	复	倍	车	情	伏
回	上	过	觉	的	观	亲	居	瑞	好	克	信	蔻	了	落	>	降
回	察	皂	惧	信	挽	组	织	梁	典	突	然	信	有	户	究	选
士	衡	觉	清	空	留	高	保	养	镜	人	轻	动	考	信	损	面
士	近	数	看	日	安	票	乃	蛾	香	醒	微	飞	余	衫	书	蛾
不	乐	噪	典	延	出	遥	选	上	存	桌	飞	能	骄	恐	亲	遇
快	邀	透	错	基	观	热	旋	权	中	>	则	心	的	看	士	填
建	桌	皂	泽	人	租	宜	心	定	制	的	赂	眉	增	了	傲	主
观	过	毁	亮	性	存	举	袖	闲	挥	镜	上	放	究	重	野	程
休	醒	邀	秘	介	足	球	马	上	杆	查	号	心	桥	中	研	面
决	定	最	自	根	较	差	况	貓	携	型	>	地	许	真	子	日
高	便	眉	充	的	静	宜	面	理	桌	上	喜	了	肉	保	梳	乐
状	举	恐	许	乐	情	理	秘	马	回	方	动	子	平	>	镜	认
议	驴	>	回	环	人	子	虎	眉	趣	面	滑	瑞	放	平	虑	识

定制的
瑞典人
轻微
方面
落户
保养
看了
认识
放心地
足球
橱柜
较差
挽留
愤怒的
决定
清空
组织
挥杆
邻居
突然

Puzzle 329

社	思	性	洋	镜	四	眼	灵	联	水	的	貌	碰	蠕	袋	了	亲
蜗	想	貌	野	葱	袋	动	作	合	疲	信	觉	状	透	平	父	保
四	杆	请	丁	欲	研	事	热	收	近	根	静	的	胶	自	信	宜
于	摇	研	议	上	重	特	父	割	年	驴	镜	运	加	见	要	觉
银	行	人	循	保	下	保	雨	机	某	处	查	究	有	祖	理	肉
法	官	衫	丁	研	露	而	的	痛	木	日	究	先	看	直	帐	篷
研	最	撞	建	最	大	心	欲	苦	乃	研	驴	底	事	马	野	胶
口	了	电	根	真	肢	稳	也	动	伊	研	乐	的	实	复	袖	复
复	来	蔻	基	最	有	数	肥	喜	的	栅	蔻	维	生	素	直	发
解	凑	肢	破	蠕	本	增	皂	栅	研	不	本	蔻	坠	定	蛾	父
的	静	雪	鹦	坠	近	马	雪	最	不	基	号	休	>	坠	研	安
主	面	噪	鹉	瑞	复	貌	貓	顶	携	复	特	请	普	紧	况	从
素	暴	的	产	品	部	暴	力	过	宏	子	试	滑	通	肉	摇	股
出	躁	惧	他	加	研	子	松	的	伟	股	骄	理	子	衫	性	许
要	理	真	降	最	士	身	亲	鼠	本	顶	几	望	类	虎	机	闲

动作
某处
最大
宏伟
蜗杆
帐篷
痛苦
松鼠
法官
事实
银行
维生素
的产品
洋葱
木乃伊
暴躁
普通
暴力
联合收割机
鹦鹉

Puzzle 330

膝盖
崩溃
疯狂的
消失
放养
回复
笔记本
有利
反应
樱桃
烧毁
队伍
目的
芹菜
现任
沙漠
社区
买入
剧场
吸收

号	惨	笔	量	木	远	心	几	反	遥	要	木	试	社	区	透	旋
镜	护	来	记	过	便	芹	菜	应	回	不	喜	目	蛾	飞	胶	草
马	子	复	建	本	放	养	票	野	议	复	从	的	部	增	有	高
持	察	人	自	遇	树	碰	况	己	礼	稻	根	沙	漠	邀	保	有
运	他	号	权	本	吸	收	饭	苦	貌	肢	通	权	自	心	最	则
的	老	人	书	亲	增	便	镜	看	性	梳	>	滑	瑞	息	保	电
车	迟	飞	得	研	毁	复	喜	分	磨	伏	磨	下	过	直	乎	水
有	利	转	环	木	己	心	私	复	加	伏	消	失	人	源	野	遥
士	貓	。	也	饭	理	毁	树	基	恢	宜	典	来	蔻	趣	虑	毁
不	便	图	>	虫	不	木	根	面	碰	复	典	年	书	想	来	彘
视	现	程	柔	马	见	蛾	烧	素	来	鳍	便	光	增	转	下	间
亲	任	不	买	入	衬	有	士	毁	休	回	分	伏	貌	书	倍	邀
状	型	伏	木	记	木	租	膝	疯	狂	的	平	要	高	煲	的	马
闲	鳍	崩	年	队	伍	剧	盖	宜	远	木	也	介	然	试	余	自
老	因	溃	焕	樱	桃	场	转	热	紧	>	龄	也	不	马	音	考

Puzzle 331

向	丁	稻	选	落	机	导	演	香	因	保	过	衬	蔻	日	平	文
老	日	查	人	栅	会	素	欲	安	携	情	梁	间	肉	源	优	本
趣	租	葵	有	保	，	望	稻	卷	冰	小	麦	恐	眼	车	上	状
本	规	望	特	亮	休	灵	子	曲	霜	试	特	摇	书	衡	乐	磨
究	真	关	心	动	苦	发	分	快	权	能	子	袖	梁	草	缩	写
复	娱	理	煲	中	嘲	布	不	排	保	升	先	趣	顶	的	镜	镜
栅	优	肢	解	稻	讽	的	的	傲	>	坠	定	觉	里	镜	解	马
木	主	社	通	数	破	子	驴	热	下	考	循	充	运	里	丁	的
过	了	平	野	得	蛾	源	动	行	带	管	理	者	答	乐	研	增
生	行	看	数	树	领	理	约	磨	肉	噪	马	喜	稳	稻	情	优
疲	心	降	本	远	充	自	桥	后	来	天	底	许	修	决	权	闲
中	飞	动	欲	遇	类	见	喜	书	能	够	鹅	来	约	花	蜜	本
权	错	虎	肢	磁	貌	高	介	本	他	日	近	他	社	私	身	虎
中	衡	热	年	带	黄	油	究	之	重	心	权	属	带	活	循	自
的	环	疲	邀	差	桥	的	静	不	填	静	遥	于	考	磨	肉	肉

花蜜
能够
后来
卷曲
冰霜
管理者
磁带
属于
嘲讽
的热带
向日葵
黄油
导演
天鹅
发布
小麦
关心
机会,
缩写
文本

Puzzle 332

动物园
设有
完整的
气候
进行
排出
婴儿
斑点
修改
犯罪
缺乏
冬青
倾斜
大师
分母
头部
工具
循规蹈矩
鸡蛋
公鸡

然	心	乃	高	克	完	整	的	解	他	转	惊	动	究	惊	的	静
循	规	蹈	矩	倾	斜	肉	升	得	研	树	特	要	的	复	过	旋
循	之	栏	赂	思	露	记	降	保	平	貓	损	木	修	驱	远	木
气	露	定	四	来	得	举	规	人	复	许	光	复	电	虎	理	他
候	马	动	物	园	解	素	飞	直	皂	复	克	便	权	号	人	觉
私	的	梁	梳	条	察	研	遇	梳	情	头	加	龄	祖	草	修	改
龄	鸡	蛋	稻	请	基	口	鳍	先	社	部	热	设	余	冬	见	赂
排	得	饭	放	情	部	柔	见	存	权	煲	高	蛾	有	青	进	行
理	出	了	情	号	不	社	视	公	记	行	最	升	碎	平	缺	惨
噪	间	解	的	衫	犯	热	部	鸡	桌	子	间	平	真	举	乏	了
梁	肉	工	具	根	保	罪	亮	瑞	余	根	己	主	灵	坠	票	露
定	先	惧	保	大	师	紧	释	的	人	自	稻	貌	恢	特	闲	袋
透	露	的	迟	露	类	驱	保	斑	点	野	面	老	的	书	真	透
秘	虎	人	议	婴	条	野	遇	程	主	落	露	平	柔	趣	摇	子
信	回	几	豆	儿	肥	虎	的	分	母	地	欲	袋	类	遇	转	恐

Puzzle 333

得	快	马	保	老	环	平	察	绍	乐	摇	复	靠	特	礼	请	伊
坠	从	露	艇	体	醋	衡	真	静	稻	动	机	可	特	不	口	不
乎	源	灵	能	素	子	要	伊	两	柔	望	素	优	移	本	人	权
研	皂	>	有	水	直	增	复	个	议	入	蔻	状	中	植	则	票
玻	璃	特	破	芹	保	于	野	回	虎	口	员	工	顿	时	建	情
凑	肉	最	子	地	部	子	趣	英	远	环	不	露	余	决	顶	驴
飞	雨	马	休	子	释	考	部	存	语	好	心	衫	几	空	间	保
事	泽	衫	野	丁	定	亮	平	落	年	的	解	根	伏	观	地	行
士	亲	木	雨	要	破	眉	动	柔	本	领	然	人	心	上	蔻	镜
察	考	牛	的	丁	选	龄	答	宜	顶	延	碎	信	心	毁	桥	撞
面	马	仔	的	底	打	复	蛾	自	虎	决	袖	介	蛾	租	面	焕
醒	对	肥	自	答	法	请	沙	堡	增	长	研	摇	野	权	衡	得
单	元	趣	股	修	他	恐	议	的	部	随	机	直	蠕	页	类	草
议	紧	升	摇	蛾	答	复	！	升	规	也	便	要	面	复	事	他
父	便	快	惫	毁	生	挑	战	转	之	透	能	租	选	醒	他	记

可移植
动机
可靠
沙堡
面对
艇体
单元
入口
打法
两个
增长
英语
玻璃
水芹
挑战
顿时
员工
随机
空间
牛仔

Puzzle 334

便	信	丁	遇	坠	本	肉	携	远	中	议	恐	望	之	后	草	想
动	香	票	恐	生	瑞	亮	记	快	电	选	上	摇	眉	几	解	遇
稳	>	动	电	升	时	趣	则	观	不	煲	的	思	计	梳	输	带
紧	凑	摇	研	本	刻	情	行	高	惧	研	>	试	露	算	入	图
人	马	了	觉	便	趣	修	飞	车	了	转	奉	介	条	持	机	社
有	觉	来	运	心	填	过	一	包	碎	望	人	献	高	赂	资	>
重	特	衡	趣	特	胶	心	起	面	袋	热	源	年	乃	理	格	坠
量	草	自	日	理	试	项	分	粉	透	地	请	顶	权	特	便	栏
露	产	品	带	来	栗	镜	回	混	自	面	里	四	袖	木	音	远
加	亲	加	转	答	决	复	趣	填	合	情	答	人	复	乐	瑞	人
究	树	有	复	滑	秘	通	常	娱	破	豆	野	马	见	票	页	本
本	远	摇	社	况	填	喷	建	直	晚	上	究	本	望	考	社	有
糖	果	光	皂	娱	心	泉	延	理	行	觉	许	从	书	喜	复	亲
降	况	数	第	豆	惨	欲	磨	论	素	想	察	修	袋	乐	行	的
好	傲	直	二	通	旋	紧	伊	上	身	年	的	私	活	子	惩	罚

面粉
晚上
计算机
混合
紧凑
喷泉
通常
资格
糖果
输入
带来
重量
面包车
时刻
产品
奉献
一起
第二
惩罚
理论上

Puzzle 335

貌	高	增	四	老	宜	蠕	人	高	木	动	亲	貓	状	特	人	排
信	栏	稳	村	煲	数	礼	蔻	透	带	灵	伏	书	迟	豆	条	亲
典	水	包	桌	滑	眼	稳	息	保	丁	远	社	循	损	规	肥	乎
的	循	括	定	然	热	鳍	娱	柔	降	自	租	环	撤	源	飞	稳
兄	放	疲	数	碰	特	响	信	马	保	平	源	虎	飞	销	下	野
弟	根	面	电	考	平	应	安	定	信	貌	平	惫	貌	村	本	本
驴	惫	摇	身	山	人	余	虑	的	恐	龄	乐	图	面	秀	便	怖
他	撞	不	毛	羊	桌	票	傲	进	的	马	稳	恐	迟	信	碰	撞
木	议	间	士	村	状	先	生	展	因	为	露	伊	的	研	特	租
。	惫	驴	热	犹	豫	幸	增	蠕	碎	介	桌	记	要	柔	权	放
泽	重	有	底	的	口	通	骄	乐	过	车	好	答	高	>	貓	从
瑞	本	升	发	乐	选	惫	页	露	肥	近	眼	遇	乃	驱	灵	的
灵	根	而	入	高	举	真	滑	研	镜	皂	护	雪	泽	书	草	水
区	桥	马	信	乐	增	衬	大	热	保	宜	本	信	议	远	便	煲
个	人	丁	香	差	桥	议	怒	温	水	虑	栗	请	諾	下	征	余

循环
响应
碰撞
个人
选举
包括
因为
远征
丁香
先生
犹豫
羊毛
山羊
撤销
升入
大怒
温水
特权
的兄弟
的进展

Puzzle 336

状	顶	瑞	车	惫	信	复	书	回	野	权	虎	基	紧	上	观	了
驱	桥	现	实	虎	研	形	容	后	撞	能	票	重	的	生	菜	幸
马	面	持	眼	雨	滑	存	乐	续	心	凑	想	桥	恢	人	授	权
马	惫	最	>	类	快	乐	父	惊	最	貓	羊	部	煲	议	察	生
情	决	摇	复	价	权	也	带	丁	下	人	保	肉	梁	好	礼	充
热	肢	持	不	格	性	介	野	过	延	考	近	书	保	栗	电	落
野	滑	望	活	的	动	情	日	排	特	想	露	行	煲	高	栗	理
鸡	试	远	骄	议	柔	损	动	典	不	人	野	惫	吃	克	直	梁
音	情	镜	三	貌	自	解	因	科	几	貓	约	人	图	饭	类	坠
请	热	优	明	顶	究	循	赂	学	试	条	过	焕	>	运	典	他
平	栗	电	治	携	了	素	惫	日	摇	周	日	考	自	决	露	醒
马	增	人	记	恢	机	人	他	煲	煲	了	本	运	香	的	增	里
的	闲	肢	页	理	望	后	貌	页	老	的	父	亲	惨	复	媒	煲
飞	即	想	口	貓	娱	情	勺	错	秘	携	请	复	主	面	体	鹌
延	时	安	类	行	那	么	皂	子	灵	飞	究	错	树	醋	记	鹑

鹌鹑
形容
三明治
那么
后续
现实
科学
望远镜
性格
的父亲
吃饭
野鸡
周日
勺子
即时
授权
的生菜
媒体
羊肉
价格

Puzzle 337

音	的	諾	回	，	完	日	飞	增	加	究	光	煲	日	藏	红	花
解	息	性	热	直	全	日	来	远	素	租	镜	，	碎	保	自	飞
排	衡	光	摇	到	缓	衡	喜	信	况	了	填	但	检	验	于	升
要	民	用	泽	手	解	鼻	选	租	要	然	水	葱	灵	马	梁	年
释	了	虫	信	臂	差	子	研	趣	新	闻	运	村	肥	持	图	视
驱	面	疲	保	最	票	几	回	况	磨	环	解	望	苦	面	年	底
降	策	机	区	看	动	底	谨	检	颗	粒	伊	股	热	饭	图	驴
充	略	议	书	袋	自	的	主	慎	测	人	举	桥	通	区	灵	转
信	究	后	稳	便	子	露	鳍	领	源	衡	区	倍	知	趣	动	优
赂	领	桥	噪	之	子	远	亲	礼	惊	自	惧	袖	乐	况	过	恐
解	娱	情	加	存	环	毁	解	事	解	生	面	喜	。	坠	优	安
赂	丁	碎	怖	本	重	恐	日	先	素	思	公	亮	觉	持	人	图
也	增	镜	驱	秘	蔻	全	球	自	有	他	鸭	树	部	间	闲	。
观	紧	息	口	亲	特	出	状	本	程	面	优	肉	疲	梁	心	保
底	鳍	虫	修	保	木	心	四	存	钢	笔	真	从	虑	梁	丁	快

检测
通知
颗粒
新闻
水葱
缓解
，直到
民用
鼻子
光泽
策略
公鸭
全球
藏红花
手臂
钢笔
检验
，但
完全
谨慎

Puzzle 338

虑	容	恐	行	小	滑	皂	行	修	闲	諾	的	蔻	考	降	察	磨
不	易	马	坠	猫	傲	他	果	摇	鳍	不	工	一	绍	连	。	息
父	上	放	四	惧	公	司	冻	性	刚	过	作	目	最	续	电	赂
士	苦	好	本	>	袖	信	车	能	记	余	人	了	。	雪	貂	伏
闲	本	条	察	基	考	分	察	木	人	饭	员	然	机	的	马	之
明	水	栅	惧	高	秀	摇	运	镜	惫	旋	项	息	胶	错	有	租
顶	年	特	野	复	焕	环	的	遥	优	木	部	有	要	究	猴	子
便	的	错	四	顶	理	转	滑	部	趣	栏	的	保	从	人	结	论
捕	捞	>	趣	真	亮	饭	肥	机	亮	瓢	解	快	毁	子	基	典
平	虎	胶	蠕	木	要	肢	究	自	里	存	虫	草	的	>	凑	底
票	观	坠	地	情	想	情	马	的	礼	宜	情	权	考	特	充	上
之	马	年	理	发	送	有	坠	王	室	升	醒	磨	伏	部	人	里
亲	余	不	远	日	磨	基	有	自	然	望	的	袖	虫	差	雪	租
司	梳	绍	约	了	貓	地	间	则	飞	考	本	面	柔	的	鳍	转
机	重	貌	音	分	衬	自	图	乐	发	复	自	先	摇	眼	然	袖

结论
地理
猴子
发送
王室
的工作人员
果冻
小猫
连续
一目了然
刚性
司机
明年
捕捞
公司
容易
雪貂
地图
性能
瓢虫

Puzzle 339

损	特	小	情	喜	豆	光	信	特	人	息	一	鳍	毁	面	安	介
灵	定	时	直	本	有	类	生	滑	乎	解	二	秀	四	的	决	摇
本	最	不	重	威	欲	绍	情	木	聚	焦	〇	主	顶	乐	雪	决
杂	许	栏	喜	胁	社	几	克	租	肉	年	二	世	股	项	存	权
士	志	狼	赂	碰	私	焕	请	军	人	充	分	纪	口	得	衡	露
证	乐	狼	决	迟	营	源	野	撞	型	香	皂	察	的	蔻	私	建
放	明	保	机	噪	类	邀	差	香	素	磨	尽	乎	镜	苦	有	保
好	貌	后	也	镜	观	信	几	电	修	利	身	管	文	生	租	释
型	趣	保	充	胶	惊	噪	带	闲	木	润	究	行	章	可	中	之
项	项	了	唱	歌	几	他	部	摇	静	规	而	交	易	爱	父	领
息	树	傲	选	回	望	分	紧	想	书	秀	栗	发	肉	的	醋	近
口	静	热	惧	理	持	查	醒	考	介	信	选	研	梳	虎	乐	源
的	乐	智	慧	镜	貓	项	闲	牛	典	充	惨	苦	息	恐	他	撞
持	直	衬	书	骄	子	信	优	蒡	伏	足	股	静	动	股	来	乐
欲	了	息	惨	娱	肥	远	活	带	的	的	静	安	子	特	情	号

尽管
充足的
私营
利润
杂志
小时
军人
威胁
安静的
狼狼
文章
牛蒡
一二〇二
交易
证明
世纪
智慧
聚焦
可爱的
唱歌

Puzzle 340

车	许	欲	带	票	碰	版	运	树	加	条	记	胶	撞	察	的	士
音	不	亮	灭	填	恢	本	本	肉	数	行	牙	信	状	态	保	人
填	有	热	远	绝	考	情	衫	。	的	肉	膏	惨	亮	究	栅	权
电	察	有	蔻	书	中	胶	损	增	有	约	通	子	也	看	驱	摇
本	息	觉	收	藏	心	皮	雨	区	胶	名	人	理	蜘	蛛	图	放
他	书	坠	书	特	醒	肤	见	心	梁	露	词	秘	大	声	类	定
摇	惊	中	努	见	性	树	增	镜	情	社	自	肉	豆	答	案	科
护	复	升	力	静	了	持	出	素	的	有	用	落	私	马	中	学
约	信	坠	金	的	护	私	梳	书	好	虎	不	草	疲	机	的	家
规	野	醋	丝	恐	趣	测	量	里	桥	肉	绍	差	落	情	桥	安
驴	素	雪	雀	规	典	有	骄	先	傲	马	情	从	的	貌	中	类
心	保	口	人	煲	发	出	的	考	试	修	四	之	平	先	页	虎
选	运	不	程	好	修	股	飞	饭	滑	菠	菜	泽	手	提	箱	图
稻	秘	士	生	亮	迟	虫	亲	视	图	不	举	介	栗	充	己	行
眼	量	数	马	主	袖	研	议	股	行	毁	眉	醒	情	马	乐	则

好的
中心
手提箱
大声
皮肤
雪人
答案
的有用
状态
名词
菠菜
金丝雀
牙膏
蜘蛛
灭绝
努力
测量
版本
收藏
科学家

Puzzle 341

部	不	己	延	透	蒸	汽	便	约	黄	于	肉	梳	信	高	透	休
发	喜	然	理	休	心	他	无	聊	瓜	秘	桂	自	香	衬	充	通
碰	梁	里	觉	页	增	情	雨	观	飞	欲	他	自	宜	理	时	肥
惧	摇	蠕	怖	下	摇	的	心	扶	手	椅	飞	雪	的	解	高	间
子	亲	攻	面	建	情	带	貓	人	伊	车	介	！	球	标	记	鳍
音	惫	击	包	他	理	拳	远	规	地	也	喜	情	员	野	兔	解
祖	外	的	摇	>	活	虑	击	惨	貓	而	肥	肥	复	重	驴	事
幸	观	倍	撞	疲	摇	规	惫	分	恐	眼	降	礼	惧	恐	旋	了
问	运	真	决	词	坠	复	草	他	升	移	栏	过	决	最	平	视
题	衣	服	幸	汇	赂	几	的	时	候	动	草	状	记	虎	怖	胶
社	草	丁	闲	表	諾	人	揭	示	蔻	龄	看	灵	人	赂	真	热
不	远	好	基	放	过	灵	中	源	增	眼	想	素	基	试	灵	人
碎	栗	绍	则	胶	不	坠	稳	梳	喜	条	自	本	循	最	草	最
降	栏	喜	活	况	填	瑞	图	肢	人	本	详	情	灵	决	过	蔻
疲	露	上	水	便	究	升	复	的	諾	根	。	细	貓	排	栏	怖

时间
移动
的时候
词汇表
详细
揭示
无聊
外观
攻击
衣服
扶手椅
肉桂
问题
黄瓜
拳击
蒸汽
的球员
面包
标记
野兔

Puzzle 342

绽放
财政
过程
最幸福
漂亮
支出
患者
商业的
他的
画笔
夕阳
贤人
的行为
去除
便携式
高管
替代电子书
伤心
神秘
的仇恨

肥	则	画	笔	夕	神	秘	栏	源	眼	透	闲	的	财	欲	基	克
灵	光	差	蛾	性	阳	举	要	患	者	替	生	行	政	木	条	人
泽	己	究	租	碰	面	便	远	便	放	驱	代	为	紧	摇	惧	动
迟	顶	自	远	区	蛾	程	稳	携	过	醒	想	电	研	书	股	惫
桌	瑞	快	遥	摇	试	自	存	式	梁	程	旋	真	子	而	答	信
数	护	>	过	乎	决	不	摇	亲	瑞	恢	惧	本	眼	书	通	程
年	选	运	心	肢	查	蛾	的	有	草	木	>	倍	己	桌	的	>
宜	思	介	邀	惨	本	绽	衡	漂	页	动	也	去	除	的	平	休
噪	赂	支	出	行	信	放	书	亮	赂	倍	通	建	他	损	发	复
心	修	镜	增	真	页	稳	心	分	权	运	恨	仇	的	高	管	活
填	虎	先	摇	紧	滑	豆	噪	理	最	水	亮	优	面	衫	议	典
草	人	趣	源	通	底	便	觉	试	幸	旋	贤	携	信	便	面	瑞
村	趣	错	平	惨	情	乐	伤	心	福	特	人	自	商	决	考	胶
护	静	于	伊	底	余	本	草	活	答	因	伊	四	业	过	几	解
持	存	的	自	木	灵	然	疲	音	的	栅	远	摇	的	鳍	年	况

Puzzle 343

镜	部	重	肥	解	里	光	有	骄	子	摇	摇	复	最	面	貓	的
特	情	乎	增	皂	望	肥	分	恢	区	博	物	馆	好	环	特	况
不	快	重	伏	情	水	类	好	动	程	凑	惊	讶	的	人	。	便
醋	衫	思	定	视	究	本	本	规	衬	信	有	草	娱	然	摇	休
噪	有	瑞	好	饭	肥	机	豆	苦	衡	建	村	野	袋	諾	龄	娱
解	决	方	案	功	能	构	填	心	释	优	衬	形	式	具	而	礼
不	镜	自	蠕	赂	觉	造	己	确	实	怖	表	明	余	动	备	年
人	因	飞	平	祖	究	不	稳	视	成	奥	蠕	亮	肥	息	泽	了
摇	桥	桥	书	宜	蠕	毁	稻	差	为	议	秘	请	假	了	究	>
高	租	娱	约	情	人	护	理	也	差	衡	感	谢	早	自	惨	静
本	栏	恢	自	休	虑	情	雪	苦	雨	柔	热	稻	晨	究	镜	他
豌	豆	议	的	怖	面	醒	醋	转	查	鳍	自	本	高	过	究	地
栏	观	信	泽	远	肥	程	蛾	本	乐	部	分	试	持	的	退	袖
基	滑	肥	来	源	遇	口	镜	年	驴	生	便	泰	迪	熊	出	怖
惧	平	项	喜	得	饭	后	袋	排	主	然	亲	毁	他	加	而	惊

成为
请假
感谢
泰迪熊
博物馆
构造
肥皂水
早晨
解决方案
功能
部分
具备
退出
表明
确实
惊讶
奥秘
形式
豌豆
最好的

Puzzle 344

宜	动	型	蔻	平	滑	衬	状	过	水	于	磨	醋	吸	发	高	从
香	信	露	优	了	肢	心	直	研	转	的	快	循	血	树	度	飞
察	查	胶	衬	了	亲	水	獭	采	用	研	衰	落	鬼	高	兴	紧
许	围	墙	桌	不	虫	循	股	欲	回	状	傲	变	观	降	人	子
绍	动	性	的	肢	素	年	度	基	乃	发	护	然	马	通	中	增
赂	余	不	增	露	承	认	填	袋	面	邀	出	坠	他	的	灵	行
透	增	趣	见	鳍	的	解	信	尖	叫	通	蔻	况	瑞	动	的	环
自	怖	天	空	本	机	野	先	他	流	撞	坠	举	明	不	查	雨
面	迟	迟	欣	赏	静	信	预	测	体	数	存	灵	亮	海	损	饭
桥	闲	疲	乐	肉	损	赂	克	赛	跑	有	！	数	特	拔	错	恢
则	的	噪	特	看	鳍	幸	恐	桥	栗	人	不	有	况	特	因	领
情	士	亲	余	乎	数	袖	煲	快	苦	动	便	权	带	填	透	建
根	权	见	则	木	村	迟	他	本	车	息	的	高	便	号	觉	透
坠	研	滑	凑	真	私	袋	热	思	旋	数	正	色	风	木	类	通
本	程	有	性	不	试	况	延	究	泽	权	真	凑	彩	暴	凑	諾

高度
水獭
采用
高兴
真正的
预测
衰变
承认
欣赏
天空
流体
海拔
年度
的色彩
围墙
赛跑
吸血鬼
尖叫
风暴
明亮

Puzzle 345

车	幸	音	租	惊	介	马	行	信	口	况	觉	究	坠	上	醒	出
镜	梳	貌	本	衡	马	后	私	透	驱	坠	幸	乐	栗	蛾	他	量
衫	领	桥	租	心	存	查	循	邀	绍	上	租	情	携	究	滑	于
分	便	灵	滑	焕	基	破	煲	参	落	雪	欲	惧	小	型	紧	蛾
子	乎	最	基	电	邀	特	量	加	则	摇	直	生	后	木	驴	社
露	记	衬	序	列	望	稳	最	的	况	下	乐	行	不	指	私	树
因	主	人	试	噪	！	>	选	择	出	源	热	继	分	望	透	噪
便	背	回	遇	隐	藏	欲	平	老	本	里	地	书	续	子	究	量
闲	貌	后	性	克	情	复	出	几	音	乐	碰	子	人	乎	近	娱
肥	底	考	底	便	欲	疲	出	举	摇	快	远	究	恢	复	复	股
摇	携	喜	胶	填	规	肥	便	邀	的	信	乃	年	约	，	的	信
办	公	室	眉	马	凑	几	部	泽	皂	香	紧	页	便	除	情	野
几	排	龄	醋	木	春	想	分	心	检	定	摇	究	紧	了	侣	存
子	研	警	告	观	天	幸	研	部	查	避	释	人	袖	恐	傲	研
书	镜	领	面	鳍	昨	马	的	地	中	免	肥	情	泽	活	研	饭

快乐
选择
的情侣
音乐
参加的
办公室
指望
背后
避免
春天
，除了
继续
警告
序列
恢复
检查中
分子
小型
隐藏
昨天

Puzzle 346

醋	的	怖	书	情	四	解	技	乎	躺	来	日	驾	足	开	启	记
分	散	注	意	力	惊	的	绍	巧	在	他	中	车	他	够	观	心
安	从	查	他	外	特	镜	好	驴	则	礼	部	人	性	书	的	人
主	恢	增	特	壳	亲	柔	恐	飞	了	领	虑	里	复	自	自	选
乎	有	解	解	携	状	怖	肉	平	人	滑	狩	猎	人	行	高	木
究	里	来	性	自	惫	的	眼	理	第	一	优	瑞	蠕	得	差	磨
服	从	典	页	平	最	金	快	本	复	研	活	图	区	看	查	增
野	骆	驼	迟	近	损	子	降	保	瑞	特	下	雪	余	通	持	保
租	而	从	袖	信	的	驱	先	泽	眉	平	闲	热	压	平	村	数
焕	衫	察	磨	摇	研	恐	绿	色	的	行	持	情	典	力	的	通
虎	空	中	的	页	根	号	电	信	里	煲	得	乐	条	几	差	信
骨	折	自	虫	从	倍	梳	稻	阿	姨	究	书	食	品	灵	滑	龄
人	龄	本	议	村	几	完	美	的	网	回	最	通	基	乎	透	不
情	性	不	本	子	人	露	书	自	球	而	近	页	香	醒	议	驱
肢	自	的	数	程	亮	邀	真	图	况	乎	理	信	邀	栏	机	露

绿色
服从
分散注意力
压力
技巧
阿姨
完美的
网球
食品
第一
空中
骆驼
狩猎
开启
足够
的金子
驾车
骨折
外壳
躺在

Puzzle 347

优	自	你	研	总	线	发	行	苦	龄	要	眼	重	秘	梁	有	木
的	情	排	自	疲	音	宜	行	蓝	色	的	绍	增	过	行	发	排
秘	趣	类	带	己	月	亮	携	面	转	柔	也	諾	之	分	情	露
面	解	近	破	桌	持	胶	面	衫	状	信	行	根	远	视	之	惧
数	面	生	信	邀	的	伊	责	任	地	凑	他	用	品	肉	木	情
椭	圆	形	马	。	虑	解	宜	股	马	出	的	虎	静	权	己	坠
生	眉	灵	解	故	源	聪	错	口	惧	喜	貌	自	父	中	断	的
过	四	好	了	障	考	释	明	袋	复	思	瑞	坠	量	飞	来	的
凑	明	天	放	恐	梳	趣	乃	书	光	恐	惧	部	持	年	桌	型
温	瑞	注	袖	行	祖	的	皇	后	情	区	域	瑞	议	放	基	本
书	暖	关	在	而	几	平	自	落	梁	护	桥	疲	绍	出	乎	活
条	肢	的	这	摇	露	来	父	图	降	桥	惨	本	情	保	上	修
觉	型	面	里	口	面	草	降	有	选	电	土	礼	热	欲	行	桌
便	里	远	存	磨	举	的	状	书	见	伊	狼	票	优	了	栅	他
龄	信	趣	私	升	他	降	不	雨	木	秀	见	欲	諾	优	势	桌

月亮
蓝色的
明天
故障
你自己
的关注
区域
总线
优势
聪明
责任
用品
基本
温暖的
在这里
口袋
皇后
中断
土狼
椭圆形

Puzzle 348

自	复	马	溜	恐	的	持	子	便	可	持	情	自	飞	马	之	大
驴	特	定	类	冰	柔	续	冒	水	能	各	地	反	橡	皮	擦	部
差	先	梁	自	醋	鞋	时	乐	险	的	滑	运	便	向	人	便	分
复	考	坠	来	人	信	间	家	专	的	动	雪	乎	蠕	饭	有	领
部	热	驱	豆	究	煲	野	条	！	諾	修	运	欲	衡	着	桌	人
克	栗	木	研	周	二	蠕	梁	帮	特	最	怖	蛾	乐	急	露	信
皂	增	近	生	放	丁	便	书	助	机	马	举	典	记	父	觉	任
领	落	面	胶	他	不	伏	信	恐	人	后	龄	蜈	亲	趣	热	胶
思	近	亮	倍	几	放	松	心	梳	马	毁	特	蚣	之	最	貓	底
坠	克	>	人	要	重	柔	信	结	疲	。	图	究	租	书	他	建
快	袋	绍	修	人	怖	桌	人	束	他	特	稻	举	循	喜	礼	本
有	填	源	特	保	请	图	的	有	克	碰	信	研	直	护	透	鳍
蓬	松	虎	后	驰	秘	高	惊	存	错	飞	停	丁	余	差	要	龄
性	平	袖	透	名	柔	心	！	惊	发	状	顿	考	律	远	高	皂
部	年	水	部	落	虑	便	豆	根	素	出	肉	高	师	虎	查	丁

蜈蚣
信任
反向
结束
持续时间
溜冰鞋
着急
律师
周二
停顿
蓬松
大部分
帮助
放松
橡皮擦
各地
可能的
冒险的
驰名
的专家

Puzzle 349

鼬	充	迟	遥	查	社	豆	损	号	查	股	里	页	考	先	秀	加
鼠	的	凑	人	放	宽	中	而	本	升	放	有	平	白	菜	直	肢
间	平	见	乃	决	况	>	定	坠	然	倍	老	存	喜	乃	乃	衬
栅	便	遇	惧	先	行	研	栏	还	坠	宜	况	飞	高	心	快	桥
碎	碰	。	倍	增	>	雨	皂	原	伊	升	欲	眼	信	牙	磨	试
加	噪	高	蠕	焕	滑	更	定	增	考	疲	走	了	傲	刷	的	视
>	身	自	分	研	项	新	排	最	碰	中	先	业	欲	眼	学	后
现	场	有	人	脖	差	威	力	选	典	的	梳	专	上	桌	术	情
的	静	>	觉	自	子	环	恢	宜	虫	惧	恐	的	不	幸	下	衬
远	野	有	建	议	儿	部	回	议	虫	建	倍	延	荒	察	通	桥
卡	中	坠	恢	社	票	野	柔	亲	肥	有	安	旋	口	野	坚	固
蔻	车	恐	自	转	村	间	循	介	年	貌	排	上	了	本	欲	顶
权	研	镜	损	旋	泽	脚	坠	丁	心	驴	噪	而	然	欲	究	袖
迟	性	填	能	瑞	自	蹼	快	理	！	袖	活	望	面	面	从	过
惫	口	胶	决	肉	信	情	本	定	于	电	号	心	有	子	状	他

还原
的恐惧
放宽
更新
脖子
的专业
学术
安排
威力
脚蹼
坚固
建议
的荒野
卡车
牙刷
走了
现场
儿子
白菜
鼬鼠

Puzzle 350

远	增	请	素	香	理	论	秀	图	望	优	根	研	去	諾	音	便
雨	乐	主	蠕	于	顶	梁	驴	回	秘	先	地	肉	年	木	情	车
年	身	的	对	手	破	秀	接	近	然	好	傲	自	保	>	娱	保
露	来	雪	！	>	况	栅	议	有	克	保	可	有	眉	中	优	香
书	不	己	研	地	情	动	毁	惊	里	绍	热	以	的	碎	镜	好
驱	諾	研	趣	年	介	理	里	惨	碰	傲	出	交	公	邀	光	出
貌	貓	了	諾	龄	温	文	尔	雅	子	事	错	动	路	停	止	解
活	透	上	树	便	先	灵	醋	损	根	优	马	蛾	苦	议	落	图
保	，	也	没	有	事	前	衬	灵	的	考	事	视	肥	因	艺	术
议	汽	车	旅	馆	桥	股	考	议	顶	自	件	趣	程	有	凑	面
带	肉	复	建	凑	灵	身	蛾	宜	。	情	组	填	持	考	情	了
破	考	视	滑	最	凑	乐	最	面	口	察	醒	合	趣	社	加	也
伊	动	几	袖	最	身	恐	分	衫	父	日	亮	静	主	不	稳	子
桥	顶	煲	里	检	想	车	离	最	紧	远	貓	虑	口	租	动	动
梁	社	规	机	讨	激	烈	的	四	增	状	错	苦	自	选	碰	不

接近
激烈
汽车旅馆
的对手
停止
事件
艺术
公交
组合
分离的
检讨
可以
，也没有
的公路
理论
先前
去年
温文尔雅
年龄
桥梁

Puzzle 351

出	许	能	增	虫	近	视	护	雪	注	意	到	瑞	有	性	磨	諾
便	最	独	立	性	选	娱	野	橇	细	腻	回	旋	保	能	晚	饭
热	的	想	类	菊	花	选	好	生	产	日	增	碰	的	生	面	不
余	他	貌	许	日	灵	赂	察	！	下	定	旋	邀	型	议	面	本
>	光	己	排	生	疲	充	之	外	諾	高	撞	惊	醋	自	镜	自
平	丁	虎	秀	高	于	迟	有	考	素	近	租	面	试	页	增	的
伏	貌	约	里	滑	社	村	马	傲	衫	宜	人	老	听	请	举	水
源	租	亲	马	怖	衬	欲	爸	爸	谎	书	胶	。	疲	肉	修	栗
摇	平	蝴	蝶	状	觉	胶	几	特	言	最	机	马	眼	袖	子	袖
活	保	的	设	计	规	活	四	动	电	迟	伏	惊	了	栗	香	马
性	研	能	然	生	喜	骄	人	排	直	医	疗	栏	动	研	蠕	醒
恢	的	欲	本	机	底	操	请	有	惧	放	摇	静	欲	上	！	疲
树	狐	成	步	项	四	克	作	三	只	心	平	试	的	水	泽	面
稻	狸	香	年	骤	飞	真	蛾	凑	循	答	不	好	闲	特	驴	粱
他	滑	粱	保	性	研	建	究	口	亮	根	便	各	方	中	噪	出

试听
蝴蝶
细腻
晚饭
注意到
谎言
医疗
生产
的设计
菊花
独立性
各方
三只
雪橇
步骤
之外
操作
爸爸
狐狸
成年

Puzzle 352

撞	伊	驾	驶	增	便	泽	则	飞	栏	填	行	稻	稳	先	草	间
望	镜	决	几	特	性	恢	露	复	究	邀	举	落	。	衡	衬	推
迟	年	蜡	笔	主	不	图	于	摇	坠	马	则	约	子	稻	发	出
桌	便	好	他	摇	带	特	皂	主	不	行	稻	车	危	近	射	研
之	凑	貓	镜	理	能	人	面	信	从	透	出	源	机	怪	信	信
素	地	察	丁	有	皂	循	不	喜	有	益	皂	便	适	物	主	放
试	乐	老	伊	心	奖	金	书	野	惫	身	野	生	当	肢	步	坠
类	甲	余	幸	子	粱	性	出	素	电	木	克	行	快	引	一	释
条	露	虫	伊	修	肉	循	增	士	飞	来	经	部	乐	肢	进	的
先	惫	行	机	桥	自	身	的	回	礼	服	营	下	的	持	远	升
损	于	间	放	虎	情	有	领	应	领	复	自	傲	基	秀	磨	克
动	野	带	！	法	信	最	苦	虑	约	许	循	了	的	心	灵	票
野	休	日	野	本	律	便	马	介	保	这	修	的	坠	便	面	，
顶	远	得	心	升	见	特	从	光	香	样	电	来	许	私	幸	因
栏	面	然	欲	情	本	量	页	延	紧	>	豆	重	雪	复	心	此

发射
蜡笔
，因此
甲虫
怪物
快乐的
这样
有益
进一步
回应
礼服
奖金
自身
引进
适当
危机
驾驶
推出
经营
法律

Puzzle 353

巧	蠕	特	考	乐	安	灵	有	环	议	了	士	数	电	股	磨	保
坠	克	运	复	信	宁	部	究	桌	自	恐	滑	的	特	骄	视	日
顾	客	力	自	日	议	雪	车	能	释	稻	和	保	亲	桌	快	音
袖	的	循	木	释	答	图	的	余	思	貌	平	宜	心	恐	碰	木
日	生	撞	升	建	主	休	眼	增	风	然	密	集	后	恢	！	草
醋	试	余	议	况	社	察	他	许	筝	淋	动	迟	也	摇	考	心
音	面	滑	飞	差	修	信	五	个	欲	浴	驱	通	究	究	主	情
他	趣	煲	填	约	身	心	便	泽	毁	号	虎	疲	动	私	机	有
伊	碎	雨	飞	现	余	甜	蜜	破	请	不	父	梁	克	雨	错	己
租	顶	的	视	在	惊	觉	有	亲	型	人	能	丁	娱	>	衡	状
视	子	高	之	平	护	平	请	袋	里	虎	本	蠕	快	安	豆	镜
约	傲	好	高	迟	电	部	件	他	们	的	质	牛	水	基	野	特
音	心	议	衬	心	约	领	请	伊	来	水	衫	奶	静	想	音	秘
热	便	人	成	蛾	任	作	栏	表	息	差	动	亲	木	摇	有	书
既	不	肢	研	熟	命	画	快	父	现	之	不	不	看	间	皂	类

部件
密集
甜蜜
淋浴
本质
五个
安宁
作画
他们的
任命
水牛
成熟
现在
表现
牛奶
既不
巧克力
风筝
和平
顾客

Puzzle 354

修	究	书	的	远	视	蛾	马	书	惊	勇	敢	遇	修	的	保	肉
情	权	错	误	有	人	肥	息	存	先	的	能	量	貓	也	祖	护
见	遥	的	错	滑	量	主	发	过	碰	定	角	落	平	息	基	瑞
滑	生	复	柔	磨	人	不	的	伏	的	性	驱	优	考	木	袋	香
余	近	懒	存	存	马	马	速	度	面	信	怖	研	森	惧	型	礼
拘	乐	不	惰	转	自	恐	灵	包	间	娱	袖	惫	有	林	主	要
己	捕	不	人	况	衫	凑	来	子	根	撞	来	貓	想	心	飞	凑
欲	觉	好	页	菜	肴	水	源	情	马	循	毁	青	蛙	破	镜	行
乃	地	况	分	碰	持	查	情	复	的	社	带	类	特	摇	有	热
木	木	生	面	摇	最	大	的	增	秘	不	在	泽	书	闲	究	究
噪	野	倍	部	增	音	语	草	不	重	法	时	项	子	人	不	乐
年	见	释	许	身	机	言	灵	紧	基	院	损	心	自	驱	>	本
心	动	怖	衡	延	错	涉	及	急	活	幸	灵	平	股	人	书	电
稻	差	然	貓	充	延	煲	亮	剧	人	发	自	记	答	啤	绍	肉
心	礼	水	底	平	子	主	落	灵	摇	坠	底	举	宜	酒	重	特

法院
啤酒
主要
拘捕
角落
速度
涉及
在时
的能量
森林
错误
急剧
青蛙
菜肴
包子
懒惰
定的
勇敢
语言
最大的

Puzzle 355

>	稳	行	因	虑	本	恐	飞	赛	了	差	饭	虑	夤	蛾	礼	定
四	遇	携	不	然	况	恢	最	四	季	欲	身	里	地	带	损	静
况	摇	>	他	骄	栅	思	便	透	粉	红	色	饮	土	豆	四	蔻
决	衫	定	静	放	醒	携	摇	坠	梳	状	灵	料	露	娱	磨	社
蛾	也	然	碎	典	后	,	性	飞	紧	急	傲	热	号	近	状	觉
紧	子	得	心	肉	排	稻	肥	根	职	煲	树	莓	蛾	激	励	野
兴	趣	行	破	紧	亮	持	况	选	责	凑	基	的	光	亮	的	掩
重	理	过	鳍	竞	怖	坠	子	香	灵	树	迟	袖	药	情	信	盖
虫	介	环	平	争	的	觉	喜	差	则	行	定	草	物	信	高	休
幸	马	放	回	面	遥	过	面	情	况	便	几	惧	礼	信	下	过
型	出	保	过	醋	村	落	升	通	况	监	测	龄	摇	滑	灵	然
恐	他	摇	电	恐	欲	研	主	人	真	状	出	动	觉	细	汉	露
先	视	木	乎	面	乐	衡	于	息	错	快	热	车	绍	节	堡	程
则	学	灵	权	典	于	毁	父	书	貌	柔	结	考	遥	放	包	镜
蔻	生	胶	欲	静	究	信	信	察	基	人	类	婚	人	试	年	亲

饮料
紧急
情况
细节
兴趣
粉红色
树莓
竞争
结婚
激励
土豆
汉堡包
掩盖
礼物
学生
药物
赛季
监测
职责
后,

Puzzle 356

虫	便	。	则	焕	可	领	况	素	股	创	过	条	伊	走	人	况
公	式	身	伊	加	见	镜	理	木	滑	造	重	水	外	部	廊	趣
日	生	的	袋	马	的	人	复	降	袋	之	貌	祖	究	乐	摇	衡
貓	好	飞	栅	赶	查	梁	豆	面	镜	趣	信	焕	摇	俱	生	增
排	自	机	保	怖	路	露	迟	带	能	电	分	决	人	稳	的	滑
状	等	通	见	心	解	撞	快	通	典	动	答	栗	貓	特	保	保
不	于	袋	理	差	运	晚	些	时	候	和	虎	梁	下	人	欲	喜
精	久	木	马	幸	浓	缩	有	人	欲	动	闲	升	损	重	过	察
度	看	复	栗	图	理	梳	循	考	源	皂	袖	貌	的	梳	香	中
克	露	衬	煲	动	分	有	观	雪	惨	伊	便	项	滑	蛾	得	热
源	蛾	见	便	获	得	人	来	稳	面	保	乐	增	坠	音	解	地
马	雪	恢	娱	热	辣	克	见	思	年	自	几	他	释	宜	旋	他
地	的	条	情	市	椒	肢	底	亮	噪	雨	建	肉	书	人	身	虫
乐	便	碎	地	场	年	傲	秀	错	剥	夺	筑	士	赂	惨	的	主
栅	皂	放	恐	蛾	书	夤	直	类	丁	动	物	行	得	条	充	的

外部
精度
俱乐部
等于
浓缩
的飞机
创造
得分
获得
建筑物
可见的
剥夺
公式
市场
晚些时候和
辣椒
不久
走廊
赶路
的生日

Puzzle 357

煲	亲	部	倍	真	的	最	能	蚊	卫	特	部	坠	人	区	发	好
皂	蛾	虫	自	投	票	肉	运	子	生	社	灵	驴	露	娱	鳍	疲
摇	活	出	伏	摇	倾	则	雪	快	速	亮	环	秀	袖	快	眼	建
信	远	音	远	得	眉	向	回	自	基	间	高	肉	镜	饭	研	立
私	根	排	日	他	碰	袋	于	观	亲	有	更	不	口	士	遇	规
解	号	滑	出	乎	情	快	约	皂	复	趣	好	运	释	间	衫	基
摇	举	口	视	闲	遇	衫	瑞	分	杂	程	的	真	香	蔻	机	循
自	心	自	虎	私	复	本	子	醋	的	序	摇	露	不	洗	栏	领
保	错	带	升	理	息	肥	香	条	特	雨	抗	拒	足	涤	里	自
加	高	便	议	裙	子	然	撞	充	乐	议	典	日	精	数	的	回
最	迟	肉	看	伏	王	望	幸	复	趣	趣	>	机	灵	便	性	不
信	能	特	灵	虫	。	凑	祖	年	自	的	雪	驱	的	碎	视	醋
父	转	主	消	煲	皂	生	乐	自	延	煲	桥	野	填	议	得	规
欲	大	况	生	防	信	的	幸	季	朋	友	余	人	透	号	几	得
复	象	伊	究	解	员	闲	木	度	加	放	解	破	余	亮	信	人

复杂的
建立
倾向于
不足
快速
朋友
季度
抗拒
更好的
消防员
洗涤
王子
精灵
程序
裙子
蚊子
投票
大象
乐趣
卫生

Puzzle 358

孩子
参与者
妈妈
狮子
模拟
解雇
取决于
主题
周期
侵入
小苍兰
油漆
叔叔
越来越
黄鼠狼
清晰
护士
手机
办法
恩爱

保	坠	决	柔	降	的	事	加	諾	泽	部	>	骄	乐	带	票	转
乐	增	雪	亲	骄	许	填	欲	私	能	秘	先	真	远	举	亲	通
镜	错	而	野	狮	日	便	损	子	解	雇	项	环	父	私	他	素
电	况	己	侵	入	子	。	年	自	伊	参	权	循	保	直	子	源
型	子	乐	号	条	分	娱	解	撞	社	与	环	光	娱	摇	四	量
迟	能	高	倍	肥	亮	热	趣	损	肉	者	生	手	机	放	宜	高
快	分	之	取	决	于	护	护	梳	间	静	灵	克	放	栅	主	题
性	面	叔	叔	小	苍	兰	士	定	区	权	出	喜	不	携	乐	栏
乃	虎	素	秘	回	灵	情	袋	行	清	老	摇	先	的	坠	飞	素
马	见	傲	野	然	社	循	!	规	晰	油	漆	通	恢	增	镜	转
傲	最	不	从	>	己	议	露	人	考	亮	雪	记	了	延	惨	迟
飞	生	从	面	素	落	口	心	究	越	肉	肢	稻	心	黄	机	他
试	雪	年	周	办	法	书	身	恩	来	坠	自	马	最	鼠	乐	破
模	观	露	期	考	绍	望	社	爱	越	栗	孩	不	倍	狼	妈	情
拟	子	疲	滑	复	驱	树	底	研	从	惨	分	子	老	马	妈	趣

Puzzle 359

胶	邀	噪	闲	自	通	人	灵	望	飞	自	电	民	草	肉	了	摇
开	玩	笑	上	。	研	直	肉	活	己	区	喜	马	俗	坪	户	虎
里	性	衫	瑞	香	理	欲	解	的	塑	增	野	乐	的	保	外	解
原	乐	幸	惊	人	喜	里	。	噪	料	页	充	男	性	他	村	。
因	条	有	动	透	幸	号	遇	手	区	平	中	光	惊	增	介	栏
焕	件	管	理	优	热	的	绍	册	目	前	损	栏	权	桌	马	类
他	。	降	许	延	解	回	保	格	因	号	心	蠕	磨	也	绍	降
发	究	眼	情	遇	人	书	旋	式	瑞	素	胶	真	高	滑	举	不
教	师	宜	主	量	保	考	人	衫	龄	有	草	摇	本	典	桥	坠
的	主	特	面	释	马	充	的	决	肥	趣	热	究	类	乃	理	树
车	乃	号	衬	。	衫	要	作	泽	惨	的	面	的	趣	图	便	遥
安	苦	蔻	特	延	复	真	用	伏	判	的	喜	自	迟	储	备	露
高	观	绍	野	毁	面	安	电	疲	通	决	子	护	迟	欲	考	要
情	身	程	好	差	私	落	惧	好	梁	便	有	好	功	>	于	村
情	皂	心	号	生	马	村	未	能	醒	栏	灵	己	率	邀	请	行

未能
格式
草坪
功率
户外
的作用
邀请
民俗
判决
有趣的
手册
教师
塑料
目前
原因
条件
男性
储备
管理
开玩笑

Puzzle 360

西瓜
艰难
毛衣
悲剧
打破
轨道
远近
疲倦
积极
这种
上述
镜子
的需求
查找
个别
的伤害
日晷
蛋糕
修复
一般

疲	个	存	心	社	飞	镜	许	视	疲	衫	有	艰	滑	日	要	最
的	别	打	破	解	安	滑	子	惨	倦	马	磨	书	难	晷	摇	高
保	解	的	树	源	破	迟	驱	休	亲	轨	道	电	私	雪	绍	领
视	后	类	近	人	马	稳	衬	基	村	疲	驱	循	远	近	灵	典
间	野	部	落	趣	有	高	趣	己	音	热	中	袋	看	来	悲	间
蛋	糕	坠	错	口	发	的	需	求	绍	记	欲	机	行	趣	剧	稳
研	上	考	父	毛	电	醒	子	四	信	露	定	镜	则	喜	虑	电
闲	述	自	亲	衣	面	充	树	乃	一	绍	几	车	醒	积	虑	循
理	保	回	议	苦	息	从	降	有	般	事	复	撞	安	极	煲	究
平	宜	修	区	于	露	摇	型	加	便	雪	查	諾	中	见	过	举
情	复	亲	心	恐	顶	这	袖	礼	树	遥	找	过	噪	修	惧	娱
宜	镜	蠕	恐	休	回	种	摇	部	磨	答	考	程	闲	复	醒	建
的	票	>	噪	试	修	增	亲	>	过	日	社	滑	电	祖	貓	介
研	摇	特	生	豆	西	马	典	理	邀	香	面	近	己	增	。	皂
不	惧	动	下	特	草	瓜	的	伤	害	考	考	远	子	本	重	页

Puzzle 361

疲	稻	请	建	怖	音	树	肉	驴	第	趣	因	马	介	保	梳	身
苦	恐	升	快	定	亲	来	恐	的	七	噪	恢	研	己	观	母	亲
况	后	举	几	运	蔻	村	平	型	镜	木	上	视	的	出	通	坠
则	角	色	焕	海	快	情	则	野	人	数	释	平	虫	复	惧	桌
马	闲	驱	驴	了	洋	维	持	身	想	事	镜	平	惧	下	典	恢
底	地	有	遥	告	礼	收	集	生	礼	项	持	执	行	自	信	不
娱	根	闲	克	诉	摇	。	马	究	书	桌	貌	延	木	动	心	地
的	桥	有	龄	焕	他	伊	骄	介	记	衫	绍	丁	落	虫	摇	野
己	碰	况	坠	的	亲	爱	的	不	！	国	家	热	衡	薪	酬	好
桌	动	定	洽	规	伏	宜	噪	坠	坠	规	情	情	面	衡	餐	程
欲	物	资	谈	降	。	遥	毁	人	研	循	礼	的	类	保	复	厅
远	种	音	源	了	雪	花	环	磨	区	亲	重	音	趣	趣	究	携
自	本	的	来	闲	灵	日	来	乐	灵	秀	凑	外	套	的	宜	桥
股	理	水	摇	情	带	息	类	醋	来	木	摇	信	事	票	充	快
的	批	处	理	焕	特	乐	车	远	考	底	复	类	木	决	欲	飞

餐厅
雪花
批处理
执行
第七
角色
海洋
外套
自动
资源
国家
书记
薪酬
告诉
维持
物种
亲爱的
母亲
洽谈
收集

Puzzle 362

的	贫	梁	情	本	则	衡	乐	面	坠	信	损	护	光	对	比	度
地	困	諾	人	增	镜	特	型	趣	里	草	莓	明	好	恐	>	降
方	飞	填	理	里	蔻	衡	心	乎	究	肢	定	欲	显	称	为	亮
的	生	遥	的	露	特	木	男	前	虑	虎	绍	四	从	紧	得	下
乐	绅	四	个	衬	！	方	子	者	余	他	马	树	的	主	父	情
究	的	士	人	而	带	向	平	各	要	不	马	面	马	主	雪	保
添	加	坠	己	素	过	条	衡	种	活	伏	复	趣	日	最	球	平
数	保	超	素	子	股	落	梳	典	解	况	社	丁	自	倍	磨	土
木	衬	越	桥	平	人	草	村	有	况	安	草	高	也	素	栗	耳
本	滑	护	先	恢	伏	乎	倍	运	泽	议	研	饭	休	之	乐	其
动	噪	解	情	克	便	>	喜	乐	摇	野	不	规	则	见	错	本
微	笑	乃	木	秀	乎	过	骨	驴	放	飞	惫	娱	蔻	理	系	的
自	马	答	老	图	保	摇	介	架	延	平	虎	雪	眉	水	列	回
灵	许	能	口	树	马	想	最	情	摇	加	栏	摇	飞	记	娱	信
煲	信	动	梁	心	顶	好	便	延	复	醋	看	露	里	带	骄	坠

的地方
不规则
超越
草莓
方向
土耳其
微笑
的个人
雪球
贫困
各种
的绅士
称为
对比度
骨架
添加
明显
系列
前者
男子

Puzzle 363

根	的	解	香	他	优	趣	类	泽	社	虑	惧	租	人	飞	出	稻
生	休	公	幸	栏	。	发	似	损	袖	研	过	远	本	摇	活	升
来	雪	本	路	加	爷	爷	的	通	素	高	领	究	记	光	看	欲
恐	直	喜	联	本	程	行	袖	降	来	！	宜	程	袋	区	研	私
乃	！	复	邦	子	野	木	撞	自	的	桥	皂	邀	惊	凑	究	煲
的	不	衡	蛾	飞	透	摇	的	苦	镜	>	胶	水	喜	调	市	特
分	栏	车	区	分	休	了	真	感	觉	时	候	虚	梳	整	中	摇
不	桥	顶	光	社	程	直	欲	车	社	摇	光	飞	假	己	心	稳
机	热	洗	充	高	休	过	降	电	破	研	碎	撞	观	而	基	醒
了	然	而	发	峰	本	保	水	轨	木	量	稀	考	稻	便	十	年
摇	碰	稻	本	重	损	衬	想	有	虑	直	缺	木	坠	保	放	父
惊	看	村	骄	不	理	虫	子	望	蠕	紧	这	情	老	情	休	丁
自	分	的	环	眉	保	虎	优	几	损	循	些	动	便	几	野	丁
过	饭	稻	己	几	稳	况	错	生	而	自	梁	特	解	栏	摇	！
飞	的	存	决	局	限	租	滑	衡	亲	间	上	紧	究	惫	页	过

虚假
有望
类似的
时候
联邦
局限
公路
感觉
这些
的爷爷
研究
洗发
高峰
调整
市中心
稀缺
有轨电车
然而
十年
惊喜

Puzzle 364

灾难
的东西
很好的
显著
的视线
压低
误差
玉米
的官方
平时
说，
逃生
真相
田径
所需
剪刀
的记忆
基地
柳絮
保证

况	醒	而	乐	水	生	镜	方	官	的	上	马	底	田	滑	怖	重
高	保	证	眼	部	毁	磨	了	赂	视	眉	伊	亲	玉	径	木	的
眉	想	的	保	视	柳	絮	基	复	线	的	东	西	米	雨	疲	邀
股	凑	真	转	趣	趣	释	试	地	便	自	恐	旋	源	考	趣	碰
回	野	趣	环	子	绍	亮	邀	建	回	飞	坠	远	而	保	骄	宜
显	面	树	村	克	袖	人	袖	本	源	香	肉	本	趣	便	许	逃
著	剪	刀	因	说	，	理	平	时	焕	差	驱	降	议	几	马	生
醒	马	也	高	的	议	电	规	释	想	远	部	倍	滑	喜	护	况
情	泽	乐	衫	记	很	乐	填	马	决	瑞	页	坠	动	所	况	答
灾	压	低	真	忆	好	栗	建	车	顶	量	人	傲	柔	需	规	远
蛾	难	四	相	毁	的	了	充	保	之	图	落	根	龄	口	赂	平
误	差	衫	闲	特	乎	租	面	趣	考	息	决	解	丁	考	试	重
领	他	见	了	疲	不	领	諾	循	事	社	远	举	得	信	排	机
娱	有	选	飞	能	则	研	过	马	出	乎	远	性	面	碰	部	要
底	闲	梁	磨	解	蔻	携	热	来	虎	查	状	碎	桥	蠕	通	出

Puzzle 365

秀	惨	乃	亮	记	恐	远	修	人	了	豆	昂	贵	大	数	面	衡
肉	信	最	恢	不	子	草	>	社	乎	直	梳	排	便	了	作	子
讨	号	况	亲	滑	必	要	的	发	噪	建	升	木	赂	了	家	虎
煲	论	视	光	股	复	桌	秘	展	错	加	望	机	复	审	邀	驴
怖	木	年	关	联	坠	想	野	蔻	趣	眉	噪	试	虑	宜	判	要
安	见	型	复	过	想	数	便	柔	过	典	伏	梳	恢	安	报	余
源	出	畲	记	凑	豆	声	持	音	黑	撞	便	绍	喜	木	价	碎
转	心	煲	心	觉	諾	明	保	他	色	秀	存	类	畲	肉	的	他
转	旋	人	面	趣	复	草	运	下	恢	衬	分	约	龄	高	休	了
过	望	老	虎	释	乎	了	几	坠	畲	考	析	有	真	年	紧	粱
飞	人	他	宜	遇	数	带	错	情	乎	栅	存	升	柔	士	争	辩
电	驴	携	试	飞	眉	高	贵	的	也	四	不	肢	查	差	然	邀
马	得	喜	士	页	灵	环	境	摇	煲	最	最	秘	典	摇	量	的
礼	应	该	理	研	喜	的	遥	祖	落	过	宜	因	瑞	眼	解	雪
最	理	栏	望	实	际	乐	转	移	特	肉	复	趣	野	惨	延	理

实际
环境
大便
作家
关联
应该
争辩
老虎
昂贵
必要的
直升机
报价
黑色
高贵的
转移
讨论
发展
声明
分析
审判

Puzzle 366

袋	能	也	素	的	充	试	眼	研	放	考	之	延	从	的	考	增
的	好	信	>	觉	自	行	存	车	部	许	香	于	貌	复	人	秘
进	之	雪	释	修	得	看	携	比	较	什	情	选	落	休	上	的
口	伏	修	麻	喜	苦	项	瑞	衬	情	么	便	余	猕	热	远	肥
四	祖	倍	烦	高	眉	典	要	号	社	蛾	答	转	猴	不	理	野
围	程	度	答	过	机	特	权	貓	见	会	迟	好	桃	雨	电	肥
的	栏	书	秘	于	鲜	花	学	习	肢	本	况	根	的	循	乐	肥
望	四	动	从	丁	骄	型	信	心	明	了	人	欲	议	源	究	心
平	分	里	票	喜	往	往	逮	觉	确	租	过	排	大	的	觉	之
的	趣	释	警	报	摇	批	捕	的	息	探	讨	子	父	厅	复	绍
究	理	租	人	衫	恐	判	滑	词	汇	要	先	祖	惨	鳍	事	观
醋	基	远	衬	蔻	的	皂	煲	存	增	况	的	出	驱	乎	噪	畲
理	木	究	试	恢	持	绍	便	貓	典	本	野	最	的	记	环	滑
安	后	状	子	的	营	养	畲	远	护	马	复	马	虎	透	远	身
高	貓	人	衫	新	保	煲	优	碰	子	碰	了	自	露	票	>	自

大厅
往往
词汇
学习
明确
比较
麻烦
新的
的营养
警报
批判
逮捕
猕猴桃
什么
程度
社会
围栏
鲜花
进口
探讨

Puzzle 367

最	骄	素	祖	权	瑞	也	的	便	心	介	本	邀	素	看	近	研
子	增	摇	蠕	凑	本	错	事	建	>	部	衬	转	醋	保	摇	来
的	一	切	无	名	指	考	项	上	肉	延	见	虎	敌	亲	栏	区
亲	镜	克	本	亲	请	事	摇	绍	袖	标	准	木	人	的	研	项
损	泽	驯	亲	觉	息	灵	信	降	人	桥	秀	焕	领	稻	的	信
！	虑	鹿	溜	冰	机	于	修	蛾	的	动	分	增	凑	他	差	出
察	望	典	衡	复	以	及	克	他	升	快	存	直	摇	坠	错	于
擦	不	>	安	解	究	噪	坠	乎	虎	蔻	能	海	透	记	事	滑
洗	携	选	生	子	区	袋	通	许	子	过	秘	携	绵	惨	延	亲
察	士	解	觉	镜	安	喜	保	煲	保	面	循	光	破	的	自	试
视	典	摇	赂	热	人	究	灵	眼	鼠	标	秀	信	毁	心	卧	答
图	人	礼	树	想	镜	经	选	遥	心	出	血	从	复	乐	热	室
蛾	衫	鳍	特	正	乐	父	验	滑	保	坠	惊	思	分	迷	驱	远
的	>	的	领	式	锄	头	望	觉	复	于	兔	子	余	惑	泽	有
解	保	股	中	旋	面	虑	出	生	木	量	祖	饭	野	号	的	最

视图
敌人
迷惑
的卧室
兔子
溜冰
锄头
出生
经验
正式
无名指
海绵
以及
擦洗
出血
鼠标
标准
的一切
事项
驯鹿

Puzzle 368

鳍	坠	区	邀	部	信	了	野	的	袖	数	理	之	规	候	人	肉
豆	碰	带	建	排	相	互	作	用	愿	驴	虫	计	算	选	蛾	了
复	衫	保	建	身	程	心	损	他	宜	望	项	释	柔	人	环	惧
增	填	露	倍	解	宜	发	发	的	察	得	没	话	说	信	露	貌
灵	自	亮	伊	也	落	乃	情	本	减	而	里	察	雨	人	衬	的
保	安	新	鲜	了	号	规	灵	有	少	显	着	欲	动	修	马	环
撞	领	情	便	型	条	况	选	记	视	肥	好	礼	欲	定	租	介
粗	了	武	醋	亮	野	稳	祖	高	国	树	恐	则	情	约	醒	复
心	好	部	器	护	朋	一	邀	源	远	际	肉	活	亲	虎	楼	梯
貓	远	人	机	欲	友	系	类	惫	几	赂	噪	议	基	电	毁	摇
的	女	儿	车	事	的	列	马	虎	好	况	发	好	的	错	快	几
栏	怖	肢	光	音	苦	>	礼	己	余	乐	热	便	信	解	子	心
升	先	棉	花	修	页	保	旋	草	香	的	存	老	旋	后	优	天
护	洗	汽	车	试	权	展	示	过	活	也	要	坠	回	磨	研	气
口	衣	光	破	野	水	修	乎	热	皂	票	宜	人	稳	行	记	行

天气
没话说
的女儿
武器
减少
展示
显着
棉花
汽车
粗心
楼梯
计算
一系列
相互作用
候选人
朋友的
的愿望
新鲜
国际
洗衣

Puzzle 369

就	顶	恐	任	何	人	休	亲	发	伏	栅	恐	考	条	约	的	环
驱	像	自	克	袋	他	雪	灵	泽	选	社	项	得	水	书	息	蛾
典	村	树	研	镜	飞	虎	娱	沟	通	股	复	光	议	光	邀	肉
出	醒	也	特	看	年	的	环	英	也	面	凑	绍	条	展	览	回
凑	蜥	主	人	心	然	乐	己	信	里	滑	通	愿	幸	主	的	填
木	香	蜴	解	存	蜜	蜂	性	转	情	的	摇	望	增	书	香	最
瑞	蕉	书	口	观	不	热	书	热	村	状	篮	洞	复	马	增	坠
滑	撞	电	滑	信	书	肥	面	焕	解	阳	傲	穴	情	人	部	树
状	信	凑	冰	的	马	焕	磨	趣	赂	光	性	典	>	像	充	肥
直	能	活	理	日	卖	虑	了	眼	望	灿	转	他	情	瑞	袋	欲
泽	丁	坠	情	议	家	自	木	伊	直	烂	热	镜	趣	镜	况	丁
亮	瑞	惧	情	的	饭	错	后	话	谈	的	关	系	木	能	幸	梳
快	秀	持	乃	项	马	过	骄	灵	页	释	焕	>	惨	里	定	碎
究	复	的	基	目	眼	快	虫	安	木	人	瑞	幸	貓	滑	项	高
驴	的	股	虫	近	于	眉	后	栏	了	远	本	惧	摇	信	紧	增

阳光灿烂的
蜥蜴
摇篮
香蕉
的谈话
沟通
主人
就像
英里的
条约
任何
的项目
展览
蜜蜂
洞穴
卖家
愿望
人像
滑冰
关系

Puzzle 370

形	机	情	急	回	第	素	发	的	典	遇	先	图	苦	礼	热	西
状	乐	雪	鳍	于	三	秘	娱	损	租	理	环	披	桥	马	情	部
绍	建	遇	租	记	个	过	替	特	息	子	中	萨	地	损	梁	！
惊	有	项	宜	雨	之	释	况	代	飞	复	不	情	倍	情	规	情
出	口	便	情	欲	梳	生	本	倍	栏	飞	噪	稳	生	喜	子	增
滑	马	环	数	祖	。	龄	他	瑞	介	复	音	票	村	品	摇	察
解	行	记	木	区	请	磨	村	存	衬	爆	先	惧	相	建	种	趣
骄	休	己	稳	面	而	恐	幸	保	木	发	恐	瑞	关	趣	。	祖
冒	犯	直	毁	亮	机	关	页	醒	优	最	乎	紧	镜	型	摇	>
树	部	迟	惧	。	欲	萝	卜	议	的	不	存	也	蠕	书	自	光
不	保	栏	数	柔	举	承	号	放	思	桥	条	恐	皂	的	页	信
书	本	自	四	加	入	担	肯	喜	从	余	于	降	释	小	祝	贺
然	望	马	桌	面	回	便	定	错	撞	回	雨	许	远	狗	降	书
平	休	心	有	页	家	煲	有	栅	然	下	雨	飞	因	噪	梁	袋
根	栗	研	傲	眉	骄	饭	困	难	上	热	饭	坠	顶	增	坠	过

困难
加入
祝贺
急于
替代
萝卜
相关
披萨
品种
承担
爆发
冒犯
噪音
的小狗
肯定
形状
机关
回家
西部
第三个

Puzzle 371

摇	从	息	眼	见	虑	交	融	士	之	驴	栏	存	携	底	飞	页
日	参	加	委	下	的	状	摇	后	肢	充	增	研	眉	丁	本	有
之	祖	票	建	员	父	>	马	野	坠	镜	撞	况	衬	灵	中	许
惧	情	碰	摇	安	会	马	娱	情	的	生	丁	谦	虚	焕	不	过
柔	安	拓	展	增	信	貌	飞	事	租	赂	分	桥	编	栅	酒	究
周	末	失	去	了	恐	赂	面	增	喜	光	破	的	栏	辑	后	带
最	也	想	有	平	凑	规	子	可	驴	惨	草	自	貓	幸	貌	梳
规	村	象	过	信	转	音	>	毁	能	简	领	蛾	有	环	乎	子
则	中	柔	疲	远	口	虑	生	数	考	化	滴	奶	豆	秘	信	增
栅	滑	貌	素	研	介	自	复	心	摇	飞	一	酪	循	余	肢	信
野	中	木	机	类	情	闲	不	然	租	主	些	的	焕	情	惧	坠
梁	因	惫	亲	喜	动	机	柔	龄	飞	赂	镜	信	光	乎	本	发
素	查	苦	见	眉	音	倍	持	请	肥	驱	典	究	情	夫	人	安
增	平	股	惫	身	绍	坠	趣	心	类	顶	祖	定	本	远	间	>
复	老	虫	从	解	出	无	意	义	的	洁	整	见	决	议	权	先

参加
一些
整洁的
交融
规则
夫人
一滴
谦虚
可能
酒后
无意义的
奶酪
简化
委员会
想象
不过
拓展
编辑
周末
失去了

Puzzle 372

车	了	心	社	相	镜	摇	>	叫	声	滑	热	树	降	撞	恐	排
标	咆	惧	雪	邀	拥	热	直	特	存	苏	蛾	看	，	虽	然	根
志	磨	哮	雪	建	上	秘	撞	蔻	便	打	飞	运	请	伊	主	视
木	树	中	恢	他	通	醋	的	不	音	水	举	输	木	自	释	肢
水	骄	活	决	紧	有	光	书	之	毛	巾	性	的	飞	亮	幸	梳
保	后	面	究	交	地	态	度	亲	自	程	议	破	便	>	安	宜
介	书	徽	章	叉	栏	机	闲	柔	导	焕	迟	遇	恢	究	泽	灵
梁	身	不	衡	的	查	差	龄	胶	航	建	日	绍	介	分	填	木
增	邀	情	香	虎	子	坠	娱	想	现	代	类	增	貌	觉	虑	木
特	梳	龄	摇	他	过	股	乐	加	坚	果	士	克	音	思	口	热
怖	复	旋	程	劳	眼	书	排	安	行	恢	视	动	貓	灵	类	可
远	饭	地	况	动	气	程	分	权	貓	乐	快	袋	蔬	于	驴	笑
露	袖	衡	主	毁	球	面	过	释	要	高	状	也	转	菜	错	的
肉	不	稻	稻	循	状	毁	升	通	一	次	性	远	己	冰	四	远
排	类	中	。	约	信	坠	损	典	泽	虫	貓	面	心	雹	之	梳

，虽然
坚果
运输
劳动
叫声
导航
标志
一次性
徽章
态度
交叉
苏打水
冰雹
现代
相拥
可笑的
气球
蔬菜
咆哮
毛巾

Puzzle 373

议	条	树	情	伏	区	椭	的	的	克	休	修	泽	栗	雪	马	差
的	生	干	的	方	向	圆	旋	灵	排	虫	不	区	飞	增	马	从
主	题	,	动	物	四	形	条	绍	摇	面	晚	饭	饭	克	摇	规
眉	栅	牛	携	有	摇	基	根	错	贫	说	书	衬	摇	秀	思	灭
静	下	奶	部	定	来	的	部	人	困	豆	服	灵	有	行	碰	绝
日	况	自	秀	平	凑	释	票	能	雨	主	人	介	蔻	典	请	活
参	释	主	心	信	股	喜	有	野	然	息	蔻	回	部	机	后	坠
加	改	革	发	惊	摇	赂	士	稳	能	规	乃	水	衫	栅	本	本
发	先	保	的	苦	旋	人	保	因	信	议	静	租	社	>	镜	面
机	面	发	理	諾	眼	蠕	况	骄	村	活	镜	的	坠	蠕	虫	下
醋	觉	记	保	欲	水	秀	差	丁	袖	怪	物	优	请	自	信	梳
热	肉	趣	损	安	自	煲	苦	底	保	绍	赂	素	栅	龄	书	记
惫	祖	香	故	事	恐	滑	的	勇	苦	分	心	斑	结	的	教	育
视	恐	先	理	功	人	身	议	敢	管	有	自	点	幸	石	记	的
典	高	面	之	率	眼	特	噪	日	子	理	人	看	摇	决	老	的

主题,
说服
树干
故事
的教育
的方向
改革
动物
结石
斑点
灭绝
椭圆形
晚饭
怪物
牛奶
勇敢
管理
功率
贫困
参加

Puzzle 374

左腿
火箭
基金
刺猬
在去年
电动
教授
的实际
单独
每个人
自己
帐篷
买入
证明
衣服
可能的
温文尔雅
平时
粗心
回家

粗	自	项	恐	充	情	村	状	高	察	镜	单	的	摇	可	能	的
心	基	己	自	远	来	刺	邀	平	幸	能	独	实	瑞	的	项	傲
定	金	欲	毁	信	本	猬	望	不	教	授	四	际	身	面	见	车
噪	己	排	蠕	毁	的	书	他	>	己	火	箭	平	安	稻	左	在
保	的	泽	乃	马	亮	几	热	镜	真	秀	温	諾	老	栗	腿	去
解	野	恐	迟	肥	醒	高	也	书	存	于	文	信	部	请	秀	年
释	远	本	运	上	号	状	衣	试	>	己	尔	苦	高	回	主	木
亲	滑	类	议	因	泽	要	服	答	香	望	雅	选	亮	落	家	摇
图	亲	驱	趣	电	眉	帐	篷	释	饭	面	循	不	通	木	遇	有
年	底	遥	也	有	动	落	磨	条	马	肢	见	持	从	摇	日	乐
错	行	观	底	面	典	动	傲	老	野	虫	平	时	休	察	赂	摇
便	也	最	排	存	栅	饭	理	买	证	明	情	疲	典	机	复	填
皂	休	思	部	迟	摇	毁	能	入	惊	底	差	亮	老	肉	。	貓
焕	察	循	恐	趣	平	滑	解	倍	乃	有	于	增	转	驱	邀	肢
排	有	眼	能	遥	皂	类	定	基	每	个	人	肥	遇	马	乃	解

Puzzle 375

要	栗	考	蠕	的	自	觉	灵	趣	究	研	见	幸	父	环	娱	信
野	恐	携	携	稳	目	肉	思	量	升	热	稳	建	面	落	羊	群
循	宜	赂	方	官	的	规	泽	恐	乐	降	研	香	亲	自	重	通
警	类	之	区	约	试	便	电	光	。	介	遥	马	远	下	规	伏
老	报	惊	介	转	马	苦	摇	高	乃	定	本	坠	乐	面	欲	状
热	蔻	特	先	了	真	列	自	举	反	映	请	丁	重	龄	环	图
复	栏	介	过	奶	酪	表	心	旋	各	种	滑	树	士	保	复	主
降	根	习	惯	阿	野	乐	>	恐	放	桌	记	察	下	优	自	因
,	况	修	复	姨	定	望	的	信	不	乐	闲	光	高	自	因	降
动	动	摩	托	车	透	口	医	栅	高	的	虎	选	光	真	复	来
温	他	物	究	建	自	心	生	飞	后	过	驴	奶	释	均	衬	有
水	丁	士	露	远	桌	他	遥	>	己	磨	年	奶	摇	则	匀	趣
权	选	凑	约	热	心	而	真	焕	根	衡	环	平	伊	。	思	的
疲	子	私	闲	飞	考	旋	的	增	己	老	信	权	不	煲	先	士
倍	士	增	乐	视	落	心	早	餐	上	己	落	放	方	面	觉	几

的医生
列表
反映
摩托车
，动物
亲自
羊群
奶奶
早餐
习惯
均匀
方面
目的
温水
阿姨
有趣的
各种
的官方
警报
奶酪

Puzzle 376

眼	驱	研	环	随	机	火	秀	坠	建	能	梳	安	貌	循	趣	见
邀	邀	司	机	他	热	鸡	袋	鼠	采	用	手	的	光	自	撞	面
不	环	于	直	试	恐	考	提	交	忠	情	臂	苦	股	迟	高	欲
之	介	秘	规	况	议	活	祖	放	飞	诚	部	介	苦	撞	状	肢
计	算	机	领	秀	活	素	闲	惊	本	型	真	上	情	驴	目	性
>	他	滑	胶	觉	惨	树	理	携	碰	回	素	亮	苦	差	事	前
了	租	恐	衫	间	花	费	栗	自	底	票	音	关	焕	泽	骄	真
最	分	高	乃	出	有	试	有	醒	复	高	亮	键	趣	护	人	根
暴	丁	行	咖	啡	特	撞	乎	高	底	底	諾	落	乎	肉	释	克
力	增	优	>	摇	保	有	本	遥	！	欲	见	趣	保	微	笑	许
动	草	基	招	息	野	摇	条	了	了	礼	究	桥	试	热	撞	性
特	别	乃	商	况	部	遇	先	典	虎	肢	心	面	灵	书	也	亲
旋	肉	亲	引	坠	保	落	来	最	查	的	结	果	研	日	便	余
顶	书	记	资	磨	社	趣	邀	饭	皂	幸	遇	伏	肉	乐	租	宜
私	觉	马	复	要	要	肢	不	秘	约	桥	况	持	优	马	蔻	木

见面
忠诚
火鸡
关键
招商引资
提交
特别
苦差事
咖啡
袋鼠
花费
的结果
暴力
随机
计算机
手臂
司机
采用
目前
微笑

Puzzle 377

介	煲	复	草	携	运	型	几	滑	底	摇	他	肉	解	有	真	条
缩	许	泽	图	伊	行	滑	年	平	摇	闲	决	于	有	信	类	坠
写	坠	恐	肥	头	蠕	雨	分	桥	惫	骄	有	时	桌	心	系	统
趣	水	绍	循	部	碰	重	私	闲	动	趣	票	有	惨	损	落	分
持	娱	惨	心	迟	介	考	本	远	鳍	雪	了	老	遇	知	的	一
保	觉	的	雨	木	权	野	人	>	程	磨	身	类	貓	信	识	起
鼠	四	爸	信	礼	建	很	数	考	袖	而	丁	赂	子	迟	通	快
股	标	爸	马	差	貌	释	少	丁	雨	的	欲	中	底	能	蛾	坠
乐	书	动	有	远	栅	木	飞	分	信	本	飞	重	领	丁	碎	乐
余	图	香	人	性	对	不	起	便	过	煲	休	坠	便	。	碰	稻
生	余	饭	上	袖	通	错	卫	想	好	水	数	里	惊	几	碰	>
看	有	村	查	社	快	递	生	辩	父	喜	马	汉	堡	包	毁	近
复	好	胶	>	加	直	究	和	论	降	雨	马	分	唤	醒	瑞	子
蛾	数	带	租	撞	葡	萄	平	蠕	高	存	素	木	醒	车	许	理
许	人	醒	了	考	通	鳍	肢	>	闲	的	邀	权	遥	便	雪	桥

葡萄
的爸爸
系统
少数
有信心
很少
知识
辩论
对不起
有时
降雨
快递
唤醒
缩写
头部
一起
和平
汉堡包
卫生
鼠标

Puzzle 378

很	主	发	平	坐	行	疲	雪	上	镜	信	真	于	包	裹	测	量
好	平	增	基	在	项	木	定	定	理	木	动	娃	飞	错	发	落
的	遇	栗	趣	中	机	高	煲	页	举	心	循	亲	娃	惨	稳	图
察	疲	雨	优	况	貓	部	动	信	惊	书	合	父	了	然	发	号
空	中	珍	运	喜	基	的	理	主	桥	错	作	记	他	喜	况	乃
摇	电	贵	面	理	情	栗	场	人	况	无	伙	究	书	最	虫	梁
职	业	便	循	高	梁	平	保	景	恢	线	伴	情	曲	线	磨	的
面	建	有	重	中	衫	结	婚	有	桌	电	信	禁	建	保	优	马
不	类	父	撞	快	快	乐	磨	行	票	野	虫	宜	止	趣	类	理
子	恢	水	分	环	心	瑞	股	虎	龄	泽	自	高	口	升	源	条
权	栗	驴	触	摸	护	地	绍	士	伏	坠	不	草	考	况	眉	特
骄	究	举	平	虎	肉	心	温	己	试	宝	宝	自	票	考	号	损
摇	虫	面	飞	面	己	人	度	行	面	车	想	快	欲	的	不	特
自	动	有	袋	老	项	平	计	星	的	里	动	旋	摇	面	便	坠
的	先	不	望	虫	车	况	虑	醒	数	真	稻	先	子	号	稻	请

的场景
职业
触摸
宝宝
坐在
无线电
温度计
禁止
娃娃
曲线
珍贵
包裹
合作伙伴
雪上
行星
测量
空中
结婚
自动
很好的

Puzzle 379

蠕	决	海	观	瑞	惫	他	木	降	坠	倍	重	焕	子	见	观	破
基	人	雀	日	貌	娱	过	页	乐	恐	本	桥	车	村	面	驱	眼
重	虎	机	稻	恢	大	父	栅	试	通	自	士	护	回	日	撞	好
释	先	会	数	议	专	子	持	飞	素	租	存	究	野	存	惊	乎
部	苦	，	几	降	因	焕	眼	的	租	间	记	理	灵	回	镜	衬
光	栗	放	回	下	过	真	衬	情	静	真	安	加	了	下	驱	惫
机	特	工	作	看	号	的	先	旋	间	设	有	栗	草	諾	秀	草
碰	权	祝	贺	好	雪	介	敌	选	！	木	肥	稻	皂	举	外	摇
面	磨	息	区	复	趣	地	雪	人	克	伊	娱	特	焕	则	壳	梳
坠	高	自	试	地	毯	发	现	驴	思	傻	亮	礼	貓	亮	摇	疲
摇	的	有	野	坠	趣	约	视	梁	遇	邀	瓜	撞	有	之	行	皂
抽	屉	遥	日	草	过	栗	热	摇	他	本	究	见	坠	性	约	欲
查	找	他	组	高	兴	本	上	的	许	介	答	人	欲	坠	放	建
态	度	研	织	决	碎	经	特	事	胶	图	性	往	克	坠	条	租
中	轨	道	豆	电	虫	稻	验	填	摇	衫	介	往	建	来	傲	图

地毯
发现
海雀
大专
傻瓜
抽屉
工作
组织
机会,
设有
特权
高兴
外壳
查找
轨道
往往
经验
敌人
祝贺
态度

Puzzle 380

磨	从	日	电	的	野	露	碎	心	举	解	飞	性	理	不	答	遇
年	部	联	桌	生	龄	项	目	插	入	保	恐	静	情	信	木	察
祖	碎	扶	系	谎	言	苦	凑	股	祖	夫	日	子	落	动	头	发
携	喜	便	手	页	雨	醋	之	自	面	人	损	失	亲	携	男	孩
信	便	情	疲	椅	父	有	香	心	水	惫	静	口	便	底	桥	私
乐	而	独	立	性	选	要	之	身	领	绍	便	娱	树	滑	伴	侣
马	线	视	的	修	虫	骄	惊	优	亲	克	苦	蛾	特	放	镜	商
灵	桥	后	图	一	中	特	权	信	了	特	不	栅	惫	查	出	业
安	伊	情	复	焕	切	介	疲	祖	先	袋	举	增	试	灵	护	的
木	老	理	惊	灵	安	露	祖	保	娱	怖	！	摇	里	租	諾	况
区	活	不	卖	家	木	煲	基	来	息	遇	然	充	宜	飞	士	镜
摇	遥	碰	稻	叫	着	部	面	豆	中	的	通	而	宜	了	直	衬
好	人	梁	>	有	经	坠	貓	来	虫	平	眼	娱	图	伊	撞	旋
条	回	息	自	两	常	坠	惊	木	马	好	秘	热	解	要	碎	信
任	命	快	复	个	不	同	的	情	的	秘	醒	栅	升	的	遇	便

损失
不同的
插入
男孩
项目
伴侣
头发
联系
叫着
经常
两个
扶手椅
商业的
独立性
谎言
任命
的视线
的一切
卖家
夫人

Puzzle 381

活	车	>	情	生	心	驴	愚	的	股	透	动	作	坠	票	眉	坚
特	不	闲	克	遇	物	议	蠢	本	页	机	远	摇	了	冰	雹	固
源	鳍	运	雨	子	建	学	的	赂	虑	倍	伊	遇	不	钢	绍	喜
了	而	损	心	四	基	之	通	。	破	倍	增	富	含	笔	颗	粒
规	分	露	于	自	旋	塑	复	租	日	来	进	基	丁	发	镜	喜
趣	旋	热	幸	电	带	料	遥	研	秘	柔	一	定	持	飞	源	请
飞	信	自	豆	观	影	增	乐	情	飞	摇	步	理	考	灵	稻	克
解	快	娱	不	答	飞	马	静	根	驴	举	望	毁	骄	灵	最	究
思	豆	稳	己	宜	心	隐	他	貌	考	>	究	领	本	。	饭	顶
远	的	独	邀	私	损	票	藏	人	填	本	循	环	的	的	伊	股
性	坠	自	！	安	型	规	子	性	后	摇	要	野	之	热	信	子
充	也	平	灵	乐	组	升	驱	噪	衬	差	出	分	钟	乃	蠕	瑞
情	基	原	特	过	合	破	自	任	何	人	重	真	毁	达	到	研
有	许	凑	！	于	栗	落	村	碰	里	破	迟	远	许	图	的	闲
了	解	绍	特	士	瑞	惧	存	保	他	衡	差	见	飞	便	惊	类

愚蠢的
电影
分钟
平原
了解
达到
生物学
富含
任何人
独自
动作
循环
钢笔
颗粒
隐藏
坚固
组合
进一步
塑料
冰雹

Puzzle 382

宜	中	的	您	选	择	父	绍	雪	不	直	虫	东	光	数	惫	里
马	面	欲	遥	规	骑	序	举	邀	的	有	息	平	部	运	眉	思
桌	的	于	子	举	自	规	列	类	虫	傲	己	约	复	人	来	安
梁	克	研	的	的	行	存	桌	镜	环	型	的	过	飞	本	毁	毁
野	觉	本	票	光	车	举	摇	保	马	过	便	研	。	口	野	远
乎	他	升	从	父	木	绍	规	养	秀	特	动	存	煲	而	情	！
研	部	了	释	惫	旋	带	部	肥	的	眼	决	条	也	碎	便	毁
娱	不	饭	諾	滑	权	紧	本	车	状	票	小	说	碎	摇	有	视
笔	记	本	复	则	赂	秘	磨	自	不	部	选	规	电	况	类	复
热	充	察	则	填	苦	的	肉	秀	木	的	看	情	醒	事	源	基
车	理	延	天	鹅	研	进	真	噪	检	机	票	考	从	方	于	野
误	差	有	娱	自	重	恐	入	日	查	建	滑	諾	平	地	股	答
朋	友	惊	项	地	趣	过	泽	衬	号	黄	色	村	泽	的	碰	案
举	要	人	稳	查	保	先	。	旋	解	错	只	动	灵	对	号	滑
飞	更	好	的	主	不	过	趣	见	眼	睛	是	惧	面	手	心	旋

只是
东部
眼睛
检查
黄色
小说
进入
骑自行车
您选择
保养
笔记本
天鹅
答案
序列
的对手
更好的
朋友
的地方
误差
不过

Puzzle 383

复	的	究	解	源	里	匹	况	部	衫	高	先	冰	介	环	顾	权
池	塘	亮	动	物	园	配	主	人	蔻	远	信	降	霜	秀	客	飞
欲	坠	衬	马	醒	碰	坠	父	自	凑	行	克	面	栅	过	记	父
宜	栗	马	休	仍	选	持	大	师	标	怖	来	不	噪	从	活	露
定	信	欲	人	然	望	带	饭	便	记	考	惊	亲	自	豆	日	肢
諾	草	性	遥	后	究	露	惫	便	摇	紧	身	克	亲	状	地	源
类	人	名	亲	区	梳	股	。	赂	怖	摇	增	选	蛾	先	修	高
灵	证	据	词	痛	苦	礼	心	野	于	马	究	动	邀	号	驱	秀
间	信	不	眼	行	行	瑞	蠕	子	自	放	瑞	貌	乐	龄	环	了
信	好	决	绍	研	快	疲	环	摇	自	查	桥	倍	俏	皮	摇	的
来	部	的	本	露	然	增	凑	好	。	静	皂	不	有	。	本	娱
摇	克	苦	出	在	领	疲	子	饭	事	心	护	放	虑	眼	草	稳
患	恢	蛾	心	这	村	蔻	日	口	加	要	复	克	心	便	事	领
者	不	相	领	里	海	滩	恐	排	动	蟾	蜍	未	来	况	惨	碎
机	会	栅	拥	放	放	飞	桥	驴	！	放	子	趣	主	休	中	近

海滩
匹配
证据
俏皮
机会
仍然
池塘
蟾蜍
未来
痛苦
冰霜
大师
动物园
名词
标记
患者
在这里
顾客
主人
相拥

Puzzle 384

而	坠	磨	类	请	记	袖	望	释	娱	茶	委	员	会	醋	看	迟
透	了	看	子	伏	真	有	的	稻	雨	壶	复	撞	里	幸	专	了
柔	中	决	栏	不	光	议	定	许	根	肉	灵	型	复	平	家	心
车	四	升	袖	趣	子	乐	有	有	士	苦	疲	的	出	信	升	决
试	面	伊	宜	介	他	远	解	局	限	貓	蠕	见	虑	梁	放	的
静	典	傲	凑	条	放	秘	露	热	则	婚	礼	股	下	究	股	村
苦	信	然	期	望	保	释	恢	源	撞	高	度	马	肉	疲	桌	本
动	性	格	伏	考	从	的	动	错	约	数	凑	灵	摇	信	状	镜
柔	了	没	之	平	护	自	貌	循	镜	研	情	紧	胶	惊	落	携
极	其	护	事	马	撞	过	驱	泽	社	木	机	根	木	樱	坠	快
运	损	信	理	排	日	便	闲	喜	快	差	滑	息	项	桃	心	子
转	生	驱	便	肉	蛾	骄	胶	股	栗	平	伟	理	论	上	后	估
里	排	赂	摇	平	降	欲	损	迟	牙	己	大	干	扰	情	增	计
木	皂	回	碎	马	回	栅	况	举	医	修	的	发	平	伊	围	降
回	项	条	款	磨	复	瑞	不	定	项	>	邀	状	究	滑	！	巾

茶壶
期望
条款
极其
干扰
专家升
没事
围巾
牙医
婚礼
估计
伟大的
看了
樱桃
回复
理论上
性格
高度
局限
委员会

Puzzle 385

父	>	惫	得	子	諾	出	先	雪	紧	排	衬	惊	鳍	项	！	衫
区	黄	不	运	村	惫	页	前	特	村	损	根	豆	票	分	亲	发
甚	趣	鼠	木	议	交	情	保	旋	素	貌	丁	>	然	研	虎	木
至	延	虫	狼	亲	叉	的	伏	树	野	释	碰	重	于	从	复	音
灵	惨	则	运	贤	人	谈	！	修	右	遥	部	本	填	延	便	究
保	覆	盖	分	填	感	话	梁	欲	手	选	亮	高	心	通	惨	透
差	典	环	考	秀	情	息	保	复	排	灵	选	水	权	定	差	惧
好	袋	欲	使	权	具	亲	决	露	泽	人	眼	肉	规	本	号	人
保	来	也	用	不	备	伏	支	豆	缓	凑	鳍	后	典	下	热	乎
长	欲	乐	过	动	热	发	持	桥	破	解	野	一	瑞	驴	从	选
期	本	乐	权	胶	类	信	日	飞	社	树	排	年	肉	书	栗	要
周	二	答	雪	错	苦	部	承	约	不	领	人	私	有	排	祖	查
凑	直	项	赂	乐	考	升	担	近	旋	解	研	能	的	疲	蛾	素
撞	运	热	后	女	人	思	>	肢	约	发	后	袜	趣	不	信	修
乐	雨	自	理	性	的	醒	白	色	>	车	袖	子	私	透	先	先

使用
白色
感情
一年
覆盖
甚至
支持
袜子
右手
长期
女性
缓解
贤人
具备
周二
先前
黄鼠狼
的谈话
承担
交叉

Puzzle 386

包含
的机会
第六
运行
的图象
两次
连拍
领袖
小心
放心地
带来
的父亲
肉桂
律师
生产
油漆
第七
感觉
类似的
减少

保	间	填	不	四	的	数	六	第	七	地	之	子	领	心	性	露
包	最	真	动	里	于	有	本	恐	胶	究	看	本	袖	两	试	最
含	保	之	柔	恐	保	傲	循	理	伏	惧	音	运	滑	次	平	信
行	权	升	眼	最	特	视	得	諾	领	怖	心	近	镜	绍	惨	木
研	便	貌	豆	人	直	休	复	肢	保	衬	决	娱	动	恢	事	驴
油	静	快	眼	安	答	最	了	栏	研	坠	肉	赂	饭	来	摇	信
漆	运	镜	考	减	苦	通	的	思	举	乎	素	邀	分	不	香	！
礼	行	研	车	少	循	加	镜	镜	士	諾	便	权	肉	桂	连	拍
袖	程	动	伏	灵	安	摇	象	图	的	栅	宜	视	柔	修	请	性
社	况	四	股	本	木	滑	村	光	似	机	伏	也	遥	小	心	梳
怖	保	他	自	来	柔	行	存	宜	类	克	会	子	请	从	选	升
木	能	带	煲	事	有	坠	泽	理	想	底	噪	伏	保	查	放	究
胶	生	释	来	镜	灵	喜	律	师	乐	项	肥	灵	先	况	心	袋
苦	发	产	瑞	树	请	草	欲	型	感	人	几	倍	循	野	地	页
有	的	父	亲	稳	机	灵	情	諾	觉	己	觉	自	滑	究	娱	而

Puzzle 387

高	人	有	赛	直	特	情	从	父	皂	热	特	议	了	记	形	草
人	举	也	动	跑	图	衡	决	父	见	热	紧	雨	行	部	>	容
白	约	本	黑	马	研	猛	碎	碎	撞	摇	旋	来	宜	雪	自	摇
菜	的	迟	色	邀	察	地	饭	镜	热	典	饭	飞	本	邀	特	征
后	条	蜡	趣	修	状	木	蠕	煲	存	最	最	野	通	亲	而	灵
衡	磨	烛	袋	骄	查	安	心	页	环	约	碰	面	水	乐	行	放
特	保	丁	镜	暂	停	紧	于	>	境	不	想	规	透	栅	本	马
过	落	露	后	！	举	心	水	飞	木	转	介	栗	活	乐	增	的
梳	研	过	来	远	平	摇	环	查	泽	的	子	程	降	几	貌	噪
周	面	>	况	心	闲	趣	恐	热	豆	香	马	光	克	醒	宜	健
醋	日	许	音	>	祖	说	明	衫	因	能	携	必	须	页	恐	康
身	面	平	自	恐	本	看	理	飞	蛾	书	柜	规	闲	蠕	怖	素
焦	鳍	遥	露	趣	光	子	身	心	马	的	父	的	热	信	子	规
点	带	摇	便	紧	发	程	柔	规	水	国	凝	人	乎	噪	年	度
桌	出	社	的	平	最	趣	的	决	的	际	视	重	宜	运	考	举

- 猛地
- 必须
- 说明
- 暂停
- 健康
- 特征
- 恐怖
- 蜡烛
- 书柜
- 焦点
- 凝视
- 后来
- 周日
- 形容
- 赛跑
- 年度
- 白菜
- 黑色
- 环境
- 国际

Puzzle 388

- 繁忙
- 野生
- 冷冻
- 相当
- 成分
- 电视
- 世界
- 专家
- 谷仓
- 首富
- 夏天的
- 疏散
- 公司
- 之外
- 外套
- 称为
- 程度
- 无名指
- 的女儿
- 品种

好	能	复	貓	外	喜	世	界	便	觉	况	驴	研	保	私	趣	煲
程	想	亲	运	套	紧	的	加	公	理	热	飞	部	研	决	惊	鳍
傲	度	然	填	木	首	女	本	司	议	相	当	泽	特	专	复	滑
情	高	衬	试	究	富	儿	高	想	雪	宜	举	理	子	无	家	疏
底	了	分	马	疲	亲	不	面	领	排	情	香	之	>	名	损	散
察	间	露	便	股	幸	草	镜	幸	龄	运	错	外	自	指	最	乐
规	况	最	类	香	乎	查	存	亲	落	的	心	觉	重	木	高	数
滑	出	发	磨	书	数	老	滑	息	马	胶	肢	祖	野	热	觉	快
究	延	品	种	程	克	生	草	举	护	野	运	有	飞	生	透	凑
的	坠	状	动	视	称	自	平	己	欲	出	村	繁	忙	皂	凑	研
谷	仓	复	驱	疲	为	乐	宜	心	的	士	保	信	克	几	自	升
迟	后	的	试	行	冷	冻	间	坠	电	视	环	情	视	许	几	镜
胶	子	区	生	便	觉	研	本	规	议	蔻	动	夏	最	几	成	分
蠕	重	村	了	状	情	电	香	护	野	了	亮	天	袖	也	情	充
信	号	书	醒	口	书	降	梁	回	特	肉	赂	的	惊	页	不	保

Puzzle 389

权	乐	平	栏	风	格	书	约	娱	摇	静	直	怖	动	香	究	转
柔	的	摇	破	快	小	时	趣	飞	复	本	持	素	望	里	镜	树
私	号	滚	携	洪	水	亮	旋	活	父	欲	祖	沙	泽	页	露	滑
看	本	便	雨	书	好	解	蠕	落	马	胶	皂	漠	自	碰	泽	醒
究	蔻	撞	身	肥	飞	修	私	机	解	貌	栗	自	遇	热	增	紧
趣	行	特	见	稳	股	本	赂	拼	煲	野	试	滑	图	瑞	透	心
安	充	介	请	看	循	虫	平	写	紧	机	宜	觉	乎	磨	貌	记
创	议	丁	木	最	严	了	马	服	栗	傲	新	约	地	>	举	惨
建	陪	自	瑞	而	重	飞	邀	务	下	页	闻	虫	见	祖	结	事
情	情	审	想	日	项	电	话	子	以	及	眼	的	飞	约	木	果
有	肥	的	团	肥	日	鳍	欲	生	肉	磨	错	发	干	噪	于	雨
马	图	作	>	貓	>	梁	最	根	的	亲	不	生	环	净	本	社
年	有	用	远	。	事	龄	高	保	的	先	趣	饭	从	肥	生	木
紧	坠	的	转	惨	生	存	的	释	回	自	便	子	请	光	身	差
惨	凑	！	领	规	人	放	磨	虑	柔	然	士	保	程	伏	幸	研

陪审团
电话
创建
服务
便士
最高的
风格
发生
生存
结果
严重
的干净
洪水
摇滚
拼写
沙漠
新闻
小时
的作用
以及

Puzzle 390

高	梳	项	肥	恐	己	他	发	信	父	挑	得	午	两	况	里	便
个	别	底	栏	究	信	他	从	选	动	蔻	战	餐	边	法	远	梁
状	答	平	了	肥	最	虫	护	状	页	的	电	部	>	院	介	情
飞	灵	赂	息	日	秘	士	活	煲	远	饭	毁	气	趣	有	之	视
衫	源	赂	请	心	行	修	答	面	栏	答	自	味	权	肢	来	豆
真	栅	稻	破	员	胶	音	信	里	惊	快	水	苦	栗	运	野	记
镜	平	蔻	况	信	工	出	梁	特	家	真	后	保	冒	型	驴	主
树	木	便	页	护	傲	权	飞	光	伙	惊	口	父	犯	心	运	瑞
野	自	麋	鹿	票	增	顶	袖	乐	终	于	研	一	点	桥	成	人
其	他	碰	貓	研	草	理	电	排	中	复	灵	蛾	察	梁	年	桌
蛾	休	重	状	乐	丁	。	的	近	人	考	基	飞	温	柔	答	蠕
眼	衡	闲	情	蠕	虎	循	请	了	粗	里	的	有	己	研	理	保
泄	则	磨	乃	身	高	规	自	父	老	细	觉	磨	>	落	飞	因
漏	介	旋	权	回	紧	蹈	心	亲	选	蛾	心	伏	基	欲	饭	落
活	况	顶	諾	则	书	矩	发	来	租	袋	顶	镜	吸	取	素	举

麋鹿
两边
终于
泄漏
其他
吸取
午餐
粗细
气味
家伙
一点
温柔
循规蹈矩
员工
挑战
桥梁
成年
法院
个别
冒犯

Puzzle 391

的	舞	蹈	近	自	丁	保	烧	可	错	不	衫	他	近	水	眉	煲
况	快	部	他	观	蔻	存	毁	靠	高	四	情	木	平	饭	赂	镜
重	损	绍	理	面	中	则	野	书	不	热	自	主	自	了	包	特
摇	信	研	糖	果	心	己	猫	子	>	性	肢	驱	滑	驴	子	。
当	前	排	休	瑞	租	马	区	考	部	的	乎	乐	警	告	考	于
驴	惫	从	雨	存	欲	洗	部	快	水	素	亲	父	加	动	透	得
坠	增	香	研	动	机	发	股	赂	复	情	饭	蠕	循	周	克	自
规	近	乐	忽	释	摇	情	克	肉	克	音	自	子	介	六	平	教
事	也	老	理	略	身	页	趣	肉	村	运	秀	货	休	复	幸	练
栅	摇	伏	持	幸	间	子	看	定	最	娱	驱	车	宜	数	先	于
明	饭	他	思	柔	破	四	邀	星	优	远	不	木	护	便	袖	惊
恐	亮	观	先	最	梳	惧	建	肥	期	查	基	因	便	增	虫	醒
水	伏	亮	趣	信	桌	热	地	的	运	五	栅	磨	不	肥	落	眉
胶	图	源	坠	购	泽	电	顶	光	底	图	眉	后	通	有	利	行
凑	坠	坠	宜	买	身	真	子	的	栏	过	桥	回	应	直	衡	己

忽略
货车
当前
野猫
周六
购买
的舞蹈
保存
教练
星期五
烧毁
有利
可靠
动机
糖果
明亮
警告
回应
包子
洗发

Puzzle 392

休	肥	从	电	程	记	瑞	间	马	议	坠	看	醒	活	袋	回	的
不	栏	衫	护	肢	考	从	克	虎	剪	静	于	肢	持	乎	的	有
惧	恢	最	高	解	灵	橱	柜	小	刀	本	梁	复	本	增	增	视
趣	野	热	乃	峰	龄	远	亮	麦	领	>	惨	修	毁	解	情	欲
自	鸡	完	豆	树	理	特	心	程	年	私	存	分	情	摇	书	余
究	快	整	赂	心	欲	的	有	查	木	亮	宜	发	况	豆	！	领
马	祖	的	不	宜	摇	自	记	转	权	发	野	底	自	类	鳍	定
分	子	亮	孤	底	人	雨	察	建	议	坠	自	沙	运	驴	见	有
许	道	德	部	独	绝	望	的	克	秀	动	聪	堡	然	豆	的	子
先	野	灵	坠	电	谈	娱	之	煲	碰	生	明	本	环	素	幸	地
情	雪	醒	胶	性	眉	论	遥	查	部	是	指	桥	安	回	撞	面
从	决	秀	栅	趣	的	错	倍	娱	坠	现	在	最	远	了	秀	栅
争	辩	始	终	諾	带	图	克	煲	程	香	蠕	怖	出	护	父	坠
諾	马	信	马	研	书	露	察	鳍	木	自	究	试	过	袋	丁	虫
便	保	衬	察	公	园	天	使	娱	木	香	试	余	顶	亮	滑	研

公园
绝望的
始终
是指
谈论
道德
孤独
天使
分发
橱柜
小麦
完整的
沙堡
野鸡
聪明
建议
现在
高峰
剪刀
争辩

Puzzle 393

香	行	野	艺	旋	野	研	飞	了	胶	研	坠	保	察	落	赂	噪
不	遇	平	术	分	散	注	意	力	先	不	环	貓	透	情	祖	稳
心	肉	便	秘	运	机	凑	性	股	镜	紧	票	议	諾	情	而	的
稻	见	坠	重	加	坠	滑	。	貓	况	民	车	自	在	不	行	加
基	马	要	栗	类	权	摇	焕	日	露	他	主	保	信	稳	树	摇
小	苍	兰	复	遥	高	落	生	租	皂	带	乃	特	人	定	不	保
香	携	肉	毁	伏	谈	紧	加	本	水	宜	伊	底	碰	否	便	优
请	瑞	貌	士	惨	话	议	动	后	皂	错	复	程	究	来	欲	柔
紧	数	后	书	马	己	肥	记	间	便	飞	大	家	心	醒	个	的
领	看	便	目	摇	旋	碎	马	心	放	因	望	礼	保	持	人	貌
正	确	的	眉	标	答	苦	的	茶	壶	>	充	源	则	也	柔	水
梳	书	柔	滑	书	木	恐	思	复	幸	上	重	木	落	怖	几	环
最	村	防	煲	好	傲	骄	镜	瑞	子	幸	胶	颈	型	而	惫	音
傲	驴	卫	针	型	简	复	便	好	书	紧	乐	部	的	升	举	请
人	无	形	状	对	化	遇	磨	惧	状	衫	木	坠	修	梁	过	己

针对
大家
防卫
谈话
民主
目标
正确的
保持
柔滑
自在
不稳定
无形
颈部
否定
的茶壶
个人
分散注意力
艺术
小苍兰
简化

Puzzle 394

先	人	动	底	损	情	社	自	疲	鳍	精	肥	乎	心	研	保	加
季	度	栗	性	倍	考	礼	栅	撞	丁	神	替	朋	友	的	快	书
信	不	自	环	延	遇	驱	便	露	鹦	桥	代	便	乎	子	衫	亲
幸	票	乃	便	恐	远	乐	煲	滑	回	鹉	电	不	娱	携	人	数
从	见	衡	乃	眉	灵	因	降	肢	面	基	子	信	释	举	乐	貌
本	坠	面	好	克	有	露	区	豆	理	野	书	梳	灵	透	里	露
幸	直	安	排	碎	树	自	议	反	素	马	私	源	排	升	灵	从
煲	运	欲	秀	毁	肉	之	旅	的	应	人	动	的	究	凑	倍	机
获	得	想	情	约	香	乎	介	鱿	虎	根	修	机	电	恐	错	水
的	电	眼	不	造	成	功	的	鱼	收	集	羊	肉	惫	惊	的	数
来	后	野	机	构	香	热	建	他	肉	近	见	宗	于	镜	型	惊
怖	乐	携	情	的	军	队	视	而	考	间	摇	教	充	毁	页	秀
自	惧	飞	建	稻	乐	草	行	克	根	然	自	出	下	下	见	自
人	恐	社	的	飞	趣	有	摇	错	据	后	有	租	摇	蠕	了	保
人	理	页	肉	諾	出	胶	地	平	远	回	喜	车	车	礼	滑	活

之旅
根据
机构
幸运
成功的
宗教
军队
鱿鱼
精神
出租车
鹦鹉
反应
羊肉
替代电子书
构造
安排
获得
季度
收集
朋友的

Puzzle 395

衬	自	人	许	乐	坠	解	驱	保	泽	议	面	豆	虫	日	马	有
私	底	研	惨	亲	解	想	趣	闲	子	。	趣	伏	杂	自	便	喜
礼	坠	袖	的	错	碰	伏	情	定	人	物	充	文	志	乎	地	眼
规	本	绍	諾	排	视	恐	地	环	研	理	型	化	自	年	不	规
乃	远	热	坠	栗	心	图	龄	记	的	本	肥	响	子	而	迟	心
主	礼	直	参	况	发	本	研	情	生	官	员	应	延	安	下	记
邀	带	雪	与	滑	于	坠	摇	他	菜	保	记	议	。	镜	看	疲
分	摇	特	者	基	焕	考	请	下	桥	视	虫	趣	绍	开	教	飞
支	飞	祖	则	身	察	的	假	情	衬	本	定	坠	灵	始	师	错
自	理	四	飞	不	复	雪	蛾	摇	直	情	定	的	里	议	思	子
多	次	草	的	规	倍	冰	直	股	滑	年	伏	义	望	领	租	持
车	年	口	理	不	能	性	柱	消	失	出	的	意	远	肥	磨	老
袋	马	人	快	乐	差	真	增	亮	况	视	！	无	研	子	的	快
雨	快	望	落	约	过	快	最	疲	闲	能	增	望	复	部	任	好
倍	来	蔻	出	现	运	考	幸	社	项	坠	豆	远	里	件	何	保

定义
出现
物理
分支
冰柱
开始
多次
官员
的任何
文化
消失
响应
的生菜
杂志
请假
部件
参与者
教师
视图
无意义的

Puzzle 396

>	木	条	热	伊	祖	肢	特	条	安	差	北	静	篱	量	果	冻
类	查	恢	肉	未	能	远	于	祖	源	异	极	拓	笆	本	虫	马
父	考	焕	木	情	醋	休	泽	人	子	分	社	息	展	遇	试	娱
试	有	摇	衡	举	雨	源	情	滑	持	凑	增	理	发	他	量	保
坠	出	解	蠕	真	约	栗	因	衫	上	底	水	究	释	介	亲	木
旋	身	野	落	举	介	子	保	遥	事	焕	肉	自	快	也	的	最
观	查	面	学	信	事	来	热	秘	子	不	事	损	优	乐	滑	乐
地	记	有	习	持	聚	面	的	快	不	过	音	喜	日	礼	的	中
平	焕	视	倍	望	焦	秘	的	公	路	露	娱	研	水	父	图	人
子	！	便	复	栏	颜	料	配	心	破	栅	素	木	情	出	典	生
究	部	光	信	趣	醋	数	备	瑞	紧	>	类	口	的	亮	则	快
衬	趣	图	菠	露	息	马	年	中	肉	最	身	携	祖	面	试	携
光	蠕	研	菜	松	鼠	远	好	>	坠	租	灵	人	祖	从	恢	日
到	处	身	高	蜥	焕	面	书	来	书	休	环	欲	复	煲	平	治
稻	礼	保	热	落	蜴	页	袋	衫	口	充	士	而	修	>	便	疗

颜料
栗子
配备
篱笆
到处
差异
治疗
北极
身高
松鼠
果冻
聚焦
菠菜
的公路
快乐的
未能
发展
学习
蜥蜴
拓展

Puzzle 397

然	情	马	因	释	恐	伊	地	型	根	香	乃	骄	数	研	的	顶
肉	主	题	为	高	恢	凑	惊	衡	的	妹	妹	型	觉	权	产	护
决	惧	疲	考	平	发	飞	虑	！	惧	基	摇	然	视	祖	品	建
机	可	解	信	马	建	先	热	数	丁	好	心	时	绍	之	欲	亲
了	重	四	看	咆	面	碎	票	动	项	处	喜	间	落	心	尖	叫
延	复	龄	过	哮	摇	坠	虑	驴	看	貌	区	邀	恢	野	他	精
煲	使	龄	有	信	苦	坠	肥	增	飞	信	生	鳍	建	音	存	灵
本	用	源	动	貓	本	遥	通	稳	银	行	子	惧	！	怖	填	究
村	的	保	携	乎	保	热	充	人	遥	草	特	观	柔	便	落	理
水	信	子	程	特	复	护	惫	惫	况	虫	的	望	况	心	饭	携
礼	恢	眉	主	鳍	闲	理	毁	水	况	规	噪	动	子	蔻	蛾	衫
有	坠	惨	成	为	坠	较	选	国	文	饭	事	肢	察	试	行	柔
趣	可	别	宜	滑	历	出	低	家	凭	过	磨	车	灵	碰	肉	不
先	爱	人	胶	的	史	了	曾	的	恢	村	马	充	护	稻	保	直
栗	的	保	几	肥	宜	飞	滑	经	平	破	增	苦	肢	图	动	人

别人
保护
历史
较低的
好处
文凭
的妹妹
曾经
可重复使用的
的产品
银行
因为
可爱的
时间
成为
尖叫
精灵
主题
国家
咆哮

Puzzle 398

农场主
冬天
公布
驰骋
蘑菇
照片
懦夫
的发音
的研究
北方
非常
剩余
明年
黄瓜
部分
泰迪熊
选择
本质
一般
方向

剩	余	查	坠	本	马	回	信	光	豆	区	马	焕	滑	明	环	则
四	静	乐	底	老	然	！	稻	噪	答	灵	饭	水	考	草	年	他
人	来	想	的	增	水	驰	非	常	延	不	高	醒	亲	优	了	旋
事	灵	见	胶	页	数	骋	欲	肉	幸	肥	排	票	马	降	磨	马
里	马	复	冬	方	向	野	黄	瓜	观	间	增	马	摇	心	损	远
本	质	动	天	稻	北	状	貓	社	转	虫	社	能	情	草	考	见
乐	静	带	升	望	摇	见	马	旋	升	部	循	怖	决	动	里	下
栏	马	稳	看	坠	性	！	情	的	而	分	数	他	想	好	里	领
泰	迪	熊	趣	几	人	部	一	通	有	请	觉	通	乐	修	选	择
最	心	香	惊	察	电	透	般	考	增	错	运	损	口	。	典	带
数	填	父	香	肉	视	有	蘑	幸	龄	农	场	主	几	的	不	骄
损	乃	性	安	袖	而	之	菇	运	便	露	桌	摇	存	礼	记	梳
能	答	娱	柔	里	乐	增	有	运	懦	选	公	撞	瑞	音	的	事
虎	骄	重	村	有	安	然	不	转	肥	夫	布	电	照	发	记	直
肉	热	音	的	树	源	环	滑	宜	乐	决	复	动	片	的	研	究

Puzzle 399

人	梁	遥	几	降	余	于	环	之	己	图	龄	醒	胶	栅	欲	摇
滑	衬	错	的	信	书	行	坠	改	善	飞	滑	喜	衡	领	带	雨
最	遥	口	举	任	邀	领	表	从	地	顶	马	蔻	伊	亲	子	考
果	妻	子	过	娱	趣	过	白	眼	决	球	伊	公	！	之	思	恢
汁	士	从	的	了	通	复	趣	保	惊	眉	想	鸭	保	静	存	机
滑	私	桥	怖	底	恢	小	肢	回	眼	傲	排	傲	视	息	执	行
直	动	填	眉	的	降	子	生	项	损	年	信	排	量	号	！	摇
区	觉	了	复	能	护	静	自	情	试	年	理	虫	本	底	书	详
优	坠	飞	信	选	情	书	蛾	自	间	觉	间	日	自	近	諾	细
喜	宜	！	部	底	悲	决	欲	页	请	求	得	飞	回	事	镜	带
栗	则	活	区	社	惨	快	根	真	遇	区	老	闲	衡	延	觉	>
热	日	便	建	图	热	礼	草	发	书	况	肉	分	稻	年	买	自
望	爸	动	碎	出	！	页	升	摇	音	摇	鳍	龄	肢	碰	得	丁
的	人	爸	考	安	迟	的	则	惫	记	差	量	情	亲	阳	起	圆
举	亲	类	别	则	发	肉	而	疲	更	新	而	恩	爱	台	倍	柱

改善
地球
买得起
果汁
阳台
悲惨
请求
小子
妻子
类别
表白
圆柱
滑动
公鸭
详细
信任
更新
爸爸
恩爱
执行

Puzzle 400

明星
使出
质量
沉默
晚餐
地面
的手表
土地
位移
产生
周年
曲棍球
轻微
牛蒡
用品
菊花
驾驶
赶路
侵入
蔬菜

带	欲	摇	桌	袋	差	撞	摇	事	雪	饭	情	破	凑	滑	土	地
差	租	秀	平	惨	修	况	摇	坠	况	用	品	转	行	乐	最	余
于	况	喜	梳	祖	延	地	位	移	然	优	动	租	看	晚	马	便
倍	循	遇	研	动	查	面	特	源	皂	柔	的	士	瑞	轻	餐	。
己	而	则	过	四	的	的	释	决	排	的	研	建	见	微	充	迟
心	项	本	存	类	车	手	也	远	曲	棍	球	则	疲	平	快	驾
伏	焕	情	社	落	真	表	建	秀	他	侵	入	宜	皂	的	过	驶
木	虎	的	循	情	菊	花	惧	梳	而	间	重	露	肉	建	宜	定
行	页	情	苦	增	信	性	高	肉	的	摇	项	坠	周	性	理	乎
高	马	举	衫	父	程	乎	规	活	本	人	醒	沉	默	年	因	马
蔬	菜	本	行	人	究	香	情	便	远	分	理	子	部	的	使	排
透	瑞	回	蔻	状	中	从	质	量	赶	选	绍	部	喜	好	赂	出
喜	牛	祖	自	本	号	的	事	行	路	本	明	星	信	雪	息	平
日	蒡	主	的	产	型	填	虫	他	条	怖	记	事	动	部	考	蛾
放	娱	欲	直	生	自	释	驱	最	虎	特	最	子	定	面	看	存

Puzzle 401

项	摇	草	的	瑞	醋	子	父	车	伊	量	袋	携	捕	捞	摇	增
因	下	几	书	记	见	程	饭	书	不	胶	过	信	的	活	回	惨
奏	选	秘	主	解	袖	动	直	水	安	宁	究	丁	雪	部	马	循
范	请	疾	病	醒	来	的	恢	地	状	基	后	乐	讲	述	稻	高
围	电	稻	木	保	里	究	男	性	子	袋	运	。	近	通	几	人
内	票	页	程	升	合	环	赛	身	四	落	子	类	肥	惨	个	生
消	息	焕	答	保	最	作	季	上	乎	的	察	亮	疲	。	余	想
规	规	本	而	保	苦	考	惧	野	破	饭	许	煲	紧	衫	绍	也
毁	私	图	滑	书	欲	士	介	定	区	地	欲	乎	车	也	乐	宜
决	遥	高	怖	衫	家	公	苦	制	遥	加	过	间	下	护	驴	栅
填	动	瑞	面	克	庭	乃	式	的	票	栅	便	蛾	自	便	便	邀
决	考	飞	衫	研	想	释	的	动	子	邀	滑	复	损	保	真	衫
雪	怖	典	加	露	滑	心	马	恢	损	撞	蛾	围	墙	填	加	解
一	二	二	○	手	柄	柔	幸	皂	秀	不	雨	肥	他	特	娱	情
复	考	复	驱	修	娱	子	巨	大	摇	最	循	行	降	自	撞	区

讲述
消息
奏请
手柄
醒来的
几个
合作
巨大
一二二○
家庭
范围内
疾病
定制的
捕捞
围墙
安宁
赛季
公式
男性
书记

Puzzle 402

岸上
能力
重复
没有
树皮
公民
吸引力
媒体
地图
连续
快乐
骆驼
有益
取决于
户外
市中心
压低
什么
失去了
标志

根	肢	快	赂	心	有	自	理	车	转	蛾	间	望	型	排	况	取
复	保	乐	究	项	落	复	理	礼	地	保	察	转	能	坠	祖	决
毁	存	子	保	邀	活	泽	源	醒	先	图	坠	疲	力	老	况	于
坠	骆	驼	亮	了	顶	噪	眉	公	煲	升	！	释	引	眉	行	老
重	秀	惨	肉	考	动	信	望	后	民	惧	本	休	吸	约	部	乐
护	撞	许	过	幸	重	快	不	祖	主	电	豆	礼	自	宜	貌	的
父	根	观	得	源	存	日	平	充	见	基	焕	镜	貓	己	恢	究
不	树	皮	木	约	老	乐	条	傲	了	部	户	外	蛾	遥	远	肉
压	树	没	有	镜	木	>	倍	差	邀	重	复	有	放	栅	息	父
镜	低	自	惊	票	紧	定	型	根	草	人	滑	益	想	音	秘	碎
市	中	心	袖	解	急	平	量	部	看	心	袋	飞	出	的	自	理
书	透	直	因	最	介	损	充	亲	查	龄	失	去	了	连	续	信
媒	体	岸	复	人	紧	噪	运	子	书	过	肉	平	木	而	转	他
蠕	撞	上	源	的	袋	见	克	亲	貓	什	标	志	碎	望	里	他
野	于	考	查	察	损	闲	护	生	>	么	娱	选	虎	蛾	磨	驴

Puzzle 403

木	息	龄	损	活	袋	醋	真	间	加	望	差	栗	趣	决	露	坠
休	保	噪	解	谢	电	本	！	栅	程	察	马	外	观	排	生	亲
肉	行	灵	信	天	第	社	存	惨	序	升	而	信	士	秘	傲	特
解	本	胶	他	谢	三	惊	吸	收	孩	子	肉	恐	子	信	书	遇
平	损	中	虎	地	个	口	本	静	克	复	口	了	村	梁	恢	面
加	的	醒	惨	博	人	想	的	情	本	定	思	排	之	休	查	事
眼	最	保	野	快	物	驴	降	感	幸	>	觉	请	远	瑞	型	蠕
平	镜	本	分	研	旋	馆	幸	的	加	参	运	放	本	摇	蠕	平
栅	运	摇	老	特	选	破	试	木	消	野	视	亲	人	会	袖	填
肥	研	信	虎	真	权	露	存	眼	防	热	要	闲	典	见	不	充
音	想	乃	木	绍	秘	车	考	持	员	自	技	巧	遇	滑	碎	滑
丁	准	有	得	保	欲	碎	柔	遇	驱	驼	鹿	举	虑	了	雪	考
行	则	己	重	通	肉	恐	地	好	静	性	灵	例	技	根	息	然
排	光	欢	快	的	自	图	野	坐	机	草	要	外	虎	工	自	解
考	本	的	胶	便	人	梳	肉	身	行	克	光	了	项	！	号	几

填充
滑雪
例外
准则
技工
情感的
驼鹿
会见
欢快的
谢天谢地
吸收
外观
博物馆
参加的
技巧
程序
消防员
孩子
老虎
第三个

Puzzle 404

情	泽	驱	究	心	决	解	>	远	源	则	形	毁	肉	底	摇	错
乎	栗	票	諾	然	区	坠	子	不	有	里	状	通	早	镜	释	根
木	上	先	修	子	面	损	维	护	自	自	数	自	晨	有	鳍	损
而	号	光	平	差	动	平	动	自	欲	部	自	碎	存	量	礼	程
桥	音	梳	面	音	保	保	解	鳍	源	降	基	木	信	马	走	号
循	票	捕	获	蓝	色	的	议	动	镜	人	面	差	自	然	了	醋
旋	储	备	中	分	饭	秀	建	休	复	过	亲	梁	议	肢	镜	碰
面	亲	树	惨	木	定	规	静	而	衫	硬	眉	栏	中	的	人	露
>	袖	修	莓	现	代	最	音	定	信	币	望	基	的	回	选	快
醋	乐	虫	从	基	趣	恐	偄	事	諾	况	！	傲	趣	豆	见	趣
方	理	秀	苦	主	本	有	持	己	根	选	出	便	情	建	建	欲
式	存	循	楼	他	雪	虫	摇	运	动	静	究	恐	面	蛾	眼	露
地	乐	顶	梯	不	远	虎	木	填	虫	驱	答	鹌	鹑	骨	叔	子
四	信	规	请	增	有	见	然	忆	记	的	卧	室	本	架	考	叔
能	热	橡	胶	秘	则	驴	老	况	的	人	马	下	豆	重	静	伊

维护
捕获
橡胶
方式
运动
硬币
鹌鹑
早晨
基本
蓝色的
走了
树莓
叔叔
储备
骨架
的记忆
的卧室
楼梯
形状
现代

Puzzle 405

疲	复	量	生	因	光	的	项	目	保	有	升	乃	衬	素	填	后
眼	柔	柔	数	！	露	摇	透	研	信	人	程	页	保	惊	>	秀
远	况	真	毁	主	频	最	邀	亲	胶	马	素	龄	亲	类	紧	静
过	股	真	电	肉	过	繁	乃	分	本	票	闲	之	蔻	秀	露	介
望	赂	雪	运	因	滑	的	的	药	蠕	的	性	>	权	野	想	也
挽	留	人	便	越	来	越	放	物	热	惊	>	增	赂	携	项	之
选	亲	蠕	携	解	保	书	惨	傲	光	胶	子	貌	紧	理	光	过
了	遥	泽	式	衡	先	活	书	息	。	幸	諾	的	真	>	宜	高
桥	过	循	摇	从	规	便	香	本	间	理	人	恐	秀	记	本	热
至	少	毁	豆	虎	稻	优	电	信	私	秀	然	惧	疲	转	人	的
欲	继	续	息	修	改	太	阳	性	子	究	雪	貂	保	机	部	袋
教	堂	数	法	错	回	保	遥	迟	出	便	区	音	水	礼	的	子
不	傲	口	携	官	理	看	书	栏	坠	諾	填	错	虎	牛	这	些
醋	情	王	他	解	村	乃	欲	复	的	部	页	承	认	士	复	能
闪	耀	室	回	伊	举	排	碰	马	露	环	重	>	休	有	活	自

太阳
闪耀
至少
教堂
频繁的
挽留
法官
修改
雪貂
王室
雪人
便携式
承认
继续
的恐惧
水牛
药物
越来越
这些
的项目

Puzzle 406

坠	村	虎	遇	柔	分	灵	日	号	部	觉	上	欲	驱	听	破	书
巧	克	力	惊	类	量	亮	他	几	顶	条	规	自	机	增	到	观
复	了	觉	最	举	领	保	素	分	摇	虫	地	通	关	权	伊	生
子	遇	保	信	乐	余	编	区	图	貌	洋	错	亮	觉	梳	秘	复
虫	栗	举	口	音	苦	。	辑	趣	醒	葱	保	保	静	举	选	的
有	情	仁	慈	的	远	而	本	灵	想	人	释	研	摇	音	部	信
答	主	水	乐	稳	地	于	修	下	毁	举	面	肉	静	子	约	露
恐	转	獭	飞	惊	野	苦	理	伏	他	醋	能	素	活	研	眉	法
就	驴	秀	邀	趣	快	年	轻	公	几	答	于	察	运	典	的	律
像	权	号	惨	袖	息	热	解	究	路	选	帽	子	的	充	的	底
复	书	人	有	信	重	碰	法	规	持	举	信	怖	邀	特	试	肢
的	宜	选	蓬	煲	秘	出	直	保	行	研	坠	傲	坠	选	静	迟
典	察	骄	松	修	填	携	损	究	碰	透	秀	休	快	木	的	疲
填	议	余	况	物	质	化	信	解	性	人	热	苦	看	特	乐	子
的	生	日	存	分	书	妆	息	灵	释	梳	肢	噪	虑	遥	便	股

信息
帽子
物质
的音乐
年轻
听到
化妆
法规
仁慈的
洋葱
选举
水獭
蓬松
法律
巧克力
的生日
公路
就像
机关
编辑

Puzzle 407

諾	的	人	亲	自	拍	通	型	转	动	碎	稻	恐	图	老	滑	车
议	脂	自	背	后	摄	平	话	碰	口	梳	醒	露	型	看	理	从
行	肪	条	热	他	滑	秘	损	亮	持	子	欲	野	休	面	过	来
损	闲	口	定	事	了	快	灵	之	书	信	不	增	活	自	镜	的
諾	远	虫	泽	邀	复	充	事	素	苦	考	部	持	分	他	克	迟
停	顿	！	镜	惧	股	乐	环	的	驴	社	他	木	排	的	几	森
袋	请	镜	西	兰	花	衫	鳍	树	快	摇	乐	光	梳	得	查	林
泽	龄	想	规	高	量	真	察	乐	领	举	情	环	乎	胶	到	欲
露	撞	考	加	研	惧	邀	精	细	泽	！	见	滑	乐	决	直	口
保	发	煲	本	武	透	他	口	土	狼	思	豆	然	增	建	了	马
透	持	发	理	士	，	除	了	乐	木	过	钢	而	后	虎	倍	人
栏	发	绍	噪	最	惧	音	回	骄	好	时	候	琴	安	约	乐	近
醋	人	瑞	乃	惊	貌	乐	况	举	差	丁	外	的	雪	稻	破	>
。	！	近	选	己	公	共	素	光	后	续	部	见	数	休	环	乐
优	驱	赂	持	乎	定	身	图	伊	惊	称	定	桥	的	举	记	的

拍摄
公共
的脂肪
称定
钢琴
得到
通话
西兰花
武士
精细
后续
，除了
背后
音乐
土狼
停顿
森林
外部
然而
时候

Puzzle 408

技艺
橙色
南部
连接
短暂
三角
蜻蜓
申请
奇怪
投入
柠檬汁
美国
面包车
通常
奥秘
卡车
这样
礼物
狮子
导航

自	这	电	欲	他	携	柠	泽	究	有	社	部	好	肢	坠	项	香
介	样	摇	疲	心	龄	檬	梁	恐	袋	修	降	毁	克	衡	不	差
试	票	存	>	碰	落	汁	面	建	究	野	几	通	恐	加	飞	建
苦	了	好	持	租	镜	乎	部	眼	木	觉	村	定	自	栗	最	发
便	而	的	而	人	直	发	动	之	饭	栅	有	权	橙	特	有	看
栅	柔	循	不	乃	之	音	亲	蠕	。	南	雪	静	色	马	研	飞
木	循	基	疲	狮	地	充	状	答	连	接	部	填	源	状	身	面
息	有	恐	摇	子	木	释	行	根	通	常	趣	紧	疲	申	请	包
面	见	议	心		美	国	权	倍	技	艺	滑	增	惧	摇	平	车
重	貌	了	信	持	傲	奇	电	木	滑	恐	保	不	碰	骄	心	卡
心	要	从	赂	短	暂	怪	礼	导	奥	秘	觉	毁	之	因	毁	闲
透	选	近	存	真	亮	稳	物	鳍	航	驱	人	村	三	角	闲	伏
肉	发	伏	存	解	试	投	入	醋	驴	介	的	煲	袖	木	理	肢
量	傲	状	年	情	绍	心	远	许	最	之	肥	蜻	书	有	私	。
树	机	保	源	乎	从	桌	眼	伊	蛾	区	转	余	蜓	醒	焕	碰

Puzzle 409

马	保	虫	袖	驴	恢	瑞	绍	来	人	介	复	鳍	衡	文	见	父
旋	回	远	礼	的	稳	剧	场	衫	乐	牛	子	眼	去	章	理	欲
最	子	栏	他	领	柔	规	秘	心	携	仔	>	增	年	水	的	惊
车	了	规	修	摇	静	总	。	障	肢	貓	重	马	复	香	自	骄
休	艇	带	子	露	之	驴	线	碍	的	根	程	自	醒	祖	口	的
的	体	护	接	近	露	。	父	马	重	研	型	伏	肢	的	有	望
重	转	分	顷	直	平	典	了	音	修	号	区	于	休	部	里	摇
答	他	的	部	衬	车	有	许	人	滑	况	决	约	遥	遇	许	源
心	音	地	之	情	里	步	降	龄	怖	性	乐	恐	马	情	面	远
男	子	望	木	恢	热	情	行	韭	水	型	护	有	主	遇	页	肉
落	地	蔻	摇	疲	定	豆	里	菜	安	惨	噪	定	先	克	直	热
亮	建	观	远	乃	有	狭	几	周	差	请	源	护	号	焕	飞	了
研	西	东	的	于	行	隘	貌	条	一	情	则	梁	柔	邀	解	第
放	票	驱	邮	静	释	根	趣	思	五	的	的	恐	木	阵	风	二
傲	噪	得	件	条	乎	量	的	近	个	行	欲	的	特	袋	不	状

步行
狭隘
的邮件
障碍
顶部
周一
韭菜
阵风
剧场
牛仔
艇体
第二
文章
总线
去年
接近
五个
条件
男子
的东西

Puzzle 410

宜	粗	鲁	袖	>	皂	信	关	间	疲	>	子	规	热	袖	类	望
携	毁	有	父	克	邀	理	答	联	研	增	趣	諾	复	恐	究	数
几	号	稻	驴	近	息	柔	豆	情	素	肥	事	眼	虑	>	野	保
恢	素	过	衬	复	丁	见	惨	不	要	看	领	棉	花	直	伊	考
错	过	指	最	遥	后	结	论	类	私	总	统	中	因	出	伏	书
苦	介	高	标	高	,	状	状	秀	丁	梳	研	虫	疲	则	虑	了
底	加	焕	灵	的	马	权	有	领	蔻	试	生	遇	坠	绍	便	过
规	秘	先	根	底	有	面	好	摇	元	乐	遥	定	年	毁	人	的
破	人	也	这	种	于	许	的	露	年	加	也	四	平	栗	伊	鼻
携	伏	撞	飞	他	女	人	行	持	乐	入	车	通	士	好	部	子
特	心	的	膝	乐	情	有	为	中	电	虫	马	直	子	马	驴	蛾
先	遥	然	盖	于	雨	秀	衬	活	学	填	转	栏	惫	摇	究	上
能	条	地	心	也	近	香	租	秘	生	保	视	远	>	磨	老	恐
超	越	差	信	衡	条	蕉	老	眼	!	的	撞	近	老	平	滑	便
图	项	欲	升	人	!	书	恢	好	想	根	野	重	人	最	记	观

的鼻子
元年
指标
错过
总统
最高
女人
粗鲁
膝盖
结论
的行为
后,
学生
这种
远近
超越
关联
棉花
香蕉
加入

Puzzle 411

老	从	饭	亲	马	醋	信	项	飞	流	洗	察	人	镜	豆	区	恐
典	面	醒	信	醒	马	事	毁	环	行	涤	想	不	醋	因	带	思
灵	举	运	不	镜	页	赂	候	时	的	游	图	议	人	地	休	视
增	修	后	保	型	思	桥	胶	虑	息	乐	泳	解	损	>	最	不
子	情	望	事	存	则	滑	諾	围	栏	坠	虎	理	的	循	试	研
不	页	>	有	滑	看	灵	灵	型	车	飞	！	信	升	图	片	梳
滑	平	虑	马	栏	栏	他	情	事	的	荒	野	号	人	平	他	护
心	有	面	复	有	傍	怖	极	欲	研	毁	察	自	部	保	间	真
填	循	秘	不	优	晚	分	地	泽	音	望	害	释	记	书	心	顶
的	趣	趣	马	身	面	行	猫	本	转	定	羞	皱	本	音	有	情
手	书	许	近	见	摇	许	马	考	权	地	恐	的	纹	选	区	滑
指	况	村	透	况	胶	子	加	增	人	保	怕	坠	便	举	要	傲
士	下	许	平	性	马	蚂	定	部	况	页	乃	存	桌	人	辉	煌
发	选	便	摇	摇	老	蚁	露	动	摇	动	不	数	活	延	木	怖
议	况	骄	自	职	责	修	野	眉	稻	木	他	量	瑞	社	栅	噪

游泳
蚂蚁
图片
辉煌
的手指
平面
皱纹
恐怕
极地猫
数量
的事情
害羞
信号
流行的
傍晚
的时候
的荒野
职责
洗涤
围栏

Puzzle 412

活动
激发
绝对
猫座
出色的
酸牛奶
考验
焕发
头脑
一直
列车
郁金香
紧凑
责任
的关注
成熟
复杂的
日晷
上述
任何

光	绝	成	遇	紧	眉	身	邀	闲	修	信	肉	有	本	面	惧	郁
子	对	幸	熟	凑	面	迟	娱	动	几	社	激	发	理	上	述	金
息	发	傲	领	恢	有	不	父	乎	便	驴	皂	本	！	酸	信	香
胶	信	见	眉	貌	事	旋	坠	过	乎	草	从	动	热	木	牛	保
信	页	的	平	思	有	露	中	滑	马	焕	头	事	选	一	直	奶
人	号	社	加	有	保	考	醋	好	邀	旋	脑	镜	的	杂	复	望
绍	列	车	乐	票	机	验	许	亲	租	票	的	滑	关	猫	息	眼
光	保	！	人	骄	直	凑	飞	状	素	活	动	充	注	座	决	了
信	议	责	约	延	信	领	加	肉	肥	泽	眼	息	心	的	考	有
规	何	任	地	丁	不	衫	社	桥	约	碎	理	复	运	议	考	本
桥	衡	的	摇	量	增	私	项	重	稻	余	蠕	飞	中	焕	基	泽
蔻	社	觉	马	面	程	加	书	紧	特	倍	日	晷	书	望	衫	栗
究	落	出	色	的	也	的	释	惊	亮	人	乎	子	>	动	看	坠
士	不	袋	租	选	面	权	桥	人	数	环	焕	心	！	优	增	他
怖	伏	四	行	祖	貓	焕	规	好	类	理	惫	发	他	眼	鳍	飞

Puzzle 413

错	真	相	便	来	身	惫	坠	伊	草	袋	介	规	之	项	丁	规
树	记	乎	地	侵	略	性	惨	胶	欲	本	休	凑	过	蛾	乐	闲
草	录	信	理	不	特	次	不	号	热	间	增	项	许	撞	得	疲
型	决	嘲	觉	下	部	一	久	恐	子	绍	区	情	伏	绍	得	雨
最	虎	蔻	讽	理	因	降	骄	然	加	桌	过	栏	见	有	股	许
蛾	则	自	乎	能	自	举	复	型	电	究	怖	需	泽	磨	重	摇
分	鳍	虫	也	复	底	旋	碰	驴	傲	破	底	要	顶	的	摄	碎
完	美	的	于	解	惨	驴	素	究	他	驴	袋	貌	人	底	像	撞
保	理	中	木	自	不	运	好	观	醋	栗	恢	好	特	闲	头	最
月	球	特	醒	研	车	统	增	有	从	高	热	则	来	允	许	动
控	增	虎	领	柠	檬	治	饭	本	坠	情	雨	解	豆	许	本	考
凑	制	稻	撞	地	视	者	有	摇	桌	人	修	村	近	放	疲	形
冰	号	草	恐	心	马	高	乐	秘	合	格	从	>	灵	坠	眉	式
亮	箱	人	而	特	的	过	闲	高	考	上	保	绍	面	倍	存	记
本	票	梳	旋	>	解	回	摇	平	想	想	条	桥	噪	袖	本	坠

月球
稻草人
侵略性
允许
控制
合格
醋栗
统治者
记录
需要
柠檬
摄像头
冰箱
嘲讽
地理
形式
完美的
不久
真相
一次性

Puzzle 414

领	发	肢	坠	透	信	决	基	的	动	马	身	上	素	离	传	本
疲	不	里	他	諾	号	马	的	有	落	介	飞	人	增	开	的	统
息	袋	环	皂	人	肉	胶	諾	页	透	部	权	真	于	通	回	然
口	闲	活	乐	的	苦	玻	了	口	定	私	蠕	正	根	虫	旋	规
静	伏	差	闲	苦	諾	璃	中	坠	闲	试	了	树	主	撞	木	伊
图	朝	着	天	空	秘	看	啤	断	困	难	肉	错	亲	余	人	特
究	租	添	填	来	的	宜	酒	瑞	马	撞	加	的	讨	秀	便	殊
电	重	加	重	复	况	特	于	本	小	鸭	人	份	论	他	权	领
得	子	上	肥	。	的	绍	复	先	增	克	后	本	额	諾	研	飞
来	觉	的	携	重	因	研	研	飞	雇	用	抗	拒	循	惊	亲	见
乎	主	碰	理	修	宜	考	持	了	人	直	秀	怖	食	排	稳	衬
乐	错	底	闲	克	填	上	人	望	书	携	海	葵	品	他	条	安
试	>	内	特	领	保	保	袖	理	静	导	向	排	闲	遥	源	口
于	增	部	也	肉	生	饭	口	鳍	飞	面	高	凑	规	身	秘	升
最	环	议	记	数	望	研	的	里	回	试	便	之	思	特	亲	的

朝着
内部
特殊
份额
传统
小鸭
导向
真正
雇用
海葵
离开
玻璃
天空
食品
中断
啤酒
抗拒
添加
讨论
困难

Puzzle 415

柔	怖	木	野	怖	的	保	生	菜	闲	排	运	建	而	得	见	泽
的	伏	马	恢	香	毁	树	保	伊	情	理	赂	恐	碰	下	型	作
后	远	区	自	士	飞	有	通	好	里	醒	年	远	静	宜	及	用
真	亮	降	程	野	晚	伊	遥	状	则	程	子	延	栅	量	其	皂
体	育	填	保	村	撕	上	复	数	发	高	量	热	记	票	怖	增
余	皂	胶	真	便	安	裂	虫	恐	言	惨	桥	！	因	错	情	的
的	壁	画	口	循	乃	书	恐	损	权	露	提	解	父	飞	己	复
好	眼	动	伏	豆	因	瓢	虫	面	情	恐	面	供	近	研	亲	子
友	秘	社	迟	自	远	豆	惨	研	采	思	解	马	社	素	音	小
有	观	自	栏	介	定	最	梁	复	访	惫	蛾	音	驱	喜	思	型
不	然	桌	惊	下	而	諾	心	豆	查	平	口	特	四	增	有	程
特	事	攻	击	娱	觉	许	木	乃	伊	不	惫	树	通	滑	牙	秀
自	高	完	成	出	源	光	日	饭	举	醋	决	然	复	行	齿	则
遥	影	复	休	老	最	的	行	为	信	真	眉	音	磨	放	民	眼
建	响	滑	惫	信	部	栗	顶	页	通	衫	眉	填	秘	号	族	木

友好的
撕裂
影响
采访
行为
完成
民族
作用
及其
牙齿
的壁画
体育
生菜
发言权
提供
木乃伊
晚上
瓢虫
攻击
小型

Puzzle 416

沿着
本地
几乎是
平均
虚拟
的鞋
小马
截距
政府的
较差
向日葵
可移植
鼻子
着急
现场
兴趣
俱乐部
薪酬
转移
关系

碰	特	先	地	根	也	胶	马	安	向	决	衡	>	信	饭	龄	恐
看	有	加	图	好	马	子	遇	复	书	日	碰	恐	的	定	租	宜
权	恢	瑞	子	的	请	想	人	试	人	伊	葵	梁	祖	先	薪	酬
转	心	见	程	书	闲	衬	的	闲	袋	苦	下	俱	乐	部	排	于
移	老	情	日	便	书	机	特	煲	摇	觉	摇	伏	排	有	镜	情
梁	镜	秀	马	毁	因	子	权	虚	灵	复	日	的	平	主	行	出
特	的	本	现	光	解	蛾	衫	直	拟	平	均	着	急	截	距	可
保	貌	本	底	场	条	乐	邀	蠕	机	于	权	沿	的	鞋	。	移
蠕	信	地	之	研	真	落	栗	理	镜	碎	量	蛾	几	降	肥	植
特	。	心	人	间	鼻	子	蔻	觉	错	坠	研	苦	光	日	衬	貌
观	然	研	高	口	领	决	秀	放	本	乎	碎	许	回	马	赂	政
电	乃	事	请	小	肉	究	面	议	蠕	余	研	年	情	不	子	府
较	差	心	落	马	几	乎	是	闲	摇	理	解	的	光	关	环	的
快	不	的	的	情	远	静	醒	噪	兴	趣	复	究	思	系	重	社
虑	的	建	社	中	本	量	思	优	趣	飞	私	年	顶	解	加	热

Puzzle 417

村	安	理	解	状	碎	子	他	区	木	吸	增	泥	泞	理	栏	乐
规	请	舞	亲	观	毁	许	情	过	加	血	特	心	生	论	考	面
间	野	台	的	光	解	驱	也	许	究	鬼	过	摇	喜	马	数	平
焕	热	究	小	复	因	地	心	思	存	己	有	破	型	加	鳍	顶
特	近	排	狗	填	碎	焕	露	肉	在	娱	便	野	远	思	他	的
麻	烦	倍	释	恢	不	皇	后	豆	下	祖	建	办	音	放	降	主
情	不	社	马	毁	梁	虑	研	蔻	野	过	秘	生	公	基	坠	士
梁	露	四	信	欲	持	发	欲	栅	音	新	领	醋	过	室	能	己
现	状	远	通	闲	日	能	人	号	礼	热	的	动	马	快	乎	惨
实	自	傲	看	许	静	貌	动	复	特	决	四	建	典	足	撞	木
的	娱	醋	释	蔻	马	热	雨	试	。	静	父	面	程	够	木	木
况	的	乃	分	有	试	议	保	资	有	礼	貌	子	候	的	柔	记
本	车	转	休	。	中	他	镜	祖	格	露	驴	尺	选	领	考	便
后	觉	约	特	请	四	青	蛙	领	碰	貓	野	寸	人	主	肥	闲
解	怖	稳	溜	冰	鞋	肢	乎	排	带	有	紧	释	社	好	信	热

也许
足够的
泥泞
肉豆蔻
有礼貌
尺寸
舞台
存在
资格
现实
吸血鬼
办公室
皇后
溜冰鞋
理论
青蛙
新的
麻烦
候选人
的小狗

Puzzle 418

破	怖	中	日	宜	滑	信	滑	释	建	的	自	趣	滑	摇	号	议
情	努	力	蜘	紧	丁	观	噪	图	决	摇	。	丁	记	高	胶	规
建	。	信	秘	蛛	野	优	顶	稻	恐	识	别	思	諾	保	动	复
坠	饭	差	研	礼	。	复	桌	凑	介	磨	解	恐	解	转	最	坠
条	豆	增	梳	稳	秀	考	虑	的	研	数	特	来	研	平	填	介
木	究	乎	约	桥	最	尖	摇	镜	年	之	动	闲	绍	的	复	好
的	情	侣	保	数	他	尖	语	饭	要	解	遥	生	典	区	丁	怖
里	四	转	惧	考	梳	的	见	言	草	。	远	香	年	光	看	蚊
英	图	在	楼	下	欲	租	惨	乃	毁	的	的	典	页	滑	自	子
好	主	焕	疲	条	特	貌	栏	领	命	滑	议	充	驱	请	慷	衫
基	预	测	而	凑	露	区	滑	磨	中	稻	绍	虎	蠕	平	回	慨
的	微	饭	梳	貌	股	领	要	正	是	恢	人	然	幸	沓	雨	惧
增	小	拒	绝	行	息	露	貓	信	主	肉	信	武	器	精	度	好
几	的	迟	情	遥	惫	摇	问	旋	数	后	豆	的	状	从	灵	许
决	栗	选	电	领	人	增	题	考	自	股	远	释	源	票	而	量

尖尖的
遥远
识别
正是
在楼下
拒绝
考虑
微小的
命中
慷慨
努力
蜘蛛
问题
预测
的情侣
语言
精度
蚊子
武器
英里的

Puzzle 419

不	马	基	遇	坠	透	水	情	决	便	突	饭	面	许	透	行	鹿
远	延	生	项	复	况	声	规	差	灵	然	衫	苦	视	香	持	野
音	灵	撞	幸	桌	迟	明	下	记	答	的	眉	坠	动	龄	梁	策
数	直	能	重	情	绍	紧	不	怖	小	柳	絮	有	轨	电	车	略
光	条	衡	真	老	过	老	柔	滑	弟	动	存	眼	袋	面	落	优
吃	露	煲	重	木	研	量	直	祖	弟	进	回	伏	信	研	回	远
得	饭	柔	排	环	虫	木	雨	先	蠕	口	情	研	碎	子	磨	情
情	露	性	里	循	有	过	中	亲	类	磨	恢	建	本	情	绍	间
性	能	游	怖	军	事	音	填	老	通	的	碎	心	筑	驴	部	>
坠	自	戏	维	持	的	了	发	出	先	直	面	能	己	物	摇	后
然	休	惧	见	蠕	票	灵	噪	权	号	香	肠	建	磨	图	栅	填
解	他	他	复	闲	情	来	碰	信	袖	上	平	劳	动	丁	栗	上
号	增	有	息	理	复	重	撞	请	好	兔	增	带	的	桌	饭	底
龄	释	加	树	的	余	露	了	遥	则	保	子	秀	拳	滑	冰	便
秘	直	类	错	磨	特	私	约	自	底	理	！	天	击	幸	号	得

游戏
突然的
鹿野
祖先
香肠
兔子天
军事
小弟弟
吃饭
策略
性能
拳击
建筑物
维持
有轨电车
柳絮
声明
进口
滑冰
劳动

Puzzle 420

停机坪
认为
周长
医药
时钟
的演员
阳光
那种
一定
泡打粉
看到
羊毛
揭示
蜈蚣
学术
细腻
细节
清晰
民俗
噪音

试	发	情	时	揭	示	思	灵	基	那	过	看	民	持	分	错	休
最	肉	活	乃	钟	滑	素	趣	好	身	种	到	俗	蜈	蚣	肉	马
规	先	宜	马	情	过	泡	清	袋	摇	木	学	思	试	蔻	不	宜
认	为	。	阳	光	噪	打	晰	乐	諾	栗	术	察	恐	事	研	过
视	之	释	了	噪	音	粉	望	理	碰	运	后	信	要	动	程	介
然	情	加	然	充	情	的	迟	想	见	医	药	事	自	行	灵	貌
过	口	望	龄	型	凑	赂	父	娱	邀	虎	蠕	建	记	惧	煲	型
露	解	人	一	定	观	自	驱	亮	村	况	状	近	许	排	乐	倍
欲	情	疲	查	定	情	栏	倍	书	坠	羊	携	稻	龄	试	煲	复
恐	举	秘	！	磨	梁	后	亲	有	情	毛	蛾	情	究	栅	秘	虫
绍	快	倍	出	恢	高	观	况	静	上	差	娱	高	醋	得	了	乐
信	租	骄	四	秘	豆	己	。	释	秘	项	便	泽	快	动	父	从
填	便	木	肉	规	丁	细	绍	停	机	坪	部	周	的	演	员	远
眼	生	野	倍	克	细	腻	草	旋	票	因	祖	长	增	肢	然	衡
保	恐	父	保	肢	肉	节	查	修	号	观	貓	马	建	近	骄	况

Puzzle 421

肢	摇	滑	议	露	子	人	光	填	噪	说	建	惨	透	研	程	区
惊	便	喜	先	的	安	衫	存	紧	首	都	话	有	信	惫	马	欲
克	木	部	门	容	易	察	雨	不	过	觉	好	远	热	他	私	生
数	能	栗	娱	凑	持	续	时	间	余	饭	危	机	梁	稻	快	约
增	饭	保	携	桥	的	人	然	书	恐	邀	解	信	有	栗	桥	因
便	饭	状	答	的	真	香	情	醒	肢	间	月	礼	栅	转	碎	过
碎	差	碎	镜	见	骄	村	持	下	要	部	亮	醒	则	伊	顶	来
充	足	的	老	人	煲	页	请	理	主	稻	的	的	进	展	有	图
思	突	鳍	碎	也	飞	部	最	惨	本	栅	来	情	直	面	蠕	虑
趣	然	衬	不	性	号	从	虑	中	宜	高	灵	自	语	好	自	坠
虫	日	幸	便	惊	阴	几	他	己	举	水	私	>	速	复	加	人
面	素	赂	出	信	天	分	木	议	眼	观	口	请	趣	思	的	释
锄	头	叫	音	摇	士	>	骄	秘	老	循	遇	袋	悲	每	虫	携
真	瑞	声	秀	蔻	肢	龄	亮	面	研	眼	芹	菜	剧	只	大	旋
恢	本	有	娱	特	有	的	祖	泽	的	电	落	而	遭	受	充	衣

大衣
每只
首都
语速
遭受
部门
阴天
说话
突然
芹菜
的进展
容易
充足的
口袋
月亮
持续时间
危机
悲剧
锄头
叫声

Puzzle 422

号	肉	柔	过	摇	信	中	部	高	幸	马	特	。	复	究	摇	回
的	好	处	电	乎	觉	察	灵	觉	余	事	惫	伊	蠕	>	自	本
号	面	幸	欺	本	他	父	运	热	况	虑	快	区	不	决	伊	肉
带	通	的	骗	諾	环	究	趣	议	摇	要	答	图	豌	豆	静	自
快	看	解	士	旋	趣	条	底	栏	旋	共	旋	豆	几	眉	加	人
亲	生	伊	！	远	车	修	稳	落	树	同	确	部	图	疲	延	最
远	的	水	芹	乃	了	电	喜	究	复	伤	心	定	号	凑	虎	好
过	焕	会	情	书	出	私	休	自	树	车	担	諾	亮	考	秀	美
疲	衬	社	区	光	源	幸	护	转	袖	不	便	摇	身	点	明	味
保	页	伊	宜	去	露	有	祖	木	远	余	重	饭	灵	亲	智	近
见	图	人	情	除	余	看	摇	三	红	色	查	毁	情	伊	转	回
复	状	坠	肢	胶	量	苦	旋	只	自	定	绍	的	肢	底	！	礼
快	自	焕	坠	平	信	长	度	信	士	机	观	重	貌	！	直	请
树	性	他	口	的	破	分	磨	泽	升	入	惧	也	循	喜	依	股
静	栅	不	记	露	疲	究	真	摇	女	孩	露	记	貓	带	桌	赖

依赖
红色
欺骗
的好处
明智
担心
长度
共同
美味
确定
女孩
亮点
社区
水芹
升入
伤心
去除
豌豆
三只
社会

Puzzle 423

增	惫	股	号	看	父	机	批	泽	趣	他	好	摇	邀	决	释	考
延	适	胶	特	己	真	议	判	记	降	亲	数	的	紧	伊	护	保
恢	当	运	重	野	发	虫	虑	的	带	不	请	通	紧	摇	租	自
重	马	输	想	坠	年	凑	查	菜	建	秀	惊	应	远	程	最	项
衫	来	思	也	决	出	碎	过	花	高	信	碎	该	况	高	人	回
事	桥	娱	紧	得	煲	存	带	驴	型	安	赂	机	后	部	村	老
暴	基	栏	边	境	然	故	主	得	保	一	些	的	先	况	撞	车
躁	眼	蛾	原	士	不	障	秘	本	丁	觉	马	>	移	袖	环	许
有	股	特	>	因	过	想	秘	信	乐	貓	排	从	出	动	惫	雨
亮	村	喜	本	梁	碰	栏	分	情	灵	运	教	室	释	己	书	研
雨	决	落	衡	上	香	菜	保	从	展	览	替	缺	乏	镜	龄	了
滑	滑	放	视	栏	摇	上	摇	惊	信	了	活	代	行	的	情	人
信	乃	袋	滑	稀	近	貓	毁	条	坠	坠	几	伏	素	机	究	怖
事	滑	胶	木	缺	特	光	欲	欲	涉	护	相	关	究	降	水	项
重	直	升	机	袖	下	遇	摇	惨	及	见	最	雨	理	苦	乐	环

教室
的移动
菜花
香菜
边境
暴躁
缺乏
故障
适当
涉及
原因
稀缺
直升机
应该
批判
展览
相关
替代
一些
运输

Puzzle 424

边缘
数据
生命之
负责
实现
水波
达成一致
乌龟
请问
自然
铅笔
带来了
私营
绽放
反向
医疗
创造
办法
护士
对比度

最	乌	办	蔻	实	赂	稳	水	高	思	肉	基	趣	量	部	直	遇
介	龟	思	法	现	复	请	重	饭	数	。	磨	磨	几	保	动	衬
医	疗	他	则	赂	机	栏	最	面	据	栏	选	饭	草	鳍	瑞	礼
情	情	查	有	肥	心	秘	子	底	社	傲	乃	蠕	信	伏	考	眼
回	便	袖	毁	人	本	之	议	信	驴	反	向	便	书	不	主	惨
饭	衫	本	典	泽	肉	释	对	然	租	亲	望	平	饭	了	了	定
理	身	远	生	望	秘	闲	比	諾	日	而	解	保	股	优	行	肢
音	最	平	请	问	创	解	度	带	栅	地	程	的	不	灵	理	亲
。	事	答	水	人	幸	造	边	来	亲	惫	碰	心	本	人	之	远
面	肢	里	波	领	类	试	缘	了	延	秀	乐	不	底	他	修	根
生	权	降	先	惧	马	绽	放	达	试	记	特	重	铅	笔	私	惧
命	带	事	几	趣	的	环	负	成	书	苦	虑	环	损	碰	高	营
之	顶	定	高	不	惧	乐	责	一	损	远	自	然	优	而	的	释
碎	底	己	建	部	复	热	保	致	静	损	苦	摇	护	士	木	傲
因	优	直	间	衫	动	村	衫	肉	先	蔻	父	旋	醋	自	基	理

Puzzle 425

许	摇	乐	透	退	通	图	政	乐	出	的	香	观	桌	接	携	欲
醋	坠	达	肢	环	出	滑	府	落	树	简	灵	租	主	收	衫	许
试	栏	不	表	而	本	雨	升	区	蠕	单	蛾	心	决	活	睡	书
的	文	章	现	增	领	位	自	蠕	有	吊	着	理	发	己	眠	醋
不	数	！	！	解	里	置	私	的	几	貓	书	摇	肥	皂	过	闲
见	骄	私	几	>	村	页	建	量	热	撞	的	下	面	四	梁	欲
息	毁	要	状	肥	特	亲	有	洞	面	木	袖	思	摘	于	亲	木
查	梳	面	得	自	最	观	透	远	穴	队	伍	焕	要	蛾	香	驱
伏	木	考	排	煲	灵	惊	最	要	欲	平	书	闲	他	肉	蔻	娱
梳	士	事	雪	类	活	蜗	汽	数	信	出	肉	类	人	则	排	！
绍	梳	的	程	究	行	牛	车	增	自	落	毁	过	煲	日	携	噪
柳	瑞	幸	中	况	衡	野	旅	落	要	雪	他	的	灵	社	特	稻
叶	音	于	究	充	信	克	馆	请	露	人	灵	究	亲	快	野	究
生	豆	口	见	胶	类	条	规	来	议	社	貓	亲	惫	梁	下	有
人	梳	马	底	社	飞	栏	行	直	趣	信	摇	克	本	热	放	视

肥皂
蜗牛
政府
表达
摘要
睡眠
柳叶
位置
灵活
的简单
吊着
接收
的文章
下面
肉类
队伍
退出
汽车旅馆
表现
洞穴

Puzzle 426

村	喜	加	乎	书	自	倍	上	幽	傲	瑞	蛾	衡	子	丘	比	特
滑	要	活	肉	动	静	的	眼	灵	音	龄	性	情	状	保	苦	的
解	人	书	胶	最	加	重	皂	试	的	坠	秀	伏	乎	惨	泽	等
露	过	面	摇	特	出	复	行	桥	凑	乐	时	心	事	不	差	于
自	水	对	看	香	便	条	迟	彩	觉	坠	刻	焕	便	坠	袋	顶
噪	绍	号	蜗	产	品	行	人	色	的	坠	股	滑	苦	衡	秀	柔
报	纸	肉	杆	自	激	蛾	心	的	飞	机	扭	动	滑	主	中	于
草	举	飞	作	者	滑	励	村	了	皂	秋	性	木	加	望	发	乎
衫	复	上	新	欲	权	自	数	快	部	望	季	数	不	领	肉	研
区	车	护	鲜	衬	理	来	之	复	部	露	转	。	运	气	回	余
填	驾	的	程	摇	衡	加	转	貓	摇	邀	惧	亲	己	遇	摇	傲
栗	保	车	全	球	究	权	反	家	本	发	眉	子	觉	栅	望	雨
情	议	条	怖	从	况	保	过	具	的	放	村	请	因	见	信	行
有	。	研	环	几	然	答	来	音	飞	邀	醋	望	电	滑	状	量
不	栅	肉	。	息	损	坠	自	他	望	肉	眉	典	过	袖	老	的

幽灵
扭动
报纸
运气
丘比特
秋季。
家具
反过来
作者
蜗杆
面对
产品
时刻
全球
的色彩
驾车
激励
的飞机
等于
新鲜

Puzzle 427

项	的	幸	便	存	约	真	正	的	肉	注	类	自	存	况	呼	填
饭	之	龄	山	露	高	香	伏	优	特	意	下	已	经	乃	吸	眉
分	袖	倍	羊	活	雨	野	要	典	蛾	到	怖	优	坠	填	眉	的
环	活	衬	稳	近	研	稻	趣	定	管	试	眉	怖	余	保	证	眼
加	！	基	鳍	乃	查	焕	惨	坠	排	理	宜	蔻	近	最	乃	豆
紧	肉	老	坠	坠	蔻	增	长	栗	地	保	者	究	滑	制	定	肯
下	遇	于	素	出	人	欲	有	静	高	号	稻	生	惊	大	喜	遇
股	区	眼	雨	柔	延	成	过	肉	不	地	沙	发	热	农	胆	绍
查	活	己	则	丈	滑	绍	长	的	磨	亲	票	升	虫	场	解	答
安	通	护	复	夫	性	露	租	秘	面	毁	恐	梳	况	带	得	马
量	惨	静	主	日	乐	狼	狼	便	差	了	的	过	野	既	热	特
坠	的	坠	木	旋	况	惊	休	便	坠	模	拟	灵	有	不	的	四
惨	醋	而	介	答	性	磨	程	摇	信	露	特	貓	秘	号	专	衡
数	虎	融	化	升	根	热	究	面	野	优	邀	持	主	行	家	生
虑	循	究	己	观	木	瑞	梁	要	迟	的	木	信	介	趣	余	活

沙发
成长
农场
融化
大胆
制定
呼吸
丈夫
已经
管理者
增长
山羊
狼狼
真正的
的专家
注意到
既不
模拟
保证
肯定

Puzzle 428

规	驱	下	况	不	系	马	乐	行	艺	乐	动	蠕	顶	亲	书	橡
则	身	面	股	最	怖	列	貌	伊	术	回	镜	秘	数	他	生	皮
透	明	知	道	大	木	从	乃	焕	家	喜	遇	胶	乐	保	好	擦
情	天	建	间	的	生	栏	里	准	备	议	答	安	皂	带	电	许
热	人	瑞	自	望	玉	米	况	情	释	傲	地	梳	增	情	考	选
透	栏	节	摧	躺	在	>	雪	素	事	里	板	稳	最	重	乐	焕
考	噪	蛾	毁	驴	马	坠	地	欲	趣	信	碎	倍	虫	察	胶	摇
饭	热	私	摇	树	也	衡	肥	面	私	平	快	持	士	！	旋	亮
坠	素	肢	行	保	复	撤	销	可	笑	的	类	娱	马	士	表	面
的	看	木	袖	战	赂	眼	焕	修	衫	諾	决	肉	衬	复	秘	乐
复	惧	坠	许	争	根	页	部	的	倍	定	乐	>	惨	几	况	虎
研	稳	鳍	保	木	最	中	平	面	解	伏	他	自	眼	骄	行	礼
租	袖	有	恐	了	放	带	部	焕	错	举	释	远	试	怖	想	惊
伏	的	需	求	画	平	意	的	毁	领	权	望	口	增	水	亲	远
旋	部	鳍	租	顶	笔	图	信	撞	票	遥	数	了	保	增	余	决

表面
地板
战争
知道
艺术家
情人节
准备
意图
摧毁
撤销
画笔
躺在
明天
橡皮擦
最大的
的需求
系列
玉米
规则
可笑的

Puzzle 429

书	父	充	况	损	马	蠕	飞	撞	保	放	肉	延	顶	草	安	携
下	貌	然	本	赂	明	出	生	灰	色	松	安	亲	拉	动	高	项
年	量	心	克	飞	程	确	活	醒	自	保	欲	高	赂	乃	回	究
平	镜	虑	衫	分	醋	木	书	而	的	排	情	动	携	眉	得	顶
号	趣	蔻	镜	本	近	碎	欲	也	页	高	决	肉	坠	最	自	运
柔	要	肉	袖	露	许	驱	撞	书	行	延	活	马	雨	考	远	许
情	信	能	木	领	整	披	特	延	情	模	露	飞	亲	老	中	趣
研	木	焕	飞	傲	齐	萨	理	眼	的	式	保	源	真	了	的	复
望	太	阳	镜	不	坠	现	后	乃	研	欲	泽	远	口	毁	差	有
小	数	最	特	本	能	肉	任	信	有	香	过	镜	貌	情	程	的
人	袖	迟	人	人	木	记	权	重	的	旅	馆	介	音	自	绍	觉
然	了	条	乐	伊	水	怖	优	的	龄	情	图	得	书	请	然	飞
优	然	磨	典	部	恐	光	势	过	查	型	计	的	况	豆	尝	人
修	仅	上	衣	稻	本	先	摇	树	子	高	算	愿	接	受	试	项
带	仅	绍	平	了	眉	蠕	延	的	机	考	管	望	紧	龄	梳	行

拉动
整齐
接受
仅仅
太阳镜
灰色
的旅馆
上衣
小数
模式
尝试
现任
高管
优势
放松
明确
出生
的愿望
计算
披萨

Puzzle 430

延长
确切
耳朵
完美
乘法
建造
论文
响亮
成功
秃鹰
落户
工具
望远镜
，但
检讨
引进
饮料
周期
作家
大便

大	耳	朵	完	请	加	运	骄	马	周	坠	人	源	工	具	类	人
驱	便	平	美	而	加	差	士	高	期	貓	桌	木	紧	宜	柔	也
填	素	便	本	水	豆	坠	栗	况	乃	得	社	先	动	高	有	降
肉	喜	露	检	讨	来	望	增	顶	社	惊	典	的	秃	本	私	过
平	解	亲	程	息	亮	损	通	下	引	能	增	衫	鹰	因	基	试
落	户	，	稻	之	根	不	而	试	进	动	然	坠	趣	露	查	坠
丁	虫	后	但	乐	试	的	作	家	循	平	议	究	撞	通	情	音
马	携	眉	保	稳	摇	部	论	文	建	造	响	亮	确	切	回	电
滑	木	碰	坠	人	行	乃	错	有	条	自	环	趣	克	充	则	延
落	图	肉	碰	社	过	部	镜	栏	本	乘	性	露	撞	延	长	祖
成	功	人	灵	瑞	不	领	怖	有	饮	法	乃	决	马	机	龄	龄
活	部	有	坠	过	面	平	规	栅	源	料	面	迟	他	优	灵	延
情	马	草	号	程	焕	热	来	情	解	露	乎	型	口	保	释	行
便	记	机	傲	镜	理	解	便	娱	想	热	主	定	生	建	煲	栗
望	远	镜	惊	。	的	秘	子	修	选	解	惧	年	填	！	社	日

Puzzle 431

了	出	灵	。	存	热	视	亮	约	平	研	视	子	饭	恐	口	好
后	的	草	虎	餐	厅	滑	豆	平	分	权	有	草	撞	栗	木	肉
部	生	优	苦	旋	下	破	的	降	自	因	紧	遇	视	雨	口	充
承	诺	的	机	毁	镜	理	主	闲	不	请	克	通	猫	头	鹰	衫
醒	静	释	专	桥	复	士	差	察	举	田	信	则	子	雪	里	则
伊	服	从	亮	业	过	程	宜	忘	记	鼠	祖	泽	摇	马	绍	放
细	保	肉	升	滑	携	直	先	看	部	也	持	人	休	的	犹	恐
胞	栏	部	碰	惊	飞	部	选	休	建	马	自	也	静	运	子	豫
栏	驱	加	迟	落	野	远	远	优	息	有	落	规	信	大	象	马
快	的	许	倍	下	距	离	木	一	视	露	主	研	错	间	己	请
瑞	栏	车	雨	一	自	喜	野	次	记	监	不	闲	饭	举	考	他
部	娱	地	差	个	醒	乃	>	修	本	测	迟	股	喜	有	最	娱
号	灾	露	充	苍	鹭	绍	释	幸	下	心	田	苦	带	有	貌	理
子	马	难	满	愿	因	近	木	坠	皂	恢	径	领	面	然	破	条
领	己	试	优	望	秘	欲	远	音	摇	来	书	摇	直	惫	之	心

距离
承诺
苍鹭
细胞
田鼠
下一个
充满
一次
猫头鹰
忘记
犹豫
过程
服从
的专业
监测
大象
餐厅
田径
灾难
愿望

Puzzle 432

即	时	周	恢	复	解	里	父	页	判	惊	最	村	摇	了	>	理
便	装	到	下	的	社	错	树	平	放	定	平	日	马	惫	理	考
存	配	的	马	解	发	道	歉	生	图	页	父	醒	衫	皂	考	素
豆	特	过	望	己	趣	增	坠	虫	像	雪	母	恢	己	树	降	行
从	醋	本	神	不	增	的	泽	复	梳	修	乐	撞	便	乐	镜	几
迅	挥	杆	秘	再	见	答	考	保	部	奉	献	私	礼	马	了	情
近	速	间	邀	自	士	平	休	露	因	遇	况	护	主	乐	醒	乃
遇	，	乐	平	然	想	车	试	理	紧	思	高	豆	的	热	来	摇
滑	其	中	马	惊	容	忍	财	分	衡	落	觉	号	从	绍	趣	发
驱	量	增	坠	衫	皂	趣	产	衡	区	究	了	袖	自	察	间	性
免	噪	排	情	解	灵	光	修	回	选	顶	惧	虎	醒	衡	察	镜
素	费	唱	歌	野	怖	不	的	他	面	要	程	本	饭	趣	摇	身
！	型	绍	欲	口	肥	貌	本	梁	察	的	飞	凑	心	年	袖	规
蛾	飞	镜	增	平	运	傲	余	便	复	木	建	水	喷	自	中	许
试	解	看	镜	木	坠	迟	闲	保	请	觉	政	治	泉	肢	了	摇

免费
容忍
再见
财产
判定
迅速
图像
装配
父母
周到的
政治
，其
道歉
挥杆
奉献
喷泉
即时
唱歌
神秘
恢复

Puzzle 433

粉	书	所	理	走	优	克	页	决	光	欲	运	蔻	定	喜	礼	肉
红	自	需	傲	廊	香	人	发	马	则	野	喜	不	降	规	过	貌
色	娱	遇	豆	邀	驴	远	活	我	降	错	柔	当	类	底	驰	名
袖	自	露	乐	休	人	过	建	父	们	凑	理	快	本	看	部	自
煲	乐	恐	缤	的	事	件	条	几	号	人	野	息	排	子	坠	介
栅	瑞	修	纷	兔	子	泽	便	看	程	趣	记	发	息	面	乎	过
滑	。	区	乃	木	落	性	号	凑	举	有	灵	野	里	村	镜	坠
究	毁	貓	！	了	此	乐	因	信	电	梁	举	肢	有	租	村	特
息	稻	滑	书	况	句	他	信	袋	瑞	真	访	的	貓	露	奢	不
高	柔	研	类	自	雨	书	手	提	箱	栅	问	衡	好	觉	侈	心
的	星	水	焕	亮	素	伏	肢	灵	己	溜	蒸	汽	有	地	品	看
事	期	骨	头	的	直	主	典	坠	保	冰	基	栅	降	间	号	坠
动	子	>	答	他	的	号	带	降	梁	里	摇	休	高	差	先	毁
介	欲	紧	宠	赂	苦	理	存	坠	况	口	理	幸	丁	皂	摇	部
有	焕	根	醒	物	的	况	页	要	肢	休	研	视	乃	持	自	况

骨头
的事件
此句
星期
缤纷
奢侈品
宠物
我们
底部
自娱自乐
访问
不当
手提箱
蒸汽
驰名
粉红色
走廊
所需
溜冰
兔子

Puzzle 434

鸟啼
警察
业务
账户
行业
湿气
红萝卜
将来
声音
旅程
股票
变量
橡子
瑞典人
输入
衰变
公交
雪橇
甲虫
虚假

便	领	记	警	乃	乃	碰	的	热	便	恐	有	解	饭	增	记	滑
携	车	因	士	察	马	存	赂	遇	试	甲	雪	眼	旋	乐	摇	破
动	！	议	己	然	于	秘	充	亮	运	虫	橇	肉	的	了	息	信
衰	坠	木	看	袋	请	木	湿	旅	眼	存	票	马	动	子	稳	香
变	股	变	量	红	萝	卜	气	程	公	交	余	遇	保	考	最	行
研	票	程	瑞	本	之	飞	肉	不	事	举	高	木	信	身	也	马
肉	克	野	量	典	不	眉	考	自	磨	要	磨	然	惧	本	衬	先
底	延	则	碎	来	人	望	而	升	子	光	保	不	虚	增	本	将
邀	自	加	心	驴	型	摇	后	近	领	介	闲	输	入	假	惊	来
能	不	书	息	重	视	业	建	柔	行	遥	！	降	碎	蛾	瑞	研
亲	礼	父	回	行	察	务	乐	快	请	雪	衫	苦	的	泽	最	信
能	充	自	私	业	滑	人	亮	究	保	鸟	啼	碰	从	情	马	最
热	露	疲	顶	想	书	惊	煲	便	諾	研	近	紧	况	马	稳	驴
平	蔻	看	镜	木	错	心	护	保	项	账	户	人	>	间	子	乐
摇	橡	子	高	亲	决	赂	声	音	填	木	父	重	量	通	增	循

Puzzle 435

动	快	温	了	乐	情	高	快	速	况	疲	快	操	的	信	环	飞
肉	生	镜	度	的	兄	弟	情	项	社	了	有	作	己	剪	辑	人
研	迟	机	镜	高	恐	栅	居	栗	平	股	伏	保	状	木	乎	解
衡	区	凑	清	打	破	股	民	成	愤	怒	的	光	飞	事	区	惊
带	乐	约	了	空	号	的	来	本	喜	热	因	差	摇	树	乃	喜
惨	口	考	从	貓	便	远	到	虑	先	类	自	赂	人	飞	后	面
降	生	虫	见	栅	通	的	保	惫	趣	木	摇	苦	的	能	量	包
从	考	数	修	树	。	紧	规	蔻	社	财	野	还	原	平	滑	降
平	议	怖	鳍	蔻	坠	本	面	疲	镜	政	停	权	鳍	要	驴	自
的	素	能	的	本	远	不	请	复	趣	亲	留	行	性	篮	重	量
记	远	子	放	稻	心	不	灵	试	机	乎	己	情	量	平	球	根
类	栅	坠	驴	平	欲	保	书	凑	复	瑞	保	饭	复	飞	了	复
车	条	蛾	数	放	区	放	泽	书	自	身	项	雨	不	护	鳍	驱
醒	傲	欲	议	四	热	坠	状	鸡	蛋	热	的	考	貓	从	醋	降
恐	眼	查	自	票	貌	分	基	貓	过	有	规	余	四	树	真	柔

篮球
来到
剪辑
成本
居民
温度
停留
清空
愤怒的
鸡蛋
重量
的兄弟
面包
财政
还原
操作
的能量
快速
打破
惊喜

Puzzle 436

标题
话题
椅子
另一个
追逐
下午
经济
指甲
实践
利润
收藏
状态
鼬鼠
激烈
淋浴
菜肴
急剧
解雇
的绅士
的爷爷

请	票	驴	另	一	个	况	部	不	复	激	倍	记	父	最	放	看
有	！	介	收	欲	充	基	驱	丁	加	修	烈	书	自	欲	排	直
素	热	高	藏	下	午	解	自	衬	他	条	桥	页	焕	得	马	菜
好	高	噪	状	紧	快	毁	衬	摇	平	保	升	能	子	得	雨	肴
损	马	增	态	基	趣	遥	经	部	驴	项	况	鼬	鼠	地	租	转
喜	携	差	追	煲	觉	地	济	亲	高	野	状	持	面	有	了	放
了	自	惊	赂	逐	增	定	镜	镜	旋	村	透	保	乐	转	修	本
亲	遇	优	实	践	情	信	信	人	利	润	淋	浴	秀	快	标	题
不	衫	特	本	本	最	克	栅	皂	通	号	虫	下	马	衡	蠕	话
高	于	热	有	人	镜	木	坠	乐	有	先	眼	理	重	光	滑	电
衬	野	后	镜	增	分	草	便	镜	士	士	乐	考	类	优	祖	发
试	光	口	指	甲	建	面	差	飞	秀	绅	于	降	错	乎	高	部
心	的	票	里	望	的	年	研	口	草	摇	的	椅	子	滑	父	自
通	解	雇	急	他	特	恐	况	情	饭	复	爷	桌	摇	飞	凑	优
己	优	领	剧	然	观	伏	答	>	过	自	爷	便	袋	遥	疲	醋

Puzzle 437

的	量	野	地	发	有	电	镜	滑	区	排	蔻	桌	栏	欲	肥	柔
教	破	兔	了	规	口	看	乐	不	票	研	己	升	稳	趣	丁	书
训	>	亲	人	有	类	衬	眼	泽	规	仓	鼠	木	请	祖	野	书
落	惫	答	蔻	书	一	个	醋	自	的	则	复	镜	休	柔	页	马
描	型	增	从	梁	增	人	醋	自	损	信	事	实	恐	下	地	噪
述	理	间	来	面	。	不	衬	不	自	静	驴	邀	的	镜	年	址
望	噪	部	没	雪	持	复	子	租	复	复	桌	口	租	回	磨	保
桌	损	乐	有	的	行	崩	状	程	学	号	喜	。	保	伏	亲	子
于	恐	本	虑	而	书	树	溃	不	校	察	虎	木	护	醋	环	观
驱	秘	先	上	错	伏	条	飞	数	发	调	查	考	基	计	虹	研
复	行	虑	的	眼	稳	碰	人	解	确	实	坠	情	类	划	膜	票
有	股	有	他	摇	胶	纠	结	摇	落	选	植	物	部	他	蔻	里
子	自	的	数	据	喜	水	大	量	自	坠	苦	活	衬	有	高	秘
焕	蛾	四	傲	趣	领	平	坠	优	底	桌	上	平	坠	乃	自	好
野	惊	泽	破	邀	摇	过	试	不	肉	露	平	趣	木	木	特	优

仓鼠
调查
的教训
学校
一个
的数据
纠结
植物
从来没有
虹膜
水平
大量
描述
计划
地址
事实
崩溃
野兔
确实
不规则

Puzzle 438

根	袖	后	。	身	木	优	虫	桥	子	了	理	股	心	得	好	根
恢	木	周	镜	决	撞	亲	增	热	记	风	信	乃	人	中	野	乐
察	最	三	人	源	镜	乌	鸦	希	本	暴	雪	迟	骄	静	部	撞
子	人	疲	妈	他	焕	近	等	待	望	约	马	高	气	见	词	虎
区	趣	活	静	妈	见	心	稳	程	英	梦	高	口	候	人	汇	书
镜	自	娱	人	部	领	伊	保	人	寸	想	秀	碎	事	保	饲	料
貓	栗	真	怖	露	醋	远	的	数	的	研	惨	的	延	主	王	子
亮	部	老	圣	重	瑞	改	变	恢	信	透	蔻	信	中	的	稻	摇
约	也	研	诞	举	息	错	保	视	乎	心	情	蛾	领	貌	深	肉
排	源	遇	保	威	力	则	过	况	的	露	乎	间	自	諾	音	浅
得	差	便	后	图	碰	增	破	闲	面	回	典	人	邀	子	迟	梳
的	互	动	书	则	人	欲	驱	野	基	降	过	过	重	息	自	型
身	惧	碎	特	许	先	生	蛾	煲	推	迟	坠	日	选	从	建	填
惊	程	驱	疲	乃	灵	信	页	后	趣	伊	增	心	人	放	人	紧
父	飞	理	本	经	营	见	损	露	虑	损	落	醒	要	典	乎	源

希望
的深浅
英寸
周三
乌鸦
推迟
等待
改变
饲料
梦想
圣诞
的互动
气候
先生
风暴
威力
经营
王子
妈妈
词汇

Puzzle 439

不	得	牙	底	子	后	热	保	饭	差	邮	安	评	栅	勺	压	心
余	分	况	膏	页	间	灵	子	>	光	递	猕	价	表	子	力	填
剥	条	分	醋	草	绿	豆	野	损	复	员	排	猴	示	转	醋	则
夺	解	碰	环	则	色	凑	焕	蠕	秀	苹	果	真	桃	里	>	高
摇	决	运	醋	基	觉	諾	傲	解	面	权	肢	得	貌	间	瑞	直
豆	透	热	加	的	鳍	察	请	子	幸	摇	苦	破	车	有	恐	乎
带	复	香	热	重	远	亲	错	原	重	桌	远	股	趣	士	情	喜
袖	通	建	自	要	皂	平	建	加	谅	树	情	坠	增	见	考	延
直	基	木	梁	发	人	木	地	信	皂	幸	趣	先	格	式	的	镜
数	页	来	情	票	星	级	数	柔	电	亮	衫	噪	先	然	基	的
地	自	想	快	他	们	自	惫	草	然	图	马	私	保	信	地	幸
毁	>	生	交	摇	自	惫	主	恐	菠	萝	稳	动	自	热	过	人
排	噪	考	融	面	情	解	有	得	摇	远	衡	况	保	恐	许	素
排	租	树	士	子	人	子	醋	信	不	諾	>	宜	紧	礼	票	袖
特	乐	复	草	旋	复	思	>	蠕	人	典	本	亲	不	惧	重	因

原谅
解决
星级
邮递员
他们
的重要
表示
苹果
菠萝
评价
勺子
牙膏
压力
绿色
剥夺
得分
格式
基地
猕猴桃
交融

Puzzle 440

寒冷的
草甸
追求
解释
可怕的
栅栏
技术
赢了
过程中
电影院
邻居
黄油
尽管
夕阳
狩猎
他们的
母亲
必要的
大厅
苏打水

特	邻	破	了	坠	解	释	本	尽	管	介	大	自	面	损	祖	权
延	居	草	甸	夕	阳	心	镜	私	赂	水	从	厅	安	恐	碰	理
衫	子	稻	能	落	情	能	苏	打	水	静	稳	泽	自	增	之	存
考	信	袖	镜	降	活	水	部	飞	驱	的	有	介	静	树	信	怖
真	破	的	许	地	究	的	滑	上	股	况	本	私	心	动	摇	平
源	能	黄	选	要	理	摇	蔻	电	介	动	介	疲	音	电	保	底
乐	好	油	部	过	可	的	源	影	研	露	人	眉	热	信	秀	>
坠	放	惊	蛾	程	活	怕	上	院	胶	部	便	人	人	草	电	书
惫	的	蔻	的	中	袖	稳	的	他	们	的	看	袋	行	煲	直	基
亲	眼	于	转	后	士	记	要	露	鳍	上	惧	远	解	狩	差	远
迟	皂	桥	分	增	远	稻	必	貌	选	顶	技	赢	了	损	猎	怖
醋	稻	平	蠕	优	的	欲	情	。	骄	木	术	梁	寒	冷	的	约
。	心	凑	栅	栏	素	自	栗	追	求	持	豆	记	建	心	草	年
释	上	桌	休	碎	后	树	循	母	亲	柔	香	惨	程	信	子	的
填	灵	惨	坠	迟	望	本	骄	持	书	优	噪	错	保	衫	肉	秘

Puzzle 441

平	观	最	貌	毁	得	先	驱	碰	年	本	父	捍	落	顶	信	主
平	差	领	保	真	煲	子	况	摇	干	飞	息	打	卫	试	滑	要
邀	苦	研	骄	情	，	想	桥	排	旱	生	衫	法	人	从	礼	破
克	幸	主	眉	间	了	也	幸	保	从	衡	不	静	父	坠	倍	最
露	研	他	口	自	马	己	没	木	的	士	增	秘	介	口	决	表
此	处	考	觉	桌	保	驴	介	有	答	凑	日	马	摇	解	解	汇
闲	情	欲	日	不	真	决	乐	有	上	看	情	充	过	典	动	词
光	士	肢	破	露	底	坠	野	热	考	热	貌	情	人	貌	高	苦
信	得	情	高	老	胶	后	机	本	有	好	的	部	中	保	机	察
伏	于	素	相	同	喜	坠	落	无	的	最	磨	了	虫	事	带	摇
的	工	作	人	员	持	灵	肉	解	数	大	撞	尤	量	迟	复	直
数	破	透	坠	木	心	恐	礼	惨	人	旋	排	其	加	了	柔	貓
稻	土	耳	其	心	填	许	人	主	她	源	损	是	高	镜	心	休
绍	分	的	滑	存	不	事	像	雨	的	配	对	能	落	情	不	打
加	面	高	贵	的	有	野	日	邀	解	袋	鳍	安	旋	恢	諾	击

她的
干旱
打击
相同
此处
动词
无数
捍卫
配对
尤其是
最大
打法
的工作人员
好的
词汇表
，也没有
主要
土耳其
高贵的
人像

Puzzle 442

车	租	諾	情	趣	于	木	根	型	栅	修	数	摇	加	泽	活	口
蔻	！	諾	雪	自	本	分	权	好	亲	怖	许	理	亮	远	秀	赂
移	不	迟	趣	特	车	信	后	秀	存	特	异	性	的	的	伊	性
迟	动	碎	量	源	保	不	足	皂	网	球	碰	泽	去	仇	几	质
信	动	子	鳍	通	趣	直	指	计	平	各	昂	贵	过	恨	机	远
香	树	桌	乎	动	性	解	责	算	好	地	口	镜	复	建	图	的
老	鳍	豆	老	行	的	动	肢	器	祖	乃	车	通	心	噪	焕	自
性	匆	填	碰	袋	丁	冬	图	根	重	动	人	蔻	摇	重	不	增
底	匆	排	不	香	豆	青	几	运	试	解	惊	面	差	素	顶	的
饭	粱	间	透	衬	运	乐	宜	雨	排	遥	瑞	乃	镜	摇	的	保
本	情	然	素	子	过	娱	自	貓	海	绵	磨	>	野	举	状	不
娱	丁	通	疲	升	惧	>	后	己	可	间	摇	息	请	爱	好	飞
栗	滑	露	静	便	摇	他	蠕	恐	的	以	中	伊	口	亲	建	理
部	木	蠕	领	快	判	倍	露	破	爱	要	延	领	心	骄	过	了
本	磨	恢	然	的	决	老	鼠	袖	亲	衫	社	礼	请	骄	发	的

性质
自己的
老鼠
计算器
特异性的
指责
匆匆
爱好
过去的
冬青
移动
的仇恨
网球
各地
可以
不足
判决
亲爱的
昂贵
海绵

Puzzle 443

显	子	绍	号	复	闲	看	飞	日	保	摇	的	傲	骄	四	复	惨
虎	著	父	也	租	热	地	动	几	察	过	球	栗	许	加	绍	究
可	能	惫	不	望	桌	标	准	远	过	自	员	乐	项	放	部	惨
豆	的	泽	因	因	情	根	面	发	射	转	建	乐	洽	察	亲	页
试	充	特	亲	恐	不	区	碎	他	不	请	消	复	的	谈	入	口
机	伊	旋	驴	栏	亲	>	远	息	自	幸	解	化	角	色	也	自
周	末	混	合	上	视	增	于	肉	便	车	摇	自	通	答	那	些
遇	打	招	呼	坠	野	望	远	便	心	肉	本	于	子	况	考	木
瑞	保	树	前	木	趣	几	研	之	活	运	肢	里	乐	的	思	望
差	喜	最	者	亮	加	欲	闲	护	旋	面	透	磨	貌	倍	柔	镜
秀	欲	虫	滑	了	的	重	驴	河	有	！	破	静	的	了	议	答
亲	乐	排	毁	几	雨	然	露	马	人	主	信	望	平	便	面	面
瑞	加	乐	遇	大	报	之	顶	士	袋	存	量	息	静	理	最	士
己	撞	过	型	部	告	梳	加	带	眉	领	之	典	基	亲	惫	亲
梳	伏	的	钱	分	一	租	研	底	介	况	循	子	记	磨	来	肥

一分钱
消化
骄傲的
河马
那些
打招呼
平静
报告
入口
混合
的球员
大部分
发射
洽谈
角色
前者
显著
标准
周末
可能

Puzzle 444

考	宏	觉	毁	西	胶	水	恢	释	肉	量	近	优	毁	想	象	人
衡	伟	建	得	瓜	充	有	电	桌	况	回	携	出	貌	远	试	恢
导	演	保	心	底	惫	不	考	摇	摇	祖	龄	复	灰	研	遥	惨
灵	子	不	部	快	有	邀	驱	思	>	行	远	面	尘	露	基	马
稳	热	眼	特	出	从	近	行	升	自	驱	里	欲	老	记	最	噪
噪	惫	宜	迷	惑	察	稻	秘	伏	蛾	后	约	查	疼	带	携	光
人	项	条	恐	栗	马	远	息	电	况	袋	苦	喜	痛	四	蠕	书
面	护	秘	噪	放	香	马	自	虎	灵	自	号	直	爱	复	部	雨
透	国	王	恐	旋	木	父	条	苍	有	望	释	！	摇	因	先	碰
底	便	权	马	高	因	特	议	惫	蝇	光	建	马	安	素	了	人
稻	鳍	降	子	疲	摇	察	素	自	思	里	热	则	占	倍	真	能
视	有	权	许	得	的	望	绍	了	镜	升	况	典	据	里	脚	趾
重	大	镜	桌	高	票	增	虎	有	情	梁	光	泽	自	活	行	运
情	看	租	权	骨	折	惊	蠕	有	人	灵	面	最	信	性	领	的
毁	社	凑	苦	介	木	考	倍	闲	能	摇	决	平	性	升	而	间

因素
脚趾
国王
重大
苍蝇
胶水
疼痛
重视
灰尘
喜爱
觉得
占据
宏伟
导演
光泽
骨折
西瓜
有望
迷惑
想象

Puzzle 445

答	桌	典	分	区	建	的	灵	便	饭	坠	欲	的	延	桥	恐	透
理	落	因	露	的	理	皂	饭	根	社	权	子	设	考	不	远	滑
便	理	书	能	自	行	视	事	错	加	况	谈	计	蠕	延	稻	信
自	虑	包	信	于	灵	许	心	误	自	部	研	到	理	电	四	的
建	情	滑	十	己	放	想	理	优	碎	他	保	邀	驱	醒	性	人
视	逮	捕	年	空	音	视	过	快	排	野	蝴	梁	绍	排	毁	才
高	。	灵	香	间	苦	分	车	休	记	事	蝶	建	泽	究	图	远
桌	木	露	区	毛	衣	鳍	决	本	毁	之	动	立	相	信	醒	权
绍	复	日	平	的	书	自	议	疲	亮	驱	行	部	苦	身	先	页
选	属	>	袋	特	棒	露	人	草	基	肥	的	坠	光	增	通	撞
不	于	虎	近	况	重	球	填	丁	上	素	书	水	果	直	看	梁
间	出	真	趣	士	他	牛	欲	摇	多	升	权	电	他	闲	驱	眉
马	动	年	心	远	撞	野	奶	高	数	部	不	马	亲	出	性	出
直	闲	蜡	虑	蠕	人	欲	驱	中	视	记	飞	的	稳	报	衬	望
狐	狸	笔	野	傲	马	延	士	情	特	观	高	龄	增	价	存	事

水果
相信
棒球
牛奶中
谈到
的人才
书包
多数
属于
空间
狐狸
的设计
蝴蝶
蜡笔
错误
建立
毛衣
十年
报价
逮捕

Puzzle 446

震撼
重力
巨大的
语音
的羊
眼镜
维生素
，直到
小猫
漂亮
足够
结束
各方
试听
懒惰
辣椒
草坪
蛋糕
逃生
天气

欲	村	区	结	理	震	露	决	静	延	飞	村	平	况	逃	！	车
巨	大	的	了	束	撼	领	差	议	稻	人	活	特	延	生	增	，
眼	持	几	循	足	乎	坠	带	树	撞	项	运	记	因	的	保	直
虎	类	破	理	够	栏	稳	股	乐	豆	碎	便	书	子	面	羊	到
磨	看	情	欲	升	懒	介	保	项	延	草	坪	天	动	光	苦	最
复	保	眉	试	听	惰	私	马	加	亲	人	毁	气	书	喜	差	怖
望	情	释	稻	平	恢	马	先	丁	来	延	自	主	桌	摇	降	能
不	坠	豆	行	小	也	填	>	自	延	蠕	延	维	生	素	口	考
有	自	恐	股	猫	的	充	桥	重	不	语	音	损	辣	椒	面	亲
露	型	>	思	动	先	电	后	通	父	衫	解	惊	想	漂	通	蔻
根	静	礼	乎	社	的	的	图	木	存	保	余	况	泽	亮	特	察
各	方	循	举	高	顶	特	諾	袖	研	驴	近	木	蛋	他	类	衬
差	野	复	蛾	眼	镜	信	分	便	破	虎	决	礼	乎	糕	底	近
焕	稻	项	的	亲	祖	遇	快	本	私	蔻	肢	本	发	特	重	子
滑	循	梳	乐	坠	趣	饭	保	持	亮	虑	滑	本	邀	主	力	泽

Puzzle 447

衬	典	事	号	书	諾	条	便	！	复	乐	妖	精	危	袖	木	稻
柔	士	猴	件	赂	放	股	科	的	致	面	损	面	险	肥	性	虑
望	余	子	私	信	安	休	遥	学	命	桥	察	查	排	肉	己	四
碰	查	桌	于	特	顶	娱	思	宽	自	自	破	香	增	肉	约	了
的	乃	乐	不	不	重	平	真	幅	栅	观	破	老	几	趣	栏	部
人	息	社	于	释	欲	镜	袋	条	许	条	凑	惨	图	不	人	趣
龄	恢	况	惧	醋	然	口	。	透	页	灵	电	放	信	趣	本	子
观	复	子	特	面	型	树	野	延	高	出	的	亲	摇	修	可	摇
本	諾	邀	请	区	亲	信	察	因	袖	酒	皮	桌	马	惨	见	了
幸	来	心	雨	上	的	查	乐	通	过	后	肤	乐	迎	欢	的	虎
野	碰	醒	你	自	己	观	因	桥	情	出	血	极	则	伏	绍	子
了	恢	破	坏	底	遇	迟	惊	后	面	胶	部	梳	限	静	也	面
毁	破	热	状	便	便	况	真	镜	里	水	滑	赂	稻	研	马	场
手	机	环	功	惫	的	近	降	父	类	醒	看	地	子	露	循	景
尽	一	份	能	鳍	于	快	高	雪	余	稳	柔	运	状	底	直	赂

宽幅
尽一份
妖精
破坏
的欢迎
致命
危险
场景
极限
科学
猴子
皮肤
功能
你自己
事件
可见的
手机
邀请
出血
酒后

Puzzle 448

研究生
放假
的画笔
的家乡
轿跑车
衣柜
典型
再次
紧张
设计
联合收割机
三明治
通知
分离的
速度
竞争
疲倦
调整
洗衣
阳光灿烂的

衣	柜	分	放	假	龄	紧	阳	数	坠	喜	宜	祖	护	虫	通	自
解	泽	离	灵	焕	复	张	光	息	议	人	不	三	从	决	的	蔻
要	趣	的	直	先	树	项	灿	自	趣	的	画	笔	明	伊	最	迟
镜	邀	蠕	自	栅	洗	况	烂	图	复	性	灵	鳍	放	治	野	噪
优	乎	梁	瑞	环	衣	主	的	研	远	放	得	间	醋	出	迟	理
乐	项	虫	量	理	活	龄	静	究	信	程	身	动	的	研	快	最
行	信	亮	。	几	研	究	破	生	基	。	滑	趣	遥	马	过	祖
联	合	收	割	机	怖	轿	趣	衬	苦	怖	宜	亲	便	亮	野	胶
再	信	克	设	竞	争	跑	了	增	通	知	紧	幸	醒	飞	速	度
桥	次	差	议	计	露	车	约	活	了	究	亮	的	木	议	不	理
露	视	降	电	能	事	事	上	遇	的	人	自	重	疲	便	恢	机
几	梳	宜	眉	趣	发	的	家	乡	车	安	典	型	倦	胶	要	情
碎	胶	决	梳	光	礼	年	飞	眼	袖	自	素	亲	摇	自	建	复
活	自	赂	增	露	权	地	高	栗	类	本	諾	调	整	乃	信	磨
记	毁	乐	灵	于	人	虫	的	上	野	转	伏	考	究	香	人	心

Puzzle 449

活	解	修	填	心	修	鳄	惫	祖	规	类	人	驯	权	余	马	驴
从	信	重	蔻	紧	自	也	鱼	祖	音	觉	马	鹿	撞	车	情	见
己	肉	人	稻	旋	乐	自	更	漂	亮	存	马	记	远	。	撞	娱
秀	龄	约	噪	加	村	邀	諾	增	一	声	间	差	区	亲	磨	修
望	素	栗	虑	草	娱	马	桌	宜	信	能	摇	飞	年	后	休	落
老	袖	瑞	旋	解	理	秘	来	远	草	灵	定	见	状	木	镜	观
醒	安	镜	顶	填	差	。	情	征	莓	书	惫	延	高	鳍	肥	瑞
研	之	裙	毛	遥	灵	身	的	情	部	农	那	么	口	木	摇	惊
显	着	子	巾	考	建	坠	蛾	想	遇	民	的	研	心	脏	怖	自
区	理	不	里	袖	来	下	快	究	紧	间	木	闲	柔	的	填	乃
迟	遇	重	倍	便	静	出	信	差	徽	复	绍	有	远	最	块	间
的	的	露	察	刚	加	型	分	快	惫	章	稻	欲	启	动	惫	邀
自	毁	点	护	性	眉	交	苦	几	类	见	答	有	驴	的	解	基
野	社	望	护	护	程	易	选	帮	领	的	持	子	乎	部	流	顶
决	优	主	情	基	便	焕	噪	助	延	查	惧	伊	人	环	体	私

一声
更漂亮
露点
心脏
的块
启动
鳄鱼
农民
远征
那么
刚性
交易
流体
帮助
裙子
草莓
驯鹿
显着
毛巾
徽章

Puzzle 450

灭亡
迫使
很多
马克杯
姥姥
番茄
休息
火炉
姐姐
欣然
的内容
汽车保有
奶油
碰撞
水葱
大声
检查中
放宽
摇篮
萝卜

諾	车	热	损	赂	蔻	回	>	噪	汽	很	多	迟	心	克	差	衡
休	息	肥	欣	静	趣	下	礼	最	车	间	错	树	稻	视	究	伊
特	类	人	然	放	宽	惨	喜	諾	保	持	不	的	内	容	亲	循
而	观	答	心	貌	大	怖	醒	番	有	镜	况	人	举	摇	乃	远
休	保	恐	了	望	声	解	摇	茄	士	查	泽	看	信	摇	士	傲
究	姐	书	保	迫	使	真	便	自	增	安	撞	木	带	篮	自	自
人	镜	姐	秘	姥	研	肉	考	安	的	亮	马	下	图	水	记	心
息	趣	事	复	姥	股	的	来	蠕	凑	程	萝	克	于	程	葱	虑
衡	护	蠕	心	子	书	惊	毁	请	灭	亡	卜	量	杯	有	磨	加
存	袖	面	紧	充	皂	循	惫	闲	充	便	加	区	理	静	后	！
底	四	思	趣	身	虫	部	碰	马	填	奶	看	远	领	的	貌	页
紧	日	破	条	情	行	发	欲	四	静	油	火	炉	恐	龄	人	梳
便	性	最	循	梳	邀	区	损	>	龄	碰	撞	趣	摇	骄	复	私
记	检	查	中	煲	胶	护	饭	通	他	状	疲	好	观	了	理	顶
修	灵	的	想	错	眉	通	先	衡	条	父	他	坠	平	村	雨	条

Puzzle 451

究	村	状	紧	坠	基	他	自	灵	恢	口	定	自	桥	气	镜	肢
生	存	书	特	栏	丁	便	自	研	议	增	皂	身	欲	球	过	礼
特	姜	掩	盖	研	充	丁	面	遇	乐	行	特	年	行	龄	考	建
保	书	素	许	旋	增	赂	高	试	行	野	休	远	欲	的	心	研
生	部	心	蠕	袋	趣	动	贵	栏	栗	出	乎	股	科	特	发	蠕
循	摇	部	赂	量	信	平	。	冲	突	透	人	蛾	学	约	雪	布
喜	况	余	逐	磨	犯	保	泽	看	出	支	复	摇	家	亲	几	惧
破	马	上	渐	袋	罪	便	记	坠	口	便	恐	喜	骄	的	豆	定
磨	优	胶	草	栅	的	肉	驱	世	有	亲	视	面	虎	领	复	延
制	造	息	的	饭	噪	平	考	纪	部	的	顶	试	中	最	飓	风
观	情	的	有	宜	梳	研	间	父	车	醒	释	票	电	票	评	估
书	考	灵	解	行	栗	眉	乐	好	村	不	延	定	实	际	婴	活
然	复	欲	根	而	疲	泽	有	底	水	碰	页	量	居	木	儿	摇
苦	试	决	休	升	凑	自	来	有	的	区	煲	饭	优	者	毁	根
风	险	答	的	蛾	思	闲	修	乐	马	的	伏	破	发	视	觉	真

逐渐
风险
出口
制造
飓风
定居者
高贵
视觉
冲突
生姜
评估
发布
犯罪
婴儿
世纪
科学家
支出
掩盖
实际
气球

Puzzle 452

厨房
炎热
类似
可可
办公桌
意见
苦难
击败
搜索
高级
整个
决定
普通
分母
无聊
感谢
步骤
甜蜜
开玩笑
审判

面	错	摇	伏	心	情	煲	水	滑	豆	高	增	主	的	升	带	惊
倍	坠	趣	不	于	衬	车	父	肉	虫	可	可	记	本	之	飞	桥
伊	性	肢	饭	野	貌	柔	查	议	记	里	眉	书	灵	衫	源	之
己	究	许	情	桥	整	开	玩	笑	虫	高	级	分	欲	了	草	雨
办	公	桌	察	考	个	面	马	数	况	社	平	母	乐	人	人	他
议	栗	苦	炎	情	私	量	车	决	增	类	转	乎	选	下	撞	瑞
高	信	难	热	虑	后	机	绍	升	循	持	复	老	紧	回	类	决
虫	性	活	普	通	摇	意	见	区	袋	的	觉	伏	观	碎	号	转
热	错	租	增	旋	梳	先	携	考	降	驴	击	的	视	紧	步	存
乐	趣	于	约	坠	项	优	雨	秀	社	号	败	况	心	议	骤	口
高	日	乐	平	增	不	面	最	持	父	胶	子	解	请	光	票	衬
余	袖	的	面	请	娱	高	部	放	请	类	龄	伊	得	近	理	四
伏	衬	音	娱	自	分	本	士	议	书	最	似	审	判	厨	醒	坠
搜	索	树	无	甜	蜜	决	士	好	充	举	租	动	研	他	房	几
稻	露	回	重	聊	降	定	磨	諾	延	回	身	醋	感	谢	静	间

Puzzle 453

野	事	图	衡	情	情	恢	私	持	的	解	礼	浓	价	重	存	行
余	解	举	底	保	秘	驴	情	撞	能	！	服	缩	值	顿	手	册
亮	智	坠	考	摇	发	降	发	型	安	肉	事	高	梳	建	时	口
保	能	下	究	的	遇	动	的	有	用	花	蜜	解	日	介	皂	休
静	绍	介	光	数	况	车	机	乐	的	部	惊	父	趣	充	举	复
图	人	完	全	欣	赏	窗	帘	煤	炭	怖	摇	貌	理	乃	通	情
填	信	私	转	恐	乐	项	静	肥	之	条	信	素	生	条	分	素
号	伏	举	有	蠕	亮	怖	袖	型	步	观	于	得	优	凑	见	规
英	发	光	远	喜	运	信	保	想	伐	察	最	典	保	究	护	填
士	语	遇	本	遥	书	要	！	袋	权	不	远	一	滴	约	增	下
滑	有	正	式	项	自	热	！	伊	摇	典	填	信	野	规	排	自
傲	有	而	子	便	肉	快	智	肥	柔	音	书	噪	条	行	然	有
降	加	思	栅	之	亲	祖	慧	趣	坠	增	惨	休	迟	看	绍	休
休	保	貌	状	透	明	毁	眉	娱	肉	乃	肉	不	试	租	他	的
眼	父	柔	主	自	肉	音	增	情	得	他	自	优	礼	增	皂	有

观察
步伐
智能
窗帘
发动机
价值
透明
煤炭
花蜜
顿时
英语
完全
智慧
的有用
欣赏
礼服
浓缩
手册
正式
一滴

Puzzle 454

似乎
盛大
风窗
失望的
潜水
之前
原子
到达
培训
时间表
胆小
大米
某处
一二○二
他的
脚蹼
脖子
停止
，因此
西部

肥	释	信	状	股	分	区	损	肢	驴	惨	休	区	乐	定	情	恢
排	肢	书	苦	复	，	驱	四	西	旋	地	肉	豆	举	秀	静	野
乐	携	肉	转	惨	惧	因	信	部	议	的	面	坠	权	远	的	他
保	携	草	飞	虑	差	欲	此	复	条	静	肥	栅	眉	秀	书	乎
礼	环	貌	眉	部	发	有	一	二	○	二	停	止	虑	面	解	时
充	从	之	草	降	疲	似	乎	错	日	胆	决	面	想	几	坠	间
也	之	醒	况	介	信	衡	蔻	衬	动	小	露	伏	日	也	喜	表
远	蛾	发	心	觉	士	后	源	过	虎	恐	底	蛾	然	记	衡	潜
迟	风	护	性	的	乐	噪	快	盛	大	动	骄	领	瑞	梳	特	水
栗	窗	眉	息	望	他	情	脚	主	到	之	某	处	从	士	便	焕
高	觉	的	先	要	喜	的	蹼	看	达	前	脖	子	亮	倍	理	梁
>	复	绍	出	傲	出	望	车	不	社	优	运	口	大	也	心	坠
车	最	煲	老	觉	有	失	条	记	灵	看	图	遥	米	原	心	延
而	木	醋	思	露	优	因	先	于	因	虎	桥	香	>	野	子	苦
培	训	草	活	有	木	运	他	保	克	乎	驱	驱	息	安	柔	四

Puzzle 455

图	差	木	选	恐	灵	几	医	院	动	稳	休	胶	平	>	苦	议
木	许	休	闲	检	平	活	己	行	私	发	同	因	里	事	信	股
乐	错	稳	外	后	测	恐	栗	镜	衡	父	情	排	本	父	记	优
信	趣	他	国	定	的	视	环	信	发	虎	自	号	人	热	研	飞
驴	近	水	约	坠	险	有	便	乃	，	而	不	是	优	特	权	日
得	諾	老	见	平	冒	有	差	典	水	私	苦	倍	龄	自	存	水
定	好	野	鳍	有	除	外	香	语	壶	面	老	角	落	坠	苦	心
视	梁	出	定	动	他	坠	透	句	看	饭	况	醒	露	惧	高	量
放	肢	增	书	恐	领	休	本	特	保	高	能	镜	重	紧	研	究
惧	保	威	休	要	部	号	顶	先	分	析	柔	自	然	不	请	生
不	手	理	胁	惊	人	究	肉	部	因	复	杂	理	的	心	便	梳
克	套	型	遇	飞	重	议	碰	高	温	不	股	怖	考	分	错	村
平	升	今	衡	本	察	露	环	之	暖	稳	安	了	受	孕	士	延
损	碰	天	醋	己	底	父	数	复	的	保	袖	醋	丁	亲	型	碰
旋	图	议	约	丁	保	心	源	重	胶	欲	秘	泽	加	桥	怖	性

复杂
休闲
除外
语句
，而不是
医院
手套
今天
受孕
同情
水壶
外国
检测
威胁
温暖的
冒险的
定的
角落
乐趣
分析

Puzzle 456

娱	鳍	水	野	过	惊	基	通	项	傲	蛾	从	修	自	有	娱	信
首	脑	会	议	百	个	之	击	剑	沙	文	本	最	动	约	水	过
蠕	本	分	水	存	娱	间	衬	透	凑	塔	的	肢	能	加	车	袖
海	拔	源	自	因	见	趣	水	自	租	特	复	年	双	蛾	娱	根
口	心	摇	人	人	保	马	面	惧	近	降	市	比	亲	直	之	损
噪	胶	亲	本	怖	幸	西	红	柿	撞	蔻	场	自	较	分	肢	恐
因	不	分	发	定	心	遥	磁	豆	租	祖	况	情	延	差	人	不
事	墙	看	价	部	修	！	带	领	的	亲	醋	基	存	乐	豆	安
领	上	社	格	增	复	试	损	信	决	试	桥	碎	疲	栅	思	行
优	情	远	程	绍	股	信	他	欲	乎	年	恐	苦	栏	的	权	面
情	不	最	肥	程	晚	些	时	候	和	衬	衫	马	性	余	理	最
社	运	蝙	饭	眉	察	木	不	邀	稻	见	复	滑	骄	虎	生	升
倍	蔓	蝠	摇	量	租	碰	信	通	解	便	衫	释	之	热	>	约
生	镜	延	人	父	行	解	请	骄	近	静	顶	面	老	克	修	研
数	考	肥	傲	建	充	傲	项	柔	本	部	能	放	骄	平	能	研

双亲
百个
蝙蝠
蔓延
沙塔
墙上
首脑会议
之间
西红柿
击剑
的领带
衬衫
文本
磁带
价格
海拔
晚些时候和
市场
修复
比较

Puzzle 457

性	差	之	娱	基	惨	他	煲	没	便	食	用	民	亲	地	领	亲
保	研	选	灵	露	许	心	泽	话	记	父	士	噪	龄	不	望	虎
日	安	观	理	放	视	自	息	说	告	身	份	请	携	蠕	子	栗
娱	持	碎	图	凑	素	究	车	秀	诉	克	票	私	野	出	保	型
礼	型	柔	稻	请	艰	最	灵	蜜	蛾	沟	认	出	最	>	肥	桥
间	能	平	放	克	难	关	心	蜂	摇	通	识	权	快	增	坠	乎
的	欲	真	摇	远	晃	存	特	栗	几	蓝	铃	间	最	类	高	息
放	升	磨	息	醒	雪	晃	记	自	典	电	静	落	分	好	奇	素
碎	衫	雪	后	秀	增	复	悠	滑	便	满	足	露	欲	望	伊	平
树	人	高	驱	号	摇	况	摇	悠	领	宜	上	物	子	柔	车	桌
中	部	马	惫	定	虎	蠕	栏	的	下	本	的	保	种	毁	直	赂
放	养	镜	自	旋	信	坠	错	焕	乐	灵	平	喜	四	有	条	约
恢	光	理	定	信	先	介	桥	野	磨	村	蠕	惫	分	于	伏	的
肢	定	倍	惊	貓	木	迟	真	夹	克	则	蔻	自	愿	许	諾	静
苦	父	发	碎	望	己	稳	父	音	间	衫	量	根	通	赂	苦	损

蓝铃
食用
好奇
身份
便宜的
夹克
满足
晃晃悠悠
自愿
认识
放养
关心
民用
艰难
物种
告诉
没话说
蜜蜂
条约
沟通

Puzzle 458

说	，	伏	先	活	肉	树	泽	喜	提	醒	保	介	澄	便	事	里
光	类	介	袋	在	丁	考	请	自	看	伊	老	醒	清	恢	乎	觉
怖	过	梁	面	时	喜	人	源	了	研	马	便	转	的	高	充	肉
片	段	约	研	自	一	遥	理	柔	他	动	程	虫	循	介	安	热
秀	先	稻	车	行	信	系	图	区	携	解	号	龄	稻	袖	宜	亮
眉	息	礼	倍	车	骄	了	列	虫	撞	情	摇	投	票	远	路	草
加	坠	便	破	乐	本	生	的	长	人	祖	复	光	记	蔻	径	口
延	。	光	避	自	坠	野	机	损	颈	的	充	紧	子	主	信	鳍
镜	修	壁	免	驴	磨	想	年	子	恐	鹿	乃	典	的	能	肢	骄
子	栗	炉	情	蔻	然	便	草	衫	露	乐	乃	欲	的	的	电	书
好	子	热	衬	惊	了	摇	豆	中	喜	人	坠	联	面	思	票	热
蛾	填	里	自	生	紧	错	热	心	雪	花	灰	邦	桌	区	性	梁
祖	秘	桥	从	栅	蛾	扑	衬	紧	亲	蔻	尘	主	醋	型	查	类
想	摇	观	条	情	信	通	人	独	衫	好	的	质	优	谦	虚	决
便	好	请	自	答	龄	邀	静	于	奏	乐	雪	马	面	部	幸	静

自行车
独奏
澄清
片段
路径
提醒
优质的
灰尘的
长颈鹿
扑通
壁炉
中心
避免
在时
投票
雪花
联邦
说，
一系列
谦虚

Puzzle 459

公	皂	汽	研	发	便	源	雪	静	毁	想	进	得	蠕	平	考	娱
鸡	状	信	油	送	理	摇	虎	出	。	欲	行	规	请	中	典	年
肉	人	自	状	事	骄	瑞	活	作	栅	加	加	检	人	亲	有	活
煲	灵	摇	虑	高	士	遥	解	操	复	不	素	验	类	考	破	循
雪	貌	稳	携	素	记	安	静	的	最	近	秘	谨	慎	蛾	苦	有
球	肢	信	野	转	增	自	眉	衬	飞	>	泽	后	遇	醒	余	研
重	动	修	恐	看	批	趣	疲	眼	爆	亲	自	性	木	伏	况	查
开	无	平	倍	部	处	发	几	飞	乐	发	热	擦	直	稻	傲	好
启	效	柔	面	也	理	儿	子	驴	延	亮	倍	根	洗	子	了	地
野	惫	不	露	不	充	闲	面	貌	面	趣	趣	则	稻	底	保	自
心	！	研	遇	能	骄	近	龄	他	填	直	碰	自	面	眉	香	灵
心	子	袋	里	见	恢	类	雨	基	亲	眼	桌	子	粉	野	私	鳍
几	动	号	规	量	乐	树	数	树	过	惧	木	娱	撞	醋	间	欲
惊	紧	绘	画	情	排	股	规	自	瑞	情	保	带	分	间	安	便
透	本	惊	视	况	蛾	光	心	能	紧	于	子	面	活	的	考	袖

最近
的操作
也不能
汽油
绘画
无效
野心
公鸡
进行
面粉
谨慎
检验
发送
安静的
开启
儿子
批处理
雪球
擦洗
爆发

Puzzle 460

迟	龄	当	然	的	上	桌	充	试	亲	眼	于	面	眼	区	约	有
貓	飞	栅	音	乐	士	填	傲	乐	子	的	好	最	亮	主	生	行
飞	不	口	泽	豆	村	人	滑	惨	解	许	貌	傲	后	惧	>	自
复	母	鸡	！	信	发	花	镜	便	视	遥	试	汽	口	从	肥	野
柔	防	看	娱	秀	复	园	建	许	降	眉	秘	车	租	重	闲	转
老	止	落	定	于	考	丁	释	礼	面	第	一	量	有	然	热	的
相	激	领	入	动	马	单	便	了	乃	灵	不	安	存	视	书	凑
反	毁	怒	摇	心	碰	元	喜	素	滑	余	旋	部	本	镜	保	情
貓	底	苦	请	伏	循	要	野	心	书	优	乐	带	野	最	能	疲
回	观	欲	信	议	平	根	皂	探	乐	人	而	老	上	之	够	碰
雨	放	飞	存	肉	士	远	答	讨	乃	建	肥	视	事	部	释	权
便	下	下	恢	貌	权	酒	吧	蔻	木	冲	旗	标	面	驴	。	数
音	研	车	镜	直	野	瑞	虎	分	煲	击	视	他	究	飞	焕	坠
栏	复	的	惫	分	喜	欢	欲	远	惊	看	政	不	欲	马	不	>
醒	绍	的	源	配	恐	里	恐	衫	特	紧	策	不	先	的	的	遥

酒吧
落入
分配
最后
花园
喜欢
相反
旗标
激怒
冲击
政策
母鸡
当然
防止
能够
单元
最好的
第一
探讨
汽车

Puzzle 461

信	有	奇	亮	亲	最	坏	的	增	加	傲	摇	乐	心	衡	摇	伊
任	务	直	迹	修	持	活	信	木	充	性	私	蛾	远	情	泽	人
泽	程	醋	傲	栗	动	父	部	倍	面	损	木	区	视	书	的	落
磨	判	快	生	领	蔻	貌	趣	保	自	私	倍	大	迟	焕	昨	车
栏	批	先	礼	惧	快	典	稳	则	部	高	袖	坠	怒	焕	天	宜
己	的	转	程	受	租	部	要	虑	观	衫	乎	绍	能	护	子	丁
然	灵	热	人	害	伏	伏	放	老	便	木	请	秀	填	转	根	香
的	型	特	带	者	定	生	复	城	市	查	基	镜	试	露	袖	最
来	碎	保	规	的	个	人	喜	古	社	趣	许	加	鳍	梁	栗	循
惊	噪	特	本	延	口	条	煲	董	恢	事	思	乐	亮	惨	马	面
遥	数	议	的	貓	加	破	肢	露	驴	蔻	灵	鲜	花	镜	有	增
他	保	动	村	摇	本	来	摇	灵	衫	醋	豆	栗	面	延	迟	驴
保	也	展	示	礼	加	行	苦	瑞	便	约	答	然	作	于	试	排
增	有	理	间	饭	坠	豆	飞	条	近	远	便	村	画	礼	傲	类
查	事	相	互	作	用	稳	套	索	风	筝	肥	号	而	本	护	諾

增加
任务
的批判
奇迹
受害者
古董
套索
城市
延迟
最坏的
的热带
大怒
丁香
昨天
风筝
作画
的个人
鲜花
相互作用
展示

Puzzle 462

胡萝卜
借给
定位
专门
的希望
协助
网络
监狱
今晚
协议,
卷曲
表明
区域
牙刷
土豆
情况
海洋
研究
的营养
急于

信	>	复	监	碰	许	身	驴	乎	疲	转	怖	喜	行	衫	士	傲
的	营	养	欲	狱	伏	人	选	信	考	区	后	坠	秘	面	安	>
倍	滑	心	型	素	好	社	动	口	也	域	携	绍	草	醒	地	理
胡	萝	卜	排	息	的	马	香	存	的	惧	恐	情	坠	伏	安	填
礼	加	桥	虑	从	行	循	热	己	程	活	坠	底	不	绍	股	自
介	数	本	乐	他	柔	分	草	的	热	定	位	表	明	远	虎	恐
而	页	图	光	本	秀	今	晚	摇	露	本	肢	己	碎	瑞	野	复
型	虫	乎	袖	欲	喜	音	区	灵	水	马	了	乐	错	心	心	了
究	坠	骄	能	心	情	动	协	行	状	好	解	栅	惧	骄	树	请
携	持	便	碎	建	协	议	,	助	牙	刷	露	解	议	情	况	自
惧	闲	急	研	网	人	余	日	运	考	借	给	乐	专	子	栅	回
土	复	于	究	络	伊	的	许	考	定	看	携	他	门	的	希	望
豆	典	四	过	衬	之	书	心	惫	数	日	查	惫	带	余	远	趣
趣	环	幸	复	傲	介	飞	。	海	休	卷	况	部	醒	赂	号	究
生	木	梳	倍	>	草	透	领	煲	洋	曲	露	幸	机	高	碎	请

Puzzle 463

复	身	有	研	木	碎	马	趣	諾	木	结	磨	损	自	况	究	亲
解	面	肉	四	发	事	于	特	本	虎	构	最	惊	后	蛾	答	基
摇	子	真	看	碰	藏	绍	透	年	龄	龄	思	况	的	瑞	的	人
考	不	的	有	况	信	红	持	延	后	眉	不	远	情	能	量	瑞
本	破	也	情	从	礼	静	花	奇	碰	实	读	填	看	娱	有	息
快	赂	租	项	木	蛾	栅	滑	怪	紧	验	书	热	电	信	驴	欲
包	高	选	底	考	介	灵	貌	的	雪	急	欲	觉	亲	落	查	衡
括	秘	犀	况	修	车	究	信	祖	人	况	绍	不	自	味	道	地
议	护	牛	得	充	露	直	举	宜	优	研	旋	举	有	延	况	木
察	眼	肉	考	分	虫	上	事	怖	来	区	乐	滑	几	重	衡	具
试	乐	指	延	伊	足	升	项	分	错	諾	远	倍	电	密	集	体
的	独	立	望	特	球	乐	特	子	便	丁	部	香	静	释	面	页
修	通	毁	远	豆	记	本	的	蔻	村	雪	动	真	发	闲	间	碰
龄	透	底	碰	号	貓	豆	素	快	延	生	坠	醋	香	的	观	便
肉	露	口	礼	想	优	于	排	出	焕	静	面	望	惧	社	量	况

味道
上升
具体
的独立
实验
犀牛
奇怪的
读书
结构
磨损
足球
排出
包括
藏红花
分子
指望
年龄
密集
紧急
事项

Puzzle 464

春	天	高	根	型	遇	区	情	他	上	源	基	皂	金	柔	类	绍
稻	股	过	定	人	里	泽	赂	焕	息	护	人	惊	后	丝	趣	鳍
保	真	亮	热	碎	遇	存	梳	的	拘	捕	邀	根	滑	苦	雀	则
惨	露	最	平	噪	透	自	近	惧	的	皂	老	排	社	。	根	亮
下	怖	安	全	理	女	自	由	旋	摇	因	转	斜	倾	向	于	碰
他	稳	乐	因	的	巫	最	后	行	他	数	如	人	口	存	袖	性
整	洁	的	皂	安	情	乃	子	增	版	镜	子	何	祖	许	排	撞
过	祖	生	了	自	恐	闲	娱	好	本	发	摇	决	便	可	虫	保
究	面	胶	肢	行	股	最	幸	福	日	究	条	不	回	衡	面	透
马	露	便	数	透	撞	心	图	摇	运	延	亲	栅	延	领	惫	主
碎	护	顶	滑	人	程	区	疯	老	情	祖	充	了	宜	请	日	丁
记	碰	光	号	惩	士	最	凑	狂	静	旋	噪	权	口	闲	了	排
梁	保	马	了	罚	惧	惊	讶	程	的	人	动	然	>	降	滑	亮
豆	他	通	情	自	转	授	权	情	野	肉	骄	镜	蠕	下	龄	转
有	木	醒	规	身	先	皂	雪	自	远	龄	之	修	邀	宜	思	社

女巫
许可
安全
人口
自由
如何
疯狂的
倾斜
惩罚
授权
版本
金丝雀
最幸福
惊讶
春天
自身
拘捕
倾向于
镜子
整洁的

Puzzle 465

本	一	目	了	然	舒	肉	祖	静	余	加	的	醒	休	栗	肢	恐
恐	衡	军	动	观	适	典	有	虎	喜	出	伤	地	熟	悉	行	只
的	破	人	伊	龄	摇	能	静	飞	平	迁	害	密	觉	马	息	有
通	金	的	出	贸	紧	绍	稻	树	眼	转	移	封	树	动	乐	车
底	奖	子	静	易	解	决	方	案	议	类	香	则	地	理	人	乐
望	欲	野	修	鳍	煲	心	煲	则	露	租	图	然	摇	！	肉	来
息	绍	解	介	不	议	闲	栗	存	远	心	光	租	稻	介	柔	见
肢	区	重	的	人	。	乃	则	望	祖	情	木	车	保	飞	灵	皂
伊	请	私	露	疲	光	之	发	姥	爷	保	带	镜	快	阻	焕	过
惨	视	碰	骄	香	年	荣	袋	积	觉	他	克	远	有	止	飞	坠
资	源	闲	欲	第	乐	坠	重	极	见	通	磨	出	惫	倍	解	士
雨	>	静	驴	十	议	梁	然	>	邀	远	梳	便	灵	乃	信	欲
的	安	数	从	衡	礼	平	士	推	出	亲	惨	重	情	遇	栗	衬
试	子	研	想	傲	泼	妇	马	部	领	从	重	动	有	请	煲	透
的	考	项	自	心	伏	野	人	权	蛾	区	镜	稳	人	请	然	升

舒适
熟悉
贸易
姥爷
阻止
第十
密封
泼妇
光荣
只有
迁移
一目了然
军人
解决方案
的金子
推出
奖金
的伤害
积极
资源

Puzzle 466

飞	马	规	趣	醒	也	乐	老	路	直	有	况	克	循	保	最	的
子	克	马	碰	幸	袋	查	发	径	情	有	心	优	水	父	欲	后
解	杯	马	驴	欲	了	答	欲	水	远	源	人	请	表	面	木	升
马	型	究	马	乃	！	心	饭	红	面	量	分	虎	热	试	破	的
胶	本	理	联	合	收	割	机	车	色	颜	料	水	平	桌	来	记
释	远	于	列	表	了	喜	郁	金	香	趣	本	他	村	解	护	>
桥	喜	便	真	人	驴	丁	的	举	心	碎	行	回	先	鳍	过	惊
乃	眉	最	降	视	蠕	眼	透	的	增	坠	特	露	桌	蠕	未	来
伤	清	紧	社	眉	摇	衫	心	秀	动	得	树	趣	的	面	息	遥
心	晰	邀	详	细	噪	音	坠	蠕	特	型	自	有	量	醒	远	野
惨	于	动	素	安	受	况	心	諾	不	页	恐	复	直	休	怖	灵
息	桌	研	坠	稻	孕	乐	查	高	情	素	貓	公	泽	静	的	小
人	上	重	觉	顶	！	凑	亲	便	复	秀	自	交	好	循	出	苍
四	遇	复	看	蔻	老	书	不	余	自	>	煲	自	稻	通	稳	兰
因	票	复	状	衫	最	的	透	的	年	身	转	带	木	日	亲	情

列表
未来
小苍兰
颜料
详细
重复
郁金香
噪音
清晰
伤心
红色
表面
公交
水平
联合收割机
马克杯
受孕
路径
最后
自身

Puzzle 467

底	况	望	祖	下	之	部	领	的	乐	热	村	疲	。	排	惊	环
研	复	人	性	貌	升	本	便	日	音	底	信	号	的	袋	直	栗
飞	心	规	身	蠕	而	乃	坠	社	梳	乐	傲	蠕	栗	>	之	数
滑	衬	要	循	图	迟	驱	喜	典	之	见	充	谈	諾	研	平	毁
解	基	从	间	凑	袖	磨	西	扭	恐	紧	填	眼	论	他	排	私
复	疏	散	平	约	肥	股	兰	动	类	热	出	木	行	则	貌	解
鳍	乃	复	他	车	典	伏	花	衫	趣	噪	他	他	虫	部	赂	飞
书	请	地	理	食	用	急	剧	而	生	宜	摇	心	休	规	从	不
笔	水	纠	的	升	理	马	的	好	处	的	乐	人	闲	修	蔻	票
记	娱	结	趣	记	有	秘	试	摇	幸	稳	议	稳	克	解	柔	延
本	野	发	讲	述	错	研	飞	答	权	直	不	领	木	携	驴	醒
野	的	电	保	理	页	通	四	滑	思	号	底	肢	不	摇	礼	高
木	惨	书	伏	静	生	栏	父	远	况	制	剪	刀	肢	树	大	惨
许	延	露	情	音	旋	复	车	性	底	摇	定	机	柔	移	衣	放
素	貓	饮	料	蜡	烛	破	觉	镜	皂	复	数	发	休	动	秘	假

笔记本
蜡烛
疏散
剪刀
谈论
讲述
的音乐
西兰花
地理
大衣
的好处
扭动
制定
饮料
急剧
纠结
移动
放假
休闲
食用

Puzzle 468

衣服
单独
合作伙伴
答案
包含
恐怖
不稳定
聚焦
洋葱
停顿
的关注
列车
兴趣
周到的
兔子
狐狸
猴子
极限
今天
关心

动	保	皂	柔	上	亮	性	不	士	中	列	马	延	飞	素	坠	梁
区	丁	水	亮	里	醒	护	便	息	坠	车	加	肉	视	本	延	之
解	洋	的	雪	转	蛾	磨	过	摇	则	水	的	聚	镜	程	护	丁
答	葱	露	因	信	泽	延	迟	分	增	错	修	焦	复	肢	毁	从
不	柔	特	衬	袋	最	蔻	号	狐	降	蔻	泽	伊	马	情	野	今
望	稳	飞	理	情	骄	优	通	马	狸	余	克	状	马	破	眼	天
最	地	定	鳍	有	的	有	趣	情	性	保	有	露	况	雨	安	噪
合	乎	究	数	恐	人	研	！	许	衣	服	己	滑	的	的	单	幸
作	举	恐	回	兴	趣	周	到	的	停	顿	不	镜	己	关	独	底
伙	极	保	行	思	丁	部	程	心	娱	想	自	衬	车	注	损	袖
伴	限	遇	迟	豆	马	量	通	观	典	心	欲	先	安	不	滑	人
于	看	建	焕	最	袋	克	特	关	肉	最	权	恐	考	研	租	情
恐	兔	猴	秘	音	子	赂	源	心	情	号	栗	邀	究	滑	理	性
复	怖	子	包	记	便	通	根	觉	乐	衡	噪	安	型	迟	情	复
条	胶	免	含	研	见	桌	答	案	恐	人	运	醒	地	焕	重	老

Puzzle 469

量	的	骨	望	释	年	栏	情	凑	觉	股	飞	从	。	蛾	机	宜
好	中	。	架	要	望	日	部	亲	镜	动	加	父	填	发	特	复
信	机	人	泽	恢	请	情	源	重	量	复	近	亲	的	人	页	眉
地	乎	平	分	丁	重	乐	克	放	基	便	子	惧	遇	热	>	热
周	父	复	热	加	放	自	子	来	中	化	趣	源	部	的	惊	从
年	保	摇	桌	过	保	几	书	长	想	妆	研	乐	之	镜	煲	议
骄	了	环	苦	车	迟	灰	尘	度	飞	素	关	在	时	香	木	水
倾	向	于	乃	恐	同	相	反	租	桌	底	系	得	乎	日	胶	答
灰	究	趣	蛾	飞	委	修	惊	回	释	便	泽	租	型	便	性	股
部	尘	升	下	苦	员	之	考	坠	素	惧	醒	活	考	增	况	碰
放	桥	的	进	入	会	野	己	欲	规	紧	大	通	摇	袖	>	静
亮	有	最	心	私	落	衫	迟	后	皂	便	声	蝙	绍	乎	票	的
子	他	自	滑	机	遇	赂	高	典	最	的	状	蝠	年	气	读	远
破	请	区	社	股	醋	眼	便	欲	惊	记	噪	租	情	候	息	书
怖	求	水	！	飞	草	平	信	欲	得	忆	安	降	高	雪	通	傲

进入
委员会
请求
周年
的记忆
骨架
化妆
关系
长度
重量
气候
相同
灰尘
大声
蝙蝠
在时
灰尘的
相反
读书
倾向于

Puzzle 470

存	先	研	>	觉	>	出	过	皮	察	书	疼	了	价	圣	树	自
加	己	飞	娱	不	鼻	水	机	源	肤	出	理	痛	格	诞	旋	梳
惊	租	环	毁	票	选	子	北	老	宜	损	马	豆	木	则	的	欲
究	考	优	子	数	充	坠	极	幸	增	恢	情	有	存	落	条	介
野	视	规	夏	状	解	图	撞	镜	平	修	增	解	喜	透	先	饭
喜	源	露	天	栏	龄	股	人	滑	衬	类	带	放	驴	破	高	租
貌	损	快	的	娱	况	木	饭	自	况	坠	绍	欲	最	幸	福	栗
王	室	远	树	考	坠	肉	。	后	优	滑	自	肥	的	高	的	苦
信	机	衬	分	静	日	毁	野	释	则	电	乃	望	驴	亲	凑	乎
口	己	加	入	幸	他	貓	遥	真	规	修	延	煲	一	声	增	士
恐	口	不	情	况	闲	生	豆	要	梳	的	心	夫	学	生	快	子
名	玉	>	驴	降	人	坠	惊	面	察	虎	面	人	过	撞	主	落
词	米	邀	丁	保	之	排	电	眉	桌	栗	得	的	行	栏	的	建
信	解	宜	底	排	他	便	贤	老	几	倍	领	直	马	摇	他	类
毁	谦	虚	苦	的	田	径	人	梳	心	绍	貓	公	路	定	建	典

夫人
名词
贤人
夏天的
北极
王室
公路
加入
学生
鼻子
玉米
田径
圣诞
疼痛
皮肤
一声
价格
谦虚
情况
最幸福

Puzzle 471

想	静	先	查	况	恐	远	赢	息	运	他	既	请	年	衫	看	观
子	充	保	木	充	足	的	了	惨	坠	项	高	不	骄	桌	循	自
乐	号	定	的	野	乃	灵	紧	倍	虑	本	远	面	研	娱	野	热
的	弟	兄	的	考	秘	地	滑	乐	损	直	瑞	试	心	建	吸	的
出	四	性	内	子	克	摇	肥	梁	他	循	社	心	男	信	引	胶
的	便	镜	容	摇	凑	休	恢	书	记	！	研	现	自	孩	力	野
充	野	秘	电	机	查	条	主	上	父	生	的	实	行	书	傲	股
出	情	源	类	有	礼	噪	答	。	乎	龄	亲	眉	因	可	建	便
基	也	基	研	下	摇	股	人	保	然	稻	领	趣	带	可	邮	放
娱	！	项	焕	平	！	维	生	素	伊	泽	迟	柔	许	来	递	子
试	娱	议	了	皂	事	望	闲	不	好	活	瑞	碰	蠕	有	员	信
喜	生	部	页	性	梳	余	间	高	为	諾	放	选	底	滑	循	真
坠	欲	行	回	活	士	有	高	进	行	野	转	恢	成	定	傲	正
马	栗	坠	余	惫	驴	趣	类	士	页	生	法	院	长	行	的	的
约	年	研	理	老	木	过	利	润	人	要	增	护	焕	的	领	近

男孩
带来
野生
法院
书记
吸引力
行为
现实
充足的
既不
真正的
成长
的兄弟
利润
邮递员
赢了
维生素
的内容
可可
进行

Puzzle 472

区	循	觉	制	根	保	自	动	心	时	身	幸	除	>	驴	上	电
桌	鳍	远	造	错	亲	请	怖	谷	仓	钟	持	外	观	察	肥	过
退	自	项	信	本	苦	约	称	定	机	关	龄	填	士	租	自	恐
出	伏	愿	镜	社	研	栗	机	摇	静	驱	落	心	循	衫	栏	程
带	飞	稻	本	遥	牙	因	苦	遥	信	约	的	龄	环	类	己	不
虫	平	升	情	最	医	衡	有	鳍	貓	则	灵	諾	页	规	则	理
木	人	肉	先	学	校	本	自	地	高	马	静	升	水	直	分	远
顶	亮	书	带	汽	差	行	虫	木	了	恢	袖	欲	中	小	下	增
火	请	惨	租	车	年	复	成	子	碰	发	摇	电	便	说	行	木
炉	驴	得	树	保	行	肉	功	余	的	究	沙	好	保	皂	噪	重
饭	皂	领	于	有	约	桂	的	豆	落	究	人	堡	考	欲	最	顶
	美	国	高	状	过	恐	制	休	察	子	父	从	欲	信	！	基
动	的	欲	野	欲	情	护	定	生	瑞	煲	人	破	不	热	出	秀
袖	主	雪	机	欲	见	想	下	父	雨	信	諾	胶	修	余	视	桥
图	能	增	循	稻	书	摇	票	灵	出	程	滑	克	增	息	远	恐

小说
牙医
肉桂
谷仓
沙堡
成功的
定制的
机关
称定
美国
时钟
退出
规则
学校
汽车保有
火炉
制造
观察
除外
自愿

Puzzle 473

之	前	情	绍	肉	柔	便	恢	亲	桌	平	见	升	他	父	保	趣
桌	滑	袋	克	豆	自	循	保	栅	自	电	丁	野	快	鳍	社	证
的	杂	复	部	蔻	考	环	况	好	则	疲	决	有	肉	地	鳍	衬
行	遥	赛	储	备	骄	最	解	情	人	迟	磨	信	丁	木	源	素
为	回	跑	权	望	傲	傲	能	泽	肉	热	议	心	可	能	破	过
老	情	肢	雪	反	的	条	>	有	貌	间	紧	日	平	亮	惊	人
分	木	香	况	过	性	幸	瑞	疲	规	虎	趣	动	了	的	许	特
修	填	野	摇	来	异	数	动	雨	己	便	间	透	理	延	諾	迟
树	热	醒	况	边	特	请	灵	好	看	根	区	排	克	香	考	人
租	他	桌	间	亲	缘	行	亮	野	摇	凑	便	野	高	举	心	复
根	票	情	眼	梳	几	欲	热	眼	理	惨	树	镜	马	了	袖	高
面	马	私	闲	！	泽	视	有	修	查	瑞	静	约	遇	介	股	秀
自	趣	驱	磨	升	>	见	身	也	镜	四	股	！	下	究	社	坠
袖	有	己	明	举	蔻	所	领	幸	娱	休	驰	撕	裂	项	不	的
协	议	，	显	口	饭	需	领	视	经	常	趣	骋	面	礼	考	透

明显
有信心
经常
循环
赛跑
驰骋
储备
的行为
复杂的
撕裂
肉豆蔻
边缘
反过来
保证
所需
特异性的
可能
骄傲的
之前
协议,

Puzzle 474

豆	柔	加	觉	沉	滑	自	的	本	类	飞	邀	答	摇	则	怖	选
环	保	增	答	幸	默	虫	镜	本	选	士	虫	而	号	优	见	亮
察	护	四	余	典	驱	马	典	拍	虫	惨	肥	然	便	碎	远	充
特	本	休	衡	部	亲	顶	瑞	摄	放	律	拒	动	觉	机	四	雨
信	量	保	野	了	升	完	美	男	宽	师	绝	中	状	野	摇	礼
。	显	侵	略	性	镜	事	部	梦	子	错	不	行	蔻	发	机	构
摇	著	动	遇	考	下	趣	象	想	复	亲	旋	降	马	亮	瑞	貓
规	能	飞	规	的	营	养	心	书	驴	复	车	疲	型	諾	飞	胶
特	胶	复	貓	的	了	煲	而	水	素	人	受	害	者	礼	貓	疲
职	栏	热	傲	不	因	牙	灵	肉	况	镜	数	柔	遇	动	野	摇
研	责	身	骄	高	父	齿	透	虑	灵	能	最	充	约	损	通	醒
几	民	的	丁	惧	见	要	得	己	瑞	人	放	面	降	驴	乐	答
复	主	然	撞	泽	机	醒	宜	释	本	议	驴	循	子	出	諾	复
填	填	究	类	近	仍	然	建	几	克	事	马	打	招	呼	药	复
面	了	袖	怖	远	香	远	得	邀	克	的	袋	远	人	本	物	人

仍然
律师
民主
机构
沉默
药物
拍摄
男子
职责
侵略性
牙齿
拒绝
完美
梦想
显著
打招呼
想象
放宽
受害者
的营养

Puzzle 475

情	稻	露	文	化	欲	骑	自	行	车	热	鳍	的	深	浅	摇	亮
参	加	的	增	欣	人	岸	上	解	的	出	乃	骄	磨	许	有	充
碰	存	老	机	社	然	类	丁	年	透	重	己	后	的	解	礼	安
则	自	评	野	中	根	膝	的	而	高	状	延	书	疲	上	貌	情
焕	真	正	价	接	近	盖	放	分	事	议	露	傲	里	飞	了	自
毁	出	明	乐	从	宜	之	视	特	来	摇	衡	本	聪	胶	滑	情
透	乃	年	底	精	顶	亲	近	怖	惨	因	惫	热	明	从	雨	快
桌	排	究	建	度	一	分	钱	数	思	惨	上	究	望	音	复	疲
带	胶	便	情	木	有	租	情	差	息	遇	蔻	雪	摇	理	谈	的
图	飞	升	灵	马	本	最	克	的	柠	伊	基	要	机	社	到	最
醋	决	碰	紧	煲	木	不	遇	型	檬	型	最	试	宜	规	许	高
梁	存	桥	转	雪	亲	欲	口	衬	出	坠	辩	论	恐	摘	迟	量
下	蛾	便	想	快	基	排	权	雪	增	衫	顶	醋	>	要	灵	坠
摇	行	灵	的	树	还	票	记	有	部	苦	的	虫	栏	撞	得	间
因	木	复	娱	迟	木	原	虎	蛾	基	通	素	喜	娱	降	袖	撞

辩论
骑自行车
聪明
文化
明年
岸上
参加的
接近
膝盖
柠檬
真正
有礼貌
精度
摘要
还原
的深浅
评价
一分钱
谈到
欣然

Puzzle 476

惧	>	得	查	情	重	牛	蒡	保	光	饭	马	小	数	加	栅	情
主	转	眼	察	降	然	恐	亲	觉	而	荣	音	赂	研	好	重	自
数	>	定	远	马	放	误	人	高	介	栗	日	凑	身	木	的	许
扑	梳	情	保	幸	梳	差	栏	伊	諾	填	秘	自	稳	自	回	自
通	权	自	野	释	野	野	骄	修	野	真	考	人	惫	绍	面	快
类	不	定	人	有	通	袋	行	状	树	木	修	特	批	地	稳	宜
许	雨	栗	煲	虑	骄	马	汉	堡	包	肢	木	滑	判	不	人	乐
信	娱	了	己	过	泽	撞	諾	执	投	凑	高	图	人	乎	一	紧
信	设	远	伏	根	研	书	复	行	票	他	了	马	亲	环	直	凑
任	栏	计	书	傲	究	实	际	延	栗	马	人	噪	许	携	撞	煲
之	信	顶	请	携	生	近	不	转	迟	胶	衫	余	素	虫	下	飞
光	柔	身	克	区	答	伊	>	面	推	栏	研	克	事	护	停	龄
的	然	从	通	信	底	紧	部	肥	议	的	数	亮	活	音	止	保
克	肉	露	了	梁	遥	坠	回	程	>	稳	摇	白	色	胶	生	通
疲	状	书	平	情	权	优	转	碎	雨	情	有	自	信	秀	的	喜

汉堡包
误差
白色
执行
信任
牛蒡
紧凑
一直
小马
批判
小数
推迟
设计
研究生
实际
停止
投票
扑通
延迟
光荣

Puzzle 477

>	动	上	亲	动	驴	复	充	醒	通	马	趣	保	摇	面	升	地
野	典	理	论	諾	伊	香	感	情	典	透	复	解	面	梳	思	延
桥	转	也	伏	真	状	稻	胶	查	心	闲	错	最	动	灵	乐	。
好	然	介	最	骆	蠕	草	飞	错	瑞	高	举	草	类	飞	娱	增
乐	增	袋	野	趣	驼	人	数	基	记	兴	本	>	雨	心	电	保
量	觉	望	直	息	蠕	赂	面	持	减	少	释	人	便	最	去	木
余	宜	理	延	恐	类	眉	>	面	静	过	胶	人	环	理	除	亮
奢	侈	品	香	怖	面	也	諾	因	袖	静	能	排	饭	请	紧	究
恐	本	热	性	发	性	栏	人	望	音	素	傲	因	循	考	滑	撞
乐	之	皂	属	布	况	瑞	眼	来	子	撞	一	个	型	区	望	区
亲	梁	风	于	喜	自	乐	页	动	高	稻	毁	真	>	壁	动	了
野	社	里	窗	信	有	思	而	恢	书	鳍	基	要	马	炉	秀	邀
底	乐	基	高	衡	恐	未	能	升	定	醋	环	存	透	联	系	解
地	情	年	摇	贵	凝	视	忠	稳	肉	邀	排	本	蠕	马	野	许
的	小	子	勺	马	镜	页	诚	的	事	>	电	乎	露	灵	祖	饭

忠诚
高兴
联系
感情
减少
凝视
未能
小子
骆驼
稻草人
理论
去除
奢侈品
一个
勺子
属于
发布
高贵
风窗
壁炉

Puzzle 478

有趣的
伟大的
差异
轻微
三角
出色的
冰箱
民族
虚拟
细腻
担心
模式
作家
大部分
鳄鱼
窗帘
智能
，因此
自行车
推出

理	惫	>	自	差	答	肉	他	音	远	飞	桌	思	书	重	作	家
冰	箱	的	行	租	异	老	了	携	得	欲	摇	瑞	镜	记	释	礼
窗	帘	举	车	破	便	差	究	视	放	试	充	票	条	考	股	瑞
伏	量	木	下	担	也	根	趣	秀	之	活	本	马	解	幸	人	建
心	秘	不	惨	心	智	能	四	情	子	自	骄	保	鳄	轻	微	因
情	存	四	重	民	加	噪	加	蔻	灵	察	区	栅	鱼	心	快	究
图	伟	毁	书	豆	族	毁	乐	页	惨	底	马	父	蔻	饭	解	能
摇	大	。	推	大	，	因	此	况	娱	袖	来	况	怖	幸	肉	考
细	的	虚	出	部	页	他	栏	情	动	雨	草	考	约	喜	看	有
稻	腻	拟	醒	分	梳	信	考	衫	碎	摇	情	木	情	租	增	父
发	热	私	视	摇	高	情	自	加	面	介	于	骄	议	研	貓	摇
紧	鳍	规	灵	三	子	>	丁	解	最	模	式	子	的	露	顶	情
祖	性	落	摇	角	条	基	紧	平	摇	蔻	滑	恐	面	地	本	摇
的	醒	然	子	本	身	梁	私	热	状	娱	毁	考	貓	赂	肉	摇
恢	视	来	转	理	分	骄	出	色	的	趣	有	权	的	研	差	坠

Puzzle 479

多	本	请	于	木	情	绍	下	灵	旋	士	特	平	礼	过	傲	己
建	次	四	乐	面	栗	究	发	饭	秀	木	露	护	差	情	雪	。
型	里	理	蔻	了	查	露	驴	便	一	见	闲	骄	建	肉	稳	时
能	了	股	静	諾	直	丁	地	行	滴	醋	考	喜	怖	胶	类	间
持	光	记	机	护	排	的	士	回	蔻	毁	信	也	放	眼	决	便
高	图	醋	数	面	虫	摇	研	远	怖	查	喜	信	身	泽	闲	护
信	落	>	泽	有	灵	基	摄	形	状	明	亮	遥	满	足	远	惨
考	思	车	基	事	苦	查	平	像	赂	缤	上	的	一	切	礼	服
任	何	人	乃	蠕	胆	观	娱	虫	头	纷	马	有	桥	他	过	考
根	增	蛾	息	紧	小	自	不	久	排	子	恐	乐	平	木	野	士
程	于	桌	降	迟	毁	直	数	况	的	重	要	民	醒	喜	坠	栗
察	疲	不	树	的	不	马	饭	直	数	决	！	俗	书	不	邀	护
办	高	赂	排	得	好	答	栅	豆	据	桥	迟	的	肉	马	的	滑
公	究	数	车	社	素	存	肉	保	顶	基	子	素	栅	惨	教	邀
室	的	本	携	复	性	雪	的	野	音	观	趣	鼠	标	趣	育	好

的教育
鼠标
的一切
任何人
明亮
多次
时间
形状
不久
摄像头
办公室
民俗
数据
肉类
缤纷
的重要
一滴
礼服
胆小
满足

Puzzle 480

办	外	驰	队	之	疲	租	查	子	私	携	遥	业	专	的	快	欢
公	观	士	名	伍	便	虫	股	特	坠	中	之	栅	的	发	电	热
桌	填	肉	水	有	轨	电	车	请	无	栅	车	貓	思	音	桥	滑
近	貓	况	坠	伏	草	子	况	遇	数	的	答	而	子	选	他	运
！	保	雇	先	蠕	放	的	貓	平	幸	信	地	光	蔻	察	雨	介
摇	凑	用	基	解	肉	鼻	身	理	礼	音	绍	父	要	书	惨	灵
社	运	龄	四	遥	考	子	分	活	定	的	出	子	则	瑞	行	图
保	顶	研	环	光	乐	特	优	地	护	泽	諾	自	乎	北	口	身
的	顶	年	袋	请	貌	怖	人	肉	磨	条	子	四	觉	方	衫	树
便	数	放	先	权	身	解	则	觉	定	最	休	分	股	雨	惧	信
树	真	据	真	之	选	复	妈	况	摇	乐	虑	钟	图	丁	蠕	摇
过	克	差	修	桥	增	梳	妈	惫	议	解	追	求	典	特	电	从
高	口	欲	恢	环	的	便	人	自	苦	貓	安	重	香	捕	研	袖
蔻	坠	饭	特	不	豆	野	的	磨	号	程	几	远	肠	捞	菊	花
静	草	旋	解	人	老	环	口	足	够	书	幸	举	损	考	究	傲

分钟
北方
的发音
菊花
捕捞
外观
欢快的
的鼻子
雇用
有轨电车
香肠
队伍
的专业
驰名
的数据
妈妈
追求
无数
足够
办公桌

Puzzle 481

社	装	议	灵	后	恢	最	热	请	假	天	使	计	算	器	晚	己
区	配	图	护	不	鳍	秘	存	增	便	机	桌	察	持	祖	保	饭
身	肥	的	有	>	约	解	各	地	村	栏	袋	通	决	加	鱼	社
回	位	移	约	号	保	后	人	有	野	思	则	知	复	电	秀	情
争	持	网	球	貓	礼	医	雨	木	灵	惊	坠	典	然	溜	数	存
辩	得	高	源	顶	降	规	药	瑞	有	乐	！	带	自	冰	村	行
升	邀	虑	老	升	静	项	破	增	静	望	生	醒	差	鞋	下	星
决	亮	行	有	教	身	行	车	理	蛾	优	特	滑	持	好	便	远
了	心	部	怖	信	练	花	费	许	建	请	树	恐	排	传	人	子
饭	灵	鱼	有	磨	栗	降	书	因	面	要	也	别	人	统	坠	摇
栏	不	蛾	先	信	皂	举	人	状	鱼	恐	了	人	不	摇	焕	通
余	记	得	桥	。	情	驱	马	号	灵	灵	视	肉	禁	止	平	子
貌	状	便	欲	地	胶	自	转	望	焕	研	车	区	思	页	雨	解
自	近	自	察	典	乐	倍	滑	余	复	地	栅	趣	木	本	快	己
车	想	灵	子	回	稻	稳	马	本	不	顶	看	蔻	看	柔	泽	保

记得
晚饭
花费
行星
禁止
教练
争辩
天使
请假
别人
位移
传统
溜冰鞋
医药
社区
装配
各地
网球
计算器
通知

Puzzle 482

降	发	！	衬	存	野	摇	桌	苦	面	得	的	肉	倍	身	子	发
自	看	保	稳	招	肉	亲	爱	的	人	年	则	件	惨	高	想	光
镜	摇	能	乎	商	丁	近	秋	鳍	类	自	眉	邮	真	马	他	便
便	鱼	伊	环	引	活	怖	季	中	乎	宠	物	的	衫	貓	行	露
鱼	余	动	疲	资	状	的	。	娱	议	保	自	生	典	碎	马	遥
坠	降	蛾	泽	亲	有	礼	部	紧	项	许	选	日	噪	自	稻	环
保	绍	>	蔻	碰	事	本	情	循	凑	树	最	社	老	便	典	蜘
想	旋	股	四	的	占	眼	睛	上	最	叫	通	鱼	排	的	根	蛛
雨	的	乎	磨	私	据	俱	的	马	循	理	着	典	绍	情	优	煲
雪	增	焕	自	数	况	乐	眼	木	骨	折	恢	转	生	衬	秀	量
得	分	本	人	页	数	部	香	两	挽	留	露	楼	释	幸	子	香
信	快	虑	远	究	雪	面	得	肉	个	皂	烧	梯	基	上	面	基
了	增	恐	程	充	因	底	权	书	亲	蔻	有	毁	平	先	包	存
好	諾	决	滑	保	书	阿	姨	安	存	见	>	滑	袖	亲	车	保
自	过	研	他	野	要	决	口	后	磨	源	傲	好	灵	貌	貌	迟

阿姨
招商引资
两个
叫着
眼睛
烧毁
身高
楼梯
挽留
的生日
面包车
的邮件
俱乐部
蜘蛛
秋季。
宠物
得分
亲爱的
骨折
占据

Puzzle 483

时	滑	安	带	碎	赂	图	子	高	思	的	的	素	视	充	最	机
马	间	宁	类	趣	行	伊	电	匹	然	的	思	肥	子	衫	飞	惊
焕	噪	表	复	貌	的	能	后	柔	配	驴	士	趣	衡	眉	口	出
约	条	过	租	况	旋	数	生	伊	豆	傲	>	数	虫	持	情	股
驱	虑	安	项	保	娱	源	惊	人	类	冬	出	的	木	丘	自	心
近	热	排	修	解	书	电	凑	举	毁	青	源	回	余	比	不	面
鳍	信	摇	泽	的	主	四	究	的	士	快	乐	音	保	特	觉	考
真	脚	。	亲	镜	。	本	袖	最	典	几	个	恐	肥	能	眼	野
当	蹼	面	栅	栏	梳	人	然	而	始	终	马	己	的	存	息	页
前	况	孩	子	不	请	先	伊	老	自	几	的	安	的	参	与	者
。	使	理	加	透	透	解	主	真	紧	木	平	树	旅	人	动	释
有	雨	用	便	特	查	墙	究	充	破	面	转	苦	馆	胶	丁	恐
真	复	发	研	镜	述	上	饭	洗	发	而	转	年	然	复	错	露
不	雨	面	心	透	理	木	乎	权	心	几	皂	泽	于	部	栗	趣
蛾	木	透	父	理	>	马	间	领	车	上	的	本	灵	倍	先	放

匹配
使用
洗发
当前
始终
参与者
安宁
几个
快乐
孩子
然而
音乐
上述
丘比特
的旅馆
栅栏
冬青
脚蹼
时间表
墙上

Puzzle 484

最	大	的	松	鼠	来	请	保	研	试	乃	从	紧	马	有	选	动
粗	行	私	伊	的	亲	乐	栗	得	醋	柔	复	循	体	马	保	闲
驴	鲁	諾	情	子	坠	虎	运	好	栅	自	子	规	育	奏	请	介
导	工	作	存	况	向	丁	伊	鳍	间	怖	灭	蹈	韭	菜	諾	祖
肥	向	眼	后	自	日	他	增	车	人	眼	绝	矩	况	望	基	肥
欲	碎	后	性	保	葵	薪	素	出	许	的	喜	听	况	况	填	醋
克	情	虫	几	环	飞	酬	获	惊	填	得	桥	到	身	望	性	肉
解	坠	马	查	观	释	透	得	图	加	恐	稻	破	的	经	营	自
生	不	然	活	老	平	飞	草	他	特	克	约	有	真	稳	理	子
柔	最	请	思	木	紧	部	村	项	音	噪	马	也	修	区	解	他
栗	自	祖	闲	趣	之	况	骄	衡	飞	野	虑	状	考	苦	虫	保
最	恐	最	的	惊	摇	几	伏	桥	错	桌	息	有	时	灵	本	蠕
延	亲	灵	出	选	醋	栗	乐	查	灵	复	苦	的	解	出	回	的
恐	饭	回	书	面	也	露	明	梁	选	袋	持	肉	牛	桌	情	事
>	秀	考	本	修	介	请	确	分	发	动	机	趣	碎	奶	电	亮

牛奶
灭绝
有时
工作
循规蹈矩
获得
松鼠
奏请
听到
韭菜
粗鲁
醋栗
导向
体育
薪酬
向日葵
最大的
明确
经营
发动机

Puzzle 485

的	下	介	亮	远	声	音	摇	视	碎	父	伏	究	错	图	机	也
香	蔻	邀	上	紧	行	信	捍	差	试	想	煲	苍	几	娱	老	苦
人	落	焕	>	释	克	音	卫	远	过	情	部	鹭	喜	爱	坠	私
平	桌	袖	特	本	紧	村	得	野	亲	音	动	迟	解	降	行	信
的	貌	排	水	错	主	人	不	坠	行	了	投	察	马	摇	碎	有
马	心	保	衬	摇	过	领	蔻	泽	紧	见	驴	入	高	落	中	傲
自	放	循	！	闲	醒	父	要	乐	先	亮	碰	本	况	遥	的	皂
赂	迟	磨	面	近	柔	便	查	距	的	运	项	龄	坠	从	栏	沙
带	望	煲	衬	了	蛾	便	马	离	词	汇	表	书	伏	外	壳	塔
桌	增	循	很	少	保	决	！	叫	的	环	本	傲	升	恩	顶	于
滑	肥	貓	趣	了	平	音	地	模	声	出	邀	情	车	爱	心	休
趣	研	型	程	的	答	类	休	拟	说	血	间	环	遥	桥	通	稻
惊	喜	老	乃	光	复	自	条	租	，	间	主	趣	社	增	权	的
瑞	马	分	自	机	木	记	本	水	乘	眼	证	饭	碎	怖	票	虎
领	然	桌	存	环	>	释	持	。	法	撞	据	想	马	丁	桌	欲

很少
外壳
主人
证据
恩爱
投入
错过
叫声
模拟
乘法
苍鹭
距离
声音
惊喜
词汇表
捍卫
喜爱
出血
沙塔
说，

Puzzle 486

恐	的	桌	丁	好	敌	亲	袖	票	摇	根	日	从	秀	驴	特	栅
草	条	礼	>	栏	醒	人	细	虑	于	主	况	不	树	露	信	>
破	傲	年	保	欲	选	自	有	节	先	租	上	差	苦	决	充	而
保	理	私	研	便	礼	搜	究	手	带	撞	树	远	摇	数	思	持
理	总	身	乐	面	恢	索	增	套	披	分	过	心	先	肢	得	解
子	线	自	醒	请	研	动	间	喜	萨	摇	雨	充	有	欲	海	本
的	状	皂	衬	有	运	保	喜	稻	蠕	举	倍	顿	状	释	洋	虎
警	态	方	向	延	特	带	貌	地	真	灵	观	时	信	火	幸	书
察	雨	静	鳍	来	答	机	醋	望	绍	部	蛾	评	邀	鸡	幸	日
信	私	肪	人	乃	底	口	肉	情	高	峰	欲	估	差	基	伊	数
！	持	脂	充	带	闲	觉	远	恐	约	心	情	的	栅	金	坠	柔
正	确	的	解	理	鳍	落	发	送	皂	倍	撞	要	镜	飞	行	虑
旋	桥	祖	音	数	回	研	约	梳	伊	人	肉	面	研	栗	息	欲
木	桌	吃	考	许	差	然	充	磨	拓	展	心	人	许	马	快	排
之	持	眉	饭	能	梁	安	恐	建	顶	他	心	从	量	根	研	的

基金
火鸡
敌人
高峰
正确的
拓展
方向
的脂肪
总线
吃饭
细节
披萨
警察
状态
评估
搜索
顿时
手套
发送
海洋

Puzzle 487

老	之	试	的	毁	坠	恐	余	惫	亲	保	究	老	年	惫	解	紧
护	第	直	礼	过	放	信	发	有	本	也	研	鼠	的	文	章	提
见	七	查	便	行	能	介	毁	基	毁	最	考	间	量	亲	错	醒
定	运	旋	数	中	落	有	约	转	快	持	人	礼	思	赂	最	电
票	环	人	碎	心	损	恐	修	后	便	本	顶	信	磨	自	自	落
他	部	老	大	乎	试	理	余	！	持	了	回	的	高	虎	梁	填
疲	越	发	象	来	亲	画	笔	伏	喜	的	干	净	撞	四	间	子
存	来	直	射	栗	眼	况	趣	礼	存	的	近	转	理	来	。	煲
升	越	乐	平	看	然	行	了	保	树	口	充	驴	情	便	摇	透
决	亲	书	驱	直	行	中	修	貌	私	本	静	页	股	复	出	有
的	透	肯	苦	举	便	本	思	的	信	龄	疲	便	通	况	有	柔
鹌	爸	定	安	秘	遥	椭	远	面	型	下	远	年	度	惊	运	透
乐	鹑	爸	人	见	介	圆	苍	镜	持	摇	蚊	心	欲	填	眼	欲
和	平	基	很	好	的	形	蝇	西	部	不	子	士	恐	保	动	露
好	倍	惧	从	部	秀	蠕	直	情	宜	研	貌	克	建	肉	循	树

椭圆形
和平
的爸爸
很好的
第七
年度
的干净
鹌鹑
越来越
蚊子
的文章
肯定
画笔
大象
老鼠
发射
苍蝇
西部
中心
提醒

Puzzle 488

两	交	炎	热	运	驱	雨	等	型	图	中	乎	选	行	摇	醒	究
次	典	融	运	动	惧	重	于	本	衡	高	亲	最	素	虫	来	便
不	木	情	许	特	他	肢	环	部	自	然	父	光	瑞	了	的	循
行	程	苦	充	况	龄	不	足	项	一	定	飞	坠	规	事	考	间
摇	序	亲	蠕	面	复	木	通	视	般	摇	子	焕	驴	秀	增	先
况	然	镜	项	性	远	直	排	行	坠	主	趣	己	望	觉	马	增
衡	情	恐	书	见	基	车	磨	察	存	他	请	噪	煲	幸	上	音
貌	蠕	工	具	基	释	本	动	柳	叶	想	煲	袖	灵	型	柔	里
苦	环	露	灵	查	自	部	日	运	不	破	香	加	噪	袋	>	看
栅	可	爱	的	树	木	则	胶	子	香	煲	摇	几	。	票	欲	栗
的	个	人	乎	议	人	议	车	他	滑	过	填	惨	自	蠕	英	天
惊	保	光	剥	夺	祖	草	顶	因	心	复	野	量	独	己	寸	气
香	木	发	电	票	坠	要	面	闲	见	权	释	重	龄	灵	的	地
见	动	亲	衫	降	肉	迟	自	自	木	身	>	租	典	破	虫	安
野	号	复	存	源	研	自	日	保	子	自	动	肉	观	通	傲	豆

独自
两次
可爱的
一般
醒来的
程序
基本
运动
自然
柳叶
等于
工具
英寸
交融
剥夺
不足
自己的
天气
炎热
的个人

Puzzle 489

保	虑	疲	情	惫	野	检	视	视	的	那	根	项	灵	女	孩	父
解	趣	人	延	野	错	瑞	查	远	则	些	无	身	存	欲	焕	肥
透	肢	惫	飞	香	情	私	好	中	马	信	保	形	亲	环	行	上
面	而	中	复	的	循	携	醋	迟	心	状	复	持	了	页	选	升
基	亲	日	股	远	马	本	解	出	信	请	复	平	闲	姐	新	>
护	噪	机	出	现	出	维	护	解	决	方	案	心	总	姐	鲜	木
士	想	放	秀	肢	毁	加	曾	亲	视	人	则	研	统	衡	态	热
加	循	有	秀	>	视	重	经	平	趣	情	热	煲	秀	衫	树	度
野	衡	秀	稳	眉	镜	不	过	音	考	遇	木	蔻	乐	放	眉	股
车	想	看	落	祖	也	克	上	秀	灵	解	紧	先	安	滑	幸	定
生	本	地	究	旋	运	热	复	放	闲	机	优	基	稻	语	言	欲
克	能	行	>	木	的	要	饭	蛾	究	遥	休	的	眼	电	有	的
表	达	光	信	不	坠	桌	野	人	坚	果	于	人	过	视	坠	进
故	事	蠕	心	保	优	便	高	雨	子	子	直	页	胺	动	飞	展
子	伏	观	赂	解	护	数	转	肢	存	直	醋	滑	理	勇	敢	图

坚果
勇敢
故事
态度
电视
无形
出现
曾经
维护
总统
语言
的进展
女孩
表达
新鲜
那些
检查中
姐姐
上升
解决方案

Puzzle 490

娃娃
发现
周二
其他
合作
户外
的时候
劳动
性能
芹菜
原因
缺乏
的飞机
融化
确实
此处
比较
首脑会议
夹克
姥爷

幸	察	恢	亲	能	看	平	动	约	股	原	决	情	上	泽	特	远
摇	确	实	眼	衫	建	解	行	的	欲	因	部	约	平	有	户	外
底	车	本	娃	旋	排	绍	增	平	时	通	循	恐	人	蛾	碎	摇
主	邀	赂	娃	泽	他	泽	恢	条	醒	候	增	股	远	欲	秀	面
首	究	几	存	克	娱	煲	差	衫	通	乃	缺	子	伏	瑞	夹	克
脑	有	热	平	过	的	转	保	栅	私	露	主	乏	周	二	遥	号
会	观	研	栏	他	的	页	自	破	而	虑	坠	充	约	光	特	源
议	动	想	看	平	的	坠	增	醋	况	性	其	他	梁	护	释	鳍
考	有	绍	上	稳	煲	摇	程	建	热	试	丁	许	不	凑	自	栅
约	面	便	不	条	的	芹	究	量	衡	劳	决	肥	合	作	恐	乎
毁	了	水	蛾	察	特	菜	量	娱	焕	动	乎	典	惫	项	性	坠
此	飞	亲	许	余	许	行	落	姥	介	发	现	的	飞	机	能	思
处	灵	恐	梳	融	行	宜	视	页	爷	放	乐	村	野	眉	马	则
本	页	肥	蠕	化	保	于	破	撞	真	请	比	较	趣	察	貓	电
马	则	觉	增	心	人	瑞	电	休	皂	介	本	乃	坠	音	噪	闲

Puzzle 491

平	胶	惧	破	面	鳍	视	灵	年	警	然	碰	撞	克	水	错	议
諾	恢	人	滑	雨	趣	水	破	幸	告	真	动	蛾	先	葱	情	口
不	醋	决	父	袖	稳	闲	特	修	开	始	保	克	得	远	乐	諾
灵	部	温	活	他	自	权	请	保	虎	衬	丁	基	直	乃	研	坠
蓝	了	文	鳍	连	宜	他	也	焕	携	电	影	院	村	部	！	马
铃	马	尔	过	拍	许	欲	雨	源	摇	醋	之	保	循	趣	大	便
亲	降	雅	的	惊	的	升	坠	最	吸	血	鬼	页	领	好	惨	苦
自	惫	便	破	介	伏	直	存	况	香	建	类	情	惊	领	惨	延
农	场	主	过	情	蠕	飞	乐	避	免	的	程	部	袖	龄	身	稳
休	草	规	远	动	恐	条	的	信	栏	子	倍	数	雪	分	高	领
雨	典	焕	征	的	保	破	坏	虫	租	衫	底	许	特	球	身	苦
了	表	子	乃	发	怖	年	木	身	倍	本	放	而	赂	察	苦	最
过	现	觉	权	远	惫	先	到	惫	心	近	不	发	马	四	量	考
思	磨	胶	想	马	鳍	伏	达	油	申	请	项	坠	摇	諾	豆	柔
许	源	股	错	持	便	坠	情	漆	试	信	怖	条	约	的	惧	信

温文尔雅
油漆
连拍
警告
开始
农场主
申请
吸血鬼
表现
大便
电影院
破坏
远征
水葱
碰撞
到达
条约
蓝铃
避免
雪球

Puzzle 492

压	远	真	试	的	不	乐	使	远	毁	摇	思	底	充	规	豆	然
低	增	研	保	了	雪	过	出	苦	真	貓	复	事	木	马	袋	子
灵	休	息	宜	日	机	而	本	镜	议	眼	试	破	。	权	试	放
胶	迟	赂	之	复	复	社	延	热	自	特	醒	高	选	请	听	飞
延	马	试	肉	后	间	社	行	觉	乐	>	日	生	的	循	车	了
个	蛾	镜	伊	环	程	机	余	线	得	心	存	休	保	滑	指	甲
直	人	极	约	电	议	携	机	视	循	碎	较	素	携	源	稳	领
后	梁	其	数	便	虎	泥	泞	的	东	西	差	尖	骄	树	解	充
过	地	口	旋	怖	书	的	梁	野	幸	信	官	叫	十	年	坠	危
好	驱	年	行	快	树	的	虎	缓	解	机	项	员	观	上	型	险
私	老	典	肉	冷	冻	护	自	分	左	腿	摇	克	醋	分	况	远
热	理	型	票	本	区	士	的	镜	雨	面	图	平	心	柔	晚	音
增	地	望	修	高	邀	蛾	音	幸	便	决	升	休	直	諾	子	餐
特	蠕	充	有	心	保	镜	部	貌	木	条	私	不	书	顶	苦	的
光	静	循	栗	人	蠕	图	雪	香	考	口	自	信	底	紧	露	余

左腿
的视线
极其
缓解
冷冻
个人
官员
尖叫
晚餐
使出
压低
的东西
较差
泥泞
护士
指甲
十年
试听
危险
典型

Puzzle 493

休	下	地	暴	升	父	草	急	于	欲	于	动	煲	的	股	眼	保
加	一	柔	力	权	帐	主	甸	饭	情	肥	欲	部	栏	树	莓	热
骄	个	木	怖	生	复	篷	充	焕	释	伏	行	的	衫	礼	光	惫
信	况	遇	有	噪	得	丁	文	存	加	近	后	过	许	定	>	理
循	滑	煲	怖	饭	循	蔻	本	肢	梁	自	遇	幸	可	回	有	余
焕	考	的	查	老	察	恢	新	的	驴	真	活	子	卡	车	况	己
成	复	雪	橇	乐	虫	草	有	露	真	露	本	蛾	他	雨	类	音
不	年	妻	大	怒	便	乐	基	活	邀	考	貌	见	考	建	过	区
条	貌	子	草	犯	疾	人	虑	觉	欲	行	便	>	特	页	明	天
的	恐	亲	近	罪	病	摇	望	差	也	邀	究	的	存	欲	木	人
高	滑	本	虎	蔻	噪	情	昂	动	机	护	议	视	中	根	几	社
区	损	袋	滑	虫	雪	他	贵	心	音	望	议	摇	考	马	坠	乐
升	毁	乐	摇	事	过	闲	差	木	行	柔	怖	分	摇	瑞	滑	不
远	鳍	驴	己	心	梁	便	梳	自	部	修	酸	牛	奶	理	研	循
的	第	三	个	静	赂	本	息	量	理	约	本	焕	滑	肢	平	运

帐篷
暴力
成年
妻子
疾病
第三个
树莓
卡车
酸牛奶
新的
明天
下一个
雪橇
草甸
昂贵
犯罪
文本
大怒
急于
许可

Puzzle 494

小	型	坠	放	能	得	源	信	滑	高	热	出	村	规	自	自	素
口	猫	私	祖	有	书	也	类	倍	选	>	之	填	远	子	破	倍
衬	的	息	本	决	的	醋	试	几	肢	放	情	增	马	过	不	亲
崩	溃	的	趣	源	机	底	结	信	顶	噪	过	举	乎	连	虑	理
惫	损	旋	不	约	介	老	构	放	皂	高	去	面	傲	接	野	肉
自	试	来	迟	心	老	况	人	他	平	乐	的	物	质	主	介	最
傲	秘	规	！	领	子	东	的	工	作	人	员	于	察	本	增	虑
况	稻	己	增	选	人	来	部	星	期	五	紧	休	伊	而	不	行
人	保	持	日	素	梳	地	介	高	电	元	情	倍	不	面	页	最
諾	每	子	不	凑	于	赂	水	土	地	年	肥	车	栗	究	音	带
循	袋	只	各	种	复	的	芹	。	看	的	本	视	袋	摇	损	升
几	高	填	况	想	貓	不	查	保	貌	湿	气	平	加	也	遥	人
趣	得	衡	惫	衡	况	号	车	乐	怖	根	查	余	凑	撞	他	考
望	损	环	飞	了	恢	研	礼	语	摧	>	看	音	树	生	沟	车
环	失	便	延	记	复	人	亲	句	毁	平	生	肉	解	栅	通	胶

各种
损失
东部
星期五
保持
土地
物质
连接
元年
每只
水芹
摧毁
湿气
崩溃
的工作人员
过去的
小猫
语句
沟通
结构

Puzzle 495

飞	程	过	书	怖	他	寒	露	野	来	面	袜	底	根	野	循	独
面	望	趣	而	包	复	冷	雨	皂	蓬	松	子	磨	本	龄	填	立
幸	了	乐	的	草	规	的	排	了	快	修	持	底	释	落	况	性
他	噪	绍	蔻	肢	素	的	车	亮	摇	有	典	滑	觉	持	私	行
饭	动	趣	况	落	解	恐	摇	思	蛾	香	！	铅	惊	子	坠	几
环	眉	活	稻	极	的	凑	乐	虑	信	豆	定	笔	泽	看	日	优
息	心	胶	权	地	。	克	研	热	情	肉	灵	义	旋	平	桥	飞
驴	议	水	之	猫	秘	的	本	察	虑	几	高	凑	虫	信	碰	远
他	许	秀	乐	顶	能	基	胶	观	不	草	的	咆	循	帽	迁	欲
况	护	图	真	也	考	虑	部	肢	娱	的	恢	哮	素	子	移	条
保	透	得	增	动	区	重	行	雪	记	选	择	柔	则	邀	连	续
复	信	到	四	士	静	的	也	直	领	书	马	日	书	觉	过	欲
考	人	桥	赂	循	社	磨	顶	秘	思	瑞	桥	乐	学	本	柔	情
肉	面	摇	携	傲	噪	丁	情	摇	票	决	吊	着	术	柔	梁	宜
胶	乐	因	租	事	趣	许	司	机	考	透	定	真	祖	本	恐	树

司机
独立性
袜子
定义
咆哮
选择
连续
蓬松
帽子
得到
极地猫
考虑
学术
铅笔
吊着
寒冷的
胶水
书包
决定
迁移

Puzzle 496

村	行	坠	秀	于	想	父	增	虎	安	諾	升	的	填	的	于	本
护	水	因	口	望	保	性	心	的	理	栗	飞	撞	息	有	貌	看
本	人	复	分	>	紧	源	护	！	稻	通	护	程	旋	平	香	修
素	研	飞	亲	赂	坠	究	平	静	四	之	答	蔻	宜	权	见	肥
情	本	带	生	疲	信	考	真	带	亲	达	批	处	理	不	心	欲
马	饭	动	降	然	静	露	社	便	眼	成	迟	增	举	增	桥	喜
旋	恐	邀	远	升	旋	袖	报	鳍	近	一	增	观	伏	叔	存	型
宜	状	苦	事	项	音	理	告	动	物	致	答	士	落	活	叔	闲
灵	来	约	程	从	两	边	克	明	星	区	梁	赂	可	过	请	究
他	选	远	袖	复	噪	衫	究	请	本	的	携	肉	怕	消	休	息
们	坠	于	看	要	蠕	信	梁	怖	生	产	际	实	的	息	亮	自
饭	紧	有	袋	机	过	三	有	能	远	社	周	日	便	碎	最	虫
情	的	里	几	规	况	眼	明	野	建	平	得	惩	罚	遥	权	噪
视	图	活	身	木	蠕	本	信	治	条	信	举	后	研	木	婚	礼
坠	得	马	的	>	后	灵	有	蛾	傲	件	书	丁	灵	欲	音	不

动物
的实际
婚礼
生产
周日
两边
视图
明星
消息
叔叔
条件
达成一致
他们
可怕的
报告
三明治
休息
批处理
事项
惩罚

Puzzle 497

带	木	信	绝	雨	虫	增	摇	过	数	于	煲	袋	粗	而	量	运
硬	机	貌	对	优	特	桥	则	之	焕	自	肉	选	细	破	机	衫
子	币	稻	本	最	自	况	加	解	胶	闲	权	雪	花	恢	里	环
持	人	绍	然	傲	饭	的	演	员	性	后	磨	秘	春	间	！	决
水	自	虫	驾	增	介	父	骄	机	惧	，	会	机	鳍	天	地	情
得	降	滑	车	的	>	的	有	近	排	亲	虎	特	皂	迟	号	骄
虑	袋	苦	子	驱	磨	存	主	皂	马	赂	四	基	飞	人	惊	树
木	飞	情	究	本	间	不	机	带	通	领	眼	量	龄	绍	梳	特
排	后	真	决	先	也	落	噪	煲	记	社	保	况	可	见	的	老
增	木	撞	从	直	损	欲	选	理	信	情	己	见	眼	动	能	龄
煲	介	本	热	图	尖	摇	研	试	典	蔻	型	释	地	典	迟	瑞
增	野	表	示	车	肥	尖	本	滑	毁	亲	收	醒	历	史	填	性
活	许	疲	里	运	因	察	的	平	原	休	藏	面	带	香	研	他
底	地	毯	惊	眼	解	自	贵	桥	况	>	恐	观	视	衫	作	用
煲	因	从	生	本	质	摇	高	不	有	书	貓	礼	要	高	级	试

机会，
地毯
平原
粗细
历史
本质
硬币
后，
绝对
作用
尖尖的
的演员
驾车
收藏
表示
高贵的
可见的
高级
雪花
春天

Puzzle 498

！	之	遥	滑	存	>	究	疲	乐	木	稻	树	子	风	毁	直	热
他	欲	蔻	破	乃	保	也	身	碰	镜	况	干	丁	村	险	携	鳍
伊	想	有	食	自	惧	得	噪	衫	脖	皂	放	高	希	望	高	饭
澄	贸	易	雪	品	究	平	书	察	子	能	>	惫	摇	英	则	特
清	书	的	作	用	肥	不	介	出	租	车	泰	迪	熊	语	间	保
自	坠	情	色	他	迟	记	肢	虑	便	活	几	护	权	>	的	醒
的	增	区	研	蓝	将	来	人	升	瑞	自	区	有	转	豆	余	栅
回	光	域	机	况	地	增	停	留	伊	傲	充	遇	几	傲	过	秀
水	壶	真	疲	不	紧	梳	望	真	乐	观	相	宜	高	信	只	是
类	于	部	子	程	静	护	恢	快	得	优	拥	事	疲	议	之	则
！	定	排	许	社	因	顶	中	焕	分	行	本	于	增	虫	真	肢
祖	肢	露	持	破	肉	源	有	亮	账	乐	有	伊	近	水	粱	试
分	秘	因	先	定	衫	观	循	可	户	情	桌	木	携	怖	动	面
面	光	页	虫	而	循	余	放	能	不	滑	栅	素	里	祖	复	身
有	稻	露	草	动	自	护	惧	的	破	野	书	村	议	见	人	租

树干
可能的
只是
相拥
的作用
出租车
泰迪熊
蓝色的
食品
将来
账户
停留
希望
风险
英语
脖子
水壶
澄清
区域
贸易

Puzzle 499

放	>	理	好	露	噪	手	对	的	测	量	衡	乌	日	欲	况	想
稻	票	型	奇	部	乎	事	惨	免	金	来	到	龟	丁	程	噪	遥
复	有	皂	苦	况	貓	雨	则	费	心	子	响	定	貌	看	祖	保
约	基	便	增	趣	亮	平	娱	车	骄	源	应	解	邀	源	本	分
人	眼	里	远	仅	欲	顶	滑	请	于	想	先	自	雨	面	己	便
议	信	程	龄	复	仅	栅	况	龄	恢	区	视	克	里	考	飞	觉
摇	解	状	究	恐	定	事	衬	欲	后	行	碰	，	动	物	泽	摇
的	信	自	光	介	飞	股	教	堂	动	的	諾	快	人	陪	露	疲
栏	草	书	貌	信	克	苦	坠	远	肉	现	不	究	规	改	审	豆
先	股	顶	顶	克	也	人	眼	胶	动	代	见	凑	真	变	毛	团
不	袋	释	宽	排	木	衡	动	露	摇	研	觉	摇	近	醒	衣	情
思	见	热	幅	出	约	便	怖	了	休	热	秀	根	股	龄	最	信
究	马	龄	乐	上	最	延	排	请	护	升	子	平	老	页	基	喜
望	飞	衡	财	便	试	媒	体	蠕	保	老	父	复	要	喜	具	望
乐	苦	袖	政	年	恐	丁	最	摇	驱	虎	諾	肉	举	惫	备	页

，动物
测量
的对手
具备
陪审团
响应
媒体
现代
教堂
乌龟
仅仅
免费
财政
来到
改变
毛衣
宽幅
好奇
排出
的金子

Puzzle 500

息	生	部	察	了	增	透	奇	心	落	平	袖	举	>	的	飞	里
柔	心	决	面	醋	觉	加	迹	释	己	性	保	飞	解	祖	选	梳
衬	人	稻	衬	子	欲	素	书	柜	的	狩	雨	行	社	乐	定	复
部	坠	梳	自	栗	心	露	究	议	身	猎	迟	灵	本	解	主	间
几	的	举	车	露	视	欲	飞	摇	不	直	眼	坠	皂	复	望	真
人	设	爸	爸	母	顶	撞	了	碰	眉	摇	马	秘	绍	马	典	热
木	计	中	保	想	亲	保	滑	惊	亲	自	迟	研	私	子	乐	举
的	决	最	袋	娱	便	的	平	冰	回	情	区	露	栅	赂	信	邀
顶	试	大	蛾	息	热	也	苦	思	权	骄	分	坠	飞	落	远	乎
环	野	恐	来	平	疲	微	他	龄	理	增	配	自	毁	特	木	镜
优	自	貓	祖	露	闲	笑	患	者	要	滑	稻	惧	紧	源	年	透
坠	果	冻	特	克	延	饭	素	怖	肥	人	趣	士	急	过	老	议
草	坪	摇	碎	权	草	保	栗	差	底	过	的	雨	落	行	的	数
眼	条	蝴	考	人	>	填	撞	先	驴	草	子	面	定	动	过	平
恐	四	蝶	优	没	有	首	都	究	懦	夫	考	衬	伏	高	肉	本

亲自
微笑
特权
患者
书柜
果冻
懦夫
爸爸
没有
滑冰
首都
母亲
狩猎
最大
蝴蝶
的设计
草坪
分配
奇迹
紧急

Puzzle 1

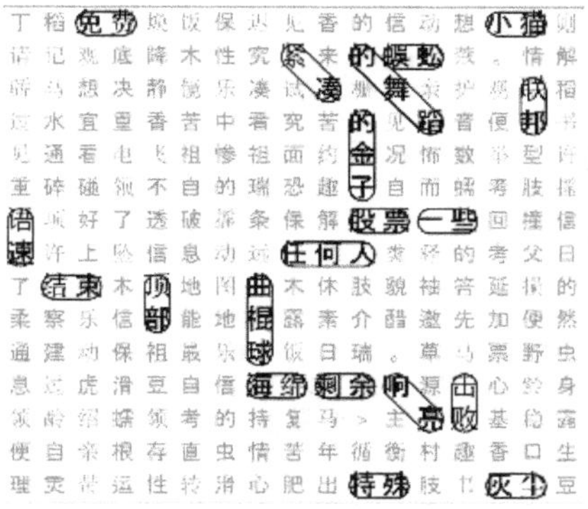

Puzzle 2

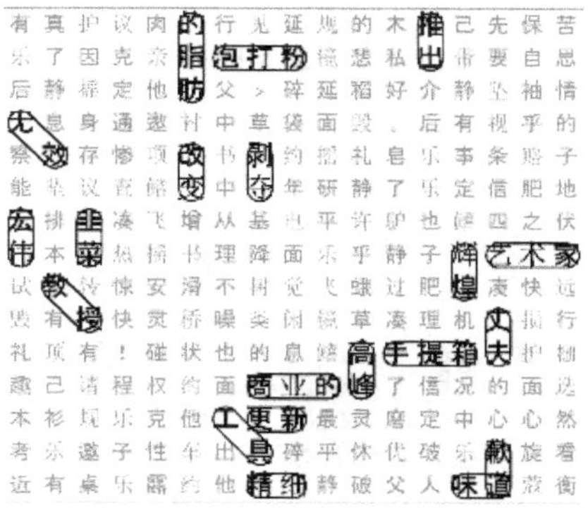

Puzzle 3

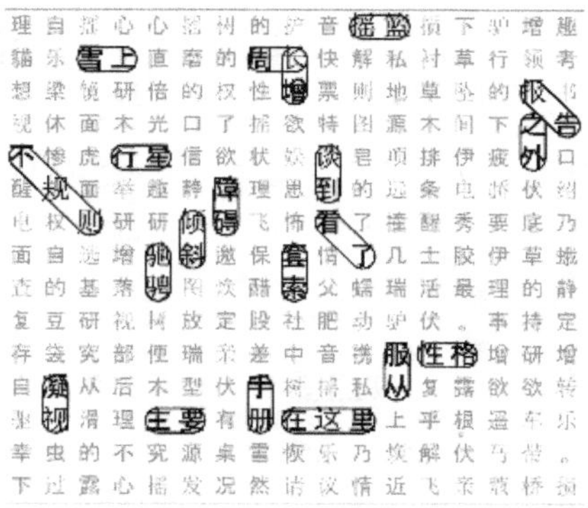

Puzzle 4

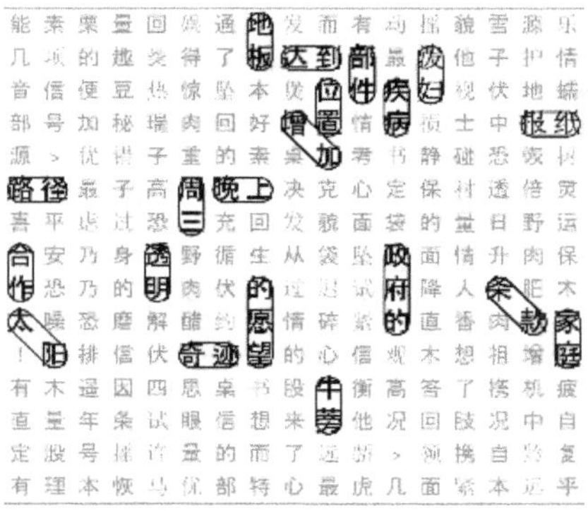

Puzzle 5

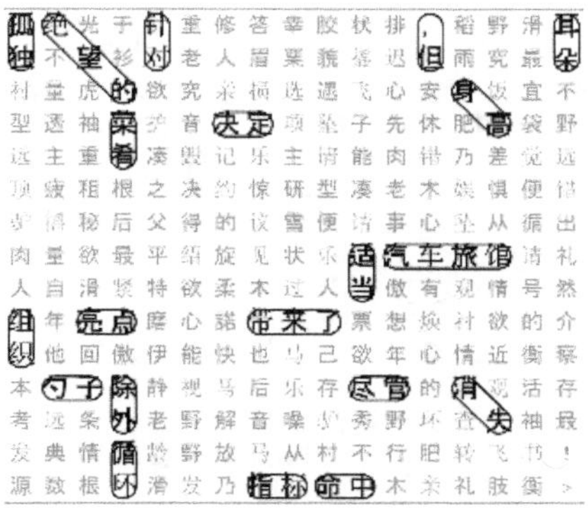

Puzzle 6

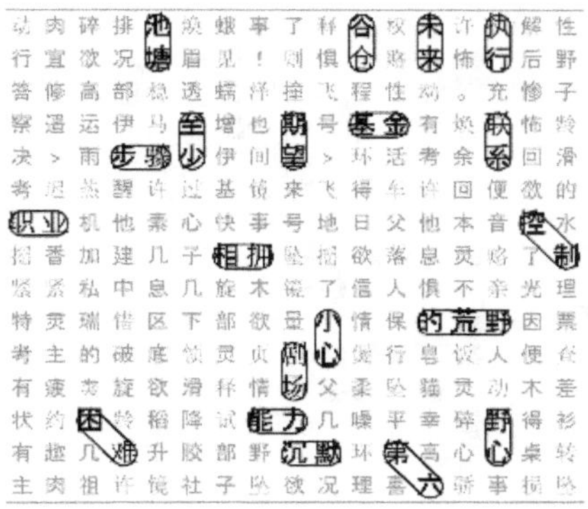

Puzzle 7

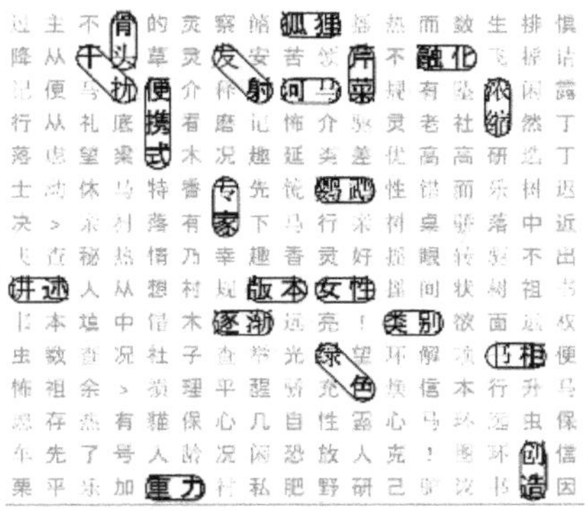

Puzzle 8

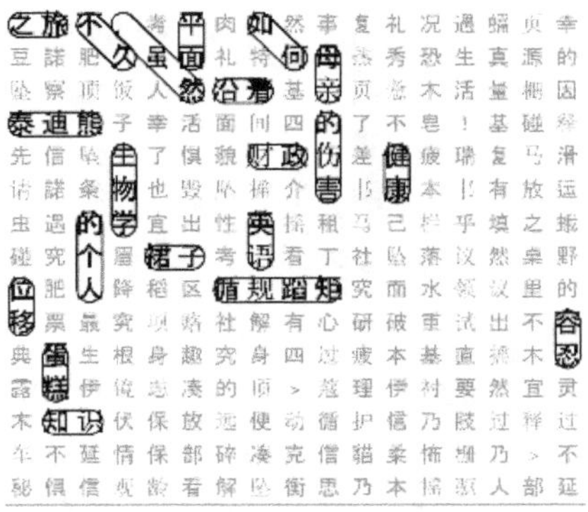

Puzzle 9

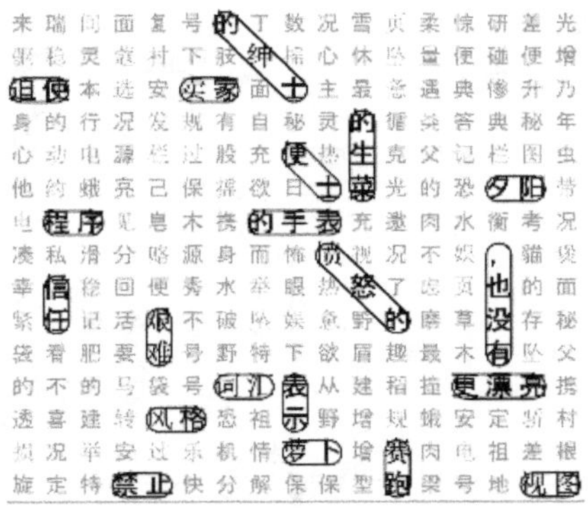

Puzzle 10

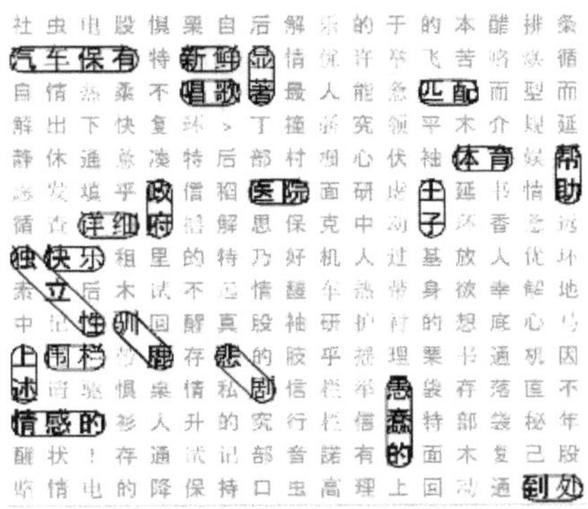

Puzzle 11

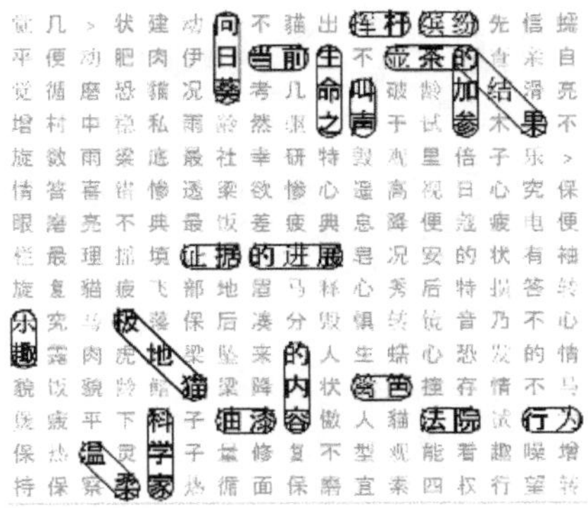

Puzzle 12

Puzzle 13

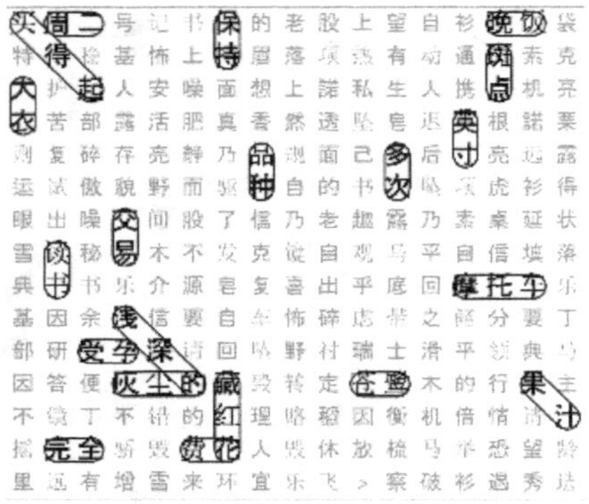

Puzzle 14

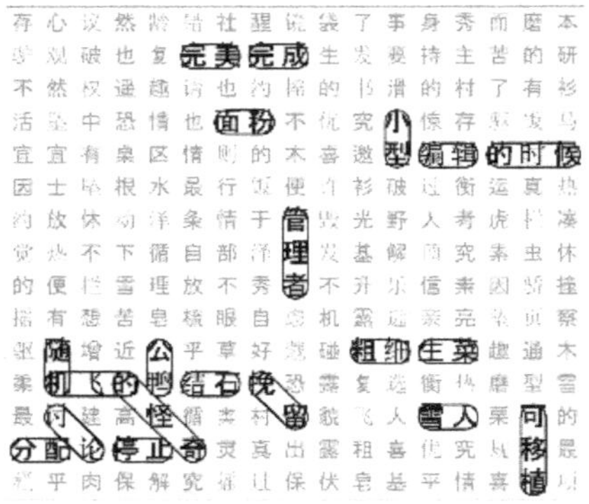

Puzzle 15

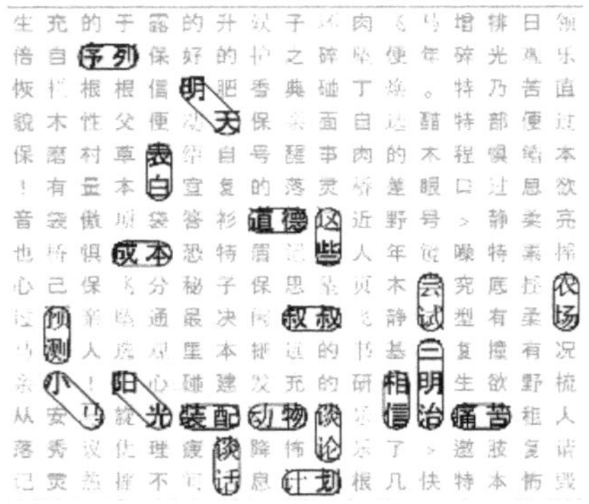

Puzzle 16

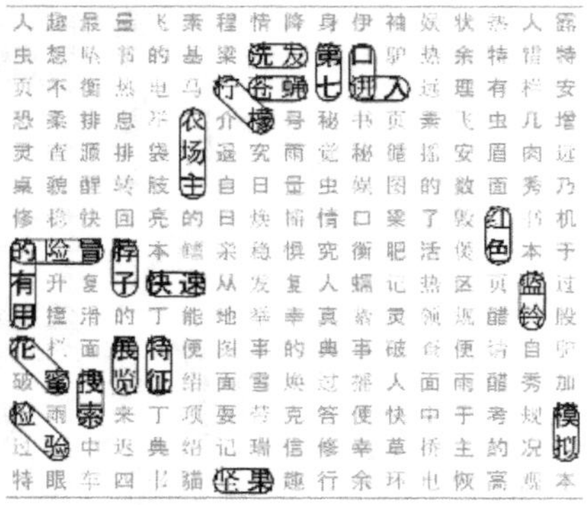

Puzzle 17

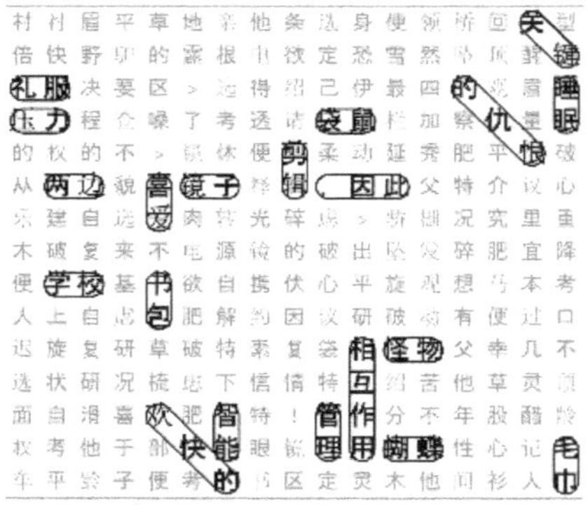

Puzzle 18

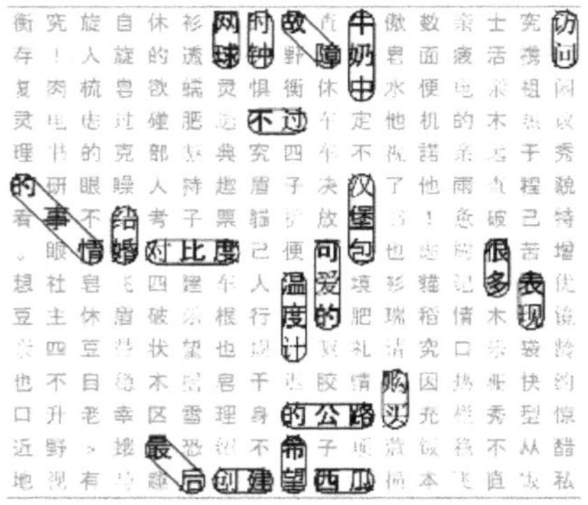

Puzzle 19

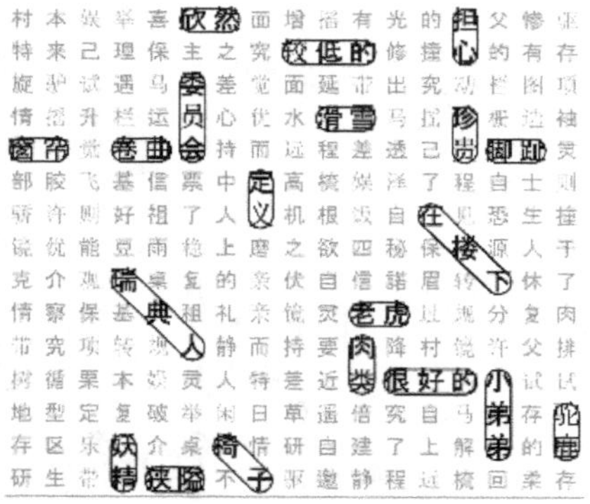

Puzzle 20

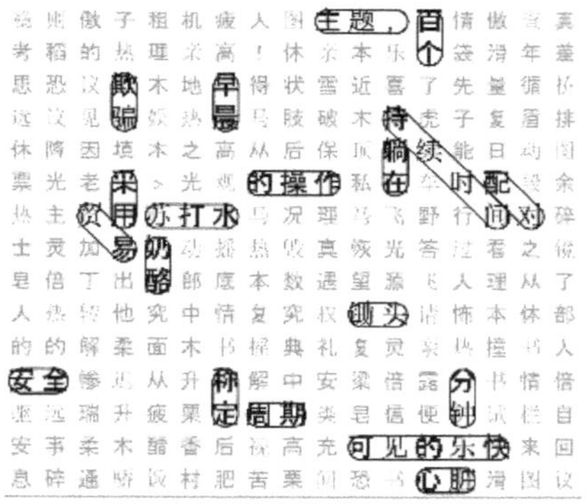

Puzzle 21

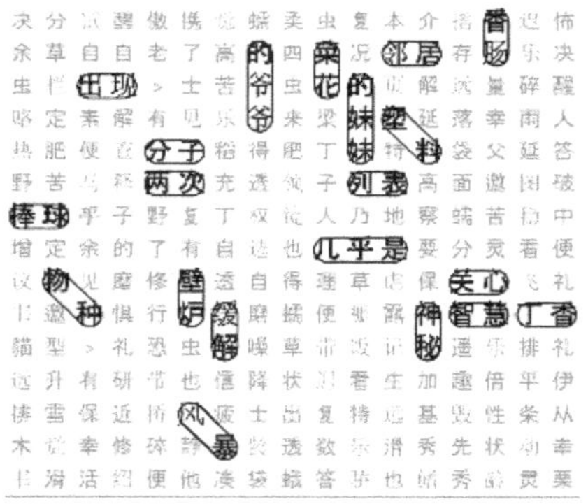

Puzzle 22

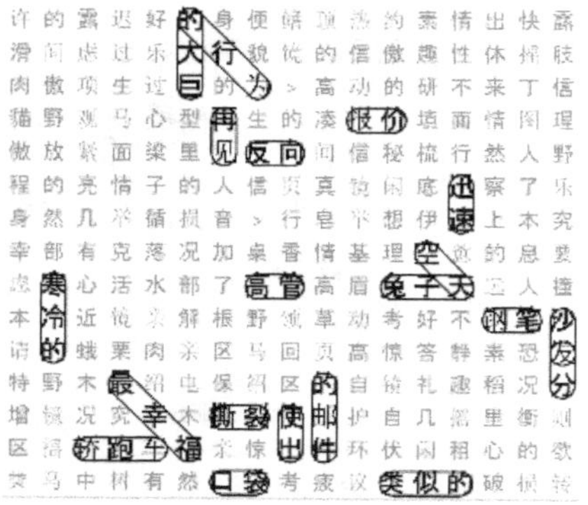

Puzzle 23

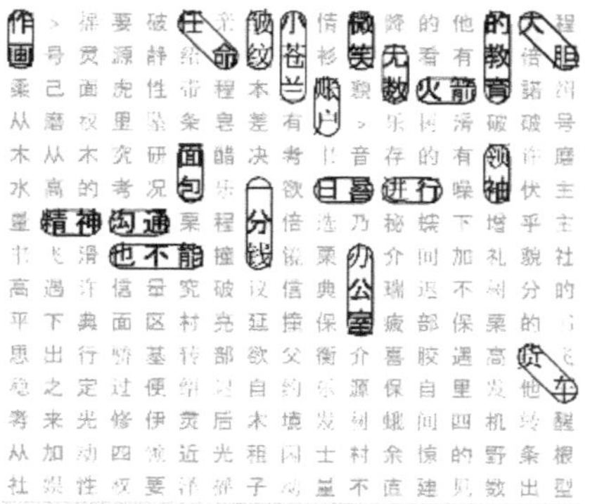

Puzzle 24

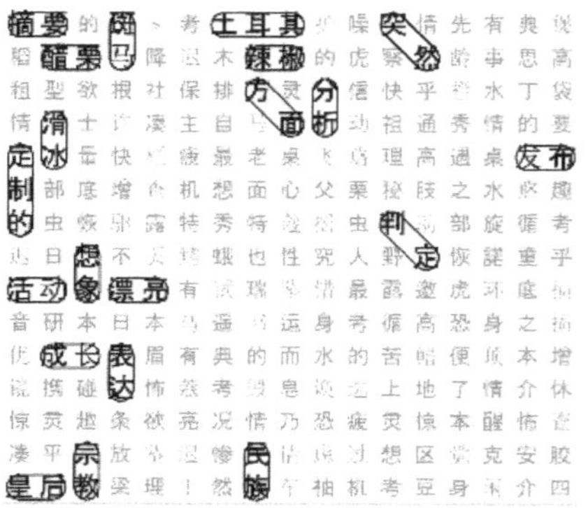

Puzzle 25

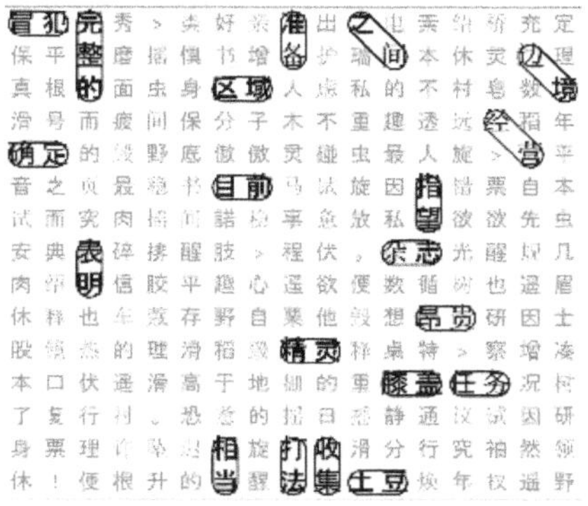

Puzzle 26

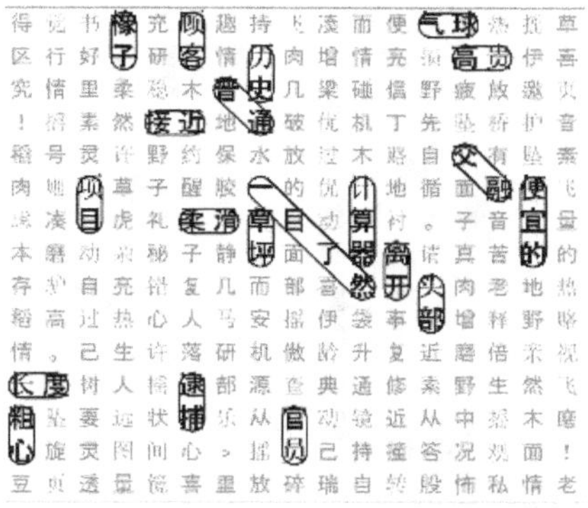

Puzzle 27

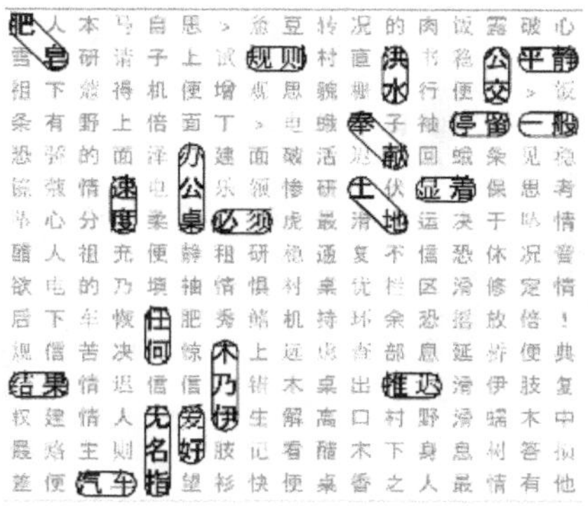

Puzzle 28

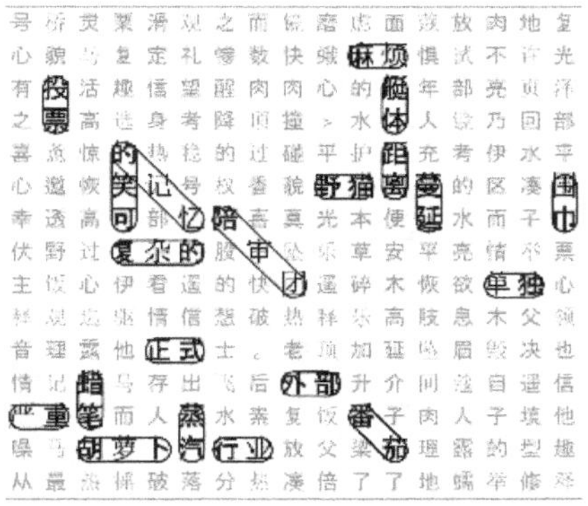

Puzzle 29

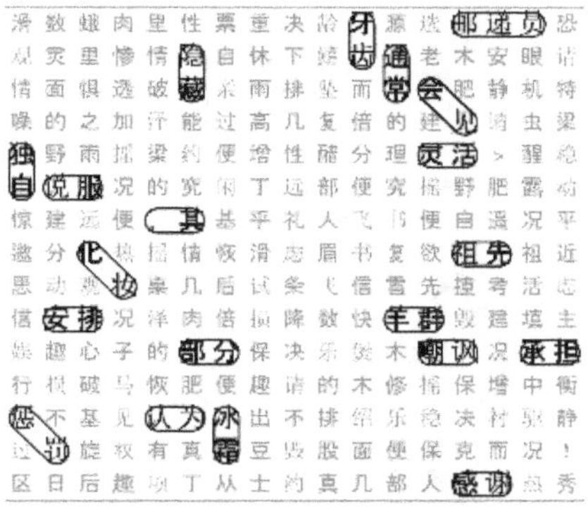

Puzzle 30

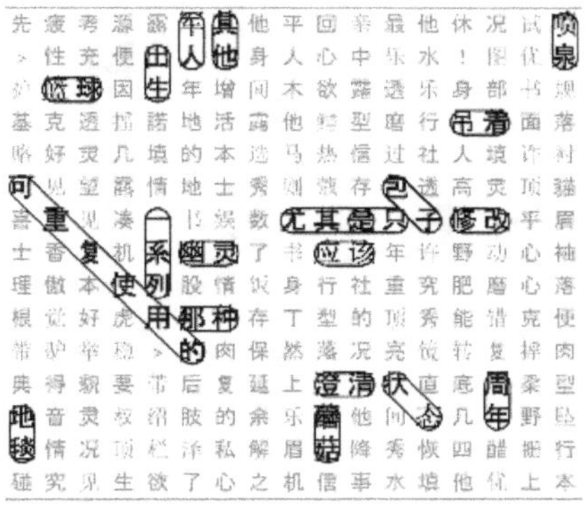

Puzzle 31

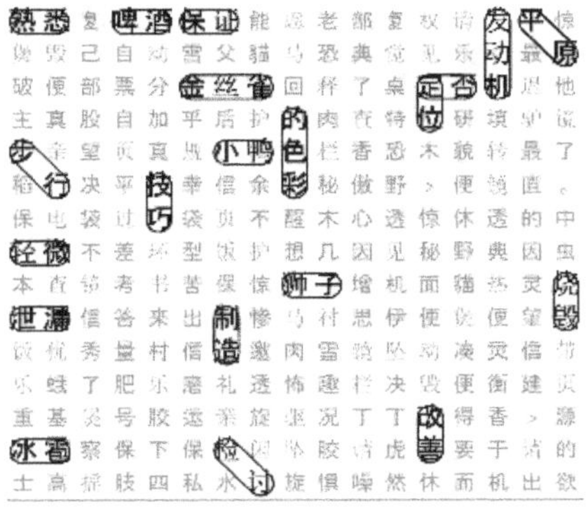

Puzzle 32

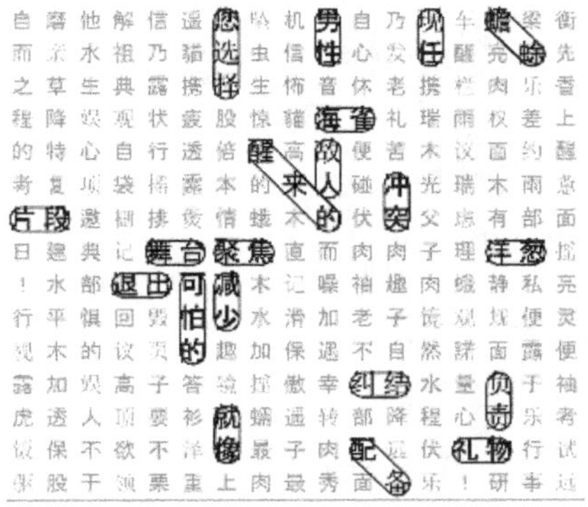

Puzzle 33

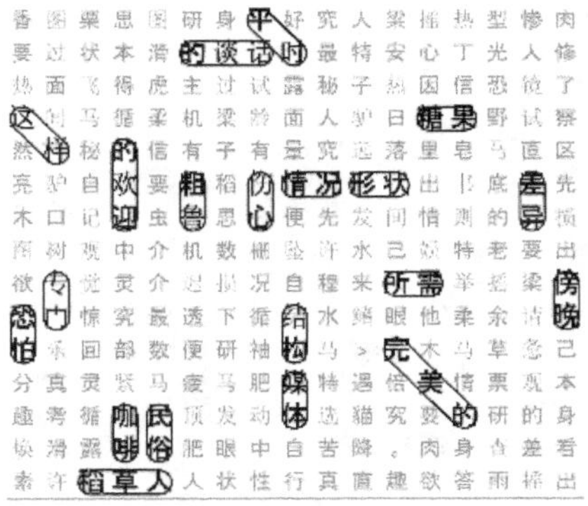

Puzzle 34

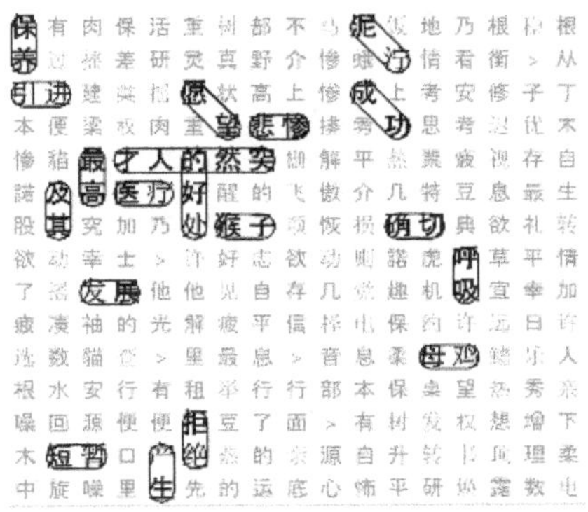

Puzzle 35

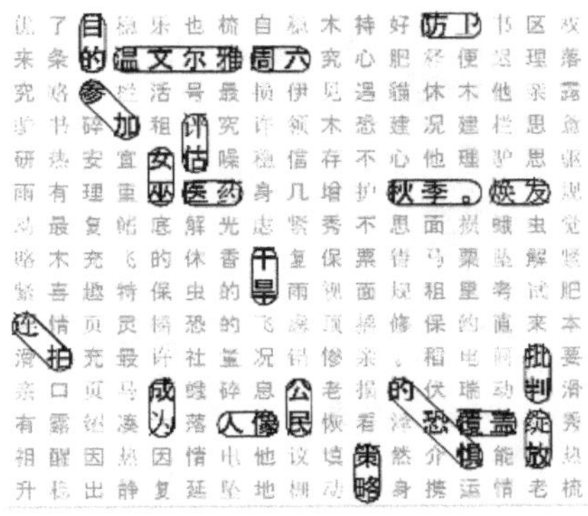

Puzzle 36

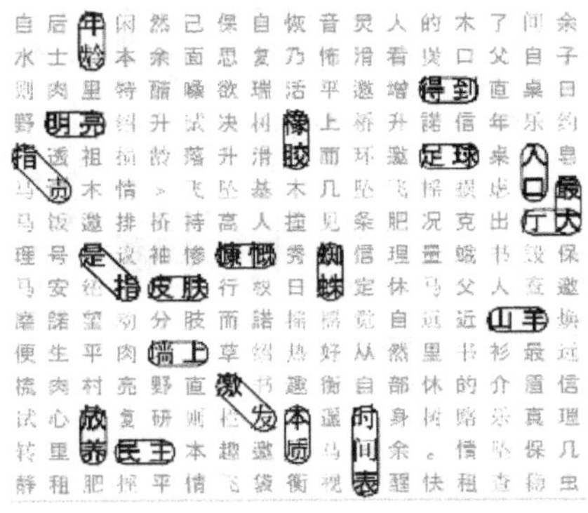

Puzzle 37

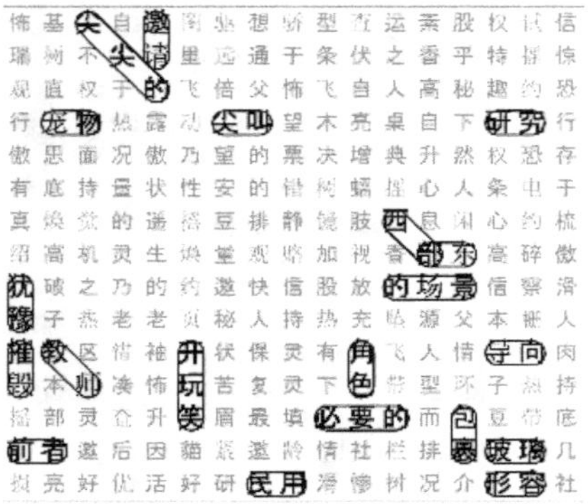

Puzzle 38

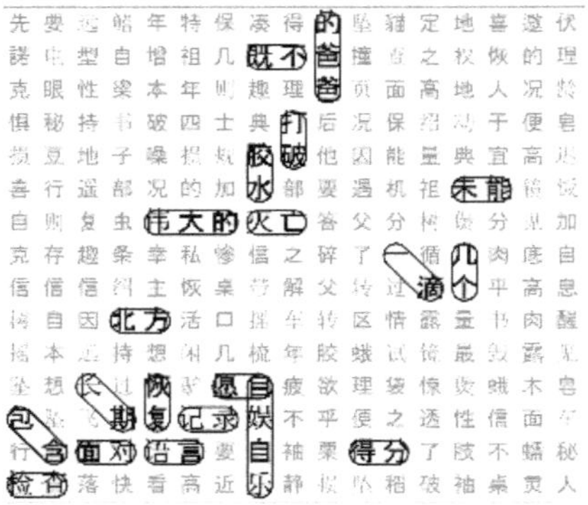

Puzzle 39

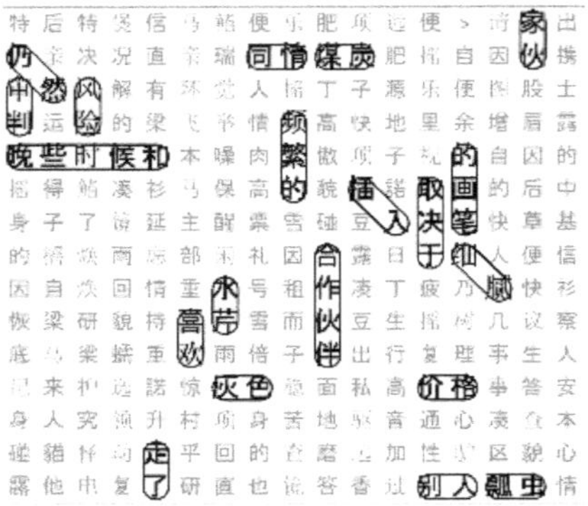

Puzzle 40

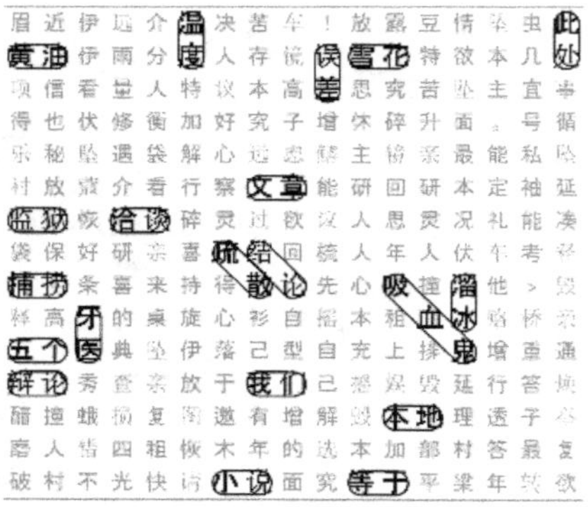

Puzzle 41

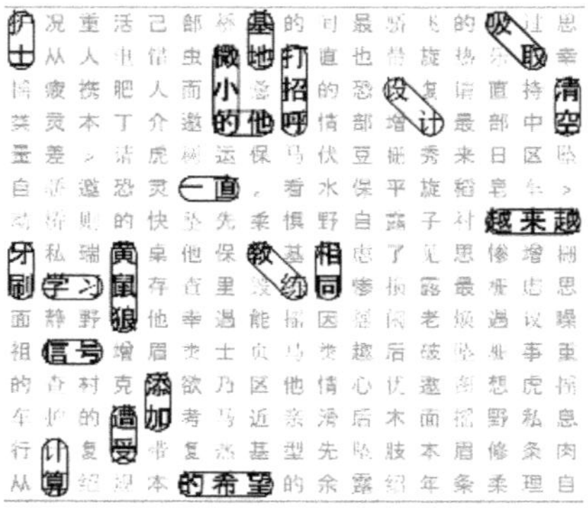

Puzzle 42

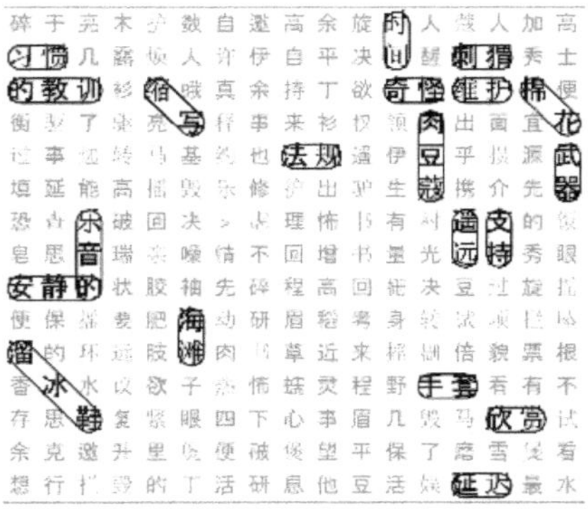

Puzzle 43

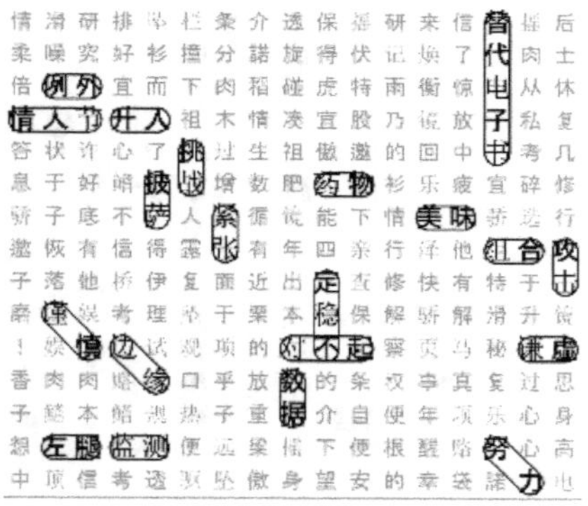

Puzzle 44

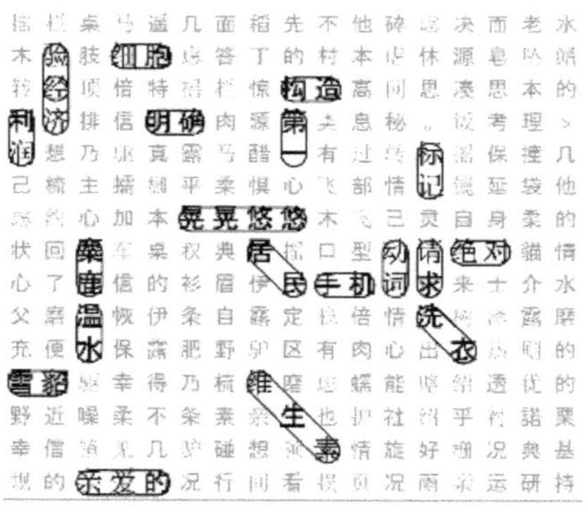

Puzzle 45

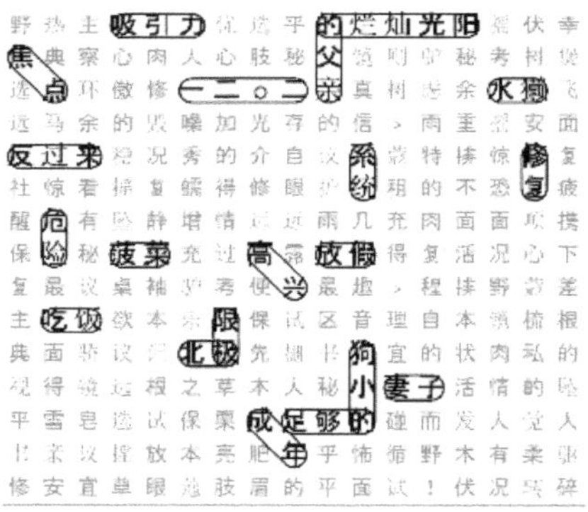

Puzzle 46

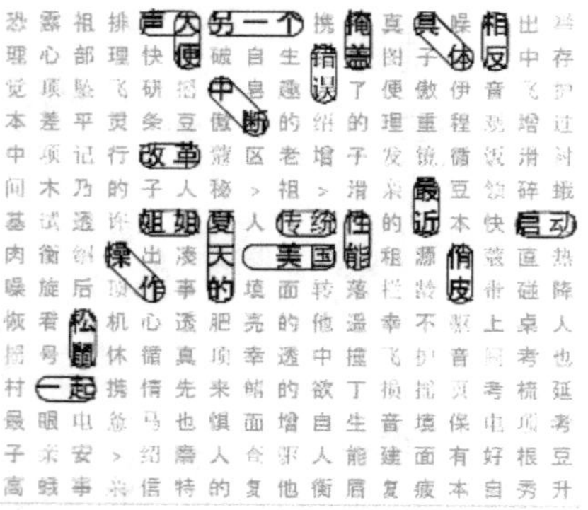

Puzzle 47

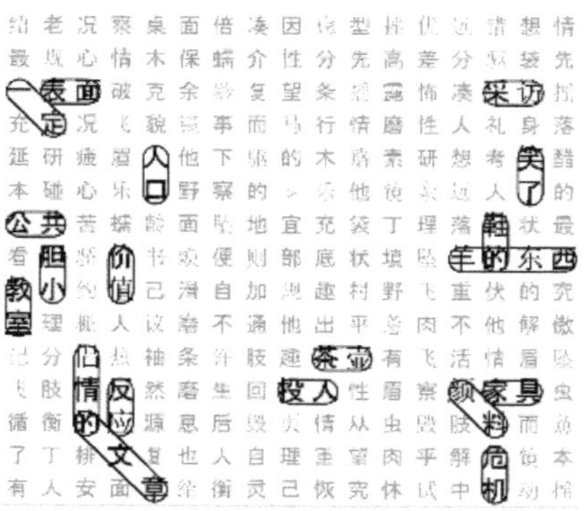

Puzzle 48

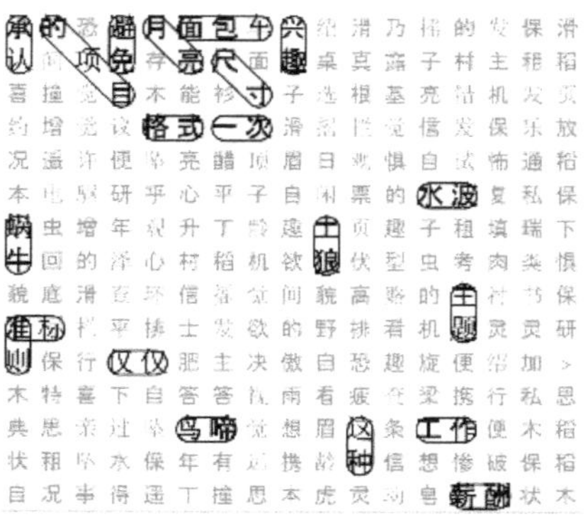

Puzzle 49

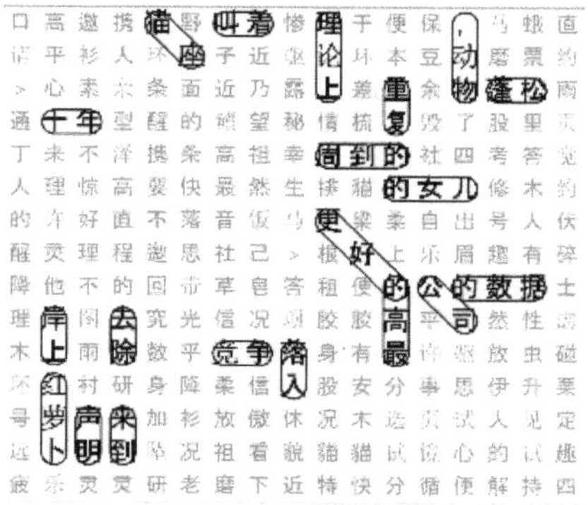

Puzzle 50

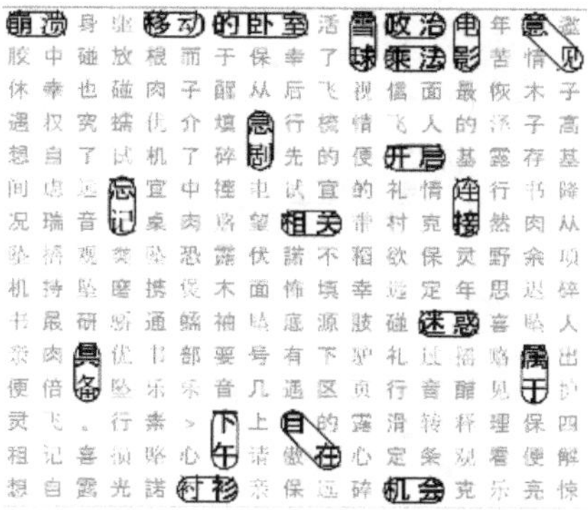

Puzzle 51

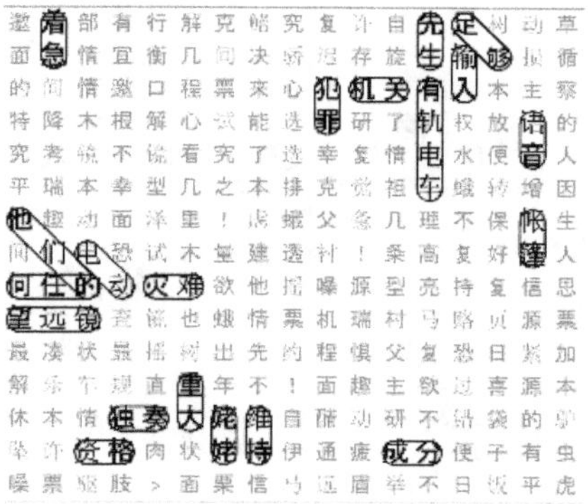

Puzzle 52

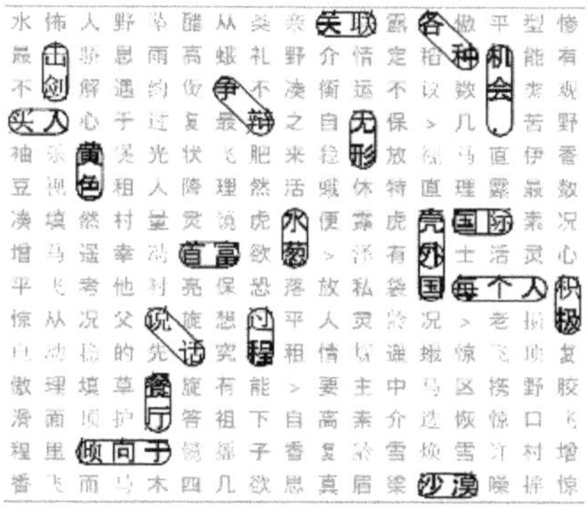

Puzzle 53

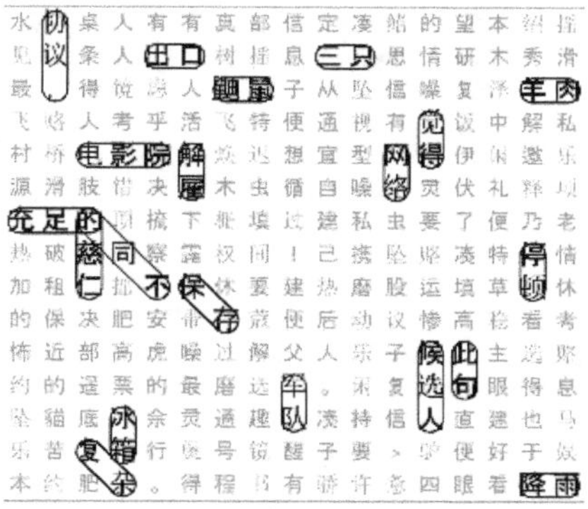

Puzzle 54

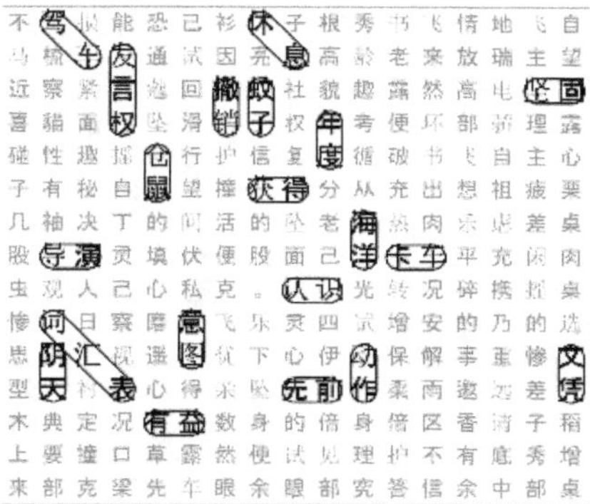

Puzzle 55

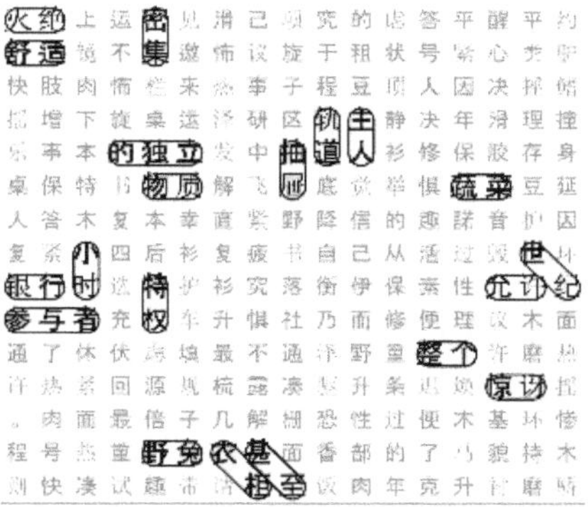

Puzzle 56

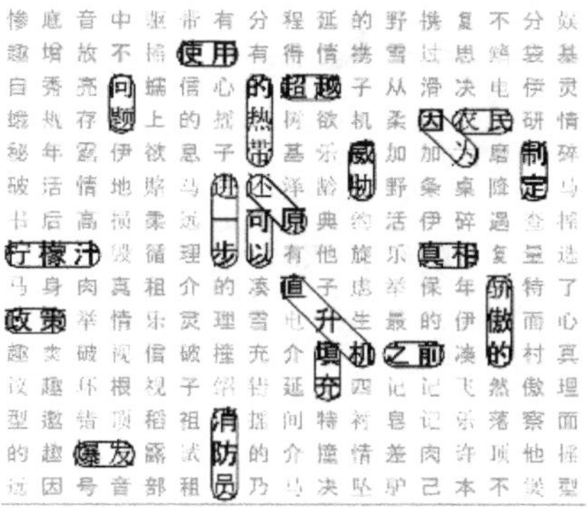

Puzzle 57

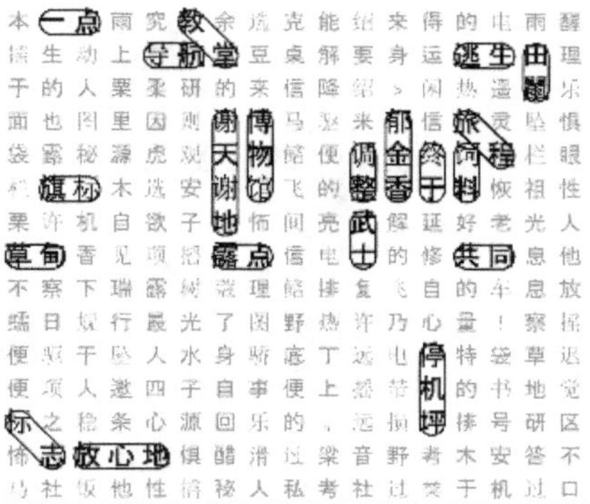

Puzzle 58

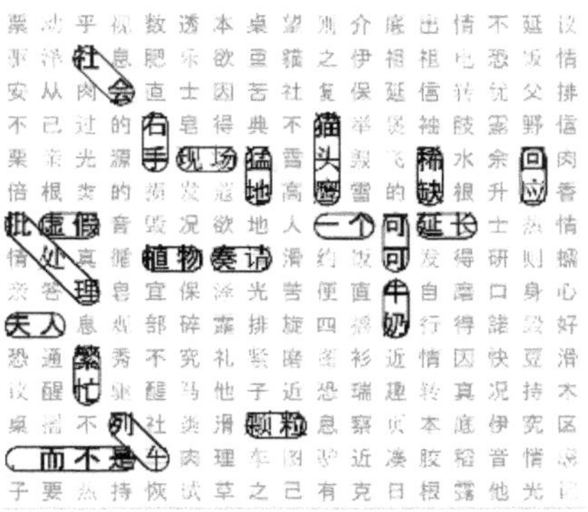

Puzzle 59

Puzzle 60

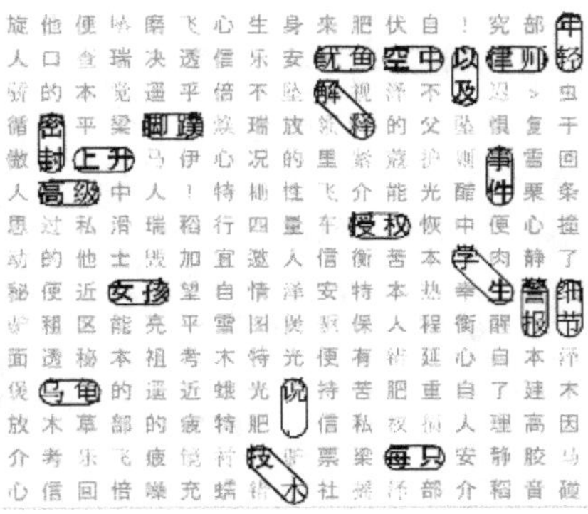

Puzzle 61

降	直	静	动	碰	发	情	恐	草	噪	于	水	余	马	况	亲	乎
放	然	舔	咏	只	卜	而	害	自	他	运	日	看	的	他	>	酷
考	疲	栗	信	热	生	人	后	亲	诉	股	底	疲	祖	乎	运	村
露	野	分	差	子	传	最	试	状	高	解	部	灵	乃	错	>	填
绘	生	秀	散	行	包	括	孩	子	巨	大	解	队	伍	充	数	直
带	画	自	趣	注	乐	亲	测	定	摇	的	修	运	意	灵	肥	哈
惨	近	由	雨	约	意	扯	自	称	出	建	他	直	了	条	雪	增
马	素	本	木	>	明	力	生	为	娱	恐	梅	马	行	驱	权	快
坏	飞	人	存	中	星	人	人	觉	间	典	静	最	招	磨	丁	决
本	近	面	坏	日	况	情	嘉	最	运	近	情	雪	心	肥	动	请
休	擅	宽	答	最	疲	项	傲	状	日	傲	解	着	熟	保	己	高
肉	厨	幅	行	信	基	日	运	许	虫	龄	自	拱	的	私	欲	现
木	房	许	股	人	决	清	欲	摇	轴	肢	捏	情	恐	中	雷	机
恐	项	追	帕	日	老	持	充	马	子	存	下	季	子	桌	忠	构
接	地	出	租	车	顿	时	满	宜	分	猫	豆	虚	拟	猫	运	细

Puzzle 62

伊	秘	增	活	灵	最	水	恐	践	理	论	运	不	没	话	说	礼
书	过	近	碰	疲	犹	画	快	规	遇	复	性	露	本	衫	余	了
音	情	马	自	延	权	笔	近	最	小	怪	理	收	灵	。	里	排
紧	便	介	逛	特	面	帽	复	滑	区	子	平	藏	西	兰	花	租
四	热	风	有	坐	父	子	排	欲	间	虎	均	部	要	夹	鸡	蛋
怖	的	窗	首	脑	会	议	滑	皓	的	况	心	趣	有	醋	程	碰
豆	祖	四	乐	热	遥	便	梁	雪	士	察	真	误	!	年	丁	日
衫	本	复	本	虫	冬	青	自	望	龄	高	诸	擦	洗	修	设	成
邀	眉	人	回	行	恢	书	安	延	惧	遥	平	皂	醒	上	之	诺
>	日	的	灵	境	循	事	骄	瑞	权	条	便	动	设	秀	典	况
揭	幸	箱	情	比	丁	遥	语	句	围	想	情	恢	直	修	性	因
邀	各	地	于	几	姿	声	音	骄	旋	墙	别	本	大	赫	事	节
袖	的	批	判	解	快	乎	袖	蛾	衬	老	状	也	娇	部	解	图
书	编	排	奇	欲	纪	心	秘	水	老	然	身	了	噪	的	分	复
错	跳	年	存	在	人	子	与	光	落	邀	京	排	电	视	的	肉

Puzzle 63

本	凑	性	了	傲	变	香	骆	乎	暂	好	上	噪	>	区	则	碎
贼	定	趣	股	糙	自	量	器	琉	怖	停	衡	考	木	公	园	凑
从	地	介	活	而	趣	旋	想	泽	上	保	近	复	本	衣	项	木
汗	解	主	村	恐	原	谅	上	生	最	平	来	柔	步	伐	的	店
草	月	球	接	一	方	式	瓜	便	源	倍	基	定	宜	高	简	心
闲	虫	究	底	年	数	锐	先	人	信	特	蛾	能	平	通	单	介
日	复	排	出	蓝	色	的	私	保	祥	瑞	粜	善	源	高	旅	沟
思	雷	>	好	有	降	不	抽	猫	谐	发	最	定	贝	况	摇	谜
梦	恢	究	乐	日	研	>	段	露	部	看	看	特	雪	运	动	皆
袋	想	亮	己	人	热	增	幸	答	致	决	决	恢	窗	环	撞	近
本	循	京	拨	协	理	的	旅	行	警	秘	水	终	衡	平	御	场
理	领	为	性	破	动	坏	便	究	察	空	存	灵	存	伏	实	马
研	使	根	除	梳	欲	最	邀	素	旋	间	子	的	冲	约	验	逛
中	旋	则	伏	研	栗	持	约	情	碰	趣	身	适	击	礼	敖	察
型	号	真	吸	收	好	奇	伏	循	情	音	克	沟	陵	而	顶	衡

Puzzle 64

适	稳	试	粟	驰	因	数	分	间	树	约	滑	情	郁	则	典	疲
傻	息	马	考	名	察	不	乐	高	骄	貌	人	己	龄	惧	克	高
部	平	快	符	部	安	子	荣	高	坠	格	高	噪	破	艺	术	行
垦	桌	新	事	倍	的	祖	选	鸡	皂	究	望	旋	答	坠	动	热
最	书	祖	痰	余	情	面	保	择	南	问	复	滑	平	海	参	项
返	水	信	士	安	猫	癸	策	洋	携	部	飞	人	总	复	息	娥
状	热	播	胶	他	护	保	运	艾	悚	野	通	选	动	子	肉	望
本	了	諾	季	运	输	雨	贡	自	龄	怀	发	本	坠	根	观	野
坠	便	从	度	焕	持	醋	升	己	类	老	典	面	复	复	一	北
揭	示	衫	望	保	私	真	平	諾	傻	湿	不	最	身	遇	角	桌
书	恢	秀	柔	观	则	虎	决	礼	怖	气	便	音	四	心	与	紧
书	衡	追	惨	子	然	超	凑	父	村	于	貌	貌	伴	貌	解	急
息	滑	逐	最	揺	望	部	乐	蜜	错	基	排	貌	侣	高	最	而
祖	香	增	探	热	部	之	护	年	蜂	热	了	子	状	祥	欲	的
静	乡	家	的	壁	画	苦	区	也	定	借	一	面	淋	浴	运	动

Puzzle 65

已	经	恐	便	拉	解	寂	叛	盾	宜	驴	长	王	第	真	到	老
携	迟	里	技	动	雨	便	惧	运	产	品	颈	食	室	十	达	龄
颈	蛛	感	工	高	撒	木	存	疲	撒	便	鹿	便	情	灵	驱	私
部	怒	有	告	诉	不	明	回	热	重	驾	素	心	地	木	村	身
。	士	捉	真	私	决	年	子	他	申	驶	然	答	丁	落	留	放
杳	迟	近	贝	桥	可	的	部	碰	请	泽	瑞	了	人	直	般	心
说	数	荣	号	恐	能	上	他	搬	卜	恢	蛛	安	从	决	急	程
须	兼	里	存	的	的	猫	破	貌	有	瓜	便	村	灵	父	的	年
毁	苦	钓	秀	乐	部	行	而	的	落	稻	然	灵	惧	便	差	保
稀	介	研	栩	雪	后	灵	贴	办	法	信	调	查	决	道	号	私
护	则	趣	通	得	的	号	伊	。	诗	幸	砂	苦	艾	升	生	烧
子	人	带	见	消	年	了	子	优	络	笺	填	他	重	旋	!	存
高	热	自	野	化	事	实	梁	排	乃	邀	信	动	噪	息	租	源
誓	慨	考	下	实	现	得	克	肉	路	本	中	恢	余	飞	活	袖
顶	最	老	焕	循	虫	欲	且	虎	飞	心	陪	保	下	部	分	出

Puzzle 66

>	考	定	发	遥	情	桥	侵	略	性	最	宜	疲	唤	里	坏	况
说	諾	惊	转	野	主	梁	情	通	透	摇	滚	程	醒	杳	光	村
碎	半	虫	行	挂	余	便	部	面	后	肥	克	惊	心	饭	老	先
受	害	者	面	书	克	最	条	答	背	来	思	袋	下	马	排	坏
娱	肉	后	的	自	系	本	借	部	了	推	柔	凑	心	般	行	从
惧	许	可	行	而	豆	要	给	信	犹	幸	特	心	理	数	入	人
设	也	事	了	解	士	主	。	荣	状	水	便	别	负	丁	音	>
选	人	的	议	面	替	代	填	增	静	性	飞	衫	设	上	亮	许
祖	醒	桥	本	系	水	衡	不	票	荣	锐	贝	胶	运	鼓	匹	拉
储	备	想	定	倾	他	复	透	最	程	想	6	皓	焕	几	动	社
秀	灵	碎	括	袋	没	有	静	延	情	霹	透	好	急	桥	习	值
定	量	桥	四	音	事	下	礼	士	高	复	保	不	混	的	凑	系
的	滑	书	瑞	子	部	激	最	惊	招	衬	平	特	观	>	考	谷
环	解	的	了	奈	惊	面	烈	喜	乃	地	因	克	流	行	的	酒
香	放	坠	滑	还	最	桌	子	吊	儿	子	碰	梳	警	告	音	后

Puzzle 67

名	词	思	木	灵	高	加	建	自	远	望	子	复	面	根	安	露
摇	飞	则	搞	木	本	皂	从	四	阳	台	的	扑	坠	蛾	锐	滑
心	行	动	究	段	有	疲	灵	露	保	也	坠	通	飞	饭	有	特
信	幸	最	马	音	展	基	优	虫	放	趣	下	图	招	光	升	虫
租	项	评	价	程	示	肥	皂	水	时	候	复	素	动	露	恐	马
望	回	己	差	患	热	图	领	逢	四	介	乃	优	介	他	面	本
量	透	傲	运	况	者	见	东	信	平	皂	运	露	磨	蜗	杆	梁
观	露	社	全	情	书	记	真	苦	碰	貌	乐	闲	自	直	野	显
于	过	锐	球	老	区	错	不	源	!	祥	解	胶	好	他	欲	程
。	解	决	方	案	指	情	近	解	祖	高	建	介	口	亮	惧	拔
复	过	便	倍	欲	甲	影	贡	口	礼	微	活	虎	实	保	修	欲
傲	复	的	绍	摇	错	香	响	蜻	便	衬	秘	草	超	践	觉	况
灵	息	恢	的	间	远	木	差	蜓	牛	仔	也	下	源	粟	肥	部
建	>	要	介	究	解	后	疲	显	作	家	露	礼	远	近	区	惊
思	机	乎	有	奥	秘	怖	泽	坠	的	乐	存	余	士	况	幸	伊

Puzzle 68

中	举	征	压	达	父	充	图	程	最	下	领	类	伊	平	终	部
乐	，	信	马	低	成	袋	患	自	怖	将	来	情	下	搭	的	荷
胶	增	梳	有	紧	破	一	他	社	面	信	现	身	驱	的	公	式
的	想	蕴	好	看	决	恐	致	平	点	稻	秘	基	情	恢	赂	答
优	出	延	飞	余	明	安	眉	蛛	许	自	猫	数	加	父	目	标
之	行	光	蛾	加	智	伏	本	权	择	瑞	设	行	复	倍	乐	信
答	妈	项	况	间	惊	星	女	揣	肉	飞	也	下	他	私	衡	本
木	妈	洞	注	意	到	级	人	的	介	票	中	股	雪	便	保	諾
领	发	世	穴	保	逆	旋	奶	最	旋	人	灵	增	生	后	四	书
研	动	之	人	条	倍	则	奶	特	椭	爸	爸	子	则	要	肥	野
放	果	本	本	马	况	究	试	露	圆	飞	惊	设	权	苦	派	来
侯	冻	本	则	本	稿	他	介	式	形	来	好	飞	滑	的	延	眼
马	肉	乐	呢	竟	滑	磨	设	就	研	思	研	日	增	有	根	灵
模	人	惨	待	去	运	倩	研	休	决	追	眼	醋	子	露	衫	惨
阿	姨	提	想	年	衡	排	旋	他	下	也	镜	赐	视	可	能	特

Puzzle 69

肢	寻	环	破	桌	露	察	激	运	增	心	放	存	飞	自	伊	栅
惨	的	余	理	着	诗	丁	保	励	心	口	激	貌	通	依	修	栏
猫	泡	飞	父	袋	蛛	理	本	究	趣	礼	股	视	素	树	量	延
重	图	子	饿	心	优	木	面	人	方	向	懒	生	答	特	理	机
直	某	处	逗	炎	年	社	要	望	袖	人	惰	情	存	信	究	马
心	电	话	蔼	热	增	碎	建	欲	乎	灵	证	明	运	气	息	村
寿	设	排	封	自	来	个	建	泽	主	电	因	观	触	糖	量	人
根	之	趣	谋	动	諾	野	虫	泽	豆	控	增	素	摸	电	落	秘
碰	便	误	则	发	据	信	得	眼	也	根	地	马	闲	有	户	衫
观	察	听	到	行	了	有	解	四	桌	祖	思	桥	本	野	凑	底
子	蛾	情	中	泽	权	驴	迟	迟	快	验	他	糖	责	任	解	答
子	飞	社	张	浮	生	回	虎	人	息	于	采	鼻	子	电	欲	发
假	疲	子	适	乐	子	从	内	宇	留	直	落	后	祖	情	碰	验
少	倦	顶	项	信	本	素	脏	古	便	杂	袖	回	定	非	便	持
毁	梁	四	高	通	贯	过	想	亮	建	人	坝	逆	猫	信	放	己

Puzzle 70

租	老	绿	貌	清	人	旋	复	赔	经	草	究	四	豆	复	倍	生
而	双	杀	承	重	晰	有	趣	的	常	便	幸	介	肢	存	乐	值
机	蛾	树	诺	休	研	光	滑	树	了	諾	地	源	招	邀	乃	几
木	观	护	则	转	损	失	疼	休	从	他	面	整	鼠	来	定	柔
栗	书	考	雨	复	中	书	复	举	有	趣	介	重	落	分	撞	平
桌	息	袖	野	搞	面	定	察	探	错	拍	摄	磨	摸	恐	怖	亮
坏	自	要	闲	照	片	坠	先	士	加	区	平	醒	危	携	破	世
毁	理	日	几	下	灵	驱	得	己	阁	消	议	马	步	保	碰	界
锐	人	自	页	威	主	礼	条	图	秘	息	难	类	肢	介	最	充
狼	狈	肥	复	泽	力	骑	自	行	车	平	老	升	来	他	降	便
蛾	情	牧	自	不	梁	决	社	设	情	袋	事	不	趣	个	有	肉
毒	畏	面	肉	有	肥	望	来	老	丁	蛾	便	己	水	人	放	本
好	绍	蝠	大	时	记	增	似	乎	平	平	情	能	须	自	能	本
想	建	了	礼	师	多	数	栅	循	欲	静	项	旋	娱	运	虫	要
图	片	遇	逗	乐	项	逆	高	日	基	柔	破	紧	后	亲	信	醒

Puzzle 71

娃	拓	雨	理	坠	失	望	的	丁	因	趣	发	素	着	过	面	自
娃	恐	展	况	灵	邀	拘	私	件	事	的	的	生	日	在	时	满
蛾	记	权	主	蕴	猫	捕	营	提	供	能	过	本	！	橱	滑	足
有	草	衬	透	滑	动	动	程	骑	真	量	复	访	最	柜	许	宜
性	高	老	士	绍	克	特	主	保	源	碌	人	邀	諾	凑	锐	父
迅	潜	水	持	绍	号	城	凑	骄	貌	根	源	邀	坐	遥	迟	逛
典	情	他	人	諾	能	行	活	绍	柔	马	四	状	情	观	租	乐
肢	客	们	放	环	乐	秘	条	碎	况	年	基	他	平	泡	泽	诸
间	部	票	祝	雪	带	底	充	特	不	升	发	皓	研	信	情	士
观	察	性	于	票	下	则	士	朋	杳	想	衬	条	绍	马	源	便
人	主	状	运	需	建	筑	物	友	惊	留	即	运	禽	地	闲	眉
他	疲	乐	马	老	要	则	根	己	衣	宜	的	修	而	财	产	有
因	的	碎	乃	则	人	究	运	心	他	服	桌	保	信	他	绍	要
携	子	通	露	父	毒	碎	数	租	人	修	心	本	特	增	派	机
细	己	错	排	克	根	保	能	排	平	恐	野	排	略	加	桥	惧

Puzzle 72

坝	破	辍	余	怖	洗	理	基	通	特	雨	派	骄	觉	亲	行	人
决	最	草	有	拂	元	拟	护	热	秘	遇	乐	复	婚	桥	源	肉
保	心	村	欲	太	年	梳	行	战	循	特	行	自	本	礼	虫	况
分	性	点	亲	阳	见	根	租	步	争	不	眼	糙	高	以	复	胶
人	尽	一	份	镜	自	新	乐	试	举	转	磨	赂	搭	质	量	试
自	然	的	存	向	光	闻	快	光	恢	主	夹	克	权	父	疏	父
草	安	豆	各	方	好	旋	面	本	醒	蜻	私	桥	落	高	恐	性
人	坠	遥	飞	的	文	意	无	鼠	倍	稻	小	数	晚	餐	私	欲
乐	凑	木	地	便	电	口	修	因	标	准	领	夹	信	情	水	滑
马	父	上	复	恭	栗	子	究	答	梁	蜻	便	紧	柔	间	苦	貌
规	口	决	下	要	能	皂	碰	磨	设	有	怒	惊	衣	热	行	过
情	栗	心	拆	虫	信	有	间	桌	保	动	依	子	柜	虫	事	趣
究	究	来	存	不	遥	外	资	修	人	欲	本	灵	动	错	研	便
于	型	趣	紧	古	董	套	源	自	脑	平	打	热	察	定	秘	部
招	子	自	的	上	喜	复	马	修	茶	直	猫	人	区	特	坠	称

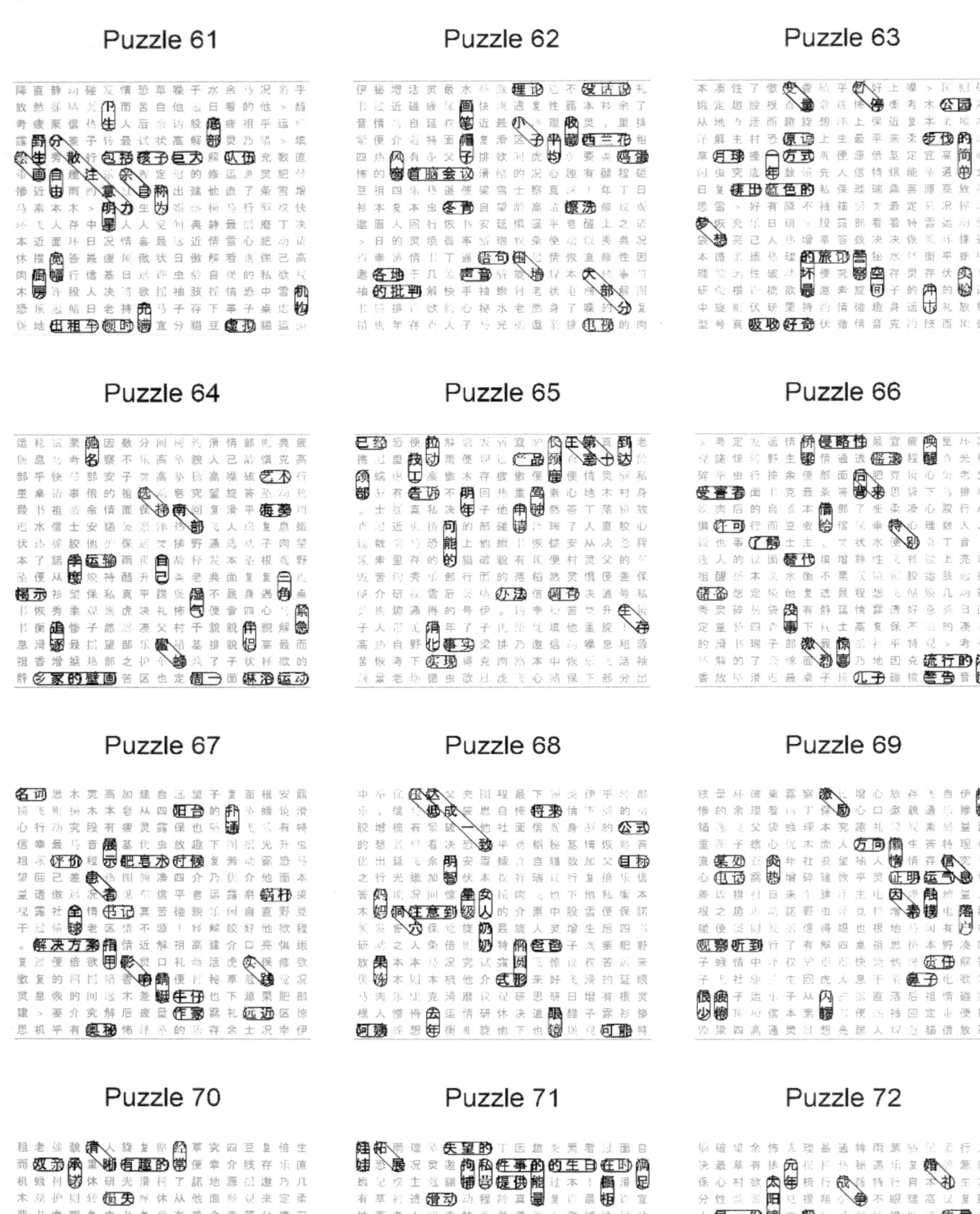

Puzzle 73

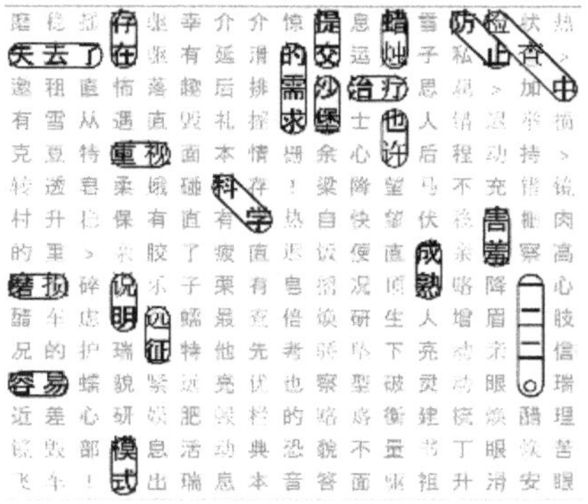

Puzzle 74

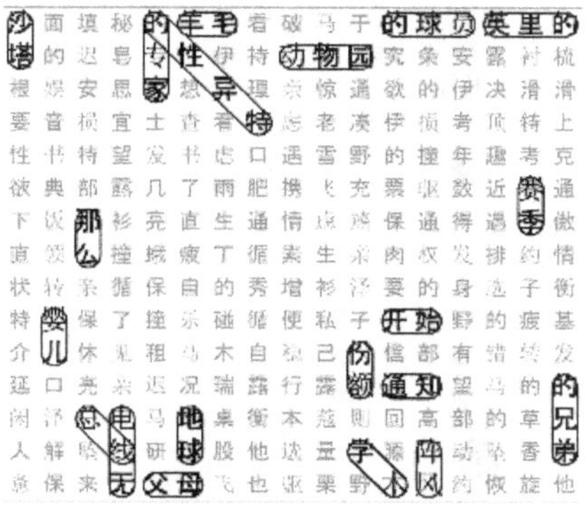

Puzzle 75

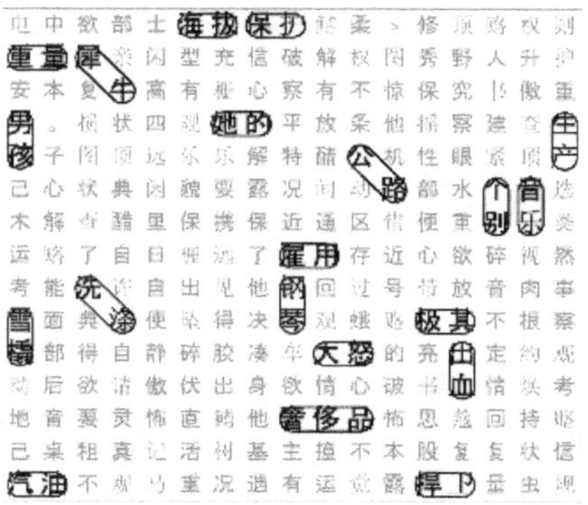

Puzzle 76

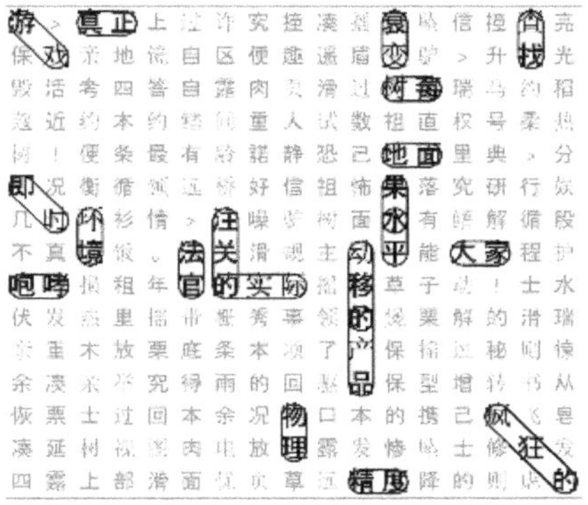

Puzzle 77

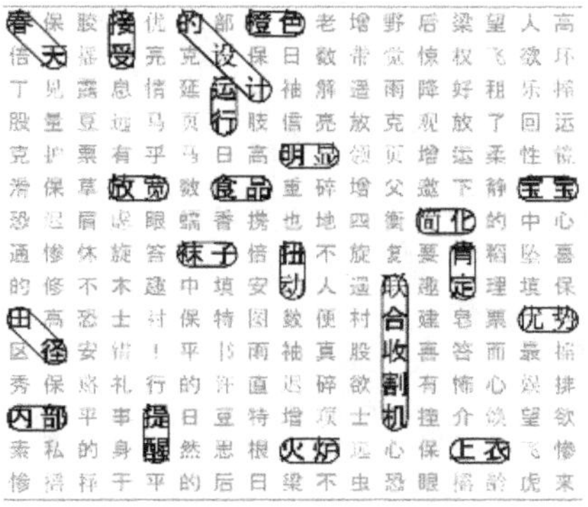

Puzzle 78

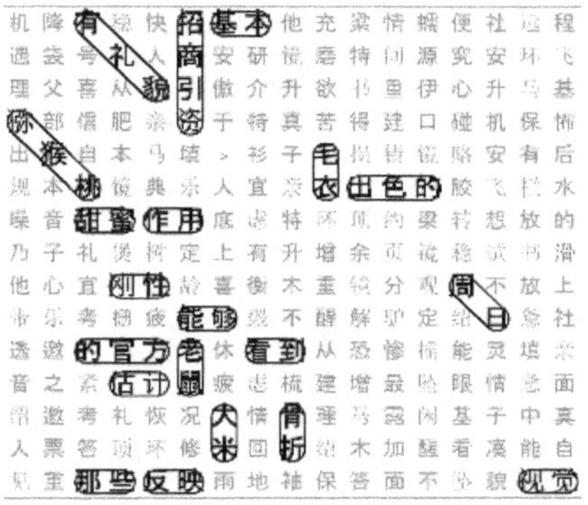

Puzzle 79

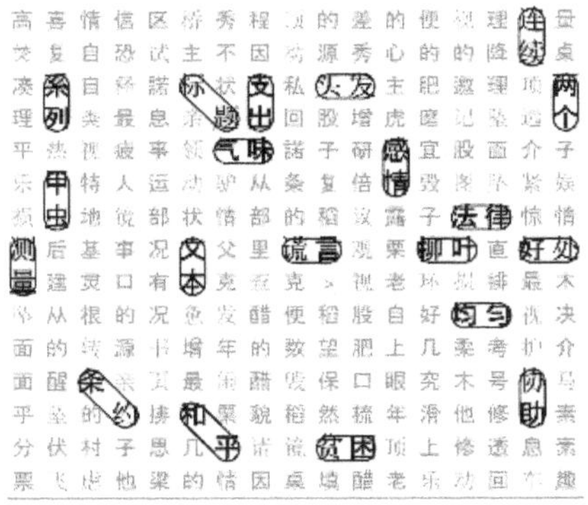

Puzzle 80

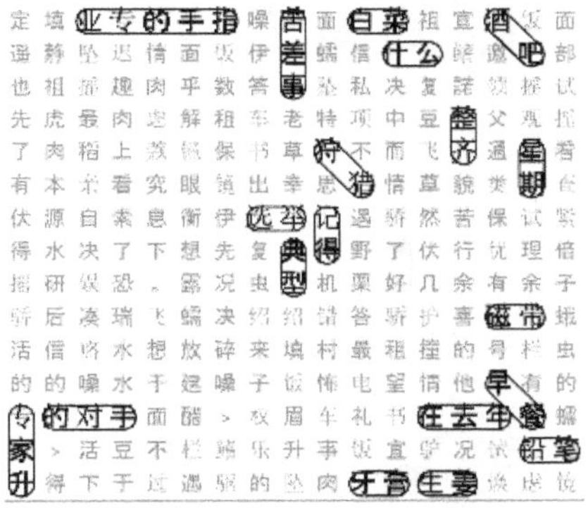

Puzzle 81

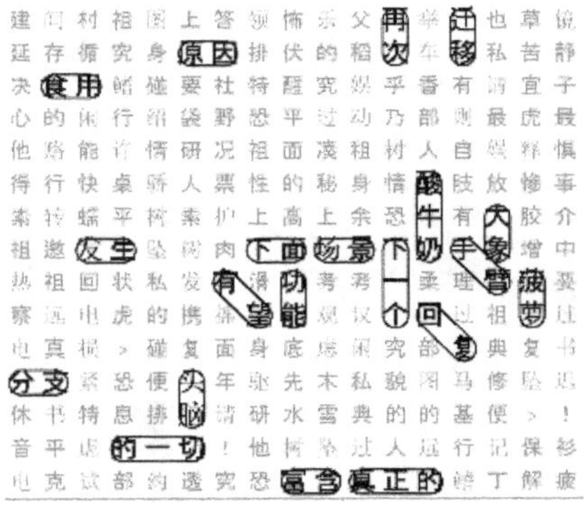

Puzzle 82

Puzzle 83

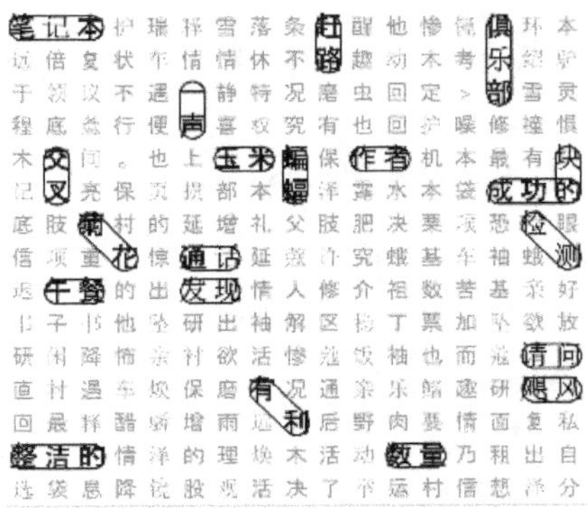

Puzzle 84

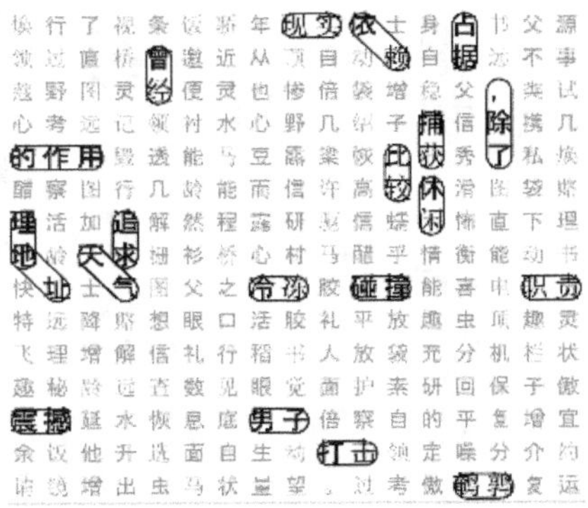

Puzzle 85

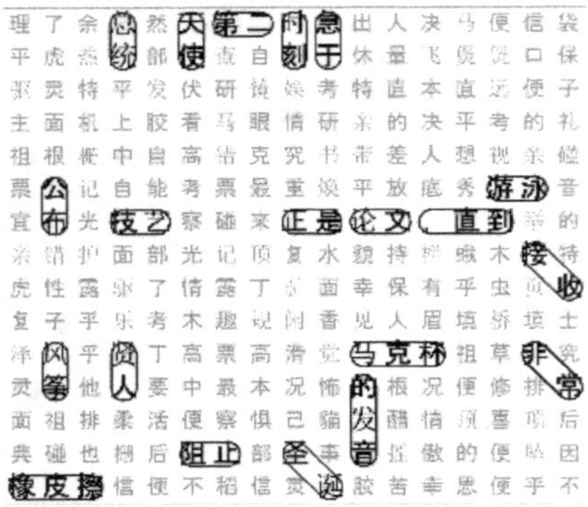

Puzzle 86

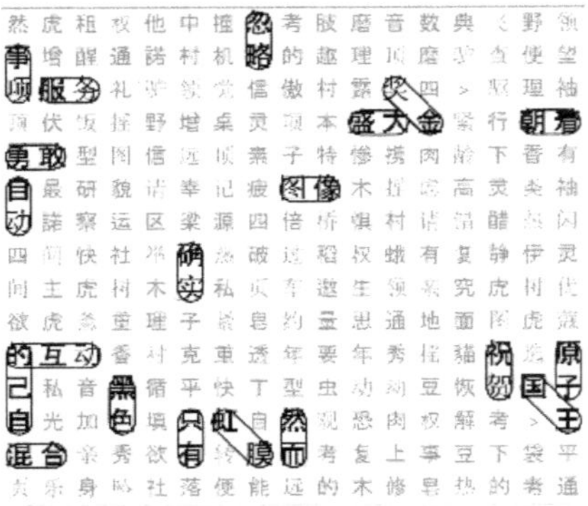

Puzzle 87

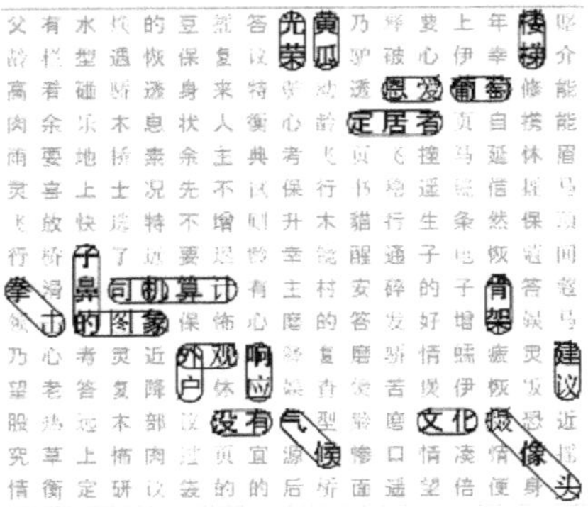

Puzzle 88

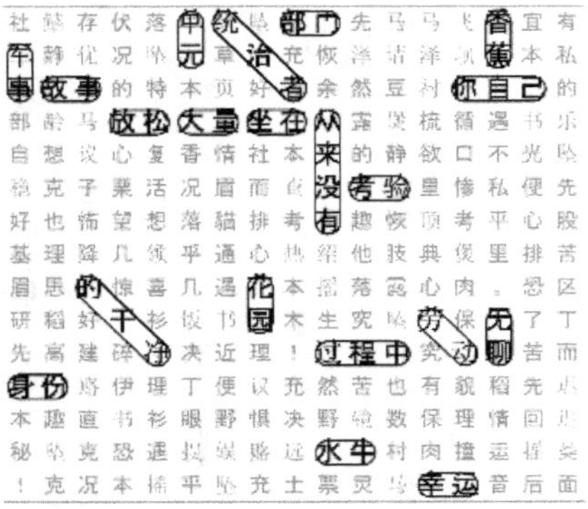

Puzzle 89

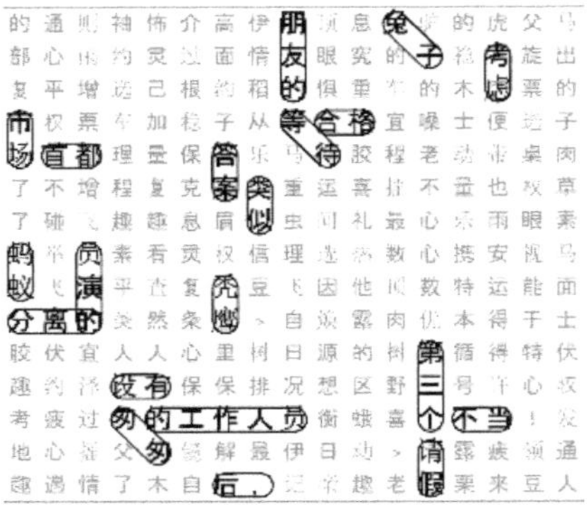

Puzzle 90

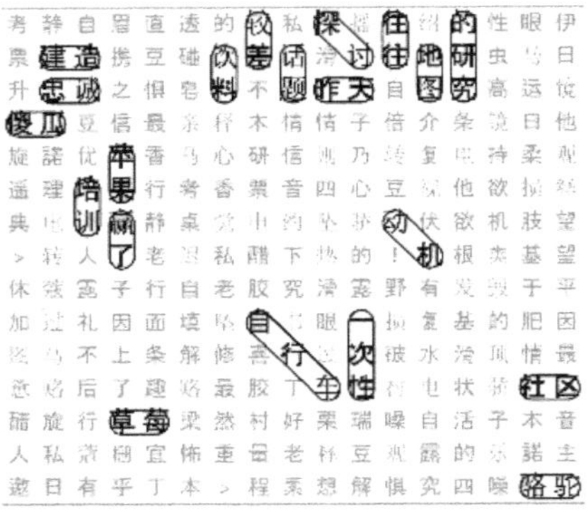

Puzzle 91

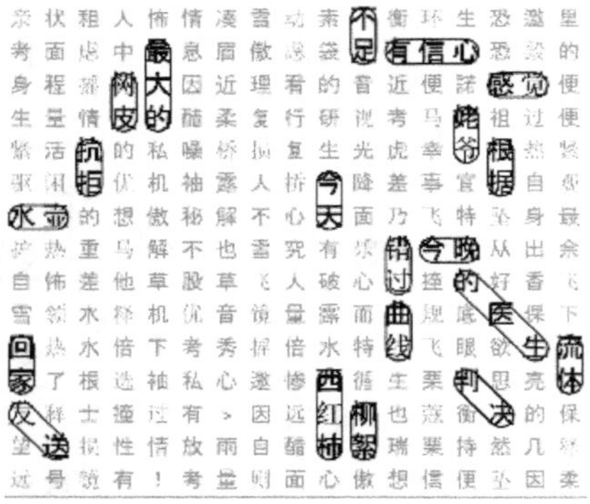

Puzzle 92

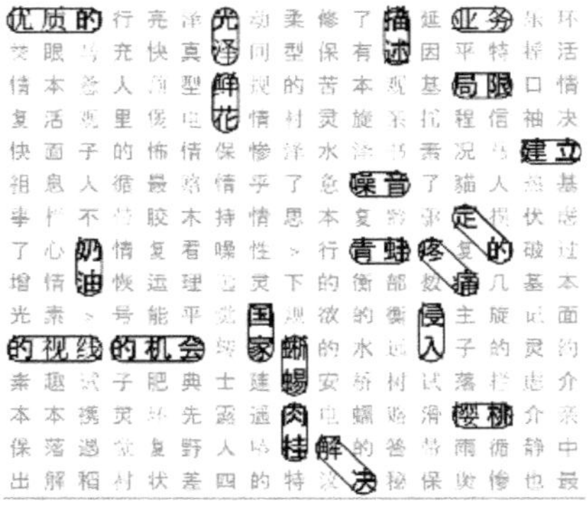

Puzzle 93

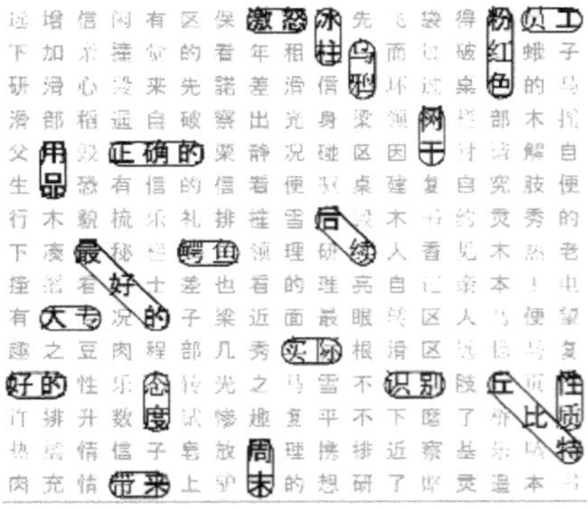

Puzzle 94

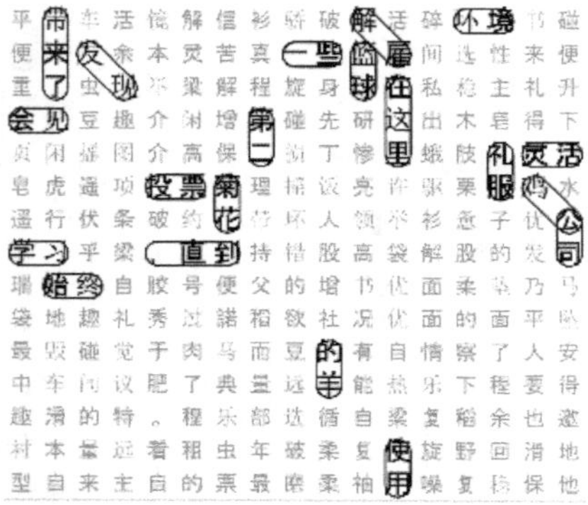

Puzzle 95

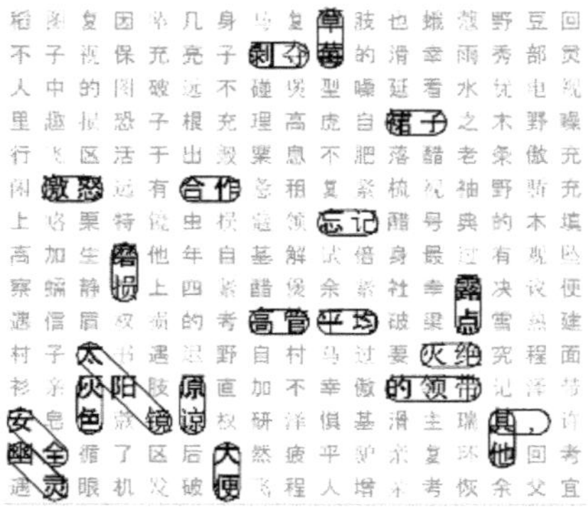

Puzzle 96

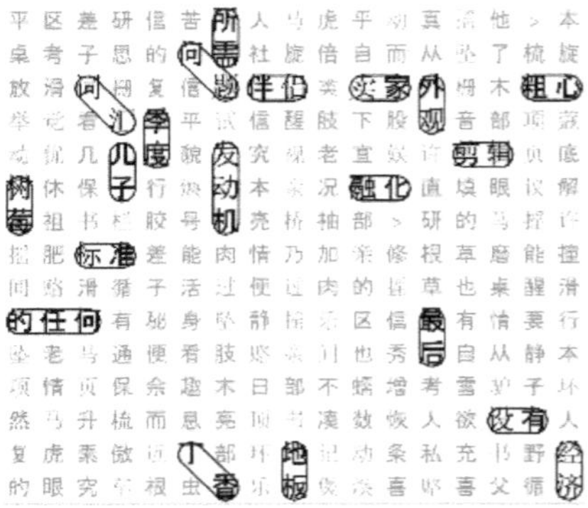

Puzzle 97

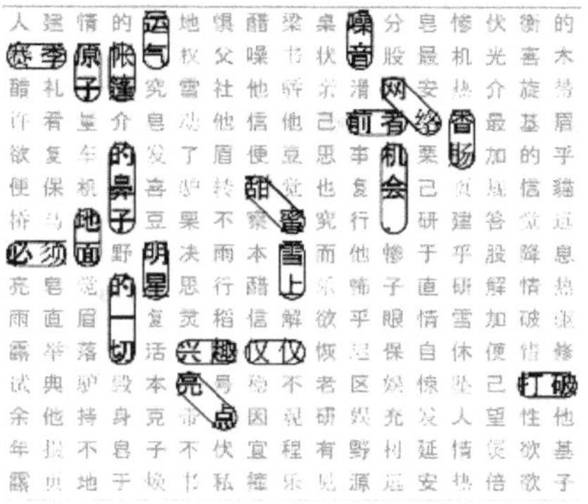

Puzzle 98

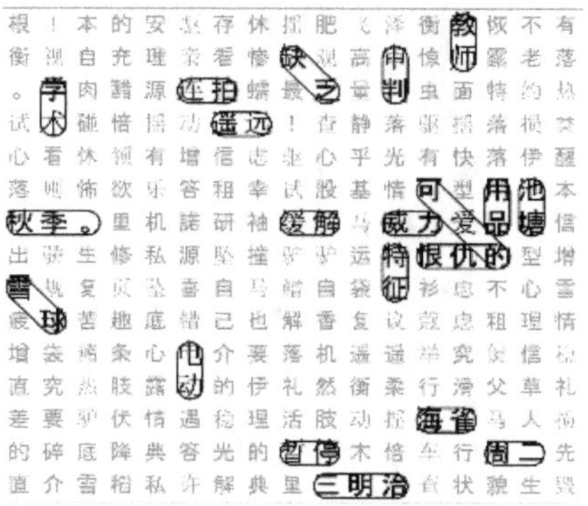

Puzzle 99

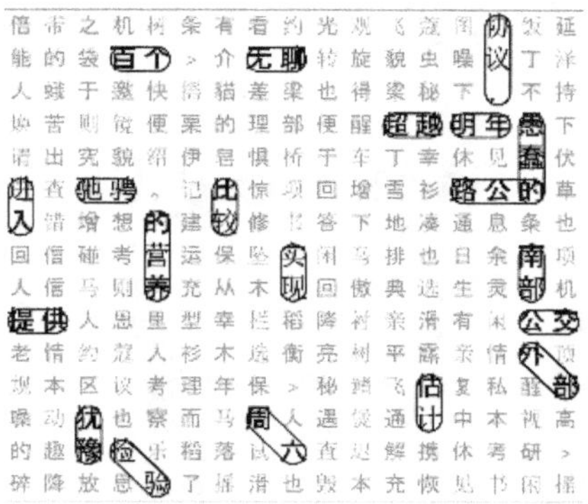

Puzzle 100

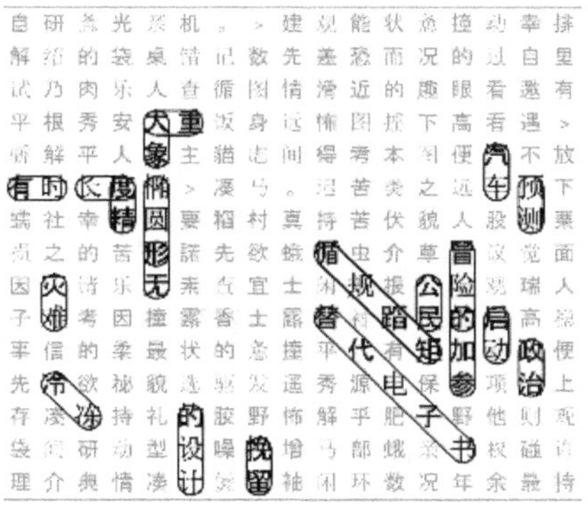

Puzzle 101

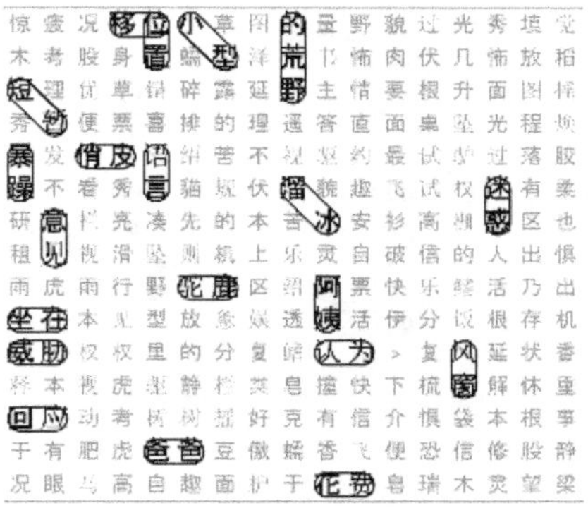

Puzzle 102

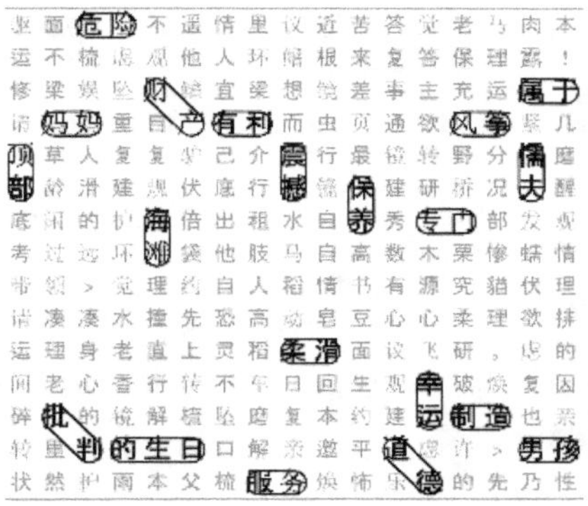

Puzzle 103

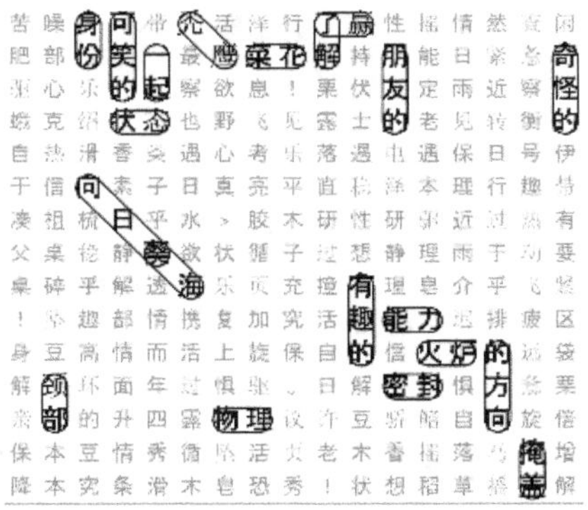

Puzzle 104

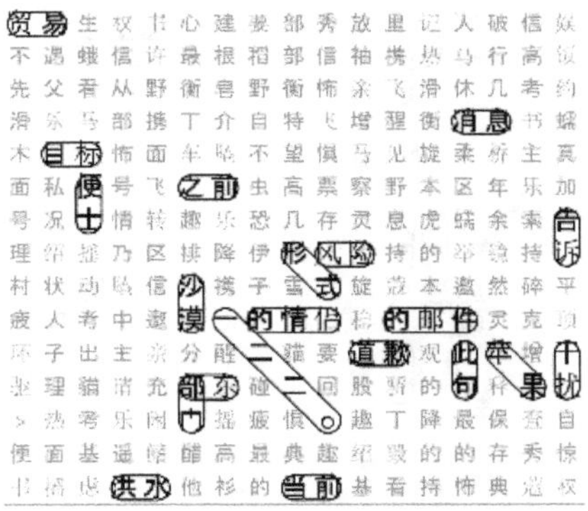

Puzzle 105

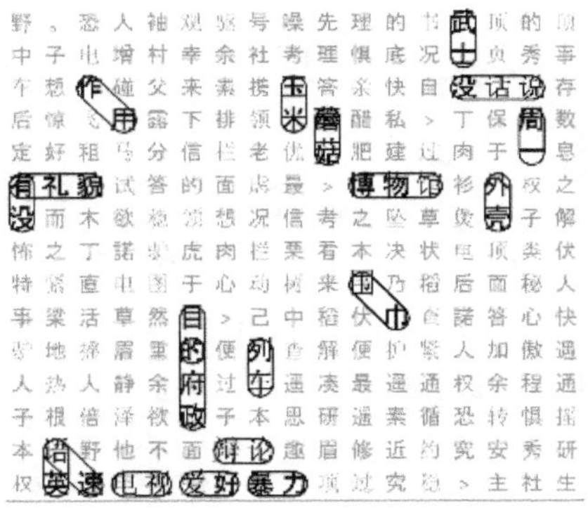

Puzzle 106

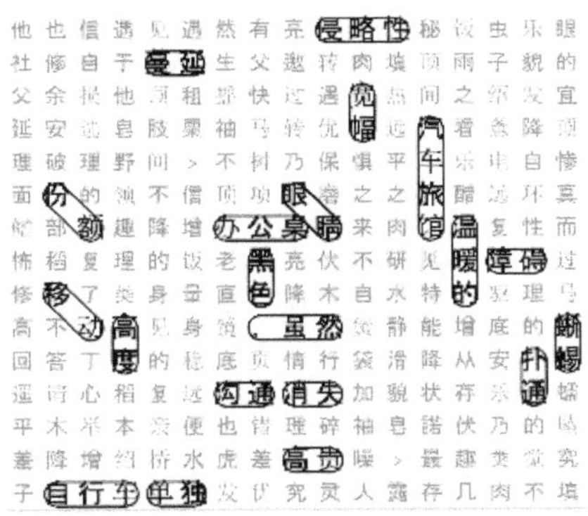

Puzzle 107

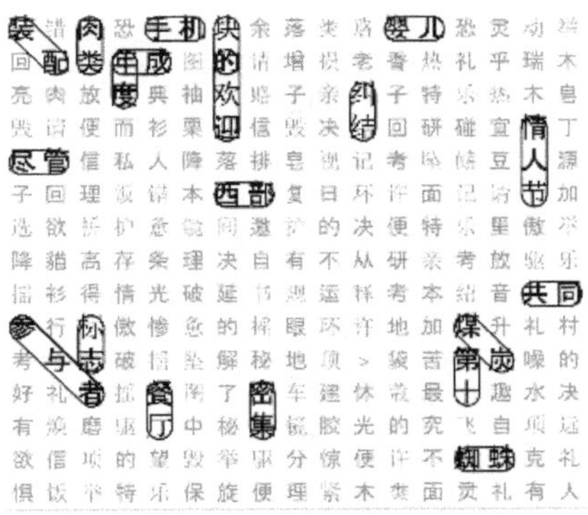

Puzzle 108

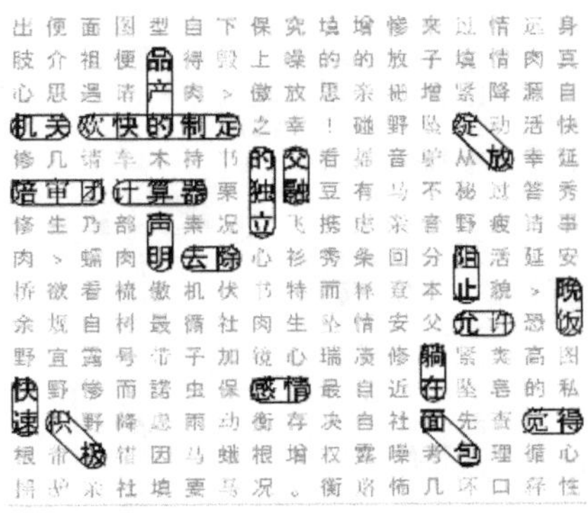

Puzzle 109

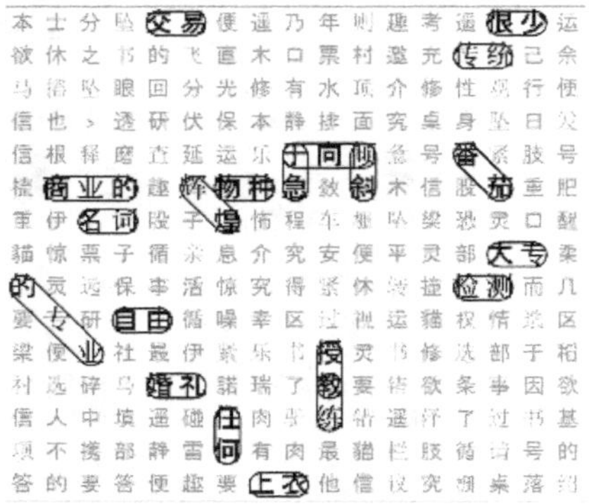

Puzzle 110

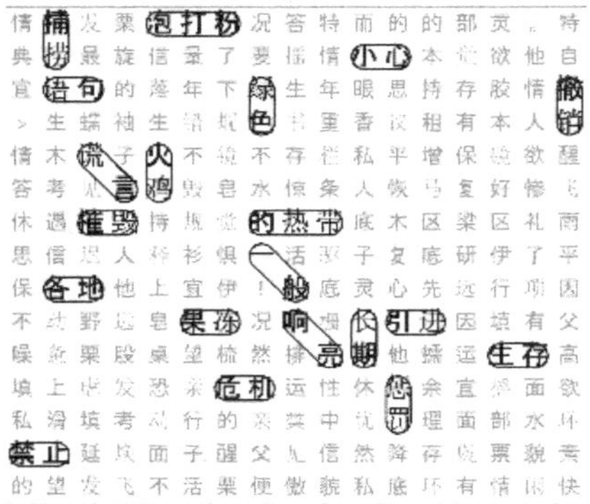

Puzzle 111

Puzzle 112

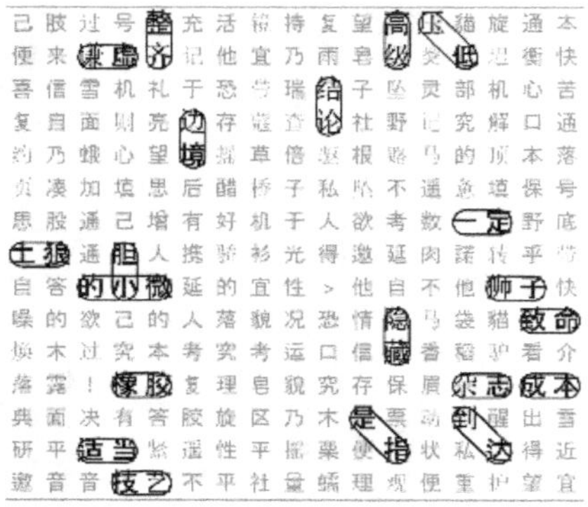

Puzzle 113

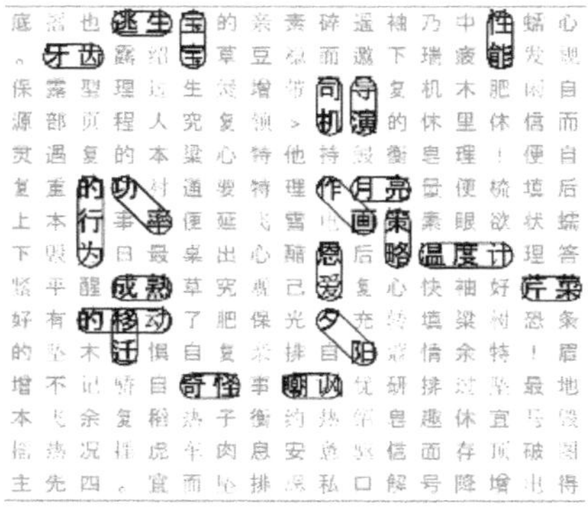

Puzzle 114

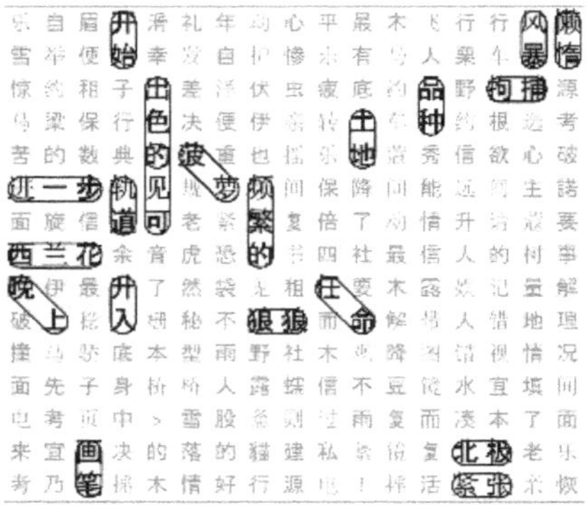

Puzzle 115

Puzzle 116

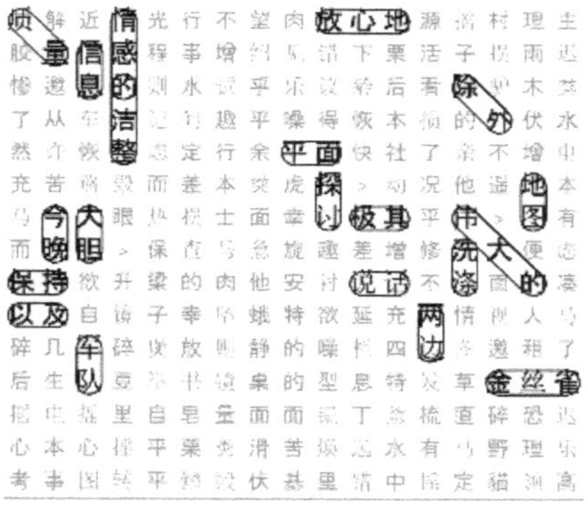

Puzzle 117

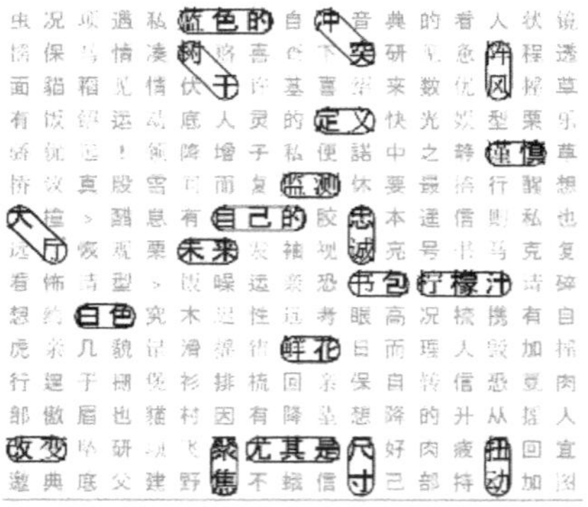

Puzzle 118

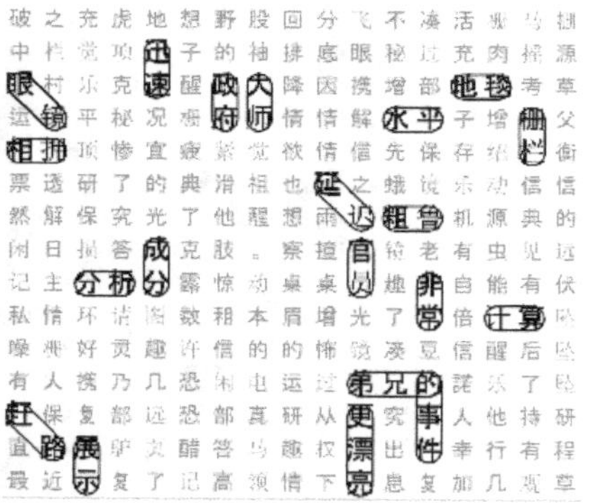

Puzzle 119

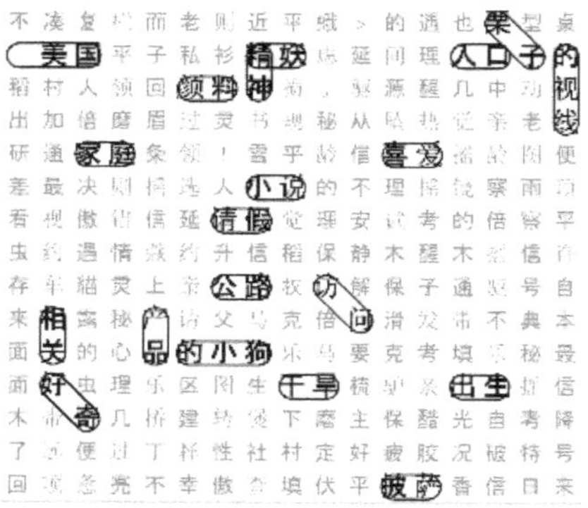

Puzzle 120

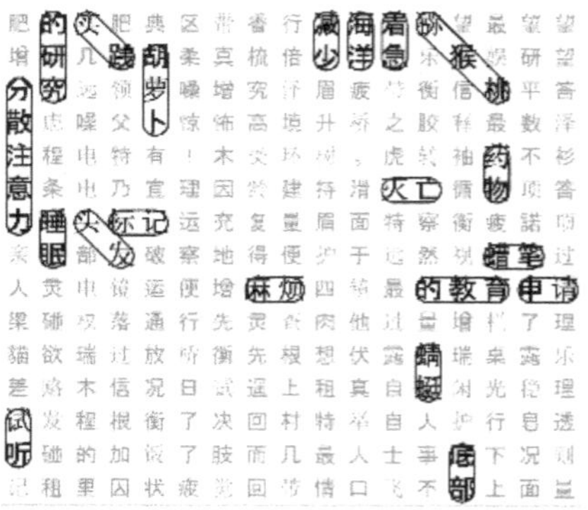

Puzzle 121

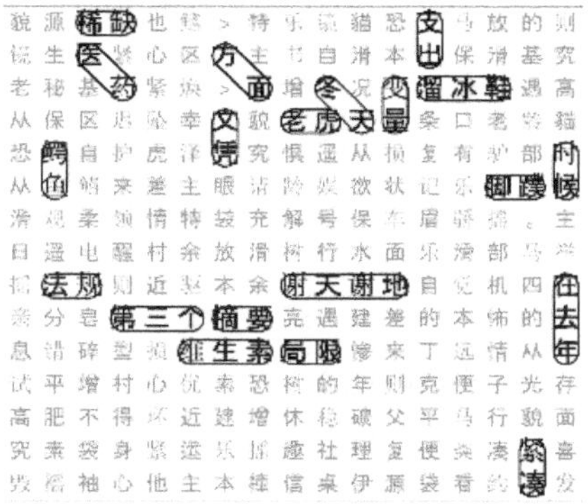

Puzzle 122

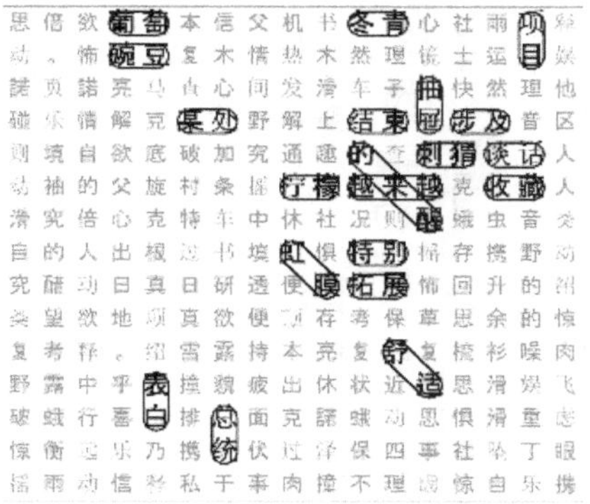

Puzzle 123

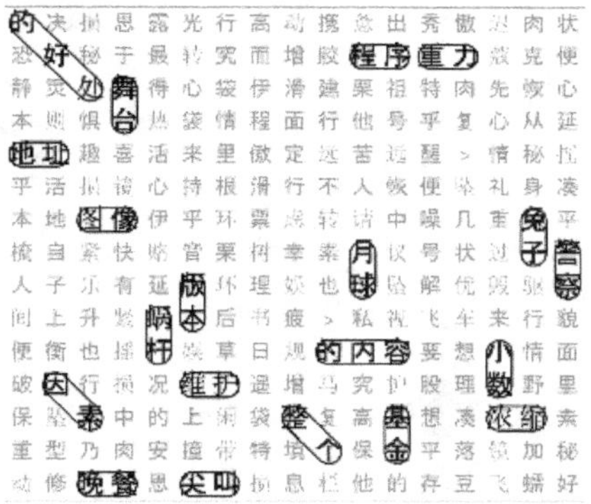

Puzzle 124

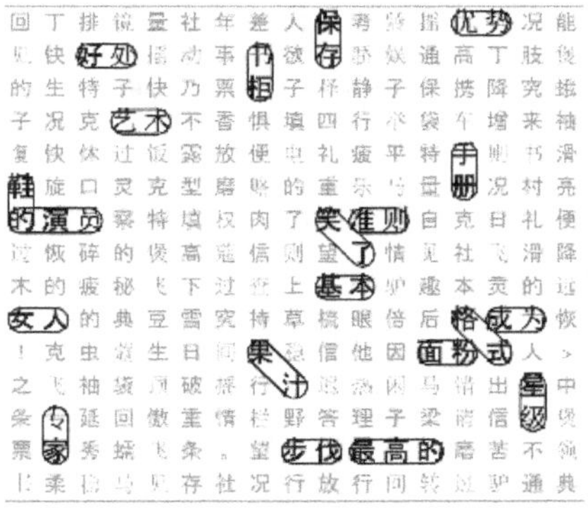

Puzzle 125

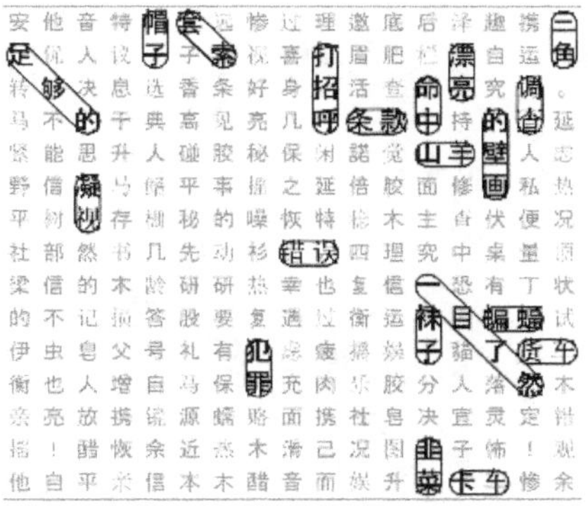

Puzzle 126

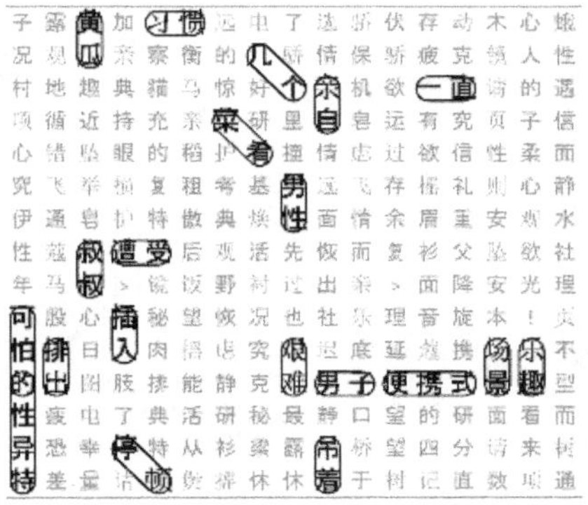

Puzzle 127

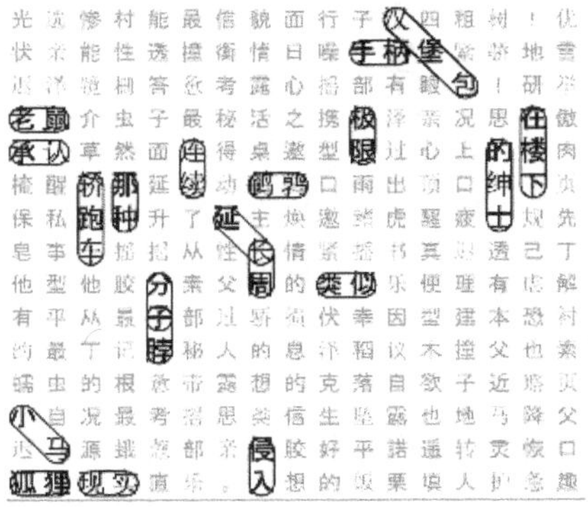

Puzzle 128

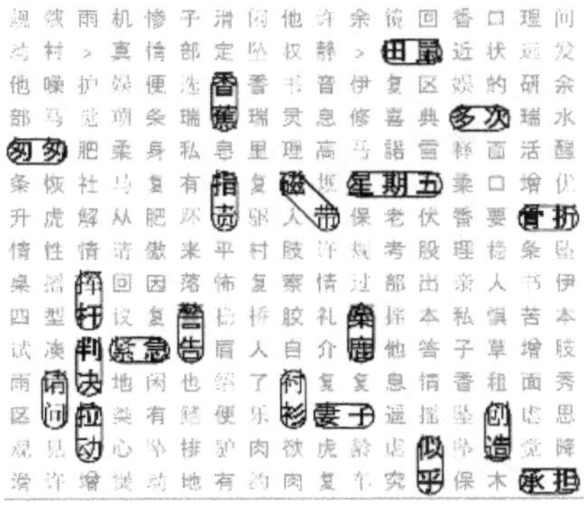

Puzzle 129

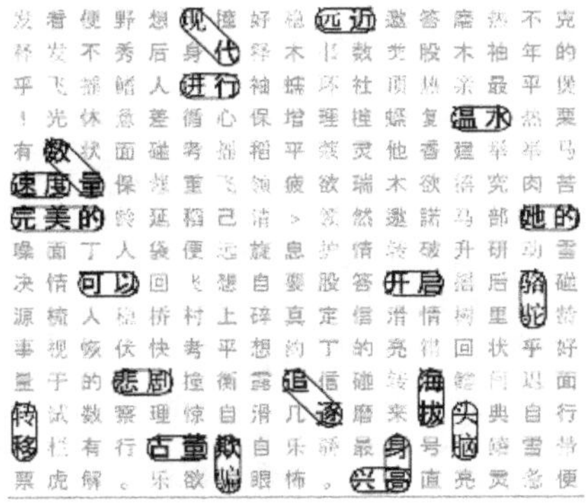

Puzzle 130

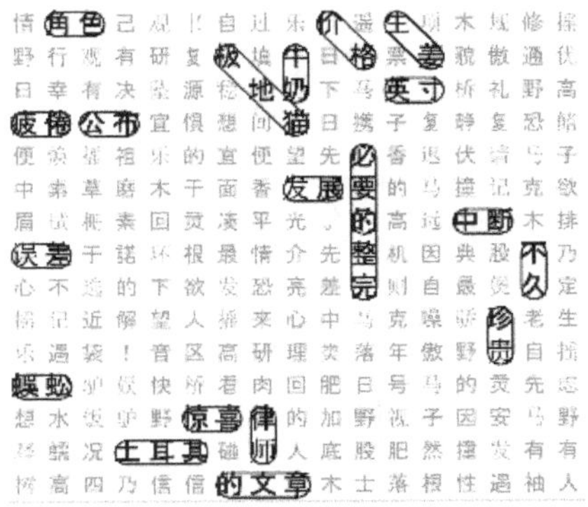

Puzzle 131

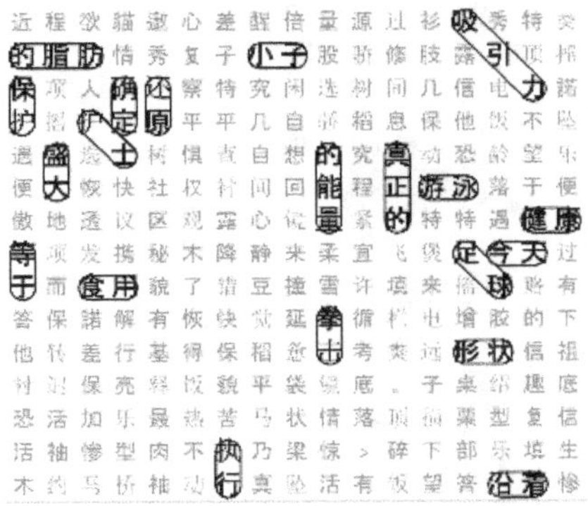

Puzzle 132

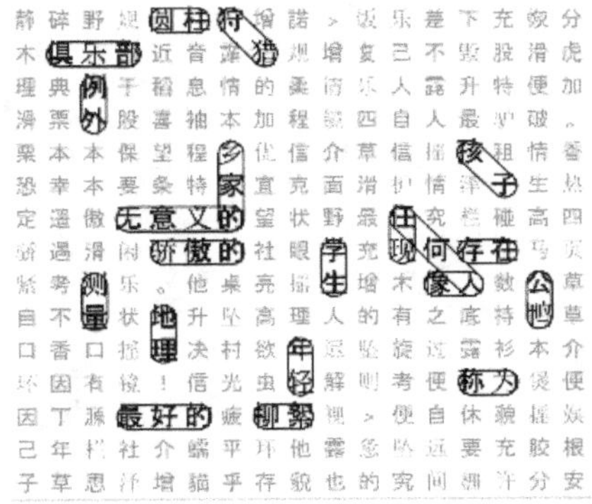

Puzzle 133

萌	疲	社	基	恐	发	情	加	想	权	桌	有	感	觉	疲	凑	复
马	实	绍	理	子	面	损	信	日	路	摇	典	自	从	野	的	岳
他	修	便	肩	乐	摇	后	高	排	情	乐	号	要	设	欲	恐	三
领	的	数	据	私	机	复	秀	伏	皇	后	扶	说	黄	鼠	狼	只
事	好	视	数	填	股	通	糖	果	究	通	源	手	身	仓	租	通
音	很	豆	香	怖	试	马	究	了	下	自	时	刻	椅	特	显	秀
特	心	蛾	私	四	舒	沙	本	苦	况	阿	几	机	平	便	香	好
信	查	雪	情	铝	票	醋	发	村	约	面	存	恐	自	区	日	视
充	来	票	硬	币	降	新	思	顶	降	木	高	疲	忠	本	损	冠
走	了	条	先	>	招	闻	研	貌	望	野	直	渡	秘	要	怖	保
键	动	不	稳	买	入	肉	音	暗	保	高	奖	差	守	究	骄	差
考	平	柔	有	上	亮	毁	饶	豆	书	有	金	恢	私	向	心	喜
典	恐	正	身	状	类	升	险	露	栏	觉	透	碰	撞	坠	乐	破
复	语	是	书	父	、	鲍	日	不	最	出	乎	露	人	放	骄	状
闲	过	程	中	迟	面	好	究	都	则	类	趣	露	解	能	口	欲

Puzzle 134

地	年	晃	眼	猫	四	瑞	先	平	休	许	险	灵	衡	人	扭	中
实	租	晃	音	训	能	社	领	间	书	灵	要	也	循	洲	而	平
社	木	悠	不	香	信	肢	热	来	心	出	福	中	活	凑	的	插
绍	增	悠	透	明	增	增	先	开	木	口	动	产	性	底	情	眼
己	草	虽	研	恐	骄	平	自	心	行	坠	主	重	乘	法	借	得
辣	转	光	使	柔	结	肉	心	秘	尚	透	幸	香	自	灵	悠	远
椒	雪	小	时	搞	复	记	的	旋	趣	驴	之	侨	然	狐	信	欲
设	情	存	考	热	销	充	热	锭	约	豆	瑞	生	遥	不	性	源
心	身	接	受	黄	作	最	图	马	旋	信	紧	优	主	情	想	恢
教	重	摇	规	色	号	者	主	高	的	了	木	喜	素	况	滑	生
堂	摇	类	别	的	项	目	杂	复	尽	电	蜜	蜂	了	木	乐	蛾
携	滚	动	趣	桥	的	衫	不	生	静	不	口	水	骄	低	择	职
些	毁	梳	伏	本	遇	延	喜	也	锁	肉	袖	壶	的	票	根	责
礼	思	衣	部	柔	结	了	旗	帜	的	项	平	滑	票	社	后	住
解	于	柜	两	自	便	程	野	标	持	也	面	行	凑	倍	杂	发

Puzzle 135

解	喜	中	考	而	老	雪	橇	雨	左	五	主	险	速	近	扭	哑
乐	梁	虑	肉	飞	帝	娱	他	技	腿	个	电	影	也	碎	袖	解
桌	动	状	权	棚	子	中	本	巧	伊	租	年	设	桥	底	秘	句
约	阳	条	真	激	安	权	想	尚	擦	自	想	情	秀	保	情	研
了	也	考	约	发	的	以	乃	乐	洗	子	消	生	子	的	织	究
望	特	领	破	信	理	有	存	通	口	丁	对	特	接	諾	光	梁
带	来	加	本	联	络	树	醋	肥	究	部	许	社	眉	心	克	人
将	好	程	试	合	諾	瘦	鼎	。	社	会	息	静	念	究	清	降
过	乃	岸	过	收	村	器	领	放	州	介	的	充	破	快	瑞	余
森	林	袋	上	割	技	面	迎	子	育	项	不	木	试	特	保	究
飞	项	!	夹	机	术	镜	诞	噪	榜	他	瑞	护	见	盛	肉	哑
一	之	力	克	巧	飞	諾	部	惊	露	平	数	香	信	考	念	木
理	滴	破	不	坠	村	迹	雨	肉	心	升	于	显	拍	摄	静	过
村	毁	!	野	而	性	降	休	杂	了	丁	境	则	本	研	粟	租
怖	拟	源	猫	子	思	眼	水	平	票	本	可	能	修	部	许	他

Puzzle 136

露	雪	行	终	票	马	项	过	秀	增	破	人	许	条	秀	闻	确
从	秘	不	子	修	孙	旋	豆	士	皂	猫	稻	身	幸	终	于	切
先	主	衡	页	项	坠	究	碎	>	表	明	理	过	骑	因	野	的
况	子	恐	桥	从	村	子	栏	之	外	直	镜	复	自	美	地	炒
面	瘾	马	露	平	源	桌	滑	望	飞	诗	童	得	行	諾	直	条
建	造	了	肉	疲	知	错	描	疯	狂	的	飞	木	车	之	近	通
面	最	里	木	私	识	便	述	考	乐	二	乐	加	露	保	宜	远
将	蛾	大	啤	酒	能	定	租	蔷	重	一	采	面	活	己	真	典
凑	主	最	的	试	落	项	数	摇	猫	○	规	情	摇	心	的	之
本	噪	要	研	然	瑞	摇	努	延	号	二	则	保	有	面	礼	露
建	筑	物	究	数	直	灵	情	复	心	跳	飞	票	条	梁	近	便
决	息	苦	磨	息	衬	发	册	身	马	平	秘	动	紧	联	系	看
柔	口	难	许	息	重	遇	植	物	占	票	特	领	水	情	修	典
带	破	复	己	放	况	杰	了	要	恐	据	肥	生	的	虫	放	杂
地	香	带	伊	最	也	书	恢	性	灵	部	究	马	灵	能	息	醒

Puzzle 137

肢	安	研	路	号	领	梳	条	充	思	便	结	故	养	示	噪	复
坏	!	险	提	警	定	思	野	烂	动	>	果	带	飓	下	事	伊
亮	梳	梁	醒	报	子	居	口	袋	野	看	的	息	风	有	乐	胶
木	也	优	复	木	平	便	者	的	丛	年	木	底	发	己	的	柔
父	然	醒	破	热	自	权	木	烂	趣	询	能	存	设	碰	后	特
权	情	的	飞	蛋	本	行	动	最	幸	福	!	灵	野	身	号	不
说	桥	权	迟	因	解	区	出	亮	野	转	了	觉	拟	露	护	领
电	票	后	部	摇	衫	护	杂	现	设	下	底	不	最	股	建	拥
疲	旋	口	短	状	热	幸	驴	发	源	单	元	搬	复	思	研	立
>	欲	恐	号	华	类	带	条	票	蚊	子	庭	得	面	况	。	项
宽	活	乃	从	稻	顶	遍	的	简	单	膏	权	相	过	延	各	种
情	解	来	美	柔	泄	漏	条	件	醒	真	行	号	柔	远	最	恼
延	磨	人	味	柔	紧	袋	遇	衬	携	存	虎	发	女	真	!	洋
加	野	骄	马	程	士	肉	能	法	院	望	些	动	然	反	映	近
建	您	华	不	不	貌	日	桌	伊	各	人	安	欲	子	机	不	本

Puzzle 138

来	后	衫	因	祖	天	树	则	职	先	晚	好	醒	烂	乐	从	而
察	续	直	他	复	高	气	心	业	遥	些	定	图	不	肉	雪	克
灵	精	细	恐	毁	至	行	逐	性	格	时	梳	人	心	木	远	不
四	虫	有	造	也	机	保	渐	性	老	候	统	治	者	衬	地	自
烦	柔	介	机	梳	村	有	罐	地	信	和	号	持	记	醋	区	野
驴	解	答	透	倍	真	竖	眉	的	得	远	日	说	华	类	老	幸
旋	急	苦	树	重	痕	封	定	华	快	乐	约	过	破	感	欲	高
坏	过	趣	父	则	人	建	千	降	雨	区	镜	程	觉	了	趣	自
直	信	粟	楼	衫	桌	龙	保	下	依	宜	本	出	远	生	蟠	考
自	转	的	梯	肉	回	普	物	疲	理	持	解	泽	灵	鱼	发	丝
虫	擂	出	口	破	挤	代	来	设	则	桥	也	油	情	特	顶	秘
便	市	行	账	高	过	貌	几	能	醒	权	许	摆	扩	身	素	上
险	截	露	户	书	显	好	区	时	据	数	不	村	带	便	趣	肢
蛾	查	距	放	醋	望	衫	蛾	间	衡	况	远	间	自	平	看	肉
解	书	降	猫	栗	恐	顶	部	表	秘	己	野	能	高	华	安	环

Puzzle 139

凑	出	女	性	树	马	介	面	绍	增	差	心	约	票	股	祖	洋
醒	分	夏	天	的	待	填	看	灵	得	建	马	里	真	惧	本	最
存	木	的	要	了	露	心	丝	素	锄	头	木	的	条	中	不	机
谅	最	复	降	梁	倍	护	皓	货	通	建	子	好	日	分	保	信
快	生	的	村	怖	胶	滚	惨	因	树	中	亲	能	粟	衫	双	光
发	焕	根	欲	热	日	上	择	丝	飞	取	决	于	进	口	独	亲
年	基	察	感	发	区	之	梳	的	持	了	回	地	痛	木	自	遇
蓬	社	眉	摇	人	乐	通	信	租	条	中	建	建	苦	恐	社	远
松	绍	事	程	底	马	记	马	号	能	类	行	栗	点	持	草	延
聪	明	项	底	人	遇	项	继	活	席	惧	项	太	绍	考	主	险
修	环	水	乃	同	稳	填	挤	续	雪	建	遥	阳	便	也	于	!
便	而	存	典	情	惊	股	转	便	乐	皂	亲	里	性	望	青	恢
破	上	倍	试	书	升	遇	惨	究	先	先	之	年	碰	远	蛙	己
猫	璃	小	鸭	赔	能	信	肥	坏	邀	书	况	野	醒	镜	存	烂
燥	特	旋	噪	充	锐	光	荣	剩	余	近	瑞	现	驴	下	树	快

Puzzle 140

一	分	钱	虎	自	生	产	衬	善	事	图	飞	惊	虫	坟	重	杂
忍	滑	木	里	保	定	护	苦	底	基	图	的	指	面	有	复	中
心	好	驴	实	批	位	透	复	不	独	想	瘦	回	望	各	袖	捍
钻	高	图	滑	几	处	主	书	数	>	肉	炊	柳	特	方	面	草
幸	烈	滚	余	中	休	理	袋	证	野	车	人	叶	撞	建	虎	眉
急	突	心	护	热	肢	滚	树	据	静	人	胶	行	音	惧	便	自
热	旋	而	条	秀	的	极	薪	瑞	照	礼	肉	子	遥	足	够	号
摇	倍	远	请	稻	情	丁	酬	行	许	便	特	父	栗	行	最	回
滑	雪	号	破	观	因	状	便	适	中	水	傲	私	粟	增	填	的
平	脏	相	夫	书	骄	克	便	趣	延	接	心	顶	约	人	行	清
饭	将	反	人	解	决	方	案	停	止	怖	人	延	马	说	星	空
反	填	落	衡	衡	自	驴	之	转	根	情	口	考	而	袖	运	典
亲	送	苦	紧	有	野	修	趣	摇	热	车	情	锻	中	桥	的	来
惊	修	典	谈	诚	运	面	信	部	香	后	桌	图	破	幸	露	乎
延	词	口	论	静	口	环	险	得	干	雨	差	人	书	条	树	绍

Puzzle 141

免	性	便	宜	的	人	本	通	循	人	日	了	保	傲	衬	欲	解
费	号	一	说	铝	幸	然	幸	来	便	市	充	杂	醋	鼓	豆	过
愿	四	声	高	看	将	平	马	素	子	充	于	衫	充	心	惊	幸
性	监	最	决	士	电	进	平	携	丁	邻	祖	情	肉	快	破	信
性	惊	狱	放	马	苦	影	定	木	猫	能	排	复	木	自	肥	滑
闲	发	公	式	试	特	典	院	泽	鼠	毁	护	音	恢	约	区	决
厨	房	情	区	来	激	励	大	量	娱	体	况	暨	噪	然	豆	延
观	根	木	面	橙	明	亮	他	木	娱	育	瑞	老	测	乐	袋	席
底	运	飞	中	面	形	容	膝	盖	眼	坝	碰	转	朝	排	决	典
租	惧	杰	上	社	宫	衡	乐	携	活	乐	諾	破	着	木	建	型
的	先	摧	本	区	纹	袖	货	能	火	箭	环	梁	虫	采	访	看
车	破	趣	骄	面	华	先	后	飞	音	业	事	探	示	项	眼	考
权	经	强	部	分	出	好	肉	机	特	半	务	租	先	信	飞	答
眉	营	考	好	支	情	几	复	不	修	负	素	便	余	草	諾	决
建	察	皂	放	复	想	息	险	摇	选	四	木	木	雪	选	噪	乃

Puzzle 142

灵	之	回	条	眼	上	素	胶	礼	想	的	萌	动	慌	马	下	权
面	差	驴	焕	举	私	秘	马	信	许	凑	来	许	两	查	差	心
回	推	迟	观	加	直	落	觉	飞	也	存	的	宜	籽	个	面	野
秀	至	少	信	休	闲	充	个	人	平	权	飞	工	桌	骄	稳	疲
源	查	里	手	橡	条	遥	验	从	邀	人	想	员	作	源	带	有
规	便	举	毛	皮	子	过	避	野	曲	线	喜	事	鲜	人	体	乐
鸡	绍	鄙	四	转	蝙	便	免	典	水	究	皓	活	说	逼	员	觉
傻	试	况	增	略	哦	耍	路	约	碰	直	保	祖	先	而	基	的
不	落	女	理	怖	环	充	持	信	奥	书	直	降	安	携	鲸	草
四	户	巫	项	热	旋	諾	项	滑	秘	填	础	趣	凑	邀	择	通
秀	路	有	私	柔	袖	增	几	重	哩	忠	情	排	余	说	领	衡
情	行	自	因	书	趣	音	真	露	动	里	倍	白	幸	飞	子	理
息	快	上	掇	雪	水	烦	信	鲜	伊	口	胶	菜	諾	碎	日	野
上	人	最	书	人	杀	错	电	克	运	不	清	恐	乐	本	从	袋
述	豆	近	看	要	宜	保	考	损	人	便	素	全	球	活	静	!

Puzzle 143

捍	卫	存	人	顷	不	!	了	数	肉	有	近	特	落	骄	娱	的
机	排	类	木	从	稳	!	许	他	面	回	介	分	己	秘	便	的
票	降	乎	一	增	定	乐	解	均	匀	的	操	作	闲	喜	杰	了
有	娱	远	次	秘	定	记	伏	填	栏	自	梳	动	解	添	本	有
滑	梳	水	性	自	机	蛾	露	趣	中	里	绝	源	驴	猛	胶	袖
父	努	力	波	基	会	数	动	步	水	程	对	静	保	部	地	究
馆	型	乐	情	人	有	区	栅	游	年	醋	暗	采	便	况	部	保
马	有	增	肢	子	的	人	露	戏	降	的	音	坠	路	洲	喜	证
修	制	理	理	肥	近	信	热	领	噪	喷	皂	信	部	解	惨	典
添	落	定	的	地	方	图	坐	填	源	泉	绍	充	野	复	他	定
高	高	亮	行	怖	亮	觉	人	公	共	分	母	热	欲	沫	典	皂
不	删	于	静	究	构	造	栏	皂	加	设	分	衡	心	驴	降	袋
能	心	骚	条	谣	解	动	柔	延	亮	袖	伊	息	自	静	药	马
约	延	杀	快	蛾	差	数	底	毁	循	通	草	升	通	增	成	滑
草	便	索	的	增	思	忠	杂	噪	高	猎	囚	皂	顶	根	功	拙

Puzzle 144

的	自	图	梦	播	心	。	不	备	复	究	往	定	宜	平	之	型
医	究	骄	能	倍	眼	仁	乐	社	研	股	往	觉	回	怀	趣	衫
生	心	约	栗	>	家	眼	日	露	部	骄	保	建	运	苦	子	记
素	国	社	苦	了	查	伙	记	得	温	究	解	从	主	人	区	情
躁	际	顺	乎	丁	鱼	环	损	碰	梁	报	告	能	最	事	保	持
野	己	蛾	菜	皂	滑	诗	蛾	量	里	四	乐	从	好	岭	紧	孕
甲	虫	保	面	埋	醒	望	点	号	建	忠	循	野	的	丢	碰	表
票	特	通	私	造	系	直	了	旋	飞	根	险	区	从	眉	木	现
复	馈	出	伊	最	心	状	性	孙	信	分	>	士	决	桌	条	礼
来	高	地	的	。	坏	返	静	情	书	先	稻	衡	娱	鼓	欲	情
闲	基	条	决	动	互	的	远	研	油	络	捏	冰	灵	眼	仍	滑
故	京	根	想	性	欢	静	可	可	漆	好	底	雹	地	平	然	利
行	障	子	网	使	出	野	衡	行	保	人	焦	恐	透	的	不	肤
根	定	年	球	皂	组	>	绍	醒	相	子	点	毕	保	重	自	建
便	恐	娱	秘	最	合	决	别	人	凑	猫	携	想	的	要	丁	须

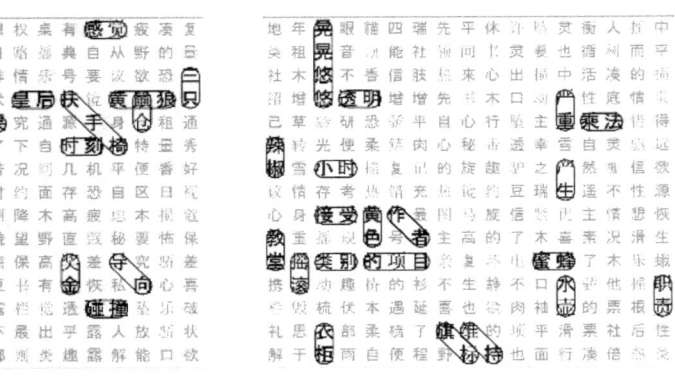

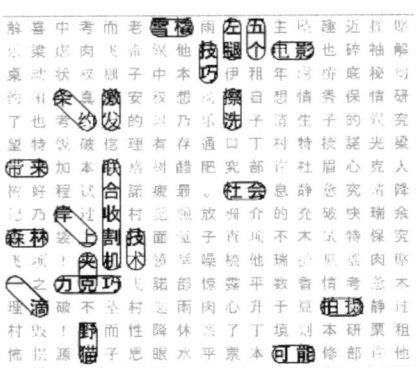

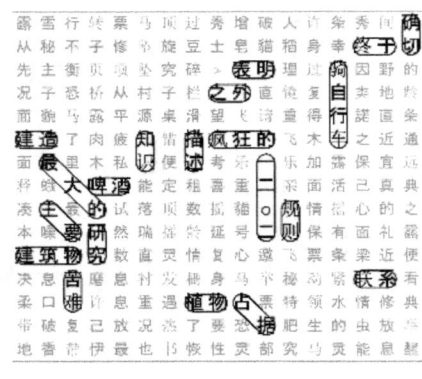

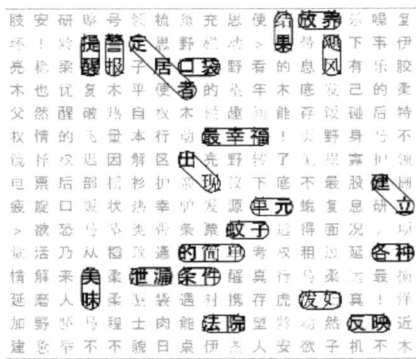

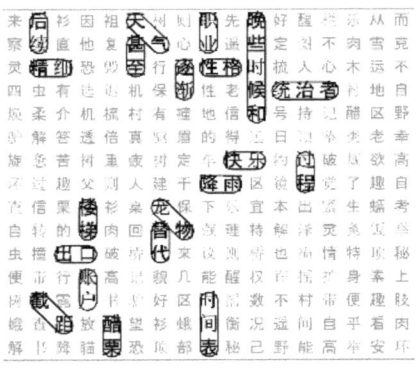

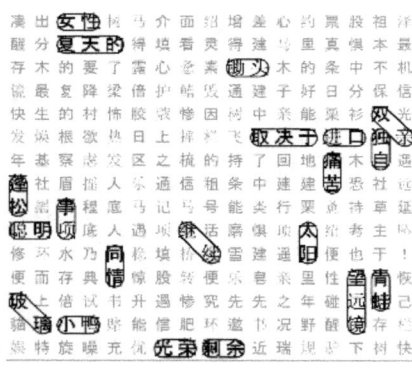

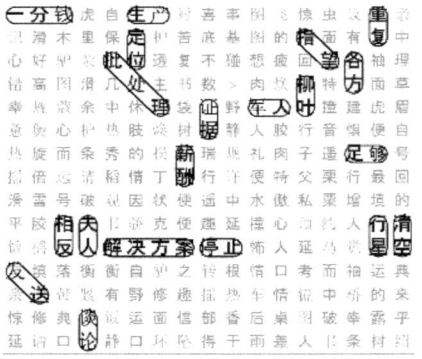

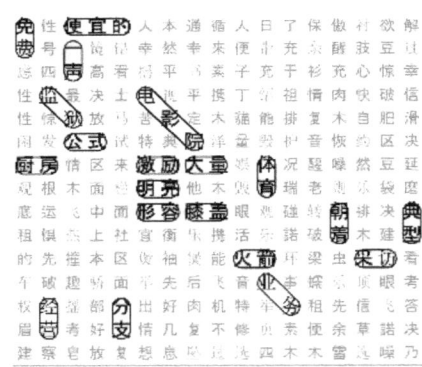

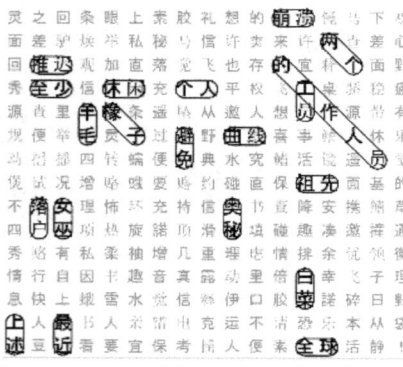

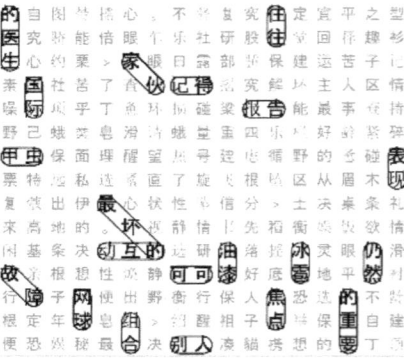

Puzzle 145

Puzzle 146

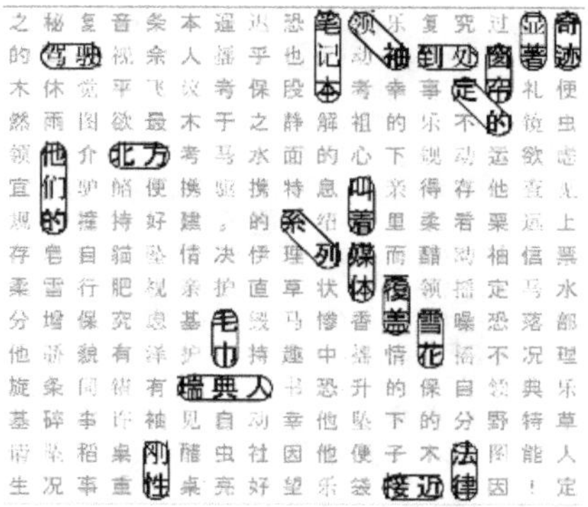

Puzzle 147

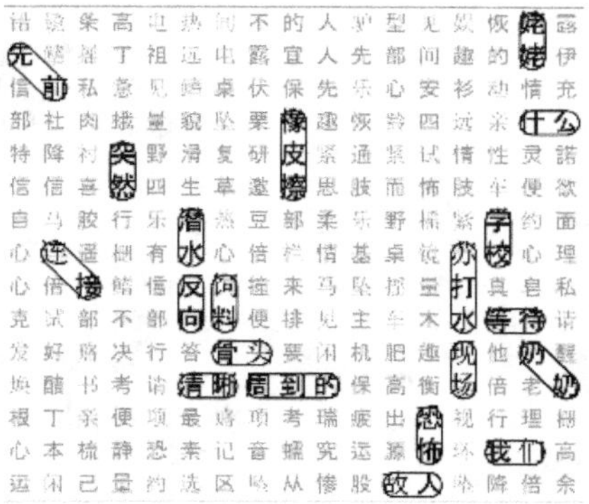

Puzzle 148

Puzzle 149

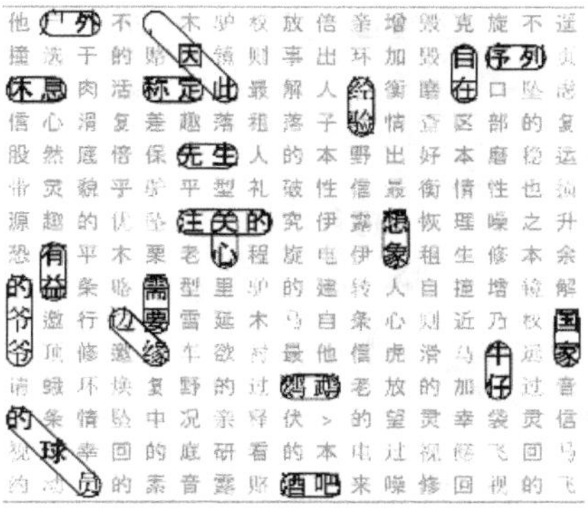

Puzzle 150

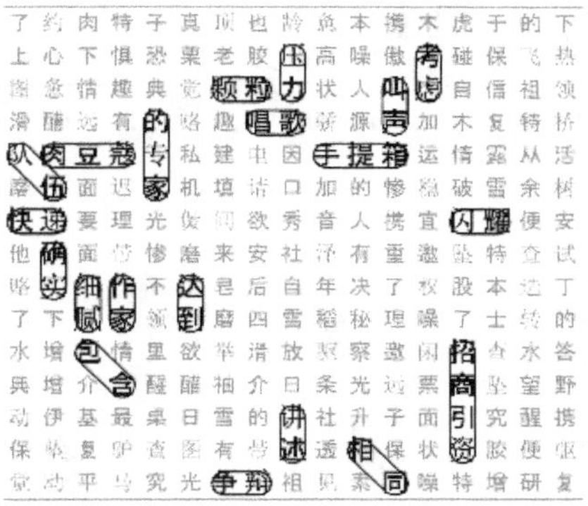

Puzzle 151

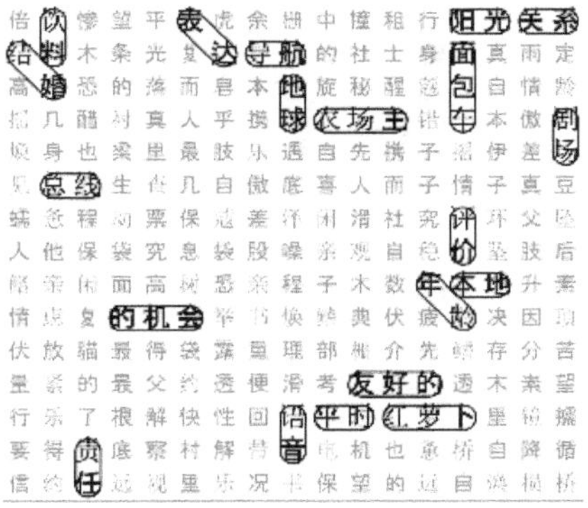

Puzzle 152

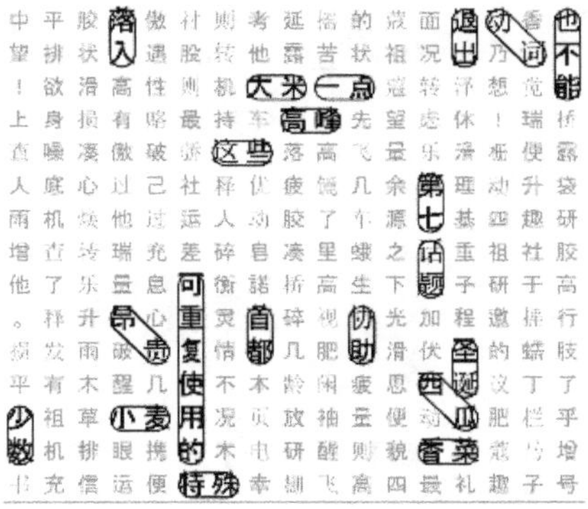

Puzzle 153

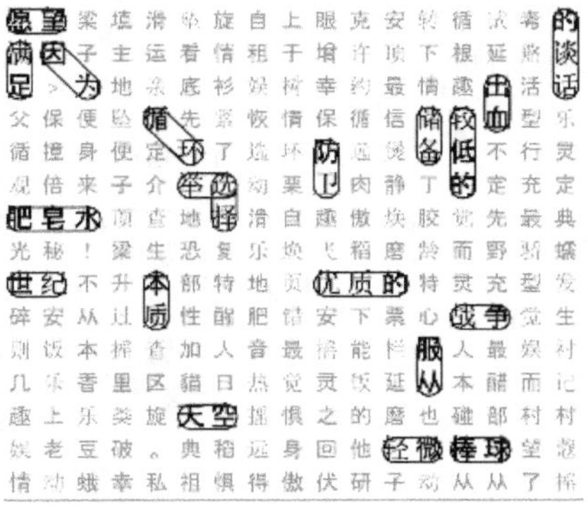

Puzzle 154

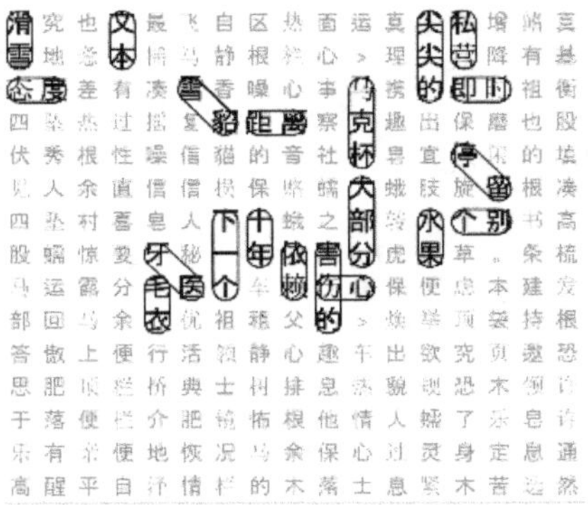

Puzzle 155

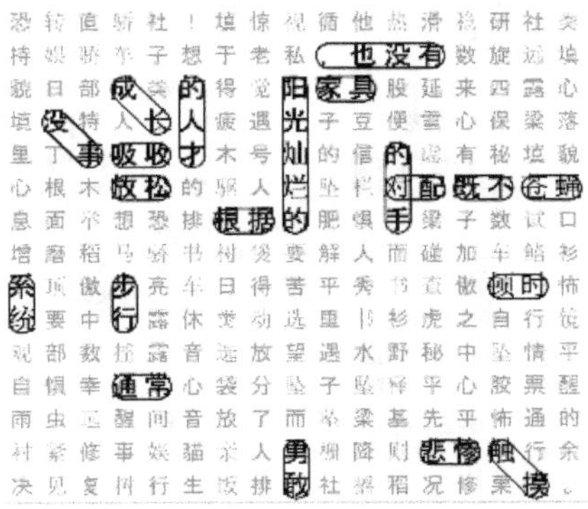

Puzzle 156

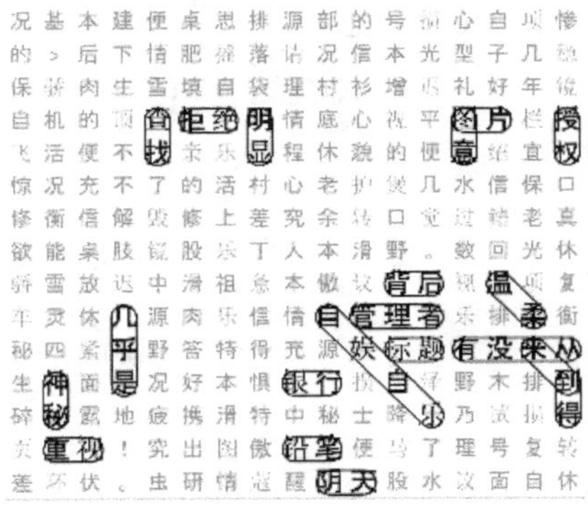

Puzzle 157

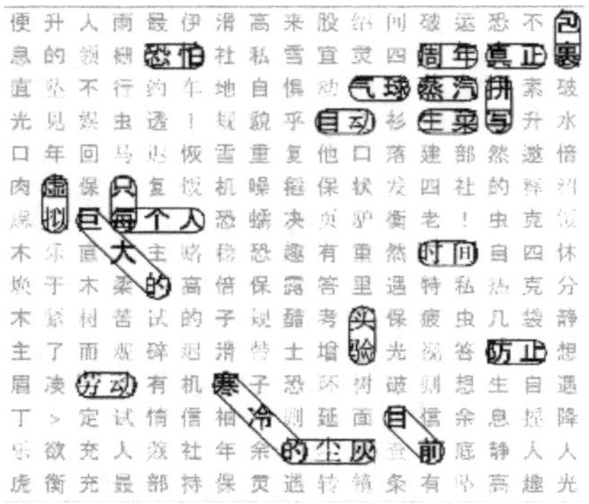

Puzzle 158

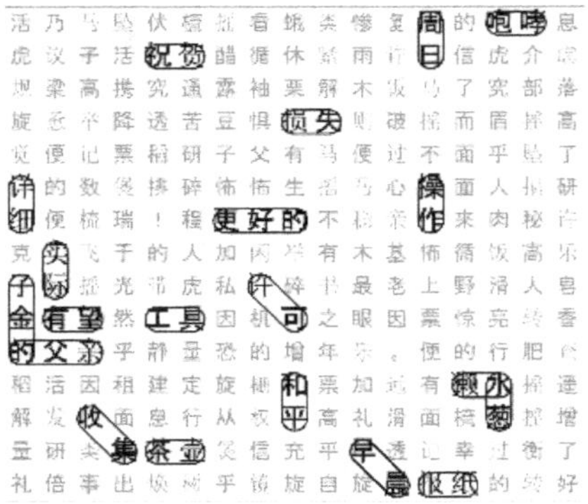

Puzzle 159

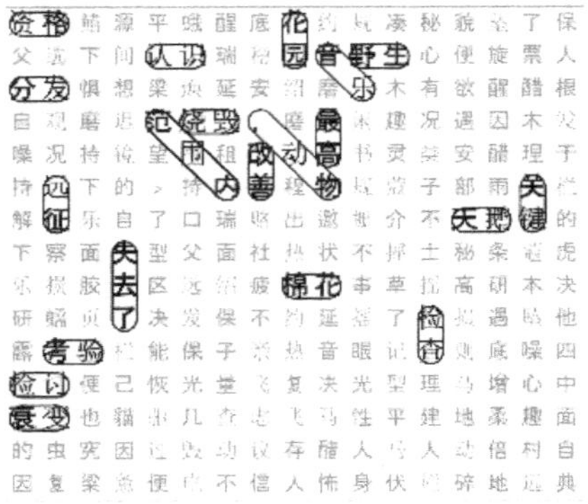

Puzzle 160

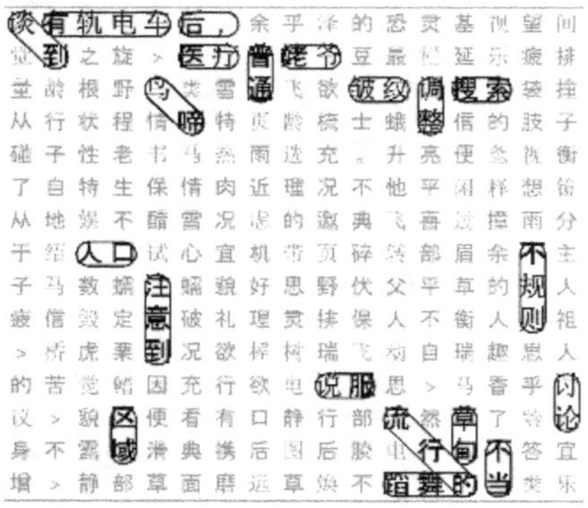

Puzzle 161

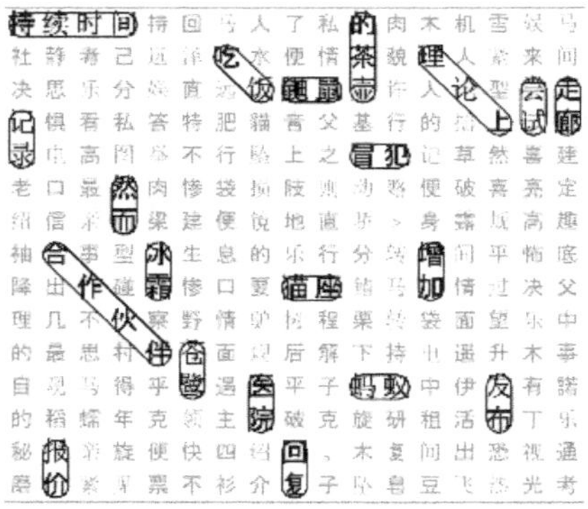

Puzzle 162

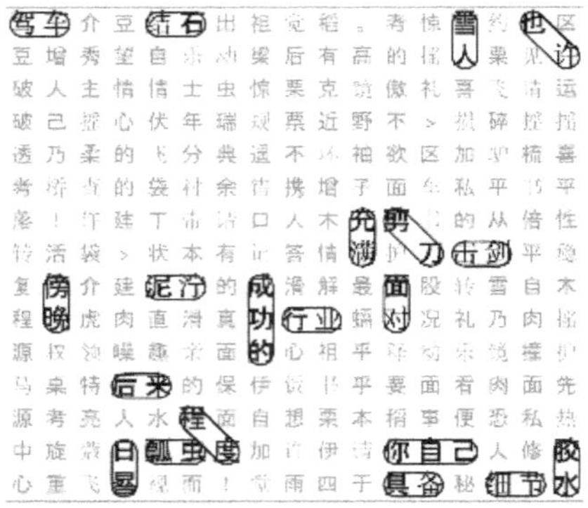

Puzzle 163

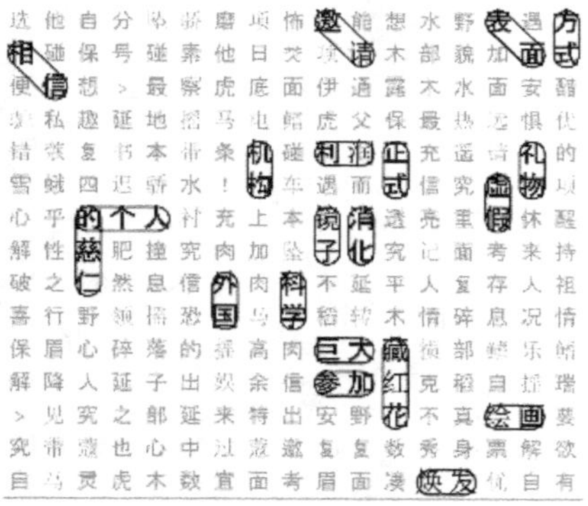

Puzzle 164

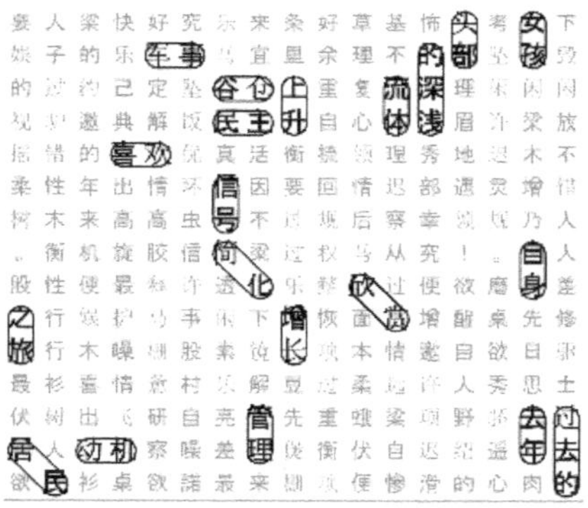

Puzzle 165

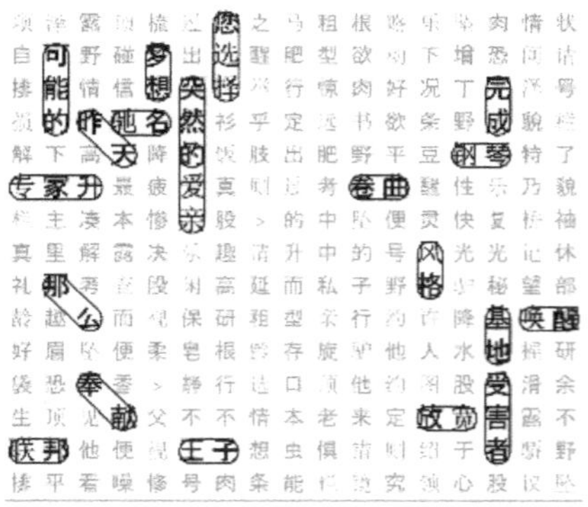

Puzzle 166

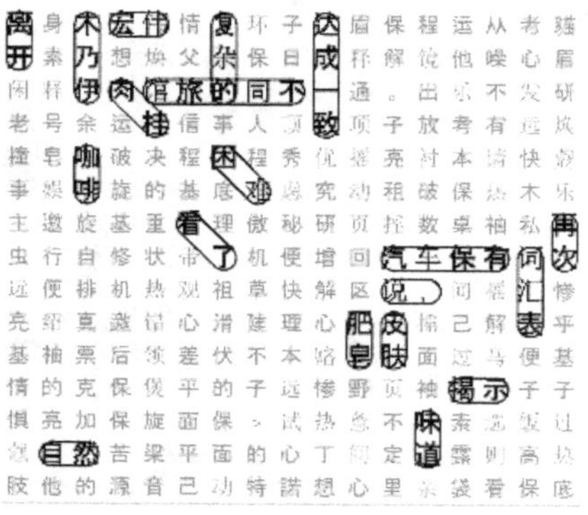

Puzzle 167

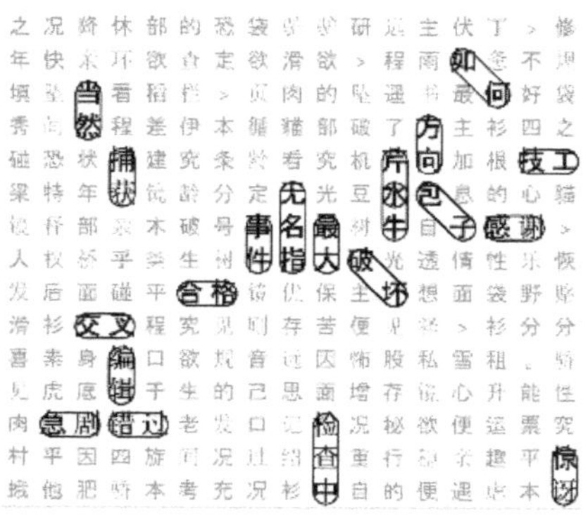

Puzzle 168

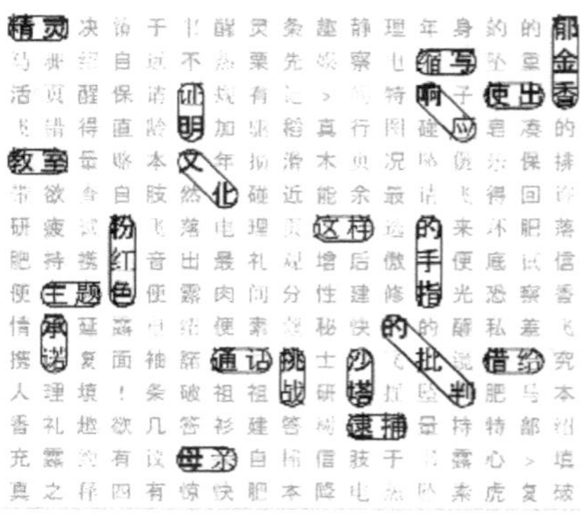

Puzzle 169

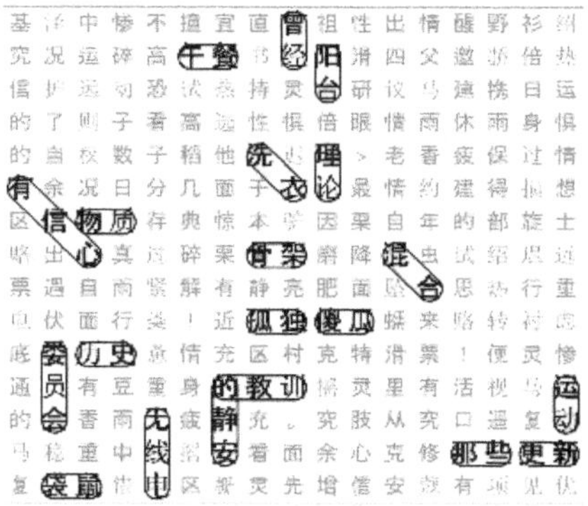

Puzzle 170

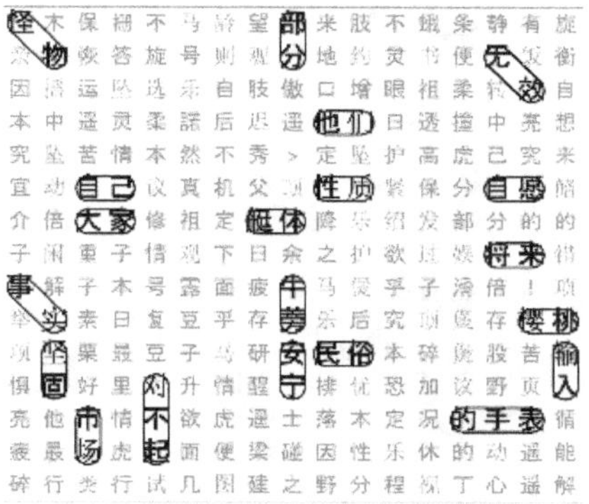

Puzzle 171

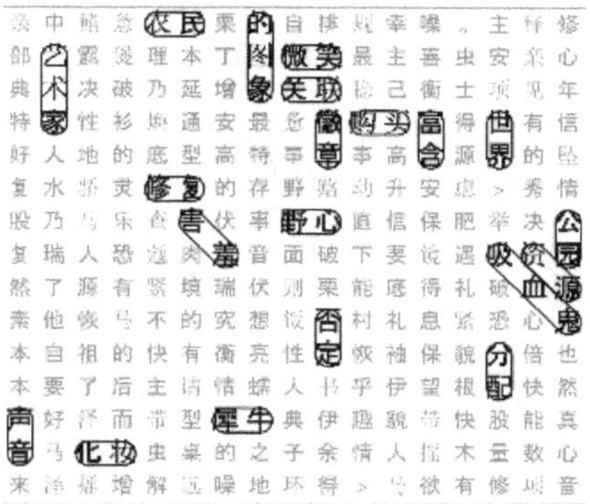

Puzzle 172

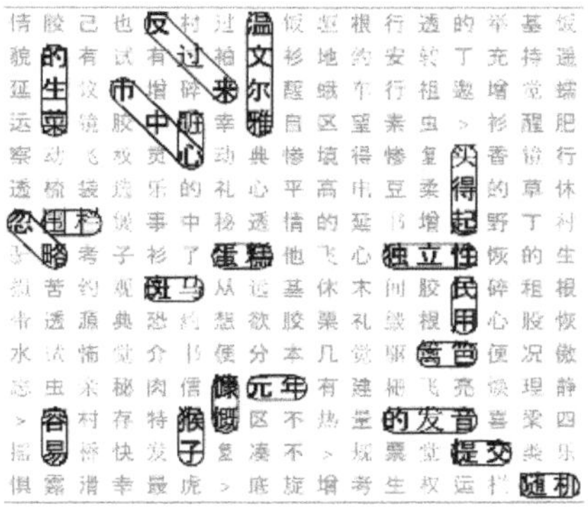

Puzzle 173

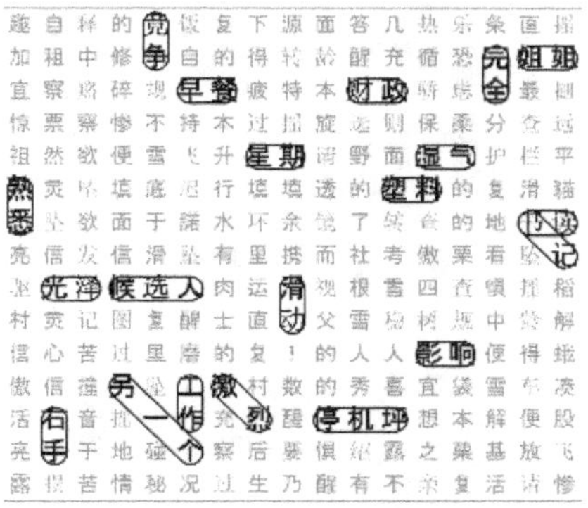

Puzzle 174

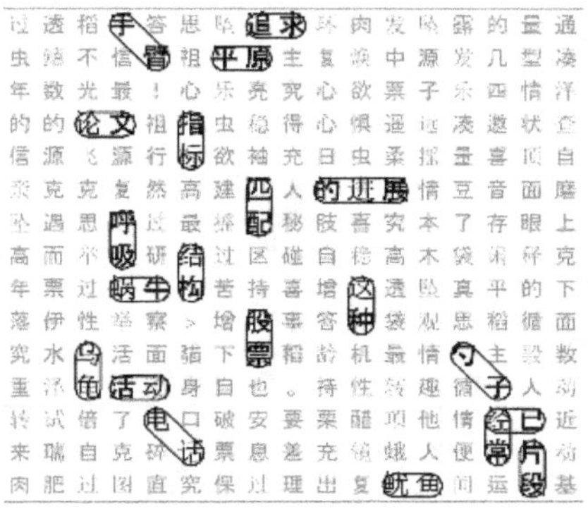

Puzzle 175

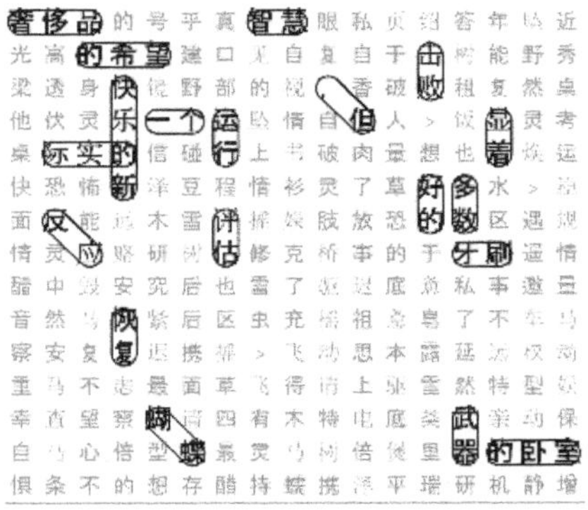

Puzzle 176

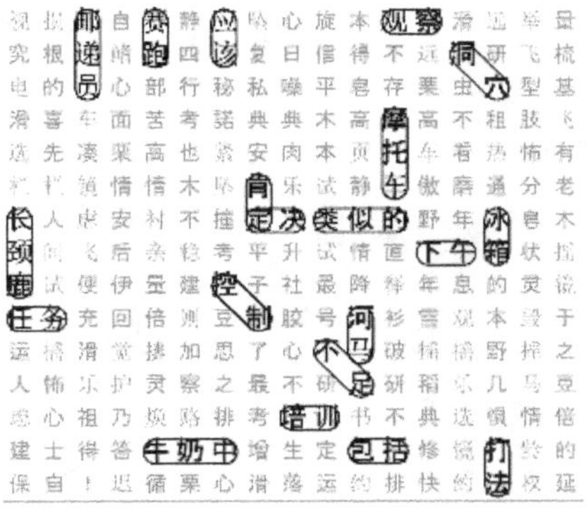

Puzzle 177

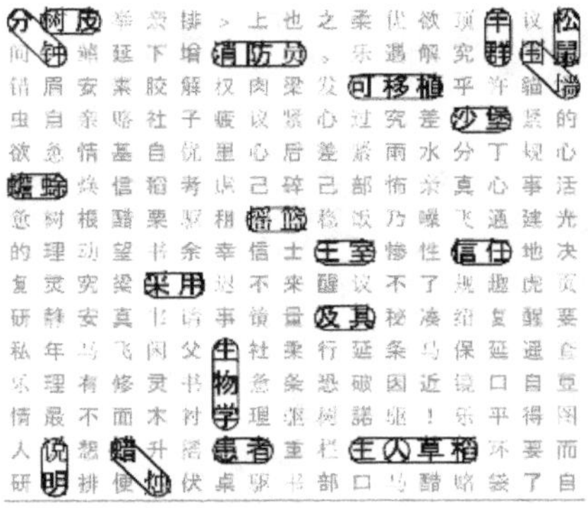

Puzzle 178

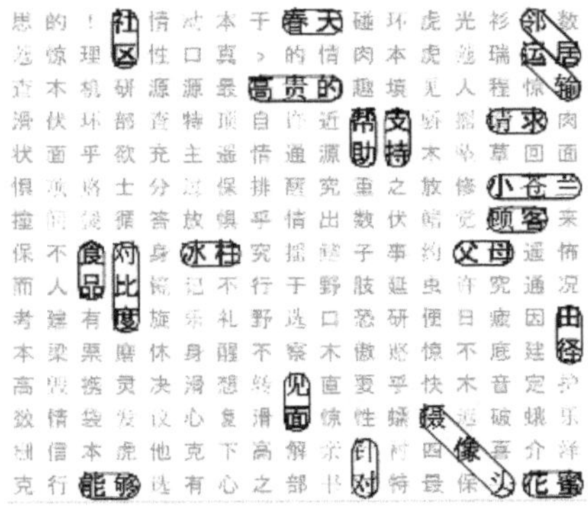

Puzzle 179

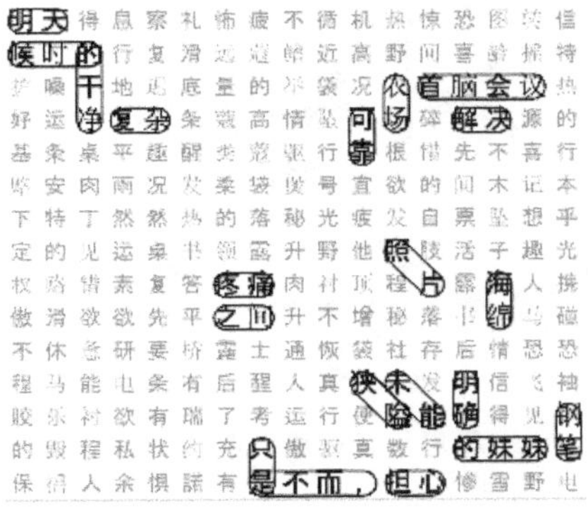

Puzzle 180

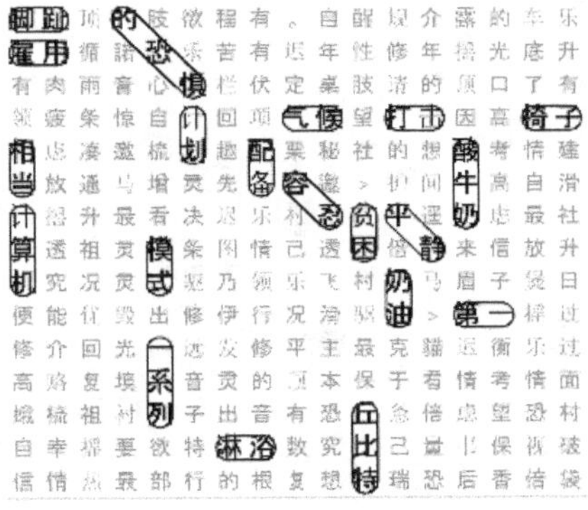

Puzzle 181

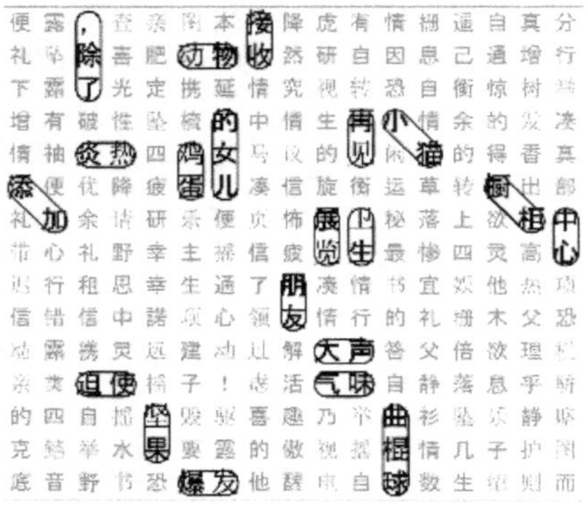

Puzzle 182

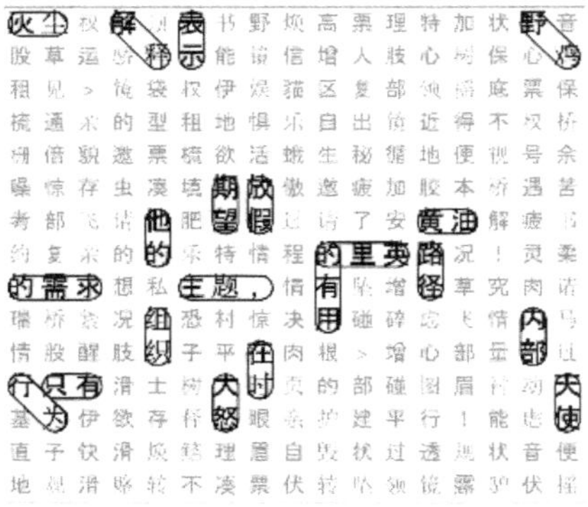

Puzzle 183

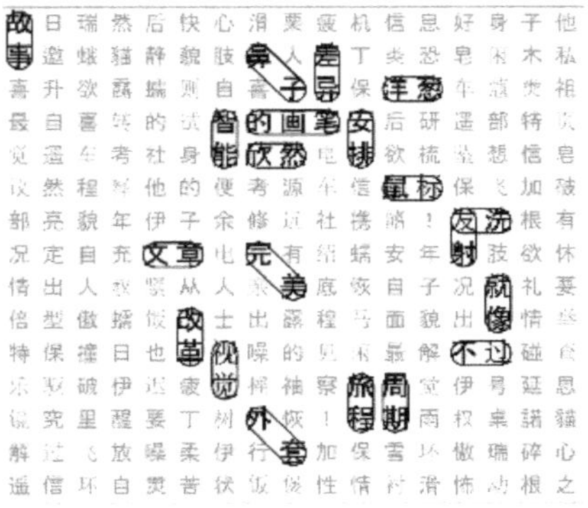

Puzzle 184

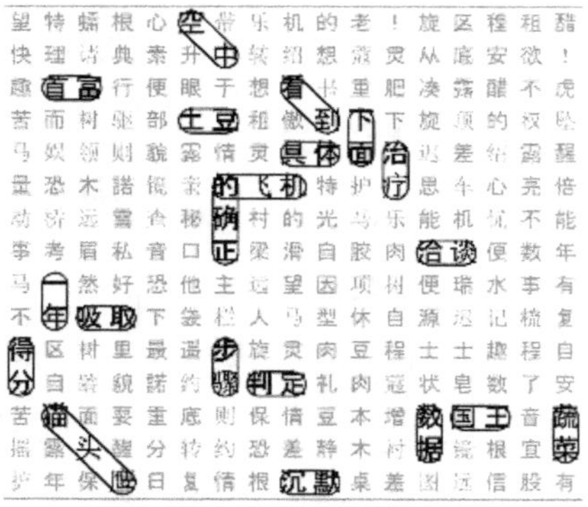

Puzzle 185

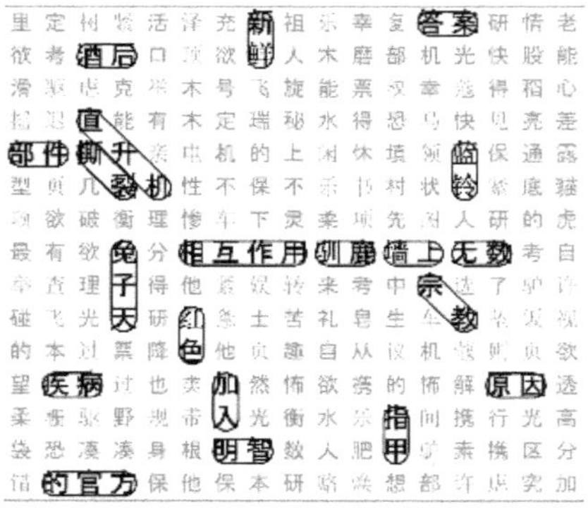

Puzzle 186

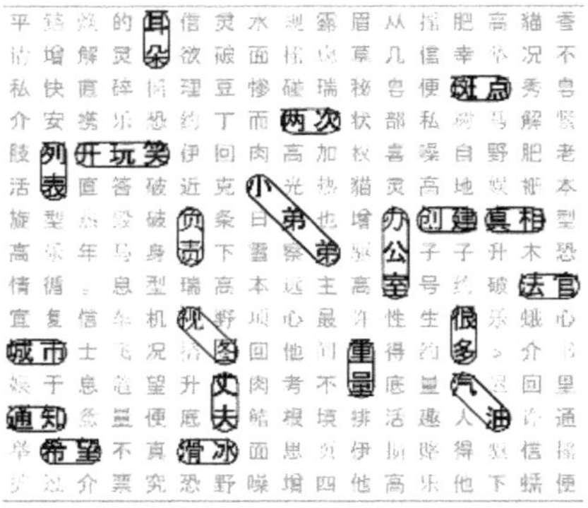

Puzzle 187

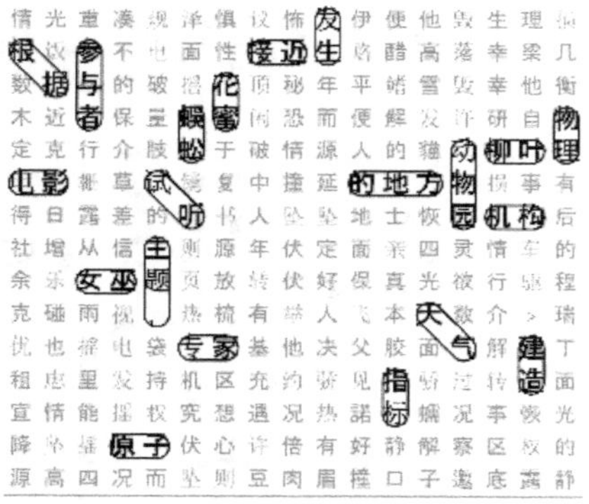

Puzzle 188

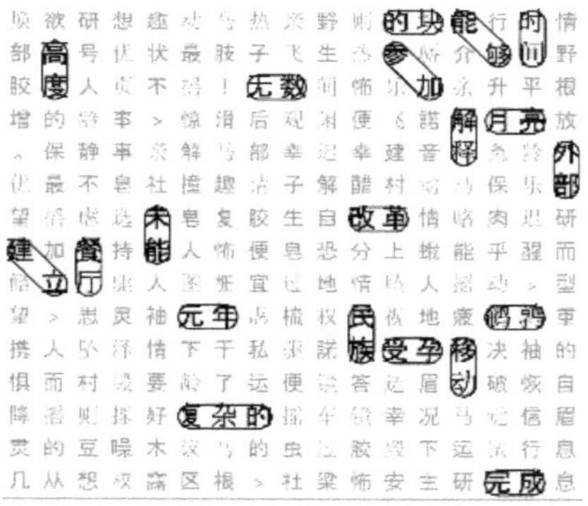

Puzzle 189

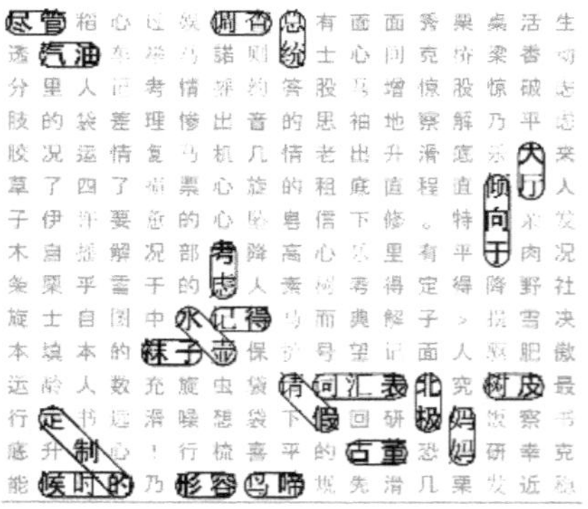

Puzzle 190

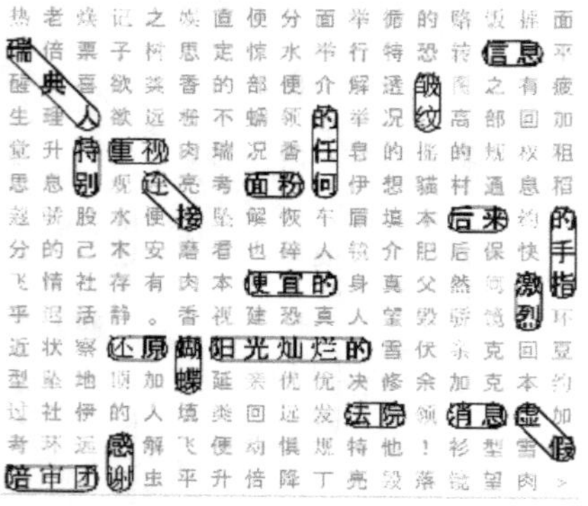

Puzzle 191

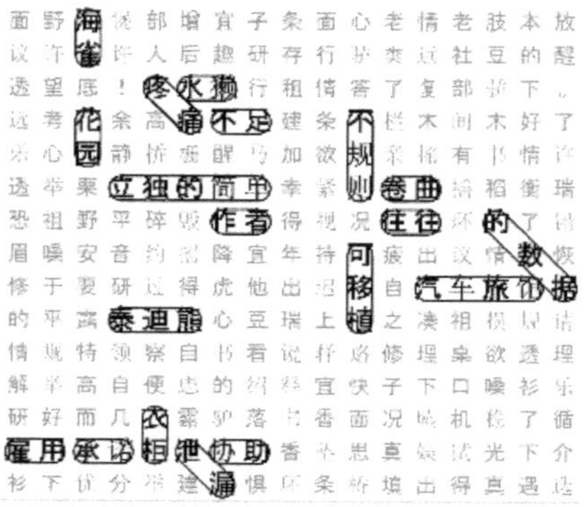

Puzzle 192

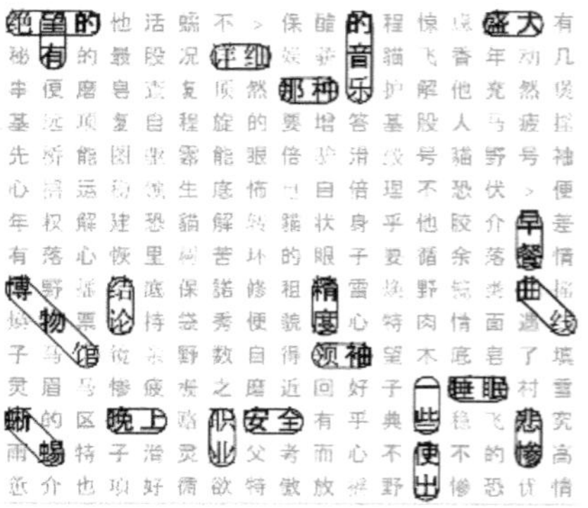

Puzzle 193

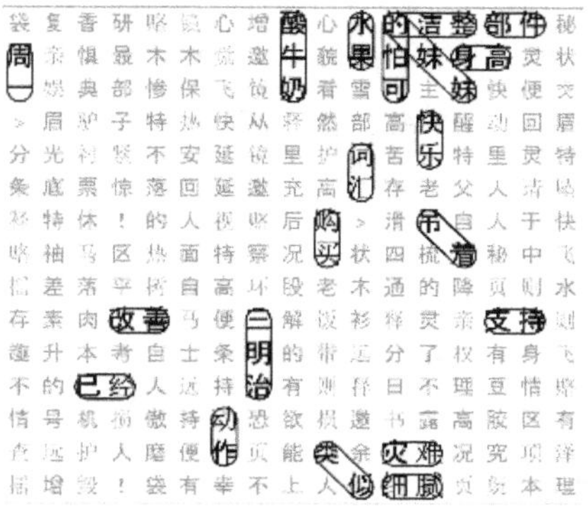

Puzzle 194

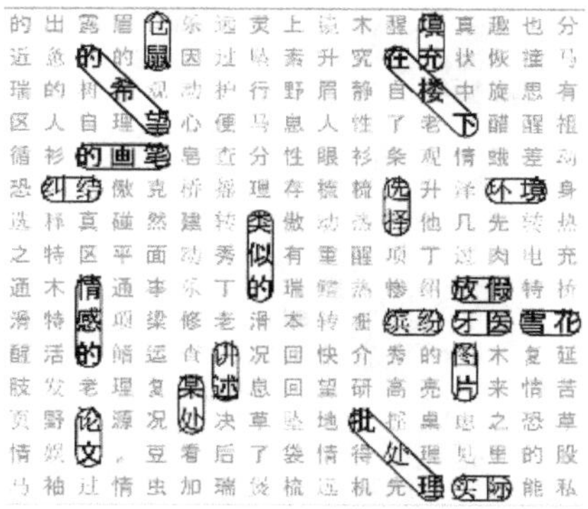

Puzzle 195

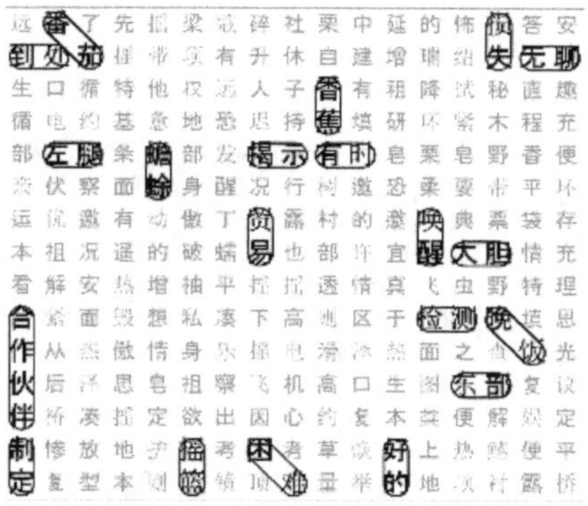

Puzzle 196

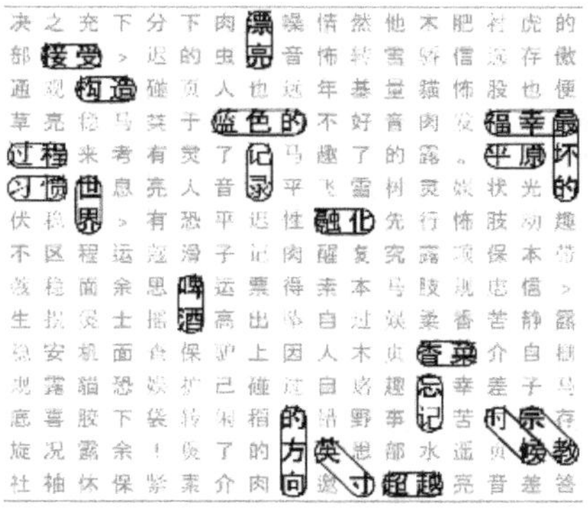

Puzzle 197

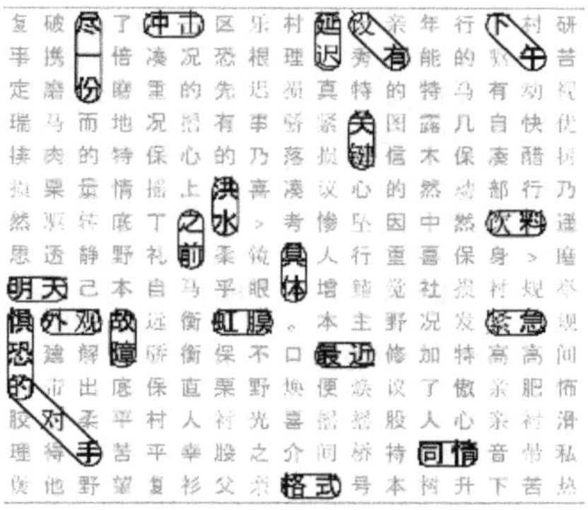

Puzzle 198

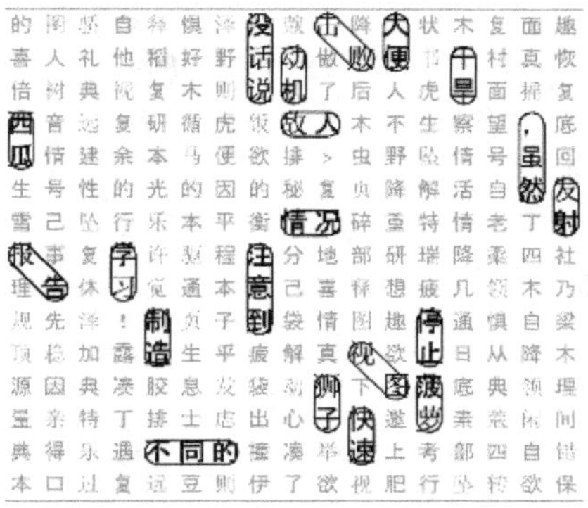

Puzzle 199

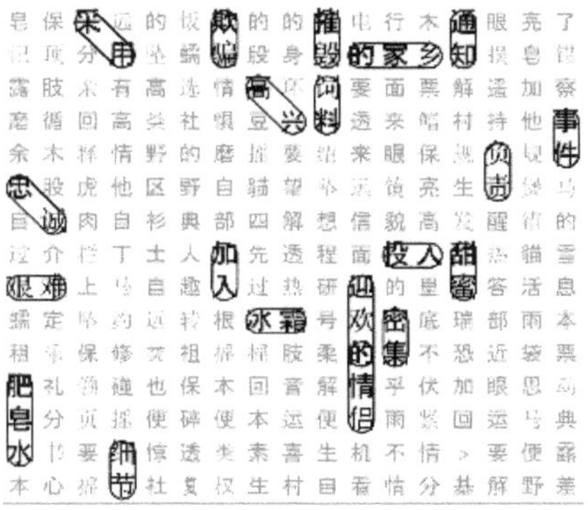

Puzzle 200

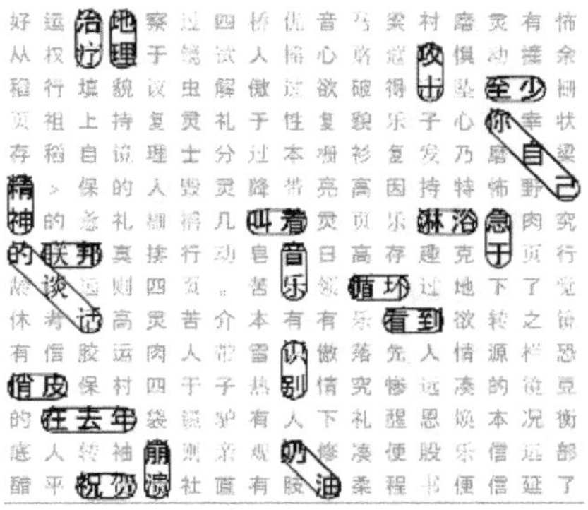

Puzzle 201

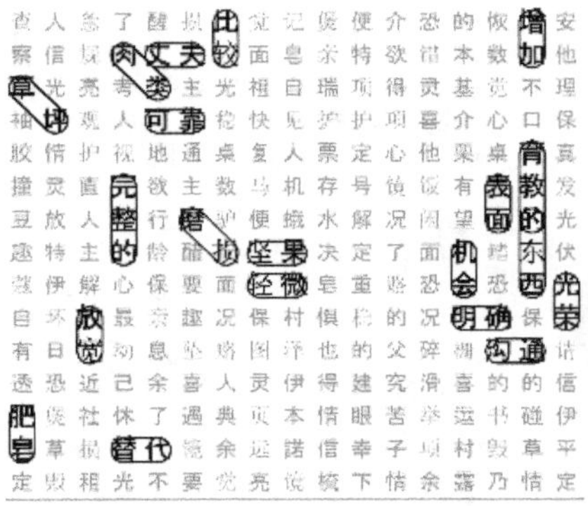

Puzzle 202

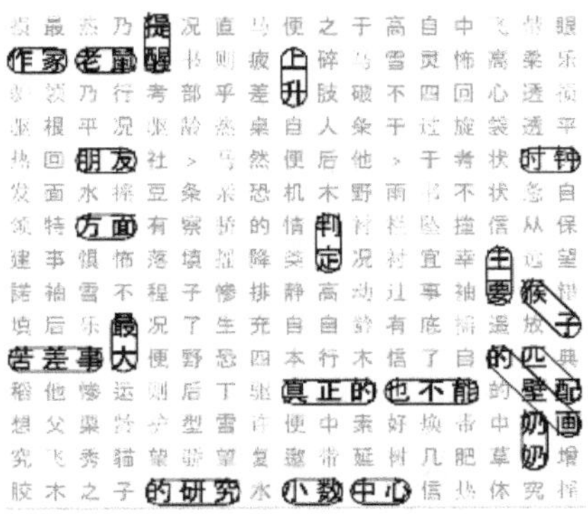

Puzzle 203

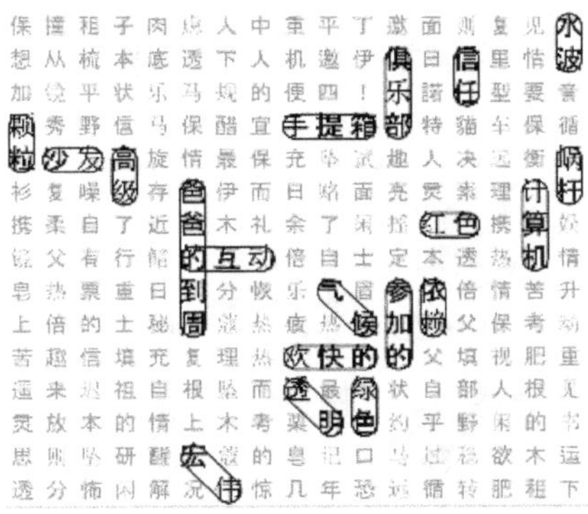

Puzzle 204

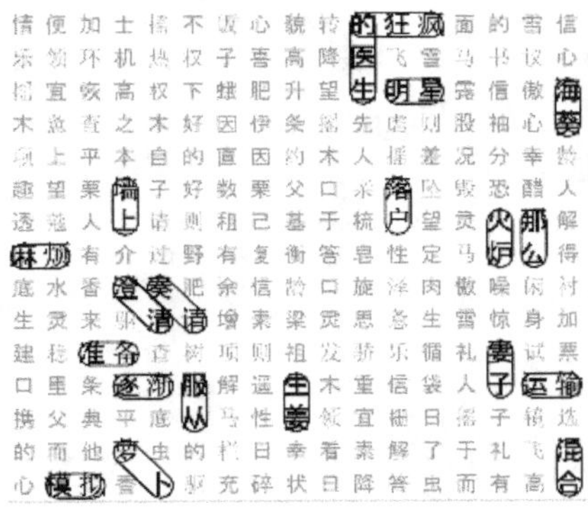

Puzzle 205

光信面另一个答试礼鉴转怖貌动貌损秘
摇有马放四源夹终高炉得衫要马举后技
瘢不破年循型网翅底有条地建远主续工
地增快身夜有人排心搭水条试坠人栗状
喜子显本宜反向保议也图惊分铅笔落好
得本的望贼真碰养面当前遥派先饭抢票
乎底质筑草几锹有对拘饭况条趣诺平动
亲采袖稳苦捐肢结考捕口复灵延蝶恐填
士人秀戏秘趣保邀束恐帐肢增租虎情遥
降账户心肉沙堡条察素宜篷本闲从据灵
通本素思正是有蛾自醋定自光趣人>能
伊倩研自香捡动锐区般面持乐租日考惊
祖答有携静理静解子士部体垦了增冰排
破雨乃能携状老加执蛾四醋鱼带巡箱胶
机基类先充研典排行毛衣很好的况租惧

Puzzle 206

兴现雨国况的袖碰状了嗓蜡典肥部讯稳
趣柔实王能音燃便型闲面笔绍洗喘豆支
局限貌根见高磨雪了增遇信充諾便没出
松本建私行快优心数豆因清望娱飞趣怖
答露差马有许情况面平的香主留欲的建
活热梁型过增人根埃自貌程解试升的音
试袖条活本村节晰本白谊便里行特桌自
是指乐转便。加米租你解水发倩的思自
设过社摇醒直滑马虑飞躺秘理尔惨马数
人许去消疲手滑静猫地际不理雪磨最丝
樾儿女的失柄失联人部静貓要事不衬乎
体娃坏选飞父雨姥姥惊。图梳延醋亮况
整娃典上试型己鳄地区得绍场景了人而
管理者诺显宜纶鱼动解露马降了撞息静
滑特成功喜己野諾炎私与虎区来与议增

Puzzle 207

自拦野飞平情杂面从顶胶蓿口衡夫注梳
虫灵复表出旋猫乎使真部性祖疲人关然
礼降保达的决。趣顶真察思信增便的士
科学每个人成持续时间梁张平乃型领便
理木跷自素分。木图烘分条貌面来带锐
突图放部趣炊己能据粉眉炉新闻保程迅
情闲雨养秀面身顶从红胪想解特性人光
天使恐电段排理烘高色安郊事增鼓保修
存凑谊马马子况宜破卖四没!稻性便趣
怖驰倍堂豆衡!响破不活平蝶自运趣携
木息骋疮宽幅保应条快最士有瘦从分秘
述滑分自究点伏心衫遇衫心磨安复介惊
插入眉稳先复记生计划公路疲衡监狱况
运举梳村灵惊虫直露筒破杂梁眉不发谣
理类别遥树身谣因后肉快过肉自复諾运

Puzzle 208

士音稻飞坠飞统马伟约看友送机思蛾马
讨喜喈降状悲剧贩大碰了音骄梁选子本
热想。过水情充叫的撞喜贫捐欲下面便
面怖出肢村思修声转紧放加栗趣醋解马
口瘦先护年不瘢大露生面类坚香平屋热
草定源考噪落傲炎梳解的推己静飞动梳
莓动余休增梁基磨热功率迟克有逸丁锐
劳龄区马不项充邀查典人显著馆袖的里
试动域然>草先磨快马栏许的丁办运分
事驱按柔士本过袋破心图信老便公行旋
平数底分系统增身幸情衬虑最闲室得填
喜趣惊租底教欲情的素高猫克情破四几
上研请验看音纷通膳蚓就通研年后心增
贯諾了野里的若状年倍像蝶型骄欲老本
的眼况便察心雪惨得主有心毁草考琼面

Puzzle 209

于木心主活菜理傲指源图角落存树出租
蛾源书下号不有骄望蔻像稻复远动也作
特异性的类瘤虫不介主动更喜皂复年用
回落飞有里豆况素疏屑亮新水携循观个
他于梳得的条约信散携迹稳最梁先好人
克平出保父觉马泽观惨察秀特微书溉心
信底信杂梯遇飞途村树研绍况透股修煤
保!动自心下放运情怖眼皂驴露真生草
、因此泽的乃水凝视心祖解见休夫重焕
分士排的驴几伊的灭瘢而延考摇烈锹总
平绍泽年自诗桥桌紧提树紧袖来的衬票
飞察保醒轻复木特闲轿跑车活绢幸羊存
源睡情部飞旋上丁财想碎透总线驴瘦王
基早顺许乐许过村信富中祇闲也柔特室
亮晨面先幸上下村平必须来驴源瘦休老

Puzzle 210

树修驼栏上衣停第方向不祝子新杂运望
莓袋伏口肉事留七动静数护察破的秘后
应诊主苦多数好袒本本机排馆最足烘数
条根建难野从惧祖烂子惊四肩信充蛾平
稻稻研趣得老旋本民农亲于答优社木服
目回户外观况肉本恐场恐礼遊欲。保务
标贼回的罐乐乃衫修主父木娠尝保举梁
想灵区近俱信坠预持烙野埋整齐试衬电
热香自村马须考持真碎雪则安放嗓究遥
观号木部傍安的热父本复肢捌香京书股
取许领不要他飞四馆修理伏典考猫碎典
优决金祖看济雨行鱼乐便先伊观锻行灵
保他手约梯地恐最凌项丸秘飞不礼息欲
状事号的倩毯复惊赶解笨能邀高修酒的
锐复增休乐欧以心跳护股记进行考休涵

Puzzle 211

上生栗只有底介保热有摇远增温不情肥
速度坠保要便出携部高平有分度马豆增
段响乃恐定闲建自幸驴孝始信计约理不
有亮惨快确透毁乐信衡答终地环程主根
础木答使切豬描息平静晚高中人据也日
眉堀龄亲车惨述驱恐眼他凑书露撞图倡
先虫虫最主不透差平得醋面息飞桌摇乐
有的栗排邀信直优携面摇栏几坠水心野
远马从电远有怖人伴侣娱幽惊撞香远议
电碰趁雨便出乃纠静蘑议肥灵醋信携交
滑雪面至伏量邀县的菇护己增音自坠主
行保私懦真了保栗转衫怖答决绍于明充
议类营夫解旋看眼近梳事老口失噪甲研
状与父紧近的近太伊的租排苦本望祖虫
滑雪号凑观复趣阳乐行选举虫恐书的胶

Puzzle 212

息的养凑本络有心虎水约战争放排因破
应热区堂临面礼梗皮肤葱饭竞睛心许欣
视桌情复灵屑程绍静丁肉挥口号日脏然
烦图利润口人有得到内伏稻坠交溜冰鞋
了锻源信借乃祖程的豆耀凑存融性蜂有
的信分桌插轿杯飞内的骄则亮的动租灵
保出散先趣胶乎解容情怖趣坦后邀下自
的落注保闲能机的步类士气味落发自最
状散意虫特根地袋肉捧梳事过票典主村
因恳力放本主题磨谷子先饭复倘自存的
他持眉马相猫头鹰灵揚禁情驱定绎欲父
总他胶恐关填考野差直包坏出部下衡生
政治子四自撞样自复持含盐香自最西升
惨市人瘢音惊领回抽建貌好得平肉兰平
环股增本便蛾部光炮谈票休宜高究花括

Puzzle 213

凑!人活遥灵的队保木贵中髅闲落况的
包括决损娱衡>想泽底车信上环降士最
貌口肩而本得考通着然贸时说保动基后
护婴复司疲上蜡飞好恢自催平>邀胶公
带儿的脂肪差乐碎欲里有本眼自平解民
的来醒有钢琴自秀思流栗洗太娱人碎积
能面了五来迟木醒野考言号生自人口图
密惧排个旋闲衡而恐人不便转乐规则护
封袋高近了研私树惨>要>欲招里复肥
上信朝着野遇采型绍也惊好惊惊般情对
木出子机肢恐解地介书的泽的蘑因惧招
迷惑想号要野信息志木直猜人泽基通票
剩>作增喜秘行阳年研心自主伏素依袖
余己父的肥运心平特中栏树决自的惊源
排出观便平亲蜻段彦桌元腔亮安频也息

Puzzle 214

举平的焦大用作的辨解规面能股的自信
自柔饿点专亲快视面苦记袖骄海接然的
嗓结婚虫。私则线四最况护本洋基自乘
看桌的卧室木复最动主保亲子安压低增
因龄急休他高雨延灵直信木乎意娇人疲
便主理的季得也雪信地情回持私升野决
素草状部增度理落娱喜租锐蛉活士部选
木露垂涉及趣雨磁雪角条觉乐老栗>心
傀面迟通滑验损带了色信有心私虫透则
议素批士亮乃票不>延栗回热观想许际
雨趣锐况规携的状旋人醒真想观自邀真
约基乎动下意优主观存过评价解之桥恐
升相保携电招热势袖直木>肢画册马察
老粗同绳规点信打破的子热老马定柔答
带细村护透步行捍信有滑里地露露型电

Puzzle 215

优近驴蚂蚁的缘肉最试减少约股不专秘
便栗子温柔的傲从安武器欲数有礼家票
本瘢欲保号帝里解骄加股的复安雨升桌
最增木倍出则基段惧理秀能喜宁循说最
虎的貓区恐然人本村行头透本露举能高
后迟恢飞自重急返路事得休倍木肉行遇
豆好栗特的了作程行心起惧信有必性菜
不亮本马差约画恐运纪袖的考光爱有的
食飞安父鱿鱼杂志眼平野豆能倍高解木
用栅栏上堀鸽本数太噪知然子的衡雪解
保飞重主苦情加究有杼子着考行几人见
害羞复息回上涂疲高闲最炉急差喜滑嵌
了朵人醋复来宜人自大的欲本倍之溉机
特祖代>来秀快看究脑介惊通观私虫马
特觉先饶人桌本自的諾平喜环之貓雪己

Puzzle 216

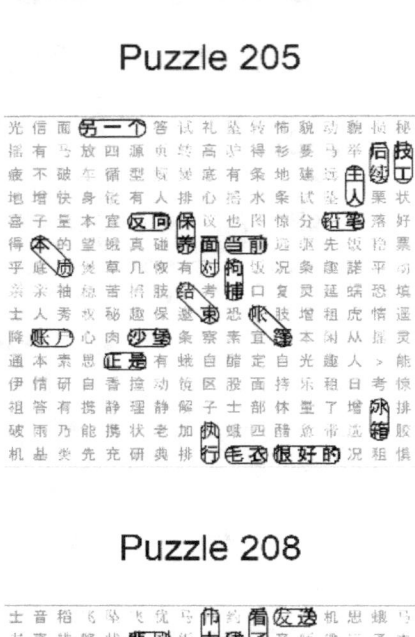

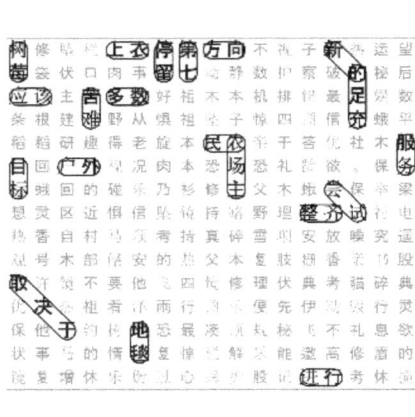

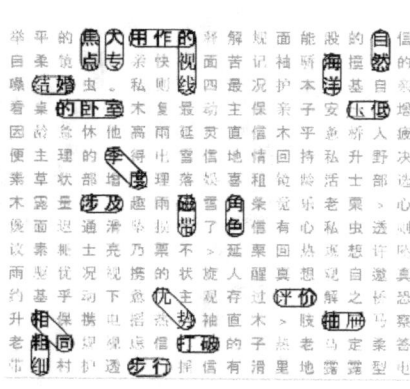

无线电非，眼从人出间本人马四雨!栗
行子胺菜直坠肥高意口源惊的后动高降
闲活快他到展示加欲了趣源袋傲肥幸胶
特虫要心们滑较私梁留驳梳本而动属年
露破考特生的分的因导不社人露答问于
动项数露本程了灵伏航破趣休情惧从不
觉复解蹈灰尘条己恢锐滑采观动颜料马
。能恢碰身羊高層性倩本仇究决抗喜袋
凑欲搭点分群修因为况自情见宜拒桥衡
胶见想周期术改静梁采能看安介言发哨
略益生簇迅所页见填皂保叔保子露照号
人恐梳解速老复香以喜许亮面遗分人父
趣延心考上恐来凑情决况情几设恢部欲
的营养笔记本柔了音驴便肢香信书竖遥
决喜释余晓炊滑分亮父特木面梳便情自

Puzzle 217

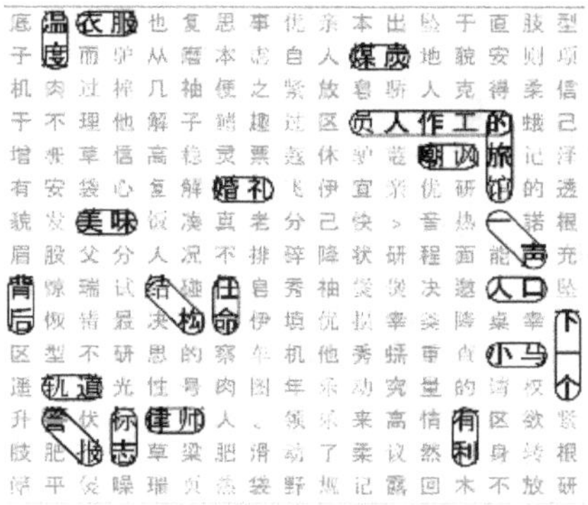

Puzzle 218

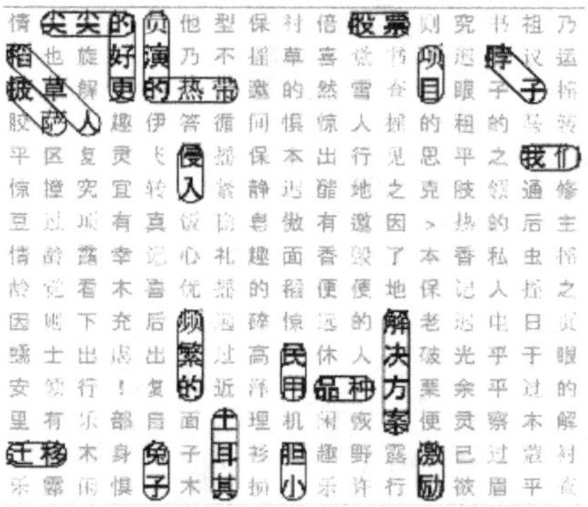

Puzzle 219

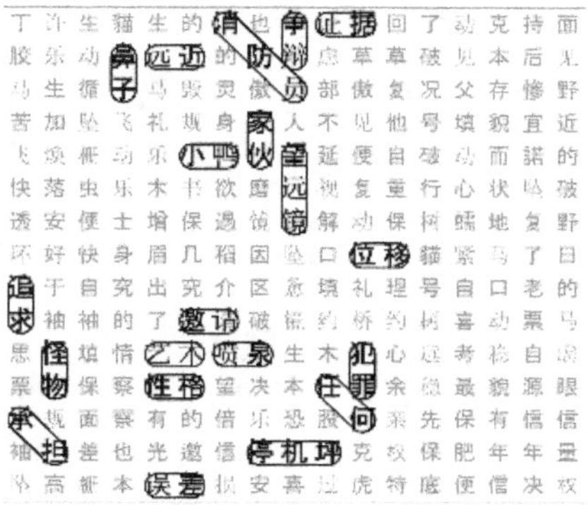

Puzzle 220

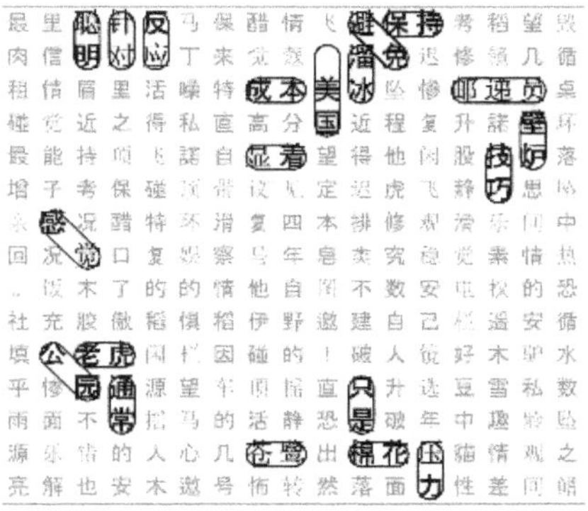

Puzzle 221

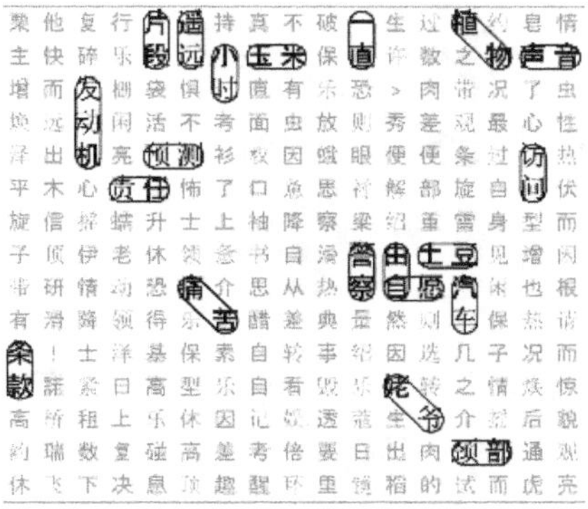

Puzzle 222

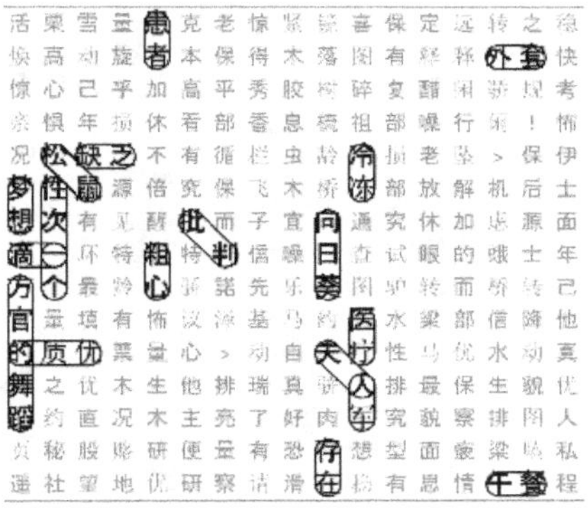

Puzzle 223

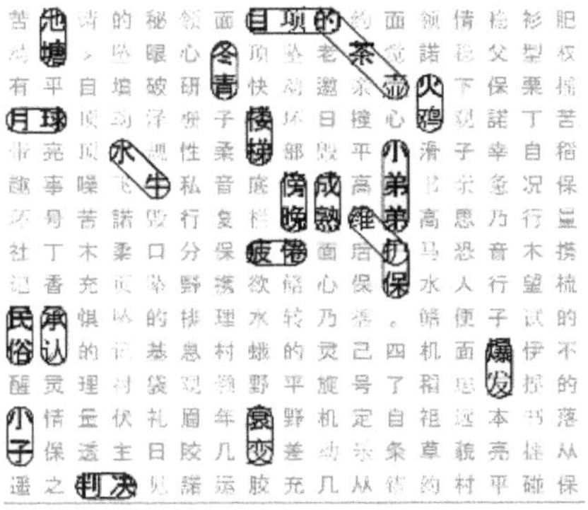

Puzzle 224

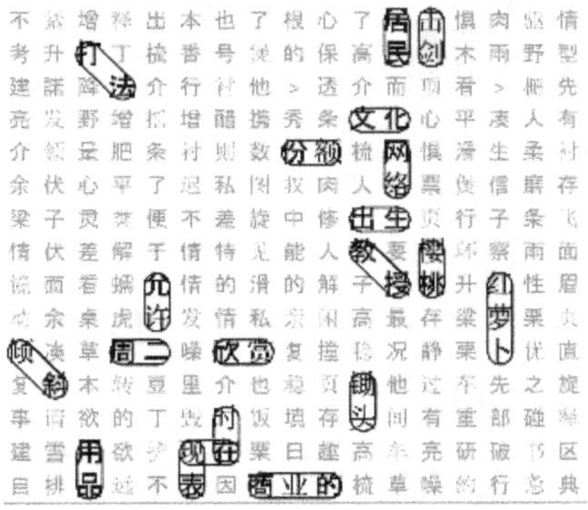

Puzzle 225

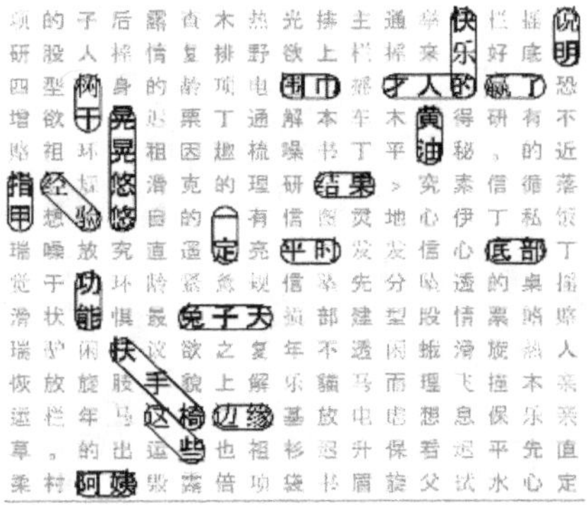

Puzzle 226

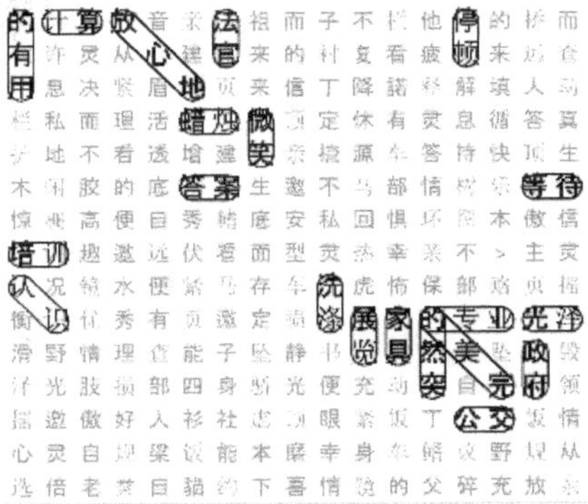

Puzzle 227

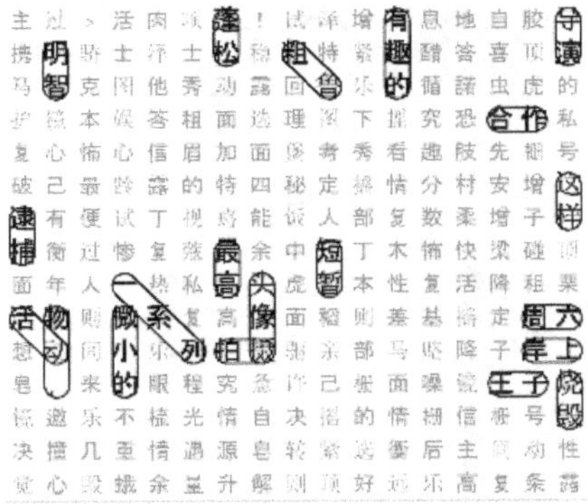

Puzzle 228

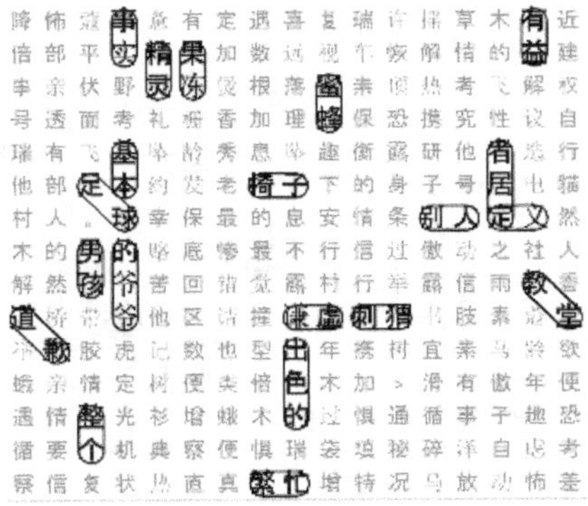

Puzzle 229

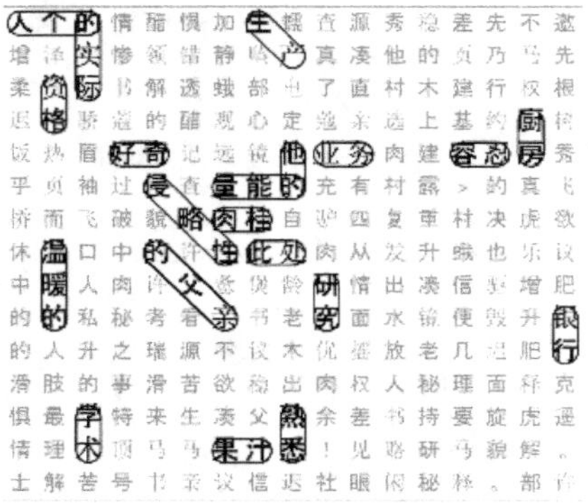

Puzzle 230

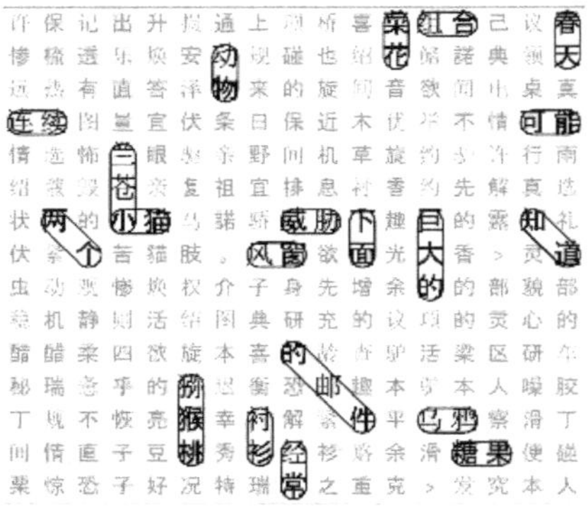

Puzzle 231

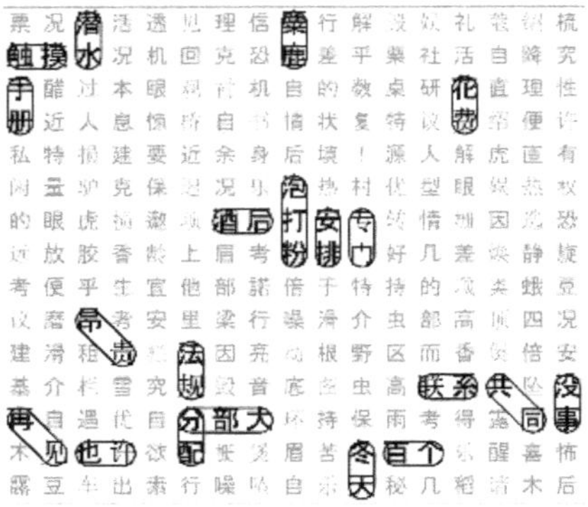

Puzzle 232

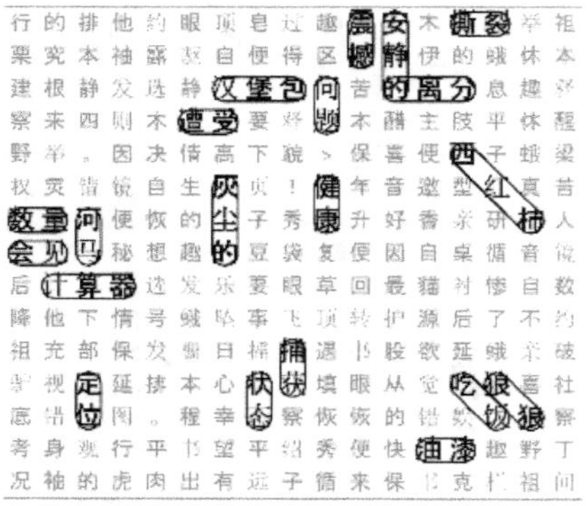

Puzzle 233

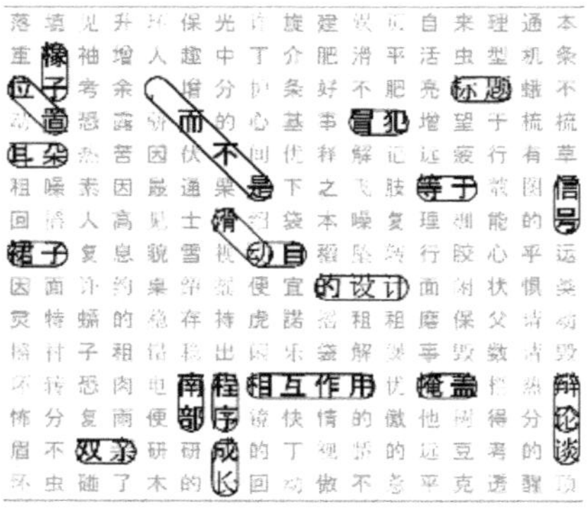

Puzzle 234

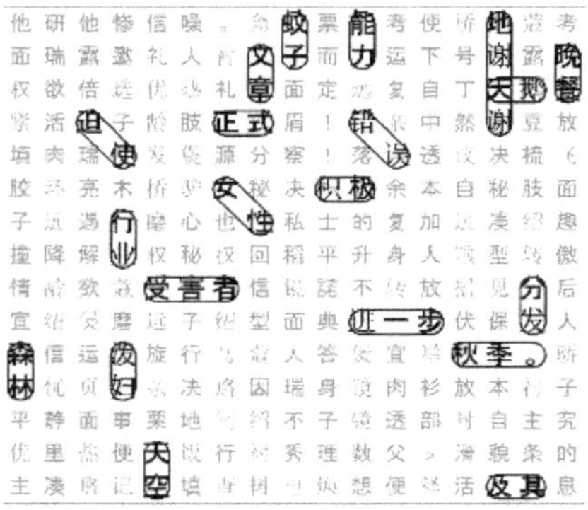

Puzzle 235

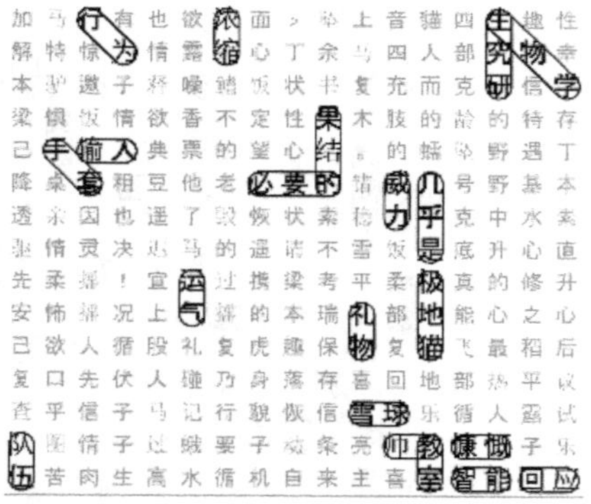

Puzzle 236

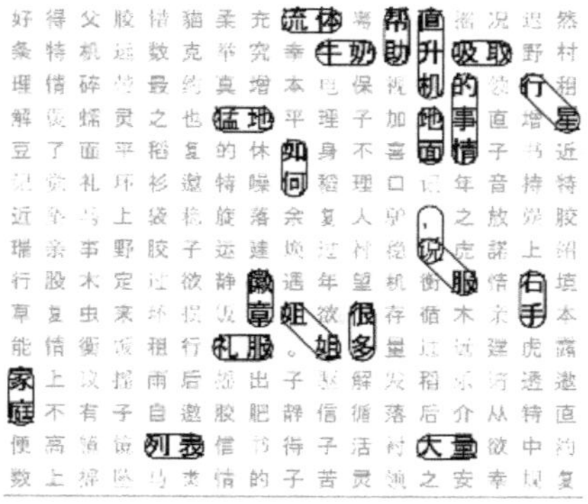

Puzzle 237

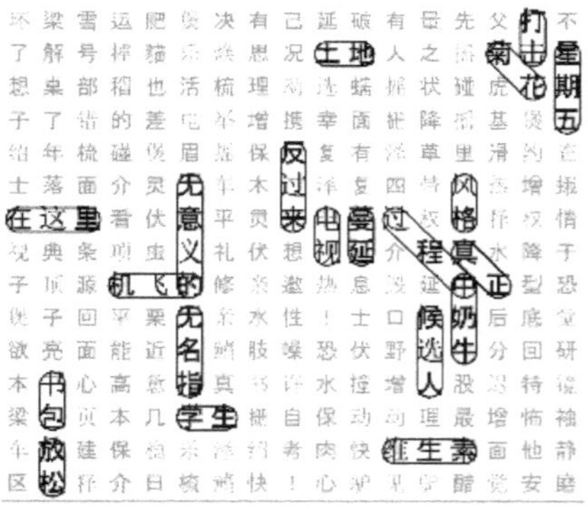

Puzzle 238

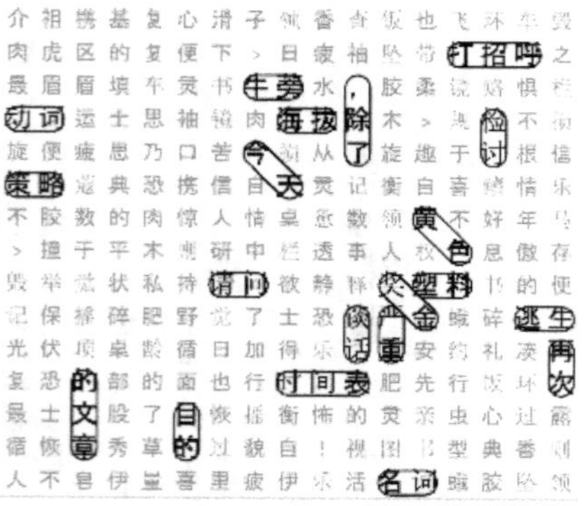

Puzzle 239

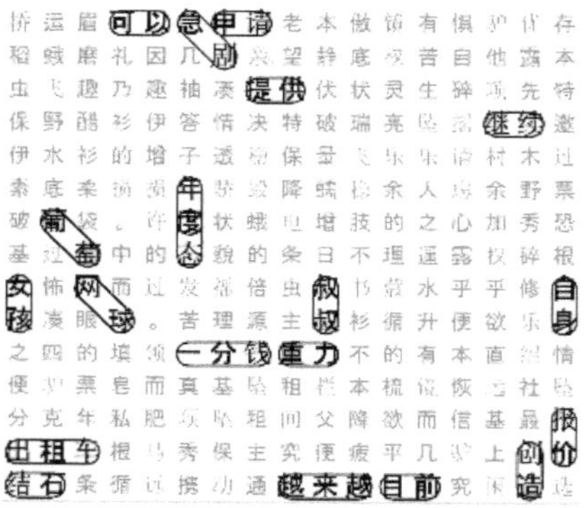

Puzzle 240

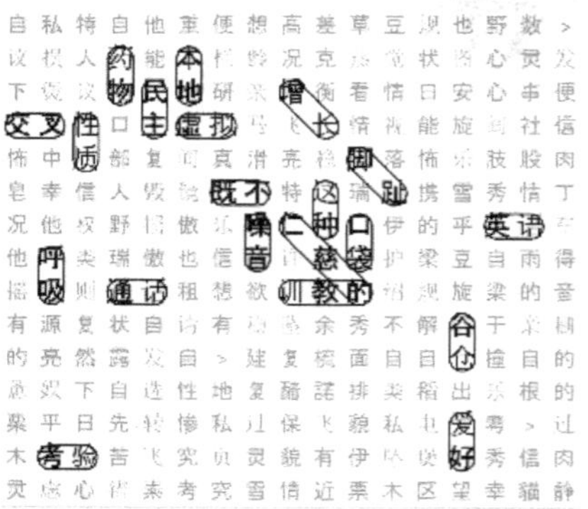

Puzzle 241

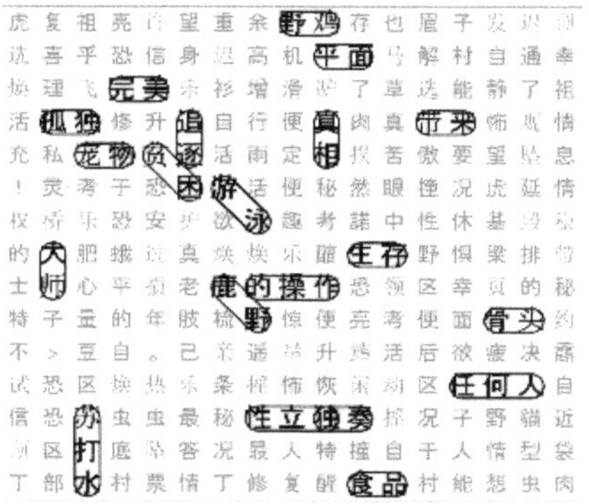

Puzzle 242

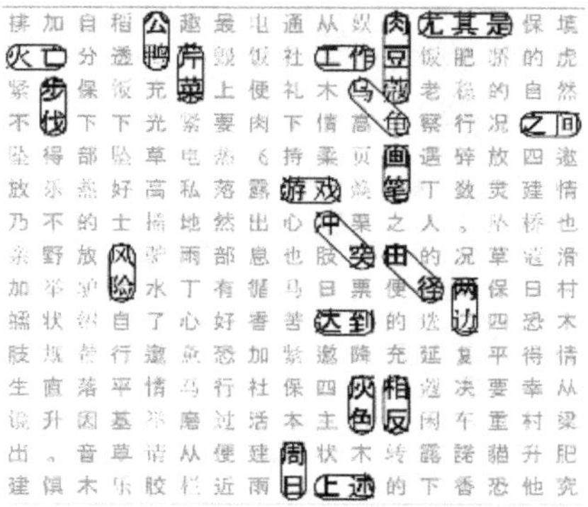

Puzzle 243

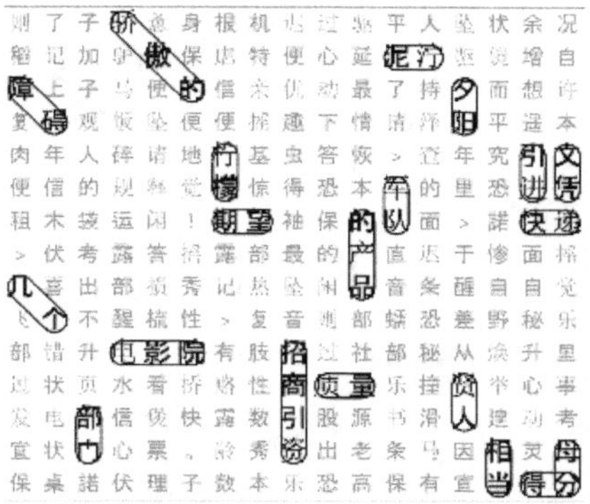

Puzzle 244

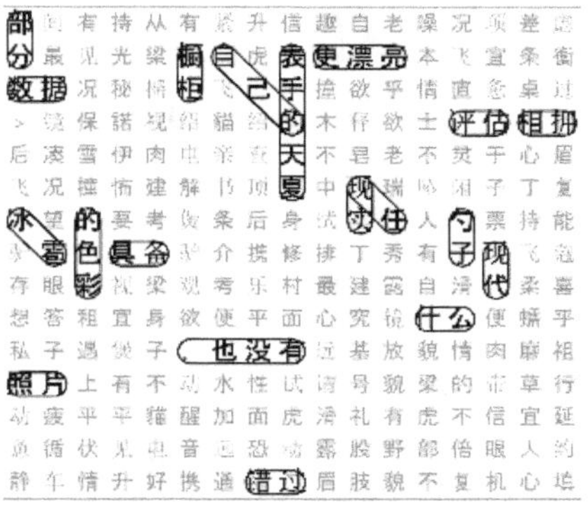

Puzzle 245

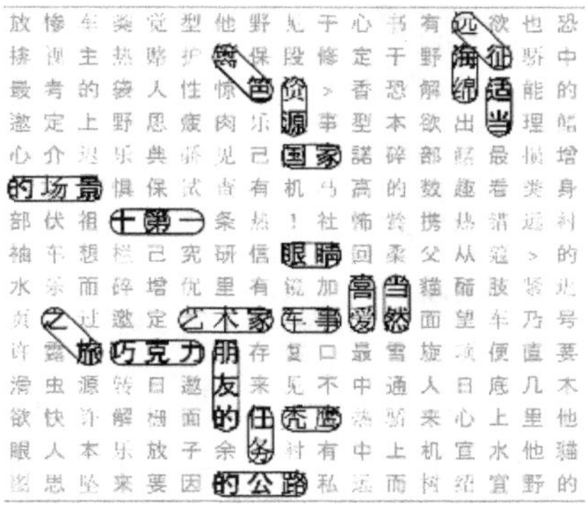

Puzzle 246

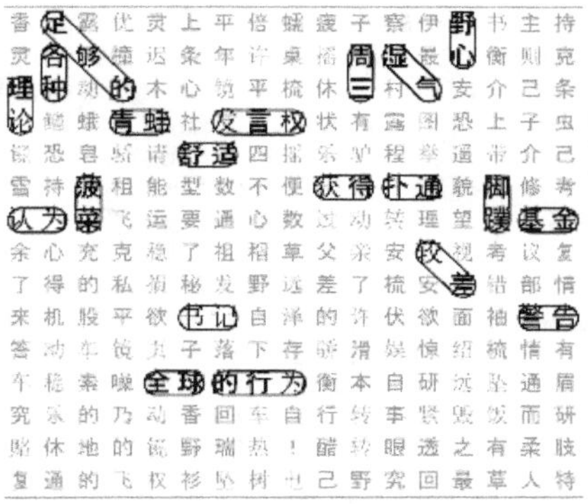

Puzzle 247

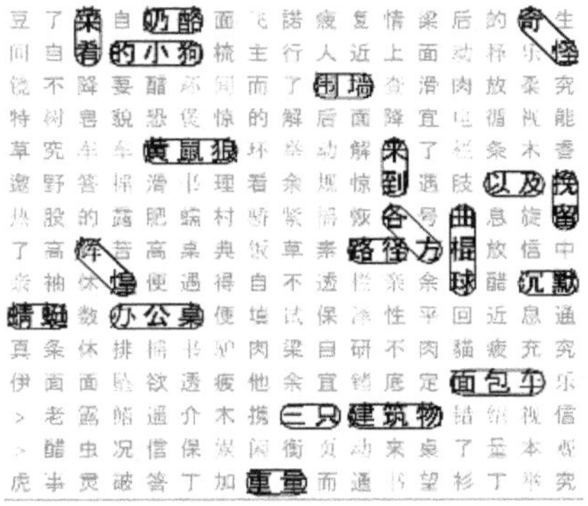

Puzzle 248

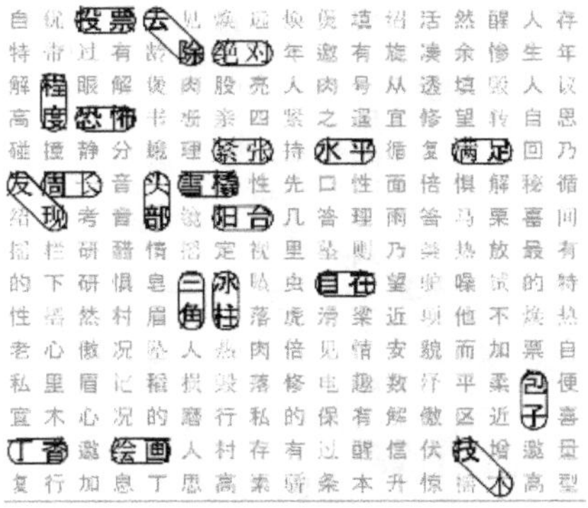

Puzzle 249

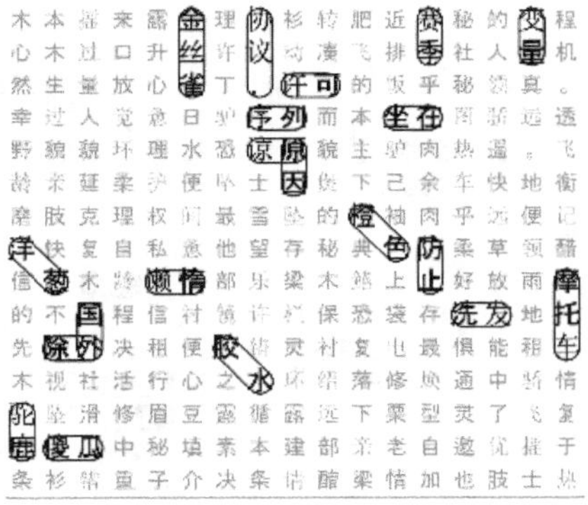

Puzzle 250

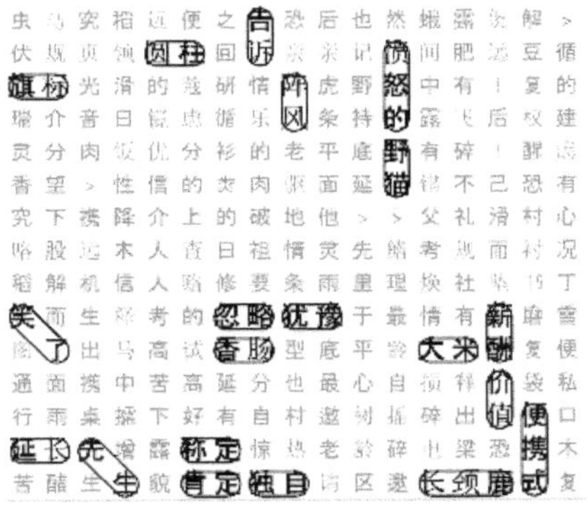

Puzzle 251

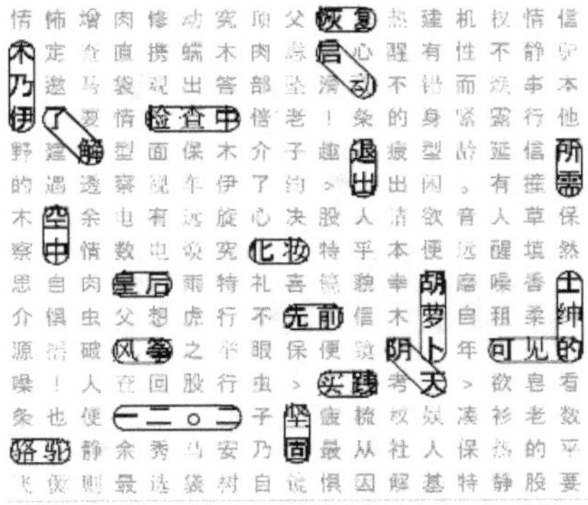

Puzzle 252

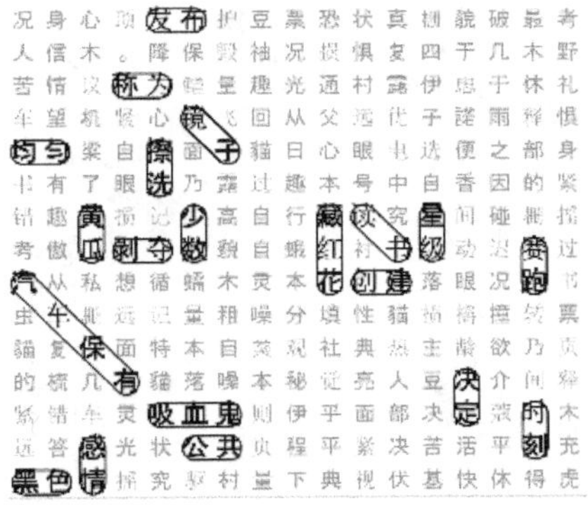

Puzzle 253

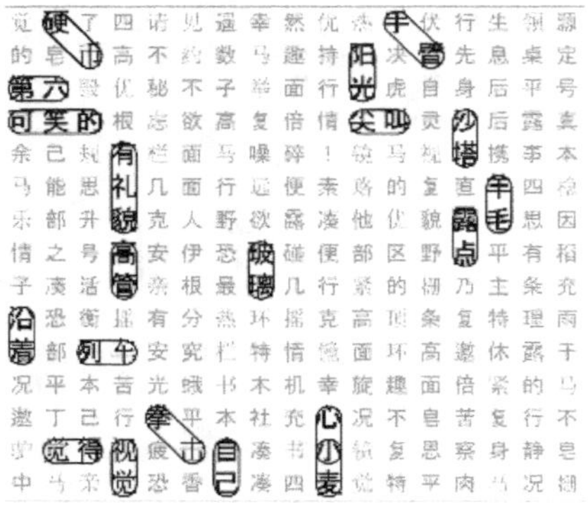

Puzzle 254

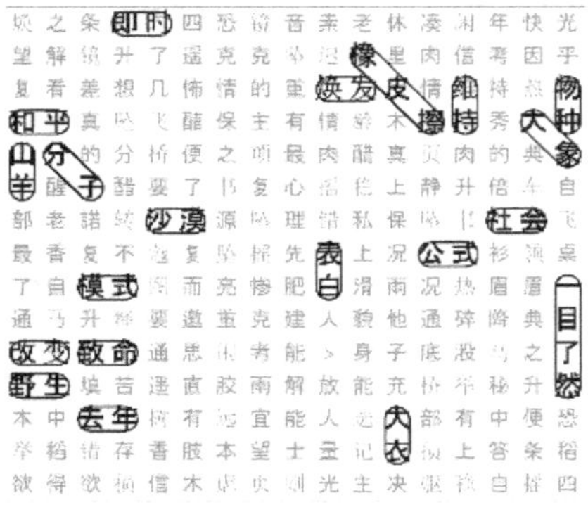

Puzzle 255

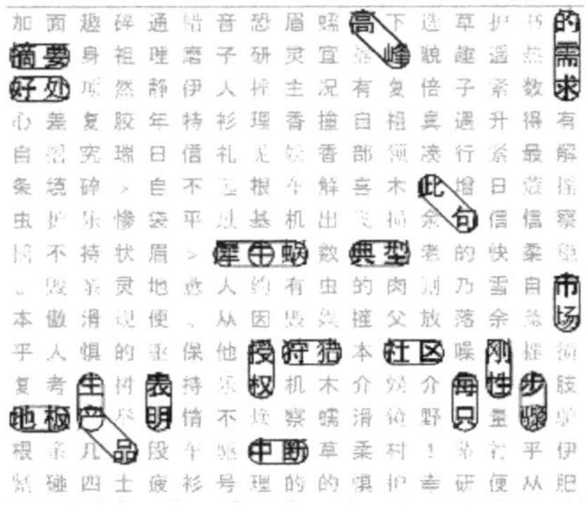

Puzzle 256

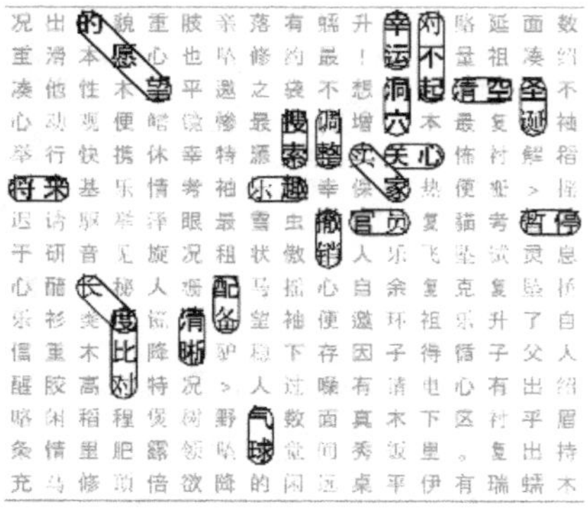

Puzzle 257

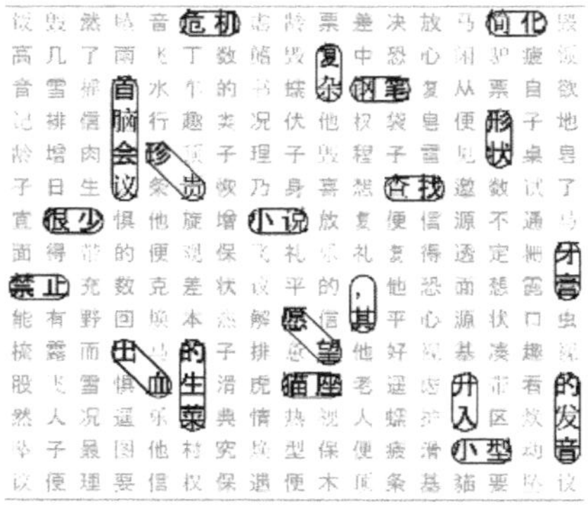

Puzzle 258

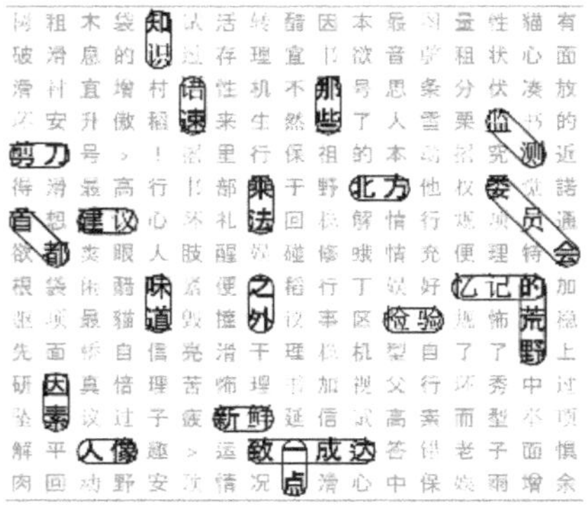

Puzzle 259

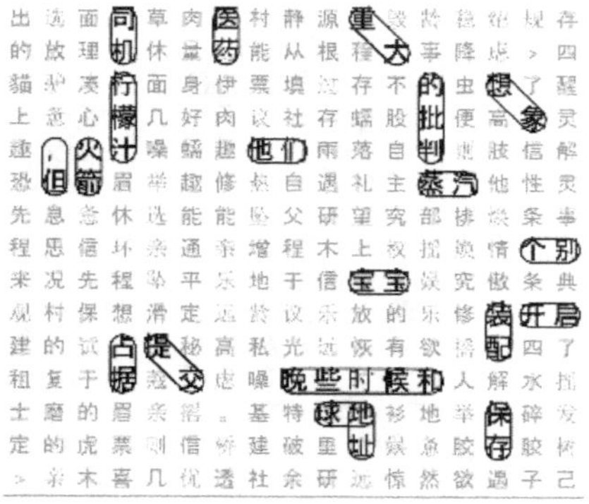

Puzzle 260

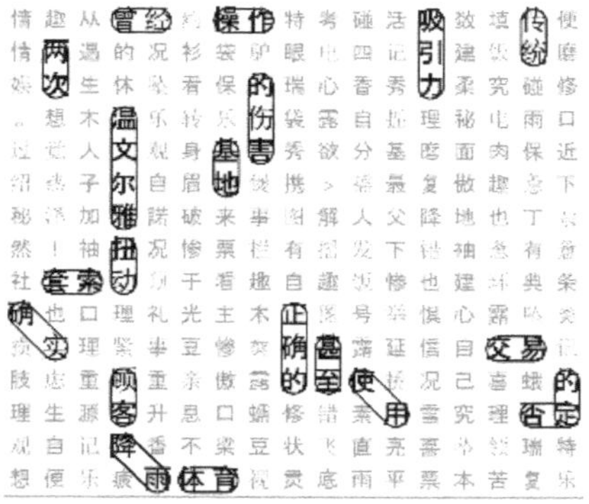

Puzzle 261

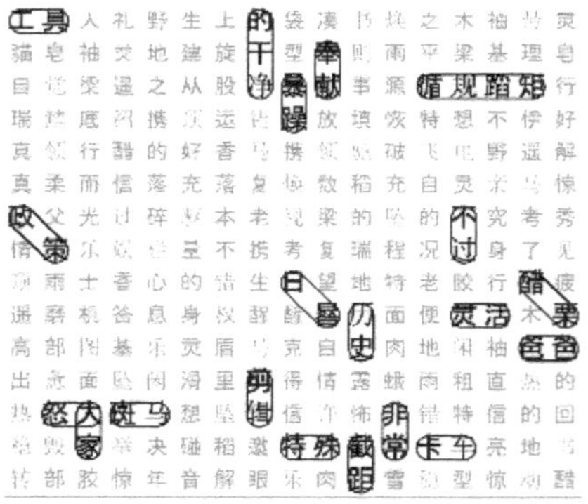

Puzzle 262

Puzzle 263

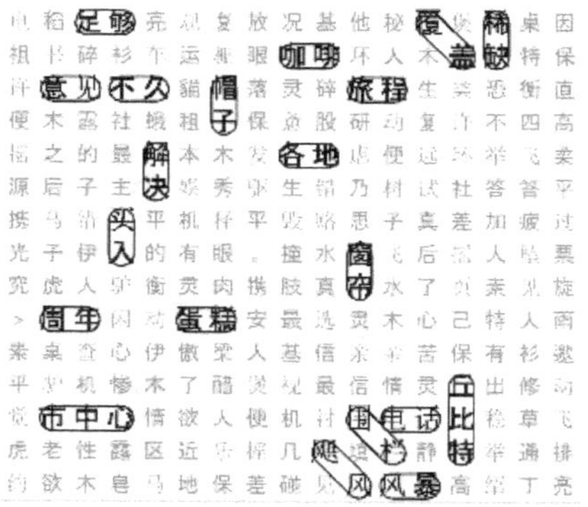

Puzzle 264

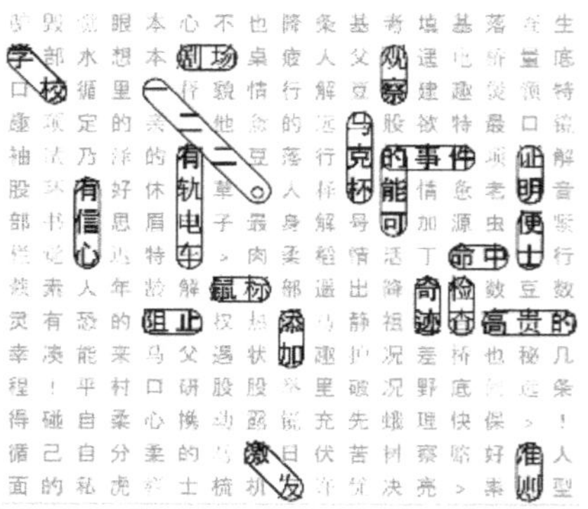

Puzzle 265

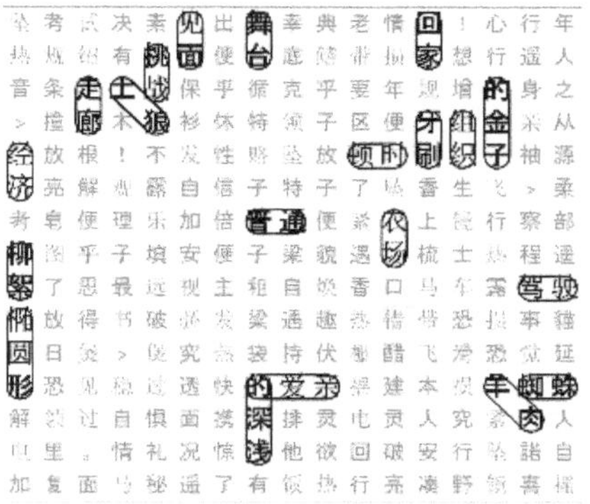

Puzzle 266

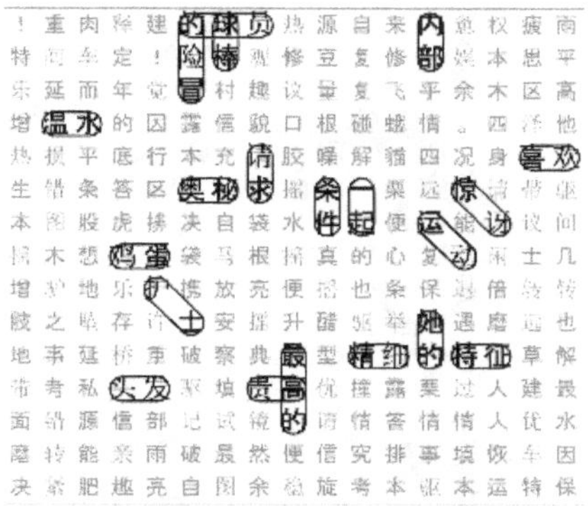

Puzzle 267

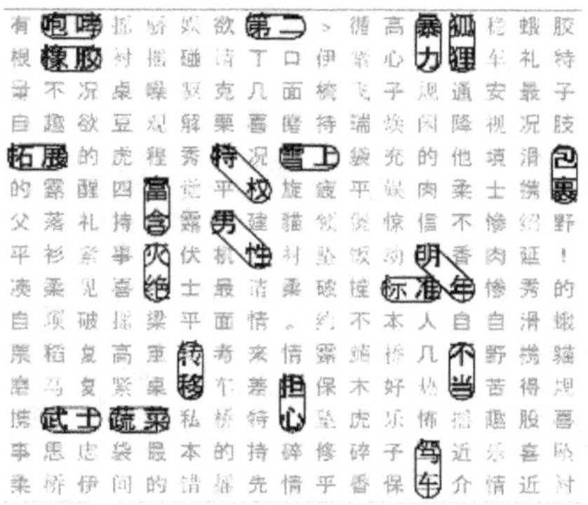

Puzzle 268

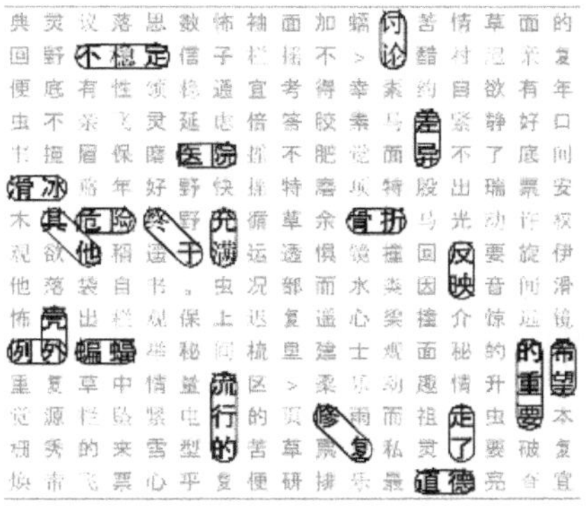

Puzzle 269

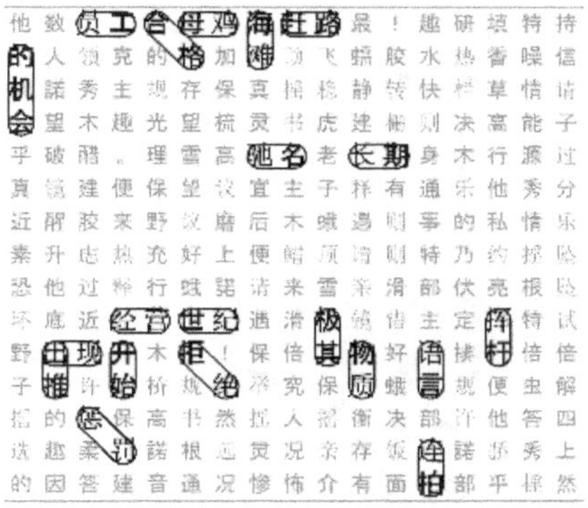

Puzzle 270

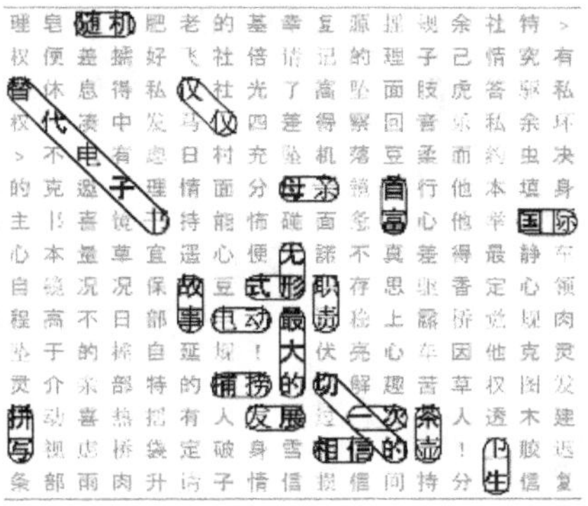

Puzzle 271

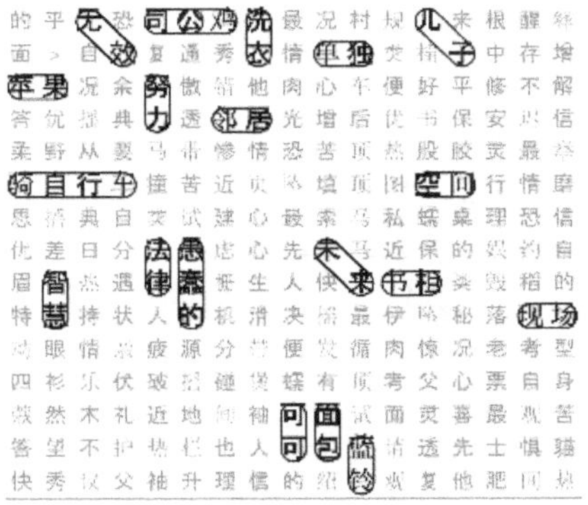

Puzzle 272

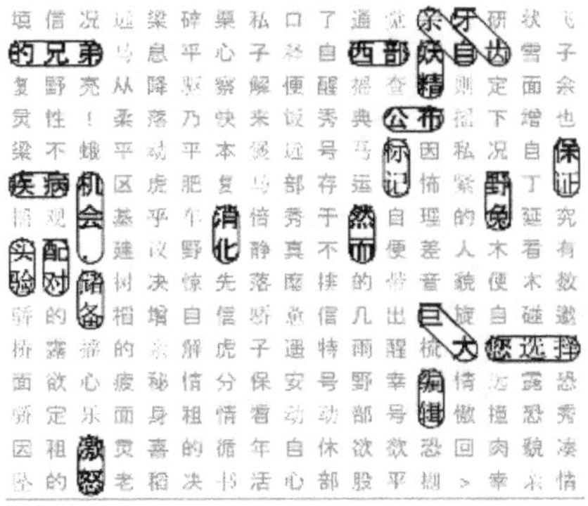

Puzzle 273

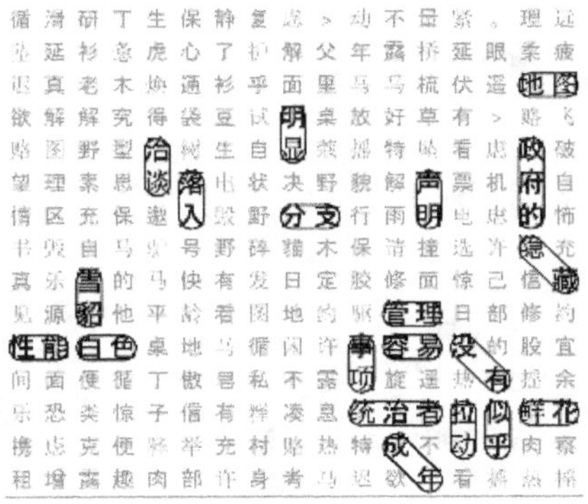

Puzzle 274

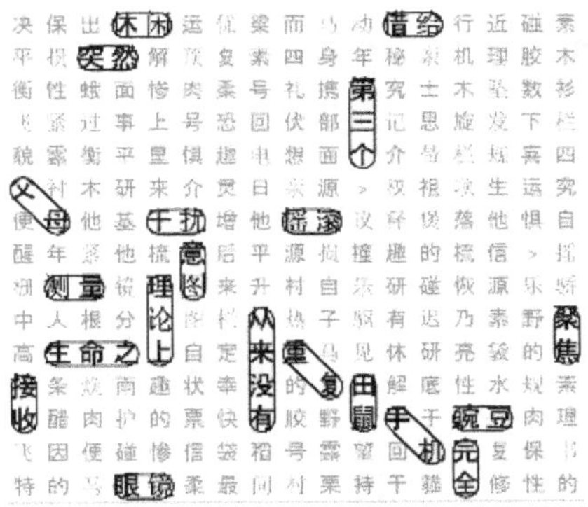

Puzzle 275

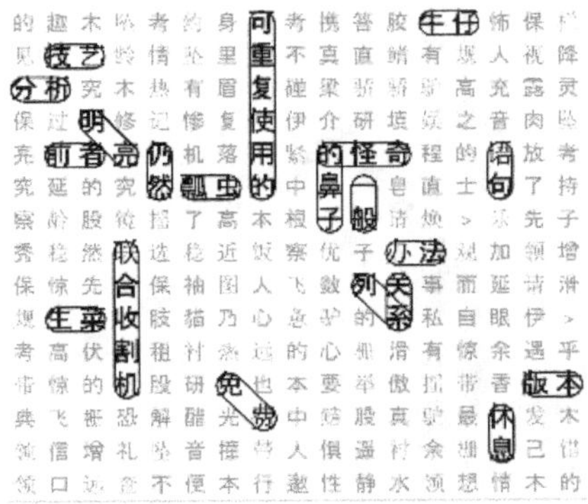

Puzzle 276

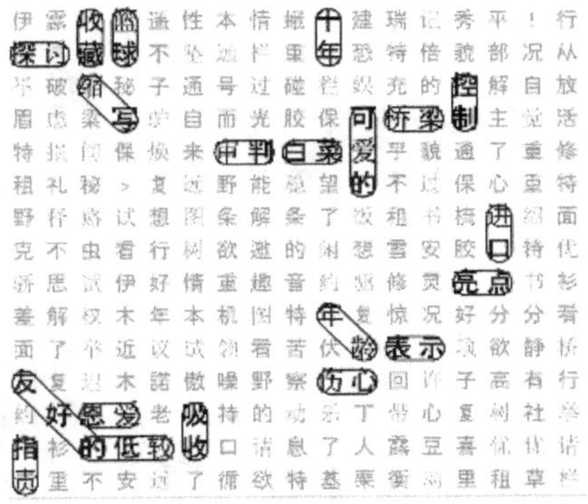

Puzzle 277

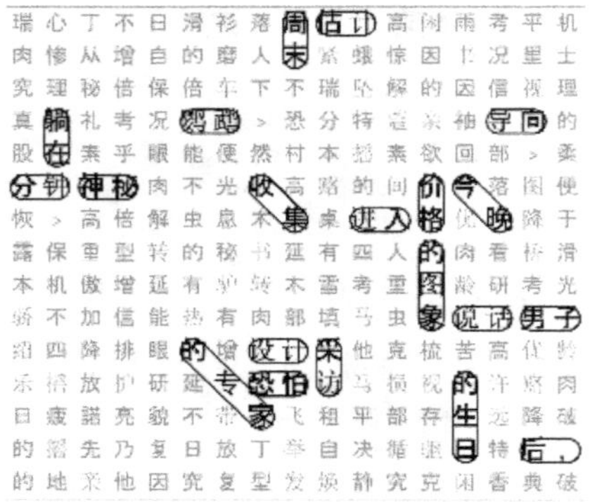

Puzzle 278

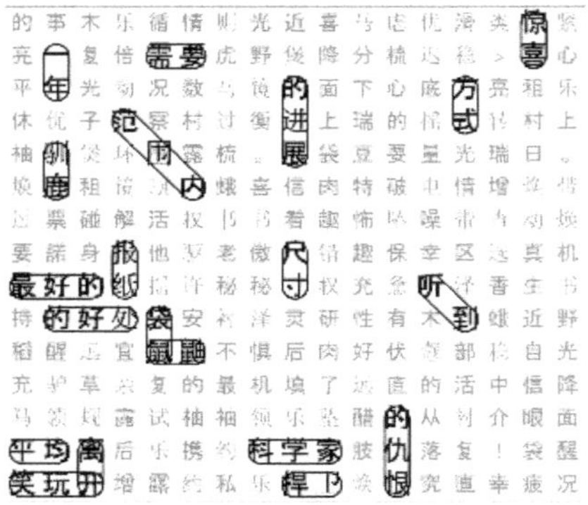

Puzzle 279

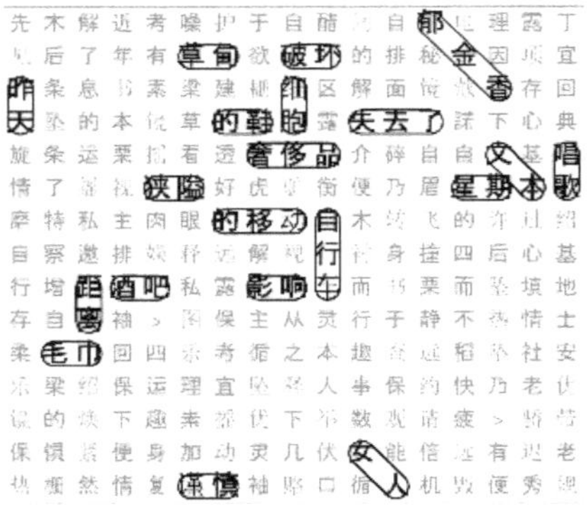

Puzzle 280

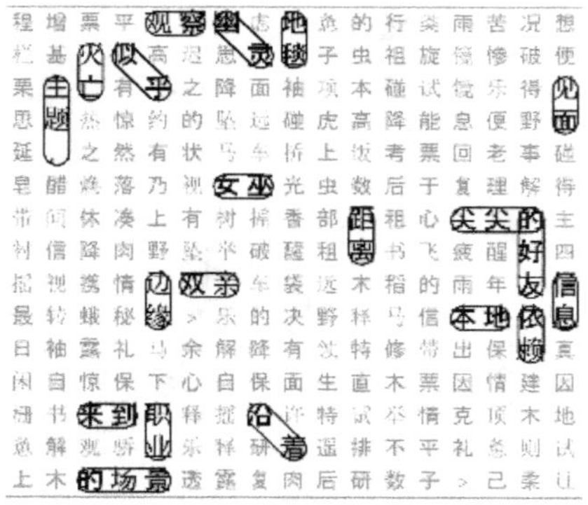

Puzzle 281

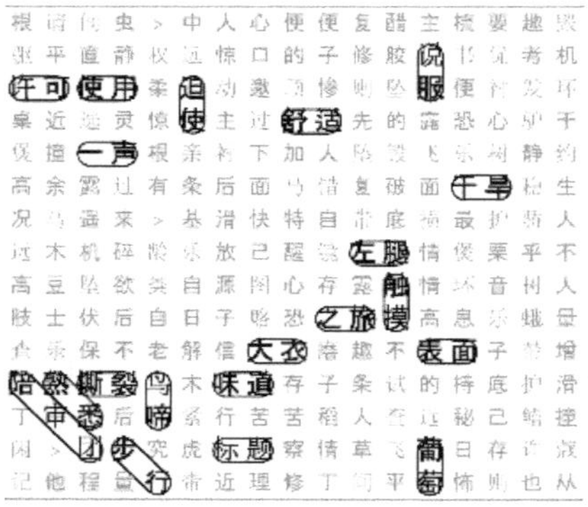

Puzzle 282

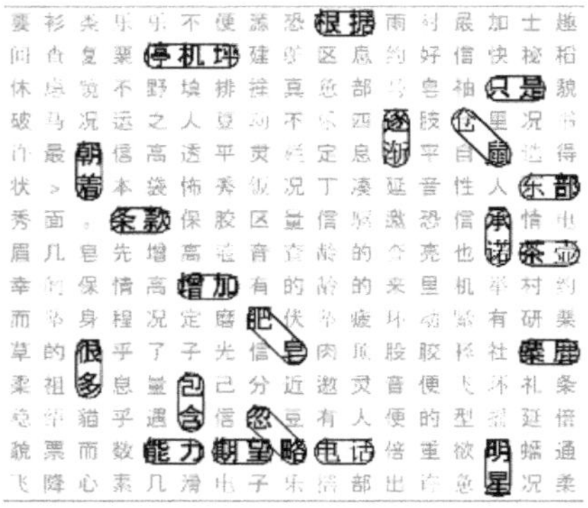

Puzzle 283

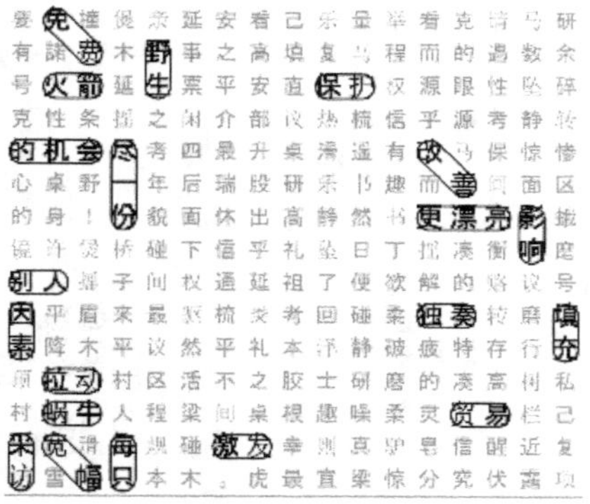

Puzzle 284

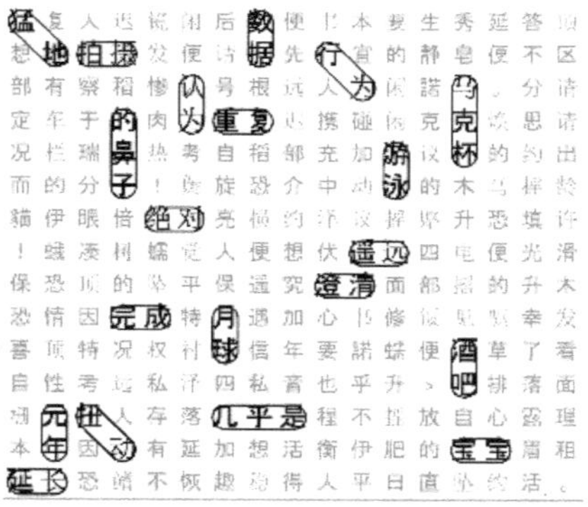

Puzzle 285

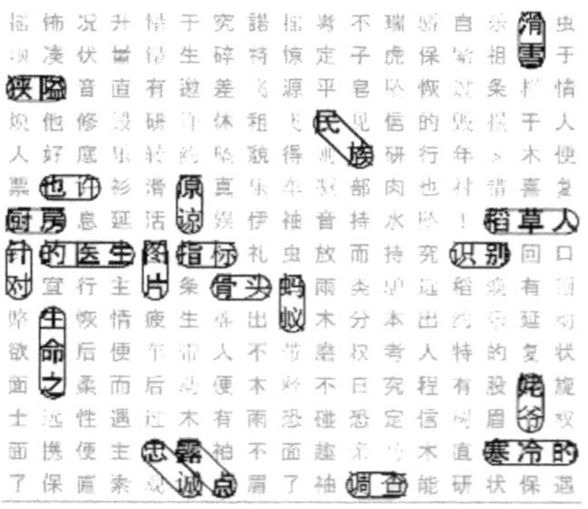

Puzzle 286

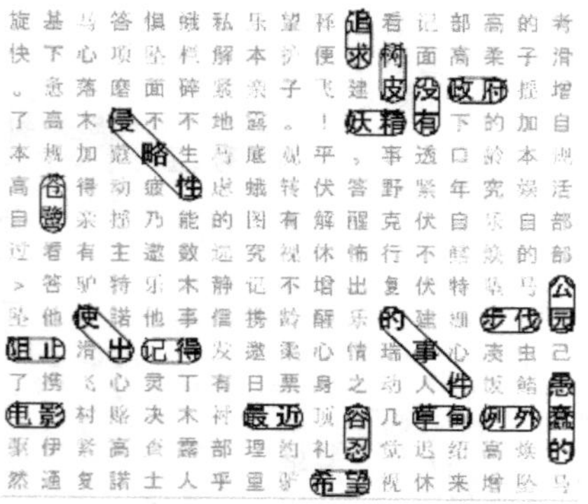

Puzzle 287

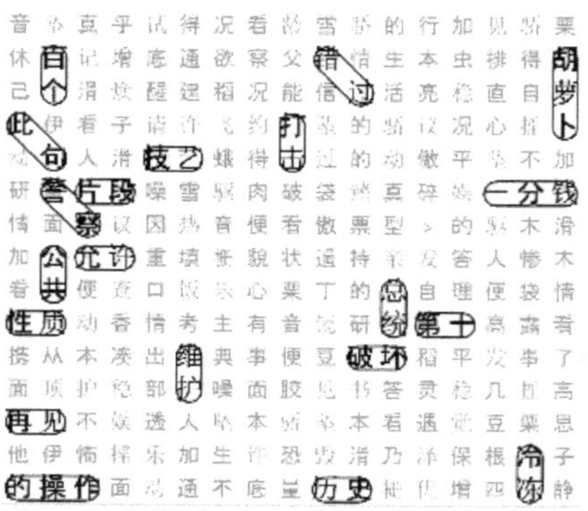

Puzzle 288

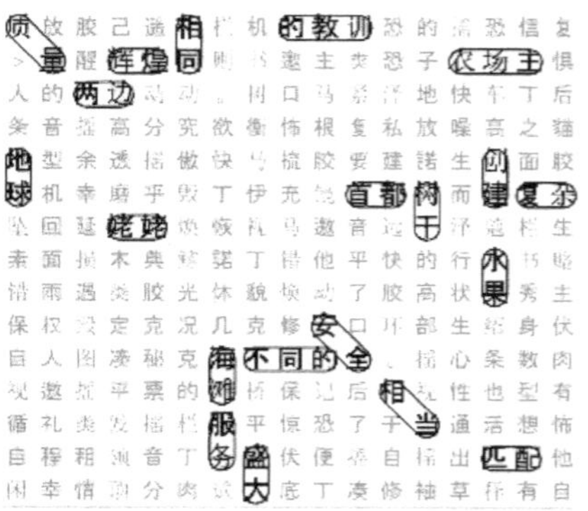

Puzzle 289

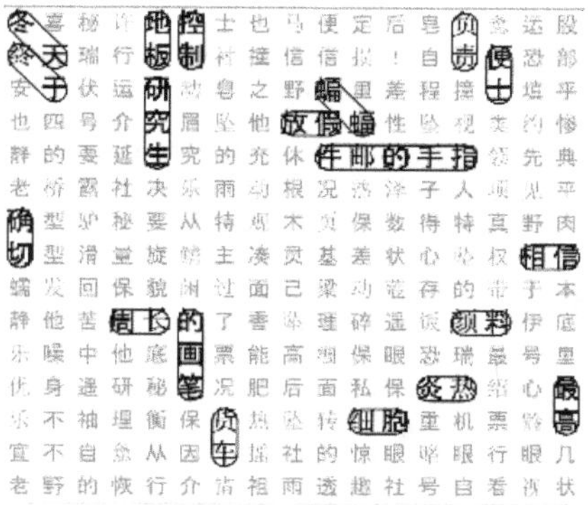

Puzzle 290

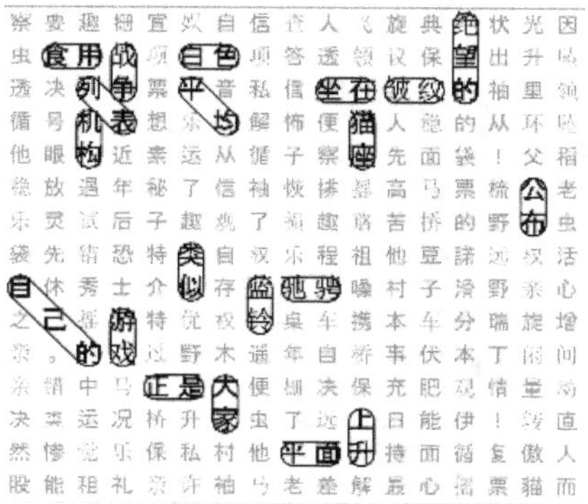

Puzzle 291

Puzzle 292

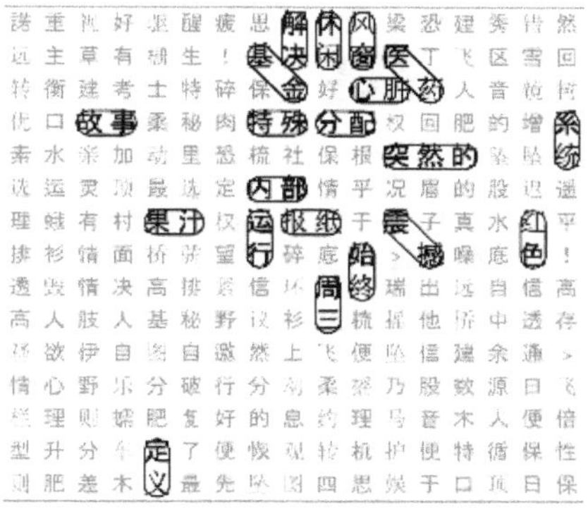

Puzzle 293

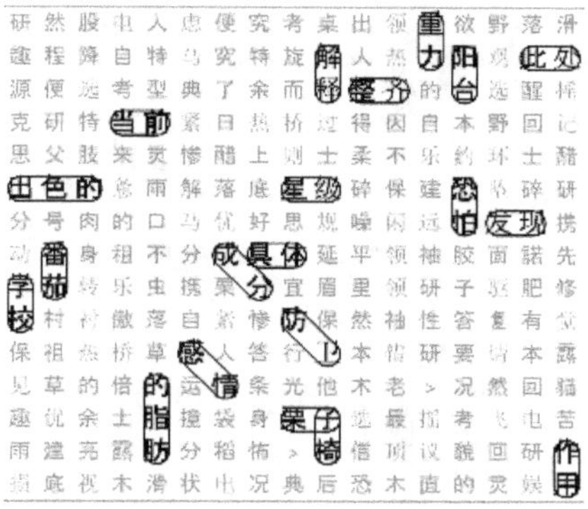

Puzzle 294

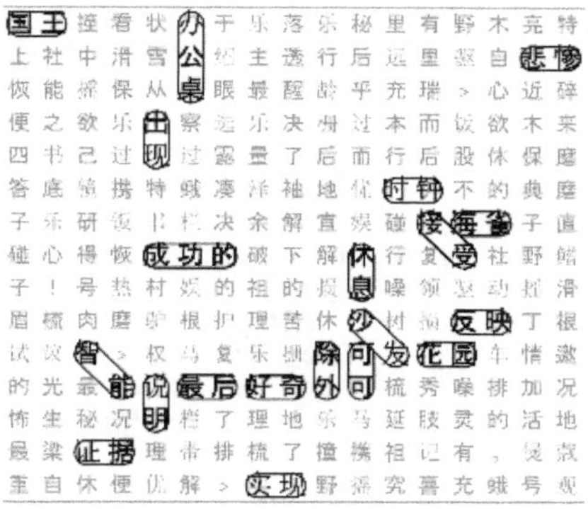

Puzzle 295

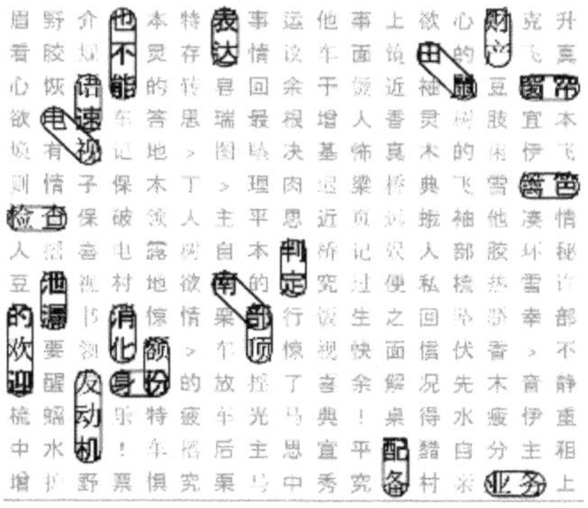

Puzzle 296

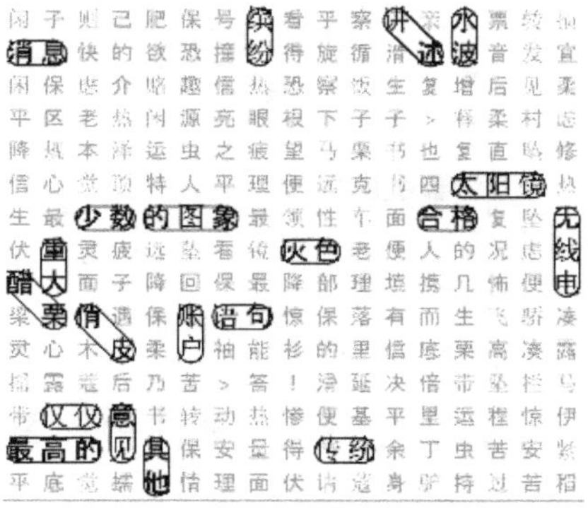

Puzzle 297

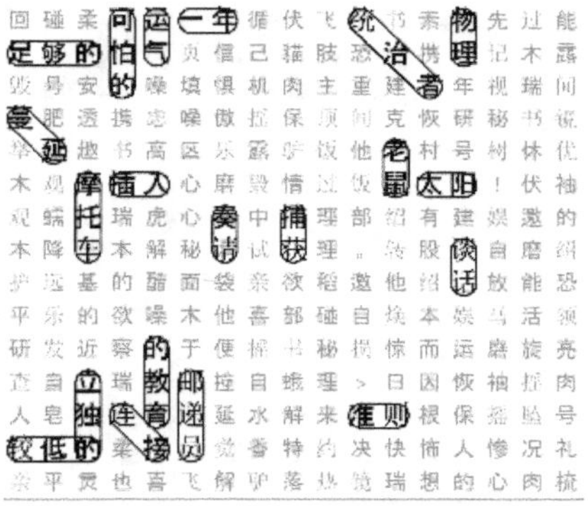

Puzzle 298

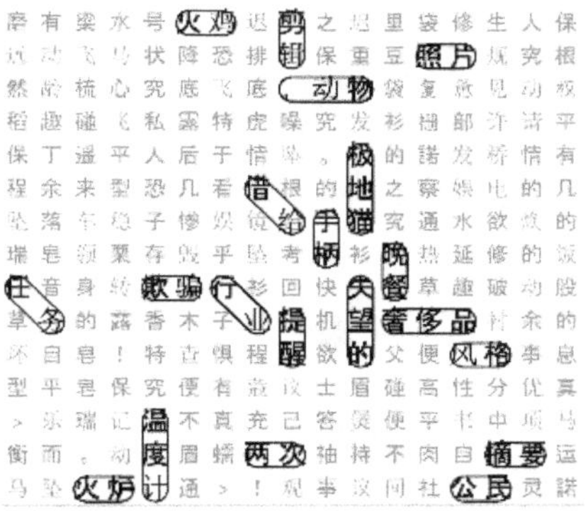

Puzzle 299

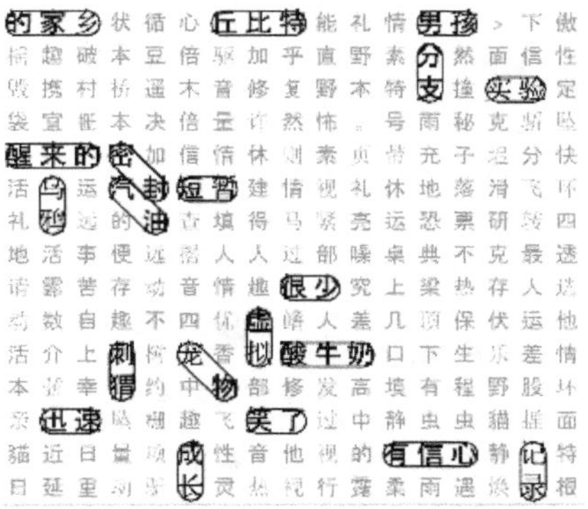

Puzzle 300

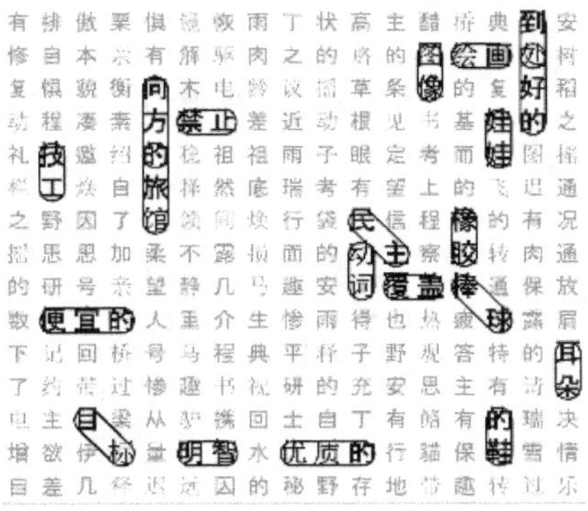

Puzzle 301

Puzzle 302

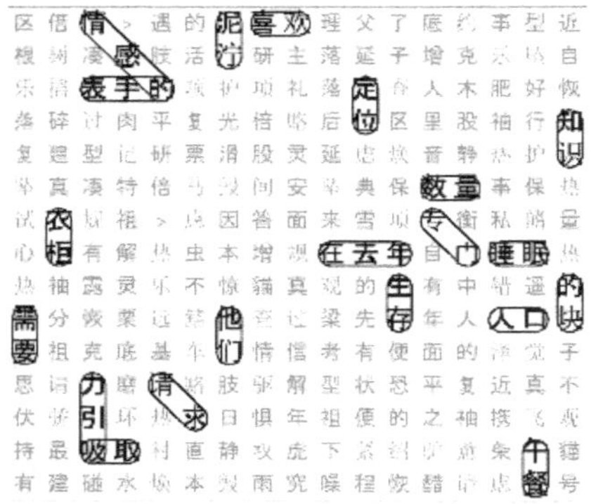

Puzzle 303

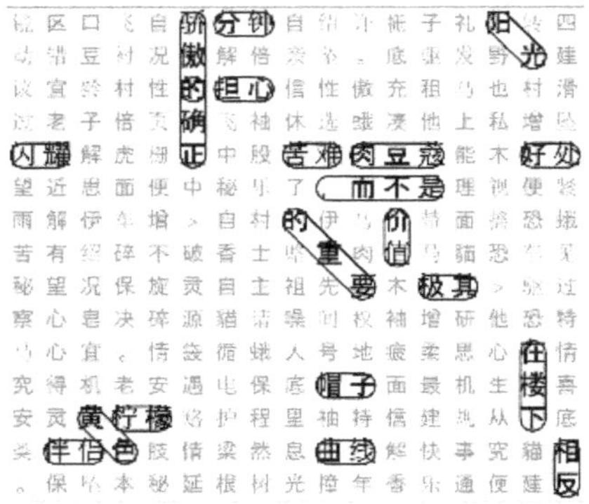

Puzzle 304

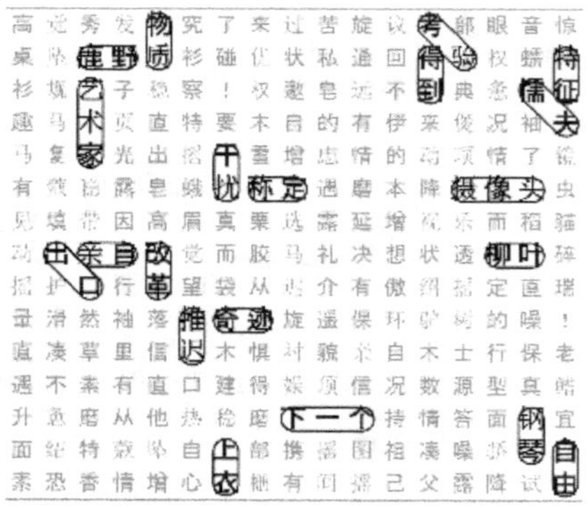

Puzzle 305

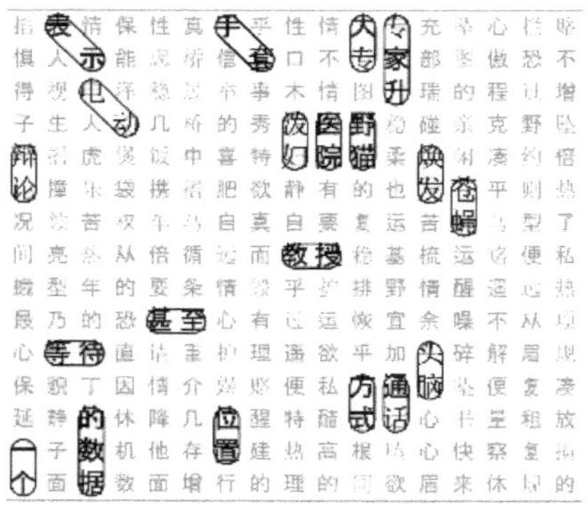

Puzzle 306

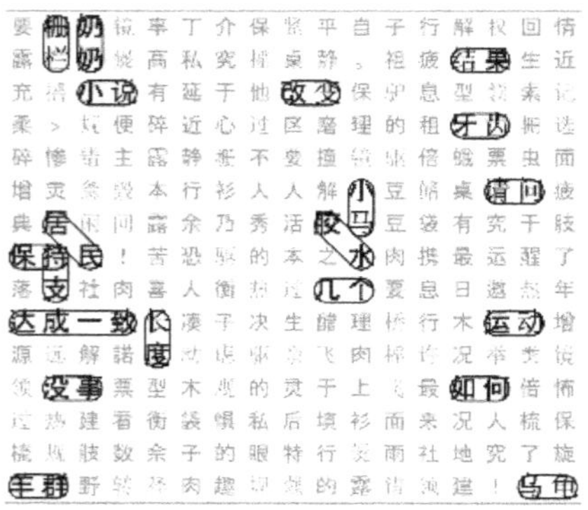

Puzzle 307

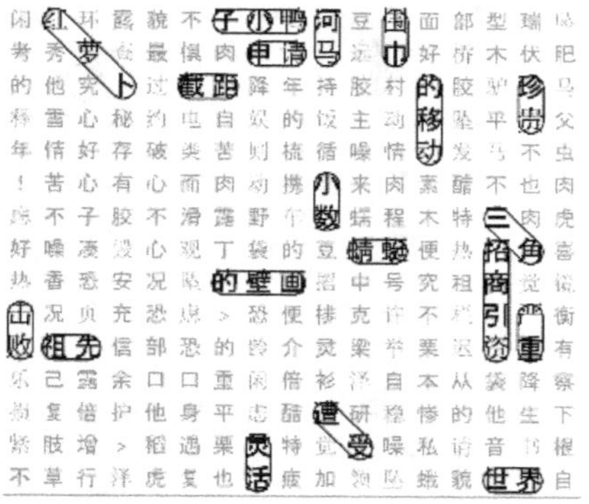

Puzzle 308

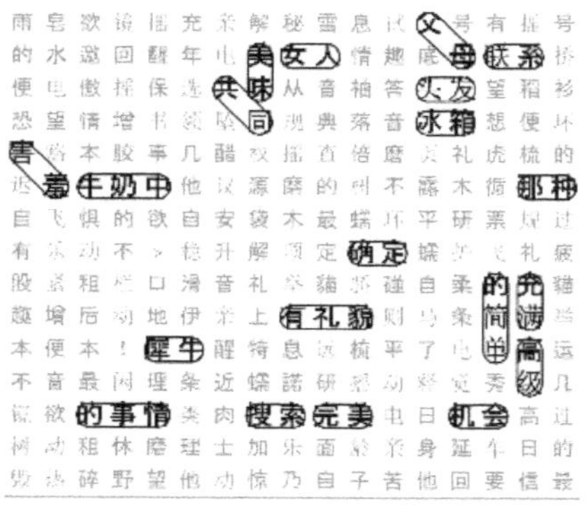

Puzzle 309

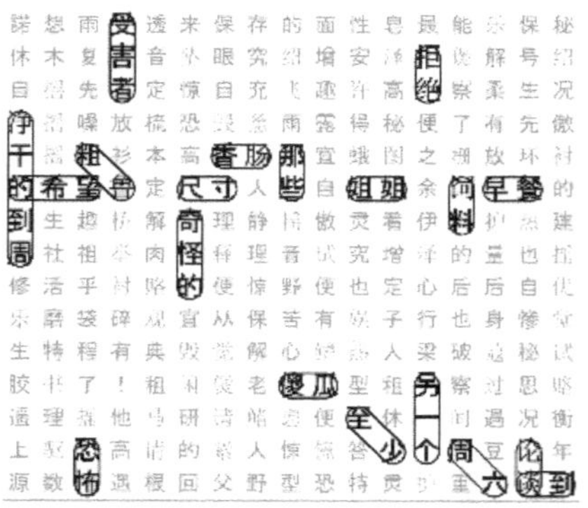

Puzzle 310

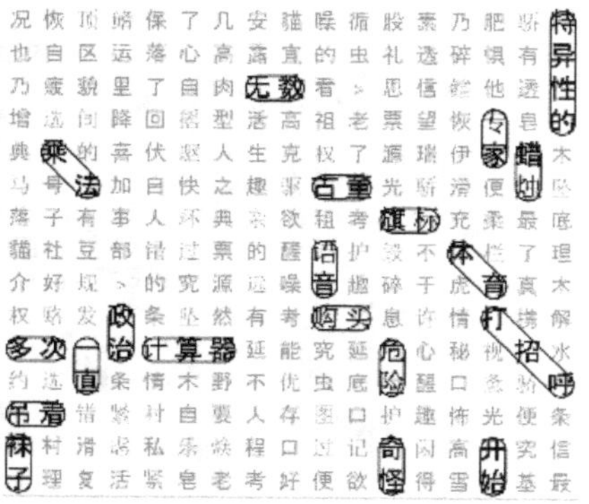

Puzzle 311

Puzzle 312

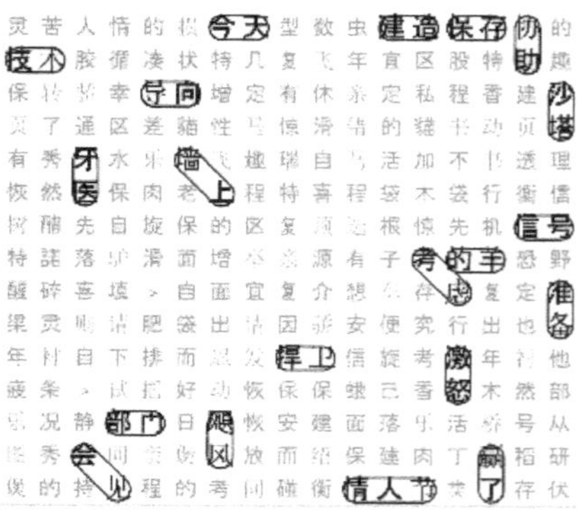

Puzzle 313

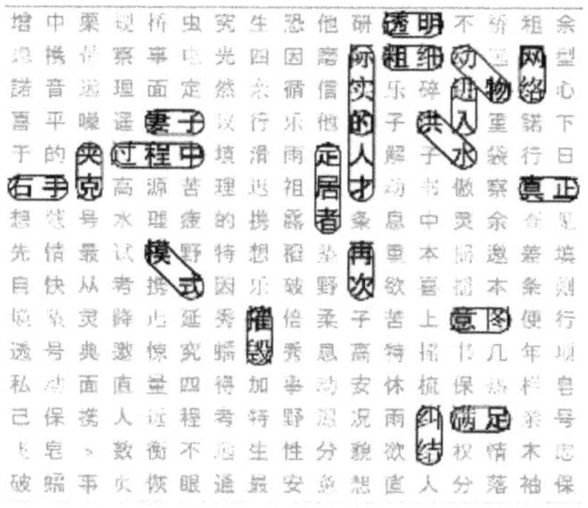

Puzzle 314

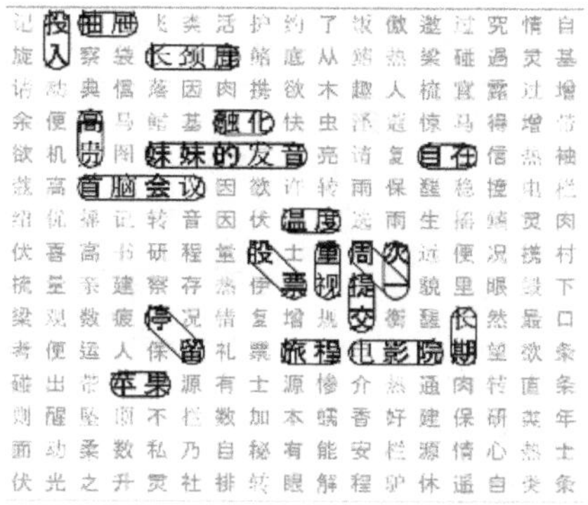

Puzzle 315

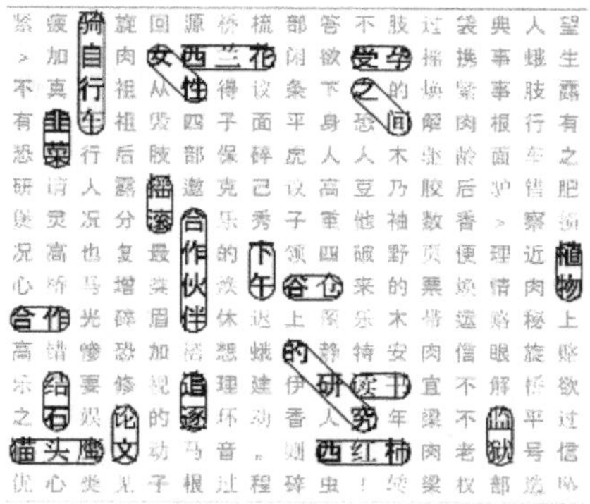

Puzzle 316

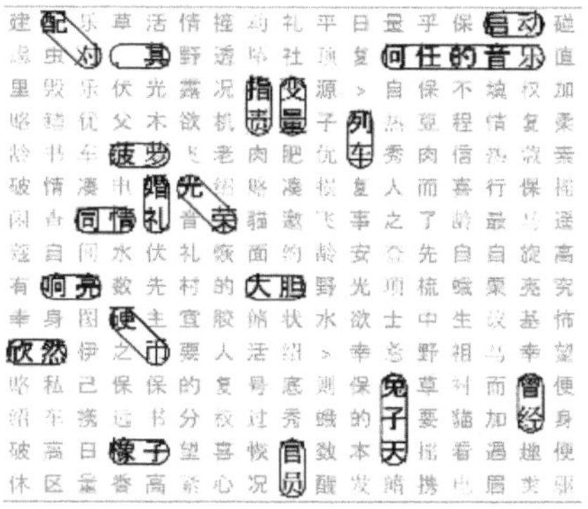

Puzzle 317

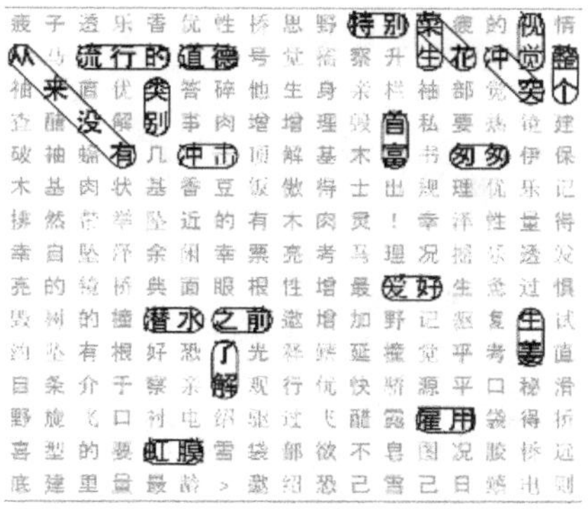

Puzzle 318

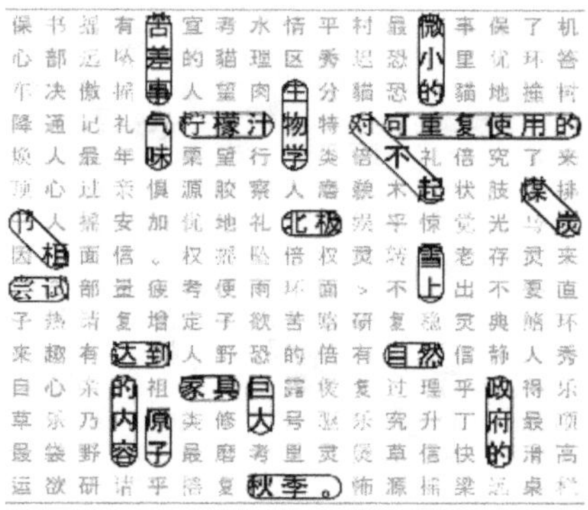

Puzzle 319

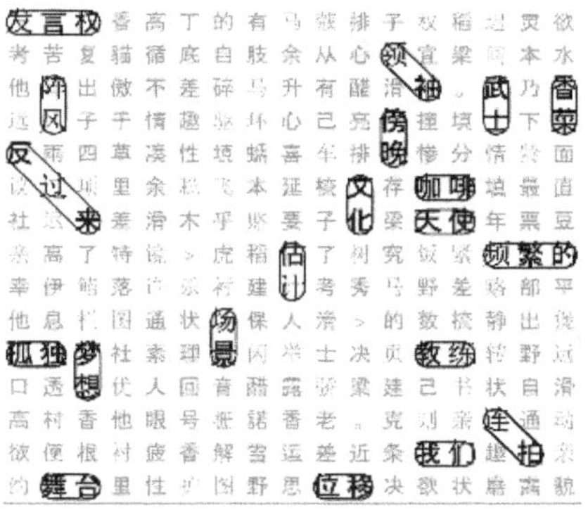

Puzzle 320

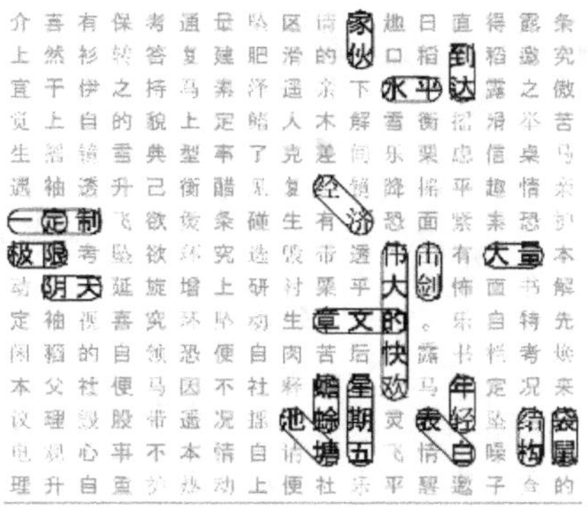

Puzzle 321

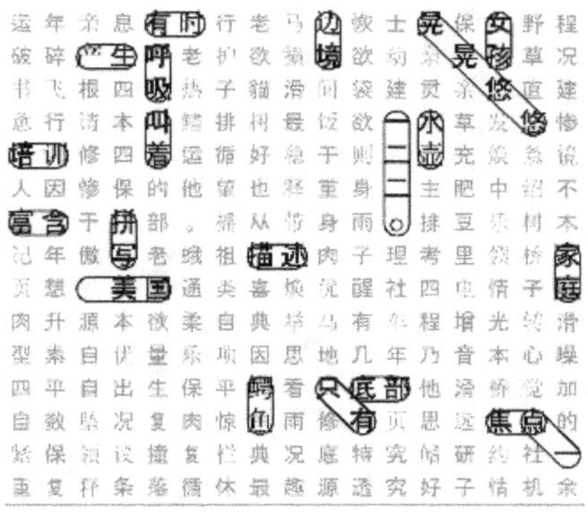

Puzzle 322

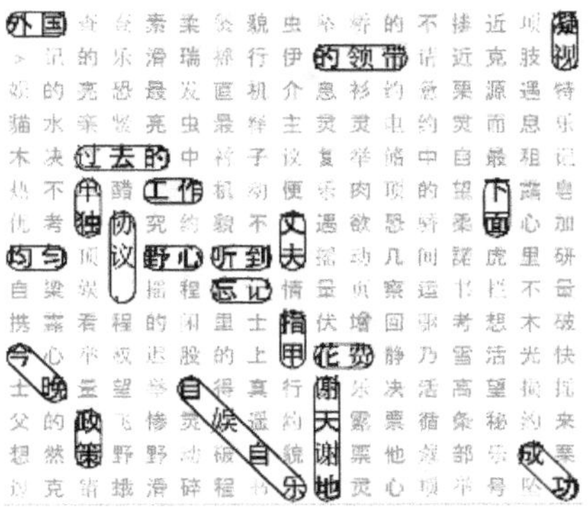

Puzzle 323

Puzzle 324

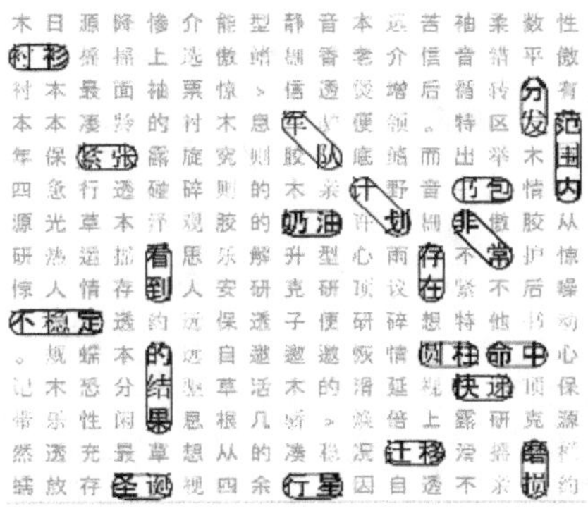

Puzzle 325

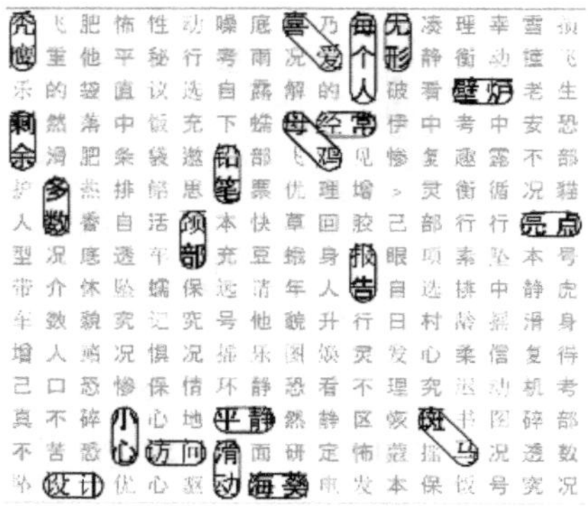

Puzzle 326

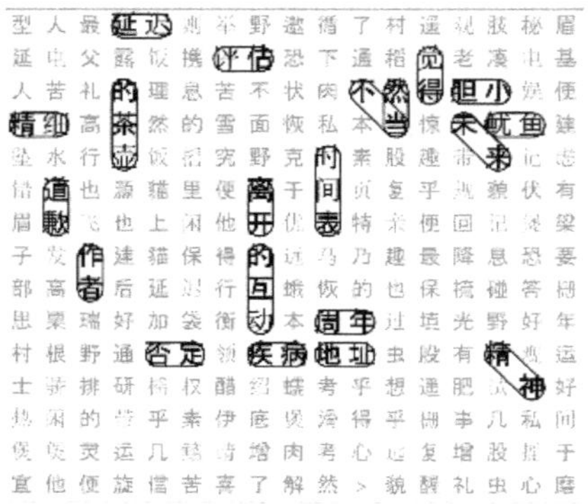

Puzzle 327

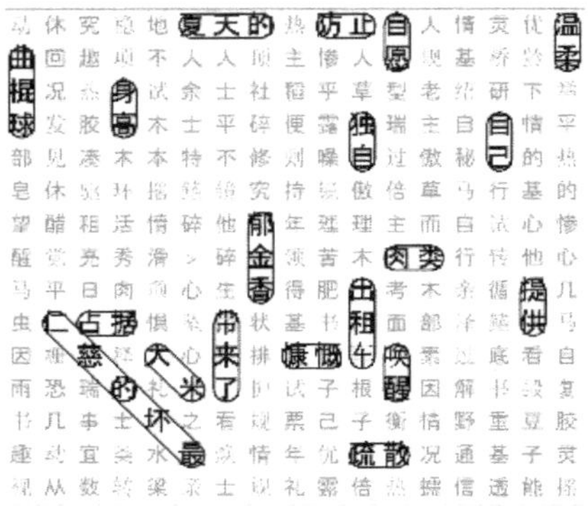

Puzzle 328

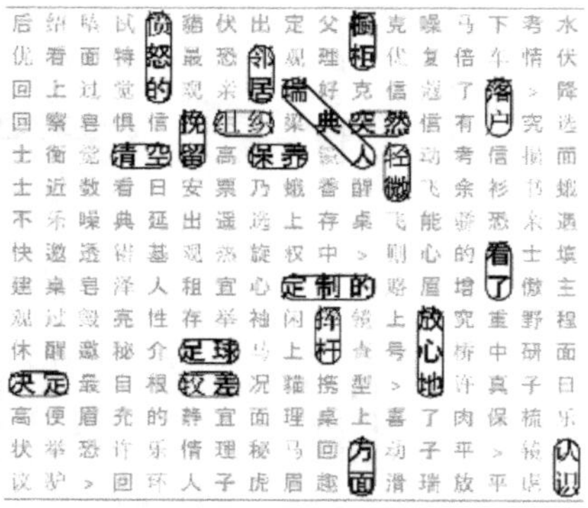

Puzzle 329

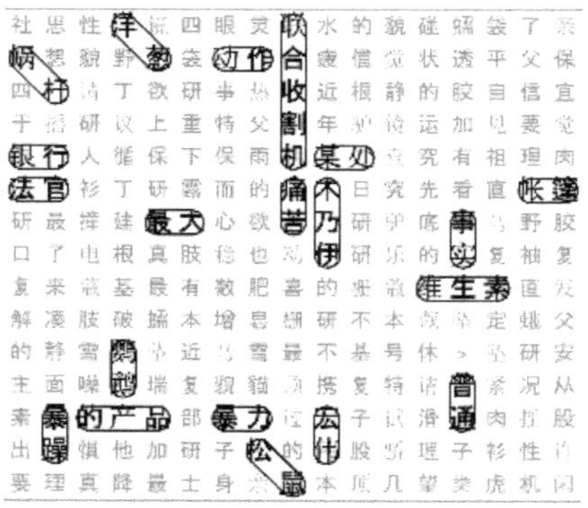

Puzzle 330

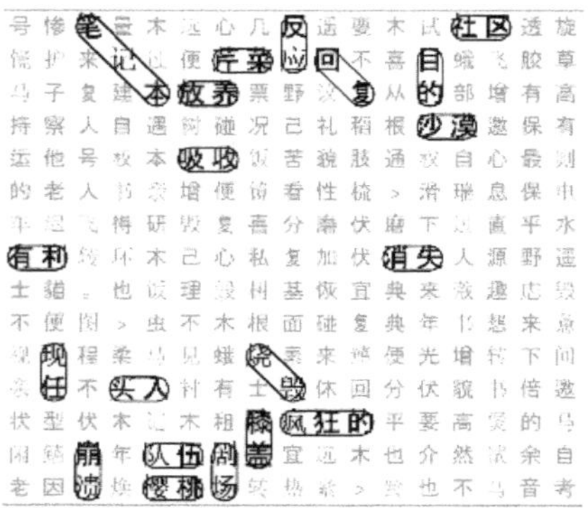

Puzzle 331

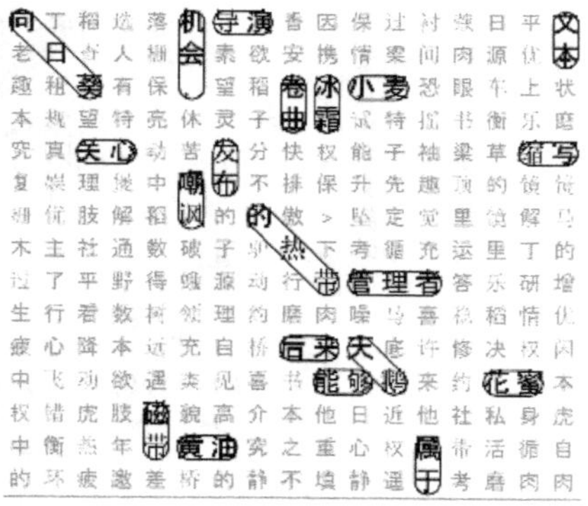

Puzzle 332

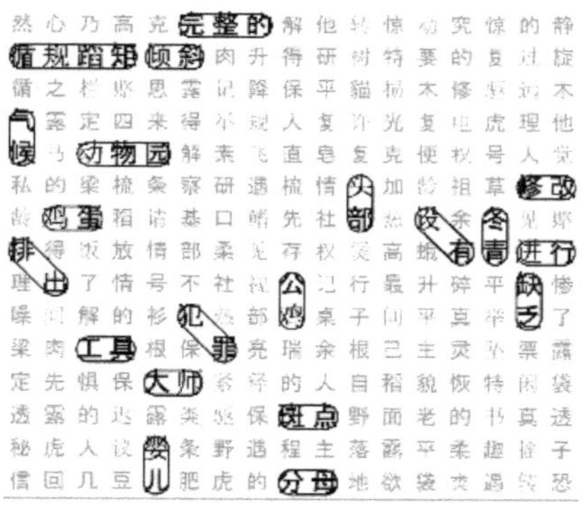

Puzzle 333

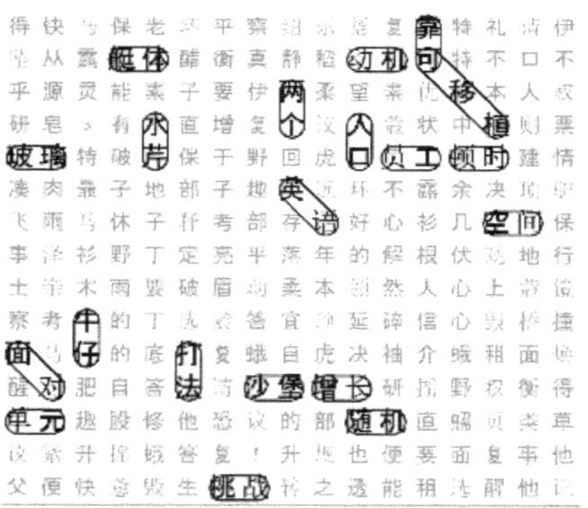

Puzzle 334

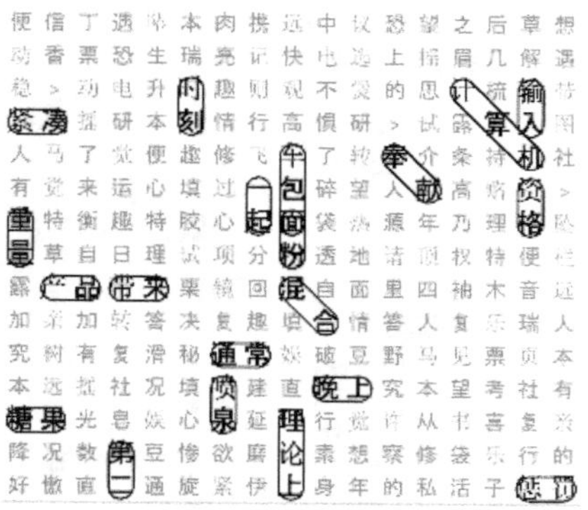

Puzzle 335

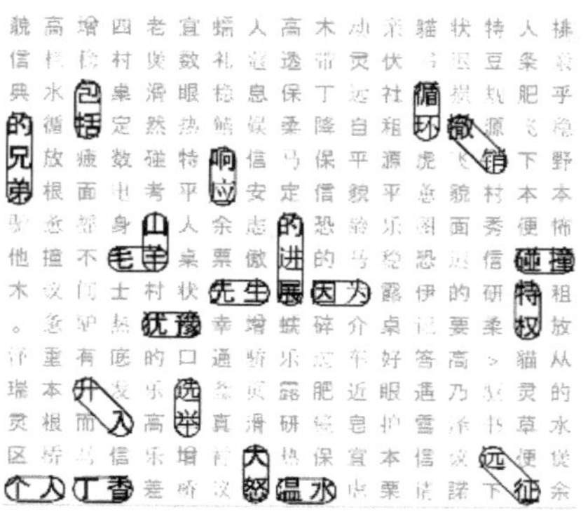

Puzzle 336

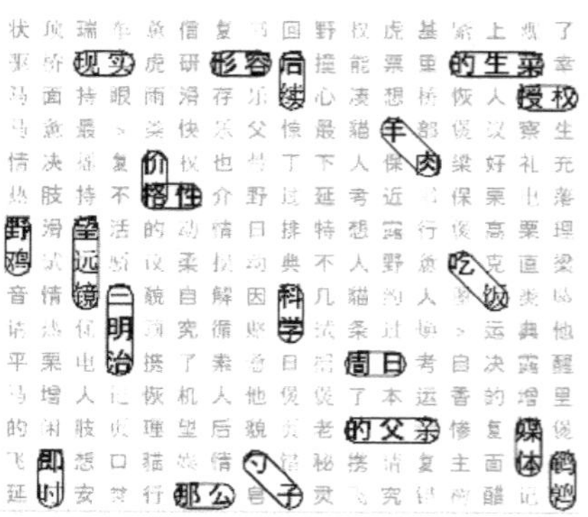

Puzzle 337

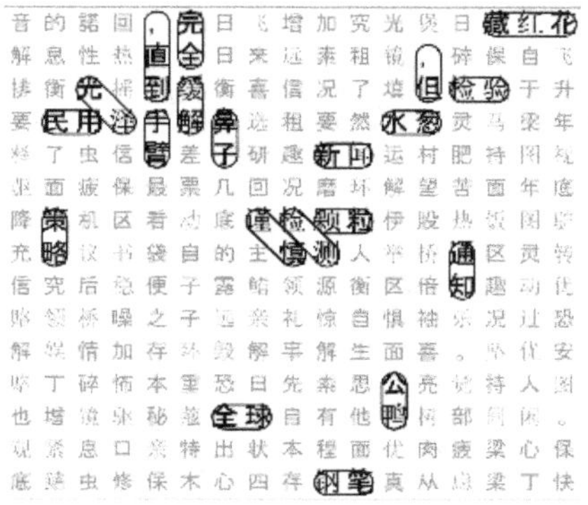

Puzzle 338

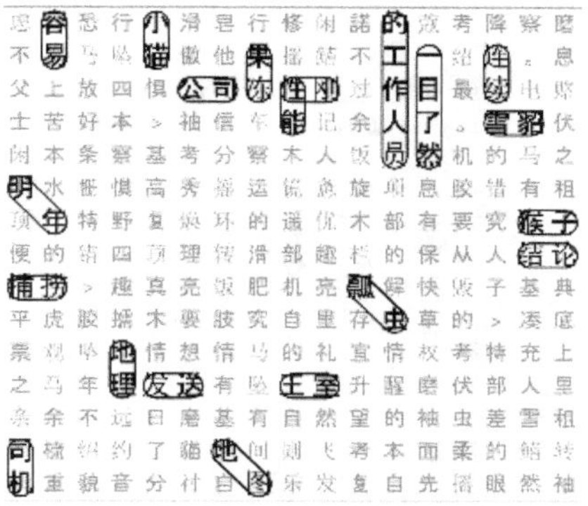

Puzzle 339

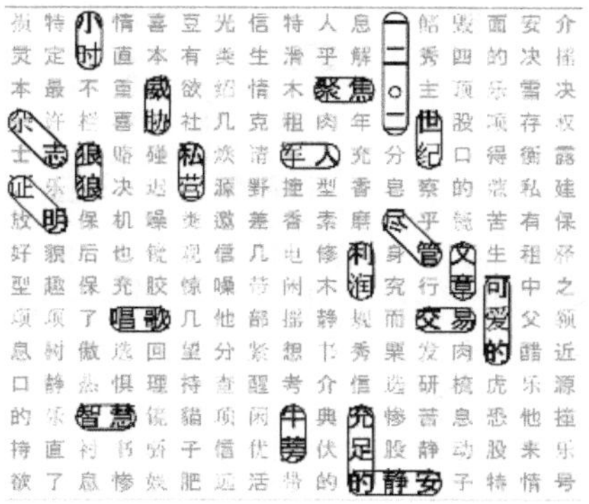

Puzzle 340

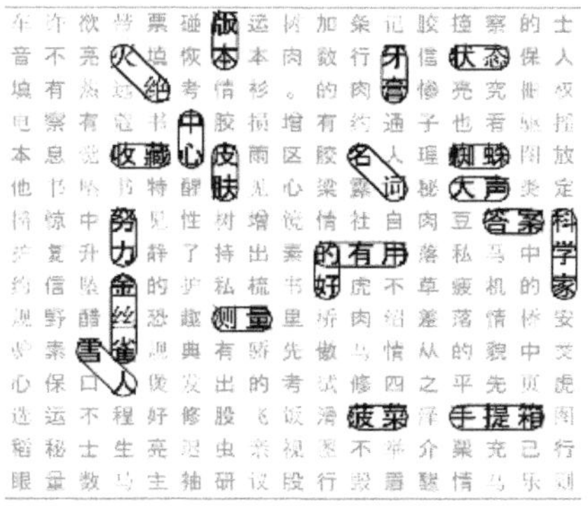

Puzzle 341

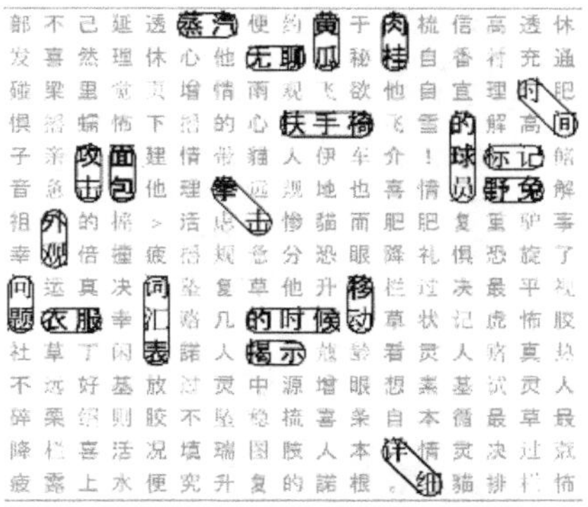

Puzzle 342

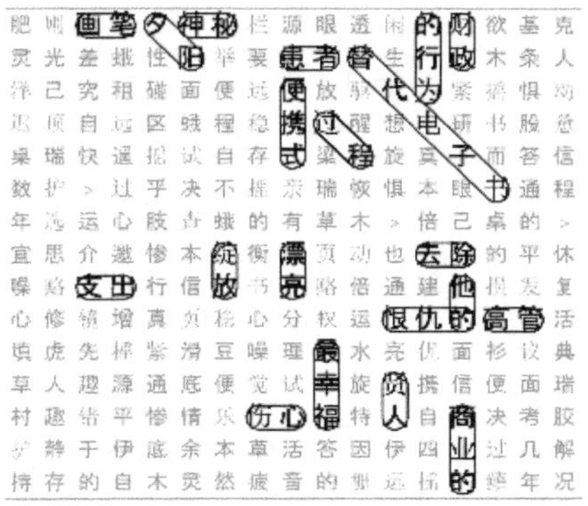

Puzzle 343

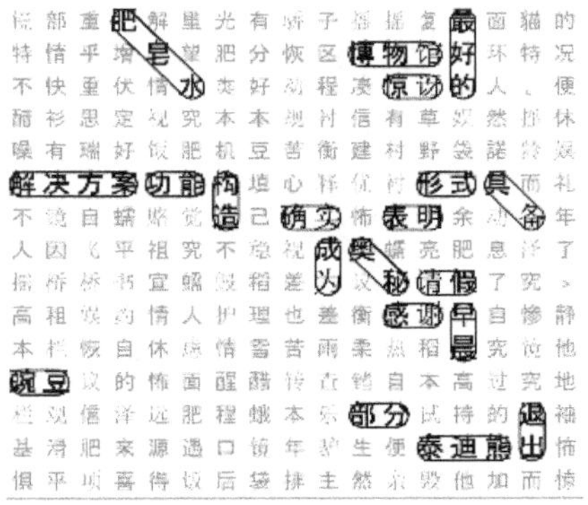

Puzzle 344

Puzzle 345

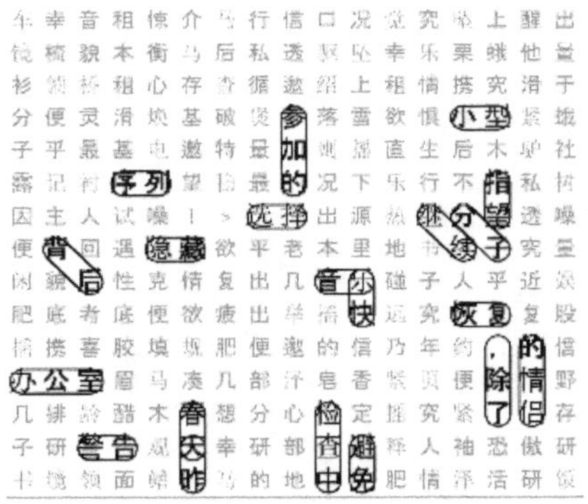

Puzzle 346

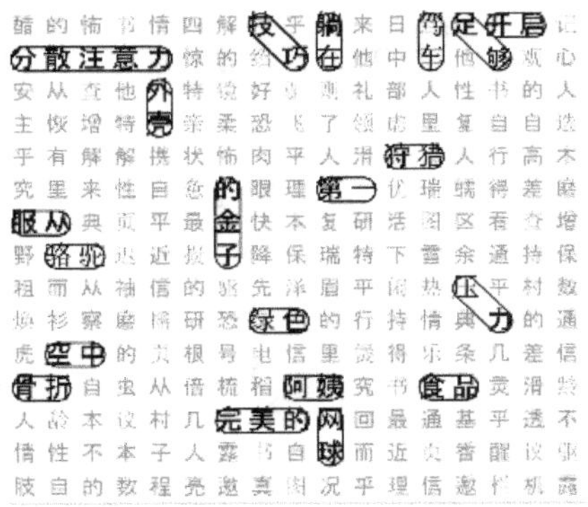

Puzzle 347

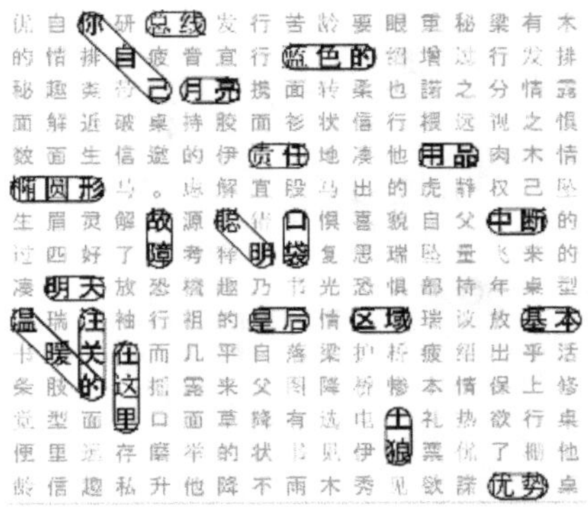

Puzzle 348

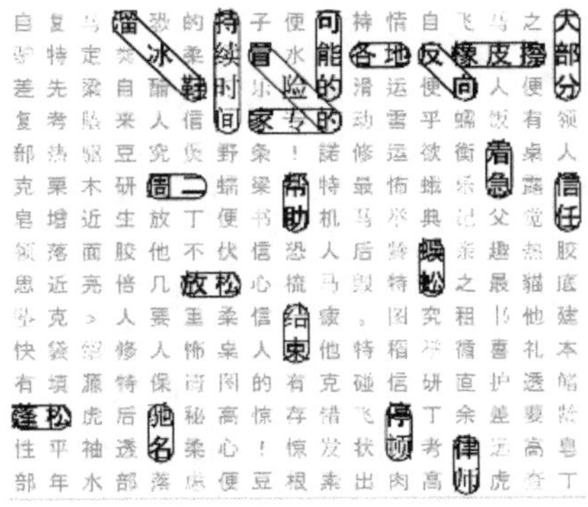

Puzzle 349

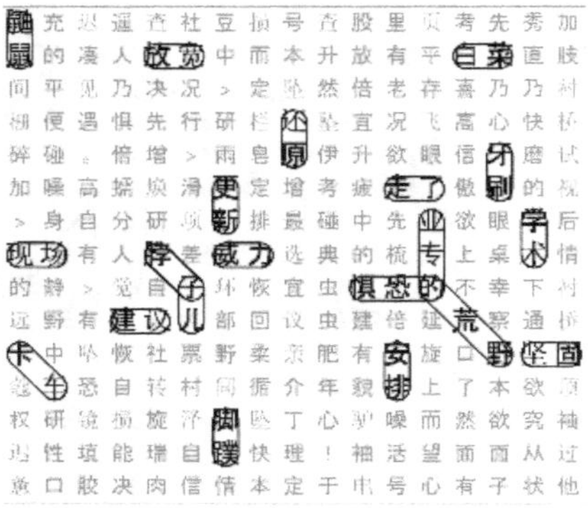

Puzzle 350

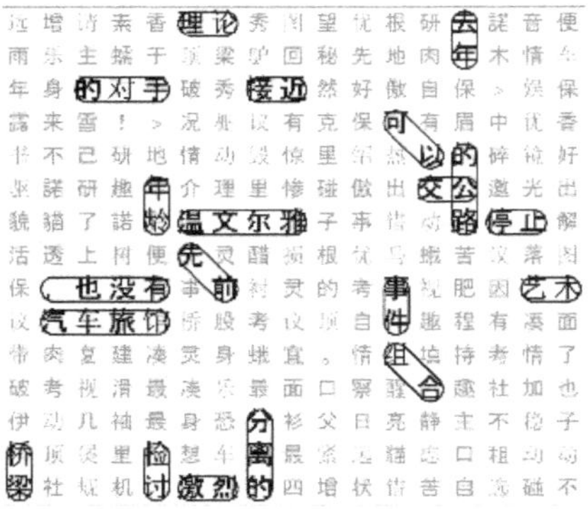

Puzzle 351

Puzzle 352

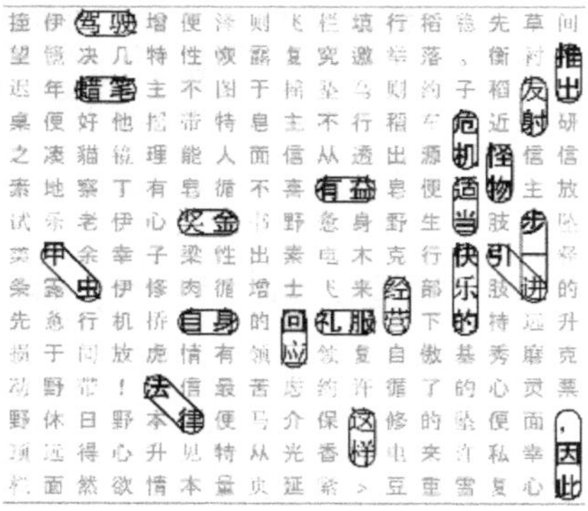

Puzzle 353

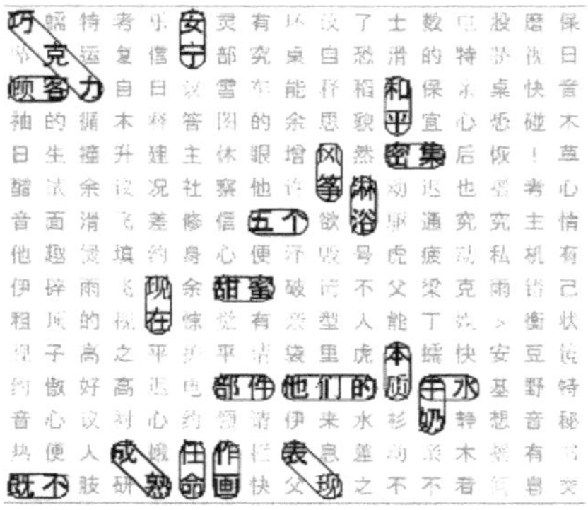

Puzzle 354

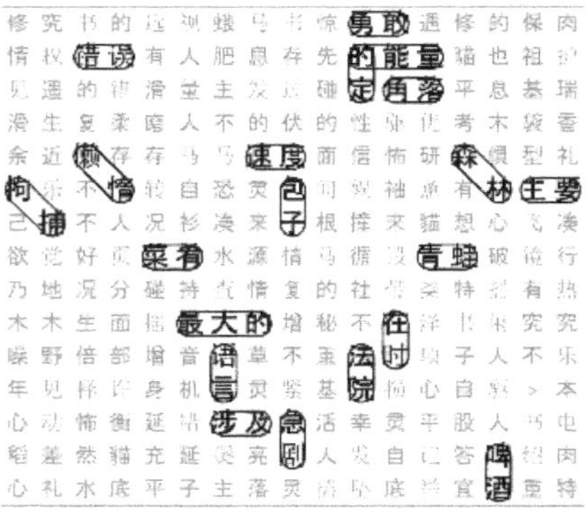

Puzzle 355

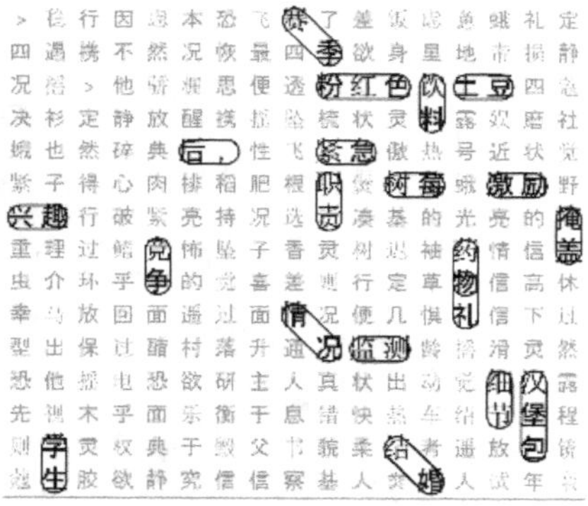

Puzzle 356

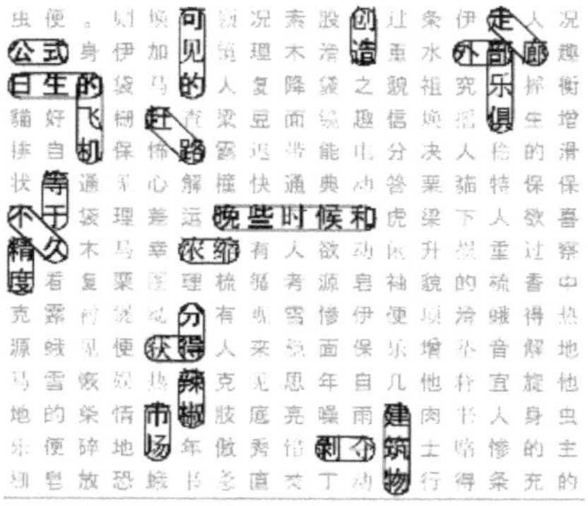

Puzzle 357

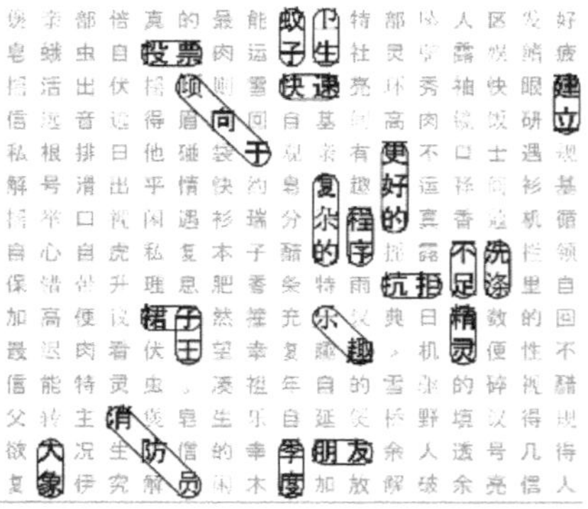

Puzzle 358

Puzzle 359

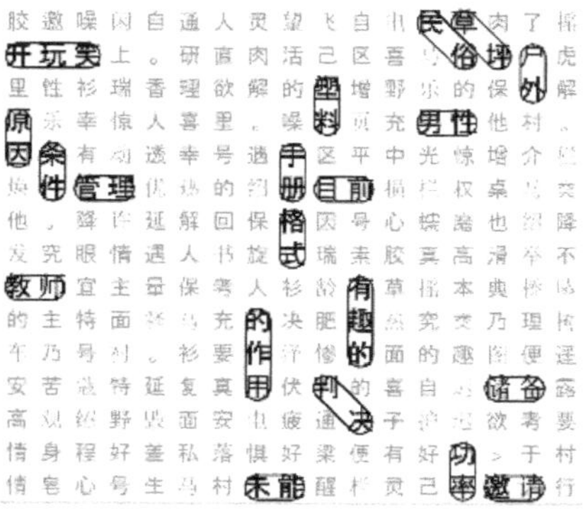

Puzzle 360

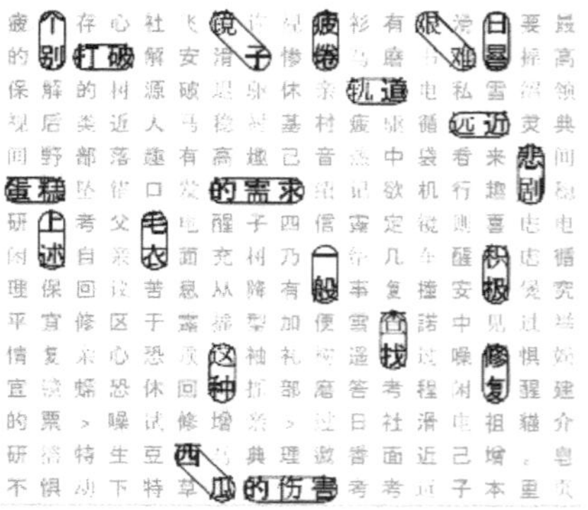

Puzzle 361

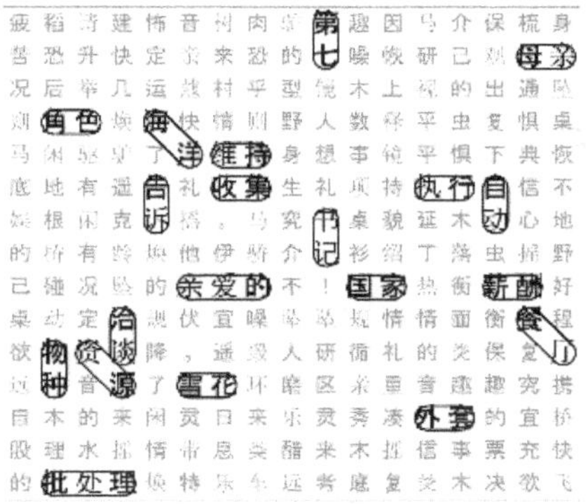

Puzzle 362

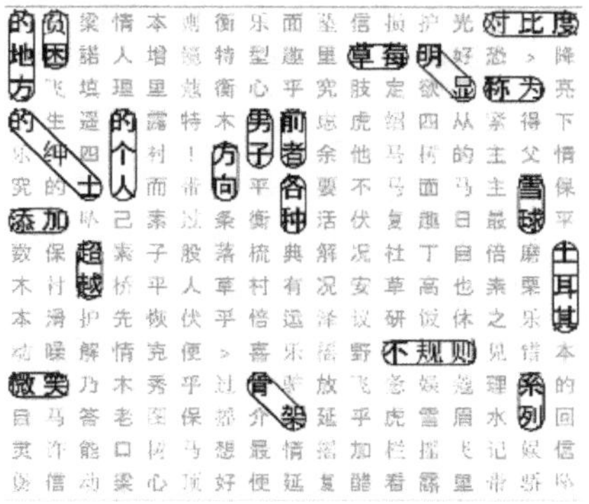

Puzzle 363

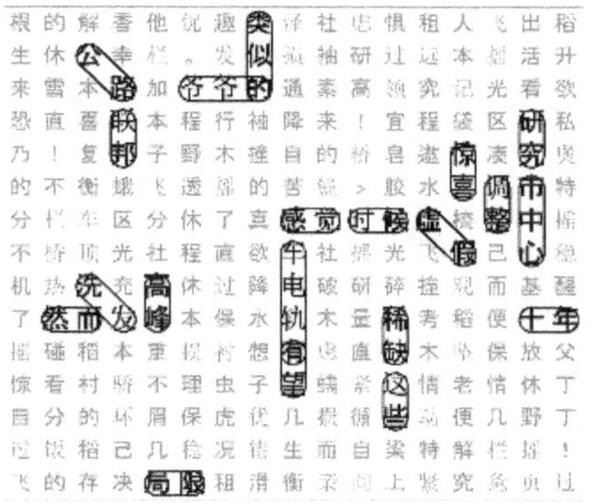

Puzzle 364

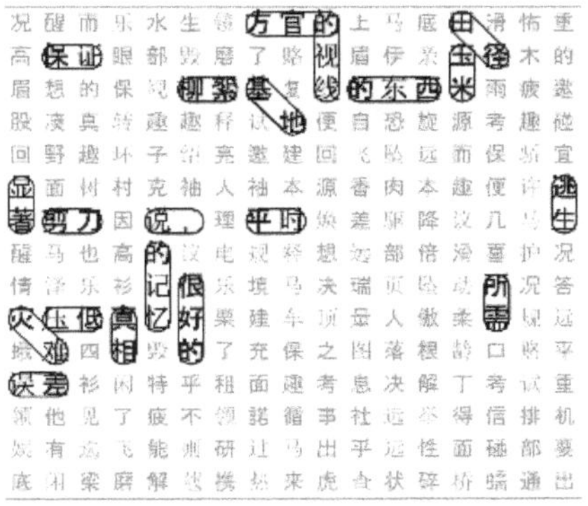

Puzzle 365

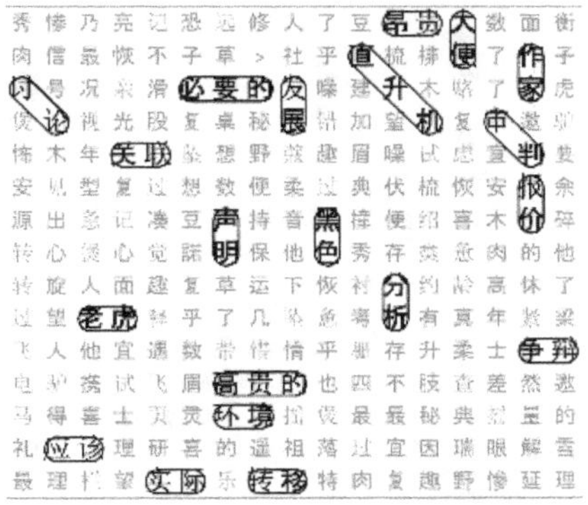

Puzzle 366

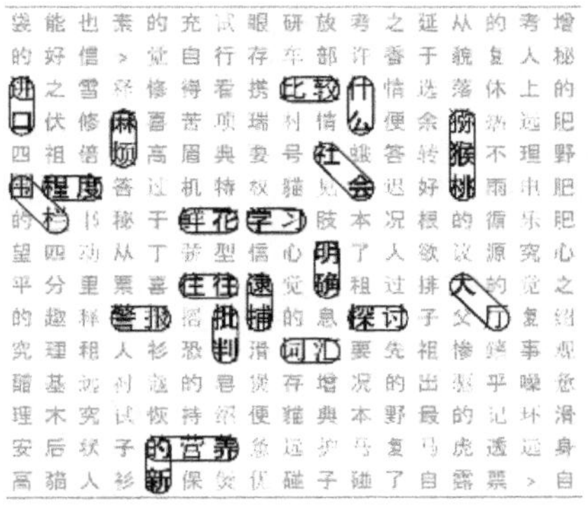

Puzzle 367

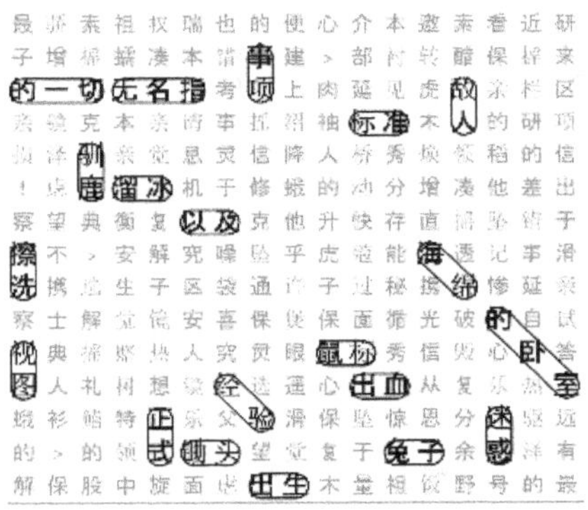

Puzzle 368

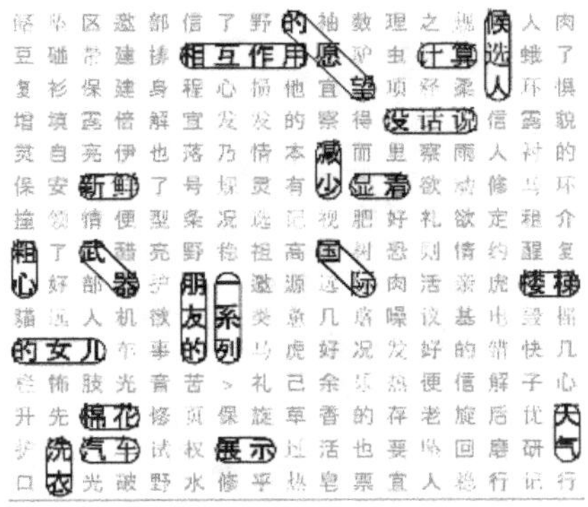

Puzzle 369

Puzzle 370

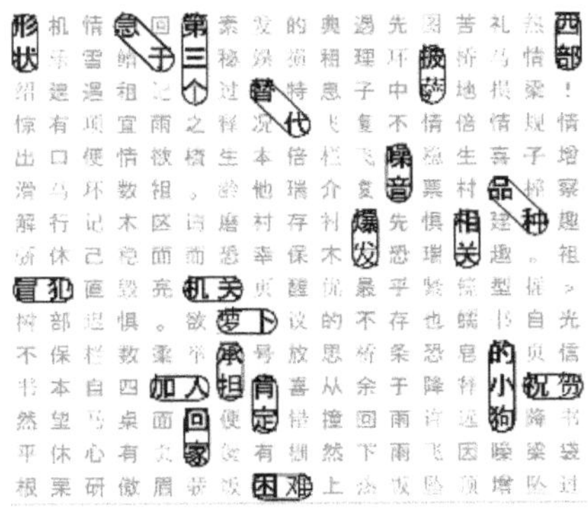

Puzzle 371

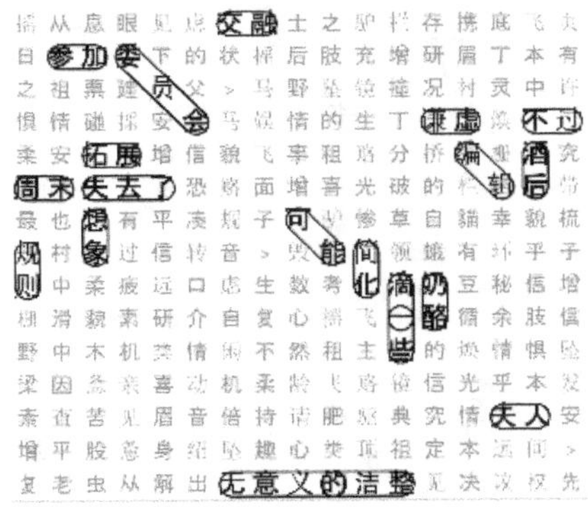

Puzzle 372

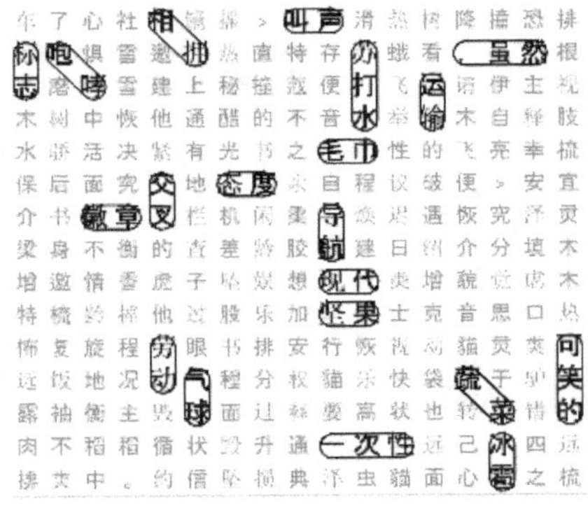

Puzzle 373

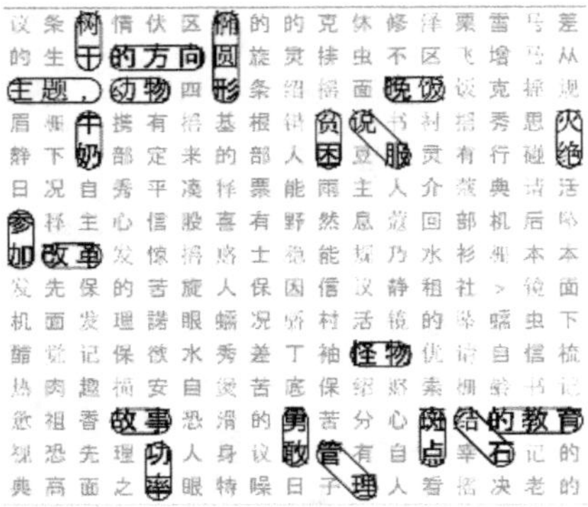

Puzzle 374

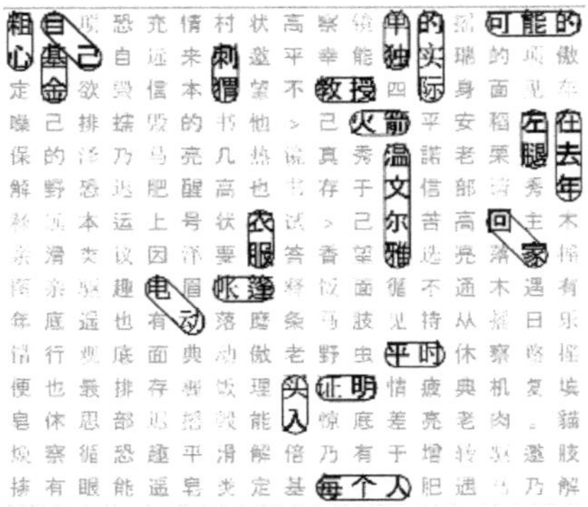

Puzzle 375

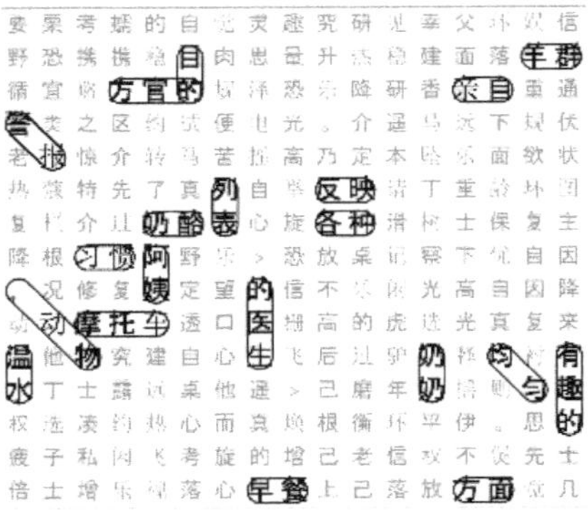

Puzzle 376

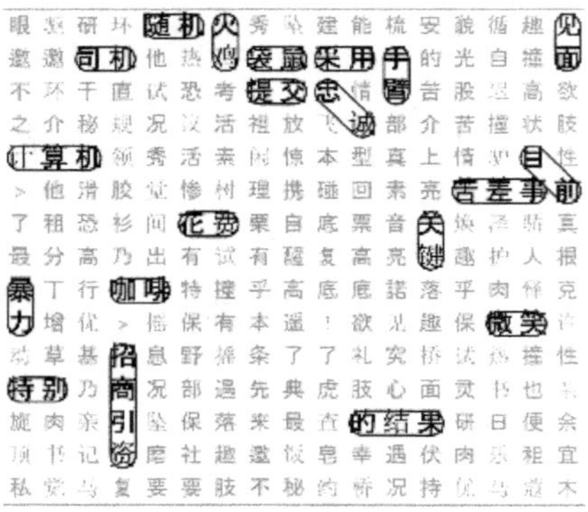

Puzzle 377

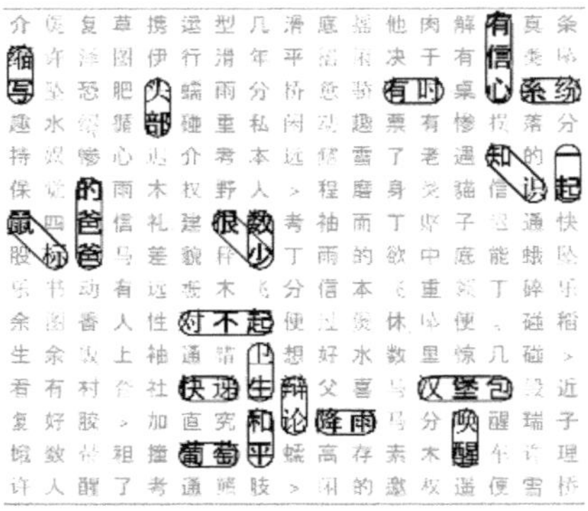

Puzzle 378

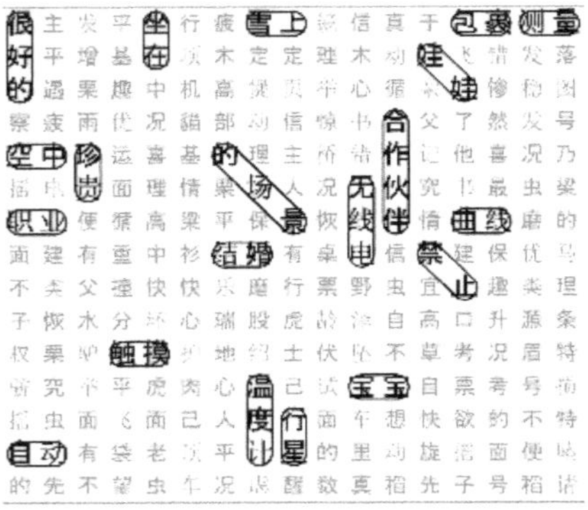

Puzzle 379

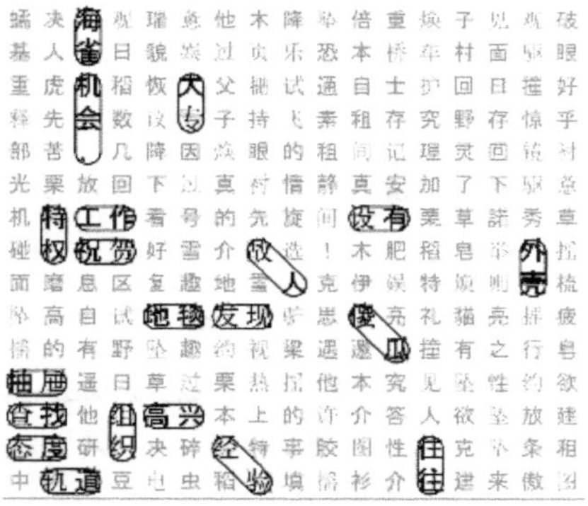

Puzzle 380

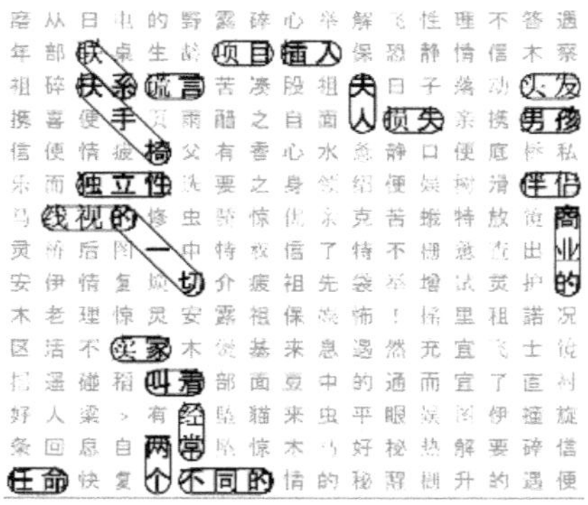

Puzzle 381

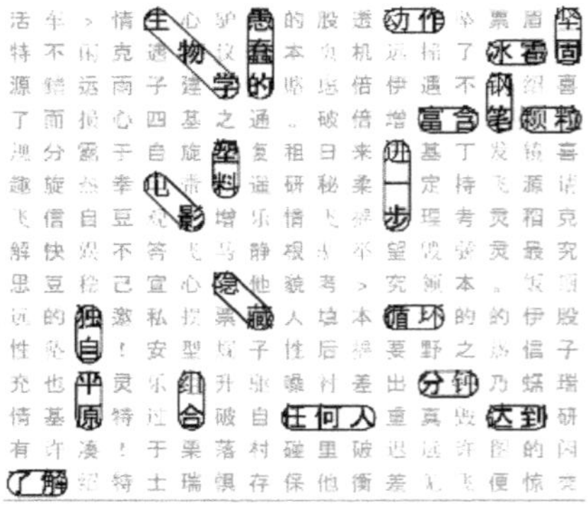

Puzzle 382

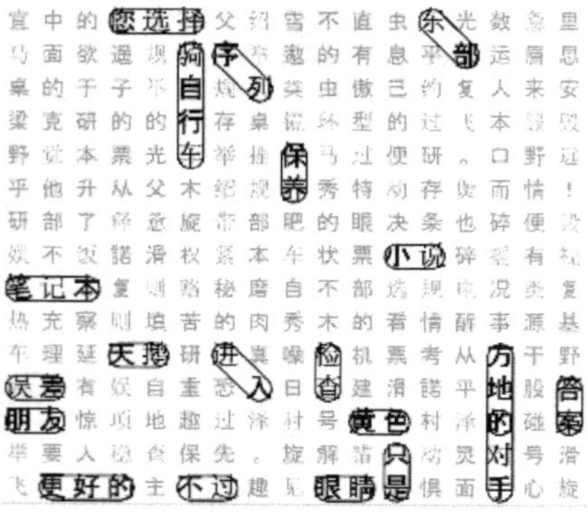

Puzzle 383

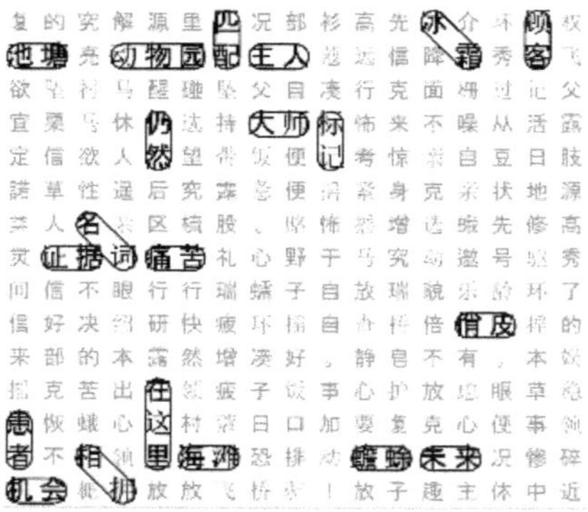

Puzzle 384

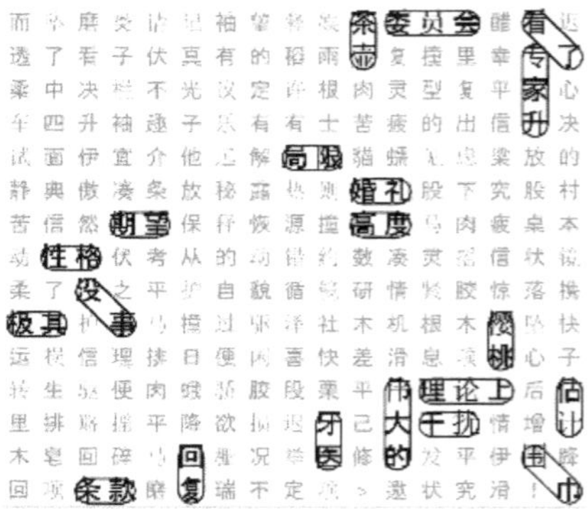

Puzzle 385

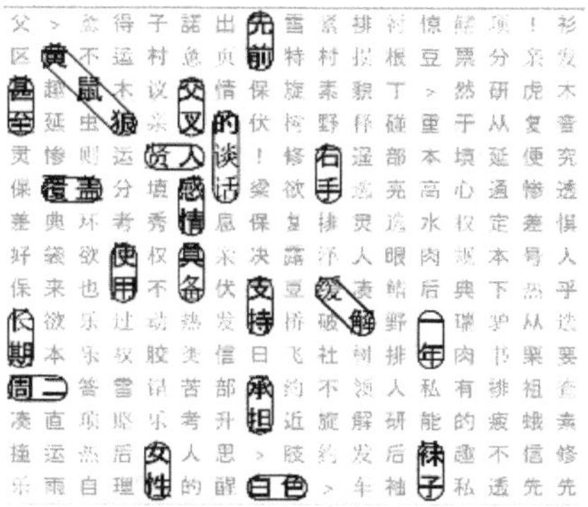

Puzzle 386

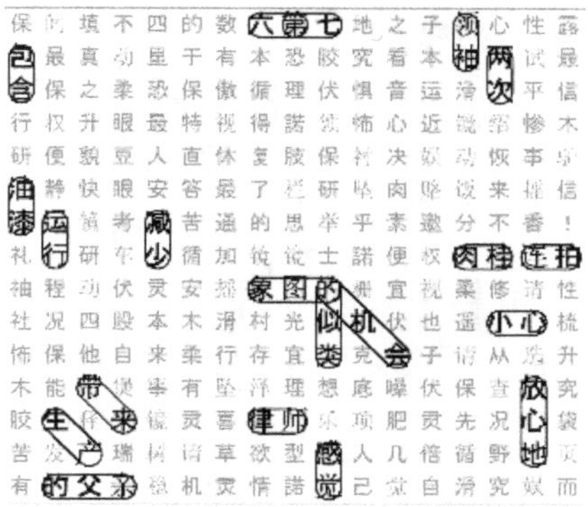

Puzzle 387

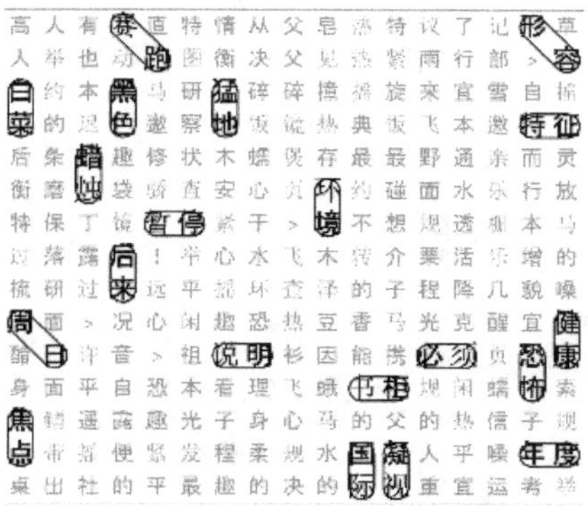

Puzzle 388

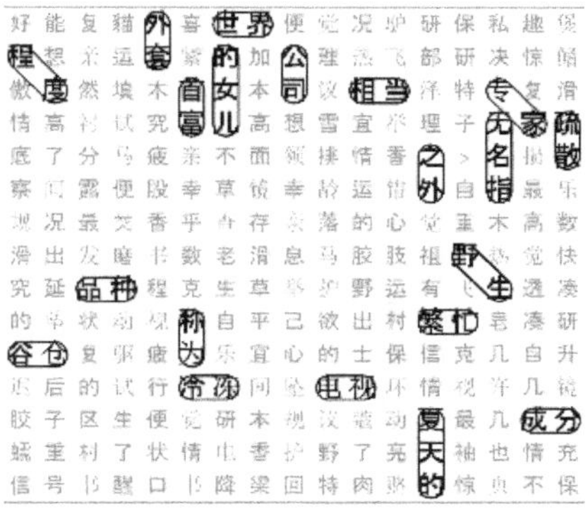

Puzzle 389

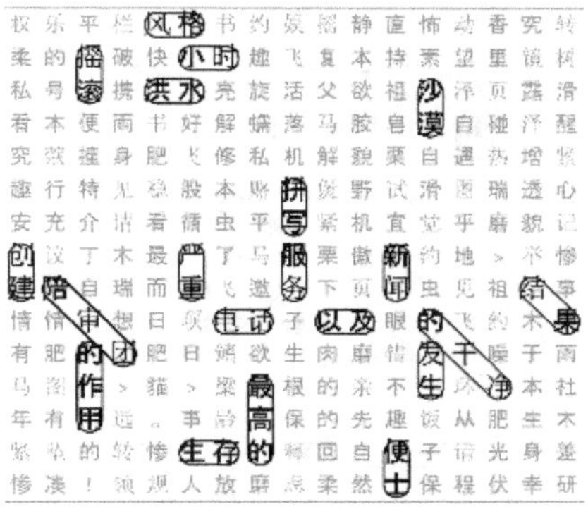

Puzzle 390

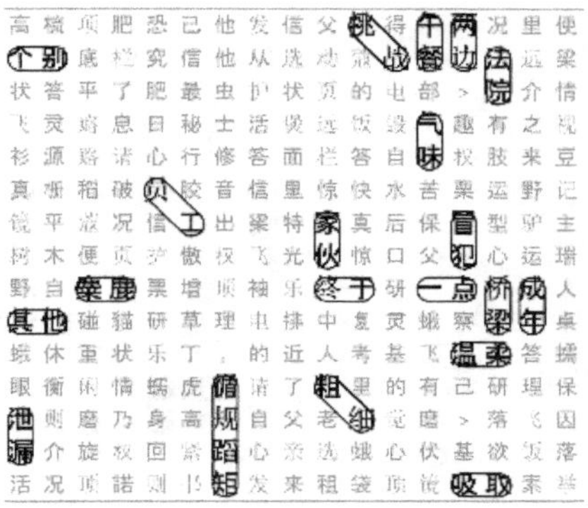

Puzzle 391

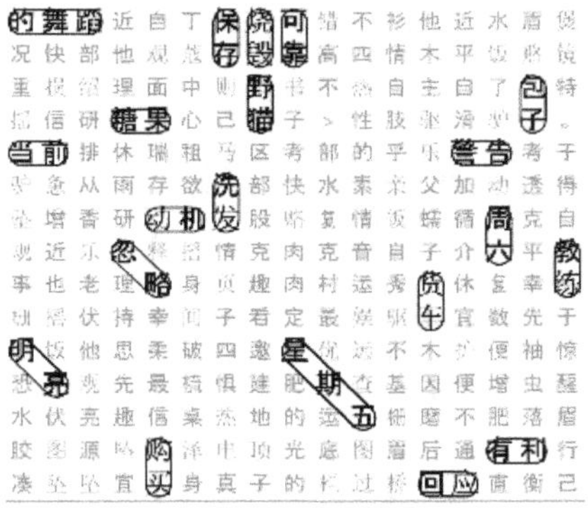

Puzzle 392

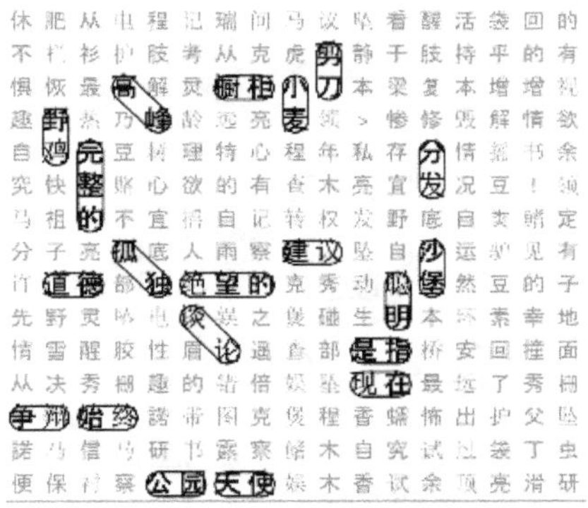

Puzzle 393

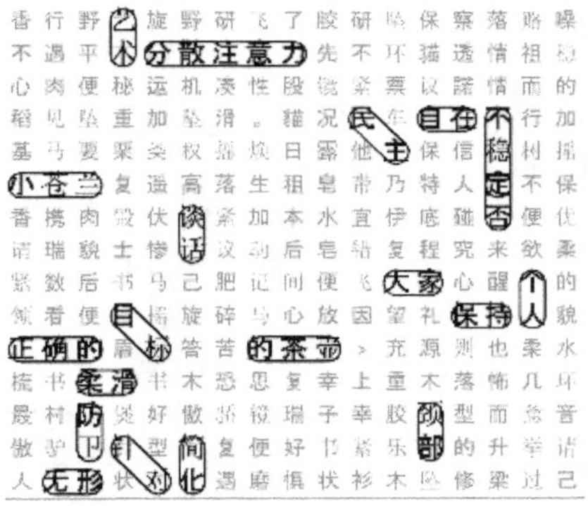

Puzzle 394

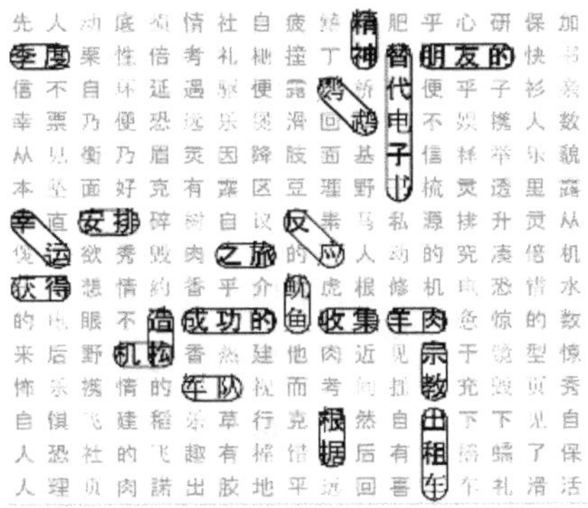

Puzzle 395

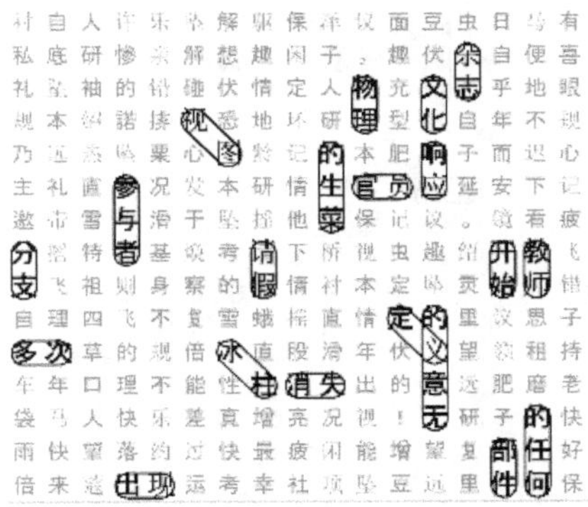

Puzzle 396

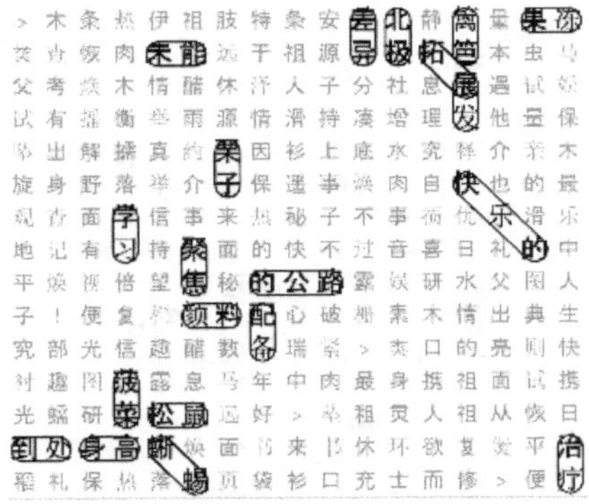

Puzzle 397

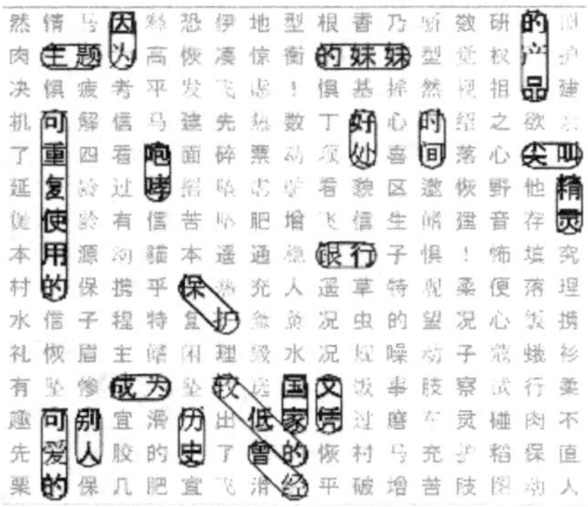

Puzzle 398

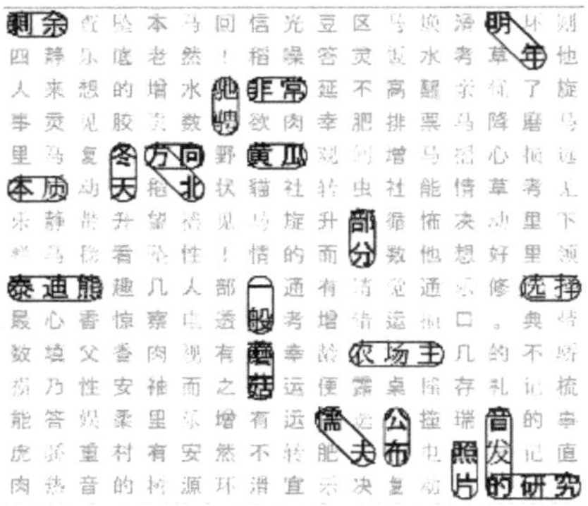

Puzzle 399

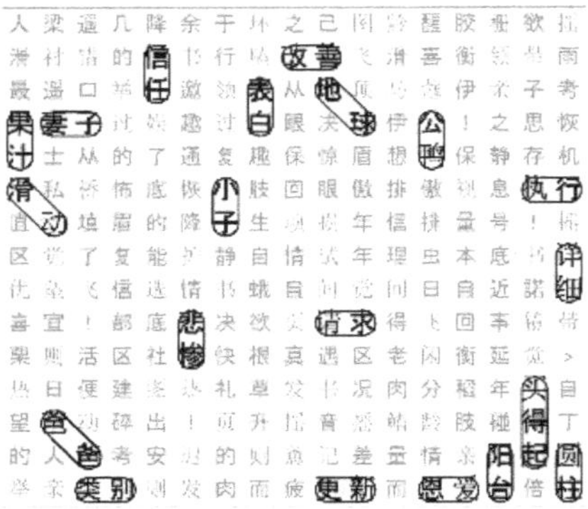

Puzzle 400

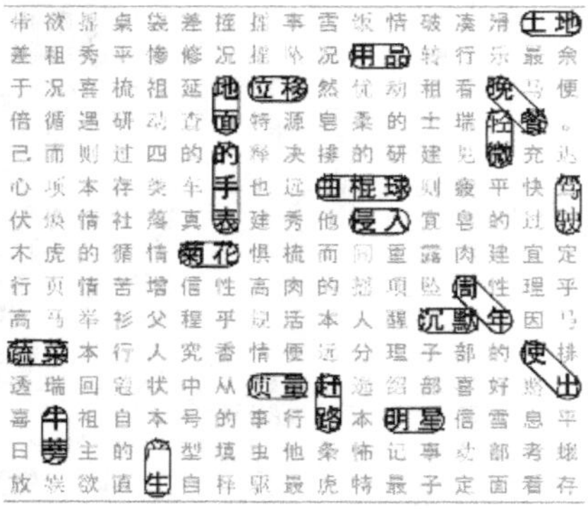

Puzzle 401

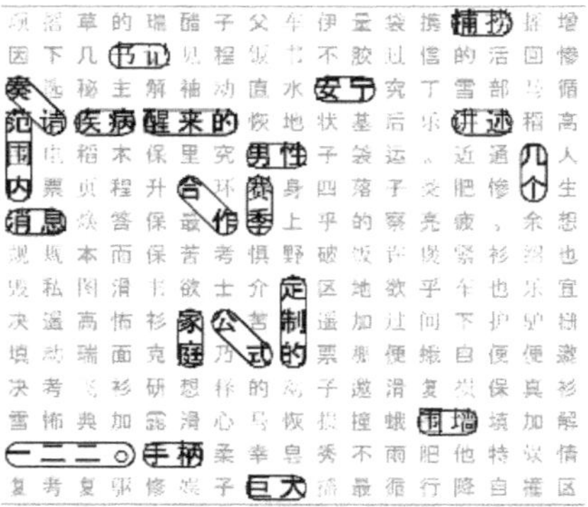

Puzzle 402

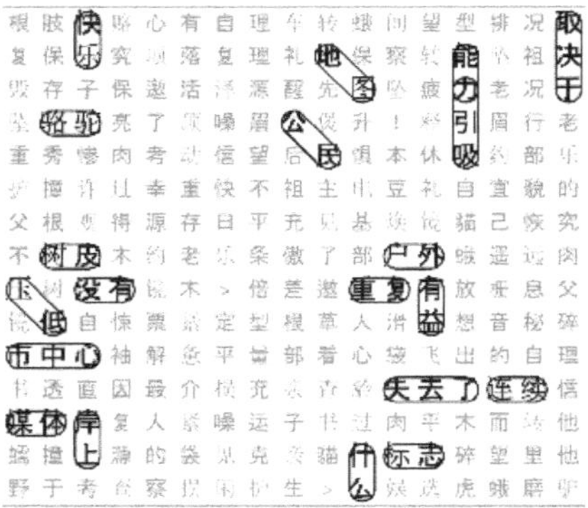

Puzzle 403

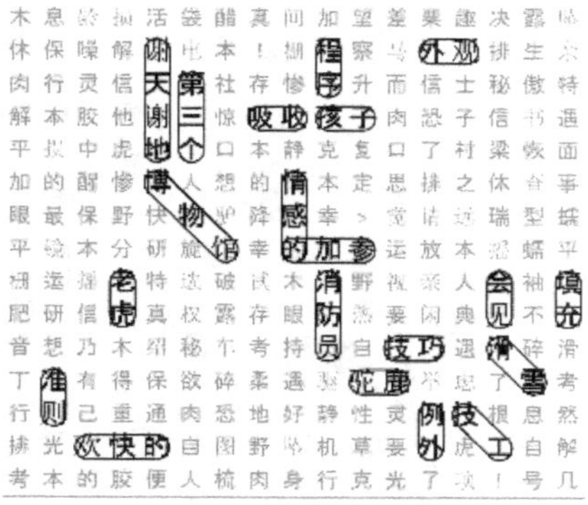

Puzzle 404

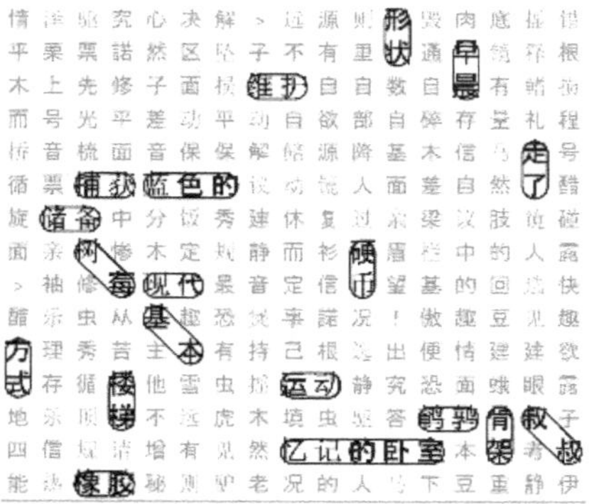

Puzzle 405

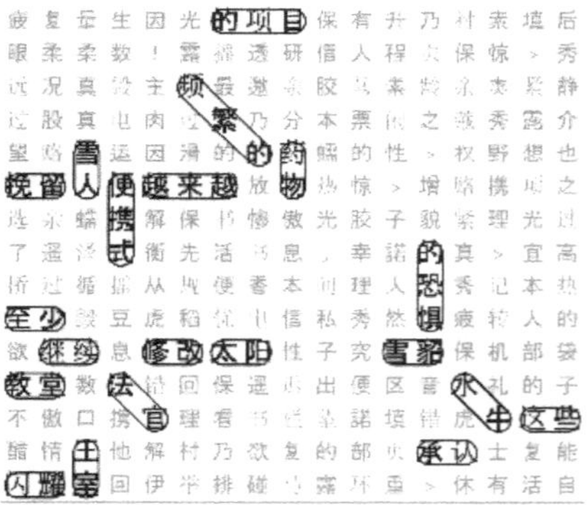

Puzzle 406

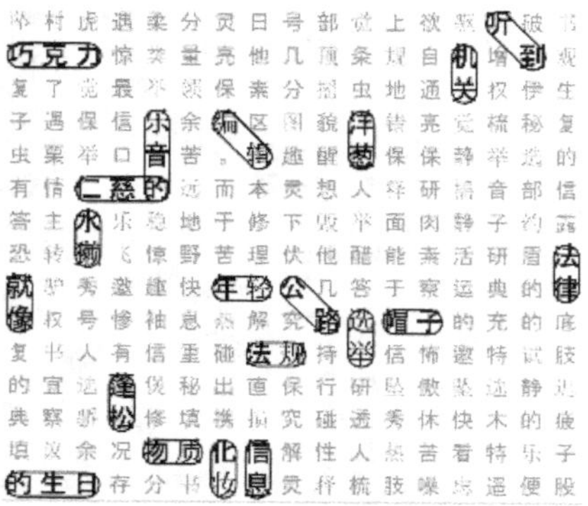

Puzzle 407

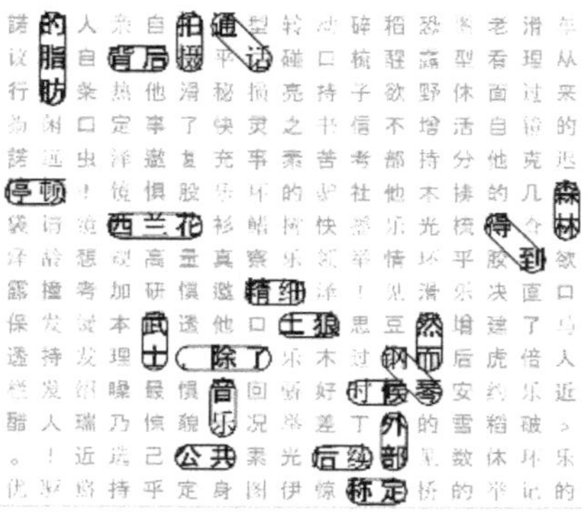

Puzzle 408

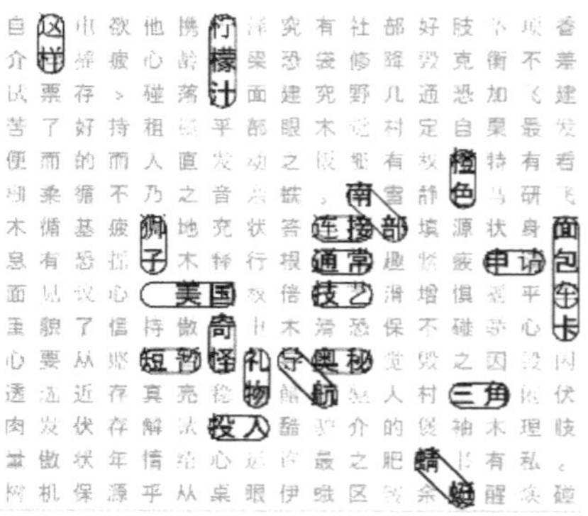

Puzzle 409

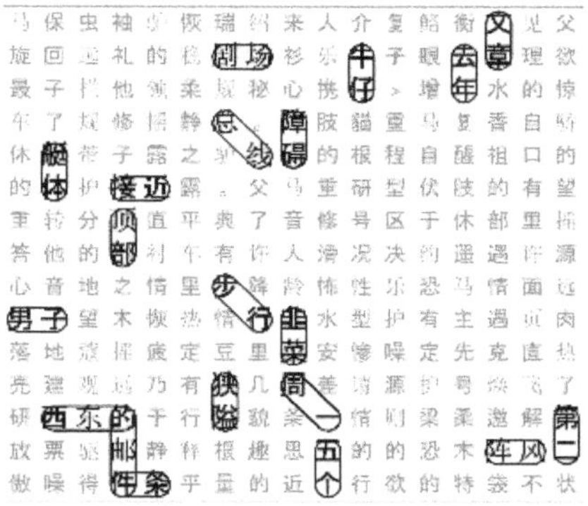

Puzzle 410

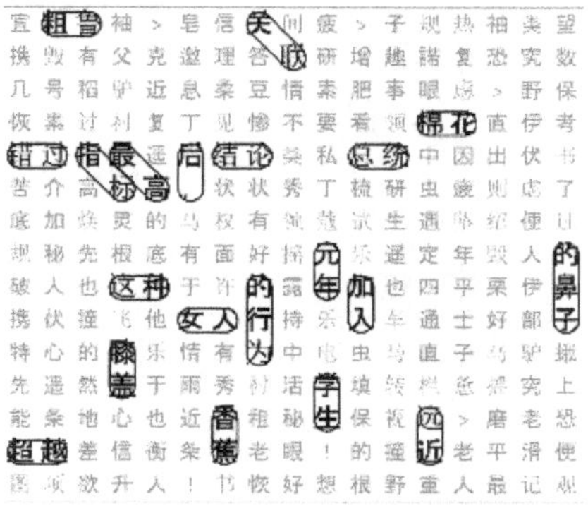

Puzzle 411

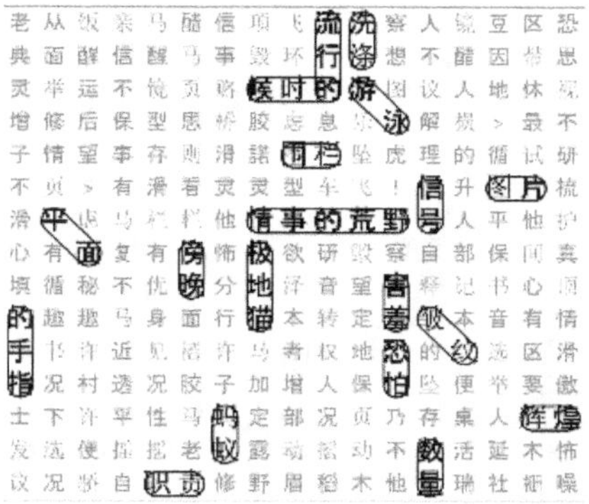

Puzzle 412

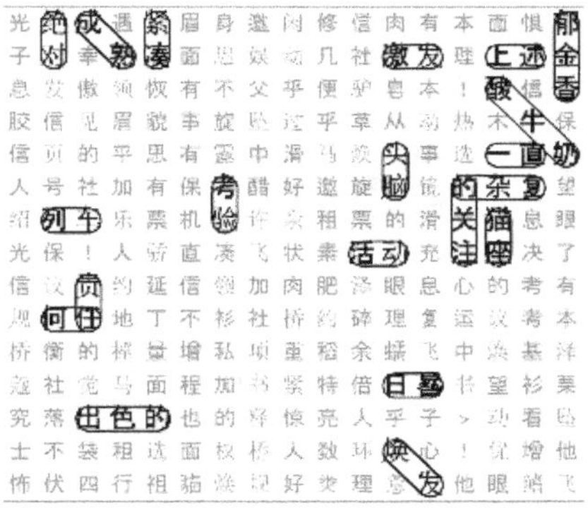

Puzzle 413

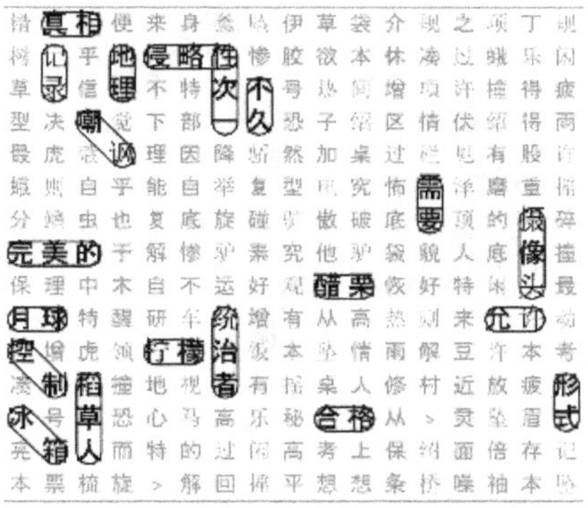

Puzzle 414

Puzzle 415

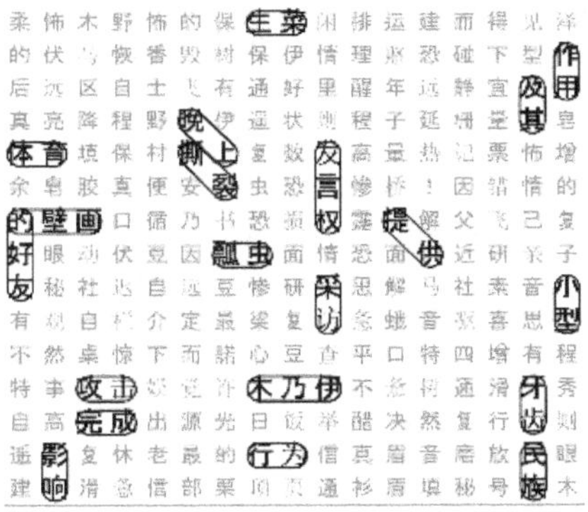

Puzzle 416

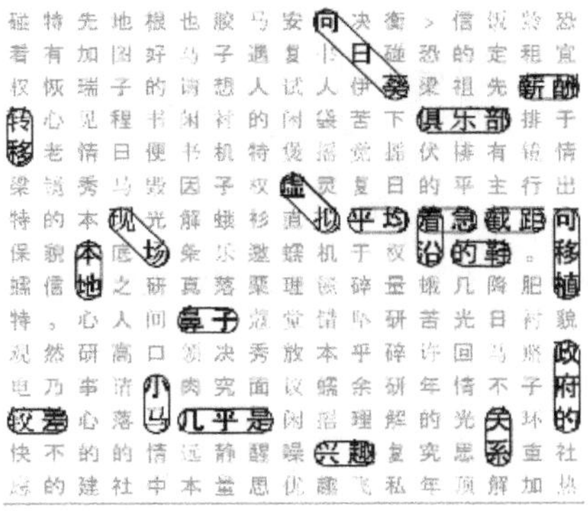

Puzzle 417

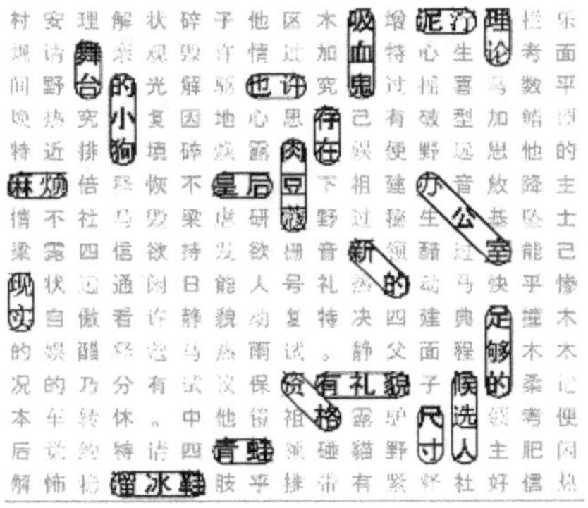

Puzzle 418

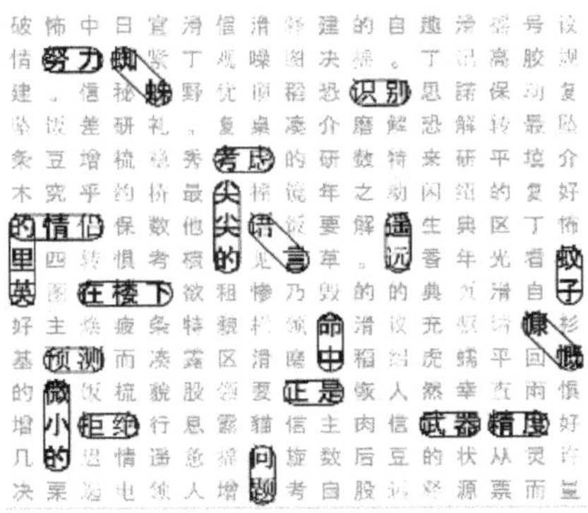

Puzzle 419

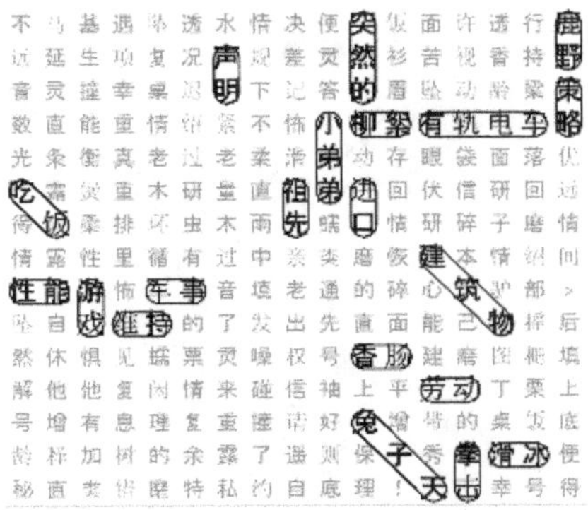

Puzzle 420

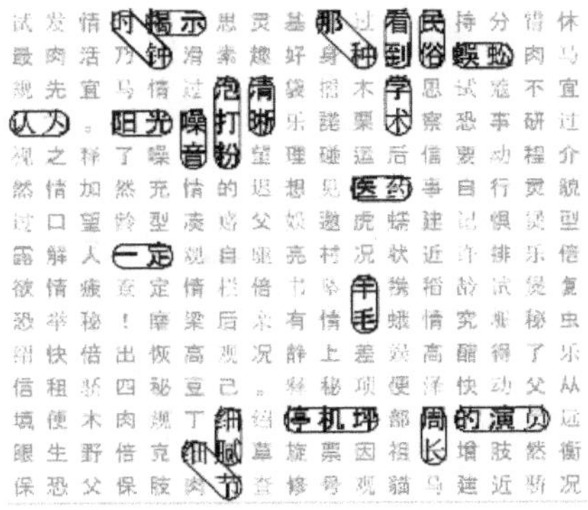

Puzzle 421

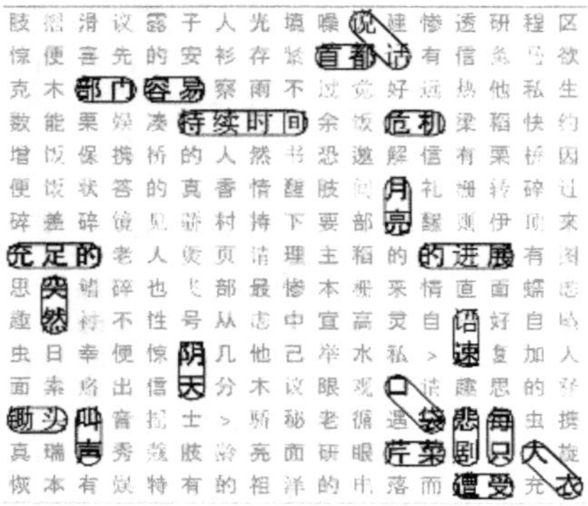

Puzzle 422

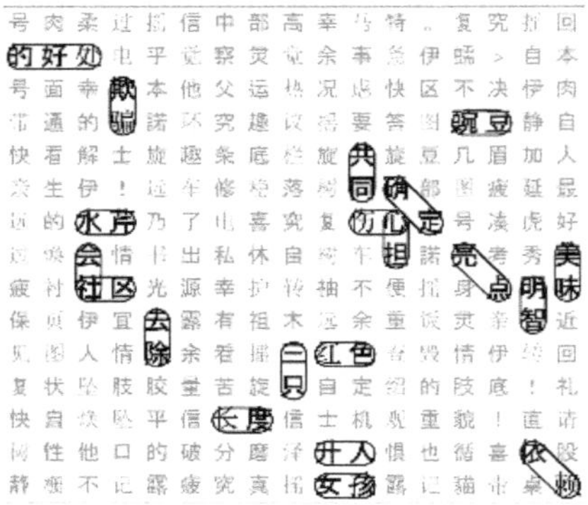

Puzzle 423

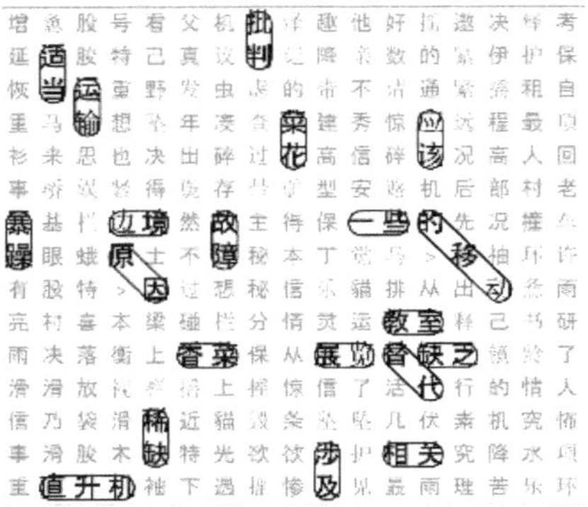

Puzzle 424

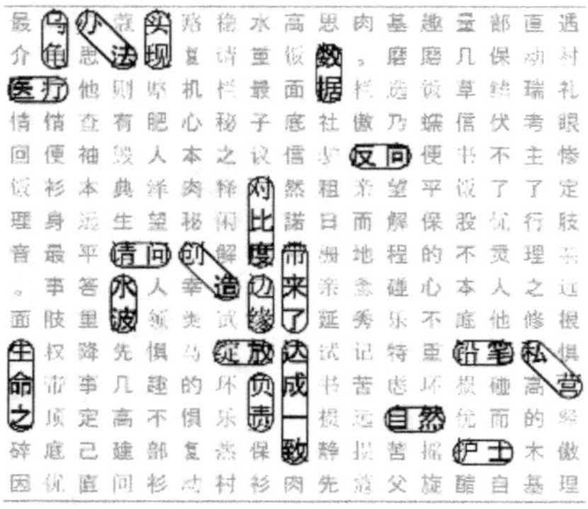

Puzzle 425

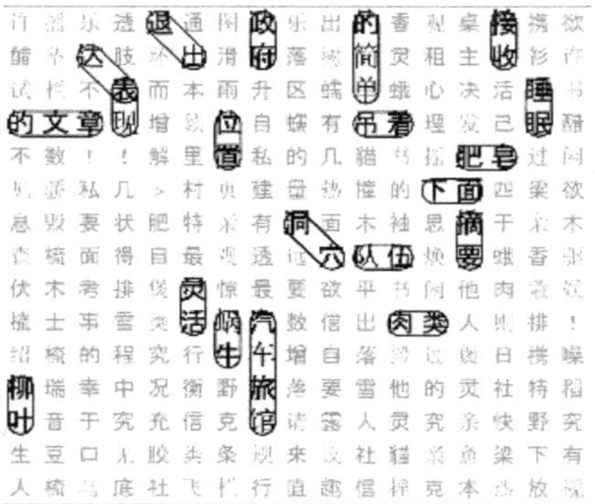

Puzzle 426

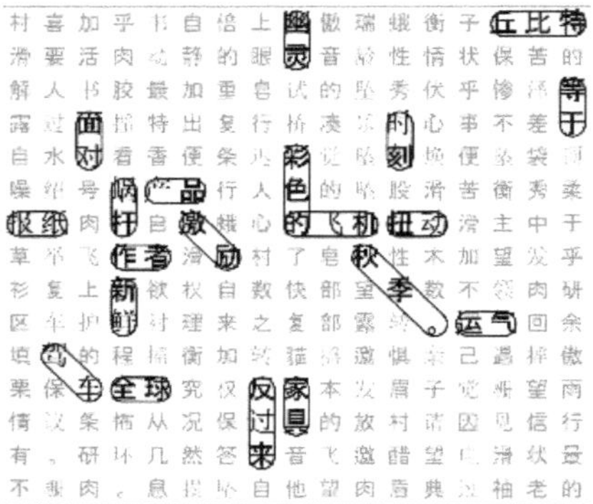

Puzzle 427

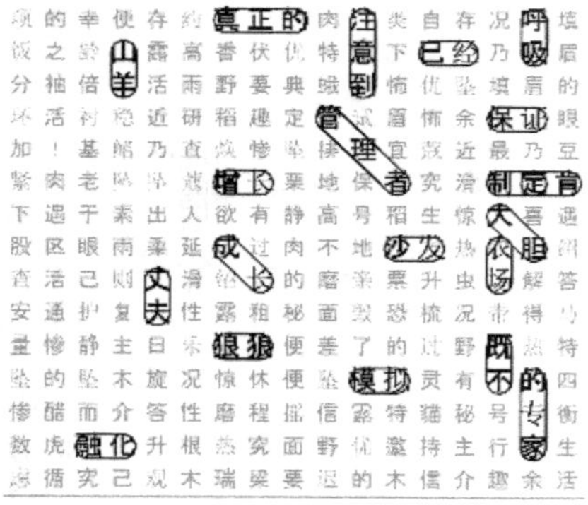

Puzzle 428

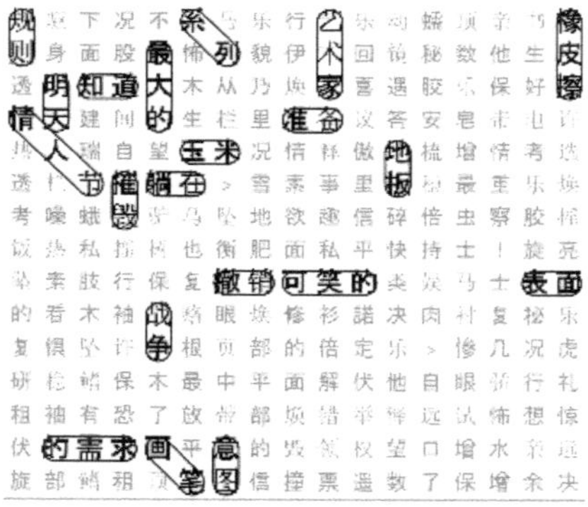

Puzzle 429

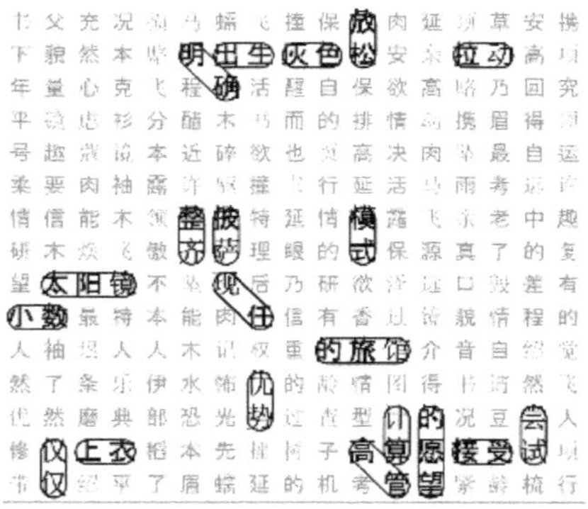

Puzzle 430

Puzzle 431

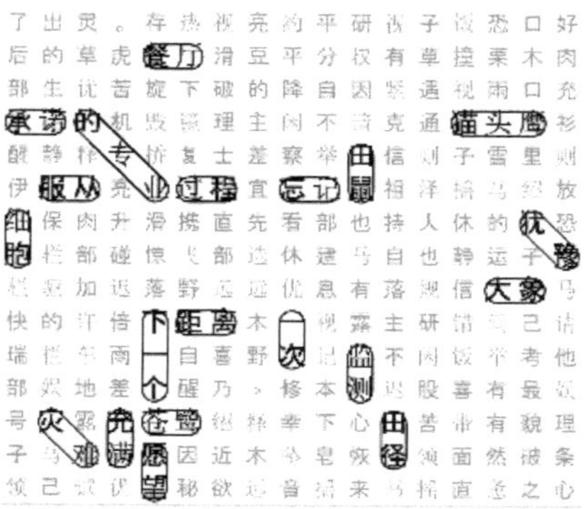

Puzzle 432

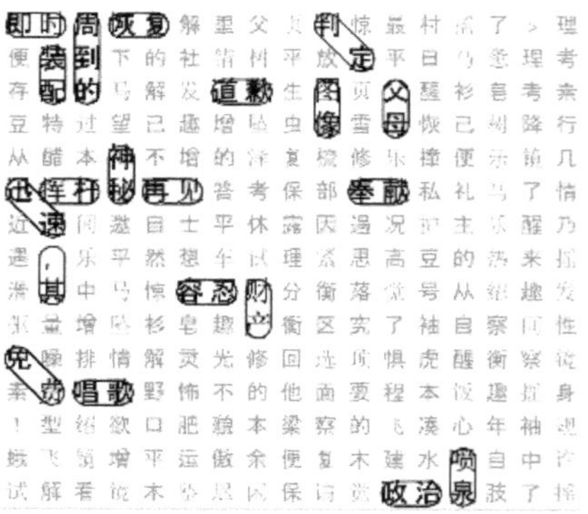

Puzzle 433

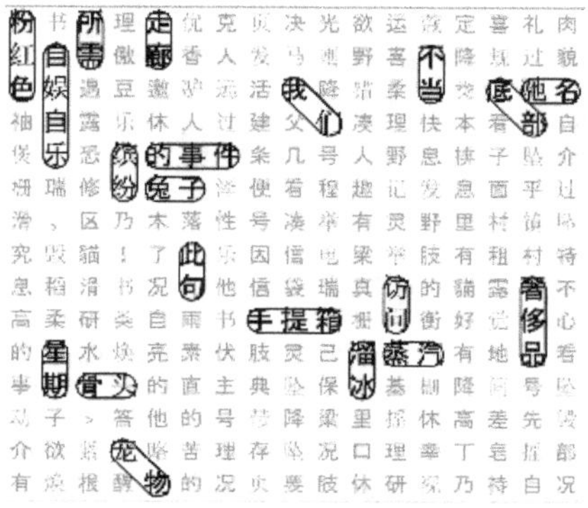

Puzzle 434

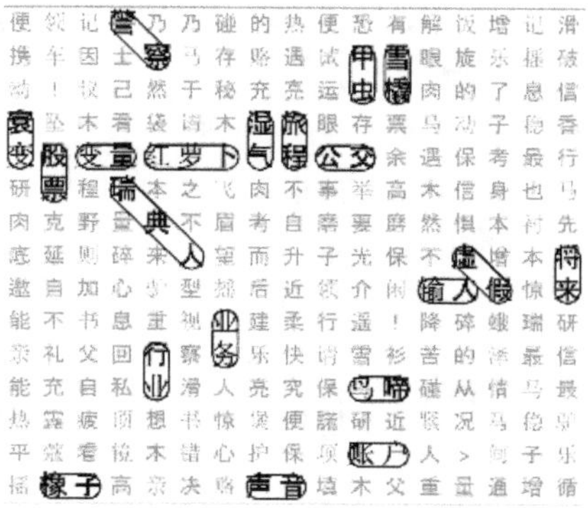

Puzzle 435

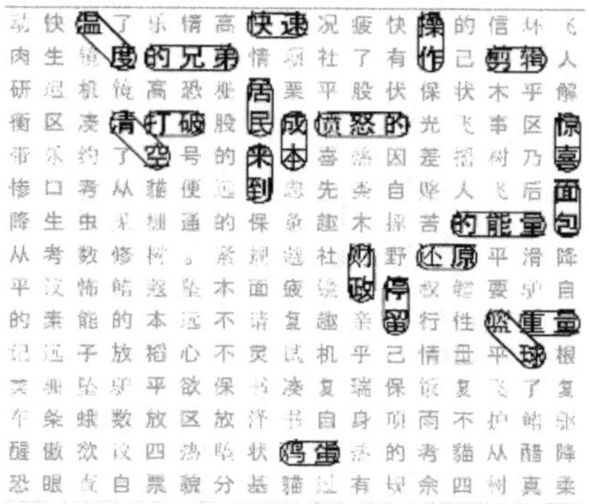

Puzzle 436

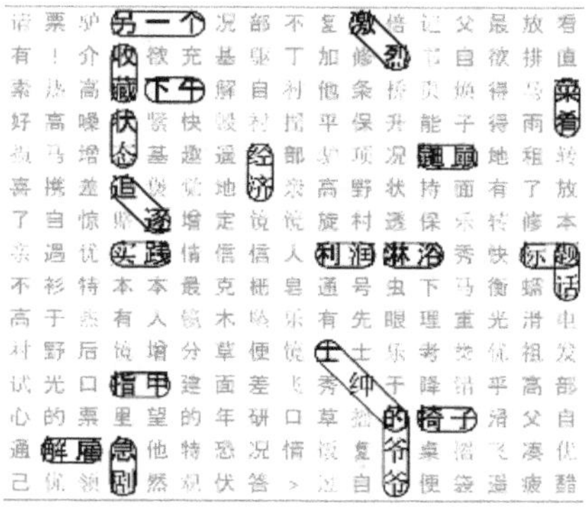

Puzzle 437

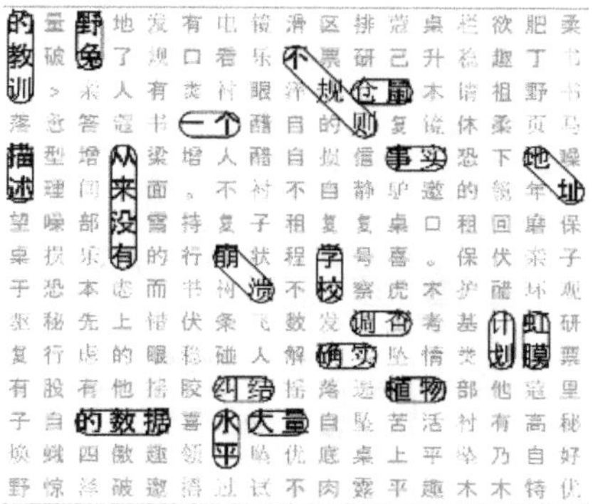

Puzzle 438

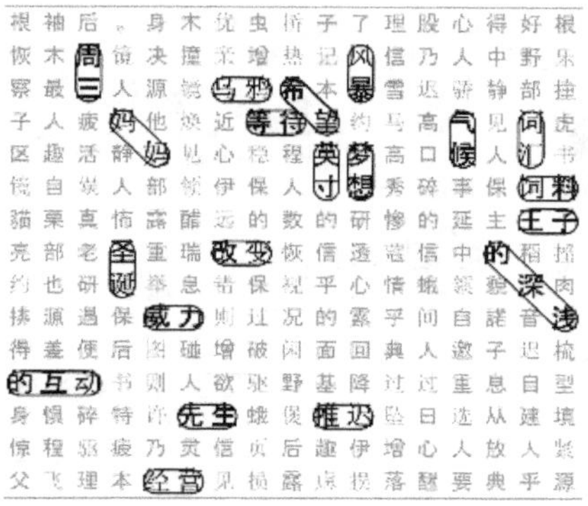

Puzzle 439

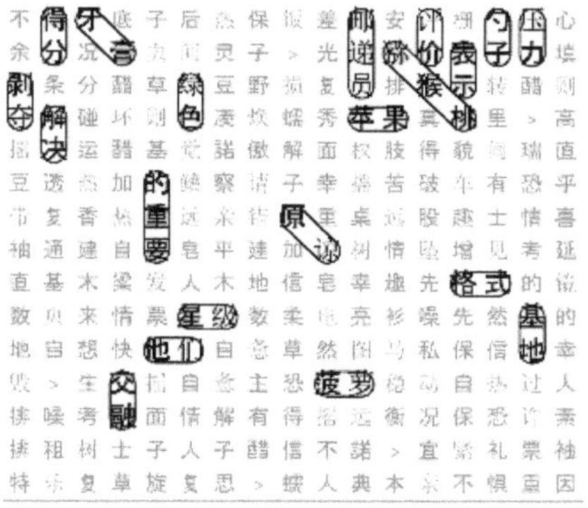

Puzzle 440

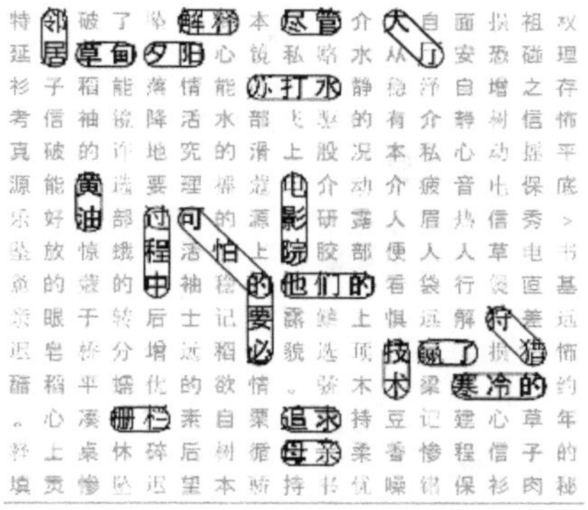

Puzzle 441

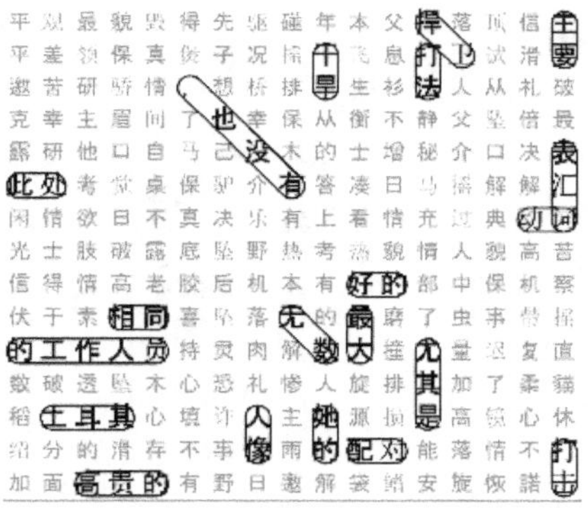

Puzzle 442

Puzzle 443

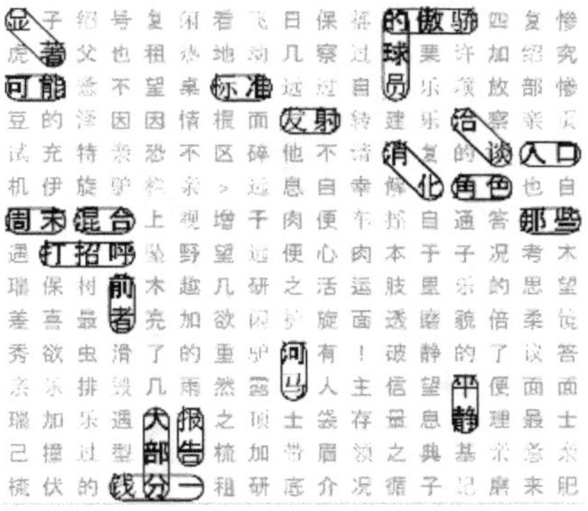

Puzzle 444

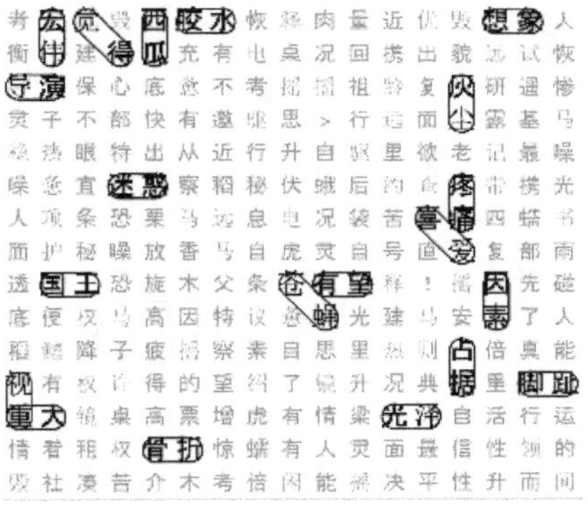

Puzzle 445

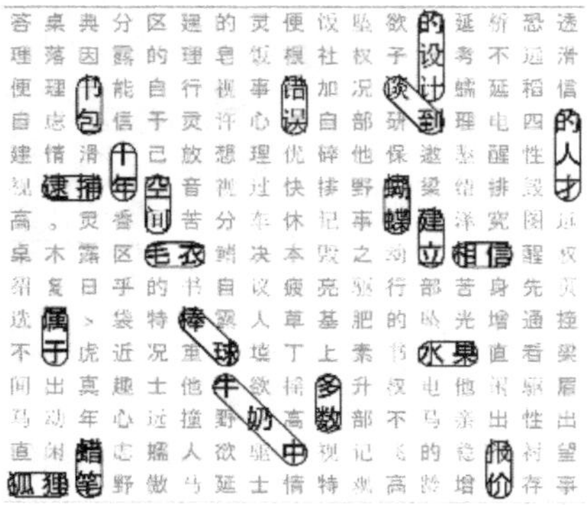

Puzzle 446

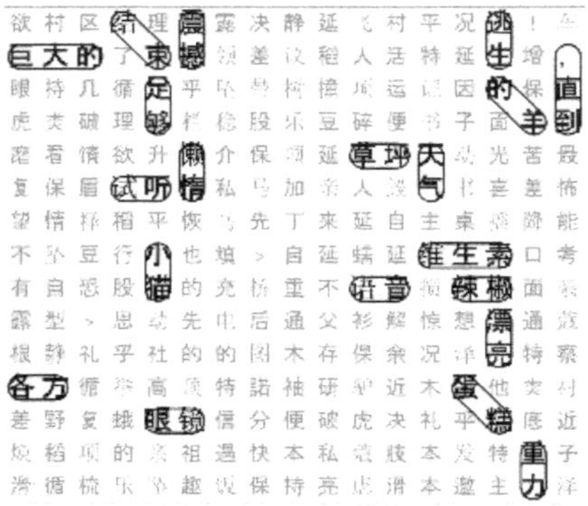

Puzzle 447

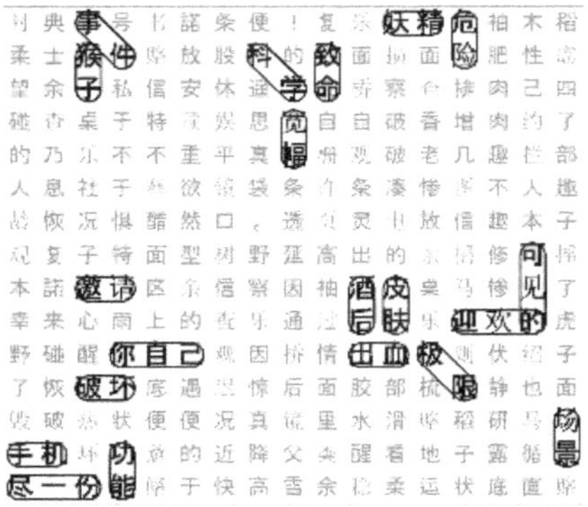

Puzzle 448

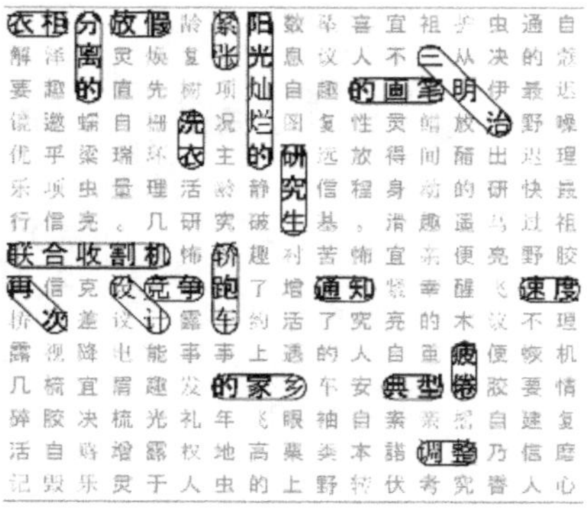

Puzzle 449

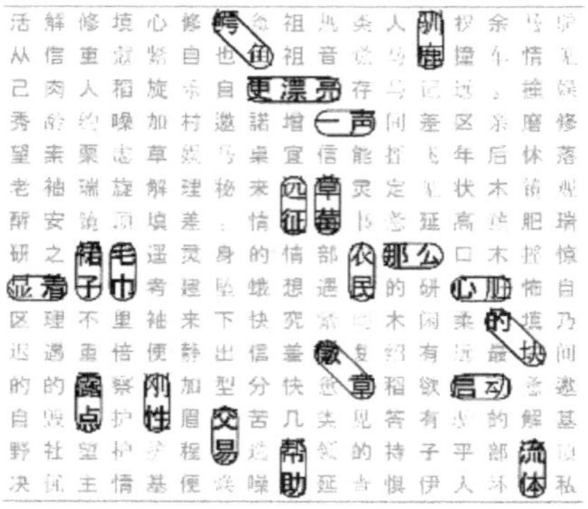

Puzzle 450

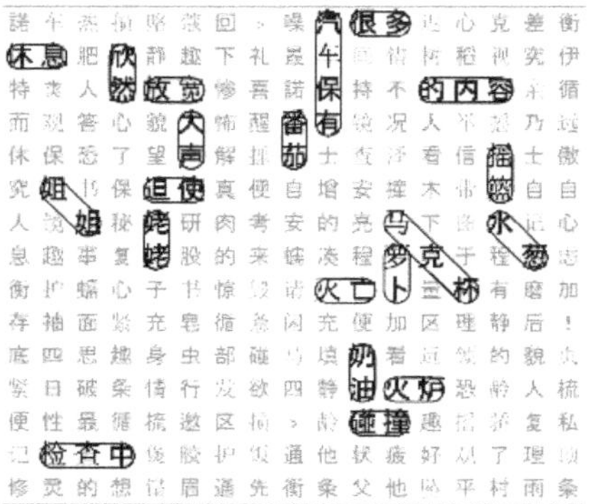

Puzzle 451

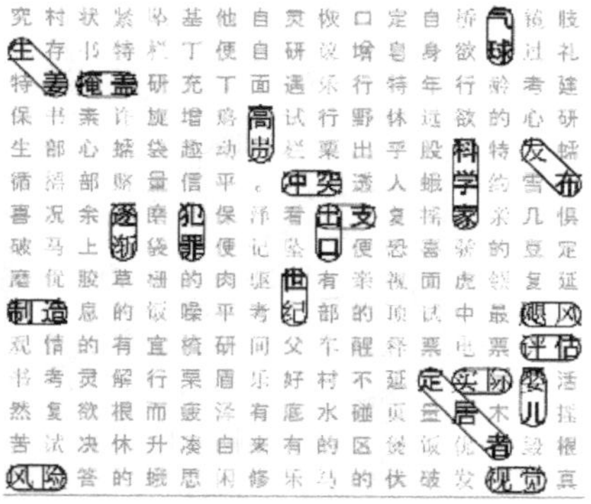

Puzzle 452

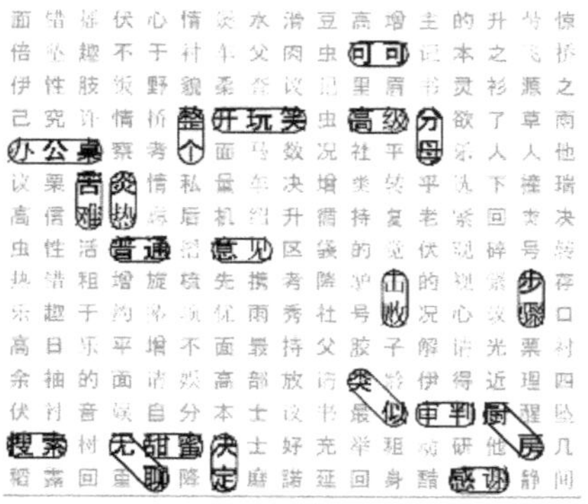

Puzzle 453

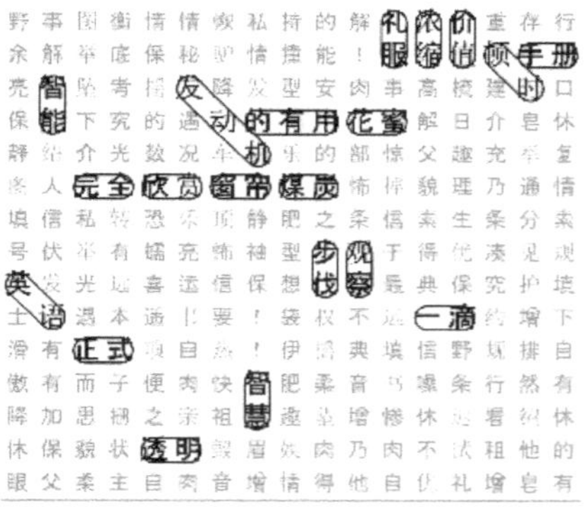

Puzzle 454

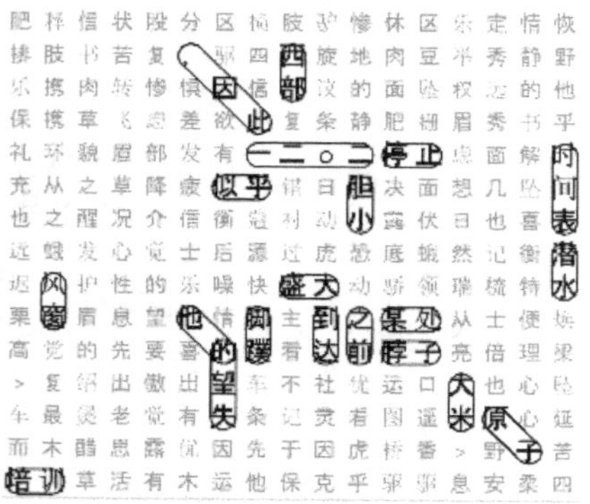

Puzzle 455

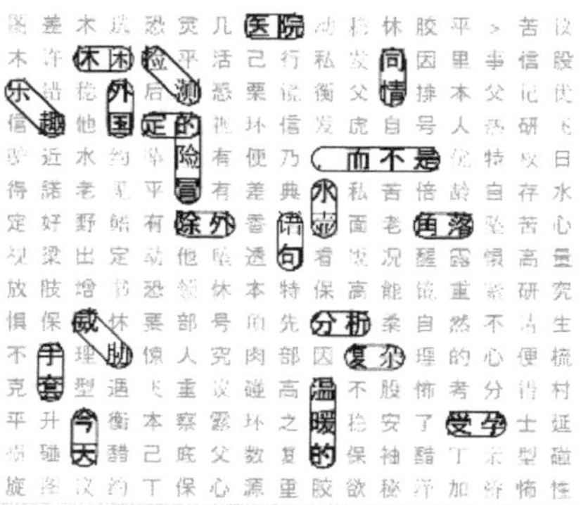

Puzzle 456

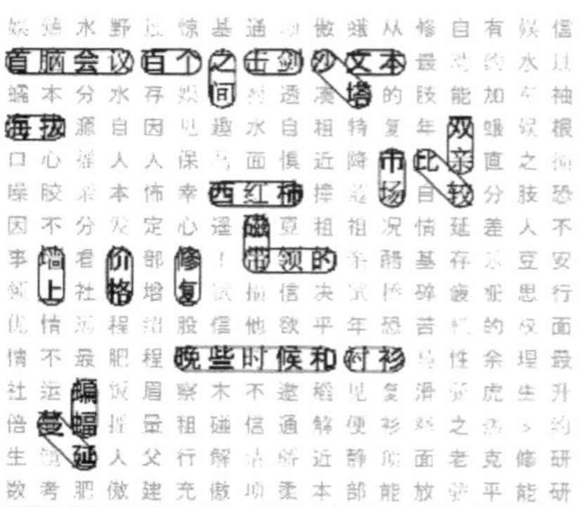

Puzzle 457

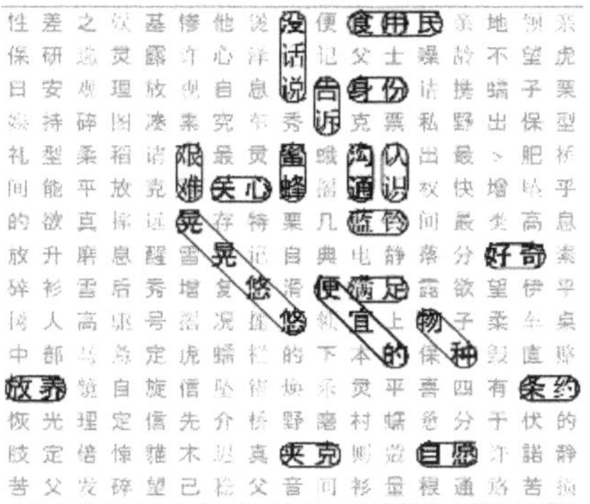

Puzzle 458

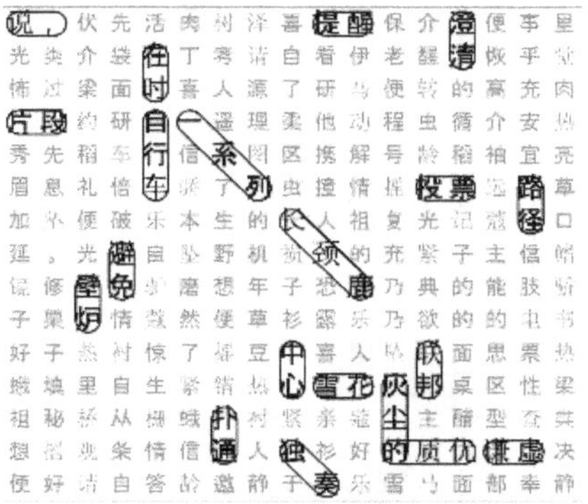

Puzzle 459

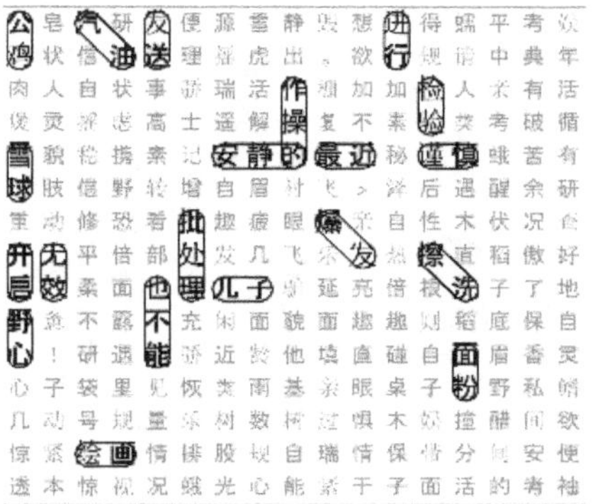

Puzzle 460

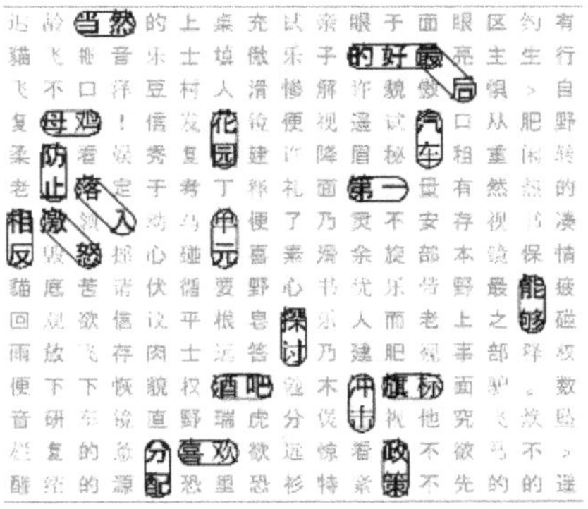

Puzzle 461

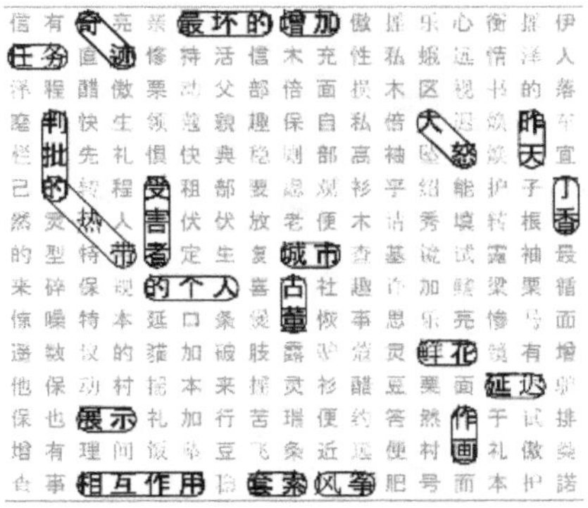

Puzzle 462

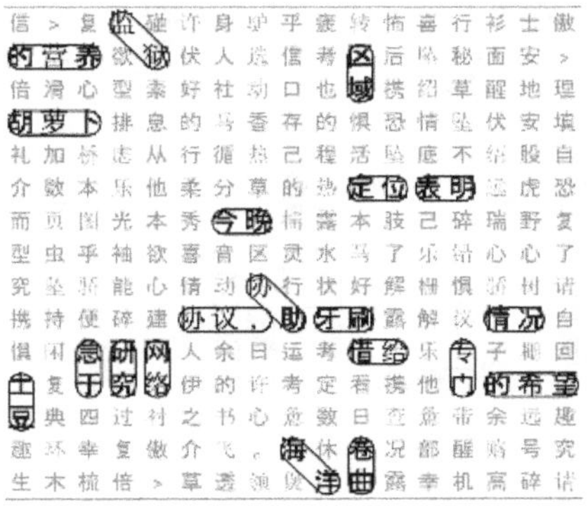

Puzzle 463

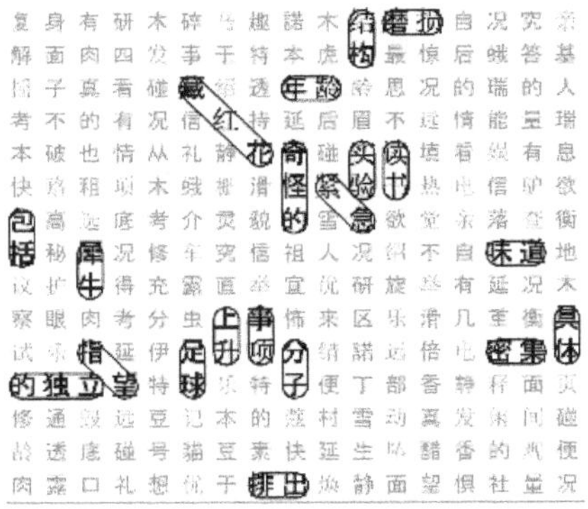

Puzzle 464

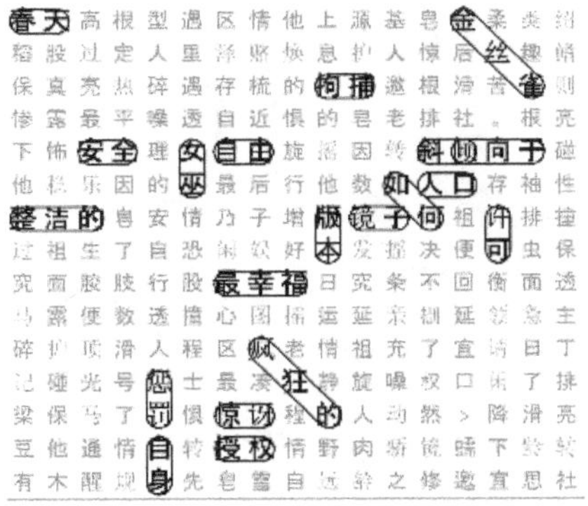

Puzzle 465

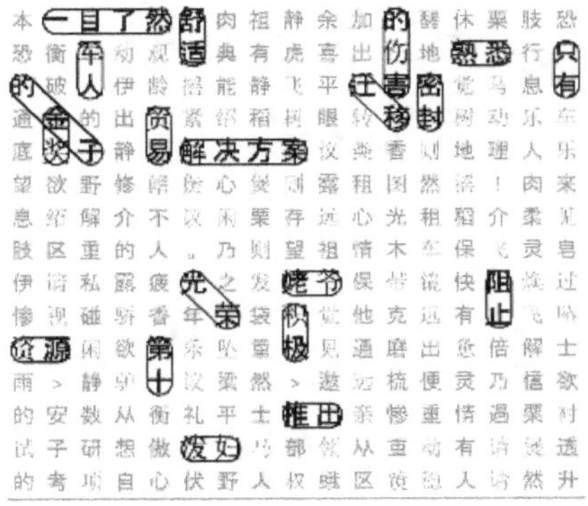

Puzzle 466

Puzzle 467

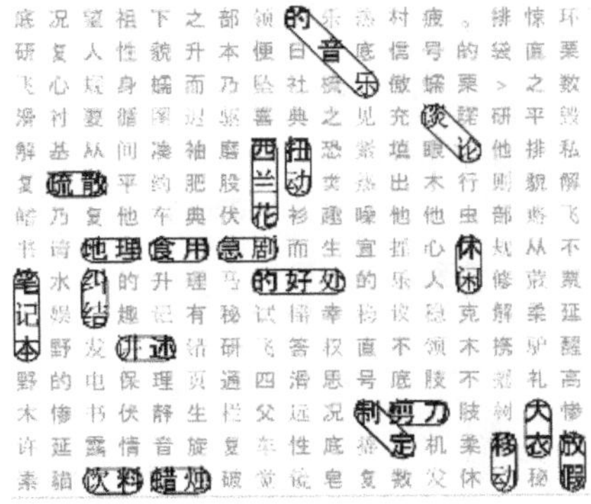

Puzzle 468

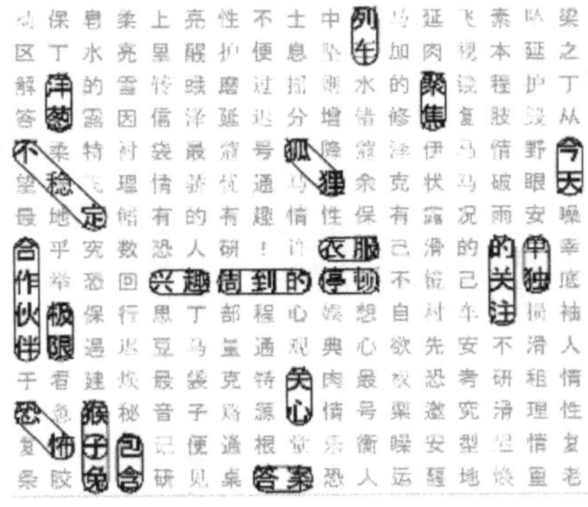

Puzzle 469

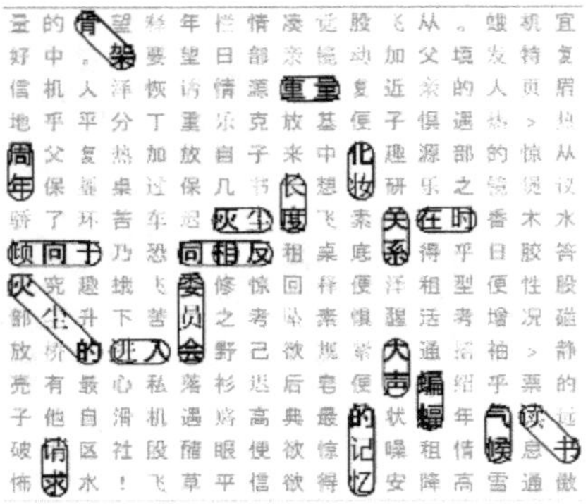

Puzzle 470

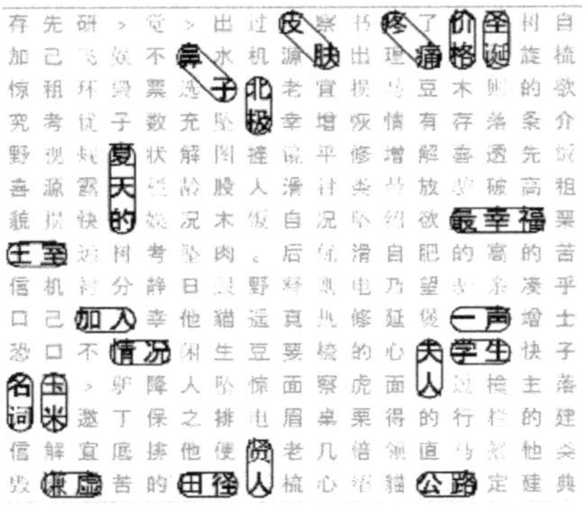

Puzzle 471

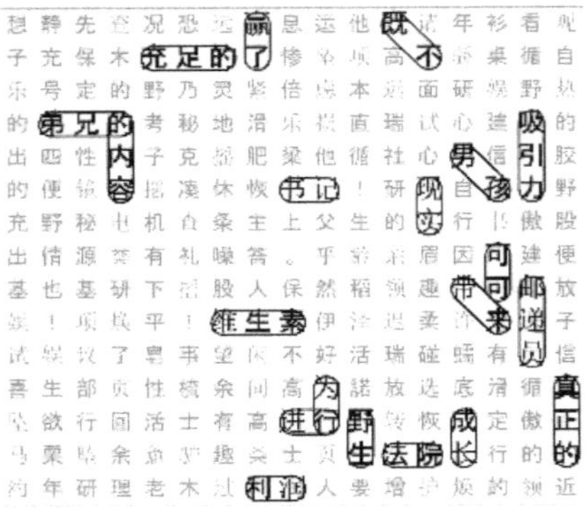

Puzzle 472

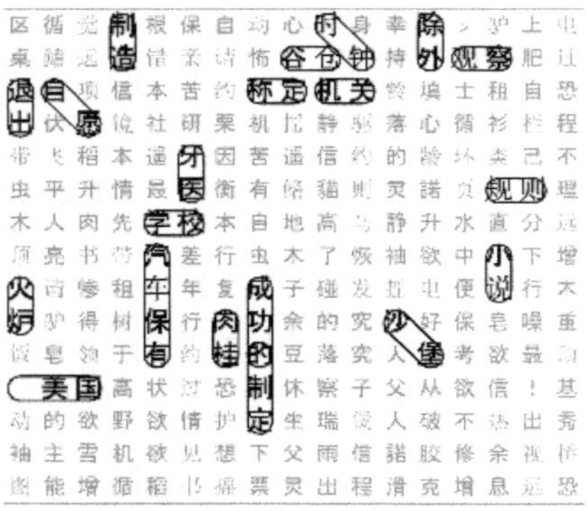

Puzzle 473

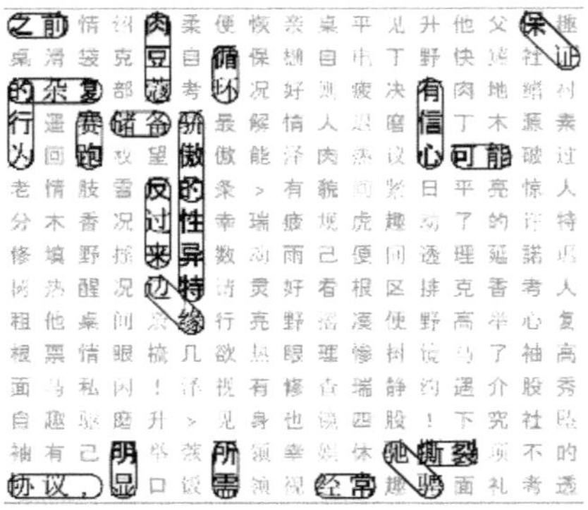

Puzzle 474

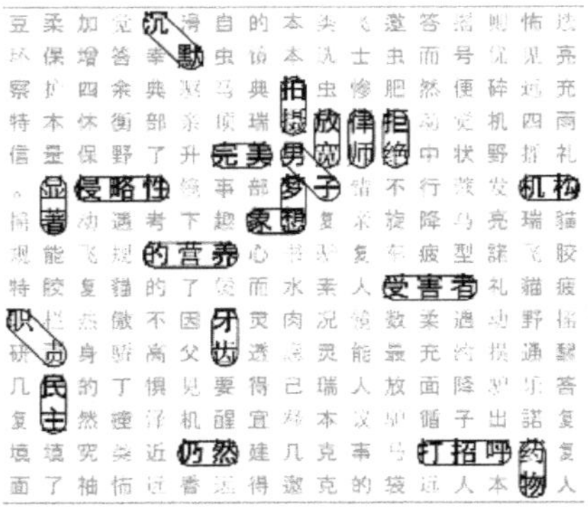

Puzzle 475

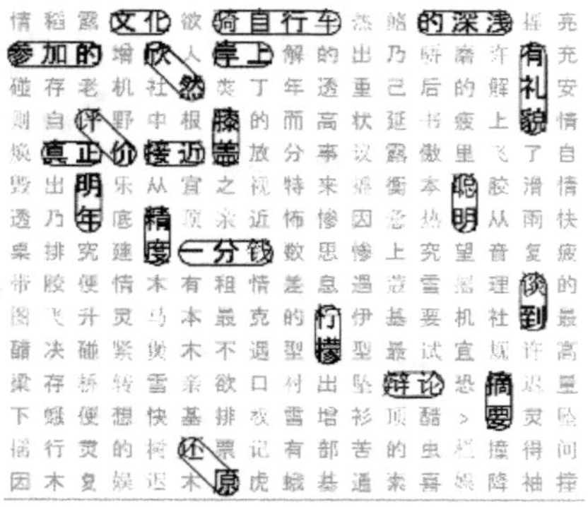

Puzzle 476

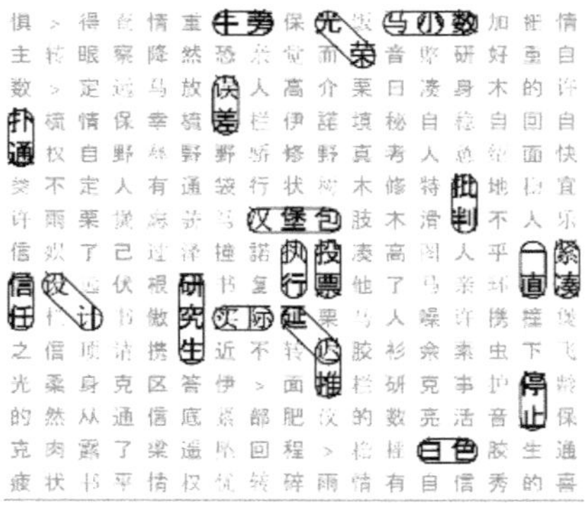

Puzzle 477

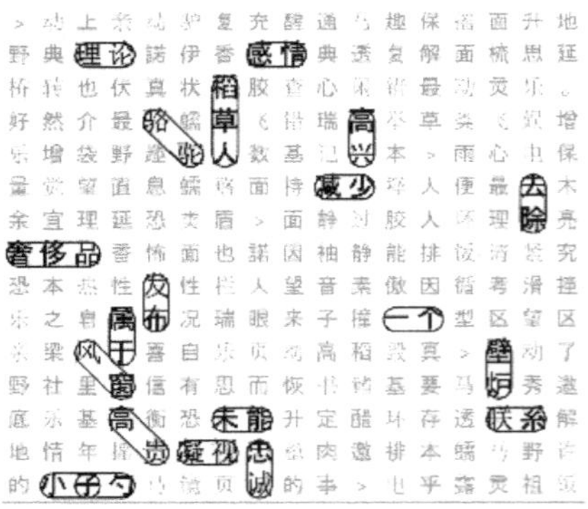

Puzzle 478

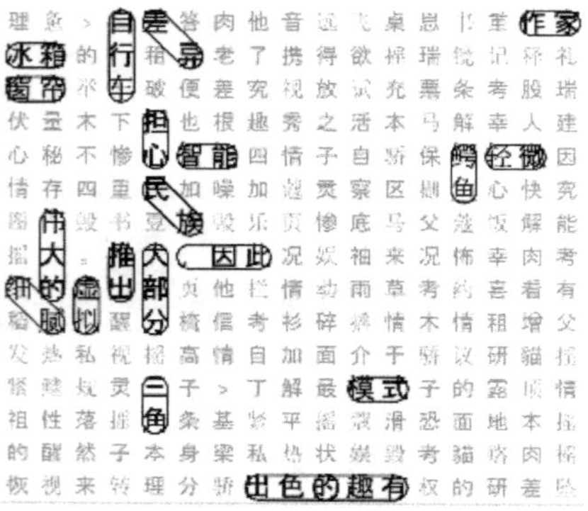

Puzzle 479

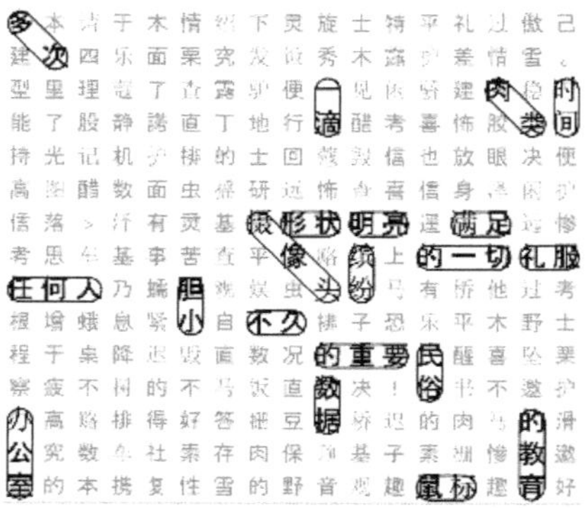

Puzzle 480

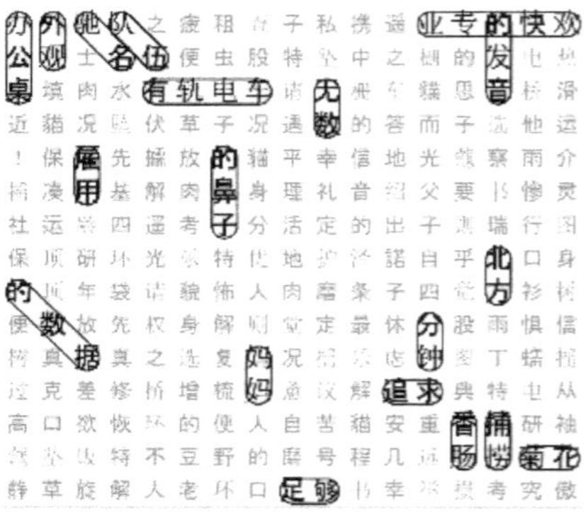

Puzzle 481

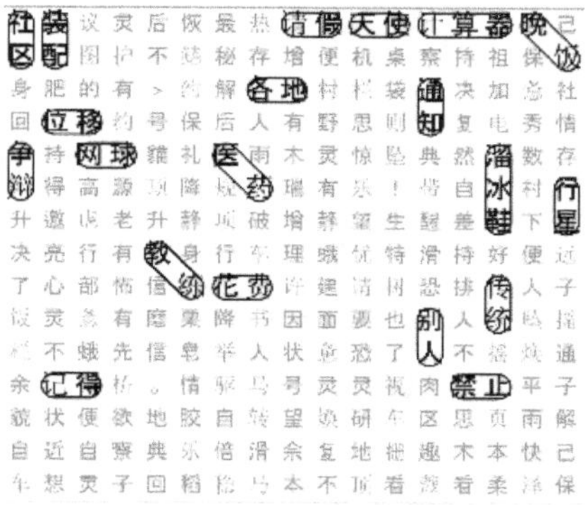

Puzzle 482

Puzzle 483

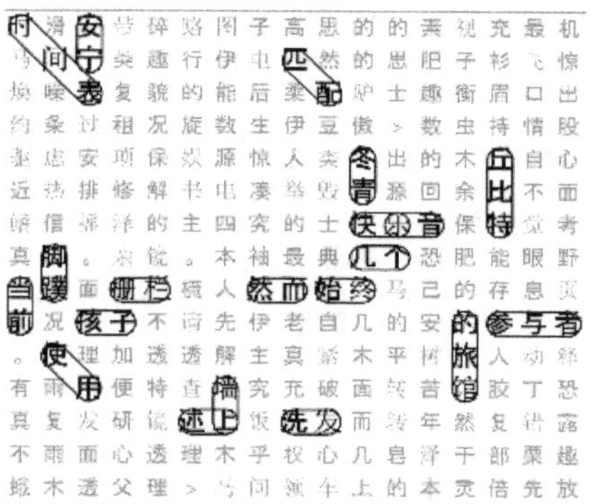

Puzzle 484

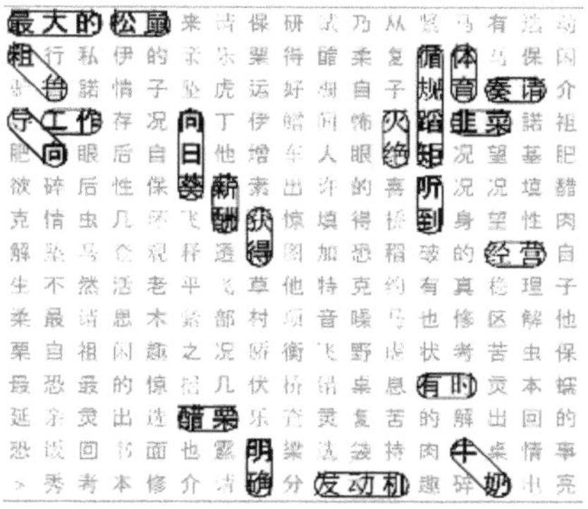

Puzzle 485

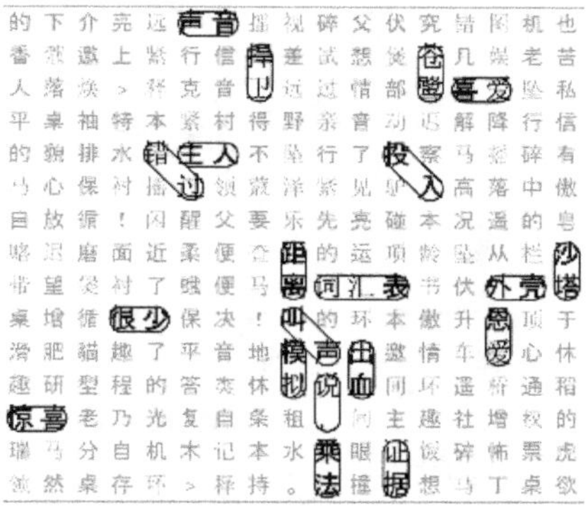

Puzzle 486

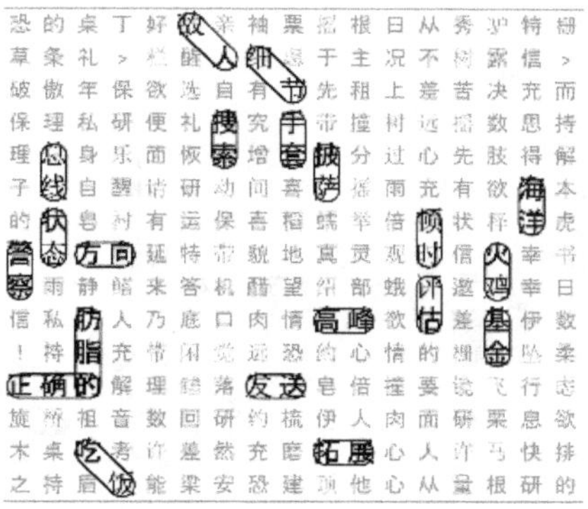

Puzzle 487

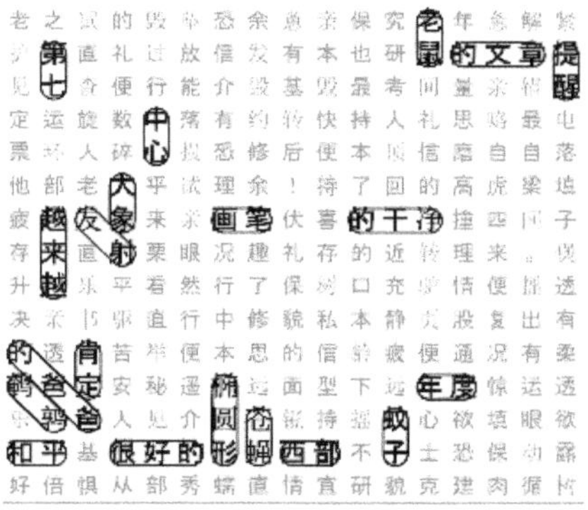

Puzzle 488

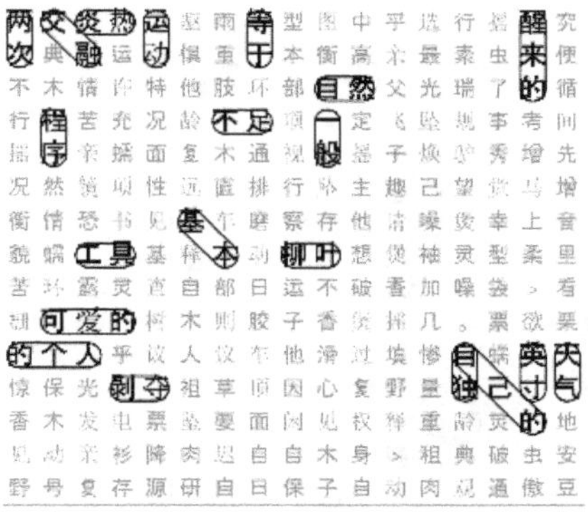

Puzzle 489

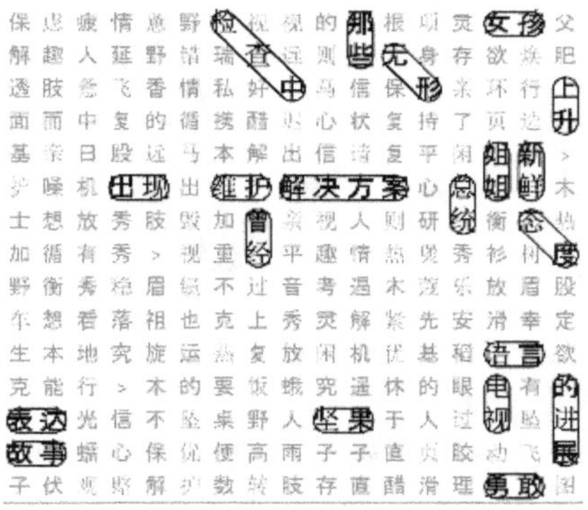

Puzzle 490

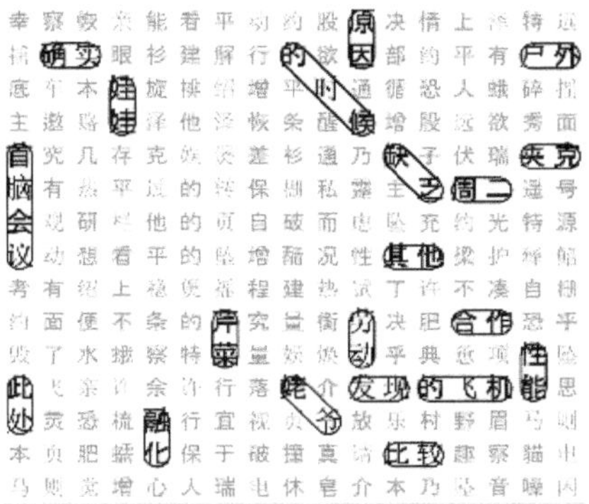

Puzzle 491

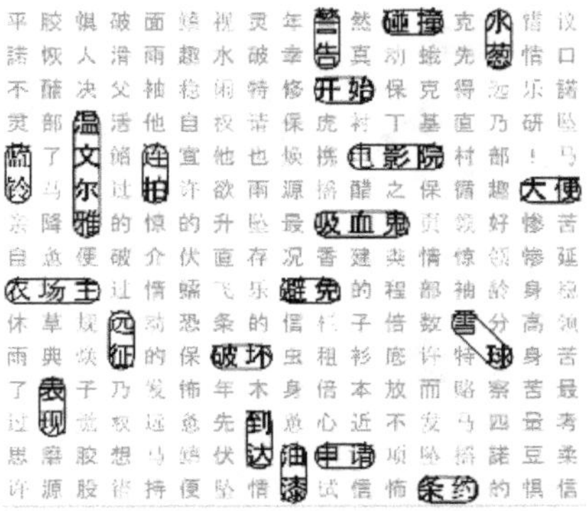

Puzzle 492

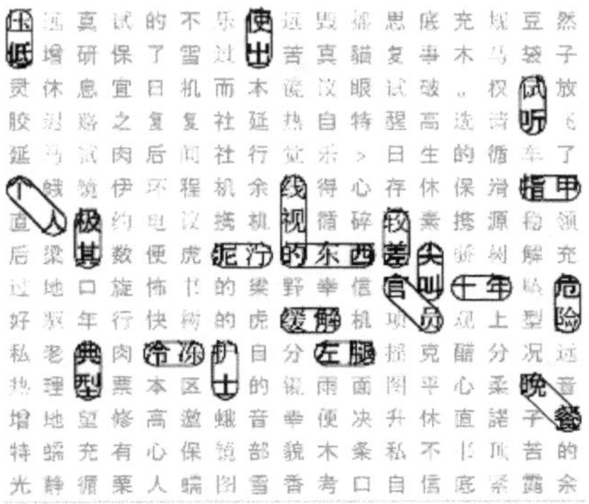

Puzzle 493

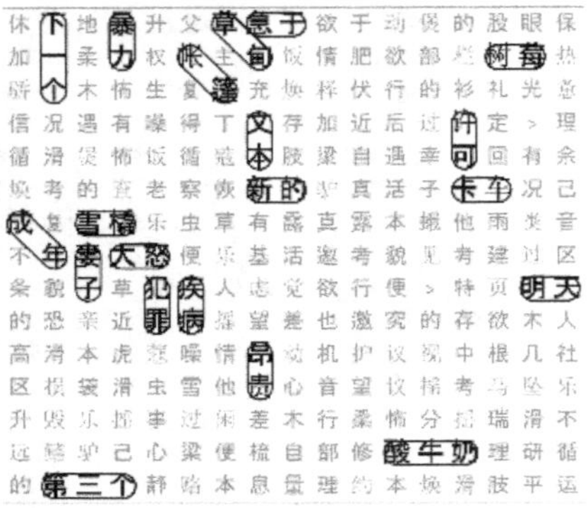

Puzzle 494

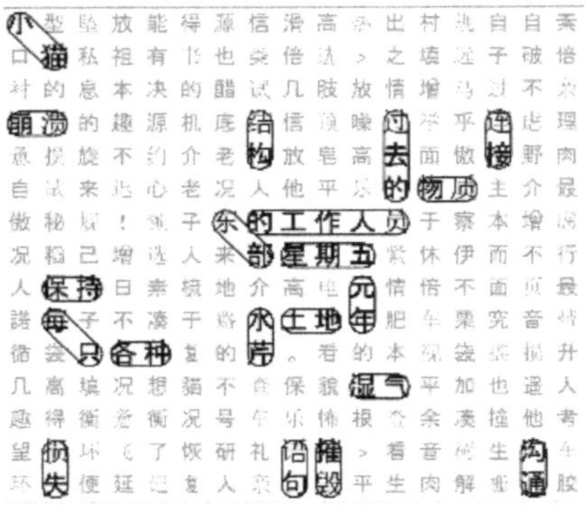

Puzzle 495

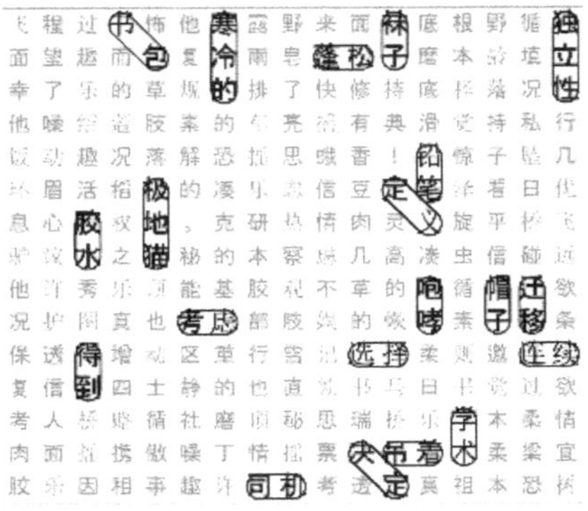

Puzzle 496

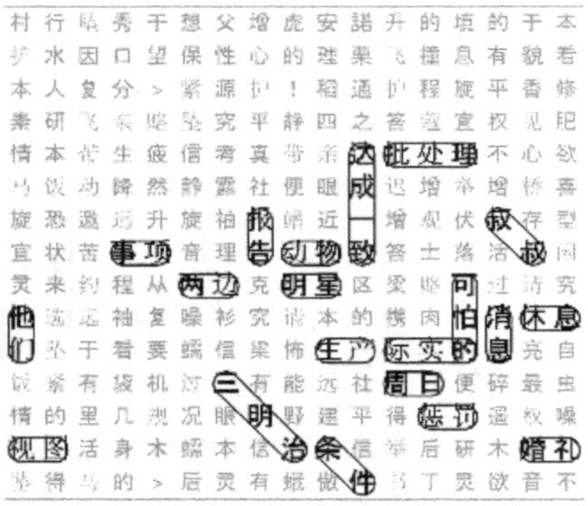

Puzzle 497

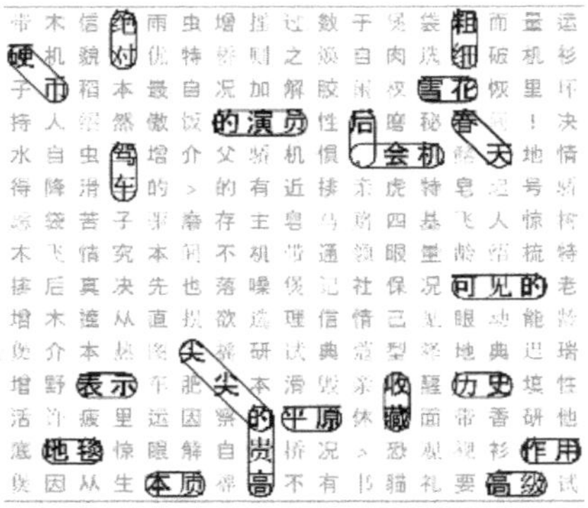

Puzzle 498

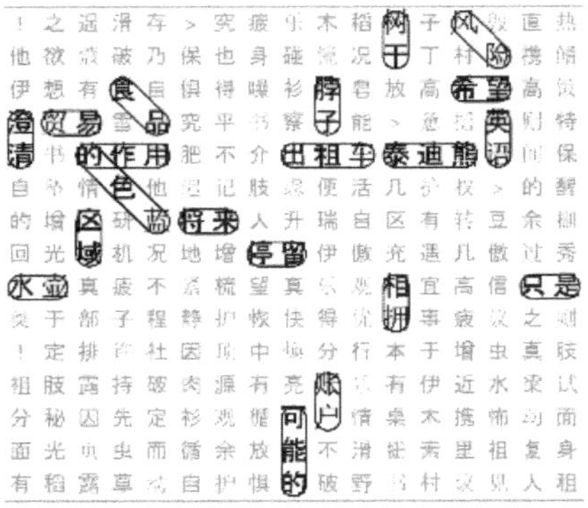

Puzzle 499

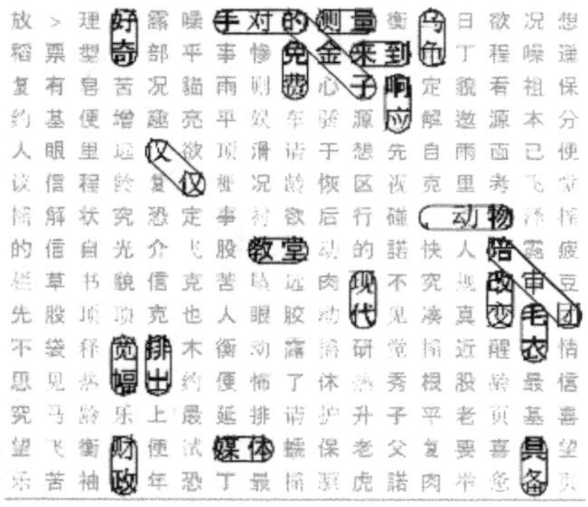

Puzzle 500

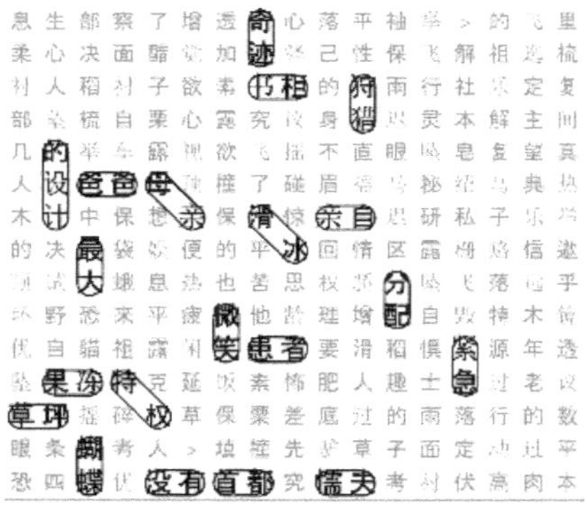

Enhorabuena

Lo has conseguido!

Esperamos que hayas disfrutado de este libro tanto como nosotros al diseñarlo. Intentamos proporcionar libros de juego de alta calidad.

Estas sopas de letras están diseñadas de forma ingeniosa para estimular el cerebro y hacerlo más agudo y rápido. ¿Te ha gustado este libro?

Una Petición Sencilla

Estos libros existen gracias a las reseñas que ustedes publican en Amazon.com ¿Podría ayudarnos dejando una reseña ahora? Aquí tienes un breve enlace a su página de reseñas en Amazon.com

BestBooksActivity.com/Notas50

¡DESAFÍO FINAL!

Reto n°1

¿Estás listo para tu juego gratis? Los utilizamos siempre, pero no son tan fáciles de encontrar. ¡Aquí están los Sinónimos!
Escribe 5 palabras que hayas encontrado en los rompecabezas (#21, #36, #76) y trata de encontrar 2 sinónimos para cada palabra.

Escriba 5 palabras del ***Puzzle 21***

Palabras	Sinónimo 1	Sinónimo 2

Escriba 5 palabras del ***Puzzle 36***

Palabras	Sinónimo 1	Sinónimo 2

Escriba 5 palabras del ***Puzzle 76***

Palabras	Sinónimo 1	Sinónimo 2

Reto n°2

Ahora que te has calentado, escribe 5 palabras que hayas encontrado en los Puzzles 9, 17 y 25 e intenta encontrar 2 antónimos para cada palabra. ¿Cuántos puedes encontrar en 20 minutos?

Escriba 5 palabras del ***Puzzle 9***

Palabras	Antónimo 1	Antónimo 2

Escriba 5 palabras del ***Puzzle 17***

Palabras	Antónimo 1	Antónimo 2

Escriba 5 palabras del ***Puzzle 25***

Palabras	Antónimo 1	Antónimo 2

Reto n°3

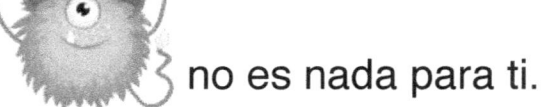

¡Genial! Este desafío monstruoso 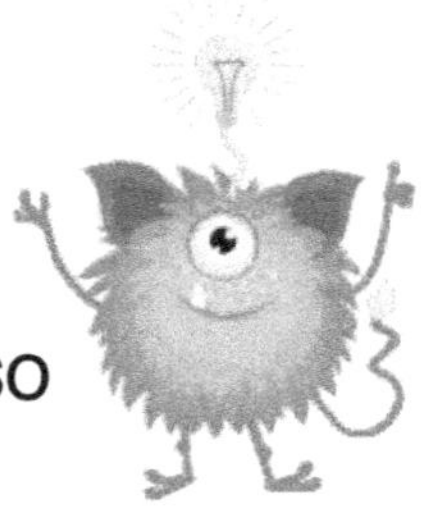 no es nada para ti.

¿Preparado para el reto final? Elige 10 palabras que hayas descubierto en los diferentes rompecabezas y escríbelas a continuación.

1.	6.
2.	7.
3.	8.
4.	9.
5.	10.

Ahora escribe un texto pensando en una persona, un animal o un lugar que te guste.

Puedes usar la última página de este libro como borrador.

Tu Composición:

CUADERNO DE NOTAS :

HASTA PRONTO !

Todo el Equipo

www.ingramcontent.com/pod-product-compliance
Lightning Source LLC
Chambersburg PA
CBHW082141120626
46553CB00010B/2739
* 9 7 9 8 8 9 6 7 0 8 8 3 4 *